O animal social

Elliot Aronson
com Joshua Aronson

O animal social

TRADUÇÃO

Marcello Borges

goya

O ANIMAL SOCIAL

TÍTULO ORIGINAL:
The Social Animal

COPIDESQUE:
Luciane H. Gomide

REVISÃO:
Isabela Talarico
Tássia Carvalho

CAPA:
Angelo Bottino

PROJETO GRÁFICO:
Helena Hennemann
Kalany Ballardin
Foresti Design

**DADOS INTERNACIONAIS DE CATALOGAÇÃO NA PUBLICAÇÃO (CIP)
DE ACORDO COM ISBD**

A769a Aronson, Elliot
O animal social / Elliot Aronson, Joshua Aronson ; traduzido por Marcello Borges. - São Paulo :
Editora Goya, 2023.
504 p. ; 16cm x 23cm.

Tradução de: The social animal
Inclui índice e bibliografia.
ISBN: 978-85-7657-600-6

1. Psicologia social. I. Aronson, Joshua. II. Borges, Marcello. III. Título.

CDD 301.15
2023-2294 CDU 316.6

ELABORADO POR ODILIO HILARIO MOREIRA JUNIOR - CRB-8/9949

ÍNDICES PARA CATÁLOGO SISTEMÁTICO:
1. Psicologia social 301.15
2. Psicologia social 316.6

goya
é um selo da Editora Aleph Ltda.

Rua Bento Freitas, 306, cj. 71
01220-000 – São Paulo – SP – Brasil
Tel.: 11 3743-3202

WWW.EDITORAGOYA.COM.BR

@editoragoya

Para Vera, é claro.

SUMÁRIO

9 **APRESENTAÇÃO**
Eduardo Moreira

15 **A HISTÓRIA DESTE LIVRO**

21 **CAPÍTULO 1**
O que é psicologia social?

33 **CAPÍTULO 2**
Cognição social

79 **CAPÍTULO 3**
Autojustificação

129 **CAPÍTULO 4**
Conformidade

173 **CAPÍTULO 5**
Comunicação de massa, propaganda e persuasão

223 **CAPÍTULO 6**
Agressão humana

275 **CAPÍTULO 7**
Preconceito

327 **CAPÍTULO 8**
Gostar, amar e conectar

375 **CAPÍTULO 9**
Psicologia social como ciência

401 **GLOSSÁRIO**

411 **NOTAS**

467 **ÍNDICE ONOMÁSTICO**

475 **ÍNDICE REMISSIVO**

501 **AGRADECIMENTOS**

APRESENTAÇÃO

Eduardo Moreira*

Sou um curioso patológico. Um ser humano encantado pelas infinitas possibilidades que surgem quando abrimos as páginas de um livro e mergulhamos em um novo saber. De teorias que versam sobre a origem (e o sentido) da existência até contos ficcionais que dão vida a mundos e personagens extraordinários, já explorei certamente, ao longo de meus quase 50 anos, algumas centenas de obras.

Recentemente me fiz a seguinte provocação: caso fosse obrigado, como que por um castigo dos deuses, a voltar no tempo e escolher entre todos os livros que já li apenas um para manter como lido, renunciando a todos os outros, qual livro seria esse?

O que poderia parecer uma pergunta tola e com pouco valor prático acabou se transformando em um incrível exercício para perceber a importância que os livros tiveram na minha vida. Foi por meio de um deles, por exemplo, que conheci a história do "encantador de cavalos", Monty Roberts, um caubói californiano que revolucionou o treinamento de cavalos em todo o mundo ao desenvolver uma técnica sem violência para treinar esses animais. Foi após lê-lo que viajei aos Estados Unidos para conhecer seu autor e me encantei com o seu método, aprendendo-o e passando a viajar os quatro cantos do Brasil para divulgá-lo – trabalho que resultou numa comenda que recebi em 2012 da rainha Elizabeth II no Castelo de Windsor, na Inglaterra. A repercussão da comenda impulsionou

* Eduardo Moreira é autor de diversos livros de sucesso. Graduado em engenharia pela PUC-Rio, estudou também na Universidade da Califórnia, em San Diego. Ex-banqueiro de investimentos, já foi eleito um dos quarenta brasileiros de maior sucesso com menos de 40 anos e um dos três melhores economistas do país. Fundador do Instituto Conhecimento Liberta (ICL), apresenta o Jornal ICL Notícias no YouTube.

o interesse pelos meus livros e palestras a ponto de, poucos anos depois, eu poder deixar o mercado financeiro em que trabalhava havia duas décadas e abraçar a carreira que sempre havia sonhado trilhar.

Não tenho dúvidas que minha vida seria hoje bem diferente caso esse livro estivesse entre os que eu deixasse de ler. Provavelmente, nem sequer estaria casado, pelo menos não com a esposa com quem sou, dado que fomos apresentados por um amigo em comum que a presenteou com o livro que escrevi sobre a experiência com Monty Roberts. O que significa que minha filha mais nova, Maria Eduarda, também não estaria hoje entre nós, correndo e dançando pela casa, alegrando nossos dias. Tudo por conta de um, somente um, dos livros que li.

Da mesma forma, em maior ou menor intensidade, outros livros exerceram também grande influência em minha formação. Levaram-me a conhecer pessoas e lugares, me fizeram desenvolver gostos e crenças e foram, pouco a pouco, desenhando a pessoa e o personagem que me tornei. Não é exagero dizer, portanto, que sou, em boa parte, a soma dessas leituras.

Voltando à provocação da qual não quero escapar: qual livro escolheria manter como lido se fosse castigado pelos deuses? Por mais estranho que possa parecer, a reposta me vem sem qualquer titubeio: ficaria com *O animal social*. O motivo? Foi o livro que, certamente, mais contribuiu para a capacidade de leitura de mundo que hoje tenho, ensinando conceitos e oferecendo ferramentas sem as quais tudo seria, para mim, muito mais difícil de compreender.

Li o livro pela primeira vez há mais de dez anos. Havia desenvolvido um grande interesse por etologia, área da biologia responsável por estudar o comportamento animal, altamente influenciada pela teoria da evolução. Em poucos meses, "devorei" dezenas de livros sobre o assunto, entre os quais, vários utilizados pelas universidades norte-americanas de maior renome. Eram livros enormes, alguns com quase mil páginas, e quase todos com uma linguagem acadêmica densa, contemplando não apenas conceitos de biologia, mas também de física, química e, principalmente, matemática. Em comum, todos traziam pelo menos um capítulo dedicado ao comportamento de um animal específico: nós, os humanos. E foi explorando as temáticas desses capítulos que cheguei à psicologia social.

Ao digitar o tema nos campos de busca das livrarias online, deparei-me com um universo de centenas de possibilidades de leitura. Curiosamente, vários dos livros sugeridos tinham títulos e abordagens que se assemelhavam muito aos do segmento de "autoajuda". Minha intenção, porém, era buscar uma abordagem mais acadêmica sobre o assunto. Foi quando li em algum lugar, falha-me a memória onde, sobre *O animal social*, que ainda não havia sido traduzido no Brasil. Um livro, dizia a resenha, que continha uma abordagem científica profunda sobre a psicologia social ao mesmo tempo que cativava a atenção do leitor por meio de uma narrativa rica em estudos de caso, histórias e reflexões. Era exatamente o que eu estava buscando.

Lembro-me, como se fosse hoje, do envolvimento que tive com o livro. Cada um dos capítulos me despertava uma enorme vontade de ir além no estudo dos temas apresentados. Dezenas de livros que li após a obra de Aronson, fundamentais no meu processo de formação política e ideológica, são fruto desse interesse. É, provavelmente, o livro de minha vasta biblioteca com mais trechos sublinhados, destacados e comentados. Minhas palestras e livros escritos após essa leitura têm claramente uma enorme influência sua.

A leitura é tão prazerosa que não vejo valor em adiantar nesta apresentação os temas que serão abordados ao longo da obra. Estamos, afinal, a poucas páginas do início da jornada. Posso garantir, porém, que a compreensão do leitor ou leitora sobre a forma como vivemos em sociedade e sobre como somos influenciados jamais será a mesma após sua conclusão. Mais do que somente respostas, verão despertar a capacidade de fazer as perguntas corretas, que lhes permitirão ir muito além nessa investigação.

Concluo esta breve abertura com um agradecimento pela vida e obra de Elliott Aronson. Um autor que deixará para sempre um legado que nos torna, ao mesmo tempo, mais críticos e humanos. Narrei há pouco a experiência que tive ao ler pela primeira vez a obra. O que não disse é que depois dessa experiência já reli o livro algumas vezes. Aguardo ansiosamente a publicação desta edição, a mais atualizada e recente, da qual tenho a inenarrável honra de fazer parte, para relê-lo mais uma vez.

O ANIMAL SOCIAL

Saul Steinberg, *Desenho sem título*, tinta sobre papel.
Publicado originalmente em *The New Yorker*, 29 de maio de 1965.

A HISTÓRIA DESTE LIVRO

Em 1970, quando era um professor relativamente jovem da Universidade do Texas, recebi uma oferta que não pude recusar. Fui convidado a passar o ano em um lugar muito bonito, recebendo meu salário acadêmico integral, sem fazer absolutamente nada – nada mau!

O local era no topo de uma colina rústica nos limites do campus da Universidade Stanford, a pouca distância de San Francisco, minha cidade preferida no mundo. A instituição situada nessa bela colina é um *think tank* chamado Centro de Estudos Avançados em Ciências Comportamentais. Além do salário de um ano, o generoso pessoal do Centro de Estudos Avançados proporcionou-me um escritório, todo apoio de secretaria de que precisasse, acesso a uma biblioteca muito boa, almoço gratuito e a oportunidade de prosear com um punhado de estudiosos distintos, caso desejasse – ou, se preferisse, poderia ficar no bairro dos teatros de San Francisco ou esquiar na High Sierra. Não havia obrigação alguma.

Assim, lá estava eu com um ano inteiro para fazer aquilo que meu coração desejasse. E o que fiz? Escolhi ficar na trincheira de meu escritório na colina para escrever este livro. Por quê? Se houve uma razão em especial foi que, alguns meses antes, eu me ouvira dizendo a 600 estudantes de minha turma de Introdução à Psicologia Social que essa é uma ciência jovem – e, em retrospecto, aquela meia-desculpa fez com que eu me sentisse um covarde.

Permita-me explicar: nós, psicólogos sociais, gostamos de dizer que a psicologia social é uma ciência jovem – e, em relação à maioria das disciplinas científicas (como biologia ou astronomia), essa é uma afirmação precisa.

Naturalmente, observadores astutos têm feito pronunciamentos interessantes, propondo hipóteses empolgantes sobre fenômenos sociais desde a época de Aristóteles, no mínimo; mas esses pronunciamentos e hipóteses não foram testados a sério até meados do século 20. O primeiro experimento sistemático de psicologia social foi conduzido por Norman Triplett em 1898 (que mediu o efeito da competição no desempenho), mas foi só na metade do século 20 que a psicologia social experimental ganhou impulso, basicamente sob a inspiração de Kurt Lewin e seus talentosos estudantes.

Entretanto, em um sentido mais profundo, o fato de eu afirmar que a psicologia social é uma ciência jovem foi um subterfúgio – uma forma de pedir a meus estudantes que não esperassem muito de nós. Em termos mais específicos, foi minha maneira de evitar a responsabilidade por aplicar nossas descobertas aos problemas do mundo em que vivemos e de desviar dos riscos inerentes a isso. Nesse sentido, afirmar que a psicologia social é uma ciência jovem foi análogo a confessar que talvez não estejamos prontos para dizer algo importante, útil ou relevante para a vida dos meus estudantes.

Porém, depois de refletir por algum tempo sobre essa afirmação, concluí que não apenas foi covardia, mas também um equívoco; na verdade, eu não achava que a psicologia social fosse irrelevante para a nossa vida. Não acreditava nisso em 1970 e certamente não acredito nisso agora. Portanto, quando recebi essa oportunidade maravilhosa de ter algum tempo livre, determinei-me a esclarecer as coisas. O propósito deste livro foi, e ainda é, explicar claramente a relevância que pode ter a pesquisa em psicologia social para nos ajudar a compreender, e talvez começar a resolver, alguns dos problemas mais importantes que afligem a sociedade contemporânea.

A maioria dos dados debatidos neste livro baseia-se em experimentos; a maioria das ilustrações e dos exemplos, contudo, deriva de problemas sociais atuais – inclusive preconceito, propaganda tendenciosa, guerra, alienação, agressão, agitação e crise política. Essa dualidade reflete duas de minhas próprias propensões – propensões que estimo. A primeira é que o método experimental é a melhor maneira de compreender um fenômeno complexo. Um truísmo da ciência diz que a única maneira de conhecer de fato o mundo consiste em reconstruí-lo. Ou seja, para compreender realmente o que causa o quê, precisamos fazer mais do que simplesmente observar; precisamos ser responsáveis por produzir o primeiro "o quê", para termos certeza de que ele realmente causou o segundo "o quê". Minha segunda propensão é que a única maneira de termos certeza de que as relações causais encontradas nos experimentos são válidas é tirá-las do laboratório e levá-las ao mundo real. Por conseguinte, como cientista, gosto de trabalhar no laboratório; como cidadão, no entanto, gosto de ter janelas através das quais possa olhar para o mundo. Evidentemente, as janelas funcionam nos dois sentidos; volta e meia, extraímos hipóteses da vida cotidiana. Podemos testar melhor essas hipóteses sob as condições estéreis do laboratório. Ao mesmo tempo, para impedir que nossas ideias se tornem estéreis, precisamos levar de volta à janela as descobertas do laboratório e verificar se elas se sustentam no mundo real.

Logo, foi assim que passei o ano fazendo qualquer coisa que eu quisesse fazer: escrevi este livro. Desde o início foi uma obra pessoal, no sentido de que contém muitas de minhas próprias ideias acerca daquilo que é mais importante em nosso campo. Essa decisão fez que fosse imperativo escrever na primeira pessoa do singular, descrevendo, de maneira íntima, aquilo que descobri e a situação em que se encontra a nossa ciência, em minha opinião. (Diferentemente de qualquer livro de referência da época, em *O animal social* a palavrinha "eu" aparece várias vezes.) Para meu deleite, em pouco tempo ficou claro que os estudantes gostaram de lê-lo. Gostaram particularmente do toque pessoal, bem como de sua aplicação na vida deles. *O animal social* tornou-se um dos mais populares e longevos textos nessa área. Consequentemente, meu trabalho não estava terminado – longe disso. A fim de acompanhar as pesquisas nesse campo e as mudanças drásticas no mundo, vi que seria necessário revisá-lo e atualizá-lo a cada quatro anos, aproximadamente.

Quando encostei a caneta no papel pela primeira vez (literalmente!) em 1970, eu era um jovem promissor de 38 anos. Ao contar esta história, no verão de 2017, transformei-me magicamente num velhote grisalho (pode fazer as contas). Agora, devo admitir que estou velho demais para revisar o livro sozinho. Felizmente, encontrei o coautor perfeito para esta que é a 12ª edição. Seu nome é Joshua Aronson, um brilhante e experiente psicólogo social que tem feito pesquisas impressionantes, tanto em laboratório quanto na desordem do mundo real. Por acaso, ele é meu filho. Nem preciso dizer que Joshua tem suas próprias ideias sobre psicologia social – e é assim que deveria ser. Suas contribuições são muitas e variadas. Acrescentaram um brilho especial a esta edição; digo o mesmo de minha colaboradora de longa data, Carol Tavris, que teve o papel de editora de desenvolvimento desta edição e que, com seu habitual toque delicado, uniu perfeitamente meu trabalho ao de Joshua. Além disso, embora não tão delicadamente, pressionou-nos e incitou-nos a cumprir nossos prazos.

Bem, e o que há de diferente nesta edição? Joshua e eu reexaminamos cada capítulo, removendo algumas pesquisas e teorias que eram "quentes" há alguns anos, mas que não resistiram aos testes do tempo e da replicação; reorganizamos e enxugamos cada capítulo para manter a narrativa clara com a integração de novos materiais. Estudos recentes que contribuíram para a nossa compreensão de eventos contemporâneos substituíram outros já superados – por exemplo, como a tomada de decisões tem sido influenciada, para o bem ou para o mal, pela internet; como a ascensão de bolhas de informação e fontes de mídia autoconfirmadas modelam as crenças e o comportamento polarizado de nossa nação; o lado emocional negativo das constantes comparações sociais geradas pelo Facebook; a ascensão de grupos terroristas como o Estado Islâmico. Entretanto, acredito firmemente que "atualizar" um livro não significa remover histórias icônicas dos erros de nosso governo no Vietnã e no Iraque e das tragédias de Jonestown, Columbine e Heaven's Gate. As datas desses eventos são antigas, mas as lições da psicologia social que eles nos ensinam, não. Quero que os estudantes compreendam que aquilo que aconteceu *na época* aplica-se com o mesmo vigor àquilo que está acontecendo *agora*.

Elliot Aronson
Outubro de 2017

O ANIMAL SOCIAL

O homem é, por natureza, um animal social; um indivíduo que é natural e não acidentalmente antissocial, ou está abaixo de nossa percepção ou é mais do que humano. A sociedade é, na natureza, algo que precede o indivíduo. Aquele que não consegue viver em comunidade ou que é tão autossuficiente que não precisa fazê-lo, e portanto não participa da sociedade, ou é uma fera, ou um deus.

Aristóteles

Política, ca. 328 a.C.

Saul Steinberg, *Desenho sem título*, tinta sobre papel.
Publicado originalmente em *The New Yorker*, 1º de novembro de 1958.

CAPÍTULO 1

O QUE É PSICOLOGIA SOCIAL?

Até onde sei, Aristóteles foi o primeiro pensador sério a chamar nossa espécie de "o animal social". Naturalmente, ele tinha razão, mas o que significa isso? Muitas outras criaturas são "sociais", desde formigas e abelhas até macacos e símios. O que há de único no animal social humano? E o que há de único no campo da psicologia social, que estuda nossa espécie intrigante, criativa e irritante?

Fui psicólogo social a vida inteira – e, antes de entrar nessa área, ou até mesmo antes de saber o que era isso, fui um psicólogo social amador, ansioso por compreender os mistérios do comportamento humano. Como menino judeu crescendo na década de 1940 na cidade operária de Revere, Massachusetts, tentei entender por que alguns garotos católicos me provocavam com frases antissemitas e, de vez em quando, me agrediam. Meu filho Joshua, que frequentou o primário na década de 1960, questionava-se por que alguns colegas se saíam bem nos estudos e outros ficavam sufocados pela competitividade e rigidez da escola. Essas experiências precoces, que nos causaram grande dor, foram também o que nos atraiu para o excitante campo do conhecimento que você vai estudar neste livro: um campo que oferece a compreensão científica sobre a vida social humana e, mais importante ainda, maneiras de aprimorá-la.

Há muitas definições de psicologia social, mas, antes de chegar àquela que prefiro, permita-me oferecer alguns exemplos concretos do animal social humano em ação:

Um estudante universitário chamado Sam e quatro de seus colegas estão assistindo a um debate entre candidatos ao Senado na televisão. Sam tem uma impressão favorável; ele gostou mais da candidata do que do candidato que a enfrentava, pois a considerou sincera. Depois do debate, uma de suas colegas afirmou que não gostou da candidata, considerando-a hipócrita. Os outros concordaram rapidamente com essa estudante. Sam sentiu-se intrigado e um pouco aflito. Finalmente, ele murmura para os colegas: "Acho que ela não foi tão sincera quanto eu esperava".

Uma menina de 10 anos consome duas tigelas de Wheaties todas as manhãs porque Michael Phelps, campeão olímpico de natação, está retratado na caixa, sugerindo que ele deve sua capacidade atlética, em parte, ao consumo daquela marca de cereal.

Um lojista que viveu a vida toda numa cidadezinha de Montana nunca manteve contato com muçulmanos de fato, mas "sabe" que eles são antiamericanos, desleais e provavelmente terroristas.

Charlie, estudante do último ano do ensino médio, mudou-se recentemente para outra cidade. Antes, era popular, mas agora não é mais. Embora os colegas de escola sejam corteses, não têm sido particularmente amistosos. Charlie se sente solitário, inseguro e pouco atraente. Um dia, no intervalo do almoço, ele se vê à mesa com duas colegas. Uma é calorosa, inteligente e animada; ele tem tido fantasias a seu respeito há semanas, ansioso por uma oportunidade para conversar com ela. A outra jovem não tem os mesmos atrativos. Charlie ignora a mulher animada de seus sonhos e começa a conversar seriamente com a outra colega.

No dia 4 de dezembro de 2016, Edgar Welch, um homem de 28 anos da Carolina do Norte, vai até a Comet Ping Pong, uma pizzaria de imenso sucesso na cidade de Washington, e dá três tiros com um rifle. Ninguém ficou ferido. Welch disse à polícia que tinha lido na internet que o restaurante estava abrigando escravos sexuais infantis e quis verificar pessoalmente se era verdade. Ele se entregou porque não encontrou indícios que apoiassem sua crença, gerada por uma teoria da conspiração que viralizou na época da campanha eleitoral presidencial. Na conta do Twitter de um supremacista branco, foi publicado que a polícia da cidade de Nova York havia descoberto uma rede de pedofilia associada a membros do Partido Democrático e que, de algum modo, a Comet Ping Pong estava no centro dela. A história circulou rapidamente por sites de *fake news*. Mais tarde, Welch disse que se arrependeu do que havia feito, mas que continuava a acreditar na teoria da conspiração.

Na segunda série, pediram a Kaya que dissesse qual era sua matéria preferida. "Matemática", escreveu no questionário. Um ano depois, sua turma da terceira série recebeu um exercício semelhante. Dessa vez, o questionário perguntava: "Qual é a sua matéria *menos* preferida?". Ela escreveu: "Matemática". Em um ano, Kaya passou de aluna confiante e empolgada de matemática para alguém que temia essa disciplina.

Em 20 de abril de 1999, os corredores de um reluzente colégio suburbano de Littleton, no Colorado, reverberaram com o som de tiros. Dois estudantes da Columbine High School, portando armas de assalto e explosivos, atacaram e mataram um professor e diversos colegas. Depois, mataram-se com as mesmas armas. Quando a fumaça assentou, contaram-se quinze mortos (inclusive os atiradores) e 23 hospitalizados, muitos com ferimentos múltiplos. Quase vinte anos após o massacre de Columbine, centenas de rapazes adolescentes foram responsáveis por tiroteios igualmente horripilantes em escolas. Aquilo que antes era impensável tornou-se corriqueiro.

Steve, formando universitário, é um motorista cauteloso, até conservador; poderia estrelar um vídeo sobre direção segura – quando está sozinho no carro. Entretanto, sempre que dois ou três colegas estão com ele, o comportamento de Steve torna-se mais arriscado: quando vê que o semáforo fica amarelo a meio quarteirão de distância, ele costuma pisar no acelerador, esperando passar pelo cruzamento antes que os carros da rua transversal comecem a se mover.

Em 1939, Oskar Schindler, ganancioso empresário alemão, filiou-se ao partido nazista e começou a lucrar com a destruição dos judeus durante o período bárbaro do Terceiro Reich de Hitler. Depois de explorar o trabalho dos prisioneiros de Auschwitz por vários anos, Schindler mudou de postura e começou a usar sua fábrica como meio de livrar mais de mil judeus da morte. Ao fazê-lo, arriscou a própria vida e gastou toda a sua fortuna para salvar outras pessoas. A história de Schindler foi contada no livro e também no filme ganhador do Oscar *A lista de Schindler*. Ao sair do cinema após assistir ao filme, meu filho Joshua foi abordado por um pedinte que queria alguns trocados. Contrariando seu hábito de ignorar pessoas que pedem esmolas, Joshua, ainda um estudante de recursos limitados, revirou os bolsos, tirou todas as cédulas e, sem as contar nem verificar, entregou-as ao pedinte.

Douglas McCain cresceu em Minnesota, jogou basquete no colegial e queria ser *rapper*. Seus amigos lembram-se dele como "divertido", um "sujeito bem legal" e "boa pessoa". Por isso, ficaram chocados quando McCain, aos 33 anos, filiou-se ao Estado Islâmico, grupo de militantes terroristas, e morreu no Oriente Médio lutando contra o próprio país. Milhares de jovens, homens e mulheres aparentemente comuns nascidos em países ocidentais, também deixaram seu lar para lutar e morrer na Síria e no Iraque como jihadistas islâmicos.

Na década de 1940, quando eu estava no curso primário, tinha um amigo afro-americano chamado George Woods. Na época, George referia-se a si mesmo como "menino de cor" e me confidenciou que, tal como muitas crianças negras de então, sentia-se inferior a seus colegas brancos.[1] Ele tinha muitas razões para sentir-se assim, a começar pelas experiências diretas de preconceito que a comunidade de predomínio branco lhe infligia. Mas o sentimento de inferioridade de George também vinha de fontes indiretas, como a maneira de retratar adultos afro-americanos no rádio e na televisão como crianças ingênuas – preguiçosas, analfabetas, mas engraçadinhas. Se houvesse atores negros num filme, eles eram apresentados apenas como os estereotipados "homens de cor", geralmente motoristas ou trabalhadores braçais, volta e meia vítimas de piadas de mau gosto. Imagine como George se sentia ao assistir a esses filmes racistas na companhia de seus amigos brancos. Contudo, ele nunca me disse o que sentia.

As coisas mudam. Os netos de George Woods, crescendo no século 21, vivem em um mundo diferente daquele em que o avô viveu. Ele nunca teria imaginado que, um dia, atores negros fariam papéis sérios e seriam ganhadores do Oscar; que a segregação e a discriminação seriam ilegais; ou que pessoas negras poderiam exercer qualquer profissão, inclusive a presidência dos Estados Unidos. No entanto, não deveríamos ser complacentes, acreditando que as mudanças se dão em uma direção linear e humanística. Talvez os netos de George Woods não enfrentem o mesmo grau e tom de intolerância sofrido por ele, mas o preconceito racial continua. A maioria dos afro-americanos conhece a experiência do "negro fazendo compras": quando uma pessoa negra é seguida por vendedores que questionam seu crédito, desconfiam de que ela vai furtar alguma coisa ou até se negam a atendê-la. Jovens negros, em particular, continuam sendo vítimas das experiências "negro dirigindo" – sendo detidos por motivos triviais ou mesmo sem razão – e "negro caminhando na rua", tal como Trayvon Martin, de 16 anos, que foi seguido e morto por um vigia comunitário chamado George Zimmerman.[2] Quando avistou um adolescente negro e alto usando um agasalho com capuz, Zimmerman enxergou um criminoso possivelmente *armado e perigoso*, não o que Trayvon era na verdade: um estudante normal do ensino médio voltando para casa após sair de uma loja de conveniência com um chá gelado e um pacotinho de Skittles.

Definindo a psicologia social

Todos os exemplos ilustram situações da psicologia social. Embora pareçam muito diferentes, eles contêm um fator comum: *influência social.*

A opinião dos amigos de Sam sobre os méritos da candidata ao Senado influenciou o julgamento dele (ou, no mínimo, sua declaração pública acerca desse julgamento). A influência do campeão olímpico sobre a jovem devoradora de Wheaties foi propositalmente idealizada para levá-la a convencer os pais a comprar esse cereal matinal. O lojista de Montana não nasceu com um estereótipo pouco elogioso sobre muçulmanos na cabeça; alguém, de algum modo, incutiu essa ideia ali. O estilo arriscado de Steve ao dirigir certamente foi influenciado pela presença de seus amigos, mas de que maneira? A transformação de Kaya – que de apaixonada por matemática passou a detestar a matéria – não é incomum, especialmente entre meninas norte-americanas, para as quais a matemática tem sido vista tradicionalmente como talento inato e como "coisa de meninos". O fato de Charlie ignorar a mulher de seus sonhos tem relação com o modo como estava se sentindo a seu próprio respeito e com a suposição de que seria menos provável que a outra garota o rejeitasse. A rejeição é uma das experiências mais dolorosas para os seres humanos e pode causar todo tipo de comportamento autodestrutivo e agressivo, desde abuso alimentar até violência – como aconteceu no tiroteio em Columbine. A presença e o exemplo de outras pessoas, ao vivo ou em filmes como *A lista de Schindler*, podem inspirar emoções positivas e generosidade, como na ocasião que levou meu filho, normalmente frugal, a doar todo o seu precioso dinheiro a uma pessoa em situação de vulnerabilidade.

A psicologia social também lida com algumas das mais perturbadoras questões que atormentam a sociedade, desde o racismo e outras formas de preconceito até o sucesso de grupos terroristas como o Estado Islâmico no recrutamento de jovens, muitos sem conexão espiritual ou familiar com o islã. Que forças conseguem convencê-los a abandonar o lar e a família para tornarem-se bombas suicidas? As respostas incluem idade, dinâmica da personalidade, identidade social, táticas de persuasão e outros fatores poderosos que você vai conhecer à medida que este livro se desenrola. Você verá que o Estado Islâmico tira proveito de muitas das mesmas estratégias de influência usadas pelos grandes treinadores para criar equipes esportivas vitoriosas e por diretores de escolas primárias para enaltecer as realizações de seus estudantes. A compreensão das motivações sociais das pessoas pode ser usada para o bem, para o mal, para vencer competições em *reality shows*

– para qualquer coisa em que a influência social seja importante, o que inclui praticamente tudo.

Nossa definição de **psicologia social**, portanto, é o estudo científico da influência da presença real, imaginada ou implícita de outras pessoas em nossos pensamentos, emoções, crenças e comportamento – e da maneira como influenciamos os outros.

Como somos influenciados? Por que aceitamos a influência ou, dito de outro modo, o que ganhamos com isso? Quais são os motivos sociais que nos tornam suscetíveis àquilo que os outros pensam, dizem e fazem? Que fatores aumentam ou diminuem a eficácia da influência social? Quais aumentam ou diminuem a permanência dos efeitos da influência social? Os mesmos princípios podem se aplicar tanto à nossa opinião sobre um candidato ao Senado quanto às matérias escolares preferidas pelas crianças? Por que uma pessoa gosta de outra? Será pelos mesmos processos pelos quais escolhemos Wheaties em vez de granola? Como uma pessoa desenvolve preconceitos contra um grupo étnico, religioso ou racial? O preconceito é semelhante ao gostar, embora ao contrário, ou envolve um conjunto de processos psicológicos totalmente diferente?

Muitos se interessam por questões como essas. Todos passamos boa parte do tempo interagindo com outras pessoas – sendo influenciados por elas; influenciando-as; divertindo-se, intrigando-se, entristecendo-se, desagradando-se, frustrando-se e irritando-se com elas –; faz parte de nossa natureza desenvolver hipóteses sobre o que leva as pessoas a fazer o que fazem. Nesse sentido, somos todos psicólogos sociais amadores. Embora a maioria dos amadores teste essas hipóteses para seu próprio contentamento enquanto interage com outras pessoas, esses "testes" casuais carecem do rigor e da imparcialidade de uma investigação científica cuidadosa.

Naturalmente, às vezes os resultados da pesquisa científica correspondem àquilo que a maioria das pessoas já considera uma verdade. Isso não deve nos espantar; geralmente, a sabedoria convencional deriva de observações astutas que resistiram ao teste do tempo. Às vezes, porém, essa sabedoria convencional nos desvia da verdade. De fato, quando estiver lendo os resultados das pesquisas comentadas neste livro, talvez pense de vez em quando: "Isso é óbvio – por que eles gastaram tempo e dinheiro para 'descobrir' isso? Minha avó poderia ter me dito isso". Talvez pudesse, mas também é provável que você esteja agindo com base no **viés retrospectivo**, que se refere à nossa tendência a superestimar nossos poderes de predição depois que ficamos sabendo do resultado de determinado evento. É exatamente por isso que é tão fácil ser um engenheiro de obra pronta e por que dizemos que "A visão em retrospectiva é perfeita". Numerosos estudos demonstraram essa tendência, desde a predição do resultado de eleições ("Eu sempre soube que ele iria ganhar, mesmo que as pesquisas dissessem que não") até a previsão do resultado de determinado experimento da psicologia social ("Ora, por favor, era óbvio que os participantes iriam obedecer a essas instruções cruéis"). De fato, as descobertas da psicologia social parecem bem mais óbvias para os estudantes universitários a quem se disse o que aconteceu em um estudo do que a estudantes aos quais se pediu para *predizerem* o que iria acontecer.[3] Em retrospectiva, tudo parece mais claro.

Os psicólogos sociais fazem pesquisas porque muitas das coisas que achamos que sabemos ser verdadeiras mostram-se falsas, ou com mais matizes do que pensávamos anteriormente, quando submetidas a uma investigação. Parece razoável, por exemplo, supor que pessoas ameaçadas com punição porque fizeram algo proibido, ilegal, autodestrutivo ou engordativo acabem parando de fazê-lo – e que, quanto mais severa a punição, maior a probabilidade de que obedeçam. Afinal, passariam a associar a atividade ao medo ou à dor. Mas, quando testada empiricamente, essa suposição revela-se completamente errada. Aqueles que são ameaçados com punições *suaves* são os que desenvolvem a aversão pela atividade proibida; pessoas que são ameaçadas severamente ficam, no mínimo, ainda mais atraídas pela atividade proibida. De modo análogo, a maioria de nós, por experiência própria, diria que, se ouvisse alguém dizer alguma coisa boa a nosso respeito (por nossas costas), teria a tendência a gostar dessa pessoa – caso tudo o mais se mantivesse igual. Isso é verdade. Mas é igualmente verdade que teríamos a tendência a gostar ainda mais dessa pessoa se alguns dos comentários que entreouvíssemos fossem tudo, menos elogiosos. Vamos explicar melhor esses fenômenos em capítulos posteriores.

Se a questão é compreender o animal social, os psicólogos sociais profissionais têm uma vantagem sobre a maioria dos psicólogos sociais amadores. Embora, como os amadores, comecemos geralmente com uma observação, não paramos por aí. Não precisamos esperar que as coisas aconteçam para podermos observar a reação das pessoas; podemos fazer as coisas acontecerem. Podemos realizar um experimento no qual submetemos grupos de pessoas a eventos específicos (por exemplo, uma ameaça grave ou uma ameaça branda; entreouvir coisas agradáveis e entreouvir uma combinação de coisas agradáveis e maldosas). Ademais, podemos fazer isso em situações nas quais tudo precisa ser mantido constante, exceto os fatores específicos que estão sendo investigados. Então, podemos tirar conclusões com base em dados que são mais precisos e numerosos do que aqueles disponíveis para o amador, que depende necessariamente da observação de eventos que ocorrem de modo aleatório e sob circunstâncias nas quais muitas coisas acontecem de uma só vez.

Quase todos os dados apresentados neste livro baseiam-se em evidências experimentais. É por isso que queremos que você compreenda aquilo que constitui um experimento em psicologia social, com as vantagens, desvantagens, problemas éticos, empolgações, dores de cabeça e desgostos associados à aventura da pesquisa. O capítulo final deste livro, "Psicologia social como ciência", vai lhe dar essa compreensão. Você pode lê-lo primeiro, ou por último, ou em qualquer ponto de sua jornada pelo livro – sempre que ficar curioso sobre a maneira como os psicólogos sociais fazem seu trabalho.

Pessoas que fazem loucuras não são necessariamente loucas

Psicólogos sociais examinam a maneira como as pessoas entendem situações sociais e se comportam nelas. Ocasionalmente, essas situações criam pressões que podem levar as pessoas a se comportar de maneiras que você poderia classificar como anormais, até malucas. Quando digo "pessoas", estou me referindo a um número bem grande de pessoas. Na minha cabeça, esses rótulos costumam ser apenas isto: rótulos, que acrescentam à nossa compreensão do comportamento humano. É muito mais útil tentar entender a natureza da situação, os processos habitualmente complexos em operação para produzir o comportamento que observamos. Isso me leva à primeira lei de Aronson:

> As pessoas que fazem loucuras não são necessariamente loucas.

Tomemos como exemplo o homem que entrou na Comet Ping Pong com um rifle na intenção, segundo disse, de "investigar pessoalmente" a presença de crianças raptadas.[4] Era louco? Se realmente queria a verdade, por que não aceitou as investigações da polícia, do FBI e de outras fontes confiáveis que haviam desacreditado completamente as alegações? Se fosse louco, também o seriam milhares de pessoas que acreditaram na ideia conspiratória, muitas das quais enviaram ameaças horríveis à Comet Ping Pong e a outros restaurantes que consideravam parte da "rede", perturbando proprietários e clientes. O dono da pizzaria Comet Ping Pong disse o seguinte ao *New York Times*: "Desde que inventaram essa teoria da conspiração insana, temos sofrido ataques constantes. Há dias, não faço outra coisa senão tentar esclarecer tudo isso e evitar que minha equipe e meus amigos sejam aterrorizados". O que leva as pessoas a acreditar em teorias conspiratórias "insanas" – e por que se apegam a essa crença, malgrado evidências sólidas em contrário? Mais adiante, neste livro, vamos examinar os processos que produzem essas atitudes e a tendência das pessoas a se manterem nelas não importa o que aconteça. Também vamos ver como isso pode ser combatido.

Uma descoberta central da psicologia social é que as pessoas tendem a explicar comportamentos desagradáveis atribuindo traços de personalidade ao perpetrador, como "psicótico", "sádico" ou "maligno". A maioria das pessoas – especialmente aquelas que pertencem a culturas ocidentais – faz isso espontaneamente, sem intenção ou percepção consciente, como forma de organizar e categorizar informações e de satisfazer a necessidade de se sentir no controle dos eventos. Essa visão *disposicional* das ações humanas refere-se à suposição de que pessoas que fazem loucuras têm inclinação para serem loucas, pessoas que fazem coisas estúpidas devem ser estúpidas, só pessoas más fazem coisas más, pessoas que fazem coisas boas são boas, e assim por diante. É interessante pensar dessa maneira, pois nos ajuda a separar mentalmente as pessoas más que fazem coisas más do resto de nós, "pessoas legais". Essa crença pode nos confortar quando pensamos em comportamentos desagradáveis, pois, como pessoas legais, *nós* nunca faríamos isso.

Todavia, essa suposição costuma ser equivocada, uma supersimplificação, e pagamos um preço por isso, como você verá no Capítulo 2. O disposicionalismo pode nos tornar presunçosos sobre nossa própria invulnerabilidade a pressões que poderiam *nos* induzir a adotar um comportamento estúpido, louco ou cruel. Desloca o foco da ideia de melhorar as situações para uma abordagem estreita sobre consertar pessoas: o gerente está preocupado com funcionários que furtam? Vamos aplicar um teste de personalidade aos funcionários para tentar diagnosticar quem vai furtar no futuro, sem nos preocupar se eles praticam furtos porque acham que trabalham demais, porque estão magoados ou porque têm salários baixos. Estamos preocupados com estudantes que podem ficar violentos? Vamos aplicar um teste de personalidade a todos os estudantes e tentar predizer, entre os garotos que se sentem inadequados ou sofrem *bullying*, quais podemos identificar como *potenciais* insurgentes um dia, sem fazer perguntas sobre o mundo no qual eles vivem.

Naturalmente, não estou dizendo que psicoses não existem. Alguns traços de personalidade e transtornos mentais afetam o comportamento humano. Tampouco estou dizendo que todas as pessoas são iguais e respondem exatamente da mesma maneira às mesmas pressões sociais. O que *estou* dizendo é que algumas situações podem levar uma proporção surpreendentemente grande de adultos "normais" a se comportar de maneira inesperada, pouco palatável e, às vezes, *anormal*. É de máxima importância compreender o que está acontecendo nessas situações que podem gerar comportamentos desagradáveis ou destrutivos.

Pode ser útil apresentar um exemplo. Que tipo de pessoas matam os próprios filhos? Loucas? Desesperadas? Malignas? Com certeza, deve haver alguma coisa psicologicamente errada no cérebro ou no caráter de uma pessoa assim. Em 1977, o reverendo Jim Jones, líder carismático do Templo do Povo em São Francisco, nos Estados Unidos, convenceu seus seguidores a esquecerem as próprias raízes e se mudarem para a Guiana, na América do Sul, a fim de fundar um paraíso humanista – uma comunidade utópica na qual pessoas de diferentes origens raciais poderiam viver em harmonia. Quando, em 1978, a existência do grupo foi ameaçada por uma investigação do congresso, Jones resolveu encerrar a crise pedindo a seus seguidores que realizassem um "ato revolucionário": matar os próprios filhos e depois se matar. Eles prepararam barris de veneno e, em meio a uns poucos gritos de protesto ou atos de resistência, mães e pais ministraram a mistura fatal a seus bebês e filhos, beberam-na também e deitaram-se para morrer.

Quando uma pessoa mata o próprio filho, é razoável perguntar se ela tem algum transtorno mental. Quando 613 pessoas matam seus filhos num mesmo lugar, somos forçados a olhar para além das condições mentais e traços de personalidade e considerar a natureza da situação que as levou a fazer isso. Naturalmente, podemos chamá-las de loucas e nos comprazer de nunca fazer o que elas fizeram. Entretanto, antes de essas pessoas se mudarem para a Guiana, nenhum de seus vizinhos, amigos ou parentes teria pensado nelas senão como pessoas comuns e sensatas que pertenciam a uma comunidade religiosa de apoio mútuo e de sólidas relações pessoais. O "massacre de Jonestown", como o episódio ficou conhecido, é um lembrete do papel poderoso, mas frequentemente oculto, que a influência social geralmente exerce na determinação daquilo que os seres humanos pensam, sentem e fazem.

Para ajudar-nos a reconhecer essa complexa *visão situacional* do comportamento humano – as diversas maneiras pelas quais o contexto social influencia aquilo que fazemos –, temos *a* contribuição central da psicologia social, cujo valor, espero, ficará evidente nas próximas páginas.

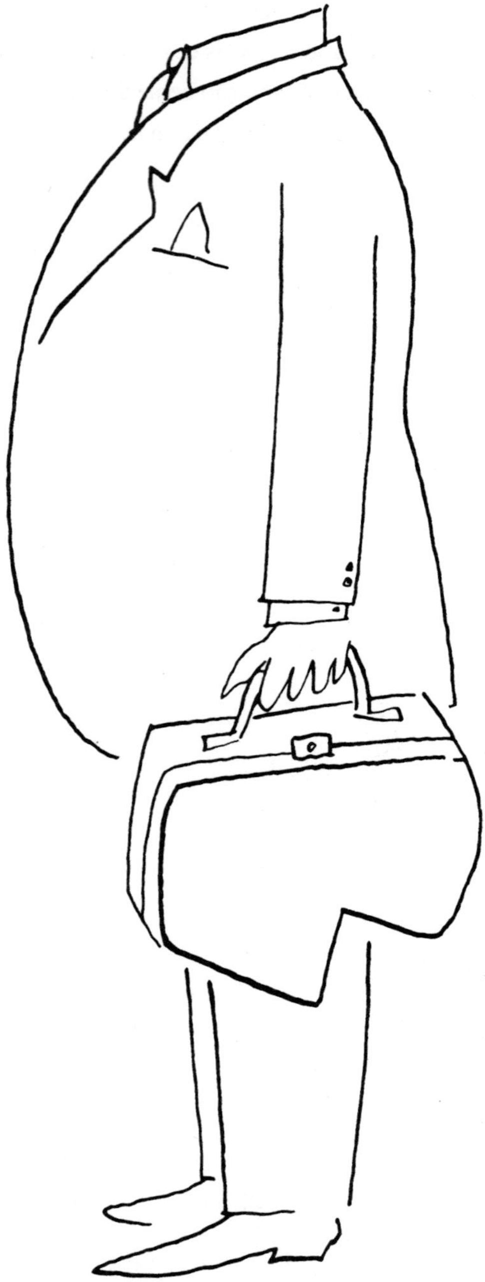

Saul Steinberg, *Desenho sem título*, tinta sobre papel.
Publicado originalmente em *The New Yorker*, 29 de agosto de 1953.

CAPÍTULO 2

COGNIÇÃO SOCIAL

Durante a Idade Média, não era incomum o transeunte europeu ser atingido por dejetos humanos enquanto caminhava pela rua. Por vezes, naquela época, os moradores urbanos esvaziavam seus penicos – vasilhas cheias de urina e excrementos – lançando o conteúdo pela janela. Os dejetos ficariam ali, causando pestilência e doenças, até os varredores de rua os levarem embora, em geral para serem usados como fertilizantes. Para a mente moderna, esse sistema parece rudimentar e insensato, especialmente quando se sabe que civilizações mais antigas, como a grega, a romana e a maia, haviam desenvolvido sistemas bem melhores – com encanamentos internos e até vasos com descarga.

Por que trocaram encanamentos internos por penicos? Naquele tempo, as pessoas estavam convencidas de muitas coisas que simplesmente não eram verdade: que a nudez era pecaminosa, que o corpo nu deixava a pessoa vulnerável ao ataque de maus espíritos e que os maus espíritos deixavam as pessoas doentes.[1] O banho diário, disseminado pelos romanos em suas belas casas de banho públicas, foi desestimulado e substituído pela lavagem de mãos, rosto e outras partes publicamente visíveis do corpo. Essas superstições tiveram dois efeitos notáveis. Primeiro, praticamente tudo e todos tinham um cheiro horrível. Como descreveu um escritor, "Fediam o camponês e o padre, o aprendiz e a mulher do mestre, fedia a nobreza toda, até o rei fedia como um animal de rapina, e a rainha como uma cabra velha, tanto no verão quanto no inverno.".[2] Segundo, os banheiros internos acabaram em ruínas e os cidadãos perderam a habilidade necessária para manter os encanamentos. Por isso, os primitivos sistemas de esgoto e os penicos foram, durante algum tempo, a melhor solução para um problema autoinfligido. Levaria várias centenas de anos até que a teoria "espiritual" das doenças cedesse lugar à ciência, que identificou os micróbios como os culpados invisíveis por deixar as pessoas doentes.

Meu objetivo aqui não é explorar o funcionamento interno da mente medieval nem descrever os avanços modernos nas áreas da saúde e da higiene. Em vez disso, conto-lhe essa história para fazer uma pergunta mais ampla: até que ponto nós, modernos, comportamo-nos como os usuários dos penicos de séculos atrás? Toda geração pode olhar para trás e contemplar as loucuras de seus ancestrais, encontrando muitas razões para ficar presunçosa. Na era vitoriana, os mesmos médicos que teriam rido da ideia de as pessoas terem medo de banhos e de fantasmas acreditavam nos contrassensos de sua própria época. As revistas médicas advertiam as mulheres (mas não os homens) que liam romances do risco de se tornarem doentes, estéreis ou até insanas![3]

Nós, seres humanos, gostamos de nos ver como animais racionais. (Chamamo-nos presunçosamente de *homo sapiens*, afinal: Humanos, os Sábios.) Mas somos capazes de nos apegar a muitas crenças tolas – e sofremos por isso. Milhões de pessoas ainda se recusam a acreditar na esmagadora evidência científica de que os seres humanos estão causando o aquecimento global e maciças mudanças climáticas. "É uma farsa perpetrada pelos chineses", dizem alguns, ou "Claro, a Terra está se aquecendo, mas não por alguma coisa que as pessoas fazem". Com isso, geleiras têm continuado a derreter, tempestades vêm se tornando mais frequentes, doenças transmitidas por insetos se proliferam e milhares de pessoas morrem todos os anos em função dessas mudanças. Nos Estados Unidos, milhares de pessoas ainda negam a incontornável evidência científica de que a vacinação infantil não causa autismo e muitos pais se recusam a vacinar os filhos pequenos. Como resultado, as taxas de mortalidade por sarampo e coqueluche subiram nas populações não vacinadas; antes consideradas erradicadas, essas doenças fatais estão voltando.

Uma área importante da psicologia social é a **cognição social**, o estudo da maneira como as pessoas acreditam naquilo que acreditam; como explicam, recordam, predizem, tomam decisões e avaliam a si mesmas e aos outros; e por que esses processos produzem erros com tanta frequência. Embora os seres humanos possam afirmar, com razão, que são a espécie mais adaptável, inteligente e bem-sucedida do planeta, também somos enlouquecidamente propensos a mal-entendidos, conflitos, erros e preconceitos como aquelas que nos deram o penico, há tempos, e a negação da ciência climática e das vacinas hoje em dia.

Este capítulo vai lhe contar a história de nosso "cérebro social", que, ao longo de éons de evolução, criou um grande paradoxo e um grande dilema na vida humana. A evolução dotou-nos de um cérebro que se tornou bem adaptado à vida em pequenos grupos de caçadores-coletores, proporcionando-nos atalhos cognitivos eficazes, aptidões que tornam a vida mais fácil e mais segura, disposição para cooperarmos e cuidarmos uns dos outros. Entretanto, ao analisar este planeta atual, complexo, interconectado e multicultural, podemos ver como esses mesmos mecanismos produzem efeitos negativos, levando-nos a tomar decisões ruins, a ficar presos a nossas propensões e a lutar uns contra os outros por causa do preconceito e do ódio.

Se você acha que usamos nosso poder de raciocínio para determinar a verdade, vai se frustrar ao ver como as pessoas se tornam imunes aos fatos quando discordam de você. Na maior parte do tempo, usamos razão, fatos e análise crítica não para *formar* nossas opiniões, mas para *confirmar* aquilo em que já acreditamos, vemos ou sentimos. Como disse a romancista Anaïs Nin, "Não vemos as coisas como são; vemo-las como *nós* somos".[4] Em grande parte, o modo como entendemos o mundo depende de uma combinação de nossa intuição, nossa personalidade e maneira de perceber o mundo, além de um conjunto de motivos sociais fundamentais.

Limitações cognitivas e sociais estão embutidas na forma como nossa mente funciona, mas, se aprendermos a identificá-las, poderemos impedi-las de nos escravizar. Podemos começar a pensar um pouco melhor, a tomar decisões mais acertadas e a organizar nossa vida de modo mais inteligente. Espero que este capítulo ajude você a pensar a respeito de si e de seus colegas humanos com um pouco mais de humildade e compaixão – qualidades que vão nos aproximar mais de ser verdadeiros *homo sapiens*.

Evolução e o cérebro tendencioso

Há séculos, os filósofos têm afirmado que a cognição humana é completamente racional: todos os indivíduos tentam fazer o melhor para ter razão, para adotar crenças corretas e para maximizar seu prazer enquanto minimizam a dor.

Um dos principais proponentes dessa visão foi Jeremy Bentham (1748-1832), que escreveu que as pessoas decidem o status moral de seu comportamento ou de suas escolhas – o que é bom ou mau, certo ou errado – criando um cálculo de felicidade.[5] Digamos que eu queira comprar um carro. Para determinar a marca e o modelo a comprar, eu adicionaria o prazer que cada marca proporcionaria (desenho esportivo, interior confortável, motor poderoso) e subtrairia a dor (prestações mensais que vão estressar meu orçamento, custo elevado do abastecimento frequente). Depois, selecionaria o carro capaz de me dar o maior prazer com a menor parcela de dor. Para Bentham, o papel do governo e dos sistemas econômicos era assegurar "a maior felicidade para o maior número de pessoas". Outros concordaram: a visão de Bentham tornou-se uma das ideias fundamentais do capitalismo moderno.

As pessoas comuns pensam dessa maneira? Às vezes, com certeza. Muitos adotam o conselho de Benjamin Franklin sobre decisões sábias – comparar os prós e os contras. Todavia, esse método exige que a pessoa tenha informações precisas e úteis e os recursos mentais para pensar racionalmente. Mas nem sempre essas condições existem na vida cotidiana. Por quê? Por duas razões.

Primeiro, ninguém tem uma visão do mundo a partir de um "olho divino" – uma perspectiva onisciente e livre de propensões. Veja o caso daquela compra de um carro. Para começar, não conheço todos os fatos sobre os prós e os contras do veículo, e ouvi algumas histórias negativas sobre vendedores de automóveis e suas táticas. Ademais, minha visão do carro é limitada; aquilo que conheço sobre ele provém basicamente de anunciantes, que são motivados a exagerar suas características positivas, e daquilo que li na internet. Tenho pouca experiência com o carro em si – um *test drive* de dez minutos em vez de dirigi-lo por longos períodos em condições climáticas adversas. Se uma coisa tão comum quanto a compra de um veículo pode estar repleta de informações enganosas (ou omitidas), imagine a dificuldade das pessoas para tomar decisões mais relevantes, como casar ou não (ou se separar!) ou o tipo de emprego que devem escolher.

Segundo, mesmo quando há dados disponíveis e confiáveis, simplesmente não tenho tempo para fazer uma análise plena de todos os problemas com que me defronto. Imagine que eu vá em frente e passe dez horas fazendo pesquisas e sopesando alternativas para aquele carro. Nesse período, tenho uma dezena de decisões a tomar: o que vou comer no almoço? Como devo revisar minhas anotações para a palestra? Qual dos candidatos ao emprego devo contratar? Minha filha precisa mesmo desse aparelho dentário tão caro? Não posso passar horas e horas listando os prós e os contras de toda decisão que preciso tomar num dia; nem você.

É por isso que a maioria de nós são **avaros cognitivos**: buscamos maneiras de conservar a energia cognitiva (mental) e de simplificar a complexidade. Tomamos atalhos e usamos regrinhas práticas. Ignoramos algumas informações para reduzir nossa carga cognitiva; abusamos de algumas informações para não precisar buscar outras; ou seguimos nossa intuição inicial e aceitamos uma alternativa menos do que perfeita porque ela é boa o bastante.[6] As estratégias do avaro cognitivo podem ser eficientes, e às vezes nossa intuição pode levar a boas decisões. Mas, se não forem controladas, essas estratégias nos sujeitam a erros graves.

Como evoluiu o pensar no pensamento

Muito embora os psicólogos tenham feito enormes progressos nas últimas décadas, ninguém ainda compreendeu plenamente como ou por que o cérebro produz experiências conscientes ou como o cérebro dá origem ao sentido de si mesmo. Ao descrever coisas que não compreendemos plenamente, valemo-nos de metáforas; comparamos coisas que não compreendemos com coisas que compreendemos. As metáforas podem ser úteis, mas, se adotadas sem crítica, também podem ser enganosas.

Sempre que tentaram explicar o funcionamento da mente, as pessoas usaram metáforas extraídas da tecnologia de sua época. Ganhou fama a descrição da psique humana feita por Platão, que a comparou a um cocheiro conduzindo uma biga puxada por dois cavalos, um representando a razão e o outro, o desejo. No século 19, o cérebro foi comparado a um telégrafo e, no século 20, a uma central telefônica. Com o advento dos computadores, os psicólogos começaram a descrever as funções da mente como algo comparável a um Mac ou a um PC. Tal como o computador, diz-se que o cérebro humano é capaz de *armazenar* e de *recuperar* memórias; os desvios do pensamento racional costumam ser descritos como "bugs" do sistema operacional, ou resultado de nossa "limitada capacidade de processamento", ou uma redução da "largura de banda cognitiva" em função do estresse.[7]

O computador fornece um vocabulário prático para descrever certas funções e limitações do cérebro, mas, na verdade, nosso cérebro não armazena memórias nem processa informações tal como os computadores. Além disso, como os computadores não se preocupam com o futuro, não temem a morte ou a rejeição, não vivenciam alegria, tristeza, ciúme ou qualquer outra emoção, a metáfora da mente-como-computador é, em última análise, um relato incompleto e pouco satisfatório da vida mental.

Uma metáfora antiga tem sido particularmente enganosa: a representação criada por John Locke (no século 17) da mente como *tábula rasa* ou *lousa em branco*. Essa metáfora retrata nossa mente, personalidade e características como se fossem moldadas inteiramente pelo aprendizado e pela experiência, da maneira como alguém desenharia numa folha de papel em branco. Essa ideia durou séculos e foi adotada com entusiasmo no século 20 pelas tradições psicanalíticas e behavioristas da psicologia. Se você é tímido, nessa visão, é porque experiências com seus pais, e as recompensas e punições que recebeu, *tornaram-no* tímido. John Watson, o fundador do behaviorismo, chegou a afirmar que, com um controle suficiente sobre o ambiente e a combinação certa de recompensas e punições, ele poderia moldar um bebê saudável, escolhido ao acaso, para que fosse praticamente qualquer coisa: médico, advogado, mendigo ou ladrão.[8] Embora Watson tenha conseguido treinar um bebê para ficar assustado diante da visão de um coelho, felizmente ele nunca tentou o experimento de prazo mais longo para transformar crianças pequenas em mendigos ou ladrões.

Essa visão extrema da maleabilidade humana, alegando que você-pode-se-tornar-qualquer-coisa, persiste na sociedade atual, mas perdeu força com os psicólogos à luz das evidências científicas sobre predisposições genéticas. Gêmeos idênticos que são separados no nascimento e educados por famílias diferentes revelam, ainda assim, uma semelhança notável de maneirismos, comportamento, hábitos, atitudes – até posições políticas; e irmãos que crescem na mesma família não ficam mais parecidos em personalidade.[9] Bebês vêm ao mundo com uma pré-programação mental bastante significativa, com um temperamento, uma disposição para aprender línguas e cultura, e até expectativas inatas sobre o funcionamento dos mundos físico e social. Paul Bloom e seus associados[10] descobriram que bebês com a tenra idade de três meses que assistem a um breve espetáculo com fantoches vão procurar depois o boneco cujo comportamento foi útil e não hostil. Essa pesquisa fascinante sugere que chegamos pré-programados com intuições morais e a capacidade de fazer distinções morais muito antes de nossa primeira brincadeira.

Metaforicamente, portanto, nossa mente é mais um esboço do que páginas em branco. A experiência não nos cria do nada; ela desenvolve o que já está ali, revisa-o e o colore com influências pessoais, culturais e sociais. Natureza e criação interagem para nos tornar quem somos. Agora, vamos ver o que a natureza nos deu.

A mente caçadora-coletora e os universais humanos

Segundo a psicologia evolucionista, o cérebro é um órgão que foi modelado e programado pela evolução, adaptado a desafios que nossos ancestrais biológicos, caçadores-coletores, enfrentaram em seu modo de vida de forrageamento durante centenas de milhares de anos.[11] A evolução recompensou características e tendências – inclusive inteligência, força física, impulso sexual e tomada de riscos – que permitiram a nossos ancestrais sobreviver o bastante para passar seus genes aos filhos. Hoje, a maioria dos psicólogos sociais adota essa perspectiva, que lançou imensas luzes sobre a maneira como entendemos a mente humana.

Veja, por exemplo, a fascinante descoberta feita pelo antropólogo Robin Dunbar[12] enquanto lidava com os hábitos de asseio de primatas: ele descobriu uma forte relação entre o tamanho do grupo do animal e o tamanho do neocórtex do animal. O *neocórtex* é a parte do cérebro dos mamíferos que evoluiu por último e que abriga muitas de suas funções avançadas. Nos humanos, ele constitui mais de 75% do volume cerebral, e em suas inúmeras dobras acham-se as regiões responsáveis por processos de ordem superior, como autoconsciência, pensamento consciente, solução de problemas, autocontrole e linguagem. O tamanho especialmente grande e a complexidade do neocórtex, além das habilidades que ele deu aos primeiros humanos, permitiram-nos formar grupos cooperativos maiores do que outros mamíferos e transmitir nosso conhecimento por meio da cultura.

Dunbar descobriu que o tamanho do cérebro parece estabelecer um limite de cerca de 150 pessoas com quem podemos manter relacionamentos estáveis e significativos; as comunidades humanas funcionam de maneira ideal quando não excedem muito esse número. A vida em grupo confere tremendas vantagens, como o compartilhamento de comida e de proteção, mas também impõe desafios cognitivos, como aprender e lembrar informações importantes sobre os membros do grupo – quem está apto a tomar sua comida ou seu parceiro ou parceira. É preciso ter um cérebro grande para acomodar todas as informações sobre os outros membros do grupo e as diversas maneiras como agem. É por isso que, quando tribos de caçadores-coletores cresceram além de 150 membros, aproximadamente, a vida grupal ficou mais difícil e estressante, e as tribos tenderam a se dividir em grupos menores.

A vida moderna alterou essa realidade? Seria razoável presumir que com a mídia e a tecnologia poderíamos ampliar facilmente nosso círculo social bem além desse limite natural, agora que conseguimos atingir milhares de pessoas com uma postagem ou um tuíte. Ainda assim, eis a questão: com quantos de seus amigos ou seguidores online você realmente tem *interações significativas* em dado momento do tempo? Parece que poucas pessoas mantêm comunicações bidirecionais com mais de 150 pessoas. Esse limite se manteve até na era do Facebook e do Twitter, embora, aparentemente, ter centenas ou até milhares de amigos ou seguidores aumente nossa autoestima.[13]

Uma implicação útil de saber sobre o limite de 150 pessoas é que as organizações humanas funcionam melhor quando não se tornam grandes demais – quando podem operar como *comunidades* e não como *burocracias*. Escolas menores têm índices mais baixos de violência e de faltas, relacionamentos melhores e uma qualidade de aprendizado maior do que escolas maiores e impessoais.[14] Lembrar-nos da natureza e das limitações de nossa mente evoluída de caçadores-coletores nos proporciona maneiras de otimizar nossa vida e as instituições.

O longo processo de evolução produziu outros *universais humanos* – características, tendências comportamentais, motivações e sistemas emocionais que todos os humanos manifestam independentemente de sua cultura. Em todas as sociedades (e entre nossos parentes não humanos mais próximos, os chimpanzés), certas expressões faciais indicam as emoções básicas de medo, felicidade, raiva, tristeza, aversão e surpresa. As pessoas preferem parentes próximos aos distantes e parentes distantes a estranhos. As pessoas vivem em unidades familiares, nas quais os homens são mais velhos do que suas companheiras. Na média, os homens mostram-se mais agressivos fisicamente do que as mulheres, e a maioria das atividades é dividida por gênero, com as mulheres cuidando mais dos filhos. Todas as sociedades têm alguma forma de religião, listas de palavras proibidas e normas de conduta. Em todas as sociedades, as pessoas fazem brinquedos para crianças, contam histórias e mitos, fazem música, dedicam-se a mexericos maliciosos e praticam ritos de passagem relacionados com a idade. A existência desses universais aponta para a centralidade da vida grupal para a sobrevivência de nossa espécie. Essas adaptações existem por toda parte porque facilitaram a vida em grupo – e viver em grupos foi crítico para nossa sobrevivência.

Não dá para enfatizar demais o impacto da visão evolutiva da mente humana. Só nos últimos vinte anos, aproximadamente, os cientistas sociais aceitaram plenamente o argumento de que muitas de nossas tendências e motivações ilógicas e desadaptativas – além das generosas, compassivas e comoventes – têm raízes em seu valor para a sobrevivência na era em que vivíamos em pequenos grupos de caçadores-coletores. Mas as mesmas alegorias, erros e distanciamentos da racionalidade que nos serviram bem como caçadores-coletores podem nos deixar em apuros no mundo atual, complexo e multicultural. As regras do jogo mudaram, mas nossas predisposições evolutivas, não.[15]

Como sempre precisamos de outros seres humanos para sobreviver, tornamo-nos extremamente sociáveis e orientados para o grupo – bons jogadores em equipe, como as abelhas, mas também bons competidores, como os chimpanzés. Estamos programados para nos conectar, cooperar, conformar e harmonizar com membros do nosso grupo, mas também para competir por status e por mais recursos dentro do grupo. Estamos programados para sentir preconceito e agressividade, para ficar hostis e alertas a forasteiros e àqueles que percebemos como ameaças. Nosso cérebro desenvolveu rápidos processos mentais para nos alertar para o perigo, para nos ajudar a decidir rapidamente quem era amigo ou inimigo e para nos deixar prontos para lutar com aqueles que considerarmos inimigos ou para fugir deles. Essas tendências nos ajudaram a nos manter vivos quando lutávamos com pedras e bastões, mas, ao longo de milênios, a tendência humana a ver o mundo em termos tribais, nós-e-eles, assentou as bases para conflitos, divisão política, ódio e guerra.[16]

Os vieses embutidos no cérebro

Como pode ver, muitas de nossas peculiaridades e falhas mentais não são meros enganos tolos ou aleatórios, nem defeitos no projeto de nosso cérebro. O cérebro humano foi idealizado para trabalhar com eficiência, mas surgiram algumas peculiaridades e falhas no caminho. Uma característica é o **viés do ponto cego**, a crença de que somos mais objetivos e menos tendenciosos do que a maioria das pessoas. Temos a propensão a pensar que não temos propensões! Esse viés do ponto cego deriva do fato de que muitas de nossas crenças operam *implicitamente*, ocultas por trás da percepção consciente. Quando vemos nosso próprio comportamento, conhecemos o contexto e podemos nos desculpar por isso; sabemos o que sentimos, afinal. Mas, quando vemos o comportamento dos outros, deixamos de lado todo o contexto. É por isso que é fácil ver a hipocrisia nos outros, mas não em nós mesmos. O político que está ocupado condenando outro político por ter um caso amoroso pode estar fazendo a mesma coisa dentro do próprio gabinete. O viés do ponto cego permite-nos justificar facilmente nossas próprias ações hipócritas ("Ele é um safado imoral, mas eu tenho o direito de manter esse caso porque estou sob muita pressão").[17]

Pior: estamos sujeitos ao *realismo ingênuo*, a tendência a acreditar que nossa interpretação subjetiva da realidade é a realidade. *Nós* vemos as coisas tal como realmente são; esses outros sujeitos são tendenciosos. Essa crença torna mais fácil achar que todos que não compartilham nossa perspectiva são mal orientados, ignorantes, egoístas – ou maus. A história demonstra, com muita frequência e de modo trágico, como é mais fácil as pessoas cometerem atos de ódio e de crueldade quando estão convencidas de que têm toda a razão e os outros estão errados.[18]

De todos os vieses da mente, o **viés de confirmação** está no centro da maneira como vemos o mundo e processamos informações: percebemos, recordamos e aceitamos informações que *confirmam* aquilo que já sabemos, e tendemos a ignorar, esquecer e rejeitar informações que *contradizem* aquilo em que acreditamos. Em um experimento realizado por Mark Snyder e William Swann,[19] foi dito a estudantes universitárias que a pessoa que estavam prestes a conhecer era ou extrovertida (afável, calorosa e amigável) ou introvertida (reservada, fria e distante). Então, pediu-se que preparassem um conjunto de perguntas que gostariam de fazer a essa pessoa para conhecê-la melhor. Como eram as perguntas que fizeram? Esperava-se que as estudantes que achavam que iam conhecer um extrovertido fizessem perguntas que confirmariam sua expectativa, como "O que você faz para animar uma festa?" e "Em que situações você é mais tagarela?". Aquelas que esperavam conhecer um introvertido fariam, com mais probabilidade, perguntas como "Em que situações você gostaria de ser mais animado?" e "Do que você não gosta em festas barulhentas?". Perceba que, qualquer que seja a resposta do questionado, provavelmente as hipóteses das questionadoras sobre a pessoa serão confirmadas. Ou seja, uma pessoa que não é particularmente introvertida ou extrovertida vai parecer extrovertida quando responder ao primeiro conjunto de perguntas, e introvertida quando responder ao segundo conjunto.

O viés de confirmação ajuda a explicar por que as pessoas se apegam tenazmente a crenças refutadas. Elas procuram qualquer vestígio de evidência para apoiar seu desejo de estarem certas, para não terem de "mudar de ideia". Em nosso passado evolutivo, esse viés teria sido adaptativo, levando nossos ancestrais a usar uma estratégia do tipo "se funciona, fique com ela". Mas, no mundo moderno, às vezes essa estratégia pode nos levar a becos escuros ou sem saída.

O viés egocêntrico

O ser humano é uma espécie social, mas também egocêntrica: temos tendência a nos colocar no centro de nosso próprio universo. É por isso que as pessoas se lembram melhor de novas informações caso consigam aplicá-las a elas mesmas do que se acharem que só afetam outras pessoas.[20] Se estão trabalhando em grupos, tendem a focalizar e a recordar melhor seu próprio desempenho do que o desempenho dos colegas. E, quando têm papel ativo na geração de uma informação, as pessoas se lembram melhor dessa informação do que quando a recebem passivamente.

É possível perceber o **viés egocêntrico** em você mesmo caso já tenha se sentido absolutamente certo de que o mundo inteiro viu a espinha no seu rosto ou está fofocando sobre o dia ruim que você está tendo. Muitos adolescentes temem ir à escola se virem subitamente um problema que acham que "todos vão perceber". Os psicólogos sociais descobriram, porém, que essas preocupações costumam ser grandemente exageradas. As pessoas sentem que o holofote social brilha sobre elas com mais vigor do que na verdade o faz, um viés que Thomas Gilovich e seus associados chamaram de **efeito holofote.**[21] Em um experimento, pediu-se a estudantes universitários que usassem uma camiseta chamativa – com uma foto grande de Barry Manilow estampada – e entrassem depois numa sala repleta de colegas. Mais tarde, os participantes imaginaram que cerca de metade de seus pares tinha visto e reagido negativamente à camiseta, mas, na verdade, apenas uns 20% chegaram a percebê-la.

Podemos achar que estamos no holofote quando imaginamos como os outros nos veem, mas também sentimos que notamos e observamos mais os outros do que eles nos notam e observam – uma forma de egocentrismo chamada de *ilusão da capa de invisibilidade*. Um exemplo: estudantes de um experimento que ficaram numa sala de espera com um estranho estimaram erroneamente, mais tarde, que haviam prestado muito mais atenção no estranho do que pensaram que ele prestou atenção neles. Os participantes relataram consistentemente essa sensação de invisibilidade – a menos que estivessem usando uma camiseta fornecida pelo experimentador, dessa vez estampada com uma foto grande de Pablo Escobar. A moral da história é que é muito difícil superarmos nossa percepção da realidade quando estamos estimando como os outros veem as coisas.

O viés egocêntrico pode nos levar a aceitar lisonjas e falsidades indiscriminadamente. O grande produtor de espetáculos circenses P. T. Barnum teria dito que "nasce um trouxa a cada minuto", e seu nome se aplica atualmente a um fenômeno psicológico comum. O *Efeito Barnum* refere-se ao fato de que quando as pessoas recebem descrições vagas e abrangentes delas mesmas, que poderiam se aplicar praticamente a qualquer um, costumam dizer: "Incrível! *Exatamente*, esse sou eu!". Esse efeito ajuda a explicar por que tantas pessoas acreditam erroneamente na precisão da astrologia, nas adivinhações das cartas e até em alguns testes de personalidade da psicologia popular.[22] Imagine que você vá fazer seu mapa astrológico e eu lhe diga: "Você é um tanto reservado em situações sociais pouco familiares. Vê a vida com uma mistura de otimismo e pessimismo. Tem a mente aberta, mas pode se manter firme quando a situação exige". Você pensaria que sou um leitor particularmente talentoso das estrelas e de sua própria personalidade? Reflita por um momento e veja que essa descrição se ajusta praticamente a qualquer um. Mas, como temos a tendência a pensar egocentricamente, a maioria vai achar que é uma descrição perfeita da própria personalidade.

Por que o mau é mais forte do que o bom

Uma característica curiosa da mente humana desenvolvida é sua orientação para a negatividade: temos a tendência a nos concentrar mais em ameaças potenciais do que em bênçãos, uma propensão que costuma ser chamada de **viés de negatividade**. Descobrimos rostos zangados numa multidão mais depressa do que rostos sorridentes. Interações negativas no escritório são bem mais influentes do que as positivas, e os funcionários lembram-se melhor dos comentários e comportamentos negativos de seus chefes do que dos positivos. O feedback negativo exerce um impacto emocional mais poderoso do que o feedback positivo. A má notícia é compartilhada mais rápida e frequentemente do que a boa notícia.[23]

Pessoas que ganham dinheiro na loteria desfrutam de um pico de felicidade, mas acabam voltando a seu "set point" de felicidade pré-loteria.[24] Isso também acontece depois que perdemos dinheiro, erramos um teste ou outros eventos negativos: adaptamo-nos às novas circunstâncias e nossos sentimentos voltam à linha de base. Porém, consistente com a teoria evolutiva, entrevistas com ganhadores de loteria e vítimas de acidentes mostram que, na média, leva-se mais tempo para voltar à linha de base após experiências ruins do que após as boas. Roy Baumeister e seus colegas notaram que eventos negativos têm tipicamente mais poder do que os positivos. É uma adaptação evolutiva, concluíram, que o *mau seja mais forte do que o bom*, pois animais com percepção aguçada do perigo, da dor, do fracasso e de outras experiências negativas teriam mais probabilidade de sobreviver a ameaças e, consequentemente, melhores chances de passar adiante seus genes.[25]

Esse viés evolutivo de negatividade é mais uma razão pela qual nem sempre somos os animais racionais que os economistas têm imaginado. Do ponto de vista econômico, por exemplo, faz tanto sentido para mim lamentar a perda de 50 dólares quanto comemorar um ganho de 50 dólares. Afinal, é a mesma quantia. Entretanto, experimentos têm mostrado repetidas vezes que a angústia sentida pelos participantes quando perdem dinheiro tende a ser maior do que a alegria sentida ao ganharem a mesma quantia.[26] Tendo a oportunidade, é mais provável que as pessoas procurem evitar uma perda do que tentem obter um ganho, um fenômeno conhecido como **aversão à perda**.

Enquadrando as opções para enfatizar as perdas, pesquisadores e legisladores podem influir no comportamento e na tomada de decisões das pessoas.[27] Num experimento de campo que fiz com dois de meus estudantes, Mark Costanzo e Marti Gonzales,[28] usamos a aversão à perda para levar as pessoas a investir em isolamento térmico para suas casas. Em uma condição, após examinarem cada casa, especialistas em energia forneceram a cada proprietário uma descrição detalhada de quanto dinheiro poderiam *economizar* anualmente em aquecimento instalando o isolamento. Na outra condição, os auditores forneceram a mesma informação, mas disseram aos proprietários quanto estavam *perdendo* diariamente – que não fazer nada a respeito era como jogar dinheiro pela janela. Os proprietários na condição de "perda" mostraram-se duas vezes mais inclinados a investir o dinheiro no isolamento de suas casas do que aqueles na condição de "economia".

Compreender o viés de negatividade mostra-nos como sair dele. Apesar de alguns de nós terem ganhado na loteria do temperamento e serem dotados de uma disposição alegre, outros precisam buscar ativamente o que é positivo na vida, expondo-se à beleza, a pequenos prazeres e à bondade nos outros, justamente porque fazer isso não é nossa tendência automática.[29] Podemos aprender a focalizar as coisas pelas quais somos gratos e a fazer coisas boas pelos outros, hábitos que compensam o viés de negatividade ao gerar satisfação.[30]

Os dois sistemas de pensamento da mente

A mente humana está dividida segundo duas formas de processamento: automático e controlado. O **processamento automático** refere-se a operações inconscientes (*implícitas*) e involuntárias que guiam a maior parte de nosso comportamento: associações ou rotinas bem aprendidas que nossos sistemas mentais realizam sem esforço, sem percepção consciente. Esse é o tipo de pensamento que o cérebro animal tem tido há meio bilhão de anos – reações rápidas e eficazes a estímulos sensoriais. Podemos realizar muitas operações automáticas ao mesmo tempo, motivo pelo qual motoristas experientes podem dirigir sem prestar atenção conscientemente em todos os incontáveis ajustes e decisões que estão fazendo e tomando (conferindo o retrovisor, mantendo-se atentos a *outros* motoristas que estão digitando mensagens etc.). Quando lemos fragmentos simples de texto numa página, detectamos a raiva na voz de um amigo, completamos a frase "arroz com _____" ou categorizamos uma pessoa pela raça, gênero ou idade, estamos nos valendo do processamento automático.

O **processamento controlado**, em contraste, é o esforço consciente (*explícito*) que fazemos para lidar com novos problemas, como aprender a dirigir, resolver problemas matemáticos complexos, tentar lembrar do nome de um filme ou responder a perguntas como "Por que você ama seu namorado?". Em termos evolutivos, esse tipo de pensamento é mais recente e está atrelado ao desenvolvimento da linguagem. Ele é mais lento e *sequencial* – processamos um pensamento depois do outro, e não vários em paralelo. Em seu influente livro *Rápido e devagar: duas formas de pensar*, Daniel Kahneman,[31] psicólogo ganhador do prêmio Nobel, descreve esses dois sistemas e mostra as implicações de sua operação numa vasta gama de fenômenos psicológicos.

A maioria das decisões envolve um processo de duas etapas. Nosso sistema automático produz primeiro uma avaliação rudimentar da realidade – uma intuição, um sentimento, uma preferência impensada. Depois, se estivermos motivados e tivermos acesso a informações válidas, usamos pensamentos mais controlados ou ponderados para modificar as impressões iniciais. Fazemos isso o tempo todo – quando, por exemplo, decidimos se uma ideia é tão útil quanto presumimos intuitivamente, se uma situação é segura ou perigosa, ou se nosso vizinho está sendo descuidado ou intencionalmente maldoso.

Como exige mais tempo, foco, esforço e energia do que o pensamento automático, o processamento controlado está propenso a fadiga e distrações, e por isso procuramos atalhos. Quando isso acontece, nossas primeiras impressões e impulsos podem ficar sem correção. Além disso, ao contrário do processamento automático, o processamento controlado não consegue fazer duas coisas ao mesmo tempo. É por isso que tantos estudos têm mostrado que, apesar do que você possa pensar egocentricamente sobre as próprias habilidades, é impossível ser multitarefas de modo eficaz.[32] (Quando você está tentando digitar e dirigir, uma dessas ações vai dar errado.) Os seres humanos costumam ter certo orgulho de sua habilidade no processamento controlado, mas Jonathan Haidt[33] estima que nosso raciocínio consciente – "o fluxo de palavras e imagens que percebemos plenamente" – represente apenas 1% de nosso pensamento. Os outros 99% acontecem fora da percepção consciente, mas é essa porcentagem, ele argumenta, que realmente governa a maior parte de nosso comportamento.

Compreendendo como a evolução moldou nossos processos cognitivos, conseguimos abordar os problemas sociais com maior compreensão. Agora, podemos nos dedicar a algumas características sociais de nossa mente que têm relevância especial.

Evolução e o cérebro social

Sempre me fascinou ver como as pessoas são fascinantes. Na verdade, todos nós. Ninguém precisa ser estimulado a participar de mexericos, até mexericos sobre pessoas que nunca vão conhecer. Com efeito, pagamos para fazer isso: a revista com o maior número de leitores e a maior receita de propaganda nos Estados Unidos é a *People*, uma publicação que compartilha detalhes sobre a vida das celebridades – estranhos que podemos sentir que conhecemos, mas com os quais não temos nenhuma relação. As pessoas pagam pela *People*, embora possam satisfazer seu quociente de mexericos na internet 250 vezes por dia.

Outro marcador que revela a maneira como nosso cérebro é programado para ser social é a facilidade com que interpretamos as coisas em termos humanos. Frequentemente, as pessoas veem um rosto em lugares improváveis: na superfície da Lua, em batatas fritas, numa fatia de torrada ou, a mais famosa, num pãozinho de canela, que mostraria o rosto de Madre Teresa. Ligamos estímulos aleatórios a padrões significativos, e na maior parte do tempo esses padrões envolvem pessoas, muito provavelmente porque as pessoas estão em nossa mente.[34]

Numa demonstração clássica dessa tendência, Fritz Heider e Marianne Simmel[35] mostraram a estudantes universitários um curto filme de animação no qual algumas formas geométricas se movem pela tela, dentro e fora de um grande retângulo, de maneiras determinadas aleatoriamente. Os estudantes receberam uma instrução simples: assistir ao filme e "anotar o que aconteceu". Um dos 34 espectadores descreveu literalmente o filme: "Um grande triângulo sólido aparece entrando num retângulo. Ele entra e sai desse retângulo, e a cada vez o canto e metade de uma das laterais desse retângulo formam uma abertura". Esse sujeito foi o único. Quase todos os demais leram alguma coisa na cena e contaram uma história sobre pessoas, como esta:

> Um homem tinha planejado encontrar-se com uma moça, e a moça aparece com outro homem. O primeiro homem manda o segundo ir embora; o segundo diz o mesmo ao primeiro, e meneia a cabeça. Os dois homens passam a brigar e a moça começa a entrar na sala para sair da frente, hesita e finalmente entra. Aparentemente, ela não quer ficar com o primeiro homem. O primeiro homem segue-a pela sala depois de ter deixado o segundo bastante debilitado, encostado na parede externa do recinto. A moça fica preocupada e corre de um canto para o outro na parte mais distante da sala.

Essa foi a reação ao assistir a um filme sobre retângulos e triângulos! Nossa mente raramente se satisfaz em relatar o mundo tal como ele parece. Quando nos perguntam o que aconteceu, criamos histórias rápida e automaticamente. Vamos além das informações dadas e atribuímos intenções, motivos e personalidades humanas até mesmo a figuras geométricas, objetos inanimados e, cada vez mais no mundo de hoje, robôs. Tratamos R2-D2, Siri e Alexa como se fossem humanos.

Para outra janela em seu cérebro social, pense nisto: aonde vai a sua mente quando ela está *vagando*? Por onde ela vaga? Em que você pensa quando está "sem tarefas"? A **rede de modo padrão** é um conjunto de regiões interativas do cérebro que ficam ativas quando não estão dirigidas a uma tarefa ou focalizadas no mundo exterior. Essa rede também fica ativa quando pensamos explicitamente em pessoas. É por isso que, quando nossa mente vaga, ela costuma envolver temas sociais: planos que estamos fazendo com amigos, lembranças de pessoas queridas, conflitos com parceiros, fantasias sexuais sobre pessoas de todos os tipos ou problemas causados por outras pessoas. Vemos histórias humanas em tudo, pois as pessoas nunca estão distantes de nossos pensamentos.[36]

A lição aqui é que, se você quiser vender um produto, levar crianças a se interessarem por matemática ou história ou motivar seu melhor amigo a procurar ajuda para um problema com bebidas, conte-lhes histórias sobre uma *pessoa* – ou as leve a contar uma história. Num experimento realizado por David Hamilton,[37] dois grupos de estudantes universitários leram declarações sobre comportamentos humanos cotidianos, mas cada grupo recebeu um conjunto diferente de instruções. Um grupo foi orientado a se lembrar da informação porque mais tarde seriam testados em sua capacidade de recordar; o outro foi orientado a formar uma impressão geral sobre como seria a pessoa que estava fazendo essas coisas. Esse segundo grupo não foi advertido sobre o teste de recordação. O que aconteceu? O grupo de formação de impressões lembrou-se de mais fatos do que aqueles que estavam tentando memorizar fatos para o teste de recordação. Pensar em "termos de pessoas" melhora a memória, pois, quando uma tarefa envolve pessoas, a rede de modo padrão é acionada, o que ajuda a armazenar as memórias.

Por que a dor social machuca tanto

"Meu coração está partido." "Meus sentimentos foram feridos." Apesar das diferenças óbvias entre um coração partido e uma perna quebrada, a razão para os seres humanos falarem assim sugere que a *dor social* – o ferimento da rejeição, da humilhação ou do insulto – machuca tanto quanto a dor física. Pense em uma ocasião em que você sofreu rejeição ou passou alguma vergonha em público. É provável que tenha sentido isso fisicamente, um sentimento que embrulhou o estômago, talvez, ou que deixou seu rosto vermelho e quente.

Pode ser difícil acreditar nisso quando você está sofrendo depois de uma separação, mas a capacidade de sentir dor social era uma valiosa ferramenta de sobrevivência para os primeiros humanos.[38] Nosso cérebro volumoso exige uma cabeça grande para alojá-lo, o que significa que bebês humanos precisam nascer relativamente imaturos, enquanto a cabeça pode passar pelo canal de parto. Eles não conseguem se alimentar ou cuidar de si mesmos enquanto o cérebro e o corpo se desenvolvem fora do útero. Portanto, precisam viver perto de cuidadores para obter alimento e proteção, e esse tipo de conexão com outras pessoas mantém-se crítico ao longo da vida para garantir segurança e acesso a recursos. A dor emocional servia ao propósito de assegurar que as pessoas se importassem com a ruptura ou o risco de ruptura de conexões sociais; indivíduos que não se comoviam com separações ou rejeição não duravam muito.

Naomi Eisenberger e Matthew Lieberman[39] observaram o cérebro de estudantes universitários através de imagem por ressonância magnética funcional (fMRI) – um procedimento que identifica as regiões cerebrais ativas pelo monitoramento do fluxo sanguíneo – enquanto cada um deles jogava um jogo de *cyberball* com outros dois jogadores. Em um dado momento, os outros dois excluiriam do jogo a pessoa sendo monitorada e não lhe passavam mais a bola. A fMRI revelou um padrão de ativação no cérebro do estudante excluído paralelo àquilo que é visto quando as pessoas sofrem picadas com agulha, choques elétricos ou outras dores físicas induzidas experimentalmente.

Esse resultado sugere que o sistema mental envolvido com a conectividade humana ligou-se ao sistema já envolvido com a sinalização da dor física. Isso explica por que insultos, afastamentos e xingamentos não são menos sérios do que ferimentos físicos. Crianças que são rejeitadas ou provocadas na escola podem sofrer efeitos graves e duradouros; com efeito, muitos adultos se lembram com muito mais clareza de experiências de rejeição na infância do que de castigos físicos.[40]

O pensamento nós-eles da mente tribal

A evolução moldou nossa mente para ser *tribal*, peculiarmente sintonizada na categorização de outros indivíduos como parte do *nós* ou parte do *eles*. Assim que vemos alguém que não nos é familiar, colocamo-lo instantaneamente numa caixa: você é perigoso? Você tem intenções hostis? É atraente? É competente? Você é frio e me rejeita ou caloroso e me acolhe?[41] Em última análise, perguntamos: você é um de nós ou um deles?

Não leva muito tempo para o pensamento nós-eles funcionar. Meu filho Josh adora contar a história de que há muitos anos, quando ele e seus três irmãos eram pequenos, geralmente competiam uns com os outros pela minha atenção ou a de minha esposa, ou pelo último pedaço de pizza, ou discutiam para ver de quem era a vez de guardar a louça, mas na maioria das vezes eram apenas quatro crianças dedicando-se aos próprios interesses e agendas. Porém, fora de casa, em férias com a família ou num lugar diferente, transformavam-se numa *equipe*, uma família unida pelo sentimento nós-contra-o-mundo. Um velho provérbio beduíno diz: "Eu contra meu irmão, meu irmão e eu contra meu primo e todos nós contra o estranho". Esse provérbio capta perfeitamente o modo como nossa mente tribal divide o mundo em gradações de nós e eles.

Em uma linha clássica de pesquisa, Henri Tajfel[42] explorou os efeitos da divisão de objetos e pessoas em grupos. Como judeu polonês que lutou com o exército francês contra os nazistas e acabou num campo alemão de prisioneiros, Tajfel desenvolveu um profundo interesse pela identidade social; mais tarde, quando se tornou psicólogo social, desenvolveu a **teoria da identidade social**, que descreve como nossa participação em grupos religiosos, políticos, regionais, nacionais ou ocupacionais (como batistas, muçulmanos ou judeus; texanos ou nova-iorquinos; bombeiros ou enfermeiros) estimula uma sensação de pertencimento e de autoestima, moldando nosso pensamento sobre pessoas dentro e fora de nosso grupo.

A pesquisa de Tajfel revelou que, depois que dividimos as pessoas em grupos, nossa mente leva-nos automaticamente a exagerar as diferenças entre *nós* e *eles*, em lugar de perceber semelhanças. Enquanto temos a tendência a ver as pessoas de nosso grupo – o **endogrupo** – como uma coleção de indivíduos únicos, tendemos a ver aqueles do **exogrupo** como mais parecidos – "são todos iguais", costumam dizer as pessoas, ou "para mim, são todos parecidos". Com efeito, "eles" quase sempre são parecidos. Este é um erro perceptivo comum: pessoas brancas que avaliam um conjunto fotográfico de rostos terão mais dificuldade para distinguir uns dos outros se os rostos forem asiáticos ou negros do que se forem brancos. Asiáticos têm exatamente o mesmo problema para distinguir rostos negros ou brancos. Dá para imaginar como esse viés pode prejudicar a identificação correta feita por testemunhas: testemunhas brancas terão a tendência significativamente maior a confundir erroneamente uma pessoa negra com outra.[43]

Também somos bem mais caridosos ao julgar membros de nosso próprio grupo do que quando julgamos "eles". Não vemos as pessoas de nosso grupo só como mais variadas; vemos nosso grupo como melhor e mais merecedor. Esse *viés endogrupal* confere sentimentos de orgulho e estima: distorcemos nossas percepções do mundo para que nosso grupo pareça melhor do que outros, e nos sentimos melhor porque fazemos parte dele.

Favorecer nosso próprio grupo pode parecer muito razoável, pois geralmente preferimos estar no grupo com base em diferenças reais de gostos, valores, crenças e ideologia política. Porém, os seres humanos têm uma tendência tão natural a dividir o mundo em *nós* e *eles* que o viés endogrupal emerge mesmo quando a participação no grupo baseia-se em diferenças triviais, até insignificantes. Tajfel[44] dividiu aleatoriamente pessoas absolutamente estranhas em grupos rotulados "Grupo X" ou "Grupo W". Esses estranhos nunca interagiram durante o estudo, e suas ações foram completamente anônimas, mas comportaram-se como se aqueles que compartilhavam seu rótulo sem significado (X ou W) fossem seus bons amigos ou parentes próximos. Em estudos e mais estudos, apenas com base na designação dos grupos, os participantes preferem aqueles que compartilham seu rótulo; consideram sua personalidade mais agradável e que são mais inclinados a produzir trabalhos melhores do que as pessoas agrupadas em um rótulo diferente. Até alocam mais dinheiro e recompensas para aqueles que estão no seu "grupo".

Por que discriminamos tão prontamente e tanto com base em tão pouca coisa? Porque isso está no nosso DNA. Para caçadores-coletores, compensa prestar atenção nas diferenças entre membros da própria tribo, que podem ser concorrentes, e forasteiros, que provavelmente serão atacantes. A formação de coalizões, o agrupamento de indivíduos em equipes, surge naturalmente quando há um propósito compartilhado que também beneficia cada membro. A coesão em nossa própria tribo ou equipe foi altamente adaptativa porque compartilhamos recursos e desfrutamos da proteção do grupo contra constantes ameaças externas.

Infelizmente, volta e meia permitimos que nossa participação no grupo pense por nós. Geoffrey Cohen e colegas[45] recrutaram um grande número de pessoas que se intitulavam liberais e conservadoras e pediram-lhes que avaliassem propostas para dois programas de reforma de previdência social: um era um programa mais generoso e o outro um programa mais austero, que proporcionava menos benefícios aos destinatários da previdência. Como esperado, os liberais preferiram o plano generoso e os conservadores favoreceram o plano mais rigoroso. Em seguida, um grupo diferente de liberais e conservadores analisou os mesmos planos, que foram rotulados como se tivessem sido propostos por democratas ou republicanos. Dessa vez, o endossamento ao grupo foi muito mais forte do que ao conteúdo da proposta: os liberais preferiram o plano que acharam proceder dos democratas; e os conservadores, o que imaginaram vir dos republicanos – independentemente do conteúdo lido. O conteúdo objetivo das políticas *não teve efeito algum* sobre os avaliadores. Notavelmente, esse efeito "partido político acima da política" foi tão forte entre pessoas que entendiam de previdência social quanto entre pessoas que não entendiam. Além disso, os participantes afirmaram que tinham formado sua posição *de maneira lógica*, com base apenas na política apresentada, embora ficasse claro que suas preferências haviam sido motivadas pela filiação a um grupo.

Ligue no noticiário e ouça os especialistas em política defendendo o candidato ou a posição de seu partido, e verá esse fenômeno repetir-se muitas vezes. (Muitos congressistas republicanos passaram anos opondo-se à Lei de Proteção e Cuidado Acessível ao Paciente, proposta pelo ex-presidente Barack Obama, embora essa lei esteja baseada quase por completo em um programa de sucesso implementado em Massachusetts pelo republicano Mitt Romney.) Leia a coluna de comentários de qualquer história com viés político e verá a mesma coisa: a desvalorização reflexiva feita por *nós* sobre quaisquer ideias provenientes *deles*.

Essas propensões aparecem sempre que times ou grupos têm interesses competitivos, como mostra outro estudo clássico de espírito partidário entre torcedores em um jogo de futebol americano entre Princeton e Dartmouth. O jogo é lembrado como o mais difícil e sujo na história de ambas as universidades. Em algum momento após a partida, Albert Hastorf, de Dartmouth, e Hadley Cantril, de Princeton,[46] visitaram as duas universidades e mostraram filmes do jogo aos estudantes. Eles foram instruídos a se manter completamente objetivos enquanto assistiam à partida e a anotar cada infração às regras – como começou e quem foi o culpado. Tal como no estudo dos partidários políticos, houve uma grande diferença na maneira como estudantes de cada universidade viram o jogo: cada lado enxergou os colegas como vítimas e não como autores de agressões ilegais. Além disso, a distorção não foi pequena. Os estudantes de Princeton viram duas vezes mais infrações por parte dos jogadores de Dartmouth do que os estudantes de Dartmouth.

Os cientistas cognitivos Steven Sloman e Philip Fernbach[47] afirmam que pensamos literalmente como grupo e não como indivíduos racionais, especialmente no complexo mundo de hoje, no qual precisamos dos conhecimentos especializados de outros para quase tudo que fazemos. Pode ser preciso uma tribo para criar uma criança, mas também é preciso uma tribo para curar uma doença, ir à Lua ou projetar um carro que se conduz sozinho. Sob a perspectiva evolutiva, confiar no conhecimento dos outros tem funcionado bem para os seres humanos – exceto, é claro, quando não funciona.

O pensamento tribal é natural, mas será inevitável? Não necessariamente. Nossa história está repleta de alianças que mudam e de atitudes baseadas em distinções nós-eles. Um aliado que consideramos fantástico em dado ano pode se tornar inimigo ou concorrente no ano seguinte, ou vice-versa. Como mostram Daniel Rudkin e Jay van Bavel,[48] tais mudanças oferecem a esperança de não precisarmos nos resignar com um futuro de tribalismo. Podemos nos educar a corrigir esses impulsos automáticos embutidos que *nos* tratam como amigos e a *eles* como ameaças. Nos experimentos, se membros do grupo recebem tempo e motivação para aplicar razão e deliberação – para pensar se seria justo punir um membro de um exogrupo –, eles se mostram menos aptos a discriminar ou a agir com injustiça.[49]

Principais motivos sociais

Os seres humanos têm muitas necessidades físicas universais para a sobrevivência, mas também temos certos motivos *sociais* básicos que moldam nosso pensamento, nossas emoções e nossos relacionamentos. Todos os seres humanos procuram motivos sociais em graus variados, conforme ditam sua cultura, sua personalidade individual e os detalhes da situação. Quando esses motivos são satisfeitos, temos tendência a nos sentir bem; quando são frustrados ou quando as circunstâncias nos colocam em conflito, sentimo-nos estressados, tristes e até menos humanos. Susan Fiske, pioneira na pesquisa de cognição social, identificou um grupo principal desses motivos.[50]

Pertencimento

De todos os motivos que governam a vida social, o mais importante é o **pertencimento**: nosso desejo de manter conexões estáveis e significativas com os outros.[51] Ansiamos por nos encaixar; como vimos antes, até uma dose suave de exclusão durante um jogo de *cyberball* com dois estranhos invisíveis faz disparar alarmes em nosso cérebro similares aos da dor física.

Estudantes universitários que se recordam de episódios de exclusão, ou que foram excluídos durante um breve jogo no laboratório, classificaram-se posteriormente como "menos humanos" do que estudantes que não foram levados a se sentir excluídos.

Esse motivo social fundamental é a razão pela qual longos períodos de isolamento involuntário não são apenas desagradáveis; também são psicologicamente danosos, gerando depressão, ansiedade e impulsos autodestrutivos. A taxa de suicídio em prisioneiros mantidos em confinamento solitário é muitas vezes maior do que na população carcerária total; é, realmente, a punição mais cruel.[52] Craig Haney, que estudou prisioneiros que ficaram anos em isolamento total, observou que "eles não têm certeza de existir e, quando têm, não sabem quem realmente são".[53]

Em um nível menos extremo, a sensação de desconexão social pode levar as pessoas a perder a capacidade de regular suas emoções e de controlar sua atenção, comportamento e impulsos. Estudantes rejeitados ou isolados tendem a se sair pior em provas, a comer depressa e a se comportar de maneira mais agressiva do que estudantes que se sentem parte de um grupo.[54] A sensação de pertencimento ameaçada ou diminuída também muda a forma como as pessoas processam e interpretam informações, tornando-as ao mesmo tempo mais abertas à interação com outras, mas também mais cautelosas quanto à rejeição – e, assim, hipersensíveis ao comportamento dos demais.[55] É como se dissessem a si mesmas: "Quero realmente ser aceita por este grupo, mas vou ficar alerta para sinais de que não me querem aqui".

A necessidade de pertencer fomenta conformidade e relacionamentos tranquilos, gerando muitos de nossos costumes. Veja o caso da música. Por que toda cultura conhecida desenvolveu alguma forma de canção, dança, ritmo ou melodia? Seria um subproduto da evolução, sem valor especial? Tendo em vista a universalidade da música, essa resposta é improvável. Na verdade, a música existe em toda parte por causa de seu poder de organizar os indivíduos em grupos ou times coordenados de uma forma que nada mais consegue fazer, transmitindo informações sobre o humor de um grupo ou um propósito específico para muitas pessoas ao mesmo tempo. Pense nos tambores das guerras tribais ou marchas militares, que colocam os soldados em ordem e os preparam para a batalha. Pense em como as músicas universitárias de motivação em eventos desportivos animam e organizam milhares de espectadores individuais numa multidão unificada. Pense na plateia de concertos oscilando em sincronia com a música, e como podemos ir às lágrimas, rir ou dançar ao som de nossas canções favoritas. A música é essencial porque ela nos conecta emocionalmente com os outros.[56]

Compreender os outros e predizer com precisão

Os seres humanos têm um motivo forte para serem precisos na maneira de ler e entender pessoas e situações – precisos o bastante para navegar o mundo com segurança e otimizar os relacionamentos. Queremos ser capazes de predizer o que vai acontecer e de compreender as coisas que acontecem. Quando a motivação para compreender é frustrada, a incerteza que sentimos pode ser irritante; quando uma situação é estável e certa, podemos nos organizar, adaptarmo-nos e ir em frente. A incerteza nos mantém no limbo, incapazes de prepararmo-nos para o que virá. Com efeito, sentimo-nos melhor sabendo com certeza que alguma coisa ruim *vai* acontecer do que suspeitando que alguma coisa ruim *pode* acontecer.

Em um estudo,[57] os participantes jogaram videogame enquanto estavam conectados a um gerador de choque e a um monitor que indicava níveis de estresse. Recebiam um choque suave mas dolorido na mão sempre que viravam uma pedra digital e encontravam uma cobra digital sob ela. À medida que prosseguiam, alguns jogadores foram melhorando a capacidade de predizer quais pedras tinham cobras escondidas, podendo prever quando iriam receber um choque; eles não podiam evitar o choque, mas sabiam quando iria acontecer. Para outros jogadores, porém, a chance de encontrar a cobra ficava mudando, e os choques permaneciam imprevisíveis. Jogadores que tinham certeza de que iam encontrar uma cobra tiveram níveis de estresse significativamente menores do que aqueles que não tinham certeza.

Controle

A certeza, mesmo a certeza dolorosa, satisfaz um terceiro motivo social importante: a *necessidade de controle*, a sensação de que temos autonomia e competência para dirigir nossas próprias ações e fazer as coisas acontecerem. A sensação de controle contribui para nosso bem-estar porque nos confere sentimentos como iniciativa e competência para fazer as coisas. A sensação de falta de controle é desagradável, e, no longo prazo, pouco saudável. Bruce McEwen[58] descobriu que humanos e outros primatas que estão nos escalões inferiores das hierarquias sociais – que têm um controle relativamente limitado sobre a própria vida e que podem ser maltratados por um chefe ou um macaco maior e mais dominador – tendem a sofrer mais doenças relacionadas com estresse e morrem significativamente mais cedo do que seus pares de status superior.

Para muitas pessoas, o senso de controle é tão importante para o bem-estar que elas agem como se tivessem controle mesmo sem tê-lo. Ficam relutantes em abrir mão de um bilhete de loteria se escolheram pessoalmente os números, por exemplo, e acreditam que, se chacoalharem vigorosamente os dados num jogo de dados, obterão números maiores.

A necessidade de ter importância

Os seres humanos são muito motivados a sentir que são dignos, que têm status social em sua comunidade e uma reputação positiva. Querem que a vida deles tenha *importância* – seja para outra pessoa, seja para a própria família ou para o mundo; Fiske chama isso de motivação para "autoenaltecimento". De fato, quanto admiramos a nós mesmos está diretamente relacionado a como pensamos que somos valorizados pelos outros.[59] Essa motivação se expressa de muitas formas, desde tentativas de nos aprimorar, de melhorar nossas comunidades, tornando-nos ativos na política, de exibir riqueza e sinais de status, até a realização de pequenos atos de bondade. Por outro lado, quando as pessoas acham que não têm importância – quando sentem que a sociedade não liga se estão vivas ou mortas, se perdem o emprego que lhes dá estabilidade e significado –, o resultado pode ser o desespero ou o protesto enfurecido. Só para dar um exemplo, o movimento Black Lives Matter começou como um grito da comunidade afro-americana para levar a maioria branca a compreender que a vida e a segurança das pessoas negras são tão importantes quanto as dos brancos.[60]

Confiança

Como animais sociais, não podemos sobreviver sem confiar nas outras pessoas. Embora a evolução tenha nos dotado do viés de negatividade – o efeito "o mau é mais forte do que o bom" –, somos muito motivados a confiar que o mundo é seguro, benevolente e justo. Queremos sentir que os outros vão assegurar a nossa segurança, tratar-nos com bondade e proporcionar-nos os meios para sobreviver. Malgrado os riscos de nos tornarmos vulneráveis pela confiança, geralmente esperamos que os demais – particularmente aqueles similares a nós – não nos farão mal. Como ocorre com todos os motivos sociais, as pessoas diferem no grau de confiança nos outros e no mundo, em parte por causa de suas disposições temperamentais individuais e em parte por causa de experiências no início da infância. Mas somos tão propensos a confiar que nos sentimos surpresos, irritados e magoados quando outras pessoas nos traem ou enganam. Confiar nos outros torna as interações mais simples e mais agradáveis; livra-nos da preocupação de achar que todos estão contra nós ou que vão fazer intrigas a nosso respeito se nos mostrarmos abertamente. A romancista vitoriana George Eliot expressou muito bem isso quando escreveu: "Que solidão é mais solitária do que a *falta de confiança*?".

Tal como fazemos com os outros motivos sociais, geralmente distorcemos nossa visão de mundo para satisfazer o desejo de confiança e para manter nossa fé subjacente num mundo benevolente. Se você, ou alguém que conhece, foi roubado, estuprado, atacado ou sofreu outro trauma, então sabe como essas experiências são desorientadoras – pois, além do choque e da dor do evento, elas destroem temporariamente a premissa de que o mundo é seguro, justo e bom. Nossa confiança foi arrasada. Numa tentativa comum, mas desafortunada de nos sentirmos melhor e de nos assegurarmos de que tal coisa nunca aconteceria conosco, podemos *acusar a vítima*, tentando encontrar razões pelas quais essa pessoa tenha provocado a agressão que sofreu.[61]

Uma palavra de conclusão sobre motivos sociais

Ao longo deste livro, você verá como a compreensão desses motivos sociais proporciona uma lente através da qual se pode observar a cognição e o comportamento social. Fazemos o melhor quando sentimos que pertencemos, quando podemos predizer os resultados, quando temos a liberdade de escolher e de estar no controle, quando nosso trabalho nos faz nos sentirmos úteis e quando confiamos em nossos entes queridos e colegas.[62] Portanto, quando as pessoas acreditam em coisas que não são verdadeiras ou fazem coisas que parecem loucura, geralmente é porque esses motivos principais sofreram alguma distorção.

No Capítulo 1, perguntei por que adolescentes de classe média, sem nenhuma conexão particularmente profunda com fundamentalismo religioso, sairiam de seus lares para se filiar a um grupo terrorista. Quem, em sã consciência, iria se comprazer em deixar um lar estável para se aliar ao Estado Islâmico, tornando-se possivelmente uma bomba humana suicida? Arie Kruglanski, especialista em terrorismo, descobriu diversos pontos comuns entre terroristas, e três motivos centrais se destacam.[63] Primeiro, eles têm o desejo intenso de *pertencer*, de fazer parte de um grupo maior que lhes proporcione identidade e propósito. Segundo, têm grande necessidade de *certeza*, ordem e estrutura; o dogma maniqueísta dos grupos fundamentalistas lhes dá respostas claras – com a certeza que tanto buscam neste mundo incerto. Terceiro, pertencer a um grupo terrorista resolve o sentimento de que a vida deles é trivial e sem sentido; proporciona-lhes significância, uma sensação intensa de que a vida deles *tem importância*.

Quero enfatizar que a maioria dos seres humanos encontra maneiras de satisfazer essas necessidades universais de formas compatíveis com a vida pacífica em sociedade. Mas, para aqueles que se sentem marginalizados e alienados, a necessidade de pertencer e de ter importância pode ser mais preciosa do que a própria vida.

Percebendo e explicando nossos mundos sociais

Todos os dias de nossa vida, procuramos explicar uma grande variedade de eventos: por que os norte-coreanos se comportam de maneira tão errática? Por que aquela pessoa atraente do outro lado do salão me ignora? Como me saí tão mal e você foi tão bem no exame? Nossas explicações costumam ser racionais e precisas, mas também se mostram vulneráveis a propensões e imprecisões.

Atribuições e explicações: por que as pessoas fazem o que fazem?

Em meados do século 20, Fritz Heider e Harold Kelley afirmaram que as pessoas pensam como "cientistas ingênuos".[64] Talvez não testem suas hipóteses sobre comportamento tão sistematicamente quanto os cientistas profissionais, mas tentam compreender por que as outras pessoas agem de certa maneira. Com essa meta, fazem **atribuições causais**: querem saber o que levou Joe a ser rude ou Jim a ser generoso. Esses sujeitos sempre se comportam de modo egoísta ou generoso, ou a situação influenciou suas ações?

Digamos que você e um amigo estejam caminhando pelo campus quando veem a colega de classe Margaux beijando Scott. "Por que ela está fazendo isso?", pergunta seu amigo. "Pensava que ela o *detestasse*." Segundo a **teoria da atribuição**, as pessoas consideram um entre os dois tipos de explicação causal antes de responder: uma explicação tem relação com a personalidade típica da pessoa (a **atribuição disposicional**); a outra tem relação com a situação em que a pessoa se encontra (a **atribuição situacional**). Margaux sai por aí beijando quase todo mundo sem titubear? Se sim, provavelmente você concluiria que ela beijou Scott porque é uma pessoa muito afetuosa. Essa é uma atribuição disposicional: você está inferindo que a pessoa está se comportando de determinada maneira em função de algo *interno* a ela, como um motivo ou uma característica da personalidade.

Mas suponha que você ficou sabendo que quase *todo mundo* beija o Scott. Agora, você pode inferir que Margaux beijou Scott porque Scott é um sujeito beijável – uma atribuição situacional para seu comportamento. Finalmente, se Margaux só beija Scott e ninguém mais o beija, a natureza distinta desses beijos leva a crer que há um relacionamento especial entre eles; provavelmente, vocês vão concluir que os dois estão apaixonados, ou que Scott fez alguma coisa especial e mereceu um beijo.

Esse tipo de análise atributiva pode ser extremamente útil, ajudando-nos a tomar decisões bem mais importantes do que determinar por que uma pessoa beija outra. Professores precisam descobrir por que os estudantes estão com dificuldades, jurados precisam decidir a inocência ou a culpa de um réu, nações precisam resolver como vão reagir às provocações de outras nações. Em todos esses casos, as atribuições que fazemos terão consequências poderosas. Por esse motivo, os psicólogos sociais identificaram certo número de influências sobre nossas atribuições e explicações: *o erro fundamental de atribuição*, *profecias autorrealizáveis* e *vieses de autoconveniência*.

O erro fundamental de atribuição

A expressão **erro fundamental de atribuição** refere-se à tendência humana de superestimar a importância da personalidade ou de fatores disposicionais em comparação com as influências situacionais ou ambientais, ao descrever e explicar por que as pessoas fazem o que fazem.[65] Se você tentar explicar por que seu colega de classe parou de estudar e está matando aulas, provavelmente vai buscar uma razão em sua personalidade: "Ele ficou preguiçoso" ou "Ele não é tão inteligente quanto eu pensava". Como resultado, aliás, você pode acreditar simplesmente que esse colega é sempre assim, em vez de entender que ele está enfrentando um problema externo temporário, como a doença de um dos progenitores.

Um aspecto crítico da situação é o papel social que estamos representando em determinado momento. Um experimento engenhoso realizado por Lee Ross, Teresa Amabile e Julia Steinmetz ilustra como subestimamos o poder dos papéis na explicação de comportamentos.[66] Eles criaram um programa em formato de quiz no qual atribuíam aleatoriamente um de dois papéis aos participantes: (1) um questionador, cuja tarefa era preparar perguntas difíceis para (2) um concorrente, cuja tarefa era respondê-las. Um observador assistia a esse programa simulado e avaliava o conhecimento geral do questionador e do concorrente. Tente se colocar no papel do observador. O que você vê? É bem provável que veja uma pessoa bem inteligente e culta e outra tola, ignorante. Mas perceba como esses dois papéis limitam o comportamento dos participantes. O questionador vai se esforçar para fazer perguntas difíceis com base em conhecimentos esotéricos: "Em que estádio de beisebol Babe Ruth fez seu antepenúltimo *home run*?", "Qual a capital da Lituânia?" e "Qual a data da morte de Thomas Jefferson?".

Pelo simples ato de *fazer* essas perguntas, o questionador parece inteligente. O pobre concorrente enfrenta as respostas e está fadado a errar muitas delas, fazendo com que pareça um pouco tolo. E foi exatamente isso que Ross e seus colegas descobriram. Os observadores acharam que os questionadores eram mais bem informados do que os concorrentes. Entretanto, como todos tiveram papéis atribuídos aleatoriamente, é extremamente improvável que todos os questionadores fossem *realmente* mais inteligentes e mais cultos do que todos os concorrentes. E aqui está o toque inesperado: embora os observadores *soubessem* que os participantes tinham sido designados aleatoriamente para esses papéis, mesmo assim deixaram de reconhecer o impacto desses papéis sociais ao emitir seus juízos sobre os participantes do programa. Caíram direitinho na armadilha de atribuir aquilo que viam a disposições pessoais.

O erro fundamental de atribuição também tem consequências em nossa vida pessoal e romântica. Se o seu parceiro faz alguma coisa impensada, por exemplo, você pode designar uma atribuição disposicional ("Meu parceiro é desleixado e sem consideração; precisamos nos separar") ou uma atribuição situacional ("Meu parceiro deve estar sofrendo uma pressão enorme no trabalho; precisamos de umas férias"). Adivinhe qual atribuição leva a um relacionamento mais feliz?

As atribuições também estão por trás de crenças sobre problemas sociais e suas soluções. Muitos norte-americanos acham que a pessoa que recebe benefícios sociais do governo não está querendo arrumar emprego: "Se ela se esforçasse mais, poderia trabalhar". Ou podem pensar que um ladrão condenado "deve ser uma pessoa terrível e sem coração". As duas descrições podem ser precisas, mas nos cegam para a possibilidade de estarmos cometendo um erro fundamental de atribuição. Muitos fatores além das características de personalidade podem explicar por que uma pessoa é pobre ou comete um crime, inclusive a falta de vagas de emprego, o analfabetismo, a recessão econômica ou o fato de ter crescido numa família disfuncional.

Não estou dizendo que criminosos não devem ser responsabilizados por suas ações. E certamente não estou dizendo que não existam fatores disposicionais como preguiça, crueldade ou maldade. Existem! Mas focalizar os fatores pessoais e não os situacionais vai resultar em políticas diferentes para reduzir a pobreza e o crime. A atribuição "este criminoso é inerentemente mau" vai nos levar a apoiar políticas de investimento em presídios e em sentenças criminais mais longas e cruéis. Perceber as causas do crime como reflexo principalmente de desemprego, modelos inadequados de comportamento e analfabetismo vai resultar em políticas mais amplas, como aumento de investimentos na melhoria das escolas e isenção tributária para empresas que aplicam recursos em áreas dominadas pela pobreza.

No mínimo, o fato de conhecermos o erro fundamental de atribuição deve nos alertar para a possibilidade de que talvez nossas atribuições nem sempre estejam corretas. Orientando-nos a levar em conta forças situacionais, esse erro nos lembra de que nós mesmos podemos nos encontrar em situações que nos fazem nos comportar mal. Devemos levar a sério o lema do reformador do protestantismo inglês, John Bradford: "Não fosse a graça de Deus, ali estaria eu".

Atribuições de sucesso e fracasso – e a profecia autorrealizável

De todas as atribuições que fazemos, aquelas relativas a sucesso e fracasso estão entre as mais importantes, pois afetam nosso senso de controle. Quando as crianças têm problemas na escola ou vão mal nas provas, as justificativas que dão para si mesmas e para os outros vão determinar se continuarão indo mal – ou, finalmente, se se sairão bem.

Quando apresentamos atribuições disposicionais para nosso desempenho, fixamos a causa fora de nós, associando o sucesso ou fracasso a nossa personalidade, capacidade ou esforço. Quando apresentamos atribuições situacionais para a mesma coisa, associamos a causa à dificuldade da tarefa ou às condições sob as quais a tarefa foi realizada. Se você vai mal numa prova de matemática, pode concluir que seu fracasso foi causado por algo interno ("*Eu* sou ruim em matemática"; "*Eu* não me esforcei muito") ou externo a você ("A *prova* estava incrivelmente difícil ou cheia de pegadinhas"; "A *sala* estava tão barulhenta que não consegui me concentrar").

Com o tempo, as pessoas desenvolvem um padrão habitual para explicar seus sucessos ou fracassos, e esse padrão – chamado de **estilo explicativo** – afeta seu senso de controle e seu bem-estar emocional.[67] Pessoas com estilo explicativo pessimista estão sempre melancólicas, pois pensam que a causa de seus problemas permeia a vida delas, não pode ser mudada e vai assombrá-las para sempre ("Sou péssimo em tudo, e nada que eu faça vai mudar isso"). Pessoas com estilo explicativo otimista atribuem eventos infelizes a causas externas, situacionais e sob seu controle: "Sim", podem dizer, "fui mal naquela prova de matemática, mas posso estudar mais da próxima vez e ir melhor. Além disso, a prova estava realmente difícil, e me saí bem nas outras provas".

Dá para ver como essas atribuições podem levar a narrativas bem desenvolvidas que nos deixam preparados para futuros sucessos ou fracassos. O mecanismo cria uma **profecia autorrealizável**, que acontece quando atuamos segundo a atribuição inicial de nosso comportamento e depois nos comportamos de forma a confirmá-la: "Fui mal naquela prova, por isso sou estúpido. Logo, não vou estudar. Portanto, vou fracassar. Viu só? Eu lhe disse que era estúpido". Mas também podemos criar uma profecia autorrealizável positiva: "Fui mal naquela prova, portanto não me esforcei o bastante. Então, vou estudar mais e ter certeza de que compreendi a matéria. Portanto, vou me sair melhor. Viu só? Eu lhe disse que ia conseguir".

As profecias autorrealizáveis também se aplicam a nossas atribuições sobre outras pessoas: achamos que são estúpidas e por isso as tratamos como se fossem estúpidas, e então elas se comportam de maneiras que cumprem nossa profecia de que são estúpidas. Num experimento clássico que iluminou esse triste ciclo, Robert Rosenthal e Lenore Jacobson[68] plantaram um estereótipo falso na cabeça de professores de escolas, e as atribuições resultantes feitas por esses professores sobre seus estudantes influenciaram quão bem as crianças se saíram. Nesse estudo, primeiro os experimentadores aplicaram um teste de Q.I. a todas as crianças de uma escola primária. Depois de fazerem o cálculo dos testes, 20% dos estudantes de cada classe foram escolhidos ao acaso. Os professores foram informados de que o teste tinha indicado que esses estudantes estavam "florescendo", prestes a obter ganhos intelectuais importantes no próximo ano. Essa informação totalmente falsa deu aos professores uma expectativa positiva sobre alguns de seus estudantes. Depois, os pesquisadores simplesmente se afastaram e ficaram observando. No final do ano, aplicaram novamente o teste de Q.I.

De modo geral, todos os estudantes mostraram um considerável aumento de Q.I. durante o ano, mas aqueles qualificados como "florescentes" obtiveram ganhos maiores do que as crianças que não foram assim consideradas. Aparentemente, os professores, acreditando que os florescentes iriam desabrochar, prestaram mais atenção neles, trataram-nos com mais respeito e os fizeram se sentir mais confiantes em suas habilidades. Por sua vez, os alunos satisfizeram as expectativas positivas dos professores.

Esse efeito foi encontrado principalmente na primeira e na segunda série, o que sugere que as crianças são particularmente suscetíveis às expectativas dos professores quando são novas na escola e seus autoconceitos acadêmicos ainda estão se formando. Nas séries posteriores, as diferenças de valores foram menores ou inexistentes. Entretanto, no caso de estudantes de grupos minoritários, o impacto das expectativas dos professores foi maior e gerou melhores notas, sugerindo que o status de minoria deixa as crianças particularmente sensíveis à maneira como os professores as tratam.[69]

Os efeitos do contexto nos julgamentos sociais

Um princípio básico da cognição social é que *todo julgamento é relativo; o modo como percebemos uma pessoa e pensamos sobre ela ou um evento depende de seu contexto social.* "Contexto social" é uma expressão bem ampla, por isso quero explorar algumas maneiras pelas quais o mundo exterior penetra em nossa mente e influencia a maneira como tomamos decisões e explicamos comportamentos.

Efeito contraste e comparações sociais

Um objeto pode parecer melhor ou pior do que ele é, de acordo com aquilo com o que o comparamos. Muitos vendedores compreendem isso implicitamente, e alguns se valem disso. Vou acompanhar você na compra de uma casa com um corretor de imóveis. A primeira parada é uma casinha de dois quartos num terreno minúsculo. A casa precisa de pintura; o interior está péssimo; os azulejos da cozinha estão soltando; o tapete da sala de visitas está gasto e cheira mal. Quando o corretor lhe informa o preço, você se assusta: "Caramba! Querem tudo isso por este barraco? Quem seria tolo a ponto de pagar tanto por isto?". Certamente, você não, e provavelmente ninguém. Agora, o corretor leva-o até uma casa de aparência razoável. Você acha que o fato de ter visto aquela casa em mau estado pode ter influenciado sua avaliação da segunda? Isso mesmo. A casa dilapidada é um *chamariz*, destinado a influenciar sua percepção dos imóveis seguintes.

Na maioria das cartas de vinhos em restaurantes, é comum encontrar uma ampla faixa de preços para cada variedade de vinho. Digamos que há quatro tipos de Merlot, que custam 14, 35, 70 e 170 dólares a garrafa. Embora o restaurante não venda muitas garrafas do vinho de 170 dólares, esse Merlot faz com que os outros vinhos pareçam mais baratos por comparação. E como a maioria das pessoas não quer parecer sovina, pedindo a garrafa mais barata da carta, a colocação estratégica do chamariz de preço exorbitante permite ao restaurante alavancar os preços do segundo e do terceiro rótulo, cobrando bem mais do que valem.[70]

O princípio por trás do uso desses chamarizes é o **efeito contraste**, uma mudança na maneira de ver como uma coisa lhe parece boa em contraste com um item similar. Em contraste com o barraco de preço exagerado, a casa de aparência razoável com preço médio é uma boa opção; em contraste com uma garrafa de vinho de 170 dólares, a garrafa ainda cara de 70 dólares parece ideal. Quando qualquer objeto é comparado com algo similar mas não tão bom (ou tão bonito, ou tão alto, ou tão barato), é considerado mais bonito, mais alto ou mais em conta do que seria o caso normalmente. No clássico romance de Jonathan Swift *Viagens de Gulliver*, o herói, um homem de estatura comum, foi considerado gigante quando visitou os moradores de Lilliput, mas muito pequeno ao viajar até os verdadeiros gigantes de Brobdingnag.

O efeito contraste pode ser usado estrategicamente e com ótimo efeito. Um vendedor de carros usados pode colocar uma lata-velha na loja para melhorar a aparência dos automóveis em volta dela. Um candidato à presidência pode escolher como vice-presidente alguém de estatura menor para realçar a percepção positiva de suas próprias qualidades presidenciais. Geralmente, não prestamos muita atenção na influência do contexto, muito menos questionamos a validade das alternativas apresentadas. Isso reforça o poder de "criadores de contexto", como políticos, anunciantes e vendedores: o contexto que criam influencia nossas percepções e julgamentos, levando-nos a tomar decisões que não tomaríamos em outra situação.

Julgamentos importantes que fazemos a *nosso próprio* respeito também podem ser influenciados pelo efeito contraste. Uma das mais poderosas fontes de informação a nosso respeito é a **comparação social**, o processo pelo qual avaliamos nossas capacidades, realizações, atitudes e outros atributos comparando-nos com outras pessoas. Dependendo daqueles com quem nos comparamos, os resultados podem ser informativos, reconfortantes, inspiradores ou desapontadores. É por isso que os melhores estudantes do curso médio sofrem uma baixa na autoestima quando chegam à faculdade de elite e se veem rodeados por outros excelentes estudantes saídos do colegial. Não sendo mais os estudantes mais inteligentes, eles se sentem menos sábios simplesmente porque são a média desse novo contexto.[71] De modo similar, quando mulheres jovens veem imagens de modelos na mídia, avaliam-se depois como menos atraentes do que se tivessem visto imagens de mulheres de aparência mais comum.[72] E muita gente sofre de "Facebook blues", a vaga depressão que se segue ao ver os amigos e descobrir como a vida deles é perfeita – ou parece ser, com todas essas férias de que desfrutam, seus belos cãezinhos, suas famílias perfeitas, as festas etc.[73]

Sonja Lyubomirsky comentou uma vez que as comparações sociais são as principais culpadas por sentimentos de inadequação e insatisfação. Não importa se sua situação é ótima; afinal, sempre haverá alguém que pode proporcionar um contraste desfavorável – alguém de corpo mais forte, mais habilidade atlética, mais amigos no Facebook, um salário melhor ou um iate maior. Não dá para evitar as comparações sociais; elas surgem automaticamente, sem esforço. Quando comparou as cognições sociais de pessoas felizes e infelizes, Lyubomirsky descobriu que as pessoas mais felizes não se avaliam prestando atenção naquilo que os outros estão fazendo, e sim sintonizando-se e consultando os próprios padrões internos de sucesso.[74] Também podemos evitar comparações dolorosas com os outros cultivando aquilo que Carol Dweck chama de **mindset de crescimento**, a crença na capacidade humana de crescer e a dedicação ao autoaprimoramento. Ela diz que podemos aprender a ver as outras pessoas como fontes de inspiração e conhecimento em lugar de vê-las como oportunidades para nos sentirmos inadequados.[75]

Esquemas e *priming*

O esforço humano para compreender o mundo e explicar as ações alheias costuma se chocar contra um muro de ambiguidade, e, diante da ambiguidade, as pessoas inventam histórias a respeito do que está acontecendo. O que influencia as histórias que contam?

Como avaros cognitivos, somos propensos a organizar e a recuperar informações por meio de **esquemas**, modelos mentais do mundo. Os esquemas podem ser estereótipos, categorias, expectativas, atitudes e mindsets. Enquanto a maioria de nós compartilha esquemas em uma cultura, cada indivíduo desenvolve propensões habituais na maneira como constrói a informação social. Nossas lembranças, sentimentos e crenças sobre *nós mesmos* e o mundo formam, em última análise, um todo integrado. Assim, alguns de nós veem o mundo por lentes cor-de-rosa (como vimos, eles têm um estilo otimista de explicação), enquanto outros o veem em termos hostis ou depressivos. Esses esquemas a nosso próprio respeito nos levam a interpretar o mundo à nossa volta de maneiras características e consequenciais.

Os esquemas podem ser ativados mediante ***priming*** (**pré-ativação**), o uso de pistas sutis que direcionam nosso pensamento. Um estudo clássico feito por Tory Higgins, William Rholes e Carl Jones ilustra o papel do *priming* na formação de impressões sobre outras pessoas.[76] No experimento, estudantes universitários participaram de dois projetos de pesquisa aparentemente diferentes: um sobre percepção e outro sobre compreensão de leitura. O primeiro experimento serviu para pré-ativar diferentes categorias de características; pediu-se a alguns estudantes que se lembrassem de uma lista de características positivas (aventureiro, autoconfiante, independente e persistente) e, aos outros, que se lembrassem de uma lista de características negativas (imprudente, pretensioso, indiferente e teimoso). Cinco minutos depois, como parte daquilo que foram levados a acreditar que era um estudo de compreensão de leitura sem relação com o anterior, os estudantes leram um parágrafo sobre uma pessoa fictícia chamada Donald e responderam a perguntas sobre ele.

O parágrafo era ambíguo. Descrevia Donald fazendo coisas que, de acordo com o ponto de vista de quem lê, poderiam ser interpretadas como aventureiras ou imprudentes (como paraquedismo), ou ele mesmo como autoconfiante ou pretensioso (Donald acredita em suas habilidades), independente ou indiferente (ele não confia em ninguém) e persistente ou teimoso (não muda de ideia com frequência). Então, os estudantes descreveram Donald com suas próprias palavras e ranquearam quanto gostaram dele. Quando foram pré-ativados pela leitura de características negativas, os estudantes caracterizaram Donald em termos negativos e o viram como alguém menos simpático do que quando foram pré-ativados para pensar em categorias positivas.

Na maior parte do tempo, a realidade é como a história de Donald: aberta à interpretação. Estudos sobre *priming* demonstram que eventos ou indicações recentes no ambiente atual podem tingir nossas percepções de maneiras previsíveis. Num estudo, policiais e oficiais de justiça da infância e juventude leram uma história sobre um adolescente de raça não especificada, mas que se supõe que teria cometido um crime. Metade dos pesquisados foi discretamente pré-ativada com palavras relacionadas a pessoas negras ("gângster", "Harlem"), e a outra metade com palavras neutras. O primeiro grupo considerou que o adolescente era mais velho, mais culpável e com mais chances de participar de delitos, e recomendou uma punição mais severa para ele. A simples ativação de um conjunto de esquemas raciais predispôs esses profissionais a terem a propensão a considerar o adolescente um encrenqueiro.[77]

Histórias veiculadas pela mídia também "pré-ativam" os espectadores a considerá-las os problemas mais graves do dia.[78] Tornando certos problemas e conceitos mentalmente acessíveis, a mídia ativou as agendas políticas e sociais do público. Como observou o cientista político Bernard Cohen,[79] "a mídia de massa nem sempre consegue dizer às pessoas *o que pensar*, mas tem um sucesso surpreendente quando diz a seus leitores *em que pensar*".

O poder do efeito da primazia

Outra maneira de o contexto social afetar o que as pessoas pensam é enganosamente simples, mas bem eficaz. "Mostre primeiro o que tem de melhor" é um excelente conselho; as primeiras coisas que aprendemos sobre uma pessoa são particularmente influentes. Num experimento antigo, Solomon Asch[80] pediu a estudantes universitários que lessem frases descritivas como as seguintes e depois classificassem a pessoa descrita em cada frase.

a) Steve é inteligente, diligente, impulsivo, crítico, teimoso e invejoso.
b) Steve é invejoso, teimoso, crítico, impulsivo, diligente e inteligente.

As duas frases contêm exatamente as mesmas informações sobre Steve; entretanto, a primeira opção coloca as características positivas antes, enquanto a segunda as coloca por último. Os estudantes classificaram Steve de modo mais positivo quando ele foi descrito pela primeira frase. Isso se chama **efeito da primazia**, referindo-se ao fato de que as primeiras informações têm mais influência do que as informações posteriores. Quando você se descreve na mídia social ou como candidato a um emprego ou bolsa de estudos, as palavras que você usa *primeiro* podem dizer tanto a seu respeito quanto *quais* palavras você usa. Naturalmente, os efeitos da primazia podem ser enganosos; aquilo que as pessoas ficam sabendo primeiro a seu respeito na vida real pode não ser o que é mais importante sobre você. Entretanto, aquilo que surge primeiro em sua narrativa pessoal costuma determinar a maneira como reagirão a você. Portanto, se você escrever num formulário de vaga de emprego que física era sua matéria predileta na faculdade, provavelmente o empregador vai formar uma imagem um pouco diferente a seu respeito – científico, estudioso, talvez um pouco *nerd* –, caso revele esse fato antes no texto e não no final.

O efeito da primazia foi corroborado muitas vezes e de diversas maneiras. Em experimentos realizados por Edward Jones e colegas,[81] os participantes observaram um indivíduo respondendo a um teste de inteligência consistente de 30 itens. Em cada caso, a pessoa respondeu corretamente 15 das 30 questões. No entanto, às vezes a pessoa começava "quente" – respondendo corretamente a várias perguntas no começo – e então o desempenho declinava; em outras ocasiões, a pessoa começava devagar, respondendo corretamente a poucas questões no início e depois acertava a maioria dos itens restantes. Os estudantes que começaram "quentes" foram considerados mais inteligentes do que aqueles que começaram devagar, apesar de ambos responderem corretamente ao mesmo número de questões.

Naturalmente, às vezes, não estamos simplesmente relaxados e observando passivamente as pessoas que estamos julgando; estamos interagindo com elas e influenciando-as ativamente, e podemos ter motivos que moldam nossas percepções. Os professores julgam a inteligência dos estudantes, mas também ensinam e influenciam aqueles que estão julgando. Uma exceção interessante ao efeito da primazia foi descoberta em um experimento de Joshua Aronson e Edward Jones,[82] no qual estudantes universitários orientaram participantes que estavam tentando resolver um conjunto de anagramas. Prometeu-se à metade dos orientadores uma recompensa caso conseguissem melhorar as notas de seus orientandos; aos outros, prometeu-se uma recompensa por melhorarem a capacidade de seus orientandos em resolver anagramas, para que pudessem lidar melhor com anagramas no futuro. Durante a sessão de orientação, os participantes seguiram um roteiro. Metade se saiu extremamente bem no começo e depois declinou; os outros começaram devagar e depois melhoraram. O resultado total foi idêntico; o que mudou foi o padrão. Os orientadores que foram motivados a maximizar o *resultado* de seus orientandos consideraram-nos mais inteligentes quando seu desempenho inicial foi bom. Foi o efeito da primazia em ação: eles queriam ajudar seus orientandos a se saírem bem, e, após as primeiras tentativas, concluíram que seus estudantes eram inteligentes – independentemente do desempenho posterior. Mas os orientadores que foram motivados a aprimorar a capacidade de seus orientandos de resolver anagramas classificaram como mais inteligentes aqueles que começaram mal, mas terminaram bem. Em outras palavras, ficaram mais impressionados com melhoras no desempenho do que com um começo rápido.

Essas descobertas sugerem que, se investirem no desenvolvimento de seus estudantes no longo prazo (em vez de focalizarem o desempenho positivo deles na próxima prova), os professores devem evitar fazer julgamentos rápidos, com base numa primeira impressão. O experimento de Aronson e Jones demonstra que os efeitos da primazia não são inevitáveis, especialmente se formos motivados a prestar bastante atenção. Mas a tendência à avareza cognitiva significa que as primeiras impressões se formam rapidamente e perduram.

Navegando nossos mundos sociais: heurística e memórias

Como disse no início deste capítulo, geralmente confiamos no processamento automático – nossa intuição – para compreender o fluxo das informações que recebemos. Para nos ajudar a lidar com ele com mais eficiência, é comum a mente valer-se de **heurística**, operações mentais que proporcionam regras práticas que orientam a solução de problemas e nossos julgamentos.[83] A heurística exige pouco pensamento consciente; passamos pela vida aplicando-a ao problema em questão sem pensar. Volta e meia, são atalhos eficazes, mas, como acontece com todas as habilidades humanas, podem nos levar a erro.

Vamos ver três das heurísticas mais comuns: a *heurística da representatividade*, a *heurística da disponibilidade* e a *heurística do afeto*.

A heurística da representatividade

Quando focalizamos semelhanças superficiais para fazer inferências, estamos usando a **heurística da representatividade**. Sabemos que produtos de alta qualidade costumam ser caros; portanto, se uma coisa é cara, inferimos que ela é melhor do que algo mais barato. Meu amigo Oliver sempre vai preferir um vinho caro, supondo que vai gostar mais dele do que de um mais barato. Ele está usando apenas uma fonte de informação (o preço) em meio a muitas outras das quais poderia se valer.

De forma similar, quando escolhemos um cereal matinal, é costume confiar na embalagem para inferir se é um produto saudável. *Lucky Charms* vem numa caixa vermelha adornada com um duende caricato espalhando açúcar, lembrando estrelas cintilantes sobre pedaços róseos e roxos de marshmallow. Mas *100 Percent Natural Granola* vem numa caixa com uma tigela de cereal marrom-claro contra um fundo de madeira e pés de grãos não processados, e seu nome diz "natural". Será mais saudável do que *Lucky Charms*? Não.[84] A revista *Consumer Reports* descobriu que ratos jovens, que têm necessidades nutricionais notavelmente similares às dos humanos, cresceram numa dieta de *Lucky Charms*, enquanto uma dieta de *100 Percent Natural Granola* chegou a interromper o crescimento deles. As letras miúdas na embalagem relataram com precisão todo o seu conteúdo pouco saudável, mas a embalagem em si *representou* falsamente o conteúdo como sendo saudável. Isso é a heurística da representatividade em ação.

A heurística da disponibilidade

A **heurística da disponibilidade** é a tendência a predizer a probabilidade de um evento, ou a julgar seu grau de risco, com base na facilidade de trazer à mente exemplos específicos. Morrem mais pessoas nos Estados Unidos de ataques de tubarão ou de peças de avião que caem do céu? Morre mais gente em incêndios ou afogada? Quem mata mais americanos, terroristas ou crianças pequenas? A esmagadora maioria das pessoas responde que ataques de tubarão e incêndios são mais comuns do que mortes causadas por peças de avião que caem do céu e afogamento. Contudo, essas duas respostas estão erradas. E, apesar do medo tão difundido do terrorismo nos Estados Unidos, as estatísticas atuais mostram que é bem mais provável alguém morrer por um tiro fatal disparado por uma criança pequena do que por um ataque terrorista. As respostas erradas, contudo, estão mais "disponíveis" em nossa mente por conta das imagens nítidas que vimos ou podemos imaginar de tubarões assustadores, terroristas e incêndios. O que quer que venha mais depressa à mente vai parecer aquilo que será mais provável, mesmo que sejam eventos raros. Confundimos sua disponibilidade na memória com sua frequência no mundo. Ataques de tubarão podem ser raros, mas são aterrorizantes e fáceis de visualizar.

O *priming* pode ampliar as imagens disponíveis para nós. Se você pedir às pessoas para estimarem o número de crimes violentos cometidos todos os anos nos Estados Unidos, vai obter respostas bem diferentes, dependendo da quantidade de mídia que consomem e dos programas a que assistem. O noticiário da TV costuma basear-se num lema: "Se sangra, passa primeiro" – o começo do programa mostra o mais recente desastre, tiroteio ou tragédia. Como o crime e a violência têm papel tão dominante na mídia, geralmente apresentados de forma horrenda, aumenta-se a disponibilidade cognitiva do crime pelos espectadores. É por isso que pessoas que consomem séries ligadas a crimes e noticiário televisivo costumam superestimar muito o índice de criminalidade. Quanto mais assistem, mais temerosas ficam.[85]

A heurística da disponibilidade também afeta a maneira como nos vemos e as coisas em que acreditamos. Se podemos nos lembrar das informações e processá-las fluente ou facilmente, elas vão nos parecer "mais verdadeiras" do que se tivéssemos de nos esforçar para avaliar sua veracidade. Numa demonstração simples, pessoas que leem argumentos impressos em fonte nítida e de fácil leitura tinham mais probabilidade de acreditar naquilo que leram do que aquelas que leram as mesmas palavras impressas numa fonte borrada e de difícil leitura.[86] Consideramos mais verídicas frases que rimam ou que são pronunciadas facilmente do que aquelas que dizem a mesma coisa mas são menos sonoras.[87]

E, quanto mais estamos familiarizados com uma frase ou ideia, mais ela fica disponível para nós. O simples fato de ouvirmos uma frase ser repetida inúmeras vezes – mesmo que seja a mentira mais deslavada – torna-a mais familiar para as pessoas, aumentando sua crença de que, se é familiar, deve ser verdade. A heurística da disponibilidade costuma ser benigna e geralmente útil, mas tem uma desvantagem sombria quando nos leva a decidir o que é certo ou errado, não com base no mérito lógico da alegação, mas em sua facilidade de rememoração: um problema não intencional da internet é que tudo, desde alegações de conspiração até conselhos médicos pseudocientíficos, se repetidos sem parar, podem florescer descontroladamente. Como disse William James em 1890, "não há nada tão absurdo que não possa ser acreditado como verdade se for repetido com frequência suficiente". Essa observação foi implementada pela máquina de propaganda nazista e tornou-se conhecida como a Grande Mentira.

A heurística do afeto

Será que gosto dessa pessoa? Como me sinto quanto a isso? Nossos sentimentos são fontes valiosas de informação, e por isso, quando nos valemos dos sentimentos para moldar nossas avaliações de pessoas ou ideias, estamos usando a **heurística do afeto**. Se você está de mau humor, é provável que avalie o candidato a um emprego de forma mais negativa do que se estiver de bom humor. Porém, se alguma coisa o torna consciente de seu bom ou mau humor antes de efetuar seu julgamento, é menos provável que seu humor influencie essa avaliação.[88]

Nossos sentimentos duradouros sobre as pessoas influenciam o modo pelo qual julgamos suas ações. Certa vez, Anthony Pratkanis pediu a estudantes universitários que identificassem qual destas duas afirmações sobre o ex-presidente Ronald Reagan era verdadeira:

a) Reagan manteve média A no Eureka College.
b) Reagan nunca teve mais do que média C no Eureka College.

Poucos estudantes sabiam de fato quais eram as notas escolares de Reagan; suas respostas dependiam de seus sentimentos sobre ele. Estudantes que gostavam de Reagan tinham mais probabilidade de achar que ele era um estudante com média A; aqueles que não gostavam dele achavam que era um estudante C.

Às vezes, esse fenômeno é chamado de *efeito halo*, um viés no qual sentimentos favoráveis ou desfavoráveis sugerem inferências específicas e expectativas futuras sobre uma pessoa. Do mesmo modo, olhamos para nosso íntimo e consultamos os sentimentos para predizer como os outros vão agir. Se não conhecemos as pessoas envolvidas, geralmente presumimos que elas vão se sentir tal como nos sentimos e fazer o que fazemos, e que vão concordar conosco acerca de qualquer assunto.

A heurística do afeto pode ser benéfica – permitindo-nos, por exemplo, agir rapidamente numa situação incerta ou perigosa. Mas também pode nos enganar, impedindo-nos de avaliar um risco com precisão. Uma área engenhosa de estudos analisou como os franceses reagiram à crise da "vaca louca" que aconteceu anos atrás. (A doença da vaca louca afeta o cérebro e pode ser contraída comendo carne de vacas contaminadas.) Sempre que artigos de jornal falavam dos perigos da "doença da vaca louca", o consumo de carne caía no mês subsequente. Mas quando o noticiário, relatando os mesmos perigos, usava os nomes técnicos da doença – doença de Creutzfeldt-Jakob e encefalopatia espongiforme bovina – o consumo de carne permanecia igual. O rótulo alarmista fez com que as pessoas raciocinassem emocionalmente e superestimassem o perigo. E, afinal, a imagem de uma "vaca louca" – aquela plácida criatura correndo loucamente! – está altamente "disponível" cognitivamente. No entanto, durante todo o período da suposta crise, só seis pessoas na França foram diagnosticadas com a doença.[89]

Quando usamos heurísticas?

Felizmente, não precisamos confiar em atalhos cognitivos. Quando compramos cereais, podemos ler atentamente os ingredientes na embalagem ou consultar a web; quando votamos, podemos raciocinar cuidadosamente a questão e estudar o histórico e as realizações de um político; e podemos tentar evitar o viés de confirmação reunindo evidências de fontes imparciais, nas quais normalmente não confiamos. Conscientes da forma como essas heurísticas podem nos levar a fazer escolhas errôneas, podemos tomar medidas para contorná-las. Os psicólogos identificaram diversas condições nas quais temos mais probabilidade de confiar na heurística do que em decisões racionais:[90]

- quando não temos tempo para pensar cuidadosamente num problema;
- quanto estamos tão sobrecarregados de informações que fica impossível processá-las plenamente;
- quando as questões em jogo não são muito importantes para nós;

- quando não dispomos do conhecimento necessário para tomar uma decisão racional; e
- quando permitimos que nossas emoções e nosso pensamento positivo interfiram no processo.

Viagem mental no tempo: vieses na predição do futuro e na recordação do passado

Às vezes, parece que os seres humanos passam metade do tempo pensando no passado e a outra metade imaginando o futuro. De qualquer maneira, cometemos erros.

Predição construtiva

Predizer como determinados resultados influenciarão nossos sentimentos determina as metas que estabelecemos e os riscos que estamos dispostos a correr. Com efeito, sempre que tentamos fazer alguma coisa (seja um sanduíche, uma tarefa ou um divórcio), estamos apostando essencialmente que esse resultado nos fará felizes, ou, no mínimo, mais felizes. Contudo, volta e meia fazemos predições a nosso respeito que se mostram completamente erradas.[91] Superestimamos o impacto emocional de eventos futuros e quanto tempo nossas reações vão durar, sejam esses eventos positivos, sejam negativos.

Num estudo, perguntaram a estudantes universitários se imaginavam que ficariam felizes ou infelizes após serem designados para dormir num alojamento que consideravam "desejável" ou "indesejável". Os estudantes predisseram que a designação dos alojamentos teria um grande impacto sobre seu nível geral de felicidade, e que serem designados a um dormitório indesejável os impediria de se sentirem satisfeitos durante todo o ano. Com efeito, um ano depois, todos tiveram níveis de felicidade quase idênticos, independentemente de onde tivessem morado. Será que os dormitórios indesejáveis teriam mostrado inesperadamente a presença de pessoas interessantes morando neles? Não. Os estudantes se concentraram nos fatores errados quando predisseram seus futuros sentimentos de felicidade; deram uma importância muito maior à aparência do dormitório e à sua localização do que a seus ocupantes. Porém, na verdade, são as pessoas que tornam um lugar divertido ou desagradável de morar, e todos os dormitórios tinham pessoas amáveis. Como não podiam prever isso, ou quanto iriam gostar de seus novos colegas de quarto, os estudantes fizeram predições erradas sobre sua felicidade futura.[92]

Por que fazemos predições erradas? Uma razão é que nos ajustamos tanto a eventos felizes quanto tristes de nossa vida, mas não percebemos nossos poderes de ajuste quando construímos mentalmente a aparência e sensação de nossos futuros. Outra razão é que, quando imaginamos o futuro, temos tendência a focalizar apenas o evento em questão e deixamos de levar em conta todas as outras coisas que, sem dúvida, vão acontecer ao mesmo tempo para abrandar a dor do fracasso ou diluir nossa felicidade. Assim, imaginamos que casamento, ganhar na loteria ou ficar famosos vai nos deixar bem felizes por um bom tempo, ou que perder um emprego ou sermos rejeitados vai nos devastar para sempre, malgrado o fato de que o prazer ou a dor trazidos por esses eventos esmaecerão com o tempo.

Nossa incapacidade de prever o futuro pode nos causar encrencas, especialmente quando fazemos planos com muita antecedência. "O que eu estava pensando quando achei que seria uma boa ideia ter três aulas de ciências no mesmo semestre? Estou me afogando em tarefas!" Visto do presente, o futuro parece diferente, tal como os objetos parecem menores a distância. Imaginamos o futuro num nível abstrato, e estamos mais preocupados se nossa predição é *desejável* do que se ela é *viável*. A distância, você pode achar que parece uma boa ideia acompanhar três turmas de ciências no mesmo semestre e dar um grande salto à frente em sua principal disciplina, mas provavelmente você não está pensando em como isso poderá ser difícil, tanto em termos logísticos quanto pragmáticos. Segundo estudo realizado por Nira Liberman e Yaacov Trope,[93] os estudantes eram mais propensos a decidir sobre assistir a um concerto com base em quanto imaginavam que iam gostar do que na viabilidade de assistir à apresentação. (Podiam pagar os ingressos? Qual a dificuldade de chegar lá?) Esse desdém pela viabilidade leva a planejamentos ineficazes. Quando você faz planos, pode poupar-se de muito pesar se lembrar da tendência humana de imaginar o futuro como mais rosado do que o presente.

Memória reconstrutiva

As pessoas adoram acreditar que as memórias estão embutidas ou enterradas com precisão em algum lugar da mente e podem ser recuperadas por meio de drogas ou de hipnose. Infelizmente, não existe um registro exato de eventos passados em nossa memória que possamos acessar com um botão de rebobinagem e tampouco, para usar a metáfora incorreta dos computadores, eles estão codificados digitalmente. Pelo contrário: recordar é um **processo reconstrutivo**. Nossa memória é fortemente influenciada não pelo que aconteceu de fato *no passado*, mas por aquilo que pensamos sobre esses eventos *no presente*. Recriamos nossas memórias a partir de fragmentos de eventos reais filtrados e modificados pelos conceitos que temos sobre o que poderia ter sido, o que deveria ter sido ou a maneira como gostaríamos que as coisas tivessem sido.

Nossas memórias sofrem revisões constantemente e são influenciadas por aquilo que os outros nos contam sobre o evento passado, por fotos ou por se ouvir dizer. Elizabeth Loftus, proeminente psicóloga cognitiva, realizou um programa fascinante de pesquisa sobre **memória reconstrutiva**,[94] investigando como o questionamento sugestivo, com palavras muito sutis, pode influenciar a memória e o subsequente testemunho ocular. Num de seus experimentos,[95] Loftus mostrou às pessoas um filme sobre um acidente envolvendo diversos carros. Depois do filme, perguntou-se a alguns espectadores: "Qual a velocidade aproximada dos carros quando se espatifaram?". A outros, perguntou-se a mesma coisa, mas a palavra *espatifar* foi substituída pela palavra *atingir*. Aqueles a quem foi perguntado sobre carros que se espatifaram, e não sobre carros que foram atingidos, estimaram que os carros estivessem correndo muito mais. Além disso, uma semana após assistirem ao filme, foi maior a probabilidade de afirmarem, erroneamente, que havia vidros quebrados no local do acidente. Em outro estudo, Loftus mostrou a estudantes uma série de *slides* sobre um acidente envolvendo um automóvel e um pedestre.[96] Num *slide* crítico, um carro verde passava perto do acidente. Logo após verem os *slides*, perguntou-se a metade dos estudantes: "O carro *azul* que passou perto do acidente tinha um suporte para esquis no teto?". Para a outra metade, fez-se a mesma pergunta, mas sem a palavra *azul*. Aqueles a quem se perguntou sobre o carro "azul" tiveram maior probabilidade de afirmar incorretamente que tinham visto um carro azul. A simples mudança de uma palavra na pergunta alterou a memória deles.

Memória autobiográfica

A memória não é reconstrutiva apenas quando envolve eventos rápidos, semelhantes a fotos instantâneas, como os detalhes de um acidente automobilístico, mas também quando abrange algo mais duradouro, como nossa própria história. Ocorrem distorções importantes com o tempo, e essas revisões da memória autobiográfica não são aleatórias. Ao contrário, construímos memórias que se encaixam na imagem que temos de nós mesmos. Graças ao viés de confirmação, é mais provável que recordemos memórias que confirmam nossa crença.

Quando, por exemplo, as pessoas têm uma narrativa infeliz da infância, quaisquer eventos que violem essa imagem (digamos, aquelas ótimas férias da família na Disney) serão mais difíceis de recordar do que eventos que a apoiem. Se hoje elas têm bons relacionamentos com os pais, suas memórias de infância serão mais brandas do que aquilo que sentiram na época (digamos que se esqueceram de como ficaram furiosas com os pais porque não puderam ir à Disney World com um amigo de infância). Ao longo dos anos, à medida que as pessoas procuram memórias que confirmam suas crenças atuais sobre os pais, rejeitando e se esquecendo daquelas que "não se encaixam", suas memórias vão ficando cada vez mais coerentes e menos precisas. Desse modo, todos nós reescrevemos nossa história pessoal. Não estamos necessariamente mentindo sobre nosso passado; simplesmente, nossas memórias são enganosas, de modo a se ajustarem a nossos esquemas.[97]

Elizabeth Loftus levou essa linha de pesquisa um pouco além. Ela mostrou que é possível – na verdade, relativamente fácil – plantar falsas memórias de experiências de infância na mente de jovens adultos fazendo com que um parente próximo fale desses eventos como fatos.[98] Se, por exemplo, a irmã mais velha de um jovem lhe dissesse: "Lembra-se daquela vez que você estava com 5 anos e se perdeu durante várias horas no shopping center da Cidade Universitária? Que você entrou em pânico e um senhor de idade tentou ajudá-lo? Quando o encontramos, você estava segurando na mão dele, chorando". Poucos dias depois de ouvir essa história, a maioria das pessoas terá incorporado a falsa memória à própria história, adornando-a com detalhes ("Ah, sim, aquele velho que me ajudou usava camisa de flanela"), e terá certeza absoluta de que isso aconteceu – quando, na verdade, não.

Uma das descobertas notáveis dessa pesquisa é o modo como a heurística do afeto pode ser imensamente enganadora com relação às memórias. As pessoas podem sentir confiança absoluta na realidade das memórias plantadas, que podem ser absolutamente falsas. Em estudos e mais estudos, a confiança numa memória revela-se um guia muito ruim para sua autenticidade.[99]

Descobri que um aspecto da memória autobiográfica é particularmente útil para os estudantes. Lembra-se da explicação sobre o viés egocêntrico? Eis uma lição para você: uma das melhores maneiras de se lembrar dos conteúdos deste livro é relacioná-los com suas experiências pessoais – pensar como eles se aplicam a você.

Convivendo com o avaro cognitivo interior

Não quero que você termine a leitura deste capítulo com a impressão de que os seres humanos são total e irremediavelmente irracionais. A mensagem aqui é que nascemos com a capacidade de ser tanto irracionais *quanto* racionais, e que até nossas propensões podem ser adaptáveis. Sermos avaros cognitivos nos traz uma série de benefícios, mas esses benefícios têm seu preço: uma imagem um tanto distorcida de nós mesmos e do mundo. Enquanto a adesão à nossa maneira inicial de ver as coisas e de tomar decisões não nos meter em encrencas, nossa avareza cognitiva poderá nos proporcionar um cotidiano de máxima eficiência e mínimo esforço.

Steve Jobs, lendário fundador da Apple, teria dito que dispunha de um "campo de distorção da realidade" que lhe permitia ver e se lembrar das coisas da forma como desejava, inclusive a fé em sua capacidade de criar produtos "insanamente bons" que as pessoas faziam fila para comprar.[100] Sem seu otimismo, combinado com criatividade e perfeccionismo incansáveis, a Apple poderia ter falido antes do desenvolvimento do iPhone, que a tornou a empresa mais valiosa do mundo. Mas o mesmo "campo de distorção da realidade" que manteve Jobs inovando também o levou a retardar o tratamento médico para seu câncer de pâncreas, diagnosticado num estágio inicial e tratável. Ele acreditava que poderia curá-lo com uma dieta vegana. Não conseguiu.

Para mim, pessoalmente, um dos aspectos mais fascinantes do animal social é a necessidade de nos vermos como pessoas boas, inteligentes e sensatas – e de observar como essa necessidade costuma nos levar a fazer coisas e a adotar crenças que não são nem boas, nem inteligentes, nem sensatas. A tendência humana à autojustificação é tão importante e multifacetada que merece um capítulo próprio. É para lá que vamos.

Saul Steinberg, *Desenho sem título*, tinta sobre papel.
Publicado originalmente em *The New Yorker*, 16 de fevereiro de 1963.

CAPÍTULO 3

AUTOJUSTIFICAÇÃO

Imagine a seguinte cena: um jovem chamado Sam está sendo hipnotizado. O hipnotizador dá a Sam uma sugestão pós-hipnótica, dizendo-lhe que, quando o relógio marcar 4 horas, ele (1) irá ao armário, pegará sua capa de chuva e galochas e as vestirá; (2) pegará um guarda-chuva; (3) caminhará oito quarteirões até o supermercado e comprará seis garrafas de bourbon; e (4) voltará para casa. Sam é comunicado de que, assim que entrar novamente em seu apartamento, vai "sair desse estado" e tornar a ser ele mesmo.

Quando o relógio marca 4 horas, Sam vai imediatamente ao armário, veste sua capa de chuva e suas galochas, pega o guarda-chuva e se dirige à porta, iniciando sua jornada rumo aos bourbons. Essa tarefa tem algumas coisas estranhas: (1) o dia está ensolarado e não há uma única nuvem no céu; (2) há uma loja de bebidas a meio quarteirão de distância que vende bourbon pelo mesmo preço daquele supermercado a oito quarteirões dali; e (3) Sam não bebe uísque.

Sam chega em casa, abre a porta, entra em seu apartamento, sai do transe e se vê em pé, de capa de chuva e galochas, com o guarda-chuva numa das mãos e uma sacola cheia de garrafas de bebida na outra. Ele parece momentaneamente confuso. Seu amigo, o hipnotizador, diz:

– Ei, Sam, onde você estava?

– Ah, fui até a loja – diz Sam.

– O que você comprou?

– Hmm... hmm... acho que comprei estes bourbons.

– Mas você não bebe, não é?

– Não, mas... hmm... hmm... vou receber muita gente nas próximas semanas e alguns amigos bebem.

– Por que está usando toda essa roupa de chuva num dia de sol?

– Bem... na verdade, nesta época do ano o tempo muda muito, e não quis me arriscar.

– Mas não há uma só nuvem no céu.

– Não dá pra saber.

– Por falar nisso, onde você comprou a bebida?

– Oh, heh, heh. Bem, hmm... no supermercado.

– Por que você foi tão longe?

– Bem, hmm... hmm... o dia estava tão bonito que achei que seria divertido fazer uma boa caminhada.

As pessoas ficam motivadas a justificar as próprias ações, crenças e convicções. Quando fazem alguma coisa, vão tentar, se possível, convencer-se (e aos outros) de que era algo lógico e razoável a se fazer. *Havia* uma boa razão para Sam ter feito essas coisas tolas – ele estava hipnotizado. Mas, como não tinha noção das instruções pós-hipnóticas e era difícil aceitar o fato de que havia se comportado de forma insensata, ele se desdobrou para se convencer (e a seu amigo) de que sua loucura tinha um método, de que suas ações eram perfeitamente sensatas. Como vimos no Capítulo 2, boa parte de nosso comportamento é governada por fatores de que não temos consciência. Então, quando somos pressionados a explicar nossas ações, tentamos construir uma história que tenha sentido e que, ao mesmo tempo, satisfaça nosso desejo de parecermos bons para nós mesmos e para os demais. Essa é a essência da **autojustificação.**

Digamos que você está no meio de um desastre natural, como um terremoto. À sua volta, prédios estão desmoronando e as pessoas estão sendo feridas e mortas. Você está assustado. Precisa de uma razão ou justificação para seu medo? Claro que não. As evidências estão à sua volta; as pessoas feridas e os edifícios devastados são explicações suficientes para seu medo. Mas imagine que o terremoto aconteceu numa cidade próxima. Você sentiu os tremores e está ouvindo histórias sobre os danos ocorridos lá. Você está assustado, mas não está no meio da área devastada; nem você nem as pessoas à sua volta foram feridas, e nenhum prédio de sua cidade sofreu danos. Você precisaria de razões adicionais para explicar por que ainda está assustado? Sim. Tal como nosso amigo hipnotizado com sua capa de chuva e galochas, você se sentiria motivado a compreender seus próprios sentimentos. Como não vê nada que possa assustá-lo na vizinhança próxima, você fica inclinado a gerar razões para se assustar de verdade.

Esse exemplo não é hipotético; aconteceu mesmo na Índia. Após um terremoto, investigadores reuniram e analisaram rumores que estavam sendo difundidos entre moradores da cidade atingida pelo terremoto e moradores de cidades próximas. O que descobriram foi surpreendente: Jamuna Prasad,[1] psicólogo indiano, observou que as pessoas que moravam nas aldeias vizinhas mas distantes do epicentro – ou seja, aquelas que puderam sentir os tremores mas não correram perigo iminente – começaram a espalhar rumores de uma catástrofe inevitável: uma inundação viria na direção deles; 26 de fevereiro seria um dia de dilúvio e destruição; outro terremoto grave iria ocorrer no dia do eclipse lunar; um ciclone os atingiria em poucos dias; e outras calamidades imprevisíveis estavam no horizonte.

Por que as pessoas iriam inventar essas histórias, acreditar nelas e divulgá-las? Eram masoquistas? Eram paranoicas? É claro que a difusão de rumores sobre desastres vindouros não estimula as pessoas a se sentirem calmas e seguras. Uma explicação é que elas estavam terrivelmente assustadas, mas, como não tinham sólidas justificações para esse medo, inventaram as próprias – o que as impediu de se sentirem tolas. Afinal, se há um ciclone a caminho, não é perfeitamente razoável se sentir transtornado pelo medo? Essa explicação foi reforçada pelo estudo sobre rumores feito por Durganand Sinha,[2] que investigou os boatos divulgados numa aldeia indiana após um desastre de magnitude similar. A principal diferença entre a situação no estudo de Prasad e aquela no estudo de Sinha foi o fato de as pessoas estudadas por Sinha terem vivenciado diretamente a destruição e testemunhado os danos. Estavam assustadas, mas tinham boas razões para isso; não precisavam buscar justificação adicional para seus medos. Logo, seus rumores não continham predições sobre desastres próximos e nem graves exageros. Na verdade, no máximo, os boatos eram reconfortantes, como aquele que predisse (falsamente) que o fornecimento de água seria restaurado em pouco tempo.

A teoria da dissonância cognitiva

Inspirado por essas descobertas, Leon Festinger desenvolveu uma poderosa teoria da motivação humana que ele chamou de teoria da **dissonância cognitiva.**[3] Trata-se de uma teoria notavelmente simples, mas, como veremos, tem uma enorme gama de aplicações. Festinger descreveu a dissonância cognitiva como o estado de tensão que acontece quando um indivíduo reúne simultaneamente duas cognições (ideias, atitudes, crenças, opiniões) psicologicamente inconsistentes. Duas cognições são dissonantes se o oposto de uma decorre da outra. Como a experiência da dissonância cognitiva é desagradável, as pessoas se motivam a reduzi-la; é algo análogo aos processos envolvidos na redução de impulsos como fome ou sede – exceto que, aqui, a força propulsora decorre do desconforto cognitivo e não da necessidade psicológica. Abrigar duas ideias que se contradizem mutuamente é flertar com o absurdo, e, como observou o filósofo existencialista Albert Camus, os humanos são criaturas que passam a vida tentando se convencer de que sua existência não é absurda.

Como nos convencemos de que nossa vida não é absurda? Ou seja, como reduzimos a dissonância cognitiva? Fazemo-lo alterando uma ou ambas as cognições, de modo a torná-las mais compatíveis (mais consonantes) uma com a outra, ou adicionando mais cognições que ajudam a reduzir as diferenças entre as cognições iniciais.

Permita-me dar um exemplo que, por sinal, é bem familiar para muita gente. Imagine que a pessoa gosta de fumar cigarros e então vê uma mensagem contra o fumo. O fumante sente a dissonância: a cognição "Fumo cigarros" é dissonante com a cognição "Fumar cigarro é uma importante causa de câncer do pulmão e prejudicial à saúde por muitos outros motivos". A maneira mais inteligente e mais eficiente de essa pessoa reduzir a dissonância é parar de fumar. A cognição "Fumar cigarro causa câncer" é consonante com a cognição "Eu não fumo".

Porém, para muitas pessoas, não é fácil parar de fumar. Veja o caso de Sally, fumante de longa data. O que ela fará para reduzir a dissonância? Provavelmente, vai se esforçar para mexer na outra cognição: "Fumar cigarro causa câncer". Sally pode tentar minimizar as evidências que relacionam o fumo à doença, consolando-se com a ideia de que a ciência médica é imperfeita. Afinal, diria ela, os cientistas não estão sempre mudando de ideia sobre aquilo que é bom para você? Ela pode procurar pessoas inteligentes que fumam e, ao fazê-lo, convencer-se de que, se Debbie, Nicole e Larry fumam, não pode fazer tão mal assim. Sally pode mudar para uma marca ultraleve ou orgânica e iludir-se acreditando que esse é um tipo de cigarro mais saudável. Finalmente, pode adicionar cognições que são consonantes com o fumo na tentativa de tornar seu comportamento menos absurdo, apesar de seus perigos. Ela pode reforçar o valor que atribui ao fumo, decidindo que fumar não só é prazeroso, como essencial para o relaxamento: "Posso viver menos, mas será uma vida com mais satisfação". Ou pode tentar transformar o fumo numa virtude, desenvolvendo uma autoimagem romântica, despreocupada, desrespeitando o perigo dessa prática.[4] Sally pode justificar seu comportamento minimizando cognitivamente seu perigo ou exagerando sua importância na vida. Pode encontrar alívio modificando uma postura existente, construindo uma nova ou fazendo um pouco de cada. Todos esses esforços reduzem a dissonância, mitigando o absurdo que é cortejar a doença.

Em 1964, cerca de metade da população norte-americana fumava cigarros. Com a liberação, naquele ano, do relatório do Surgeon General's, que alertava o público para os perigos do fumo, foi feita uma enquete[5] para avaliar as reações das pessoas às novas evidências associando o hábito de fumar ao câncer. Os não fumantes acreditaram maciçamente no relatório de saúde; só 10% duvidaram de que o fumo causasse a doença. Os fumantes, porém, menosprezaram o relatório. Daqueles que fumavam muito, 40% duvidaram de que tivesse sido comprovado algum vínculo. Além disso, estavam mais propensos a racionalizar seu hábito: um número de fumantes mais de duas vezes maior que o de não fumantes concordou que a vida está repleta de perigos e que tanto fumantes quanto não fumantes ficam doentes.

Os fumantes também podem reduzir a dissonância minimizando a extensão de seu hábito. Outro estudo, com pessoas que fumavam entre um e dois maços de cigarro por dia, descobriu que 60% delas consideravam-se fumantes "moderadas"; as 40% restantes consideravam-se fumantes inveteradas.[6] Como podemos explicar essa diferença de percepção? Pessoas que se consideravam moderadas tinham mais consciência dos efeitos nocivos do fumo a longo prazo do que aquelas que se intitulavam fumantes inveteradas. Aparentemente, os moderados reduziram a dissonância convencendo-se de que fumar um ou dois maços por dia não é tanto assim. Afinal, *moderado* e *inveterado* são expressões subjetivas.

Agora, imagine o apuro dos fumantes de cigarro que sabem que são fumantes inveterados, sabem que fumar é nocivo e tentam parar de fumar, mas não conseguem. O que essas pessoas fazem? Para descobrir, Rick Gibbons e colegas[7] estudaram fumantes inveterados que frequentavam um centro de tratamento do tabagismo, paravam de fumar por algum tempo, mas depois voltavam ao hábito. Elas simplesmente engoliram em seco e se prepararam para adoecer e morrer? Nem de longe. Em vez disso, reduziram a dissonância de maneira diferente: convencendo-se de que fumar não era tão ruim quanto pensavam. De modo análogo, um estudo que acompanhou o progresso de 135 estudantes que fizeram resoluções de Ano Novo apoia essa observação.[8] Indivíduos que não cumpriram suas resoluções – de parar de fumar, de emagrecer ou de fazer mais exercícios – sentiram-se mal no começo, mas, pouco tempo depois, conseguiram reduzir a importância da resolução.

Naturalmente, os fumantes têm apenas que se preocupar com a saúde deles (e a dos fumantes passivos com quem possam conviver). Mas e se você é um dos principais executivos de uma importante empresa fabricante de cigarros e, portanto, está numa situação de dedicação máxima à venda de cigarros no mundo todo? Se é verdade que fumar cigarro causa câncer, então, de certo modo, você é parcialmente responsável pela doença e morte de milhões de pessoas. Essa constatação produziria uma dissonância dolorosa. Sua cognição "Sou um ser humano decente, bondoso" estaria dissonante com sua cognição "Estou contribuindo para a morte precoce de milhões de pessoas". Para reduzir essa dissonância, você precisa tentar se convencer de que é seguro fumar cigarro – o que não é uma tarefa fácil, uma vez que você se defronta frequentemente com a retórica antitabagista e acusações de que é uma pessoa má. Você também precisa refutar a montanha de evidências científicas que documentam a relação entre cigarros e doenças. Além disso, para reforçar a descrença na evidência, você pode fumar um ou dois maços por dia. Se sua necessidade for grande o bastante, pode até conseguir se convencer de que os cigarros são bons para as pessoas. Logo, para ver-se como sábio, bom e correto, você age de forma estúpida, errada e prejudicial à própria saúde.

Essa análise parece tão fantástica que é quase inacreditável – quase. Em 1994, o Congresso norte-americano realizou audiências sobre os perigos do fumo. Nessas audiências, os mais importantes executivos de todos os principais fabricantes de cigarros admitiram que fumavam e alegavam descaradamente que os cigarros não seriam mais nocivos ou viciantes do que jogar videogames ou comer bolinhos Ana Maria! Numa audiência subsequente, em 1997, James J. Morgan, presidente e CEO da Philip Morris, maior fabricante de cigarros dos Estados Unidos, disse que os cigarros não são farmacologicamente viciantes. "Sabe, eu gosto de balas de goma e como balas de goma. E não gosto quando não tenho balas de goma para comer", disse Morgan. "Mas com certeza não sou viciado nelas."[9]

É possível que Morgan estivesse mentindo. Mas acho que aquilo que ele disse é mais complicado do que parece. Meu palpite é de que, com o tempo, pessoas como Morgan começam a acreditar em suas próprias mentiras, num esforço para enganarem *a si mesmas*.[10]

O autoengano das pessoas pode levar à autodestruição. Em 1997, 39 membros do Heaven's Gate, um obscuro culto religioso, foram encontrados mortos numa propriedade luxuosa do Rancho Santa Fe, na Califórnia, participantes de um suicídio em massa. Várias semanas antes, alguns membros do culto tinham ido a uma loja especializada e comprado um caro telescópio de alta resolução para poder ver melhor o cometa Hale-Bopp e a espaçonave que acreditavam fervorosamente que estava viajando atrás dele. Estavam convencidos de que, quando o cometa se aproximasse da Terra, seria hora de se livrarem de seus "recipientes terrenos" (o próprio corpo), matando-se para que a essência de cada um pudesse ser recolhida pela espaçonave. Poucos dias depois de comprar o telescópio, eles o levaram de volta à loja e pediram educadamente o reembolso. Quando o gerente perguntou a razão disso, eles reclamaram que o telescópio estava com defeito: "Encontramos o cometa, sim, mas não vimos a espaçonave que o está acompanhando". Nem é preciso dizer que não havia espaçonave. Mas, se você está tão convencido da existência de uma espaçonave e pronto para morrer e navegar nela, e seu telescópio não a revela, então, obviamente, tem de haver algo de errado com o telescópio!

Os membros do Heaven's Gate podem ter tido uma convicção tragicamente desorientada, mas ilustram uma contribuição científica central da teoria da dissonância: não muito diferente dos membros de cultos, sempre que sentimos forte lealdade para com uma religião, partido político, líder carismático ou ideologia, nós também somos capazes de inventar toda sorte de distorção da evidência quando essa lealdade é questionada pelos fatos. Lenny Bruce, reconhecido comediante e comentarista social (que, com quase toda certeza, nunca leu sobre a teoria da dissonância cognitiva), teve a seguinte percepção sobre a campanha eleitoral de 1960 para a presidência, em que se defrontaram Richard Nixon e John F. Kennedy:

> Eu estava com um monte de fãs de Kennedy assistindo ao debate e o comentário deles era: "Ele está destruindo Nixon". Depois, fomos todos a outro apartamento, e os fãs de Nixon diziam: "Vocês viram como ele massacrou Kennedy?". Então percebi que cada grupo adorava tanto seu candidato que o sujeito teria de ser muito descarado para desagradá-los – teria de olhar para a câmera e dizer: "Sou um ladrão, um trapaceiro, está me ouvindo? Sou a pior opção para a presidência!". E talvez, mesmo assim, seus seguidores dissessem: "Esse é um homem honesto. É preciso ser um grande sujeito para admitir isso. Esse é o tipo de pessoa de que precisamos na presidência".[11]

Mais de cinquenta anos depois, o candidato presidencial Donald Trump se encantou com a mesma lealdade incondicional dos próprios apoiadores: "Eu poderia ficar em pé no meio da Quinta Avenida e atirar em alguém e não perderia eleitores, sabe? Isso é, sabe, incrível".[12]

Redução da dissonância e comportamento irracional

A dissonância cognitiva resulta do choque entre dois motivos fundamentais: a vontade de ter razão, que nos motiva a prestar atenção naquilo que os outros estão fazendo e a seguir o conselho de comunicadores confiáveis; e a vontade de acreditar que *temos* razão (e que somos sábios, decentes e bons). Às vezes, a motivação para *sermos* corretos e a motivação para acreditar que *estamos* corretos funcionam na mesma direção: buscamos informação (sobre os riscos do fumo, digamos) e prestamos atenção. Mas a teoria da dissonância cognitiva prevê que o mais frequente é buscar informações, ignorando-as caso não gostemos daquilo que descobrimos (e continuamos a fumar). Compreender a dissonância explica por que boa parte do pensamento humano não é racional, mas *racionalizador*. Por mais que sejam inteligentes, pessoas que estão no processo de reduzir a dissonância procuram tanto convencer-se de que estão certas que, frequentemente, acabam se comportando de maneira irracional. Com "irracional" quero dizer que seu comportamento mal-adaptativo pode impedi-las de aprender fatos essenciais ou de descobrir soluções reais para seus problemas.

Em laboratório, os pesquisadores demonstraram amplamente a irracionalidade dos esforços das pessoas para reduzir a dissonância. Imagine que você tem uma posição definida sobre a possibilidade de a pena de morte impedir as pessoas de matarem alguém. Agora, vou lhe apresentar uma série de argumentos dos dois lados da questão: alguns são plausíveis, outros são tolos. De que argumentos você vai se lembrar mais facilmente? Se você estiver pensando racionalmente, deveria se lembrar mais dos argumentos plausíveis e menos dos argumentos implausíveis, independentemente de sua posição pessoal. Mas o que prediz a teoria da dissonância? Um argumento tolo que apoia a sua própria posição gera certa dissonância, pois levanta dúvidas sobre a sensatez daquela posição ou sobre a inteligência das pessoas que concordam com ela. Do mesmo modo, um argumento sensato do outro lado do problema também desperta alguma dissonância, pois sugere a possibilidade de que o outro lado seja mais inteligente ou mais preciso do que você havia imaginado – ou, Deus nos livre, de que possa ter razão. Como esses argumentos despertam dissonância, tentamos não pensar neles. A teoria da dissonância prediz que as pessoas vão se lembrar dos argumentos plausíveis que estão de acordo com a própria posição e dos *implausíveis* que concordam com a posição *oposta*.[13]

Em um de muitos estudos que demonstraram esse fenômeno, Charles Lord, Lee Ross e Mark Lepper[14] selecionaram vários estudantes da Universidade Stanford que se opunham à pena capital e vários que eram favoráveis a ela. Eles mostraram aos estudantes dois artigos de pesquisa que discutiam se a pena de morte tendia a impedir crimes violentos. Um estudo confirmava e o outro estudo contradizia as crenças dos estudantes. Se esses estudantes fossem perfeitamente racionais, poderiam concluir que o assunto é complexo e, coerentemente, os dois grupos de estudantes poderiam se aproximar um do outro em suas crenças sobre a pena capital. Mas a teoria da dissonância prediz que eles distorceriam os dois artigos, mantendo-se apegados ao artigo confirmador e exaltando-o como a brilhante validação de sua crença, ao mesmo tempo que encontrariam erros metodológicos ou conceituais no artigo discordante, recusando-se a ser influenciados por ele. Foi exatamente o que aconteceu. Com efeito, em vez de suas crenças se aproximarem após a exposição do tema sob duas perspectivas diferentes, os estudantes passaram a discordar uns dos outros com mais intensidade do que antes. Esse processo deve explicar por que, em questões como política e religião, pessoas profundamente comprometidas quase nunca enxergam as coisas como nós, por mais que nossos argumentos sejam poderosos e equilibrados.[15] Esse estudo revela o estado de polarização do discurso político nos Estados Unidos hoje em dia.

A teoria da dissonância cognitiva explica por que boa parte do comportamento das pessoas não é racional – e por que elas pensam que é. Se perguntar ao jovem hipnotizado por que estava usando uma capa de chuva num dia de sol, ele virá com a resposta de que acha sensato fazer isso; se perguntar ao vice-presidente da Philip Morris por que fuma, ele lhe dará uma razão que parece sensata para ele – dirá como é bom para a saúde de todos ter um mitigador de estresse. Se perguntar aos participantes do experimento sobre a pena de morte por que se lembraram de um conjunto específico de argumentos e não de outro, vão afirmar que as evidências contrárias à sua posição estão erradas.

Nem é preciso dizer que todos somos capazes de nos comportar racionalmente. Mas o meu ponto é que todos somos capazes de nos comportar irracionalmente quando precisamos reduzir a dissonância. Veremos várias vezes os dois lados do comportamento humano ao comentar algumas das amplas ramificações de nossa necessidade de autojustificação. Vamos começar pelo processo de tomada de decisões, que mostra os humanos no que têm de mais racional e de mais irracional em rápida sucessão.

Dissonância como consequência de tomar uma decisão

Suponha que você está prestes a decidir sobre a compra de um carro novo. Isso envolve um bom dinheiro, e portanto é, por definição, importante. Depois de pesquisar um pouco, você se divide entre comprar um utilitário esportivo e um modelo totalmente elétrico. Cada um tem vantagens e desvantagens. O SUV seria conveniente; você pode levar coisas e até dormir nele em viagens mais longas; o veículo tem bastante potência, mas consome muito e não é fácil de estacionar. O carro elétrico é menos espaçoso, não permite percorrer longas distâncias e sua segurança o preocupa, mas custa menos para comprar e operar, é mais divertido de dirigir e você ouviu dizer que tem fácil manutenção. Meu palpite é que, *antes* de tomar a decisão, você vai procurar a maior quantidade possível de informação. É bem provável que entre na internet e busque resenhas das diversas marcas e modelos. Talvez converse com amigos que possuem SUVs ou carros elétricos. Provavelmente, vai visitar as lojas para fazer um *test drive* e ver como cada modelo se sai. Todo esse comportamento pré-decisão é perfeitamente racional.

Agora, você toma a decisão: vai comprar o carro elétrico. O que acontece em seguida? Seu comportamento vai começar a mudar; você não procura mais informações objetivas sobre todas as marcas. É provável que passe mais tempo conversando com outros proprietários do mesmo carro. Vai começar a falar sobre a baixa pegada de carbono e a distância que o veículo percorre com uma carga elétrica. Eu diria que você não vai passar tempo algum pensando no fato de que não pode dormir dentro do carro novo. Sutilmente, sua mente vai deixar de lado o fato de que dirigir seu novo carrinho pode ser perigoso numa colisão e que os freios não respondem muito bem.

Como aconteceu essa mudança na maneira de pensar? Após uma decisão – especialmente se for difícil ou se envolver um dispêndio considerável de tempo ou de dinheiro –, as pessoas quase sempre passam por uma dissonância. Fazem-no porque raramente a escolha é totalmente positiva e as alternativas rejeitadas raramente são totalmente negativas. Nesse exemplo, a cognição de que comprou um carro elétrico é dissonante com a cognição das deficiências que o veículo pode ter. Do mesmo modo, todos os aspectos positivos dos outros carros que você pensou em comprar são dissonantes com a cognição de que não comprou um deles. Um bom modo de reduzir tal dissonância é procurar exclusivamente informações positivas sobre o carro que escolheu e evitar informações negativas sobre ele. Assim, eu prediria que uma pessoa que comprou um carro recentemente vai começar a ler anúncios de forma seletiva, procurando mais dados sobre o seu carro *após a compra* do que pessoas que não compraram o mesmo modelo recentemente. Além disso, proprietários de carros novos tenderão a se manter distantes de anúncios de outras marcas de carros. E é exatamente isso que os pesquisadores descobriram num estudo sobre leitura de anúncios.[16] Hoje, naturalmente, graças à mídia social, as pessoas não precisam se esforçar para obter informações consonantes não só com o carro que acabaram de comprar, como também com a ideia em que acreditam agora – evitando qualquer informação dissonante.

As pessoas nem sempre precisam da ajuda das agências de publicidade para ficarem tranquilas; elas podem fazer um bom trabalho tranquilizando-se sozinhas. Um experimento de Jack Brehm[17] demonstra como fazem isso. Apresentando-se como pesquisador de marketing, Brehm mostrou a diversas mulheres oito aparelhos eletrodomésticos diferentes (torradeira, cafeteira elétrica, sanduicheira e outros similares) e lhes perguntou como os classificariam em termos de atratividade. Como recompensa, disse a cada mulher que poderia ficar com um dos aparelhos como presente, tendo de escolher entre dois dos produtos que ela havia considerado igualmente desejáveis. Feita a escolha, o produto foi embrulhado e entregue. Passados vários minutos, pediram-lhes para tornar a classificar os produtos. Depois de receber o aparelho de sua escolha, cada mulher atribuiu atratividade um pouco maior a seu produto e rebaixou a classificação dos aparelhos que tivera a chance de possuir, mas rejeitara.

Novamente, a tomada de decisão produz dissonância: cognições sobre quaisquer aspectos negativos do objeto favorito são dissonantes com o fato de tê-lo escolhido, e cognições sobre os aspectos positivos do objeto preterido são dissonantes com o fato de não o ter escolhido. Para reduzir a dissonância, as pessoas separam as alternativas cognitivamente. Ou seja, *depois de tomar sua decisão*, as mulheres no estudo de Brehm enfatizaram os atributos positivos do aparelho que escolheram e subestimaram seus atributos negativos; no caso do aparelho que resolveram não possuir, enfatizaram seus atributos negativos e subestimaram seus atributos positivos.

A tendência a justificar nossas escolhas não se limita a decisões de consumo. Com efeito, pesquisas demonstraram que processos similares podem afetar até mesmo nossos relacionamentos românticos e nossa disposição para nos imaginarmos envolvidos com outros parceiros. Num estudo realizado por Dennis Johnson e Caryl Rusbult,[18] pediu-se a estudantes universitários que avaliassem o provável sucesso de um site de namoro no campus. Foram mostradas aos participantes fotos de indivíduos do sexo oposto, que eles achavam se tratar de candidatos ao site de namoro. Depois, pediu-se que classificassem a atratividade desses candidatos, bem como quanto imaginavam que iriam gostar de um possível encontro com ele ou com ela – uma possibilidade que foi apresentada de forma realista. Os resultados desse estudo foram notavelmente similares às constatações de Brehm sobre eletrodomésticos: quanto mais os estudantes estivessem comprometidos com seus atuais parceiros românticos, menos atraentes eram os novos parceiros em potencial. Num experimento subsequente, Jeffry Simpson e colegas[19] também perceberam que aqueles que mantinham relacionamentos heterossexuais monogâmicos viam pessoas do sexo oposto como menos atraentes, física e sexualmente, do que aqueles que não estavam mantendo um relacionamento exclusivo. Além disso, mostraram que esse efeito só se aplica a "outros disponíveis"; quando mostraram indivíduos um pouco mais velhos ou do mesmo sexo, as pessoas em relacionamentos heterossexuais exclusivos não reduziram as avaliações de atratividade dos estranhos. Em suma: sem ameaça, sem dissonância; sem dissonância, sem diminuição da atratividade.

Quer estejamos falando de eletrodomésticos, quer de parceiros românticos, depois que faz uma escolha firme, você tende a focalizar os aspectos positivos de suas escolhas e a minimizar as qualidades das alternativas.

A redução da dissonância é consciente?

Como vimos no Capítulo 2, a maioria não sabe predizer com que velocidade nos adaptaremos a eventos negativos. Agora, posso lhe dizer a razão: porque as pessoas não têm consciência se terão sucesso na redução da dissonância. Se conseguiram fazê-lo com sucesso no passado, por que não saberiam se vão consegui-lo no futuro? A resposta é que o processo de redução da dissonância é majoritariamente inconsciente. As pessoas não se sentam e dizem: "Creio que vou reduzir um pouco essa dissonância". O que acontece, por exemplo, quando você é rejeitado pela pessoa que ama? Com o tempo, vai considerar essa pessoa menos amável – talvez até uma narcisista insuportável – e vai acreditar que merece coisa melhor, ou que é melhor ficar sem ninguém. Esse processo é eficaz justamente porque acontece abaixo do nível de percepção consciente, e sem intenção. Infelizmente, essa invisibilidade torna a dissonância tanto eficiente quanto esquecível. Como o processo é inconsciente, não percebemos que ele vai nos proteger da dor no futuro.

O que teria acontecido no final do clássico *Casablanca* se Ingrid Bergman não tivesse partido com seu marido, o herói da luta contra os nazistas, e ficasse com o amante Humphrey Bogart no Marrocos? Será que ela, como Bogart lhe diz num famoso e triste discurso, teria se arrependido de ficar – "Talvez não hoje, talvez não amanhã, mas em breve e pelo resto de sua vida"? Ou se arrependeria eternamente por ter deixado Bogart para trás naquele aeroporto chuvoso? Desconfio de que a resposta a ambas as perguntas é não; Bogart foi eloquente, mas estava errado. Ela poderia ter se arrependido, hoje ou amanhã, por qualquer escolha que fez, mas em breve (e pelo resto da vida) teria se convencido de que tomara a melhor decisão.[20] Isso não quer dizer que nunca nos arrependemos. Porém, tendo em vista as incontáveis decisões que tomamos em nossa vida, é notável ver quão raramente nós nos arrependemos – graças à nossa capacidade de reduzir a dissonância.

A dissonância é universal?

Quão universal é a experiência da dissonância cognitiva? É algo vivenciado principalmente por norte-americanos ou é parte integral da condição humana? É impossível responder a essa pergunta em termos definitivos, pois não foram feitos experimentos sobre dissonância em todos os países. Mas posso dizer o seguinte: apesar de a maioria das pesquisas ter sido feita nos Estados Unidos, os efeitos têm aparecido em todas as partes do mundo em que se fizeram investigações dessa natureza.

E essas pesquisas têm sido numerosas. A teoria da dissonância cognitiva tem sido comprovada por milhares de estudos, alguns em campos correlatos, como cognição e neurociência – e até na primatologia. Em alguns aspectos, os macacos são como essas donas de casa que se defrontam com a necessidade de escolher entre eletrodomésticos: tendo a opção entre duas caixas coloridas de passatempos, provavelmente vão ficar com aquela que escolheram, mesmo quando surge outra opção. Essa pesquisa sugere que existe um benefício evolutivo para a dissonância pós-decisão, caso essa condição tenha levado nossos ancestrais a se aferrarem a uma opção testada e aprovada e a rejeitar algo novo mas não testado (o que, no passado de nossa espécie, poderia ser arriscado ou perigoso).[21]

Os humanos, que deram a contribuição da parte "cognitiva" à dissonância cognitiva, também exibem justificações cognitivas em idade bem precoce.[22] Uma amiga minha levou a filha de 3 anos ao parque e lhe deu alguns adesivos para brincar. Outra criança se aproximou delas. "Você não gostaria de oferecer alguns adesivos à sua amiguinha?", perguntou minha amiga à filha. A criança pensou um pouco e disse: "Essa garotinha *não gosta* de adesivos, mamãe". Redução da dissonância com 3 anos de idade! Ela se vê como uma boa garotinha *e* fica com todos os adesivos.

Em apoio ao argumento de que a experiência da dissonância é universal, Eddie Harmon-Jones e colegas[23] usaram tecnologia de imagem por ressonância magnética funcional – fMRI para monitorar a atividade neural em áreas específicas do cérebro enquanto as pessoas estavam experimentando diversos tipos de dissonância: classificando suas preferências por coisas que tinham escolhido e por outras que haviam rejeitado, comentando que na verdade a experiência desconfortável do escâner era bastante agradável ou defrontando-se com informações desagradáveis (dissonantes). As áreas do cérebro que são ativadas durante a dissonância incluem regiões bastante específicas do córtex pré-frontal, local proeminentemente envolvido no planejamento e tomada de decisões. E num estudo de pessoas que estavam tentando processar informações dissonantes ou consonantes sobre seu candidato presidencial preferido, Drew Westen e colegas[24] descobriram que as áreas de raciocínio do cérebro praticamente se fecharam quando o indivíduo se confrontou com informações dissonantes e os circuitos emocionais do cérebro se iluminaram alegremente quando a consonância foi restaurada. Como disse Westen, as pessoas giram o "caleidoscópio cognitivo" até as peças se encaixarem no padrão que querem ver, e depois o cérebro as recompensa ativando circuitos envolvidos com o prazer. Ao que parece, o sentimento da dissonância cognitiva pode fazer com que seu cérebro sinta dor – literalmente.

A dissonância opera em quase todas as partes do mundo, mas nem sempre assume a mesma forma, e o *conteúdo* das cognições produzidas pode diferir de uma cultura para outra. Em sociedades menos individualistas que a nossa, por exemplo, o comportamento de redução da dissonância pode adotar uma forma mais comunitária.[25] Nessas culturas, teríamos mais chances de nos sentir dissonantes quando a conduta adotada envergonha ou desaponta os *outros* do que quando necessitam justificar um mau comportamento *pessoal*. Foi justamente isso que o psicólogo social japonês Haruki Sakai[26] descobriu em seus experimentos. No Japão, muita gente vivencia a dissonância indiretamente por parte de alguém que conhecem e de quem gostam – e mudam suas atitudes para que se ajustem àqueles que são seus amigos redutores de dissonância. Ademais, os japoneses justificaram suas escolhas quando acharam que outras pessoas os estavam observando enquanto tomavam uma decisão, mas não quando tomaram decisões em caráter privado; para os norte-americanos, esse padrão foi invertido.[27] A visibilidade percebida, privada ou pública, da escolha sendo feita interage com a cultura para determinar se a dissonância é suscitada e a escolha precisa ser justificada.

A importância da irrevogabilidade

Uma característica importante dos exemplos de que falamos é a relativa *irrevogabilidade* da decisão – o fato de a pessoa não poder desfazê-la. Isso requer alguma explicação. Como vimos, enquanto você pensava na compra de um carro ou em outra decisão, não precisava se esforçar para se convencer da sensatez de sua escolha. Depois que você decidiu e não tem como voltar atrás, tudo muda.

Algumas evidências diretas para a importância da irrevogabilidade provêm de um estudo das oscilações cognitivas dos apostadores em corridas de cavalos. O hipódromo é um lugar ideal para estudar a irrevogabilidade, já que, depois de fazer a aposta, não dá para voltar atrás e dizer à pessoa simpática por trás da janelinha que você mudou de ideia. Robert Knox e James Inkster[28] simplesmente interceptaram pessoas que iam fazer apostas de 2 dólares. Elas já haviam escolhido seus cavalos e estavam quase fazendo as apostas quando os investigadores lhes perguntaram que grau de certeza tinham na vitória deles. Como estavam se dirigindo para o guichê dos 2 dólares, suas decisões não eram irrevogáveis. Os investigadores pararam outros apostadores assim que saíram do guichê de 2 dólares, *depois* de fazerem suas apostas, e lhes perguntaram qual era o nível de certeza que tinham na vitória de seus cavalos. Geralmente, as pessoas que haviam acabado de fazer suas apostas deram a seus cavalos uma chance de vitória bem maior do que aquelas que ainda iam fazer a aposta. Naturalmente, porém, nada mudou, exceto a natureza terminal da decisão.

Passando do hipódromo para o campus de Harvard, Daniel Gilbert[29] testou a hipótese da irrevogabilidade com estudantes interessados em aprender fotografia. Ele lhes disse para tirarem fotos com um rolo de filme e revelarem duas das fotos, classificando-as e escolhendo uma para guardar. Alguns estudantes tiveram a opção de trocar as fotos num período de cinco dias, enquanto a outros foi dito que sua primeira escolha seria final. Então, Gilbert entrou em contato com eles após dois, quatro e nove dias, para saber se haviam mudado seus sentimentos sobre as fotos. Aqueles que haviam feito sua escolha final no primeiro dia gostaram mais da sua opção do que aqueles que tiveram a possibilidade de trocar de fotografia. Aqui também, quando a decisão é irrevogável, as pessoas se dedicam a se sentir bem com a escolha que fizeram. Assim, com frequência mostram-se mais seguras de que tomaram uma decisão acertada quando não há nada que possam fazer para mudá-la.

Embora a irrevogabilidade de uma decisão sempre aumente a dissonância e a motivação para reduzi-la, às vezes as pessoas sentem dissonância até quando, tecnicamente, poderiam mudar a decisão. Anos atrás, Robert Cialdini[30] demonstrou como isso funciona trabalhando temporariamente como vendedor de uma loja de automóveis. (Cialdini fez muitos estudos de campo imaginativos sobre psicologia social, e esse foi um dos mais divertidos.) Foi dessa maneira que ele identificou um ardil comum e bem-sucedido chamado **"bola baixa"**. Funciona assim: o cliente procura uma loja de automóveis preparado para pagar 19.300 dólares pelo carro de seus sonhos – um preço anunciado como excelente pechincha. O vendedor, sorridente, diz "Vou fazer melhor" e oferece o carro ao cliente por 18.942 dólares. Empolgado pela barganha, o comprador concorda com o negócio e faz um cheque pelo sinal, esperando todo contente voltar para casa no reluzente carro novo. Porém, dez minutos depois, o vendedor volta com um ar desamparado no rosto; ele diz que, aparentemente, cometeu um erro de cálculo e o gerente de vendas o advertiu. O preço do carro, na verdade, é 19.384 dólares. O que o comprador vai fazer? Esse cliente pode comprar o carro em outro lugar por um preço menor, por isso a decisão de comprá-lo naquele revendedor não é irrevogável. Contudo, o número de pessoas que vão prosseguir com o negócio nesses termos é muito maior do que o número de pessoas que comprariam o carro se, desde o início, o preço anunciado fosse de 19.384 dólares – apesar de a razão para comprar o carro nessa loja em particular (a pechincha) não existir mais.

O que está acontecendo nessa situação? Há, no mínimo, três coisas importantes a perceber. Primeiro, embora a decisão de compra do cliente seja reversível, obviamente, há um compromisso implícito criado pelo ato de dar um cheque assinado como sinal. Segundo, esse compromisso desencadeou a antecipação de uma experiência prazerosa: sair dirigindo um carro novo. Frustrar o evento antecipado (não prosseguindo com a negociação) produziria dissonância e desapontamento. Terceiro, apesar de ser superior àquele informado pelo vendedor, o preço final é apenas um pouco maior do que o preço em outras lojas. Nessas circunstâncias, o cliente diz, na verdade: "Quer saber? Já estou aqui mesmo; já preenchi os formulários – por que esperar?". Hoje em dia, a técnica da bola baixa raramente se aplica à compra de carros, pois a internet transformou as pessoas em consumidores mais inteligentes e mais bem informados. Mas se aplica a muitas outras situações quando não nos preparamos tão bem, como na troca de um celular usado por um novo que promete ser ótima pechincha.

A decisão de se comportar imoralmente

Como uma pessoa honesta se torna corrupta? Por outro lado, como podemos fazer com que uma pessoa seja *mais* honesta? Um modo é a dissonância que decorre de tomar uma decisão difícil. Imagine que você esteja matriculado num curso bem difícil de biologia. Sua nota vai depender do exame final que você está fazendo agora. A pergunta central envolve temas que você conhece razoavelmente bem – mas, por causa da ansiedade, sua mente fica em branco. Você está sentado ali, suando nervosamente. Você olha para cima e, veja só, está sentado atrás de uma mulher que é a pessoa mais inteligente da classe (e que, também por acaso, felizmente, é a pessoa com a caligrafia mais legível). Você dá uma olhada e percebe que ela está completando a resposta para essa pergunta crucial. Sabe que pode ler facilmente a resposta dela, caso deseje. O que você faz? Sua consciência lhe diz que é errado colar – mas, se não colar, com certeza receberá uma nota baixa. Você luta com sua consciência. Quer decida colar, quer não, está fadado a sentir a dissonância. Se colar, sua cognição "Sou uma pessoa decente e moral" é dissonante com sua cognição "Acabei de cometer um ato imoral". Se resolver resistir à tentação, sua cognição "Quero obter uma boa nota" é dissonante com sua cognição "Eu poderia ter agido de maneira a garantir uma boa nota, mas resolvi não fazer isso".

Imagine que, após um grande esforço, você resolve colar. Como vai reduzir a dissonância? Antes de ler, pense nisso por um instante. Um modo de reduzir a dissonância é minimizar os aspectos negativos da ação pela qual você optou e maximizar os aspectos positivos – de modo similar às mulheres depois de escolherem um eletrodoméstico no experimento de Jack Brehm. Nesse caso, o modo mais eficiente de reduzir a dissonância seria mudar de postura acerca da cola. Se colar, vai adotar uma atitude mais leniente. Seu raciocínio pode ser alguma coisa como, "Colar, em certas circunstâncias, não é tão mau. Se ninguém sair ferido, na verdade não é tão imoral. Qualquer um poderia fazê-lo. Portanto, faz parte da natureza humana – como isso pode ser ruim? Como é apenas uma atitude humana, aqueles que são pegos colando não deveriam ser punidos severamente, mas tratados com compreensão".

Suponha, porém, que, após grande esforço, você resolve não colar. Como pode reduzir a dissonância – ou seja, tornar sua ação consonante com sua crença? Novamente, você poderia mudar de atitude sobre a moralidade da ação, mas na direção oposta. Para justificar que deixou de obter uma boa nota, você precisa se convencer de que a cola é um pecado hediondo, uma das coisas mais baixas que uma pessoa poderia fazer, e que quem cola deveria ser identificado e punido severamente.

Aqui, o essencial é lembrar que duas pessoas agindo dessas duas maneiras diferentes poderiam ter começado com atitudes quase idênticas. Suas decisões poderiam ter ficado a um fio de cabelo de distância: uma delas chegou quase a resistir, mas resolveu colar, enquanto a outra quase colou, mas resolveu resistir. Contudo, tomadas as decisões, suas atitudes relativas à cola serão claramente divergentes como consequência de suas decisões.

Essas especulações foram testadas por Judson Mills[31] num experimento com estudantes da sexta série. Primeiro, Mills mediu suas posições com relação à cola. Depois, fez as crianças participarem de um exame competitivo, com prêmios oferecidos aos vencedores. A situação foi disposta de tal modo que era quase impossível vencer sem colar; além disso, seria fácil para as crianças colarem, pensando que não seriam detectadas. Como era de esperar, alguns estudantes colaram e outros, não. No dia seguinte, perguntaram novamente aos estudantes da sexta série como se sentiam com relação à cola. De modo geral, as crianças que haviam colado tornaram-se mais lenientes com relação a essa conduta, e aquelas que resistiram à tentação adotaram uma postura mais dura com relação à cola.

Para visualizar como o experimento de Mills pode ser aplicado à sua existência, imagine-se no alto de uma pirâmide. No decorrer da vida, você vai se defrontar com muitas decisões que exigirão que desça da pirâmide em um sentido ou em outro: que curso universitário seguirá; se vai acompanhar amigos que estão fazendo uma coisa ilegal ou antiética ou se vai denunciá-los; se vai se manter num relacionamento romântico ou terminá-lo; se acredita numa alegação de conspiração ou se vai consultar sites especializados em desbancar mitos. Porém, no momento que dá um passo em uma ou em outra direção, você sente a dissonância – e agora ficará motivado a justificar o que fez para reduzir essa carga. Essa justificação, por sua vez, dificulta a possibilidade de mudar de ideia, mesmo quando deveria fazê-lo. Quando chegar à base da pirâmide, você estará bem distante daqueles que enfrentaram os mesmos dilemas mas tomaram decisões diferentes e desceram da pirâmide no sentido oposto. Então terá se convencido de que sua decisão foi absoluta e positivamente acertada, bem como de que essas outras pessoas que deslizaram pelo outro lado são idiotas ou trapaceiras. (E o que você acha que estão pensando a seu respeito?)

A metáfora da pirâmide também é útil para ajudar-nos a compreender como atitudes e comportamentos podem mudar no processo da **armadilha**, ou como as pessoas podem começar tomando uma decisão pequena e impulsiva e, com o tempo, verem-se muito distantes de suas metas e intenções originais. O processo por trás da armadilha tem sido explorado sob condições experimentais controladas. Imagine que você gostaria de pedir a ajuda de alguém para uma tarefa muito pesada, mas sabe que o trabalho que tem em mente para a pessoa é muito difícil e vai exigir tanto tempo e esforço que ela certamente se recusará a ajudar. O que deve fazer? Uma possibilidade é envolver a pessoa em uma parte bem menor do trabalho, algo tão simples que ela nem sonharia se recusar a fazer. Uma vez que as pessoas estejam comprometidas, a probabilidade de aceitarem o pedido para uma colaboração maior aumenta.

Esse fenômeno foi demonstrado por Jonathan Freedman e Scott Fraser,[32] que tentaram induzir proprietários de imóveis a colocar uma placa bem grande no jardim da frente de casa onde se lia: "Dirija com cuidado". Por causa da feiura e da indiscrição da placa, a maioria dos moradores se recusou a colocá-la; apenas 17% concordaram. No entanto, outro grupo de moradores foi "abrandado" inicialmente por um experimentador que os levou a assinar uma petição a favor da direção segura. Como assinar uma petição é algo fácil de fazer, praticamente todos a quem se pediu concordaram em assinar. Algumas semanas depois, outro experimentador visitou cada residente com a placa feia e inconveniente em que se lia "Dirija com cuidado". Dessa vez, mais de 55% dos moradores permitiram que colocassem a placa em sua propriedade. Logo, quando os indivíduos se comprometem um pouco, a probabilidade de se comprometerem mais na mesma direção aumenta.

Esse processo de pedir pequenos favores para estimular as pessoas a cederem a pedidos maiores tem sido chamado de **técnica do pé na porta**. É eficaz porque o fato de o favor menor ter sido feito proporciona justificação antecipada para concordar em fazer o favor maior. Resultados similares foram obtidos por Patricia Pliner e associados.[33] Quando pediram às pessoas para fazer uma pequena doação à Sociedade Americana de Câncer, 46% concordaram. Mas quando, um dia antes, induziram um grupo similar de pessoas a usar um bóton como divulgação da campanha de doação e, no dia seguinte, as abordaram para pedir uma contribuição, aproximadamente duas vezes mais concordaram. A armadilha pela autojustificação pode ser usada, portanto, para metas altruístas e socialmente admiráveis – mas também para outras devastadoras e contraproducentes, como veremos no final deste capítulo.

A psicologia da justificação insuficiente

A mudança de atitude como meio de reduzir a dissonância não se limita a situações pós-decisão. Pode acontecer em incontáveis contextos diferentes, inclusive todas as vezes que a pessoa diz alguma coisa em que ela não acredita ou faz algo tolo ou imoral. Naturalmente, numa sociedade complexa, às vezes nos vemos dizendo ou fazendo coisas nas quais não acreditamos totalmente. Será que isso sempre nos leva a mudar de ideia? Não. Vou apresentar um exemplo simples: Joe entra no escritório de advocacia e vê que sua sócia, Joyce, pendurou uma pintura horrorosa na parede da sala que compartilham. Ele está prestes a lhe dizer como aquela pintura é horrível quando ela fala orgulhosamente: "Gostou do quadro? Eu mesma o pintei".

"Muito bom, Joyce", responde Joe. Teoricamente, a cognição de Joe "Sou uma pessoa sincera" é dissonante com a cognição "Eu disse que aquela pintura é bonita, embora seja incrivelmente feia". Qualquer dissonância que venha a ser provocada por essa inconsistência pode ser reduzida fácil e rapidamente pela cognição de Joe de que é errado magoar as pessoas: "Eu menti para não magoar Joyce; por que lhe diria que a pintura é feia? De nada adiantaria". Essa é uma maneira eficaz de reduzir a dissonância, pois justifica completamente a ação de Joe. Com efeito, a justificação é determinada pela situação. Chamamo-la de **justificação externa**.

Mas o que acontece se não há ampla justificação na situação propriamente dita? Nesses casos, precisamos criar a **justificação interna**, uma mudança de atitude usada para justificar o comportamento. Se você faz ou diz uma coisa que é difícil de justificar *externamente*, vai tentar justificá-la *internamente*, tornando suas atitudes mais consistentes com aquilo que você fez ou disse.

Essas especulações foram investigadas cientificamente em diversos experimentos, notadamente num estudo clássico de Leon Festinger e J. Merrill Carlsmith.[34] Esses pesquisadores pediram a estudantes universitários que fizessem uma série entediante e repetitiva de tarefas: dispor carretéis em uma bandeja até enchê-la, em seguida esvaziá-la e tornar a preenchê-la, vez após vez; ou parafusar fileiras e mais fileiras de parafusos dando um quarto de volta, depois voltar a eles e parafusá-los dando outro quarto de volta. Os estudantes fizeram essas atividades insensatas durante uma hora. Então, o condutor do experimento induziu-os a mentir sobre a tarefa – especificamente, dizendo a uma jovem (que estava esperando para participar do experimento) que a tarefa que ela iria realizar era interessante e agradável. Ofereceram 20 dólares a alguns estudantes para contar essa mentira; a outros, ofereceu-se apenas um dólar. Após o final do experimento, um entrevistador perguntou aos mentirosos se tinham gostado das tarefas que haviam realizado. O que você acha que os estudantes que receberam 20 dólares para mentir disseram? Classificaram as atividades com os carretéis e os parafusos como tolices. Não é de surpreender – essas tarefas *eram* tolas. E os estudantes que receberam apenas um dólar para mentir? Eles classificaram a tarefa como agradável. Em outras palavras, as pessoas que receberam abundante justificação externa para mentir contaram a mentira, mas não acreditaram nela, enquanto aqueles que mentiram *na ausência* de justificação externa tenderam a acreditar que aquilo que disseram sobre a tarefa era verdade. Chamamos esse resultado de *paradigma "dizer é acreditar"*, pois nessas circunstâncias as pessoas vão acreditar nas próprias declarações. Se você quer levar uma pessoa a mudar uma atitude, faça-a realizar ou dizer algo contrário à atitude e recompense-a mal para fazê-lo.

Pesquisas sobre essa ideia estenderam-se para além de atitudes relativamente pouco importantes como a monotonia de uma tarefa. A mudança de atitude tem sido mostrada em diversas questões mais sérias, nas quais as pessoas argumentam a favor de uma posição que é exatamente o contrário daquilo em que acreditam. Arthur R. Cohen[35] realizou um experimento com estudantes de Yale logo após um tumulto estudantil, no qual a polícia de New Haven reagiu com exagero, agredindo e prendendo os manifestantes. Pediu-se aos estudantes (que tinham certeza de que a polícia havia se comportado mal) que escrevessem um ensaio firme e vigoroso a favor da polícia. Os experimentadores pagaram valores que iam de míseros 50 centavos a 10 dólares pela elaboração de um breve ensaio. Depois, pediu-se aos estudantes que indicassem como se sentiam de fato sobre a polícia de New Haven. Os resultados foram perfeitamente lineares: quanto *menos* tinham recebido para escrever a favor da polícia, *mais* apreço expressaram depois por ela. Dizer se tornara acreditar, mas principalmente se não tivessem sido bem recompensados por aquilo que disseram.

Logo, a teoria da dissonância prediz que começamos a acreditar nas coisas que dizemos – mas só se não temos justificação externa suficiente para dizê-las. Quanto menor a gratificação recebida para se dizer algo, maior a probabilidade de sentir necessidade de justificar o que disse, convencendo-se de que o que foi dito era verdade.

Esse mecanismo é tão poderoso que não só ajuda a explicar as mudanças de atitude como pode afetar a maneira como experimentamos impulsos fisiológicos básicos. Imagine que nosso amigo Sam é induzido a se colocar numa situação na qual ficará privado de comida ou água por um longo tempo, ou na qual receberá choques elétricos. Se Sam não tiver uma boa razão externa para fazer isso, terá dissonância. Suas cognições relativas às pontadas de fome, à garganta seca ou à dor do choque elétrico são, cada uma, dissonantes com a cognição de que se ofereceu para passar por essas experiências e não estar recebendo muito em troca. Para reduzir essa dissonância, Sam se convence de que a fome não é tão intensa, a sede não é tão ruim ou a dor não é tão terrível.

Essa autopersuasão não é tão surpreendente ou difícil como pode parecer. Embora a fome, a sede e a dor tenham bases fisiológicas, elas também têm forte componente psicológico. É por isso que sugestão, meditação, hipnose, comprimidos de placebo, a postura do médico habilidoso ao lado da cama ou uma combinação desses fatores pode reduzir a dor que a pessoa sente. Psicólogos sociais experimentais mostraram que, sob o estímulo de grandes dissonâncias, pessoas comuns, sem talentos especiais para hipnose ou meditação, podem fazer as mesmas coisas por si mesmas.

Philip Zimbardo,[36] por exemplo, submeteu os participantes de seu estudo a choques elétricos intensos. Metade deles estava numa condição de dissonância elevada – ou seja, foram induzidos a se oferecer como voluntários para a experiência, recebendo pouca justificação externa. A outra metade estava numa condição de dissonância baixa – a eles não foi dada opção, concedendo-lhes muita justificação externa. As pessoas em condição de dissonância elevada disseram que sentiram menos dor do que aquelas na condição de dissonância baixa. Até a reação fisiológica à dor (medida pela reação galvânica cutânea) foi um pouco menos intensa, e a dor não interferiu tanto nas tarefas que estavam realizando. Logo, não só relataram menos dor do que o grupo de dissonância baixa como ficaram objetivamente menos incomodadas com ela.

Resultados similares foram encontrados para fome e sede. Jack Brehm[37] relatou uma série de experimentos nos quais as pessoas foram privadas de comida ou de água por longos períodos. Como os participantes de Zimbardo, alguns tiveram pouca justificação externa para se submeter a essa experiência desagradável, enquanto outras tiveram grande justificação externa. Em experimentos separados sobre fome e sede, Brehm descobriu que os participantes de dissonância elevada disseram ter sentido menos fome (ou sede) do que os participantes de dissonância baixa que tinham sido privados de comida (ou de água) pelo mesmo período de tempo. Mais uma vez, não foi apenas um relato verbal. Após o experimento, quando todos os participantes puderam comer (ou beber) à vontade, aqueles na condição de dissonância elevada consumiram menos comida (ou água) que os participantes em condição de dissonância baixa.

O que constitui uma justificação externa?

Ganho financeiro ou a obrigatoriedade de fazer alguma coisa não são as únicas formas de justificação externa. As pessoas podem ser convencidas a dizer ou a fazer coisas que contradizem suas crenças ou preferências caso sejam movidas por outras recompensas, como elogios ou o desejo de agradar. Além disso, a maioria de nós provavelmente concordaria em fazer algo que não faria em outra situação caso um bom amigo nos pedisse isso como um favor. Para dar um exemplo exagerado, imagine que um amigo lhe pediu para provar um prato incomum que ele aprendeu recentemente a preparar numa aula de culinária sobre "pratos exóticos". E, só para tornar as coisas interessantes, digamos que o prato em questão era um gafanhoto frito. Agora, imagine a situação contrária: alguém de quem você não gosta lhe pede para cravar os dentes num gafanhoto frito.

Bem, você está preparado? Supondo que você tenha ido em frente e comido o gafanhoto, sob quais circunstâncias acha que apreciaria melhor seu sabor: quando o pedido foi feito por seu bom amigo ou quando foi feito por alguém de quem você não gosta? O bom senso pode sugerir que o gafanhoto teria melhor sabor quando recomendado por um amigo. Afinal, o amigo é alguém em quem você confia e, por isso, seria uma fonte de informação mais digna de crédito do que alguém de quem você não gosta. Mas pense nisto por um instante: que condição exige menos justificação externa? Apesar do bom senso, a teoria da dissonância cognitiva prediria que você gostaria mais de saborear gafanhotos se os comesse a pedido de alguém de quem *não* gosta. A cognição de que comer um gafanhoto é repulsivo destoa do fato de ter acabado de comer um. Mas, se foi *seu amigo* que lhe pediu isso, você teria justificação externa suficiente para tê-lo comido – você agradou alguém de quem gosta. Porém, você não teria muita justificação externa para mastigar um gafanhoto se o fizesse a pedido de alguém de quem não gosta. Nesse caso, como você poderia justificar para si mesmo seu comportamento contraditório? Simples: comece a gostar de gafanhotos – "Puxa, são umas criaturinhas bem saborosas mesmo". Philip Zimbardo e colegas[38] pediram a um oficial do exército que instruísse um grupo de reservistas a comer gafanhotos, avaliando a iguaria antes e depois de prová-la. Os reservistas consideraram os gafanhotos significativamente mais saborosos quando o oficial que lhes pediu para comê-los agiu como um idiota em vez de se comportar de maneira amistosa e agradável.

Punição insuficiente

Uma forma clara de justificação externa para determinado comportamento é saber que será punido se não fizer isso. Sabemos que, quando excedemos o limite de velocidade e somos flagrados, vamos pagar uma multa, e, se isso acontecer com demasiada frequência, vamos perder a carteira de habilitação. Por isso, aprendemos a respeitar o limite de velocidade quando há policiais nas proximidades. Estudantes sabem que, se colarem e forem pegos, podem ser humilhados pelos professores e punidos severamente. Por isso, aprendem a não colar quando o professor está na sala e olhando para eles. Mas a ameaça de punição ensina as pessoas a não correrem demais ou a não colar? Creio que não. Penso que as ensina a tentar evitar o flagrante. O uso da ameaça de punição severa como meio de levar alguém a não fazer determinada coisa que gosta de fazer exige vigilância constante. Seria muito mais eficiente e exigiria bem menos restrições se, de algum modo, as pessoas pudessem gostar de fazer coisas que contribuíssem para sua saúde e bem-estar e para a saúde e o bem-estar dos outros. Se as crianças gostassem de *não* agredir os colegas menores, ou de *não* colar, ou de *não* furtar os outros, então a sociedade poderia relaxar em seu papel de vigilância e punição. É extremamente difícil convencer as pessoas (especialmente crianças pequenas) de que não é agradável bater em outras menores. Mas é concebível que, sob certas condições, elas possam *se* convencer de que esse comportamento não é agradável.

Imagine a cena: você é pai ou mãe de um garoto de 5 anos que gosta de bater na irmã de 3 anos. Já tentou argumentar com ele, mas sem resultado. Assim, para proteger o bem-estar de sua filha e tornar seu filho uma pessoa melhor, você começa a puni-lo por sua agressividade. Como pai ou mãe, tem à disposição diversos castigos que podem ir de extremamente brandos (um olhar severo) até extremamente intensos (uma boa surra, forçar a criança a ficar em pé num canto por duas horas e privá-la de TV por um mês). Quanto mais severa a ameaça, maior a probabilidade de que o menino se comporte enquanto você o estiver observando. Mas é provável que vá bater novamente na irmã assim que você der as costas.

Agora, imagine que você o ameaça com uma punição branda. Em qualquer caso (sob a ameaça de uma punição severa ou branda), a criança vai sentir dissonância. Sabe que não está batendo na irmãzinha e também sabe que gostaria muito, muito de bater nela. Quando tiver o impulso de bater na irmã e não fizer isso, vai se perguntar: "Por que não estou batendo na minha irmãzinha?". Sob ameaça grave, ele já tem uma resposta pronta na forma de justificação externa suficiente: "Não estou batendo nela porque, se fizer isso, aquele gigante ali (meu pai) vai me dar uma surra, vai me deixar de castigo no canto e me impedir de assistir à TV por um mês". A ameaça severa proporcionou ao garotinho ampla justificação externa para não bater na irmã enquanto é observado.

Em situação de ameaça branda, o menino também sente dissonância. Mas quando se pergunta "Por que não estou batendo na minha irmãzinha?", ele não tem uma boa resposta, pois a ameaça é tão branda que não proporciona justificação abundante. A criança não está fazendo uma coisa que deseja fazer – e, embora tenha alguma justificação para não fazer tal coisa, falta-lhe uma justificação completa. Nessa situação, continua a sentir a dissonância, mas não tem como reduzi-la simplesmente atribuindo sua falta de ação a uma ameaça severa. O menino precisa encontrar um meio de justificar o fato de não estar agredindo a irmã mais nova, e a melhor maneira é tentar se convencer de que, na verdade, ele não gosta de bater na irmã, nunca quis fazer isso de verdade e bater em crianças pequenas não é nada divertido. Quanto menos severa a ameaça, menos justificação externa; quanto menos justificação externa, maior a necessidade de justificação interna. Dar às pessoas a oportunidade de construir a própria justificação interna pode ajudá-las a desenvolver um conjunto permanente de valores.

Para testar essa ideia, idealizei um experimento na escolinha da Universidade Harvard em colaboração com Merrill Carlsmith.[39] Primeiro, pedimos a crianças de 5 anos para classificarem a atratividade de diversos brinquedos. Depois, dissemos a cada criança que não brincasse com o brinquedo que havia considerado mais desejável. Ameaçamos metade delas com uma punição branda pela transgressão: "Eu ficaria um pouco zangado". Ameaçamos a outra metade com punição mais severa: "Eu ficaria muito zangado; teria de levar todos os brinquedos e ir para casa e não voltar mais; acharia que você não passa de um bebezinho". Depois disso, as crianças foram deixadas sozinhas para brincar com todos os brinquedos. Todas elas resistiram à tentação de brincar com o brinquedo proibido.

Quando voltamos à sala, as crianças tornaram a avaliar quanto gostaram dos brinquedos. Os resultados foram notáveis e empolgantes. Agora, aquelas que foram ameaçadas com punição *branda* acharam o brinquedo proibido menos atraente do que antes. Na falta de justificação externa adequada para impedi-las de brincar com ele, conseguiram convencer-se de que o deixaram de lado porque não tinham gostado do brinquedo. Mas o brinquedo proibido manteve-se atraente para as crianças que sofreram a ameaça severa. Elas continuaram achando-o muito desejável; na verdade, algumas o acharam até mais desejável do que antes da ameaça. As crianças na condição de ameaça severa tinham boas razões externas para não brincar com o brinquedo – "aquele homem grande vai ficar muito zangado comigo" – e, portanto, não tinham necessidade de encontrar razões adicionais; consequentemente, continuaram a gostar do brinquedo.

Jonathan Freedman[40] estendeu essas descobertas e ilustrou de modo dramático a permanência desse fenômeno. Como "brinquedo crucial", ele usou um irresistível robô que corria para lá e para cá, lançando objetos contra os inimigos da criança. Em comparação, os outros brinquedos eram horríveis. Naturalmente, todas as crianças preferiram o robô. Depois, ele lhes pediu para não brincarem com aquele brinquedo, ameaçando algumas crianças com castigos brandos e outras com punições severas. Em seguida, deixou a escola e não voltou mais. Várias semanas depois, uma jovem foi até a escola para aplicar às crianças alguns testes com papel e lápis. As crianças não sabiam que ela estava trabalhando para Freedman e nem que sua presença estava relacionada de algum modo aos brinquedos ou às ameaças que tinham sido feitas antes. Mas ela aplicou os testes na mesma sala usada por Freedman em seu experimento – a sala na qual os mesmos brinquedos foram espalhados casualmente. Depois de dar os testes às crianças, pediu-lhes para ficarem por perto enquanto os avaliava, sugerindo, como quem não quer nada, que se distraíssem com os brinquedos que alguém havia deixado na sala. A maioria esmagadora das crianças que sofreram ameaça branda algumas semanas antes recusou-se a brincar com o robô; brincaram com outros brinquedos em vez desse. Mas a maioria das crianças ameaçadas com severidade foi diretamente ao robô. A ameaça severa de Freedman não foi suficiente para inibir o comportamento posterior – mas a ameaça branda inibiu o comportamento com a mesma força de nove semanas atrás.

O que é uma justificação insuficiente?

Ao longo desta seção, tenho me referido a situações nas quais há uma justificação externa *insuficiente* e a outras em que há uma *abundância* de justificação externa. Essas expressões exigem algum esclarecimento. No experimento Festinger-Carlsmith, todos os participantes concordaram, de fato, em dizer a mentira, inclusive aqueles que receberam apenas um dólar. De certo modo, portanto, um dólar foi *adequado* – ou seja, suficiente para induzir os participantes a contarem a mentira; mas não foi suficiente para impedi-los de se sentirem tolos. Para reduzir a sensação de tolice, tiveram de diminuir a dissonância resultante de contarem a mentira por um valor tão irrisório. Isso acarretou um reforço adicional, traduzido no fato de se convencerem de que não foi uma mentira absoluta e que a tarefa não era tão tola quanto pareceu à primeira vista; com efeito, apreciada sob outro ângulo, foi bastante interessante. No experimento do gafanhoto, o amigo foi *suficiente* para convencer as pessoas a tentarem comer o inseto, mas, como fizeram isso pelo amigo, não havia razão suficiente para gostarem daquilo. No experimento do brinquedo proibido, as ameaças foram *suficientes* para fazer com que as crianças evitassem brincar com o brinquedo, mas só a ameaça branda teve êxito em levá-las a não quererem brincar com ele.

Seria frutífero comparar esses resultados com os dados de Judson Mills sobre os efeitos da cola em estudantes da sexta série. Lembre-se, no experimento de Mills, a decisão de colar ou não foi, com quase toda certeza, bem difícil para a maioria das crianças. É por isso que tiveram a experiência da dissonância, quer tenham colado, quer tenham resistido à tentação. O que você acha que aconteceria se fossem grandes as recompensas por colar? Você pode predizer que recompensas maiores tornariam a cola mais tentadora e, portanto, mais crianças iriam colar. Mas, se os ganhos pela cola fossem astronômicos, aqueles que iriam colar não mudariam muito de atitude. Assim como os estudantes universitários que mentiram na condição de 20 dólares no experimento de Festinger e Carlsmith, as crianças que colaram por uma recompensa substancial teriam tido menos necessidade de reduzir a dissonância, uma vez que receberam justificação externa *abundante* por seu comportamento.

Com efeito, Mills incluiu esse refinamento em seu experimento, e seus resultados confirmaram a hipótese: aqueles que colaram para receber uma recompensa menor tenderam a abrandar mais a postura diante da cola do que aqueles que colaram para obter uma recompensa maior. Além disso, aqueles que não colaram apesar da tentação de uma recompensa maior – uma escolha que criaria muita dissonância – mostraram uma postura mais firme diante da cola do que aqueles que a evitaram diante de uma recompensa pequena. Justamente como previsto.

Os resultados podem ser surpreendentes para você. Alguns de meus estudantes costumavam se perguntar se a teoria da dissonância cognitiva sempre prediz o oposto do que o bom senso parece prever. Entretanto, quando você compreende a teoria, essas predições fazem muito sentido. De modo geral, se quiser que alguém faça alguma coisa apenas uma vez (ou não quer que ela faça isso), enquanto estiver em pé a observando, ofereça o maior incentivo (ou o castigo mais severo) que puder. Se oferecer a essa pessoa um milhão de dólares para dizer que o ditador da Coreia do Norte é um grande humanitário, ou se puser um revólver na cabeça dela e ameaçar puxar seis vezes o gatilho, são grandes as chances de ela dizer o que você quer – mas ela não vai acreditar nisso. Porém, se deseja que essa pessoa desenvolva um conjunto de valores ou crenças nas quais vai se basear mesmo quando você não estiver por perto, então ofereça a ela a menor recompensa capaz de provocar o comportamento desejado. Isso dará a essa pessoa a tarefa de se convencer sozinha, o que garante que ela irá continuar a fazer essas coisas (ou deixar de fazê-las) anos depois de você ter saído da sala.

Dissonância, autoconceito e autoestima

Agora, quero ressaltar um importante desvio da teoria original de Festinger, que já esteve embutido em alguns exemplos de dissonância que mencionei. No experimento de Festinger e Carlsmith, a afirmação original de dissonância era esta: a cognição "Acho que a tarefa é tola" é dissonante com a cognição "Eu disse que a tarefa era interessante". Anos depois, reformulei a teoria de modo a concentrar a atenção na maneira como as pessoas se enxergam.[41] Demonstrei experimentalmente que a dissonância é mais dolorosa, e que ficamos mais motivados a reduzi-la, em situações nas quais o autoconceito é ameaçado – quando fazemos algo que viola a visão que temos de nós mesmos. É verdade que "Eu disse X" é dissonante com "Eu não acredito em X", mas, para mim, o elemento crucial é que enganei as pessoas. A cognição "Eu disse às pessoas uma coisa na qual não acredito" é dissonante com o autoconceito de que "Sou uma pessoa boa e íntegra".

Como prediria essa reformulação, as pessoas tendem a trapacear menos se tiverem um autoconceito de honestidade – não são "desses que trapaceiam" – e quando esse autoconceito é invocado. Num experimento, alguns estudantes leram instruções que realçavam sua identidade ("Por favor, não seja desses que trapaceiam") enquanto outros leram instruções que realçavam a ação ("Por favor, não trapaceie"). Depois, tiveram oportunidade de trapacear solicitando do experimentador um valor em dinheiro ao qual não tinham direito. O grupo "Por favor, não seja desses que trapaceiam" teve muito menos tendência a trapacear porque isso teria criado dissonância com seu autoconceito de honestidade. O segundo grupo, ao qual se pediu apenas que reprimisse o comportamento de "trapacear", solicitou mais do que o dobro de dinheiro indevido do que os participantes do grupo a quem se pediu que não fosse um "trapaceiro". A diferença ocorreu tanto numa situação presencial quanto numa situação privada e online.[42]

Compreender a dor da dissonância quando o autoconceito está envolvido ajuda-nos a ter simpatia pelos indivíduos que sofrem quando dois aspectos centrais de sua identidade entram em conflito. Em um estudo, por exemplo, pesquisadores questionaram como homens gays que se identificam fortemente com alguma igreja cristã lidam com pronunciamentos de seus ministros e sacerdotes dizendo que a Bíblia proíbe a homossexualidade e que Deus odeia os gays. Um modo de solucionar a dissonância seria mudarem seu comportamento – tentar eliminar a atração sexual por outros homens, mudar de igreja ou até largar completamente a religião. Mas aqueles que decidem se manter na igreja podem resolver a dissonância dizendo que a Bíblia enfatiza a compaixão e o amor, destacando os defeitos do ministro ou sacerdote – podem dizer, por exemplo, que “não é a minha religião que promove o preconceito contra gays e essa interpretação da Bíblia; é a visão estreita desse pregador em particular”.[43]

A importância da autoestima

Quem você acha que sente a maior dissonância após fazer alguma coisa cruel, tola ou incompetente: a pessoa com elevada autoestima ou baixa autoestima? A resposta é: a pessoa com elevada autoestima. Ela sente mais dissonância quando se comporta de maneira contrária à elevada opinião acerca de si mesma, e se esforça mais para reduzi-la do que aquela com níveis médios de autoestima.[44] Em contraste, quando a pessoa com baixa autoestima realiza um ato incompetente ou antiético, não sente tanta dissonância, pois a cognição “Fiz uma coisa horrível” está consonante com seu autoconceito, a cognição “Sou um perdedor; geralmente, faço coisas horríveis”. Os psicopatas são razoavelmente imunes à dissonância causada pelo mau comportamento, pois a cognição “Acabei de tratar aquela pessoa com frieza e crueldade” é consistente com “Sou realmente hábil para manipular essas pessoas estúpidas que não percebem como sou”.[45] Uma das grandes vantagens da minha modificação da teoria da dissonância cognitiva é que, ao levar em conta o autoconceito do psicopata e de pessoas com baixa autoestima, ela realça a precisão de predições feitas pela teoria.

No entanto, minha reformulação da teoria da dissonância baseou-se primariamente em minha suposição de que a maioria das pessoas quer preservar os bons sentimentos a seu próprio respeito. Se cometem algo cruel ou insensato ou incompetente, sua autoestima fica ameaçada – pois faz com que achem que *são* cruéis, insensatas ou incompetentes. Nos milhares de experimentos inspirados pela teoria da dissonância cognitiva, os resultados mais claros foram obtidos nas situações em que a autoestima da pessoa foi ameaçada.

Testei essa ideia em colaboração com David Mettee.[46] Predissemos que, tendo a oportunidade de “roubar” num jogo de cartas, indivíduos com uma opinião muito baixa a seu próprio respeito teriam mais probabilidade de trapacear do que indivíduos com elevada autoestima. Predissemos que, se as pessoas sofressem um golpe temporário em sua autoestima – por exemplo, se fossem abandonadas pelo parceiro ou fracassassem num exame – e por isso se sentissem inúteis, sem valor, teriam mais chances de roubar no jogo, de chutar um cachorro ou de fazer outras coisas ignóbeis. Quando se sentem vis, os indivíduos fazem coisas vis.

Em nosso experimento, modificamos temporariamente a autoestima de estudantes universitários dando-lhes informações falsas sobre sua personalidade.

Depois de fazer um teste de personalidade, alguns receberam feedback positivo e lhes dissemos que o teste indicara que eram maduros, interessantes, profundos e assim por diante. Outro grupo recebeu feedback negativo e lhes dissemos que o teste indicara que eram relativamente imaturos, pouco interessantes, um tanto superficiais e coisas do gênero.

Em seguida, todos participaram de um jogo de azar que não tinha relação aparente com o teste de personalidade. Foram autorizados a apostar dinheiro e informados de que poderiam ficar com aquilo que ganhassem. No decorrer do jogo, tiveram algumas oportunidades de fraude, em situações nas quais seria impossível detectá-la. A situação foi organizada de tal modo que, se o estudante decidisse que *não ia* roubar no jogo, certamente perderia, mas, se decidisse roubar, certamente receberia uma importância significativa em dinheiro. Os estudantes que antes haviam recebido informações destinadas a reduzir sua autoestima roubaram muito mais do que aqueles que tinham recebido informações para elevar a autoestima. Os participantes do grupo de controle – aqueles que não receberam informação – ficaram bem no meio.

Essas descobertas sugerem que pais e professores devem ficar alertas às consequências potencialmente extensas de seu próprio comportamento, pois ele afeta a autoestima de seus filhos e estudantes. Se a elevada autoestima pode servir como amortecedor contra o comportamento desonesto, promovendo comportamento desejável, então pode parecer razoável fazer todo o possível para ajudar os indivíduos a aprenderem a se respeitar. Em apoio a essa ideia, Geoffrey Cohen e associados[47] descobriram que crianças afro-americanas recebiam notas significativamente mais elevadas se, no começo do ano letivo, seus sentimentos de autoestima fossem reforçados por tarefas de classe que os levassem a focalizar seus talentos e valores pessoais.

Precisamos ter cautela na generalização desses resultados. É improvável que o fortalecimento da autoestima produza efeitos positivos se for feito de maneira artificial ou superficial, ou se a autoestima da pessoa não estiver baseada na realidade.[48] Além disso, é importante separar a *autoestima* saudável do *narcisismo*, que dá uma falsa sensação de grandiosidade e superioridade em relação aos outros. A pessoa com autoestima saudável e fundamentos realistas que recebe uma crítica construtiva diz: "Puxa, muito obrigado!". Narcisistas não fazem isso.

Roy Baumeister, Brad Bushman e Keith Campbell[49] descobriram que, quando os narcisistas são ameaçados por críticas, geralmente agridem seus críticos na tentativa de se vingar e restaurar a autoimagem ameaçada. Esses pesquisadores pediram a participantes que escrevessem um ensaio e o entregassem a um parceiro para que o criticasse. Após receberem a crítica, os participantes tiveram a oportunidade de expressar hostilidade contra seus colegas importunando-os com um ruído desagradável no volume que desejassem. As pessoas que acionaram a máquina de ruído nos volumes mais altos foram aquelas com maior pontuação em autoestima e narcisismo, cujas opiniões pessoais sobre si mesmas haviam sido ameaçadas. Christina Salmivalli e colegas[50] sugerem que essa síndrome, a "autoestima altamente narcisista", não representa de fato a verdadeira autoestima elevada; na verdade, ela é frágil e autoengrandecedora, pois está baseada no sentimento de insegurança. É o tipo de autoestima encontrada nos valentões das escolas, enquanto jovens com autoestima realmente elevada são mais seguros e não se dedicam a provocações. Na verdade, tentam defender as vítimas dos valentões.

Agora, estamos em posição de declarar um princípio geral sobre a dissonância e o autoconceito: os efeitos da dissonância são maiores quando:

1. as pessoas se sentem pessoalmente responsáveis por suas ações;
2. as ações das pessoas conflitam com um aspecto central de seu autoconceito;
3. as ações das pessoas têm consequências sérias; e
4. a ação é irrevogável; a pessoa não pode voltar atrás.

Sob essas quatro circunstâncias, as pessoas sentirão a maior dissonância; e, quanto maior a dissonância, mais suas atitudes vão mudar. O fato de a dissonância ser provocada sempre que o autoconceito é desafiado tem muitas ramificações importantes. Vamos analisar algumas delas.

A justificação do esforço

Quando sofremos para conseguir alguma coisa, é provável que a valorizemos mais do que se ela tivesse sido obtida com facilidade. E, se essa coisa não é atraente, talvez tenhamos de fazer algum exercício criativo para justificar nossos esforços.

Imagine que você é um estudante universitário e resolve se filiar a uma fraternidade. Para ser admitido, precisa passar por uma iniciação; vamos supor que o processo seja severo, envolvendo esforço, dor ou vergonha. Após concluir com sucesso seu périplo, você é admitido na fraternidade. Quando se muda para a casa da fraternidade, descobre que seu novo colega de quarto tem alguns hábitos ruins: pega dinheiro emprestado e se esquece de lhe devolver, deixa roupa suja na sua cama e usa suas coisas sem pedir permissão. Uma pessoa objetiva o veria como um desleixado sem consideração. Mas você não é uma pessoa objetiva; a cognição de que passou pelo inferno para ser aceito naquela fraternidade a fim de morar com um desleixado sem consideração é dissonante com sua visão pessoal de alguém racional e inteligente, que toma boas decisões. Para reduzir a dissonância, você tenta ver seu colega de quarto e sua experiência sob a luz mais favorável possível. Novamente, há limitações impostas pela realidade – por mais que se esforce, não há como um desleixado sem consideração tornar-se um príncipe encantado –, mas, com alguma engenhosidade, você consegue se convencer de que ele não é tão mau. Aquilo que alguns chamam de desleixo, por exemplo, você pode chamar de descontração. Ele é tão tranquilo e despreocupado com questões materiais que é perfeitamente compreensível ter pegado emprestado e manchado seu melhor paletó e ter se esquecido de devolver os 50 dólares que lhe deve.

Não é um príncipe encantado, mas certamente é tolerável. Faça uma comparação entre esse ponto de vista e sua atitude caso não tivesse investido tanto esforço: imagine que você se mudou para um dormitório comum do campus e teve de ficar com o mesmo sujeito de maus hábitos. Como não escolheu esse quarto nem investiu coisa alguma para obtê-lo, você sentiria desagrado, mas não dissonância; como não sente dissonância, não tem necessidade de ver seu colega sob a melhor luz possível. Rapidamente, você o rotula de desleixado sem consideração e procura sair dali.

Essas especulações foram testadas num experimento clássico que fiz há mais de cinco décadas com meu amigo Judson Mills.[51] Nesse estudo, universitárias se ofereceram para participar de um grupo que se encontraria regularmente para discutir diversos aspectos da psicologia do sexo. Foi dito às mulheres que, se quisessem participar, antes teriam de passar por um teste de seleção destinado a saber se todas que fossem admitidas no grupo iriam discutir sexo de forma livre e aberta. Essa instrução serviu para montar o cenário para o processo de iniciação. Um terço das mulheres participou de um processo de iniciação severo, que exigia que recitassem em voz alta uma lista de palavras obscenas. Um terço das estudantes passou por um processo brando, no qual recitaram uma lista de palavras de conotação sexual, mas não obscenas. O terço restante das participantes foi admitido no grupo sem passar por uma iniciação. Então, permitiu-se a cada participante ouvir um debate realizado pelos membros do grupo no qual tinha acabado de entrar. Embora as mulheres tenham sido levadas a acreditar que o debate era ao vivo e estava em andamento, o que ouviram, na verdade, foi um debate pré-gravado, destinado a ser tão monótono e bombástico quanto possível. Depois, pediu-se a cada participante para classificar o debate: se gostou, se foi interessante, se os participantes eram inteligentes, e assim por diante.

Os resultados apoiaram nossas predições: as mulheres que não se esforçaram ou se esforçaram pouco para entrar no grupo não gostaram muito do debate. Foram capazes de vê-lo tal como foi: tolo e monótono, uma perda de tempo. Contudo, aquelas que passaram por uma iniciação severa conseguiram convencer-se de que esse mesmo debate foi interessante e proveitoso.

Outros investigadores, usando diversos tipos de iniciação desagradável, obtiveram os mesmos resultados que nós. Harold Gerard e Grover Mathewson,[52] por exemplo, realizaram um experimento de conceito similar ao estudo Aronson-Mills, exceto que os participantes na condição de iniciação severa recebiam dolorosos choques elétricos em vez de terem de ler uma lista de palavras obscenas em voz alta. Aqueles que se submeteram a uma série de choques elétricos intensos para se tornar membros de um grupo gostaram mais dele do que aqueles que receberam uma série de choques elétricos brandos.

Não estou dizendo que as pessoas gostam de experiências dolorosas – elas não gostam; nem estou dizendo que as pessoas gostam de coisas associadas a experiências dolorosas. O que estou dizendo é que, se uma pessoa passa por uma experiência difícil ou dolorosa a fim de conquistar determinada meta ou objeto, essa meta ou objeto torna-se mais atraente – um processo chamado de **justificação do esforço**. Se, a caminho de um grupo de discussão, um vaso de flores caísse de um beiral de janela e atingisse a sua cabeça, isso não faria você gostar mais do grupo; mas, se você tivesse se *oferecido* para ser atingido na cabeça por um vaso de flores a fim de se unir ao grupo, certamente iria gostar mais do grupo.[53]

O biólogo Robert Sapolsky[54] descreve um fenômeno médico que ocorreu no século 20 e que demonstra bem a justificação do esforço. Nessa época, alguns médicos suíços acreditavam que poderiam retardar o processo de envelhecimento injetando testosterona nos homens. Como disse Sapolsky:

> Assim, desenvolveu-se uma mania entre cavalheiros idosos e endinheirados de se internar em impecáveis sanatórios suíços e receber injeções diárias em seus traseiros contendo extratos testiculares de cães, galos e macacos. Na década de 1920, magnatas da indústria, chefes de Estado, líderes religiosos famosos – todos estavam fazendo isso e relatando resultados maravilhosos. Não porque a ciência fosse exata, mas porque, se você está pagando uma fortuna

para receber dolorosas injeções diárias de extrato de testículo de cachorro, há certo incentivo para se convencer de que se sente como um jovem tourinho. Um grande efeito placebo.

Na maioria das situações dissonantes, há mais de um modo de reduzir a dissonância. No experimento da iniciação, por exemplo, as mulheres se convenceram de que o grupo era interessante. Seria essa a única maneira de reduzir a dissonância? Não. Outra maneira de dar sentido ao esforço despendido é revisar nossa memória do passado – ou seja, recordar incorretamente como eram as coisas *antes* de termos sofrido ou nos esforçado.

Num experimento de Michael Conway e Michael Ross,[55] um grupo de estudantes participou de um curso de práticas de estudo que prometia mais do que entregava; outro grupo de estudantes se inscreveu mas não participou. Tenham feito o curso ou não, pediu-se a todos os estudantes que avaliassem suas práticas de estudo. Após três semanas de treinamento inútil, os estudantes queriam acreditar que suas habilidades para estudar haviam melhorado, mas os dados objetivos mostravam que isso não tinha acontecido; ainda se saíam mal em seus cursos. Como poderiam reduzir a dissonância entre "Esforcei-me para melhorar" e "Não melhorei"? Fizeram isso lembrando-se erroneamente de seus maus hábitos de estudo antes de fazerem o curso e subestimando as habilidades que tinham antes de se matricular. Estudantes que se matricularam, mas não participaram do curso, não mostraram esse comportamento de autojustificação; suas lembranças de autoavaliações anteriores foram precisas. Esse estudo pode explicar por que pessoas que gastam tempo e dinheiro para ficar em forma podem se sentir satisfeitas mesmo que não tenham obtido pleno sucesso. Talvez não consigam se convencer de que atingiram suas metas, mas podem superestimar o progresso que fizeram distorcendo suas lembranças sobre como estavam fora de forma antes de iniciar o treinamento. Conway e Ross chamam essa técnica de autojustificação de "conseguir o que quer revisando o que tinha".

A justificação da crueldade

Tenho dito repetidamente que precisamos nos convencer de que somos pessoas decentes e razoáveis. Agora, imagine que você fez alguma coisa grave que claramente magoou uma pessoa inocente: postou um boato que mais tarde se mostrou falso sobre um amigo, ou insultou seu parceiro romântico de um jeito espontâneo, mas maldoso. Sua cognição "Sou uma pessoa boa" seria dissonante com a cognição "Magoei outra pessoa". Se o dano foi óbvio, então você não conseguirá reduzir a dissonância mudando de opinião sobre o que aconteceu e dizendo alegremente a si mesmo que não causou dano algum. Nessa situação, a maneira mais eficaz de reduzir a dissonância seria maximizar a culpabilidade da vítima de sua ação – dizendo a si mesmo que a vítima mereceu o que aconteceu, ou porque fez algo para causar o dano, ou porque não era uma boa pessoa.

Esse mecanismo pode atuar até se você não causou dano direto à vítima, mas não gosta dela e torcia para que aquele mal recaísse sobre ela. Por exemplo, durante uma marcha de protesto pacífica em 1970 contra a guerra do Vietnã – guerra que estava criando uma polarização política e cultural no país tão profunda quanto a que vemos hoje –, quatro estudantes da Universidade Estadual de Kent foram baleados e mortos por membros da Guarda Nacional de Ohio. Outros nove foram feridos e um teve paralisia. Rapidamente, os rumores se espalharam – antes mesmo que inventassem o Twitter: as mulheres mortas estavam grávidas (e, portanto, por implicação, eram sexualmente promíscuas); os estudantes mortos estavam cheios de piolhos; as vítimas tinham sífilis e por isso acabariam morrendo dali duas semanas, e assim por diante. Esses rumores eram absurdos e totalmente inverídicos. Por que os moradores da cidade estavam ansiosos para acreditar nessas notícias e espalhá-las? É impossível saber ao certo, mas meu palpite é de que foi por motivos similares às razões para terem se espalhado boatos entre os moradores das cidades da Índia após o terremoto: os rumores eram reconfortantes.

Imagine o cenário: Kent é uma cidadezinha conservadora de Ohio. Muitos moradores ficaram furiosos com o comportamento radical de alguns estudantes. Parte da população deveria estar até torcendo para que os estudantes recebessem o que lhes era devido, mas a morte foi além do que mereciam. Nessas circunstâncias, qualquer informação que pusesse as vítimas sob uma luz depreciativa ajudaria a reduzir a dissonância implicando que, de fato, foi até bom terem morrido, ou, no mínimo, inevitável, considerando quão pecaminosos e doentes eram. Vários membros da Guarda Nacional de Ohio afirmaram firmemente que os manifestantes *mereceram* morrer, e uma professora de um colégio local chegou a afirmar que "quem aparece nas ruas de uma cidade como Kent com cabelos compridos, roupas sujas ou descalço merece levar um tiro". Essa opinião, acrescentou ela, aplicar-se-ia até a seus próprios filhos.[56]

Embora poucas pessoas tenham sido tão extremas na condenação das vítimas como essa professora, praticamente qualquer um pode ser influenciado, sob certas circunstâncias, a justificar crueldades cometidas contra vítimas inocentes. Por isso é essencial que o psicólogo social se afaste do caos do mundo real (temporariamente) e teste as predições no mundo mais controlado do laboratório experimental. Em termos ideais, se queremos medir mudanças de atitudes resultantes de dissonâncias, deveríamos saber quais eram as atitudes *antes* que o evento causador da dissonância ocorresse.

Tal situação foi produzida num experimento realizado por Keith Davis e Edward Jones.[57] Eles pediram a estudantes, um de cada vez, que observassem um jovem (colega deles) sendo entrevistado e depois emitissem uma opinião geral sobre ele. Em seguida, os estudantes foram instruídos a apresentar ao colega uma análise pré-organizada de seus defeitos como ser humano. Depois de lhe dizerem coisas que sabiam que iriam magoá-lo – que o achavam superficial, indigno de confiança e entediante –, convenceram-se de que ele mereceu ser insultado dessa maneira; bem, ele *era* realmente superficial e entediante. A opinião a seu respeito tornara-se muito mais negativa do que era antes de lhe dizerem diretamente aquelas coisas dolorosas. Essa mudança de opinião sobre o colega ocorreu apesar de todos os participantes saberem que o estudante não tinha feito nada para merecer aquelas críticas e que estavam apenas respondendo às instruções do experimentador.

Um experimento de David Glass[58] teve resultado similar. Nesse estudo, quando induzidos a provocar uma série de choques elétricos em outras pessoas, indivíduos que se consideravam bons e decentes desqualificaram suas vítimas como resultado de terem lhes causado dor. Esse resultado foi mais forte entre pessoas com elevada autoestima. Se sou apenas uma pessoa com baixa autoestima e acredito que estou sempre ferindo os sentimentos alheios, então fazer com que os outros sofram não introduz muita dissonância; portanto, tenho pouca necessidade de me convencer de que mereceram isso. Esta é a ironia: justamente porque acho que sou uma pessoa boa, se fizer alguma coisa que lhe cause dor preciso me convencer de que você é uma pessoa má. Como sujeitos legais como eu não saem por aí machucando pessoas inocentes, você deve ter merecido tudo de ruim que lhe fiz.

Uma condição, porém, limita a justificação da crueldade: a capacidade de retaliação da vítima. Se a vítima pode e quer retaliar em algum momento futuro, então quem causa o mal sente que a equidade será restaurada e assim não precisa justificar sua ação, depreciando a vítima. Em um experimento de Ellen Berscheid e associados,[59] estudantes universitários foram voluntários para uma pesquisa na qual cada um deles ministraria um choque elétrico doloroso num colega; como esperado, cada participante menosprezou a vítima como resultado da aplicação do choque. Mas foi dito à metade dos estudantes que haveria troco

– ou seja, os outros estudantes teriam a oportunidade de aplicar choques *neles*. Aqueles que foram levados a crer que suas vítimas seriam capazes de retaliar tiveram menos dissonância a reduzir, e por isso não tiveram necessidade de menosprezar suas vítimas para se convencerem de que elas mereceram aquilo.

Essa pesquisa tem implicações sérias: mostra que as pessoas não realizam atos de crueldade e saem ilesas. Quando estamos numa guerra na qual, devido a nossas ações, muitos inocentes estão sendo mortos, podemos tentar culpar as vítimas para justificar nossa cumplicidade – especialmente vítimas civis, incapazes de retaliar. Um fenômeno triste, mas universal, é que todas as culturas estão inclinadas a **desumanizar** seus inimigos referindo-se a eles com palavras cruéis e considerando-os "vermes", "animais", "bestas" e outras criaturas inumanas. Durante a Segunda Guerra Mundial, os norte-americanos chamaram os japoneses de *japs* e os retrataram como furtivos e diabólicos; durante a guerra do Vietnã, soldados americanos referiam-se aos vietnamitas como *gooks*, "amarelos"; nas guerras do Iraque e do Afeganistão, os soldados americanos começaram a se referir aos inimigos como "cabeças de trapo" por conta dos turbantes e outros adereços de cabeça usados por muitos árabes e muçulmanos. O uso desse tipo de linguagem visa reduzir a dissonância: "Sou uma pessoa boa, mas estamos lutando com essas outras pessoas e matando-as; portanto, devem merecer o que receberem, pois não são plenamente humanas como nós". Mas, depois que tivermos tido sucesso em fazer isso, cuidado, pois a desumanização torna mais fácil ferir e matar "sub-humanos" do que ferir e matar colegas humanos. Logo, essa forma de redução da dissonância aumenta a probabilidade de as atrocidades que estamos dispostos a cometer agora justificarem mais atrocidades desse tipo ao longo do tempo.[60]

As pessoas costumam justificar outros atos além da violência da guerra, que podem alimentar a hostilidade e a discriminação. Para dar um exemplo maluco, imagine que você vive numa sociedade em que crianças pobres, muitas das quais negras e latinas, são impedidas de frequentar escolas públicas de alto nível. Em vez disso, recebem uma educação de segunda classe e, com frequência, emburrecedora. Como consequência, essas crianças tornam-se menos educadas e menos motivadas do que crianças brancas das classes média e alta, mostrando baixo desempenho em testes. Essa situação proporciona uma oportunidade de ouro para líderes cívicos justificarem o *status quo* e, com isso, reduzirem a dissonância. "Veja", podem dizer, "essas crianças são estúpidas, não conseguem aprender (porque foram mal nos testes); veja como fomos inteligentes quando resolvemos não desperdiçar a receita dos impostos, que tanto nos custou arrecadar, tentando dar a elas uma educação de alta qualidade." Essa profecia autorrealizável oferece uma justificação perfeita para que se negligencie ainda mais aqueles menos privilegiados. John Jost e colegas[61] estudaram o fenômeno, que chamaram de *justificação do sistema*: muitos dos que nasceram nos mais elevados escalões da sociedade, que detêm mais riqueza e poder, justificam sua posição acreditando que têm direito a ela em virtude de suas habilidades superiores e de seu talento inato, enquanto todas essas pessoas pobres e que lutam pela sobrevivência são demasiadamente inaptas ou desmotivadas para terem sucesso. Como disse uma vez o técnico de futebol americano Barry Switzer: "Algumas pessoas nascem na terceira base e passam a vida pensando que fizeram uma tripla".

Numa análise final, como tenho repetido, as pessoas são responsáveis por suas próprias ações. Nem todos desumanizam seus oponentes ou pessoas que se acham numa situação econômica inferior, ou mesmo os inimigos de sua nação. Mas a teoria da dissonância identifica o mecanismo no coração da desumanização – a razão para tantas pessoas recorrerem a ela para preservar a opinião que têm sobre si mesmas como certa, moral e boa. Há boas notícias nessa pesquisa. A desumanização está fundamentada no desejo de nos sentirmos melhor conosco mesmos diante do infortúnio dos outros, e a expressão de nossos sentimentos negativos – desgosto, tristeza, choque, terror – diante da situação que a vítima inspira elimina nossa necessidade de desumanizá-la.

Considere o experimento realizado por Kent Harber e associados.[62] Os participantes assistiram a uma cena perturbadora, violenta e explícita do filme *Acusados*, na qual uma jovem chamada Sarah flerta e dança com um dos homens, que fica mais agressivo e tenta apalpá-la sexualmente. Ela tenta impedi-lo, com medo crescente, mas ele a segura e a estupra; outros clientes do bar se unem ao ataque e ela tenta desesperadamente se livrar deles. A cena mostra claramente Sarah como uma vítima involuntária, mas também a mostra bebendo muito, usando roupas reveladoras e dançando provocativamente. Nada do que faz justifica remotamente a brutalidade do que lhe é feito, mas, para espectadores inclinados a "culpar a vítima", seu vestido e suas ações servem de munição. Depois, pediu-se aos participantes que escrevessem sua avaliação daquilo que tinham visto. O grupo da "supressão" foi instruído a deixar de lado seus sentimentos e escrever apenas com detalhes fáticos, como as roupas usadas pelas pessoas. Aos participantes do grupo da "revelação", foi dito que deveriam expressar livremente seus pensamentos e sentimentos mais profundos sobre o filme. Uma semana depois, todos avaliaram Sarah. Ela julgara mal a situação, poderia ter feito mais por si, foi simpática e agradável, foi irresponsável, foi íntegra, era alguém com quem os participantes poderiam se identificar, provocara seus problemas? As respostas foram dadas com certa medida de culpa. Quanto mais os espectadores reconheceram e expressaram sofrimento, menos culparam a vítima. Em contraste, aqueles que foram instruídos a eliminar as emoções culparam Sarah mais prontamente.

Ao que parece, culpar a vítima é algo enraizado em nossa necessidade de justificar nossas atitudes e a nós mesmos com relação a pessoas menos afortunadas ou que são vítimas de crime, pobreza ou acidentes trágicos. Diga-se que, às vezes, isso pode ser evitado se reconhecermos e expressarmos nosso próprio sofrimento e sentimentos humanos antes que se tornem algo menos palatável.

A psicologia da inevitabilidade

George Bernard Shaw foi seriamente afetado pelo alcoolismo do pai, mas tentou amenizar seu efeito. Uma vez, escreveu: "Se não conseguir se livrar do esqueleto da família, é melhor ensiná-lo a dançar".[63] De certo modo, a teoria da dissonância descreve as formas de que as pessoas dispõem para fazer seus esqueletos dançarem – tentar extrair o melhor de resultados desagradáveis. Isso é particularmente válido em situações que são tão negativas quanto inevitáveis.

E que situação pode ser mais negativa e inevitável para crianças pequenas do que terem de comer vegetais que detestam? Num experimento, Jack Brehm[64] levou crianças a se oferecerem a comer um vegetal que antes haviam dito que detestavam. Depois, levou metade delas a acreditar que ainda comeriam muito mais desse vegetal no futuro; as crianças restantes não receberam essa informação. As crianças que foram levadas a acreditar que seria inevitável comer esse vegetal no futuro conseguiram convencer-se de que o vegetal não era tão ruim assim. Em suma, a cognição "Eu não gosto desse vegetal" é dissonante com a cognição "Eu vou comer esse vegetal no futuro". Para reduzir a dissonância, as crianças passaram a acreditar que o vegetal não era, na verdade, tão ruim quanto pensavam.

John Darley e Ellen Berscheid[65] mostraram que o mesmo fenômeno funciona tanto com pessoas quanto com vegetais. Em seu experimento, universitárias se ofereceram para participar de uma série de reuniões, nas quais cada estudante iria comentar sobre seu comportamento sexual e seus padrões sexuais com uma mulher que não conheciam. Antes de iniciarem as discussões, cada participante recebeu duas pastas. Cada pasta continha a descrição da personalidade de uma jovem que, supostamente, havia se oferecido para participar da mesma experiência; as descrições continham uma mistura de características agradáveis e desagradáveis. Metade das participantes foi levada a acreditar que iria interagir com a jovem descrita na pasta A, e as participantes restantes foram levadas a crer que iriam interagir com aquela descrita na pasta B. Antes de se encontrarem com essas mulheres, pediu-se às participantes que avaliassem cada uma delas com base nas descrições de personalidade que haviam lido. Aquelas que acharam que seria inevitável compartilhar seus segredos íntimos com a jovem descrita na pasta A consideraram-na muito mais atraente do que aquela descrita na pasta B, enquanto aquelas que acreditavam que iam interagir com a jovem descrita na pasta B *consideraram-na* muito mais atraente. Saber que alguém vai passar inevitavelmente um tempo com outra pessoa realça os aspectos positivos dessa pessoa – ou, pelo menos, enfatiza menos seus aspectos negativos.

As pessoas tendem a pensar que aquilo que vai acontecer será melhor do que na verdade será. Tal como no caso dos vegetais, a inevitabilidade faz com que o coração fique mais abrandado. Atenuar o negativo é uma estratégia de adaptação quando o que aguarda a pessoa é um legume desagradável ou conhecer novas pessoas, mas, às vezes, essa estratégia pode se mostrar desastrosa. Pessoas que vivem na Costa Oeste dos Estados Unidos, especialmente californianos, por exemplo, sabem que um dia serão atingidas por um grande terremoto. Sem dúvida, as pessoas racionais admitem o perigo e trabalham, preparando-se para aprender tudo que podem a respeito e tomando medidas de precaução, certo? Não. Mesmo entre pessoas bem-educadas, a reação típica a uma catástrofe inevitável é não fazer nada para se preparar para ela. Darrin Lehman e Shelley Taylor[66] entrevistaram 120 estudantes universitários da Universidade da Califórnia em Los Angeles (UCLA) e descobriram que, apesar de todos saberem da ameaça do terremoto, só 5% tinham tomado alguma medida de segurança (como saber onde fica o extintor de incêndio mais próximo); apenas um terço sabia que a melhor ação durante um sismo é ficar sob uma mesa ou outra mobília pesada; e nenhum dos participantes tinha tomado as medidas preparatórias recomendadas pelos especialistas.

No entanto, os estilos de enfrentamento variaram em função da situação de vida de cada estudante. Aqueles que moravam em dormitórios sismicamente inseguros tinham mais probabilidade de enfrentar o possível desastre recusando-se a acreditar nele ou minimizando os danos esperados do que aqueles que moravam em dormitórios relativamente seguros. Mas, se você tem certeza de que haverá um terremoto, como pode justificar que vai continuar a morar num dormitório inseguro? Fácil: você nega que haverá esse terremoto e se recusa a pensar no assunto. As reações autojustificáveis a eventos perigosos e inevitáveis podem ser reconfortantes no curto prazo. No entanto, quando nos impedem de tomar medidas para aumentar a segurança, essas reações podem se mostrar letais no longo prazo.

Talvez você tenha percebido a curiosa diferença entre as reações das crianças diante de um legume desagradável ou de estudantes universitárias diante da interação inevitável com outra pessoa, por um lado, e as reações dos estudantes da UCLA à ameaça de um possível terremoto, por outro. Nas primeiras situações, as pessoas aceitam o inevitável e assumem posturas que reforçam os aspectos positivos do fato inevitável. O segundo evento, porém, envolve o confronto com um evento altamente provável que ameaça a vida e é muito pouco controlável. Seria ampliar os limites da imaginação humana redefinir um terremoto importante como desejável – ou como qualquer coisa menor do que uma catástrofe. E não podemos evitar terremotos; o melhor que podemos fazer é reagir a eles de modo adaptativo, sem garantias de que as medidas de segurança cheguem a nos salvar. Logo, a natureza de nossa resposta pode depender de nossa crença em que medidas preventivas podem realmente aumentar nosso senso de controle sobre o inevitável. Se essas medidas parecem fúteis, então a perspectiva de nos esforçarmos só servirá para aumentar ainda mais nossa sensação de dissonância. Em tais circunstâncias, é provável que justifiquemos o fato de não tomarmos medidas de segurança negando a probabilidade do desastre potencial ou subestimando muito sua magnitude.

Dá para ver aonde isso está levando? Cientistas chegaram a um consenso internacional de que o aquecimento global representa uma ameaça séria ao planeta, mas muitos americanos se mostram despreocupados ou pensam que as mudanças climáticas são uma "farsa". A teoria da dissonância sugere que, se os cientistas quiserem motivar as pessoas a tomar medidas imediatas contra o aquecimento global, será vital convencê-las também de que está ao alcance delas fazer algo a respeito. Provavelmente, aumentar o medo que sentem servirá apenas para fazê-las negar a existência desse fenômeno ou desconsiderar ativamente as evidências científicas.

Aplicações práticas da teoria da dissonância

Uma das razões para a teoria da dissonância cognitiva ter atraído imenso interesse e inspirado tantas pesquisas é sua capacidade de explicar e prever comportamentos humanos que desafiam o bom senso. Ademais, a teoria da dissonância justifica muitos fenômenos, indo da maneira como os rumores se espalham ao modo como as pessoas mudam atitudes e comportamentos, da prática de sexo mais seguro à redução do preconceito racial. Além de seu poder de nos ajudar a compreender e predizer, a teoria tem valor específico se puder ser aplicada na prática a formas de beneficiar as pessoas. Agora, vou apresentar algumas aplicações notáveis da teoria.

Preservativos e conservação

Como vimos no caso da preparação para terremotos (ou melhor, sua ausência), um modo de nos mantermos alheios à dissonância é recusarmo-nos firmemente a prestar atenção naquilo que estamos fazendo. Na década de 1980, quase 17 mil norte-americanos morreram na epidemia de aids, e centenas de milhões de dólares foram gastos em campanhas de prevenção à aids na mídia de massa. Embora essas campanhas tenham sido razoavelmente eficazes na comunicação de informações sobre a maneira de transmissão da doença e a importância dos preservativos para a prática de sexo seguro, não tiveram o mesmo sucesso, nem de longe, em impedir que as pessoas se comportassem sexualmente de forma arriscada. Rapazes universitários sexualmente ativos sabiam que a aids era um problema sério, mas só uma pequena porcentagem deles usava preservativos regularmente. Quando lhes perguntavam o motivo, apresentavam as razões habituais: os preservativos eram inconvenientes, nada românticos e os faziam se lembrar da doença. (Geralmente, as pessoas não gostam de pensar na morte quando estão se preparando para fazer amor.) Logo, como os pesquisadores descobriram consistentemente, as pessoas se iludem – nesse caso, acreditando que, embora a aids seja um problema sério, elas mesmas não correm riscos.[67] Se a mídia de massa se mostrou ineficaz, há alguma coisa que pode ser feita para tirar as pessoas dessa negação?

No auge da epidemia de aids, meus estudantes e eu desenvolvemos um método para convencer os homens a usarem preservativos, com uma variação do paradigma "dizer é acreditar" de que falamos antes. No experimento típico de "dizer é acreditar", pede-se aos indivíduos que façam um discurso defendendo um ponto de vista que é contrário à sua própria opinião. Isso suscita dissonância; a dissonância é reduzida mudando de atitude e alinhando-a mais com seu discurso. Fiquei me perguntando como esse paradigma poderia ser aplicado à epidemia da aids.

Como pesquisador, eis o problema que eu enfrentava: no que concerne à prática de sexo seguro, quase todos sabiam o que *deveriam* fazer, mas praticamente ninguém queria fazê-lo. Então, como levamos os homens a experimentar a dissonância criando um argumento favorável ao uso de preservativos se eles já acreditam que o uso dos preservativos é uma boa ideia? É um dilema. Foi aí que encontramos uma solução: como os homens estavam se isolando da dissonância por meio do mecanismo da negação, os experimentadores iriam cortar a negação, confrontando-os em sua própria hipocrisia. Esse método foi tão bem-sucedido que passou a ser chamado de "paradigma da hipocrisia". Apoia-se no fato de que quase todos nós mantemos uma busca pessoal pela integridade.

Começamos pedindo a estudantes universitários que fizessem um discurso descrevendo os perigos da aids e defendendo o uso de preservativos "todas as vezes que você praticar sexo".[68] Todos os estudantes se mostraram mais do que dispostos a fazer isso, pois todos acreditavam que era uma boa ideia os homens sexualmente ativos usarem preservativos. (Bem, pelo menos os outros sujeitos.) Em determinada condição, os estudantes simplesmente prepararam os argumentos. Em outra condição, após prepararem os argumentos, pediu-se a eles que registrassem seu argumento numa gravação em vídeo que seria passada numa classe de estudantes do colegial como parte de uma aula de educação sexual. Antes do discurso, metade dos estudantes em cada condição foi lembrada de seus próprios fracassos anteriores em usar preservativos, fazendo uma lista das circunstâncias em que isso foi particularmente difícil, estranho ou "impossível".

Essencialmente, portanto, os participantes que fizeram um vídeo para estudantes do colegial, depois de terem sido lembrados de sua própria relutância em usar preservativos, estavam num estado de elevada dissonância. Fizemos com que se lembrassem de sua própria hipocrisia pregando a estudantes do colegial um comportamento que eles próprios não estavam praticando. Para não terem de sentir a hipocrisia e manter a autoestima, eles precisariam começar a praticar aquilo que estavam pregando. E foi exatamente isso que descobrimos. Estudantes na condição de hipocrisia mostraram muito maior propensão a comprar preservativos (exibidos numa mesa do lado de fora da sala experimental) do que em qualquer outra condição. Além disso, vários meses depois, uma grande parcela dos estudantes nessa condição relatou que estava usando preservativos regularmente.

O paradigma da hipocrisia tem sido usado para atacar outros problemas, como o da conservação da água. Foram abordadas mulheres que usavam os chuveiros públicos da Universidade da Califórnia, às quais se pediu para assinar uma petição e emprestar seus nomes ao esforço de convencer as pessoas a tomarem banhos rápidos. Depois de assinar a petição, o nome de cada uma foi colado num cartaz que dizia: "TOME BANHOS RÁPIDOS. SE EU CONSIGO FAZÊ-LO, VOCÊ TAMBÉM CONSEGUE". Depois de adicionarem seus nomes à lista, pediu-se a algumas delas que se lembrassem de todas as ocasiões em que não tomaram banhos rápidos no mês anterior, reforçando a dissonância entre sua pregação e sua prática. Mais tarde, essas mulheres foram (discretamente) observadas e cronometradas nos banheiros. Aquelas que tinham sido lembradas de sua hipocrisia tomaram banhos significativamente mais rápidos. Esse tipo de técnica de autopersuasão pode ser usado sempre que queremos que as pessoas façam mais daquilo que elas já sabem que é bom, como exercícios, estudos, reciclagem, uso de protetor solar – o que quiser.[69]

Lançando luzes sobre o poder dos líderes de seitas

A teoria da dissonância mostrou-se útil como meio para aumentar nossa compreensão sobre eventos que confundem totalmente nossa imaginação – como o imenso poder exercido por líderes de seitas como Jim Jones (do massacre em Jonestown, Guiana) e Marshall Herff Applewhite (o grupo suicida da seita Heaven's Gate) sobre o coração e a mente de seus seguidores. Vamos nos concentrar no massacre de Jonestown, descrito no Capítulo 1. Como um único indivíduo teve tanto poder que, ao seu comando, centenas de pessoas mataram os próprios filhos e depois se mataram? A tragédia de Jonestown é complexa demais para ser compreendida plenamente por uma única explicação. Mas uma pista emana do fenômeno do pé na porta comentado antes: Jim Jones conquistou a confiança de seus seguidores dando um passo de cada vez. Com efeito, uma análise minuciosa revela uma cadeia de compromissos crescentes por parte de seus seguidores.

Vamos começar pelo princípio. É fácil compreender como um líder carismático como Jones consegue extrair dinheiro dos membros de sua igreja. Depois que se comprometeram a doar uma pequena importância em dinheiro como resposta à sua mensagem de paz e de fraternidade universal, eles galgaram degraus na direção dele – e terão necessidade de justificar sua decisão de lhe dar dinheiro. Portanto, Jones consegue pedir e receber mais. Depois, induz as pessoas a vender suas casas e entregar o dinheiro para a igreja. Em pouco tempo, a seu pedido, diversos de seus seguidores se mudam, deixando familiares e amigos, e começam uma nova vida no estranho e difícil ambiente da Guiana. Lá, não só trabalham muito (aumentando o compromisso pela justificação de todo esforço, tempo e dinheiro dispendidos), como também são isolados de possíveis opiniões discordantes, uma vez que estão cercados de crentes de verdade. Depois, Jones começa a tomar liberdades sexuais com diversas mulheres casadas de sua comunidade, que aquiescem, mesmo com relutância. Finalmente, como prelúdio ao evento culminante, Jones induz seus seguidores a realizar uma série de falsos rituais de suicídio como teste de lealdade e obediência. Assim, nesse passo a passo, o compromisso entre membros e Jim Jones aumenta. Em si, cada passo não é um grande salto daquele que o precedeu, mas o último está muito distante do primeiro.

Dissonância no cenário mundial

A dissonância em nossa vida cotidiana é majoritariamente benigna, ajudando-nos a seguir em frente com nossas decisões e escolhas, com um mínimo de dificuldades ou arrependimentos. Mas, como mostra a história de Jonestown, é impossível enfatizar demais os perigos potenciais representados por nossa suscetibilidade à necessidade de reduzir a dissonância.

Imagine que um louco tomou o poder em seu país e resolveu erradicar todos os membros de seu grupo religioso. Mas você não tem certeza disso. O que você sabe é que seu país está sendo ocupado, que o líder das forças de ocupação não gosta de seu grupo religioso e que, ocasionalmente, membros de sua fé são forçados a sair de casa e ir para campos de detenção. O que você faz? Pode tentar fugir de seu país; pode tentar se passar por membro de outro grupo religioso; ou pode ficar sentado, quietinho, torcendo pelo melhor. Cada uma dessas opções é extremamente perigosa: é difícil escapar ou passar sem ser notado; e se você for flagrado tentando fugir ou disfarçando sua identidade, a pena é a execução sumária. Mas resolver ficar sentado quietinho pode ser desastroso caso seu grupo religioso esteja mesmo sendo aniquilado sistematicamente. Vamos supor que você decida ficar quietinho e dê as costas para a oportunidade de escapar ou se disfarçar. Naturalmente, essa decisão de vida ou morte produz muita dissonância. Para reduzir a dissonância, você se convence de que tomou uma decisão sábia; que, embora as pessoas de sua seita religiosa estejam sendo forçadas a se mudar e tratadas injustamente, não estão sendo mortas, a menos que infrinjam a lei. Essa não é uma posição difícil de manter, pois não há evidências claras em contrário.

Suponha que, meses depois, um homem respeitável de sua cidade lhe diz que, enquanto se escondia na floresta, testemunhou soldados massacrando todos os homens, mulheres e crianças que haviam sido deportados recentemente. Prevejo que você tentaria descartar essa informação como falsa; você se convenceria de que o informante mentira ou estava tendo alucinações. Se tivesse ouvido o homem que tentara alertá-lo, você poderia ter escapado. Em vez disso, você e sua família são mortos.

Fantástico? Impossível? Como ninguém levou a sério aquele homem respeitável? Porém, os eventos que acabei de descrever são um relato preciso daquilo que aconteceu em 1944 com os judeus de Sighet, na Hungria.[70]

Os processos de distorção cognitiva e exposição seletiva à informação foram fatores cruciais nas guerras do Vietnã e do Iraque (bem como em muitas outras guerras). Numa análise instigante dos Documentos do Pentágono, um estudo secreto do Departamento de Defesa sobre o envolvimento político e militar dos Estados Unidos no Vietnã que acabou se tornando público, Ralph White mostrou como a dissonância cegou nossos líderes para informações incompatíveis com as decisões que já haviam tomado. Como disse White, "havia a tendência, quando as ações estavam desalinhadas com as ideias, de os tomadores de decisões alinharem suas ideias com suas ações". A decisão de Lyndon Johnson de seguir aumentando os bombardeios sobre o Vietnã do Norte foi tomada ao custo de ignorar evidências cruciais da CIA e de outras fontes de que os bombardeios não iriam quebrar a vontade do povo norte-vietnamita, mas, ao contrário, só iriam fortalecer sua determinação. White escreveu:

> É instrutivo, por exemplo, comparar o resumo altamente factual e orientado pelas evidências de [o secretário de Defesa Robert] McNamara do caso contra os bombardeios em 1966 [...] com o memorando do Estado-Maior Conjunto que questionava sua conclusão, chamando o bombardeio de um de nossos dois coringas, ao mesmo tempo que, aparentemente, ignorava todos os fatos que mostravam o contrário. Contudo, foram os membros do Estado-Maior Conjunto que prevaleceram.[71]

Presidentes dos dois partidos políticos tinham menosprezado evidências que não queriam aceitar. Lyndon Johnson fez isso na guerra do Vietnã; George W. Bush fez isso na guerra do Iraque. Em 2003, Bush quis acreditar que o líder iraquiano Saddam Hussein possuía armas de destruição em massa (ADMs) que representavam uma ameaça aos norte-americanos. Isso levou Bush e seus conselheiros a interpretar a informação nos relatórios da CIA como prova definitiva das ADMs do Iraque, embora os relatórios fossem ambíguos e desmentidos por outras evidências. A interpretação do presidente Bush proporcionou a justificativa para lançar uma guerra preventiva. Ele estava convencido de que, depois que nossas tropas entrassem no Iraque, iriam encontrar essas armas.[72]

Após a invasão do Iraque, quando perguntados "Onde estão as ADMs?", funcionários do governo disseram que o Iraque é um país extenso, no qual as

ADMs estavam bem escondidas, mas garantiram que as armas seriam encontradas. Com o passar dos meses e nada de descobrirem as ADMs, os funcionários continuaram a asseverar que seriam descobertas. Por quê? Porque os funcionários do governo estavam passando por uma enorme dissonância. Tinham de acreditar que iriam encontrar as ADMs para justificar a decisão de começar a guerra; do contrário, o Iraque não representaria ameaça imediata aos Estados Unidos. Finalmente, os funcionários concluíram que essas armas não existiam. Até George Bush admitiu isso finalmente em suas memórias.[73]

E então? Soldados americanos e civis iraquianos estavam morrendo todas as semanas, e centenas de bilhões de dólares estavam sendo drenados do Tesouro dos Estados Unidos. Como o presidente Bush e sua equipe reduziram a dissonância? Acrescentando novas cognições para *justificar* a guerra. De repente, ficamos sabendo que a missão norte-americana iria libertar a nação de um ditador cruel, levando ao povo iraquiano as bênçãos de instituições democráticas. Para um observador neutro, essa justificação era inadequada (afinal, há muitos ditadores cruéis no mundo). Porém, para Bush e seus conselheiros, que estavam experimentando a dissonância, a justificação pareceu razoável, até mesmo essencial.

Muitos dos críticos de Bush acreditaram que ele estava tentando enganar o povo americano deliberadamente. Não podemos ter certeza do que se passava na cabeça do presidente, mas o que sabemos, com base em mais de cinquenta anos de pesquisas sobre dissonância cognitiva, é que ele e seus conselheiros conseguiram enganar a si mesmos. Convenceram-se de que valia a pena invadir o Iraque, mesmo na ausência de ADMs.[74]

Como um líder pode evitar cair na armadilha da autojustificação? Exemplos históricos nos mostram que, para o líder, a saída para esse processo consiste em trazer conselheiros habilidosos, de fora de seu círculo interno, pois os conselheiros não ficarão presos à necessidade de reduzir a dissonância criada pelas decisões anteriores do líder. Como mostra a historiadora Doris Kearns Goodwin,[75] foi justamente por esse motivo que Abraham Lincoln escolheu um gabinete que incluía diversas pessoas que discordavam de suas políticas sobre a melhor maneira de acabar com a escravidão.

Vamos voltar um pouco à guerra do Vietnã. Por que o Estado-Maior Conjunto tomou a decisão imprudente de aumentar os bombardeios, causando a intensificação de uma guerra que não podia ser vencida? Estavam mantendo o curso, justificando ações anteriores com outras idênticas ou até mais extremas. Uma intensificação desse tipo perpetua-se sozinha. De

Jonestown à guerra, depois que se firma um pequeno compromisso, o palco está montado para compromissos crescentes. O comportamento precisa ser justificado, e por isso as atitudes mudam; essa mudança de atitude influencia decisões e comportamentos futuros. É a versão em grande escala da técnica do pé na porta, mas com um nível de importância de vida e morte. Uma vez que um judeu europeu resolvia não fugir e se permitia ser identificado como judeu, a decisão era irrevogável; ele não podia fingir facilmente que era um gentio. Uma vez que os oficiais do Pentágono intensificaram o bombardeio do Vietnã do Norte, não podiam desfazer isso. O tom desse tipo de intensificação cognitiva foi captado muito bem numa análise dos Documentos do Pentágono pelos editores da revista *Time*:

> No entanto, a burocracia, como indicam os Documentos do Pentágono, sempre exigiu novas opções; cada opção consistia na aplicação de mais força. Toda vez que o parafuso era apertado, criava-se uma posição que precisava ser defendida; depois de se comprometer, a pressão militar tinha de ser mantida.[76]

Convivendo com o racionalizador interior

Por que é tão difícil pedir desculpas quando cometemos um grande erro ou magoamos um amigo – e fazê-lo com sinceridade? A teoria da dissonância proporciona a resposta: porque, na verdade, não estamos sendo sinceros. Estamos tão ocupados justificando nossas ações que sentimos, no íntimo, que não fizemos nada de errado: "O outro começou". "A outra pessoa me insultou." "O outro me fez trapacear." "Sim, o que eu fiz não foi legal, mas o comportamento do *outro* sujeito foi muito pior." É por isso que, quando as pessoas são forçadas a pedir desculpas, o que dizem parece vazio: "Se eu ofendi alguém...". É claro que ofendeu! É por isso que queremos que você peça desculpas! Só dando um passo para trás, percebendo como temos propensão a racionalizar e a nos justificar, é que podemos conseguir pedir desculpas com sinceridade – mantendo relacionamentos saudáveis graças a isso.

Quase no começo deste capítulo, comentei que as pessoas são capazes de assumir um comportamento racional, adaptativo, bem como um comportamento que reduz a dissonância. Vamos voltar a esse ponto. Se os indivíduos concentram seu tempo e esforços na proteção de seu ego, nunca vão crescer. Para crescer, temos de aprender com nossos erros. Mas, se temos a firme intenção de reduzir a dissonância, não vamos admitir nossos erros. Em vez disso, vamos varrê-los para debaixo do tapete ou, pior ainda, transformá-los em virtudes. As memórias escritas pelos presidentes estão repletas desse tipo de declaração conveniente e autojustificada que pode ser resumida muito bem nas palavras do ex-presidente Lyndon Johnson, que intensificou a guerra no Vietnã com consequências desastrosas para os dois países: “Se tivesse de fazer tudo de novo, não mudaria nada”.[77]

Por outro lado, frequentemente as pessoas crescem e aprendem com seus erros. Como? Em que condições? Idealmente, quando cometo um erro, devo olhar o que fiz de maneira não defensiva, até mesmo dizendo para mim mesmo: “Certo, errei. O que posso aprender com essa experiência para não ter de passar por essa mesma situação novamente?”. Seguem as maneiras pelas quais posso aumentar a probabilidade de ser capaz de fazer isso:

- Compreendendo melhor minhas próprias tendências defensivas e redutoras da dissonância.
- Percebendo que fazer algo tolo, imoral ou cruel não significa necessariamente que sou um tolo, imoral ou cruel incorrigível; enganar uma vez não significa que eu seja um “enganador”, a menos que fique justificando o que fiz.
- Desenvolvendo força suficiente no ego para admitir meus erros e aprender com eles.

Claro que é bem mais fácil listar esses procedimentos do que os pôr em prática. Como podemos entrar em contato com nossas tendências defensivas e redutoras da dissonância? Como podemos perceber que, ocasionalmente, pessoas boas como nós fazem algo equivocado ou imoral no trabalho ou no amor? Não basta compreender a dissonância de forma abstrata ou superficial; para usar plenamente esse conhecimento, a pessoa precisa praticá-lo conscientemente. Vamos analisar mais de perto esse processo no Capítulo 8, no qual examinamos a vantagem da autenticidade e da comunicação não defensiva em nossos relacionamentos.

Saul Steinberg, *Desenho sem título*, tinta sobre papel.
Publicado originalmente em *The New Yorker*, 24 de abril de 1965.

CAPÍTULO 4

CONFORMIDADE

Subitamente, todos começaram a correr. Pode ser que ele tivesse simplesmente se lembrado, num momento, do compromisso de se encontrar com sua esposa, para o qual estava agora assustadoramente atrasado. Fosse como fosse, correu no sentido leste da rua Broad (provavelmente na direção do restaurante Maramor, um lugar favorito para um marido encontrar a esposa). Outra pessoa começou a correr, talvez um entregador de jornais bem-humorado. Outro homem, um robusto cavalheiro, talvez empresário, acelerou o passo. Em dez minutos, todos na rua High, desde a Union Depot até o tribunal, estavam correndo. Um murmúrio alto foi lentamente se cristalizando na temível palavra "represa". "A represa se rompeu!" O medo foi posto em palavras por uma diminuta senhora de idade em seu carro elétrico, ou por um guarda de trânsito, ou por um garotinho; ninguém sabe quem, e agora isso também não importa. Subitamente, duas mil pessoas fugiam rapidamente. "Vamos para leste!" era o grito que se ouvia, leste para longe do rio, leste para a segurança. "Vamos para leste! Vamos para leste!" Uma mulher alta e sozinha, de olhar severo e queixo determinado, passou correndo por mim pelo meio da rua. Eu ainda não tinha certeza do problema, malgrado toda a gritaria. Acompanhei a mulher com certo esforço, pois, embora já estivesse com 50 e tantos, corria muito bem e com facilidade, aparentando excelente forma física. "O que houve?", perguntei bufando. Ela me olhou rapidamente e voltou a olhar para a frente, acelerando um pouco mais. "Não me pergunte; pergunte a Deus!", disse.[1]

Embora cômica, essa história da autobiografia do grande humorista James Thurber é uma ilustração apropriada de pessoas em conformidade. Um ou dois indivíduos começam a correr por seus próprios motivos; não demora para que todos estejam correndo. Por quê? Porque os outros estão correndo. Na história de Thurber, quando os corredores perceberam que a represa não tinha rompido, sentiram-se muito tolos. Contudo, quão mais tolos se sentiriam se não tivessem agido de modo conforme e a represa tivesse realmente estourado?

A conformidade é boa ou ruim? Em seu sentido mais simples, essa é uma pergunta absurda. Entretanto, as palavras contêm significado avaliativo. Logo, na cultura americana, ser chamado de individualista ou inconformista evoca a imagem de um caubói solitário em pé no alto da montanha, com um rifle pendurado no ombro, a brisa soprando entre seus cabelos enquanto o sol se põe ao fundo. Chamar alguém de conformista – ou influenciável, ou maria vai com as outras – nessa cultura é um insulto; a expressão evoca a imagem de uma pessoa que segue os outros sem pensar: executivos de negócios em ternos formais; adolescentes adotando os trajes, o discurso e os maneirismos de seus amigos; pessoas que acreditam em predições apocalípticas ou teorias da conspiração porque "todos que eles conhecem" acreditam. Todos podem visualizar a imagem do conformista, e raramente é elogiosa.

Uma consequência do fato de sermos animais sociais é que vivemos num estado de tensão entre valores associados à individualidade e valores associados à conformidade. Temos sinônimos para essas palavras que evocam imagens bem diferentes. Podemos substituir as palavras individualista ou inconformista por *divergente*; para o conformista, podemos usar *jogador de equipe*. Por algum motivo, divergente não lembra mais o caubói solitário, e jogador de equipe tampouco sugere conformistas como o empregado de colarinho branco, o adolescente ou o teórico da conspiração. Do mesmo modo, nossa cultura é ambivalente a respeito de conformidade (jogar em equipe) e não conformidade (divergência). Como exemplo, um dos livros mais vendidos da década de 1950 foi *Perfis de coragem*, de John F. Kennedy, no qual o então futuro presidente louvou diversos políticos por sua coragem ao resistir às pressões políticas para se conformarem. Dito de outro modo, Kennedy estava elogiando divergentes e maus jogadores de equipe que não tinham habilidade para compor com seus partidos ou eleitores. Esses inconformistas mereceram os elogios de Kennedy, mas, na época de suas ações, de modo geral, seus colegas não ficaram nada satisfeitos – na verdade, a maioria ficou furiosa diante daquilo que viam como "traição" por não seguirem a linha do partido. Os inconformistas são tema interessante para histórias precisamente porque volta e meia são maltratados pelas pessoas ao seu redor. Por mais que possamos admirá-los na história ou nos filmes, em nossas atividades cotidianas tendemos a preferir o conformista.

Essa observação recebe forte apoio de diversos experimentos clássicos de psicologia social. Num deles, de Stanley Schachter,[2] grupos de rapazes estudantes se encontraram para discutir um estudo de caso e decidir o destino de um adolescente que fora preso por infringir a lei. Depois de lerem o caso, pediu-se a cada grupo que o comentasse e chegasse a um acordo sobre a punição ao jovem, numa escala que ia de "tratamento muito leniente" a "tratamento muito severo". O grupo típico consistia em nove participantes, seis dos quais eram autênticos e três eram parceiros remunerados do experimentador. Os parceiros se revezaram em três papéis que haviam ensaiado cuidadosamente antes: a pessoa *modal*, que assumia uma posição coincidente com a posição média dos autênticos participantes; o *divergente*, que assumia uma posição diametralmente oposta à orientação geral do grupo; e o *deslizante*, cuja posição inicial era similar à do divergente, mas que, no decorrer da discussão, lentamente "deslizava" até uma posição modal, conformista.

Qual desses participantes foi o mais querido? O rebelde? Nem de longe. Foi aquele que se alinhou mais com a norma do grupo; o divergente foi o menos apreciado. Ademais, os padrões de comunicação mudaram de maneira previsível: no começo da discussão, o grupo passou um bom tempo tentando convencer o divergente a aceitar seu ponto de vista. Mas, quando ficou claro que o divergente não ia ceder, os outros praticamente o ignoraram, cortando-o basicamente da discussão em grupo. Num experimento de acompanhamento, Arie Kruglanski e Donna Webster[3] descobriram que os inconformistas são particularmente malquistos se expressam sua divergência quase no final do prazo, quando os grupos se sentem próximos de uma conclusão, do que se manifestam sua divergência no começo do debate.

Portanto, os dados indicam que, pelo menos em grupos de tomada de decisão, tendemos a gostar mais dos conformistas do que dos inconformistas. Essa preferência não é irracional. A inclinação pela harmonia com os demais, mediante o sacrifício de desejos pessoais, conferiu uma imensa vantagem evolutiva para a nossa espécie; nossa capacidade de trabalhar em equipe e transmitir a cultura permitiu que os humanos florescessem. Podemos rir da multidão de Thurber correndo de uma inundação que não aconteceu, mas também deveríamos nos encantar com o mecanismo em funcionamento: tal como um bando de aves no parque, o susto de uma única ave se espalha rapidamente e todo o bando sai voando. Esse reflexo conformista foi, sem dúvida, crucial em nosso passado como caçadores-coletores; com efeito, o inconformismo pode ser desastroso. Imagine que, de uma hora para outra, resolvo que estou cansado de ser conformista. Entro no meu carro e começo a dirigir na contramão – não é lá um modo muito esperto ou adaptativo de expressar meu individualismo rude e não é muito justo com você, caso esteja dirigindo na minha direção (ao estilo conformista) nessa mesma rua.

Entretanto, por mais adaptativa que possa ser nossa natureza conformista, a história é marcada por eventos nos quais a tendência a fazer como os outros levou a tragédias, desde brigas após partidas de futebol até as multidões de fanáticos de Adolf Hitler gritando "*Sieg heil*" em uníssono. Porém, a conformidade não ocorre apenas em multidões insensatas, mas também em grupos muito unidos, cujos membros deveriam ser mais inteligentes. Em suas memórias, Albert Speer, um dos principais conselheiros de Hitler, descreveu o círculo ao redor de Hitler como sendo totalmente concordante – a divergência não era permitida. Numa atmosfera assim, até as atividades mais desumanas pareceriam razoáveis, pois a ausência da divergência, que traduz a ilusão da unanimidade, impedia qualquer conselheiro de alimentar a possibilidade de que pudessem ter outras opções. Speer escreveu:

> Sob circunstâncias normais, pessoas que dão as costas à realidade são rapidamente corrigidas pela zombaria e crítica daqueles que as cercam. No Terceiro Reich, não havia esses corretivos. Pelo contrário, todo autoengano era multiplicado como numa sala de espelhos distorcidos, tornando-se a imagem repetidamente confirmada de um fantástico mundo onírico que não mantinha mais relação com o sombrio mundo exterior. Nesses espelhos, eu não conseguia ver nada além de meu próprio rosto reproduzido muitas vezes.[4]

Veja-se também o caso dos funcionários e conselheiros de alto escalão envolvidos com o ex-presidente Richard Nixon no acobertamento de Watergate. Nesse episódio, homens em altos cargos governamentais – muitos dos quais advogados – mentiram no tribunal, destruíram provas e ofereceram propinas, aparentemente sem pensar duas vezes. Isso se deveu, ao menos em parte, ao círculo fechado de obstinação que envolvia o presidente no começo da década de 1970. Essa obstinação tornou a divergência praticamente impensável até o círculo ser rompido. Depois disso, diversos conselheiros de alto escalão parecem ter visto seu comportamento pessoal com espanto, como se fosse algo feito numa espécie de pesadelo. O advogado da Casa Branca de Nixon, John Dean, colocou as coisas desta maneira:

> Quando você pegava o jornal pela manhã e lia a nova matéria de capa que substituía a matéria do dia anterior, começava a acreditar que a notícia do dia era a verdade. Esse processo criou uma atmosfera irreal na Casa Branca que perdurou

até o final. Se você dissesse alguma coisa com bastante frequência, isso se tornaria real. Quando a imprensa ficou sabendo dos grampos nos jornalistas e funcionários da Casa Branca, por exemplo, e as negativas fracassaram, afirmou-se que tinha sido questão de segurança nacional. Tenho certeza de que muita gente acreditou que os grampos foram postos em nome da segurança nacional; mas não foram. Isso foi idealizado como justificativa posterior. Mas, quando isso foi dito, perceba que realmente acreditaram.[5]

Às vezes, a necessidade de se alinhar com os outros silencia até o conhecimento certo de um indivíduo sobre um desastre próximo. Em 28 de janeiro de 1986, o ônibus espacial *Challenger* explodiu alguns segundos após a decolagem. Sete astronautas, inclusive uma professora muito querida chamada Christa McAuliffe (que ganhara um concurso para se tornar o primeiro civil no espaço), pereceram numa bola ardente de fumaça e chamas. De algum modo, tomou-se a decisão de prosseguir com o lançamento, apesar de extenuantes objeções e avisos dos engenheiros sobre anéis de vedação defeituosos nas juntas dos foguetes auxiliares. Os diretores da Administração Nacional do Espaço e da Aeronáutica (NASA), que tomaram a decisão final do lançamento, não ignoravam o perigo nem mostraram nobreza quanto à vida dos astronautas. O mesmo se pode dizer dos construtores dos foguetes auxiliares defeituosos. Entretanto, em meio às pressões para que a NASA prosseguisse com o lançamento muito aguardado, os tomadores de decisão com opinião divergente – que se revelaria a correta – ou foram convertidos à opinião da maioria, ou foram simplesmente excluídos da conversa, tal como os divergentes do experimento de Stanley Schachter.

Vamos fazer um balanço. O que o círculo íntimo de Hitler, os conselheiros mais próximos a Nixon e os diretores da NASA têm em comum, além do fato de terem tomado decisões terríveis? Cada grupo era relativamente coeso, isolado de pontos de vista divergentes. Quando esses grupos são impelidos a tomar decisões, podem ser vítimas daquilo que Irving Janis chamava de **pensamento de grupo**,[6] um modo de pensar que ocorre em grupos coesos nos quais a necessidade de acordo dos membros suplanta sua capacidade de avaliar realisticamente um curso de ação e suas alternativas. Grupos que se dedicam a essa estratégia mal-adaptada de tomada de decisões costumam ver-se como invulneráveis; o otimismo os cega. E esse otimismo aumenta quando a divergência é desestimulada. Diante da pressão pela conformidade, os membros do grupo podem questionar as próprias reservas e deixar de verbalizá-las, tal como Sam, nosso amigo hipotético do Capítulo 1, que guardou suas verdadeiras opiniões depois de saber que seus companheiros de observação de debates discordaram unanimemente dele.

Ao citar tais exemplos, não quero sugerir que indivíduos que tomam más decisões devam ser poupados de críticas porque a conformidade é algo natural nos humanos. Na verdade, estou dizendo que é vital reconhecer o poder e o funcionamento psicológico da conformidade para conseguir reduzi-la quando é mal adaptada – quando a multidão está errada. Só quando cavamos mais fundo e tentamos compreender esses processos é que podemos ter alguma esperança de melhorar a maneira pela qual as pessoas tomam decisões, reduzindo a frequência de calamidades no futuro.

O que é conformidade?

Podemos definir **conformidade** como a mudança no comportamento ou nas opiniões de uma pessoa como resultado de pressão real ou imaginária de outra pessoa ou grupo de pessoas. Como a teoria da evolução prediria, essa condição começa cedo – na infância – e tem fundamentos neurológicos.

A biologia da conformidade

Você pode ver como a conformidade é fundamental para nossa espécie observando como começamos cedo a copiar os outros em nossa vida. Embora não nasçamos mímicos,[7] graças à interação social os bebês aprendem cedo a responder na mesma moeda aos rostos diante deles[8] e, com efeito, geralmente prestam mais atenção a um rosto que reflete suas próprias expressões faciais do que a outro que não o faz.[9]

Quando as pessoas conversam, costumam espelhar os maneirismos e comportamentos não verbais do outro, um fenômeno chamado de *efeito camaleão*. Tanya Chartrand e John Bargh[10] pediram a estudantes que comentassem um conjunto de fotografias com um colega que, em momentos regulares durante a interação, ou tocava o rosto ou balançava o pé. Os estudantes que fizeram par com o colega que tocava o rosto tocavam o próprio rosto com frequência significativamente maior durante a interação; aqueles que ficaram com o colega que mexia o pé mexeram os próprios pés com mais frequência. Em outra sessão, os colegas ou refletiram sutilmente a postura e os maneirismos do participante do estudo – por exemplo, cruzando as pernas, tocando o rosto ou mexendo nos cabelos – ou não. Após essa interação, os participantes deram notas a seus parceiros, gostando mais dos camaleões do que dos não camaleões. Essa descoberta sugere que imitamos os outros porque, ao fazê-lo, refletimos e engendramos sentimentos de proximidade, criando uma espécie de "cola social".[11] As pessoas que são particularmente hábeis para mudar de perspectiva, vendo o mundo através dos olhos dos outros, são camaleões melhores – e, por isso, mais queridas.[12] Mas a mímica precisa ser feita naturalmente; esforços intencionais de imitar outras pessoas a fim de obter favores podem sair pela culatra.[13] Aconteceu isso com Hillary Clinton, criticada por adotar em sua fala a expressão "Y'all" – contração das palavras "you" e "all", muito usada no Sul dos Estados Unidos – ao levar sua campanha para aquela região do país.[14]

Embora muitos animais imitem outros de sua espécie, os humanos são excepcionalmente propensos a isso. Alguns neurocientistas atribuem esse fato a *neurônios-espelho*, células cerebrais altamente especializadas que são ativadas tanto quando realizamos uma ação, como quando vemos outra pessoa realizar a mesma ação. Pense como você se aborrece quando vê um comediante ir mal no palco, ou se contrai ao testemunhar a dor de outra pessoa. Os neurônios-espelho possibilitam a empatia, mas certamente não a garantem: eles se desligam quando as pessoas veem indivíduos de que não gostam ou que têm menos poder e status do que elas.[15]

Uma das principais funções do sistema de espelho é facilitar a **aprendizagem social**, o processo pelo qual aprendemos por meio da observação. Experimentos conduzidos por Daniel Haun[16] descobriram que crianças pequenas copiam o comportamento de seus pares, mesmo que isso signifique ignorar aprendizados anteriores e perder uma recompensa. Num estudo, crianças pequenas receberam uma bola e uma caixa de enigma com três buracos circulares, e aprenderam rapidamente que colocar a bola num buraco específico (como o do meio, por exemplo), proporcionava-lhes um pedaço de chocolate. Após essa fase de aprendizado, cada criança uniu-se a um grupo com outras crianças que tinham aprendido a receber seu chocolate colocando a bola num buraco diferente (como o da esquerda, por exemplo). Durante essa segunda fase, as crianças continuaram a receber chocolate por colocarem a bola no mesmo buraco anterior, mas muitas tenderam a imitar seus pares, abandonando o aprendizado – e o chocolate – e preferindo seguir as crianças que tinham aprendido uma regra levemente diferente. Quando o mesmo experimento foi realizado com chimpanzés e orangotangos, que também são animais altamente sociais, eles não mostraram essas tendências conformistas; mantiveram o comportamento que maximizava suas recompensas. Mais uma vez, vemos como, nos humanos, o impulso para a conformidade pode suplantar uma preferência pessoal – até pelo chocolate.

Influências sutis sobre a conformidade

A maioria dos atos de conformidade ocorre sem se perceber que está sendo aplicada "pressão". Por exemplo, as gravações de risadas nas comédias da televisão são tão comuns que mal as notamos, mas a informação que passam – que outras pessoas acharam aquilo engraçado – influencia profundamente nossa própria reação àquela mesma coisa.

Em 1984, num episódio famoso da política norte-americana, o presidente Ronald Reagan, de 73 anos, estava enfrentando dificuldades em sua campanha pela reeleição. Como já era o presidente mais idoso na história dos Estados Unidos, havia a preocupação generalizada de que Reagan estava velho demais para enfrentar as exigências do cargo. Seu oponente Walter Mondale, muito mais jovem, tinha sido vice-presidente e popular como senador; tinha experiência, bem como juventude e vigor. Mas Reagan derrotou Mondale com grande vantagem. Como Reagan tranquilizou os eleitores e venceu de maneira tão decisiva? Em parte, com humor – a principal tirada deu-se no segundo debate, quando lhe perguntaram se ele não estava velho demais para ser presidente: "Não vou fazer da idade um problema nesta campanha", disse Reagan. "Não vou explorar, para fins políticos, a juventude e inexperiência de meu oponente." O público, inclusive Mondale, riu e aplaudiu o comentário irônico de Reagan, e muitos eleitores mudaram de ideia sobre ele nesse momento, aparentemente tranquilizados, por essa e outras piadas ensaiadas, de que Reagan ainda estava mentalmente apto ao cargo.

Muitos anos depois, num experimento perspicaz, Steven Fein e colegas[17] reproduziram gravações desse famoso debate para estudantes universitários que nunca tinham ouvido falar nele ou nunca o haviam visto. (Eles eram bebês quando o evento foi ao ar.) Como condição básica, apresentaram o debate tal como as pessoas o viram em 1984. Numa segunda condição, foram removidas duas das piadas mais divertidas de Reagan, inclusive aquela sobre idade e inexperiência. Na terceira condição, mantiveram-se as tiradas engraçadas, mas removeram-se o riso e o aplauso da plateia. Após assistirem ao debate, os participantes deram nota para sua simpatia pelos candidatos e avaliaram quem se saiu melhor. As duas mudanças no vídeo original fizeram diferença: a eliminação das piadas já foi suficiente para apagar completamente a percepção de que Reagan vencera o debate. Mas não foram as piadas em si o ponto crucial. Quando os observadores ouviram as piadas de Reagan sem a reação do público, a maioria achou que Mondale teria ganhado; com as risadas, acharam que Reagan havia ganhado! Não foi preciso uma pressão direta, só o riso de outras pessoas. Boa parte da conformidade funciona dessa maneira; indicadores sociais no ambiente dizem-nos o que os outros estão sentindo, pensando ou fazendo, o que, por sua vez, influencia aquilo que sentimos, pensamos e fazemos.

Vamos voltar ao nosso amigo Sam, o estudante universitário hipotético. Lembre-se, Sam assistia a uma candidata ao Senado na televisão e estava favoravelmente impressionado com sua sinceridade. Entretanto, a opinião unânime de seus amigos, que consideraram a candidata insincera, exerceu muita pressão social sobre ele, que cedeu – pelo menos, verbalmente – à opinião deles.

Até essa pequena história provoca perguntas interessantes: (1) O que leva as pessoas a se moldarem com a pressão do grupo? Especificamente, o que Sam tem a ganhar? (2) Qual foi a natureza da pressão do grupo? Especificamente, o que os conhecidos de Sam fizeram para induzir a conformidade? (3) Sam reviu sua opinião sobre a candidata durante aquele breve, mas perturbador período em que soube que todos os seus colegas discordavam dele? Ou Sam se apegou à sua opinião original e só modificou aquilo que disse sobre a candidata? Se mudou de opinião, foi uma mudança permanente ou apenas naquela noite?

Infelizmente, como Sam é um personagem hipotético, não podemos perguntar a ele. Além disso, há dúvidas se um Sam de carne e osso poderia nos dar um relato preciso, pois os humanos não são apenas limitados na capacidade de explicar o próprio comportamento com precisão;[18] simplesmente, há fatores demais nessa situação. Não sabemos qual é a confiança de Sam em sua opinião inicial; não sabemos quão bem conhecia as pessoas com quem assistiu ao debate da candidata, ou quanto gostava delas; não sabemos se Sam se considera um bom julgador da sinceridade ou se ele considera os outros bons julgadores da sinceridade; não sabemos se Sam costuma ser forte ou se é uma pessoa insegura; e não sabemos quanta força de vontade ainda restava a Sam após um dia de estudos – e assim por diante.

O que podemos fazer é realizar experimentos nos quais as pessoas enfrentam dilemas como o de Sam, quando temos a capacidade de controlar e variar os fatores que achamos que podem influir na conformidade. Muitos estudos de psicologia social já fizeram isso, começando pelas primeiras pesquisas de Muzafer Sherif e Solomon Asch.

Os experimentos clássicos de Sherif e Asch

Se você está numa sala escura e fica olhando para um ponto fixo de luz a distância, depois de algum tempo a luz parece se mover, uma ilusão visual chamada de *efeito autocinético*. Muzafer Sherif[19] valeu-se dessa ilusão para estudar como as percepções sofrem a influência social. Ele levou estudantes universitários a se sentarem numa sala escura, observarem um ponto de luz e então, cada vez que esse ponto se "movia", dizerem quão longe teria ido. Cada estudante fez isso várias vezes sozinho, e, após diversas repetições, definiu uma distância confiável, geralmente entre 5 e 15 centímetros. Depois, foram postos na sala escura em pequenos grupos e pediu-se que repetissem a tarefa, dessa vez apresentando suas estimativas em voz alta. Sherif notou o forte efeito da presença dos outros: os julgamentos de quase todos começaram a se mover na direção da média do grupo. Se, por exemplo, eu vi a luz se movendo 5 centímetros quando estava sozinho, mas meus colegas de grupo tenderam a ver que o ponto se moveu 15 centímetros, agora eu iria começar a relatar um movimento de uns 10 centímetros. Do mesmo modo, aqueles que originalmente tinham visto um movimento maior iriam relatar algo menor após ouvirem a minha opinião. E mais: a mudança tornou-se fixa. Após serem expostos às opiniões do grupo, os participantes foram testados novamente, e suas respostas continuaram a refletir a influência do grupo sobre os próprios julgamentos. Mais tarde, Sherif percebeu que podia moldar confiavelmente a norma do grupo fornecendo a seus colaboradores estimativas arbitrárias. Desde que o desvio da norma verdadeira não fosse grande demais, ele poderia guiar o grupo para a direção que desejasse.

Estimar quanto um ponto de luz se move tem uma ambiguidade intrínseca. Alguns anos depois, Solomon Asch quis saber o que aconteceria se o objeto do julgamento não fosse ambíguo.[20] E se você não estivesse julgando uma ilusão de óptica, mas um fato óbvio, bem na frente dos seus olhos? Asch predisse que a conformidade iria despencar.

Coloque-se na seguinte situação: você se ofereceu para participar de um experimento sobre juízo perceptivo. Você entra numa sala com outros seis participantes. O experimentador mostra a todos uma linha reta (linha X) perto de outras três linhas de comparação (linhas A, B e C). Sua tarefa consiste em julgar qual das três linhas tem comprimento mais próximo da linha X. O julgamento lhe parece ridiculamente fácil.

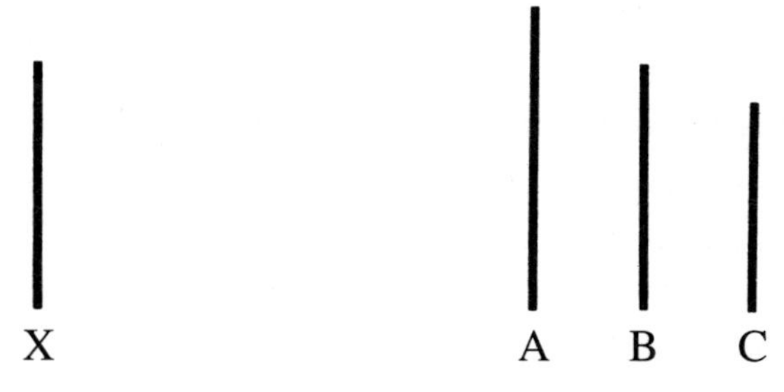

Para você, fica perfeitamente claro que a resposta certa é a linha B, e, quando chega a sua vez, você diz que é a linha B. Mas ainda não é a sua vez. Você é o penúltimo. O jovem da vez observa cuidadosamente as linhas e diz: "Linha A". Seu queixo cai e você olha para ele intrigado. "Como ele pode achar que é a A se qualquer tonto pode ver que é a B?", você se pergunta. "Ou ele está cego, ou está maluco." Agora, é a vez de a segunda pessoa responder. Ela também escolhe a linha A. Você começa a se sentir como Alice no País das Maravilhas. "Como é possível?", você se pergunta. "Essas *duas* pessoas estão cegas ou malucas?" Mas, então, a próxima pessoa responde e também diz: "Linha A". Você dá mais uma olhada nas linhas. "Talvez eu seja o único maluco", murmura em voz inaudível. Agora, chega a vez da quinta pessoa e ela também considera a linha A como a correta. Finalmente, chega a sua vez. "Ora, claro que é a linha A", declara. "Sabia disso o tempo todo."

Esse foi o conflito que Asch criou em seu experimento. Como você deve ter adivinhado, os indivíduos que o precederam estavam a serviço do pesquisador e foram instruídos a concordar com uma resposta incorreta. O juízo perceptivo em si era incrivelmente fácil; quando as pessoas tiveram de julgar sozinhas as linhas, quase não cometeram erros. Com efeito, a tarefa era tão fácil, e a linha correta era tão óbvia, que o próprio Asch acreditou firmemente que cederiam pouco à pressão do grupo, se é que cederiam. Mas sua predição mostrou-se errada. Diante do fato de que todos os seus colegas concordaram com as mesmas respostas incorretas numa série de 12 julgamentos, aproximadamente 75% dos participantes ajustaram-se pelo menos uma vez, respondendo incorretamente. No espectro total de julgamentos, uma média de 35% alinhou-se com os julgamentos incorretos.

Asch realizou seus experimentos em meados do século 20. Embora os resultados tenham sido poderosos, é tentador menosprezar suas descobertas com base na diferença em relação aos estudantes universitários norte-americanos de hoje. Com o advento dos computadores e da internet, você poderia pensar que ficamos mais sofisticados e por isso muito menos suscetíveis a esse tipo de pressão dos pares – mas não é bem assim. Ao longo dos anos, o experimento de Asch foi replicado com sucesso diversas vezes. Numa demonstração particularmente notável num programa nacional de televisão (*Dateline*, na verdade), Anthony Pratkanis[21] repetiu o experimento exatamente como Asch o produzira cinquenta anos antes. Os participantes dessa *replicação* também eram estudantes universitários, muitos dos quais se consideravam inconformistas. Os resultados foram quase idênticos aos de Asch.

Entretanto, há algumas diferenças culturais na tendência a ir contra o grupo. Uma é bem ilustrada por este contraste com a sabedoria popular: nos Estados Unidos, as pessoas dizem: "A roda que range recebe graxa" (o que significa, "Fale! Seja ouvido!"); no Japão: "O prego saliente recebe marteladas" (o que significa "Não se desvie do seu grupo"). Em sua análise de 133 experimentos usando o procedimento Asch em 17 países diferentes, Rod Bond e Peter Smith[22] perceberam que a conformidade é mais predominante em sociedades coletivistas, que valorizam explicitamente a harmonia do grupo (como Japão e China) do que em sociedades individualistas (como os Estados Unidos e a França).

Entretanto, para seres humanos de todas as partes, é muito difícil resistir à pressão do grupo, e a dor da inconformidade não aparece apenas no rosto deles, mas também em sua atividade neurológica. Gregory Berns e associados[23] replicaram os procedimentos de Asch enquanto monitoravam a atividade neurológica dos participantes com imagem por ressonância magnética funcional (fMRI). Esses escaneamentos indicaram uma diferença importante entre participantes que resistiram à pressão do grupo e aqueles que cederam. Aqueles que resistiram mostraram maior atividade na amígdala, uma região do cérebro associada à dor, ao medo e a desconforto emocional, mostrando que ir contra o grupo induz sinais nervosos de dor física,[24] assim como vimos que acontece com a rejeição social.[25]

A situação criada por esses experimentos é particularmente intrigante porque, ao contrário de tantas situações nas quais tendemos a nos conformar, não houve limitações explícitas contra a individualidade. No mais das vezes, as sanções contra a inconformidade são inequívocas. Eu, por exemplo, sempre odiei gravatas, e o mundo finalmente chegou até a minha posição – hoje em dia, é raro exigirem gravata. Mas, na década de 1960, quando eu era um jovem professor, os códigos de vestimenta eram mais formais. Isso significava que, se eu saísse para uma comemoração noturna num restaurante elegante, o maître iria me informar polidamente (mas firmemente) que, se eu não pusesse a gravata que eles ofereciam, não teria uma mesa. Então, ou eu punha a gravata e jantava no restaurante, ou saía de colarinho aberto, confortável, mas com fome. Nesse caso, como em muitos outros, as consequências negativas da não conformidade são explícitas. Do mesmo modo, Janis descobriu, em seus estudos sobre pensamento de grupo, que uma ou duas pessoas costumam se destacar para aplicar as normas do grupo. Esses *guardas mentais*, como Janis os chamou, incentivam a conformidade e o consenso. De modo bem parecido com o maître do restaurante, os guardas mentais deixam claro que, se você quer ser incluído, vai precisar obedecer às normas do grupo.

Mas, no experimento de Asch e no caso de Sam e seus amigos, as situações foram muito mais sutis. Nesses casos, não havia recompensa explícita para a conformidade, não havia punições explícitas para a divergência e não havia guardas mentais empurrando os divergentes na direção da concordância, mas só pessoas relatando aquilo que viram de maneira fria. Por que, então, os participantes de Asch foram conformistas?

Motivos para a conformidade: pertencimento *versus* obtenção de informações

Há duas razões primárias para a conformidade: as outras pessoas são fontes de informações valiosas; ou ser muito diferente dos outros é desconfortável, e a conformidade assegura nosso lugar num grupo marcando nossa similaridade e afinidade ideológica. A primeira razão é *informativa*: diante da maioria unânime, as pessoas se convencem de que a própria opinião, por alguma razão, está errada. A outra é *normativa*: as pessoas "acompanham a multidão", enquanto acreditam intimamente que seus julgamentos iniciais estão corretos, a fim de serem aceitas pela maioria ou de evitarem ser desagradáveis porque discordaram. O comportamento dos indivíduos no experimento de Asch, e em outros em que os julgamentos são objetivos, pareceu ser principalmente uma questão de acompanhar o grupo para evitar a sensação de exclusão. Podemos inferir isso do fato de que todos deram sua opinião honesta sobre as linhas similares quando puderam responder em caráter privado.

Ao mesmo tempo, em muitas situações nós nos alinhamos com o comportamento dos outros porque, quando a realidade física se torna cada vez mais incerta, as pessoas confiam mais e mais na "realidade social".[26] Ou seja, o comportamento de outras pessoas é o melhor guia disponível para compreender o que está acontecendo. Nesses casos, é particularmente provável que a conformidade resulte no ajustamento de nossas opiniões e percepção da realidade, tal como os estudantes nos experimentos de Sherif e na cena narrada por Thurber no começo deste capítulo. Se outras pessoas estão fazendo isso, deve ser o correto a se fazer.

Um exemplo pode esclarecer essa distinção entre conformidade normativa e informativa. Há anos, eu estava num edifício desconhecido quando precisei usar o toalete. Seguindo o cartaz indicando "Toaletes", encontrei as duas portas habituais, mas alguém havia removido as designações específicas, e por isso eu não consegui distinguir o masculino do feminino. Um dilema e tanto – não ousei adivinhar por medo de entrar no toalete feminino e ficar envergonhado, ou deixar envergonhada (ou amedrontada) alguma mulher que estivesse lá dentro. Em pé e desconfortável, pulando de pé em pé, a porta à minha esquerda se abriu e por ela saiu um sujeito. Com um suspiro de alívio, entrei, sentindo-me adequado por ter a informação correta.

Na maior parte do tempo, as outras pessoas são uma excelente fonte de informação, e a conformidade satisfaz tanto nossa necessidade de precisão quanto de pertencimento. Telefonar para a mãe no Dia das Mães, acompanhar os amigos como voluntário num abrigo de pessoas em situação de rua no Dia de Ação de Graças, estudar muito para se sair bem num exame são coisas que as pessoas fazem, e elas estão certas em fazê-las. Às vezes, porém, somos como os estudantes do experimento de Asch; nossa necessidade de ter razão conflita com nossa necessidade de pertencimento. Se você tivesse participado daquele experimento e inicialmente achasse que a resposta correta era a linha B, então o ato de dizer isso poderia satisfazer sua necessidade de estar certo – mas também poderia violar as expectativas de seus pares, que possivelmente o considerariam estranho. Escolher a linha A poderia lhe granjear a aceitação dos outros, mas, a menos que você se convencesse de que eles tinham razão, isso violaria seu desejo de estar certo.

Esse dilema fundamental – ter razão ou tentar agradar o grupo – está no coração de alguns de nossos maiores fracassos. Todos os anos, na aula de psicologia social de Joshua, os estudantes escrevem anonimamente sobre seus atos mais lamentáveis de conformidade, atos que não realizariam se pudessem voltar no tempo. Ano após ano, um número notável de estudantes confessa ter provocado, importunado ou humilhado outra pessoa por nenhum motivo além da aprovação implícita ou real de seus pares. "Eu sabia que estava destruindo aquele garoto", escreveu um estudante ao descrever como provocou, sem compaixão, um "garoto de aparência diferente" numa noite no acampamento de verão. "Eu podia ouvi-lo segurar o choro. Ele estava deitado a duas camas da minha, no escuro, implorando-nos para que parássemos de chamá-lo pelo apelido que lhe demos: *maca*, abreviação de macaco. Mas eu continuei, apoiado pelos risos. Ainda consigo ouvi-los – suas risadas enquanto arruinava a vida daquele pobre garoto... Nunca vou me perdoar por isso." Outro estudante arrependeu-se por se recusar a falar com a mãe durante um mês quando estava na oitava série, depois que ela tentara economizar dinheiro comprando uma camisa menos cara e sem o logo da Abercrombie, tão desejado pelos estudantes da idade dele naquela época. “Não consigo acreditar em quanto *odiei* a minha mãe por aquilo”, escreveu. “A falta de um pequeno alce na minha camisa, e eu quis *matá-la*.” Outro estudante arrependeu-se por ter presenciado um assassinato e nunca ter informado a polícia. “No meu bairro, não conversávamos com os policiais”, disse. “Essa era a regra.”

Apesar daquilo que os estudantes de psicologia social dizem quando solicitados a recordar atos passados de conformidade, a maioria de nós acredita que *somos* motivados primariamente pelo desejo de estar com a razão, enquanto os *outros* são motivados primariamente pelo desejo de agradar o grupo. Quando as pessoas observam reservadamente um experimento de conformidade como o de Asch, costumam subestimar a própria capacidade de se conformar à situação e superestimar com que frequência os outros o fariam.[27]

Como vimos, às vezes a conformidade é induzida pelo medo de violarmos as normas; outras vezes, pela informação que esclarece a ambiguidade. Mas nem sempre é fácil distinguir entre os dois casos. Com frequência, o comportamento conformista é idêntico; o elemento-chave que os diferencia é a presença ou ausência de um agente punitivo. Imagine que na nação mítica da Liberlândia considera-se uma gentileza os convidados arrotarem após a refeição, como modo de mostrar aos anfitriões que gostaram da comida. Imagine que você não sabe disso e está visitando a casa de um dignitário liberlandês na companhia de alguns diplomatas do Ministério das Relações Exteriores. Se, depois da refeição, esses diplomatas começarem a arrotar, é grande a chance de que você também o faça. Estão lhe proporcionando uma informação valiosa: adequar-se com os arrotos é fazer o que é certo. Mas imagine que você está na mesma casa, na companhia de alguns homens rudes e fortes que lhe foram apresentados como membros da equipe olímpica de luta livre da Liberlândia na categoria peso pesado. Se esses grandalhões arrotassem após a refeição, talvez você não os acompanhasse; provavelmente, iria considerar uma falta de educação. Todavia, se olhassem espantados para você por não os ter acompanhado, você também poderia arrotar – não por causa da informação que forneceram, mas porque receou a rejeição ou até um nariz quebrado caso se recusasse a ser um bom camarada, acompanhando aquele comportamento grosseiro.

A conformidade que resulta da observação dos outros, com a finalidade de obter informações sobre o comportamento apropriado, tende a ter ramificações mais poderosas do que a conformidade no interesse de ser aceito ou de evitar punições. Eu diria que, se nos virmos numa situação ambígua, na qual teremos de usar o comportamento de outras pessoas como gabarito para o nosso próprio comportamento, é provável que repitamos nosso comportamento recém-aprendido, sem necessidade de aviso, em ocasiões similares posteriores. Seria o caso, a menos que, naturalmente, depois recebêssemos evidências de que nossas ações foram inadequadas ou incorretas. Logo, imagine que você tornou a ser convidado para ir jantar na casa do dignitário liberlandês e que dessa vez é o único convidado. A questão é, você arrota ou não depois da refeição? Se você arrotou depois da primeira refeição na casa dele porque percebeu que era o certo a se fazer (como teria sido o caso se você jantasse na companhia dos diplomatas), muito provavelmente arrotaria após jantar sozinho com o dignitário. Entretanto, se você arrotou da primeira vez por medo de rejeição ou punição (como teria sido o caso se jantasse na companhia dos lutadores), é quase certo que não arrotaria se fosse o único convidado.

Fatores que aumentam ou diminuem a conformidade

E Sam? Seus colegas estudantes o convenceram de que sua candidata favorita ao Senado era falsa ou ele simplesmente acompanhou o julgamento dos demais para ser aceito? Para responder a essa pergunta, é útil levar em consideração os fatores que influenciam a conformidade e que também podem ser usados para impedir o pensamento de grupo.

O prestígio e o predomínio dos modelos

Quando não temos certeza daquilo que vai acontecer numa situação, é bem provável que ajamos em conformidade com pessoas cujo comportamento proporciona a informação mais confiável. Digamos que você more numa cidade onde atravessar a rua fora da faixa de pedestres é raro, um ato reprovável, e que você realmente queira economizar alguns segundos atravessando no meio de uma rua movimentada. Experimentos de campo mostram que é mais provável que você faça isso se seguir outro pedestre imprudente que está bem vestido do que outro mal vestido.[28]

Num nível mais amplo, o escritor popular Malcolm Gradwell[29] sugere que as principais tendências sociais costumam mudar drástica e subitamente por meio do mecanismo da conformidade quando pessoas respeitadas e bem relacionadas aparecem no lugar certo, na hora certa. Quando um vídeo viraliza, uma tendência se torna "epidêmica" ou uma marca de sapatos, de uma hora para outra, vira item indispensável do vestuário, isso costuma acontecer por conta de um ou dois indivíduos que estão conectados com amplas redes sociais (com milhares de seguidores no Instagram ou no Twitter, por exemplo). Eles começam a usar a novidade interessante, o que leva os outros a procurar essa novidade interessante, e em pouco tempo se atinge uma massa crítica ou um "ponto de inflexão" e a tendência explode. Pessoas influentes não precisam ser especialistas; são simplesmente pessoas que parecem conhecer as coisas ou que, como as Kardashians, são famosas por serem famosas. Hoje em dia, claro, os grandes conectores são pessoas cujos tuítes ou postagens nas mídias sociais atingem um número enorme de pessoas, muitas das quais podem repostar ou retuitar as informações em suas redes, que, por sua vez, repercutem através destas.

Quando um grande número de pessoas está fazendo alguma coisa, isso é particularmente informativo. Onde devo comer? Faça login no Yelp para saber o que a multidão está pensando. O que devo ler? Veja a tendência na Amazon. Qual *food truck* é melhor? Aposte naquele com a maior fila de clientes. Desde que as opiniões da multidão sejam independentes umas das outras – como é o caso da coleção de estranhos que submetem suas críticas ao Yelp –, a multidão pode proporcionar uma estimativa bem melhor daquilo que é verdadeiro e bom do que nossos palpites pessoais.[30]

Unanimidade

Em situações de interação frente a frente, como naquela investigada por Asch, um dos fatores cruciais que determina se uma pessoa vai se colocar em concordância com o grupo ou não é se todos os demais compartilham uma opinião. O número efetivo de pessoas nesse grupo "todos os demais" não precisa ser muito alto para provocar o máximo de conformidade; as pessoas se conformam mediante a pressão do grupo praticamente com a mesma frequência, quer o grupo unânime consista em apenas três outras pessoas, quer em dezesseis. Mas, quando a unanimidade é rompida, o mesmo acontece com a pressão para se pôr de acordo. Mesmo que seja um único aliado a ver a questão da sua maneira, a pressão sobre você se alivia; nesses casos, a conformidade cai bruscamente.[31] Com efeito, mesmo que a unanimidade seja rompida por alguém que dá uma resposta diferente *errada* (respondendo que a linha correta é C enquanto o resto do grupo responde com A), a presença de um colega divergente reduz nitidamente a conformidade, e provavelmente o participante irá responder corretamente: linha B. Basta um dissidente para diminuir bastante o poder do grupo para induzir a conformidade.[32]

Comprometimento

A conformidade com a pressão do grupo também pode ser reduzida induzindo a pessoa a se comprometer, de algum modo, com seu julgamento inicial. Imagine-se como árbitro num jogo de beisebol da liga principal. Há uma jogada acirrada na primeira base e você grita que o corredor está eliminado – na frente de 50 mil torcedores. Depois do jogo, os outros três árbitros o abordam e cada um diz que considerou o corredor salvo. Qual a probabilidade de você alterar sua decisão? Compare isso com uma situação na qual cada um dos três árbitros considera o corredor salvo e então cabe a você emitir seu juízo. Essa comparação foi feita num experimento de Morton Deutsch e Harold Gerard,[33] usando o paradigma de Asch. Eles descobriram que, quando os participantes não tinham se comprometido com uma linha, cerca de 25% das respostas conformaram-se com o juízo errôneo da maioria. Mas, quando os indivíduos se comprometeram publicamente antes de ouvir o julgamento dos outros "árbitros", menos de 6% de suas novas respostas foram conformistas.

Ter responsabilidade

Imagine que você está num grupo de discussão para solução de problemas e os outros o estão pressionando para concordar com a decisão deles. Além disso, imagine que sabia que, no final da reunião, teria de justificar sua decisão para os outros membros do grupo. Que efeito acha que isso pode ter sobre o seu pensamento? Pesquisas mostraram que, sob a maioria das condições, esse tipo de responsabilidade aumenta sua tendência à conformidade.[34]

Mas o que aconteceria se você também recebesse instruções enfatizando a importância de ser o mais preciso possível? Para responder a essa pergunta, Andrew Quinn e Barry Schlenker[35] submeteram pessoas a um procedimento destinado a produzir conformidade com uma má decisão. Antes que começasse o aspecto conformista do experimento, os pesquisadores fizeram duas coisas: (1) levaram metade dos participantes a pensar na importância de ser o mais precisos possível, levando a outra metade a pensar na importância da cooperação; e (2) disseram para metade dos participantes, em cada uma dessas duas condições, que, depois de chegarem a uma conclusão, teriam de explicar seu raciocínio ao grupo. As pessoas que mostraram a maior independência e tomaram as melhores decisões foram aquelas orientadas para a maior precisão e que tiveram de explicar sua inconformidade para as mesmas pessoas a cuja influência tinham resistido. Eles se comportaram com mais independência do que aqueles que foram orientados a ser mais precisos, mas que não tiveram a responsabilidade de justificar sua decisão. O que isso sugere é que a maioria das pessoas vai continuar acompanhando os outros – a menos que saibam que serão responsabilizados por uma decisão tola e complacente.

Autoestima e segurança

Falando de modo geral, as pessoas com baixa autoestima têm maior probabilidade de ceder à pressão do grupo do que aquelas com elevada autoestima.[36] Se forem levadas a acreditar que têm pouca ou nenhuma aptidão para a tarefa em questão (como julgar o comprimento de linhas), sua tendência à conformidade vai aumentar. Se tiverem a oportunidade de obter um êxito anterior numa tarefa – o que faz com que se sintam seguras em suas habilidades –, será bem menor a probabilidade de se conformarem se comparadas àquelas que se defrontam pela primeira vez com a situação.[37]

De modo similar, a segurança que sentimos num dado grupo determina a liberdade que sentimos para desviar de suas normas. Se nosso amigo Sam tivesse se sentido seguro por ser querido e aceito pelas pessoas que estavam assistindo ao debate com ele, teria sido maior a probabilidade de discordar do que se sentisse inseguro em seu relacionamento com elas. Para demonstrar esse fenômeno, James Dittes e Harold Kelley[38] recrutaram rapazes universitários para se filiarem a um grupo renomado, informando-lhes depois que os membros podiam remover qualquer participante, a qualquer momento, em nome da eficiência. Depois, o grupo entrou numa discussão sobre delinquência juvenil. Periodicamente, a discussão era interrompida e pedia-se a cada membro que atribuísse uma nota ao valor dos outros membros para o grupo. Após a discussão, mostrava-se a cada membro como os outros o classificaram; na verdade, os membros tinham recebido falsas avaliações de antemão. Alguns membros foram levados a crer que eram muito queridos e aceitos, e outros que não eram lá muito populares. O grau de conformidade de cada membro foi medido pelas opiniões que expressou subsequentemente em outras discussões e por sua vulnerabilidade à pressão do grupo durante a realização de uma tarefa perceptiva simples. Aqueles que foram levados a se sentir moderadamente aceitos tinham maior probabilidade de se conformar às normas impostas pelos outros do que aqueles que foram levados a se sentir totalmente aceitos. Depois que conquistamos um lugar seguro no grupo, relaxamos e expressamos nossas opiniões mais livremente.

Idade

Como já vimos, até crianças pequenas se ajustam reflexivamente àquilo que seus pares estão fazendo. É assim que aprendemos muitas coisas, inclusive nossos padrões de fala e sotaque.[39] Mas as pressões pela conformidade são mais intensas para jovens entre 10 e 25 anos. Até lá, os sistemas de autocontrole do cérebro – que governam planejamento, pensamento sobre o futuro, avaliação de risco e supressão de impulsos – ainda estão se desenvolvendo. O que os adultos têm observado sobre adolescentes desde tempos imemoriais é mesmo verdade: eles se tornam pessoas muito diferentes na companhia de outros – geralmente, em prejuízo pessoal e de sua saúde. Em comparação com motoristas adultos, é três vezes mais provável que motoristas adolescentes se envolvam num acidente se houver passageiros no carro.[40] Laurence Steinberg e associados[41] descobriram que jovens adultos têm maior probabilidade de interpretar comportamentos de risco – desrespeitar o semáforo, consumir drogas e álcool, furtar e assim por diante – como "excitantes" e não como "perigosos" se estiverem com seus pares na ocasião. Os centros de prazer no cérebro são ativados quando há pares presentes, e, sem um córtex pré-frontal plenamente desenvolvido para impor o autocontrole, os jovens mostram uma tendência maior a praticar ações perigosas e tolas. Como disse um especialista em violência juvenil, "a criatura mais estúpida que já caminhou pela face da Terra é um garoto adolescente na companhia de seus pares".[42] Talvez, mas as meninas adolescentes não ficam muito atrás. Abigail Baird[43] descobriu que, se uma jovem popular num grupo de colegas adolescentes expressa uma opinião – mesmo que seja uma maluquice –, suas amigas frequentemente encontram um meio de se convencer e de concordar com a posição dela. Num estudo, perguntou-se a moças adolescentes se era uma boa ideia nadar no mar se alguém tivesse visto um tubarão naquela região. Individualmente, todas as jovens foram categóricas em seu pensamento – não entrariam na água de jeito nenhum. Mas em grupos, quando Baird pediu que a garota dominante respondesse à pergunta dizendo que seria uma aventura excitante, as outras jovens começaram a concordar com ela, elaborando racionalizações para nadar com tubarões.

A natureza do grupo

Um grupo será mais eficaz na indução da conformidade se (1) consistir em especialistas reconhecidos, (2) seus membros tiverem elevado status social (por exemplo, estudantes populares do ensino médio) ou (3) seus membros tiverem semelhança significativa, como idade, ocupação, ideologia política, raça ou etnia. Assim, Sam se conformaria mais à pressão exercida por seus conhecidos se pensasse que são especialistas em política e em emitir juízos sobre sinceridade humana. Seria mais provável que cedesse às opiniões deles se tivessem status superior e ele quisesse participar de seu círculo. Seria mais provável ajustar-se a seus colegas estudantes do que, digamos, a um grupo de crianças de 10 anos, a um grupo de trabalhadores da construção civil ou a um grupo de bioquímicos portugueses. Finalmente, seria mais provável conformar-se se estivesse num grupo racialmente homogêneo do que num grupo com diversidade racial. Quando estudantes universitários brancos foram expostos às opiniões unânimes (mas errôneas) de três pares numa tarefa de julgamento como a de Asch, eles mostraram mais conformidade quando os três pares eram brancos do que quando havia uma pessoa de outra raça no grupo. Você pode antever um benefício dessa descoberta na vida real: a diversidade racial pode desencorajar o pensamento de grupo.[44]

Grupos aos quais pertencemos e com os quais nos identificamos – nossos **grupos de referência** – refletem e modelam nossa identidade e nosso comportamento. Geralmente, quando mudamos de grupo de referência, também mudamos nosso comportamento e atitudes para manter a conformidade. Veja-se, por exemplo, como estudantes que mudam de escola ou descobrem novos grupos de amigos na escola tendem a ficar mais similares ao grupo a que se filiaram: seus esforços e resultados acadêmicos melhoram ou pioram para se adequarem a seus novos pares. "Eles se esforçam? Eu também vou me esforçar." "Eles acham a escola chata e que não vale a pena estudar? Concordo."[45] Do mesmo modo, estudantes que passam de famílias politicamente conservadoras para ambientes muito mais liberais quando vão para a faculdade costumam se tornar mais liberais em suas atitudes, a menos que mantenham conexões íntimas com seu grupo de referência mais conservador em casa.[46]

Christian Crandall[47] descobriu um efeito particularmente pernicioso da conformidade no grupo quando examinou a imagem corporal e os padrões alimentares de mulheres em duas irmandades universitárias. Cada irmandade diferia em sua atitude coletiva acerca da imagem corporal feminina ideal e sobre a ideia de que compulsão alimentar e vômitos seriam um modo desejável de mantê-la. O poderoso grupo de referência da irmandade exercia pressão sobre as participantes para terem o corpo "certo" (como deviam ser magras) e o comportamento certo (como era legal a compulsão alimentar). Quanto mais as mulheres aderiam à aparência e ao comportamento ideal do grupo, mais populares eram. Logo, se você estivesse numa irmandade na qual todas achavam que você deveria ser magra e ainda assim comer muito, ficaria mais popular se comesse muito e vomitasse.

Normas sociais

Nossa discussão sobre conformidade sugere fortemente que as pessoas formam suas ideias acerca do comportamento apropriado em determinado ambiente ou comunidade observando aquilo que as outras pessoas estão fazendo. O poder dessa norma percebida sobre suas próprias crenças e ações depende do ponto até o qual consideram a norma algo aceito universalmente, e também se consideram importante a situação ou a comunidade envolvida. A norma pode ser simplesmente **descritiva**, refletindo nosso conhecimento sobre *o que a maioria das pessoas faz* em determinada situação. Algumas normas são **injuntivas**, especificando o que as pessoas *deveriam fazer*, geralmente por meio de diretivas explícitas, como cartazes proibindo fumar, usar celular ou descartar lixo.

Com frequência, as instituições querem criar normas sem fazer uma clara exigência. Há muitos anos, durante uma das secas recorrentes da Califórnia, viu-se que apenas 6% dos estudantes que usavam os vestiários do centro esportivo da minha universidade concordaram com o pedido para que tomassem banhos rápidos, como solicitava a instituição. No capítulo anterior, escrevi sobre o "paradigma da hipocrisia" que usamos para levar as pessoas a conservar água. Desta vez, meus estudantes e eu[48] realizamos um experimento de campo simples, destinado a induzir os estudantes a abreviar o banho, levando-os a acreditar que seus colegas estavam tomando banhos mais rápidos. Obtivemos o apoio de alguns rapazes estudantes que atuaram como modelos de comportamento e observadores. Sem querer que as pessoas concordassem por medo de desaprovação ou de punição, montamos o experimento da seguinte maneira: nosso modelo de comportamento entrava no banheiro do vestiário do centro esportivo quando ele estava vazio, ia até uma das pontas, ficava de costas para a entrada e ligava o chuveiro. Assim que ouvia outra pessoa entrar no banho, ele desligava o chuveiro, ensaboava-se rapidamente e depois enxaguava o corpo, tal como pediam os cartazes próximos. Então, saía do banheiro sem sequer olhar para o estudante que havia entrado. Quando saía, outro estudante (nosso observador) entrava e observava discretamente se o sujeito de nossa investigação fazia a mesma coisa, desligando o chuveiro enquanto se ensaboava. Descobrimos que 49% dos estudantes seguiam o exemplo, e quando dois estudantes serviam de modelo de comportamento apropriado ao mesmo tempo, a conformidade subia para 67%! Logo, numa situação ambígua, outras pessoas podem nos induzir à conformidade comportando-se de maneiras que nos permitem saber o que "a maioria das pessoas" faz naquela situação.

Vamos analisar as normas relativas ao lixo. Imagine que você está se aproximando do seu carro no estacionamento da biblioteca local e percebe que alguém deixou um desses incômodos folhetos sob o limpador de para-brisas. Você o remove e, sem pensar, amassa-o. A pergunta crucial: você o joga no chão ou o enfia no bolso para poder jogá-lo numa lata de lixo depois? A resposta: na maioria das vezes, depende daquilo que você acha que os outros fariam nessa situação. Em seu experimento de campo, Robert Cialdini e associados[49] colocaram folhetos debaixo dos limpadores de para-brisas de diversos automóveis e esperaram para ver o que as pessoas faziam quando voltavam ao carro. Às vezes, um cúmplice dos experimentadores passava por elas quando saíam da biblioteca, agachava-se, recolhia um saco de lanchonete que estava na calçada e o jogava na lata de lixo. Na condição de controle, não havia saco no chão; o cúmplice simplesmente passava pelas pessoas que se dirigiam ao estacionamento. Nessa situação, quando as pessoas chegavam ao carro e viam o folheto, 37% jogavam-no no chão. Na condição modelada pelo saco de lanchonete, apenas 7% jogaram-no no chão.

Num experimento paralelo,[50] os pesquisadores eliminaram o modelo de comportamento e manipularam a aparência do estacionamento – espalhando folhetos por todo canto, deixando apenas um pedaço de papel no chão ou mantendo o lugar completamente limpo. Em qual condição as pessoas foram menos inclinadas a jogar o lixo no chão? Na situação em que o chão estava coberto de papéis, a maioria dos motoristas simplesmente fez o mesmo, provavelmente pensando: "Afinal, se ninguém se incomoda com a limpeza do estacionamento, por que eu devo me incomodar?". Mas quando havia apenas um pedaço de papel por perto, foram menos propensos a jogar o lixo no chão do que se o estacionamento estivesse totalmente limpo. Por quê? Aquele pedaço de papel amassado lembra-nos da norma injuntiva sobre o lixo – e mostra-nos que a imensa maioria das pessoas está seguindo a norma de manter o local limpo. Se o estacionamento estivesse sem lixo algum, provavelmente a maioria das pessoas nem se lembraria da norma e, portanto, estaria mais propensa a jogar o lixo no chão sem pensar.

Em outro conjunto de experimentos, Kees Keizer e associados[51] levaram esse raciocínio um pouco além para mostrar que, quando sinais ambientais sugerem que a maioria das pessoas está desrespeitando as regras, incentivam-se o mau comportamento e o desrespeito às normas. A equipe de Keizer deixou um envelope grande parcialmente para fora de uma caixa de correio pública numa área urbana de uma cidade da Holanda, como se alguém tivesse tentado colocar a carta na caixa apressadamente e sem sucesso. Dava para ver uma nota de 5 euros pela abertura do envelope. Será que os transeuntes que vissem aquilo enfiariam o envelope na caixa ou o furtariam para pegar o dinheiro? A resposta dependeu de um detalhe crítico manipulado pelos experimentadores: às vezes, a caixa estava pichada e havia lixo jogado nas proximidades; às vezes, a caixa de correio e a área vizinha estavam limpas. Na condição da caixa de correio limpa, apenas 13% dos transeuntes furtaram o envelope. Com a pichação e o lixo, 27% dos transeuntes levaram a carta. (Ainda é um número baixo – mas, afinal, o teste foi na Holanda!) Você pode identificar essa montagem como um teste da "teoria das janelas quebradas", que afirma que, quando o ambiente envia a mensagem de que as pessoas não se importam, a desordem se estende para o comportamento humano.[52] As pessoas parecem dizer para si mesmas: "Quer saber? Se os outros vão se comportar irresponsavelmente, eu também vou".

Resumindo, as pessoas se valem de sinais dos outros e costumam se sentir desconfortáveis quando desviam das normas do grupo ao qual pertencem, especialmente se valorizam o grupo ou se se identificam com ele. Em muitas situações (como na situação de Asch), as normas são bem definidas (todos pensam que a linha A é mais comprida). Em outras situações, as pessoas não conhecem as normas e são forçadas a inferi-las pelas ações dos outros, motivo pelo qual o sujeito no chuveiro, o homem recolhendo o saco da lanchonete ou a pichação podem ser tão influentes. Diversos pesquisadores usaram o poder das normas para levar as pessoas a mudar de comportamento, às vezes com sucesso notável. Cartazes em quartos de hotel, por exemplo, solicitando aos hóspedes para reutilizar as toalhas, funcionam melhor quando dizem claramente que "a maioria dos hóspedes deste quarto reutiliza as toalhas".[53] Dizer aos usuários de um parque nacional que muito poucas pessoas desrespeitaram a regra de não pegar madeira petrificada reduziu significativamente mais essa ocorrência do que cartazes que simplesmente pediam às pessoas para não pegar a madeira.[54]

O espectador não envolvido como conformista

Nossa tendência à conformidade também pode nos impedir de agir quando as pessoas precisam de nossa ajuda. Em 1964, o *New York Times* publicou uma história chocante e que se tornou um legado importante na história da pesquisa sociopsicológica. Uma jovem chamada Kitty Genovese foi esfaqueada até a morte perto de sua casa no Queens, em Nova York. Foi um evento trágico, mas não particularmente digno de destaque para os nova-iorquinos numa época em que os índices de homicídios eram muito maiores que os atuais. O que tornou o caso de Genovese distinto foi que, segundo o noticiário da época, 38 de seus vizinhos foram à janela às três da manhã em resposta a seus gritos de terror – e permaneceram na janela, observando fascinados durante os trinta minutos que o agressor levou para concluir sua medonha tarefa. O *New York Times* afirmou que ninguém saiu em auxílio de Kitty; ninguém chegou a pegar no telefone para chamar a polícia, senão quando já era tarde demais.[55]

A história, que acabou amplificada por conta do sensacionalismo das manchetes,[56] expressou o profundo medo de muitas pessoas a respeito do crime e da alienação social. Produziu uma enxurrada de especulações e apreensão sobre a apatia das pessoas que moram nas cidades. O que há de errado com elas? Por que dariam as costas a uma vizinha em perigo? Talvez os espectadores estivessem sonolentos ou atordoados. Afinal, às três da manhã, dificilmente estariam sob o controle pleno de suas faculdades mentais. Pode ser, mas foi em plena luz do dia que uma menina de 2 anos de idade foi atropelada por duas vans em Foshan, na China. Nos sete minutos seguintes, mais de doze pessoas, registradas por uma impassível câmera de vigilância, passaram andando ou de bicicleta ao lado dela e não fizeram nada. Finalmente, uma mulher arrastou a garotinha para a calçada e ela foi levada para um hospital, onde morreu pouco depois.

Por que os observadores não se prontificaram a ajudá-la? Para começar, as entrevistas realizadas com os espectadores casuais do assassinato de Genovese mostraram que eles podiam ser tudo, menos indiferentes – estavam horrorizados. Havia algo além da apatia em sua aparente falta de reação.

O assassinato de Genovese motivou diversas pesquisas a fim de identificar razões pelas quais uma pessoa deixaria de intervir quando um estranho está em apuros. Uma razão são as normas culturais.[57] Se você percorresse o globo derrubando canetas, fingindo um mal-estar ou passando-se por cego, tenderia a receber mais assistência das pessoas em países latinos, que valorizam muito a *simpatia*, a disposição para oferecer ajuda aos outros, do que nos Estados Unidos. Seria mais provável obter ajuda em lugares nos quais o ritmo de vida é mais lento e há menos demandas para a atenção dos transeuntes. Pesquisas conduzidas por Robert Levine[58] descobriram que a gentileza é mais baixa em cidades grandes e densamente povoadas, como Nova York, onde as pessoas caminham rapidamente e se defrontam com muitas distrações; elas precisam perceber seu problema antes de poder reagir a ele.

Um segundo motivo para não intervirem é que, mesmo que percebam que alguém está em apuros, podem não identificar a situação como uma emergência. John Darley, Bibb Latané e colegas[59] apresentaram a hipótese de que é menos provável a vítima receber ajuda se há muitas pessoas observando a situação. A não intervenção é um ato de conformidade relacionado ao modo como outras pessoas estariam definindo se era razoável ou apropriado ajudar ou não. Qual seria o modo apropriado de pensar ou de sentir com relação a isso que está acontecendo agora? Como vimos, aquilo que os outros estão fazendo costuma ser o guia mais claro.

Imagine que você se defronta com uma mulher com a perna quebrada na calçada de uma rua comercial. Vê-se que ela sente muita dor. O que mais você vê? Inúmeras pessoas passando por ela, olhando para ela e prosseguindo em seu caminho. Como definiria a situação? Você pode concluir que seria inadequado intervir. Talvez não seja grave; talvez esteja embriagada; talvez a cena faça parte de um *reality show*. "Afinal", você diz para si mesmo, "se ela estivesse realmente com problemas, teria usado o celular para pedir ajuda. Ou outra pessoa teria feito isso. Por que essas outras pessoas não estão fazendo nada?" Assim, podemos predizer que a presença de um grande número de pessoas, em vez de aumentar a probabilidade de que *alguém* vá ajudar, na verdade aumenta a probabilidade de *ninguém* ajudar.

Essa é uma conjectura interessante, mas será verdade? Para descobrir, Bibb Latané e Judith Rodin[60] realizaram um experimento elaborado em torno de uma mulher em situação difícil. Uma jovem pediu que 120 rapazes universitários preenchessem um questionário. Depois, foi para o quarto ao lado, dizendo que voltaria quando eles terminassem. Alguns minutos depois, ela encenou um acidente. Os estudantes ouviram o som (de uma fonte sonora oculta) da jovem subindo numa cadeira, seguida de um grito em voz alta e um estrondo, como se a cadeira tivesse se quebrado e ela tivesse caído no chão. Então, ouviram gemidos, choro e a frase angustiada, "Oh, meu Deus, meu pé... não... não consigo me mexer. Oh... meu tornozelo... não consigo tirar esta coisa de mim". Os gritos continuaram por cerca de um minuto e foram diminuindo lentamente.

A pergunta, claro, era se os participantes iriam auxiliar a mulher. A variável importante do experimento era se os jovens estavam sozinhos no quarto. Entre os que estavam sozinhos, 70% se ofereceram para ajudá-la; daqueles que estavam sentados no quarto ao lado de um desconhecido, só 20% ofereceram ajuda. Logo, a mera presença de outro observador tende a inibir a ação, um fenômeno conhecido como **efeito do espectador**. Quando foram entrevistados posteriormente, os participantes que não ajudaram e que estiveram no quarto com outra pessoa disseram que concluíram que o acidente não devia ter sido grave, em parte, no mínimo, em função da inação de seu parceiro.

Outra razão, além da conformidade, para os espectadores terem deixado de intervir é a **difusão da responsabilidade**: mesmo que as pessoas concluíssem que o evento era realmente uma emergência, a percepção das outras testemunhas difunde a responsabilidade sentida pela pessoa. Para testar essa ideia, Darley e Latané[61] organizaram uma situação experimental na qual as pessoas eram postas em salas separadas, mas conseguiam se comunicar uma com a outra por meio de microfones e fones de ouvido. Podiam se ouvir, mas não se ver. Então, os investigadores reproduziram uma gravação que imita os sons de um ataque epiléptico por parte de um dos participantes. Numa condição experimental, cada pessoa foi levada a acreditar que ela era a única que tinha ouvido o ataque; em outras condições, cada pessoa foi levada a acreditar que uma ou mais pessoas também o teriam ouvido. Aquelas que achavam que teriam sido as únicas a ouvir saíram de sua sala e tentaram ajudar muito mais vezes do que aquelas que achavam que outros também teriam ouvido. Com o aumento do número de pessoas ouvindo, a responsabilidade individual ficou difundida entre elas e a probabilidade de oferecer assistência diminuiu.

Outros fatores podem entrar no cálculo da ajuda a um desconhecido, inclusive aqueles aparentemente triviais, como ilustram John Darley e Daniel Batson.[62] Eles recrutaram estudantes de teologia do Seminário Teológico de Princeton, supostamente para gravarem um discurso. Cada estudante praticou o discurso num quarto; depois, foi orientado a se dirigir até outro prédio, onde sua apresentação seria gravada. Nesse ponto, disseram a alguns estudantes que estavam atrasados para seu compromisso e eles foram apressados. A outros, foi dito que estavam no horário, e aos restantes, que tinham tempo. No caminho até o outro prédio, os estudantes encontraram o que parecia ser uma vítima encostada numa porta, com a cabeça baixa e olhos fechados, tossindo pateticamente. Mais de metade desses futuros ministros religiosos que estavam com tempo ou no horário parou para ajudar a vítima, mas apenas 10% daqueles que achavam que estavam atrasados para seu compromisso ofereceram ajuda – mesmo quando o discurso que iriam fazer incluía a parábola do bom samaritano! Aparentemente, os estudantes ficaram perturbados demais com o atraso e a missão para definir se a situação era emergencial o bastante para que se envolvessem.

A facilidade com que as pessoas podem ser levadas a não intervir projeta uma imagem um tanto cruel da condição humana. Mas não estamos vendo a imagem completa. Há muitos anos, acampando no Parque Nacional de Yosemite, minha família e eu ouvimos um homem gritar. Ninguém, na nossa barraca, conseguiu dizer ao certo se era um grito de dor, surpresa ou alegria. Será que alguém estava brincando? Um colega campista estaria sendo atacado por um urso? O que vimos quando saímos da barraca foi reconfortante. Por toda a área, centenas de luzes tremulantes estavam convergindo para um único ponto. Lanternas e outras fontes de luz, levadas por dezenas de campistas, correram para ajudar o homem que tinha gritado. Como se descobriu, seu grito tinha sido de surpresa, causada por uma queima inofensiva de gasolina de seu forno. Os outros campistas pareceram quase desapontados quando viram que sua ajuda não seria necessária. Marcharam de volta para suas barracas e, suponho, caíram imediatamente no sono.

Eu, no entanto, não consegui dormir, intrigado pela contradição entre aquilo que acabara de acontecer e o efeito do espectador. Por que esses campistas se comportaram de modo tão diferente? De que maneiras as situações foram diferentes? Havia dois fatores, no mínimo, operando no local do parque de campismo que não estavam presentes ou então estavam, mas em grau mínimo, nas situações comentadas antes. Uma está refletida no uso que fiz da expressão "um colega campista". Especificamente, uma sensação de "destino comum" ou mutualidade pode surgir entre pessoas que compartilham os mesmos interesses, prazeres, dificuldades e condições ambientais de um ambiente fechado como um parque de campismo, uma sensação de mutualidade mais forte do que aquela que existe entre pessoas que são apenas residentes do mesmo país, estado ou cidade. Um segundo fator é que não havia como escapar do aspecto face a face da situação: numa cidade grande, as pessoas podem se afastar de um desconhecido em apuros; os participantes dos experimentos Darley-Latané não estavam face a face com a vítima, e sabiam que podiam escapar do ambiente em pouco tempo. No parque de campismo, estávamos todos juntos; na manhã seguinte, os campistas teriam de se defrontar com aquilo que permitiram que acontecesse na noite anterior. Ao que parece, nessas circunstâncias, os indivíduos estão mais dispostos a assumir a responsabilidade pelos demais.

Naturalmente, estou especulando. A gentileza dos campistas de Yosemite não é conclusiva, pois não fez parte de um experimento controlado. Um dos principais problemas com dados observacionais como esse é que o observador não tem controle sobre quem são as pessoas nessa situação. Talvez os campistas, por natureza ou experiência, sejam mais bondosos, mais gentis, mais atenciosos e mais humanos do que os moradores urbanos. Talvez tenham sido escoteiros ou bandeirantes na infância – de onde viria o interesse por acampar – e, no escotismo, aprenderam a ajudar os outros.

Uma das razões para fazermos experimentos é controlar esse tipo de incerteza, e, de fato, um experimento subsequente de Irving Piliavin e associados[63] confirmou minhas especulações sobre a experiência no acampamento. Em seu experimento, um cúmplice dos pesquisadores cambaleou e desmaiou num vagão do metrô de Nova York na presença de diversas pessoas. A "vítima" ficou estirada no chão do vagão com os olhos abertos voltados para o teto. Essa cena foi repetida 103 vezes sob diversas condições. O resultado mais notável foi que, em boa parte do tempo, as pessoas correram espontaneamente para ajudar a vítima, sobretudo quando ela pareceu obviamente doente; em mais de 95% das vezes, alguém ofereceu ajuda de imediato. Apesar de a vítima ter recebido uma garrafa de bebida para levar e de estar com cheiro de álcool, ela recebeu ajuda prontamente em 50% dos testes. Ao contrário do comportamento dos participantes com que Darley e Latané lidaram, o comportamento de ajuda das pessoas no vagão de metrô não foi afetado pelo número de espectadores. As pessoas ajudaram com a mesma frequência e presteza em trens lotados (nos quais poderia ter havido a difusão da responsabilidade) quanto em vagões praticamente vazios. Apesar de as pessoas no metrô de Nova York estarem num ambiente completamente diferente do Parque Nacional de Yosemite, o metrô e o parque de campismo tinham duas coisas em comum: (1) as pessoas tinham a sensação de compartilhar um destino comum, e (2) estavam em uma situação face a face com a vítima, da qual não havia como escapar de imediato.

Atualmente, após décadas de pesquisas sobre apatia e intervenção dos espectadores, temos uma ideia melhor acerca das influências sobre essas duas reações. A meta-análise dos muitos estudos feitos desde a identificação inicial do efeito do espectador oferece causa para otimismo: em emergências realmente perigosas, *inequívocas* – uma criança está se afogando; pessoas estão sendo atingidas por um atirador enlouquecido numa escola, cinema ou rua; ou um ataque terrorista – é mais provável que as pessoas intervenham para ajudar, sendo, na verdade, estimuladas a fazê-lo pela presença de terceiros. Com efeito, correm para ajudar de maneira espantosamente generosa, às vezes pondo em risco a própria segurança.[64] Após as explosões das bombas terroristas na maratona de Boston em 2013, muitos espectadores correram *para* a área mais perigosa a fim de ajudar os sobreviventes.

Que condições tornam mais provável a apatia ou o altruísmo? A sensação de "destino comum" está claramente ativada, e as pessoas estão frente a frente com as vítimas. Na falta dessas condições, os indivíduos fazem uma avaliação rápida e geralmente inconsciente, questionando-se se devem se envolver ou não: a situação é realmente séria? Exige minha intervenção pessoal? A ajuda será difícil ou onerosa para mim? Minha ajuda vai beneficiar a vítima? Posso sair dali facilmente? Sua reação à situação vai depender de suas respostas a cada uma dessas perguntas.

Ignorância pluralística

As normas governam até mesmo nossas emoções íntimas, e como e quando se espera que as expressemos (ou as reprimamos). A maioria das pessoas adequa-se às *regras de exibição* da demonstração de tristeza em funerais, de felicidade em casamentos e de afeto pelos parentes. E se não estivéssemos realmente tristes, felizes ou afetuosos? O nome que se dá ao ato de encenar uma emoção que não estamos realmente sentindo porque é socialmente apropriado é *trabalho de emoção*.[65] Às vezes, o trabalho de emoção é uma exigência normativa da profissão. Comissários de bordo, atendentes em restaurantes e representantes de atendimento ao cliente precisam mostrar um rosto feliz para transmitir alegria, mesmo que no íntimo estejam irritados com um cliente rude ou embriagado. Cobradores de dívidas precisam adotar uma fisionomia severa para transmitir ameaça, mesmo que tenham pena da pessoa de quem estão cobrando.[66]

A conformidade com as regras de exibição pode suavizar nossas interações sociais, mas o uso dos outros para definir situações para nós pode ser particularmente problemático quando há o envolvimento de sentimentos fortes que as pessoas receiam exibir – ou se estão tentando corresponder àquilo que se espera delas. Geralmente, as pessoas consideram chato revelar certas emoções em público, e por isso tentam parecer menos medrosas, preocupadas, deprimidas, ansiosas ou sexualmente excitadas do que realmente estão. Por exemplo, a julgar pelo olhar de indiferença do público, ninguém *nunca* diria que os frequentadores de um clube de strip-tease estão sexualmente excitados, ou até mesmo interessados no show. De modo similar, um marciano talvez não percebesse a ansiedade dos pacientes adultos na sala de espera de um dentista pelo olhar impassível no rosto deles. Logo, pode ser enganador julgar a seriedade de uma situação observando as expressões emocionais dos outros, pois as pessoas costumam ocultar seus verdadeiros sentimentos por trás da famosa cara de paisagem.

Isso pode criar uma situação que os psicólogos sociais chamam de **ignorância pluralística**, a crença coletiva numa falsa norma criada pelo comportamento ambíguo de terceiros. O ambiente clássico para se constatar a ignorância pluralista em ação é a sala de aula de universidades. Imagine que sua professora acabou de explicar um conceito extremamente complicado. Ela se vira para a classe para ver se todos compreenderam. "Alguma pergunta? Alguém não entendeu?", questiona. Na verdade, *você* não entendeu, e certamente gostaria de mais explicações. Você olha pela sala com indiferença para checar se está sozinho em sua confusão, e não encontra nada além das expressões *blasés* de seus colegas. Eles o deixam preocupado imaginando que só você ficou confuso, o que aumenta os riscos de levantar a mão para admitir que não entendeu. Porém, o fato é que muitos de seus colegas estão tendo a mesma experiência, em parte por olharem para a *sua* expressão neutra. A ignorância pluralista pode ser uma barreira séria para a eficácia em classe, mas é superada facilmente por uma tecnologia que permite aos estudantes responder anonimamente e em tempo real a perguntas potencialmente embaraçosas como "Alguém não entendeu?".

A compulsão pela bebida nos campi universitários também é promovida pela ignorância pluralística, pois os estudantes precisam inferir as normas pelo comportamento (geralmente embriagado) de seus pares. E essa norma cria sérios problemas: dois em cada três estudantes universitários que consomem álcool o fazem compulsivamente, muitas vezes bebendo até desmaiar, o que causa quase 1.800 mortes todos os anos e leva a outros comportamentos de alto risco, como sexo inseguro e ataques sexuais.[67] Mas pesquisas mostram que a maioria dos estudantes universitários acredita que eles próprios ficam mais desconfortáveis bebendo muito do que seus colegas – e, por isso, bebem mais a fim de se ajustar à norma percebida. O que fazer? Dale Miller e Deborah Prentice[68] descobriram que o mero fato de darem aos estudantes informações precisas sobre o consumo de álcool de seus colegas e os verdadeiros sentimentos (negativos) deles sobre compulsão etílica reduz a conformidade – e reduz o consumo de álcool. Um estudo similar fez com que estudantes do primeiro ano participassem de uma discussão entre pares, conscientizando-os da ignorância pluralística, ou de uma discussão orientada individualmente, focalizando decisões acerca de bebidas. Quatro a seis meses depois, os estudantes na condição de orientação em grupo relataram terem bebido significativamente menos do que os estudantes na condição de orientação individual; a força da norma sobre bebidas tinha se enfraquecido.[69] Mude as normas percebidas e o comportamento das pessoas vai acompanhar.

A ignorância pluralística pode ser literalmente uma assassina. Por exemplo, apesar da queda geral do número de homicídios na década passada, norte-americanos negros têm quase oito vezes mais chances de serem vítimas de homicídio do que norte-americanos brancos; o índice de homicídios relacionados a gangues em áreas urbanas permanece teimosamente elevado. Em sua abordagem inovadora para reduzir o índice de assassinatos entre gangues urbanas, o lendário criminologista David Kennedy[70] passou centenas de horas procurando conhecer esses jovens. A polícia os havia descrito como "sociopatas sem coração e sem medo", mas Kennedy se surpreendeu quando descobriu, entrevistando os membros de gangues, que a maioria deles tinha medo, detestava a violência e queria uma vida normal. "Eles falavam duro quando estavam em grupos, e é por isso que os policiais pensavam que eram sociopatas", escreveu Kennedy, "mas, quando ficamos a sós, eles confessaram que tinham muito medo. Mostrar medo na frente dos outros membros da gangue é perigoso, então todos olham em volta e pensam que só eles odeiam a vida." Kennedy e sua equipe começaram a intervenção confrontando essa ignorância pluralística, que Kennedy descreveu como a condição na qual "todos no grupo acreditam que todos no grupo acreditam em alguma coisa em que ninguém no grupo acredita". Reunindo policiais e membros de gangues, e revelando seus sentimentos de horror e desespero sobre o que acontecia, eles puderam começar um processo que reduziu substancialmente a violência de gangues e o índice de homicídios em diversas cidades importantes.[71]

Níveis de conformidade

Até agora, estive descrevendo dois motivos para a conformidade: se a pessoa é motivada pelo desejo de se ajustar e de participar, pertencer, ou pela necessidade de ser correta. Vamos além dessas distinções simples e passar a uma classificação mais complexa e útil, distinguindo três níveis de conformidade: *observância*, *identificação* e *internalização*.[72]

A expressão **observância** descreve melhor o comportamento de uma pessoa motivada pelo desejo de obter recompensa ou evitar punição. O comportamento típico dura tanto quanto a promessa de recompensa ou a ameaça de punição. Você pode fazer um rato percorrer eficazmente um labirinto deixando-o com fome e colocando comida no final do labirinto. Um ditador cruel pode levar um percentual de cidadãos a jurar-lhe obediência, ameaçando-os com torturas caso não obedeçam ou prometendo alimentá-los e enriquecê-los caso o façam. Remova a ameaça de punição ou os benefícios de riquezas, porém, e os cidadãos vão deixar de mostrar fidelidade ao ditador. A observância é menos duradoura e tem os menores efeitos sobre o indivíduo, pois o comportamento da pessoa muda assim que mudam as recompensas ou punições.

A expressão **identificação** descreve o nível de conformidade provocado pelo desejo do indivíduo de ser como o grupo ou o modelo de pessoa que admira. Na identificação, assim como na observância, não nos comportamos de determinada maneira porque esse comportamento é intrinsecamente gratificante; fazemo-lo porque ele nos deixa numa relação gratificante com a pessoa ou pessoas com que estamos nos identificando. A identificação difere da observância porque passamos a acreditar nas opiniões e nos valores que adotamos, embora não acreditemos neles com tanta convicção. Logo, se consideramos uma pessoa ou grupo atraente de algum modo, estamos inclinados a permitir que essa pessoa ou grupo nos influencie, adotando seus valores e suas atitudes.

Penso nisso como o fenômeno bons-e-velhos-tio-Harry-e-tia-Harriet. Imagine que você tem um tio e uma tia amáveis, dinâmicos e entusiásticos; desde a infância, você adorava esses velhinhos e queria crescer e ser como eles. Na época da faculdade, você adotou as crenças políticas deles – esquerda, centro ou direita – não porque as examinou cuidadosamente ou as assimilou graças à sua própria experiência, ou mesmo porque foi recompensado por adotar (ou punido por não adotar) suas posições. Na verdade, as opiniões dos seus tios tornaram-se parte de seu sistema de crenças porque você ama muito esses parentes e quer ser como eles.

Esse fenômeno ocorre com frequência quando deparamos com as opiniões de pessoas de que gostamos ou que admiramos – até aquelas relativamente estranhas. Geoffrey Cohen e Michael Prinstein[73] pediram que estudantes do ensino médio participassem de discussões online, uns com os outros, em salas de bate-papo. Um dos assuntos debatidos era o que os estudantes fariam se lhes fosse oferecida maconha numa festa. Em uma condição, os participantes foram levados a acreditar que estavam conversando com dois colegas populares e admirados da escola. Na outra, esses colegas foram apresentados como estudantes de popularidade simplesmente mediana. Quando os adolescentes acreditaram que estavam conversando com os colegas populares, foi bem maior a probabilidade de adotarem as opiniões deles. Quando os colegas admirados disseram que fumariam maconha, os participantes tenderam a dizer que também o fariam; quando os colegas admirados disseram que recusariam a droga, também o fizeram os participantes. Ao contrário do tipo de conformidade no experimento de Asch, que foi apenas a observância, a influência aqui foi durável; ficou evidente até depois, quando foi pedida, em particular, a opinião dos participantes sobre a maconha.

A continuidade da recompensa ou da punição não é necessária para a identificação. Você pode se identificar com alguém que não está presente; você só precisa querer ser como aquela pessoa. Se os seus tios se mudarem para outra cidade e você ficar meses (ou anos) sem os ver, vai continuar a ter crenças similares às deles, conquanto (1) eles se mantenham importantes para você, (2) eles ainda tenham as mesmas crenças e (3) as crenças deles não forem questionadas por outras opiniões mais convincentes a você. Por outro lado, suas crenças podem mudar caso seus parentes mudem as crenças políticas que têm ou se você conhecer outras pessoas que lhe serão mais importantes e defendem posições diferentes. Nesse caso, você pode mudar de ideia porque, agora, está se identificando mais com seu novo grupo de referência.

Finalmente, a **internalização** de um valor ou crença é o nível de conformidade mais permanente. A motivação para internalizar uma crença é o desejo de estar certo. Se admiramos alguém que consideramos confiável e prudente em seus julgamentos, aceitamos a crença que essa pessoa defende e a integramos ao nosso sistema de valores. Depois que internalizamos uma crença e tornamo-la nossa, ela independe de sua fonte e será extremamente resistente a mudanças – como vimos na discussão sobre autojustificação no capítulo anterior. Portanto, a internalização é o nível mais permanente de conformidade justamente porque a motivação para estarmos certos – e para acreditar que estamos certos – é uma força poderosa e autossustentável que não depende de monitoramento constante na forma de agentes de recompensa ou punição, como a observância, ou de nossa estima contínua por outra pessoa ou grupo, como a identificação.

Qualquer ação específica pode ter raízes na observância, na identificação ou na internalização. Vamos ver um comportamento simples: a obediência aos limites de velocidade. A maioria das pessoas respeita o limite de velocidade para não ter de pagar uma multa caso sejam flagradas. Isso é observância; estão obedecendo à lei. Se a polícia fosse orientada a deixar de aplicar a lei, muitas pessoas excederiam o limite de velocidade. Mas algumas continuariam a obedecer, pois papai (digamos) sempre enfatizou a importância de obedecer às leis de trânsito, e elas admiram o pai e querem dirigir como ele. A razão para a conformidade é a identificação. Finalmente, as pessoas podem respeitar o limite de velocidade, quer papai ou a polícia estejam por perto quer não, pois estão convencidas de que as leis de velocidade são boas, que a obediência a essas leis ajuda a prevenir acidentes e que dirigir em velocidade moderada é uma forma de comportamento sensata e razoável. Sua razão para a conformidade é a internalização.

Obediência como forma de observância

Atos de observância quase sempre são efêmeros. Não significa que sejam triviais. As pessoas podem cometer um ato apenas uma ou duas vezes, mas com consequências de longo alcance, como demonstrou Stanley Milgram numa série clássica de estudos de obediência.[74] Seus estudos, realizados inicialmente no começo da década de 1960, tornaram-se mundialmente famosos, com livros escritos e filmes produzidos sobre eles, pois sua mensagem não era totalmente aquilo que as pessoas queriam ouvir.

Imagine a cena em seu experimento inicial. Quarenta homens se oferecem para um projeto anunciado como um estudo sobre aprendizagem e memória. Mas essa é apenas uma história de fachada; na verdade, trata-se de um estudo sobre até que ponto as pessoas vão obedecer a uma autoridade. Quando o voluntário aparece no laboratório para sua tarefa, é pareado com outro homem, e um experimentador de aparência séria e trajando jaleco explica que vão testar os efeitos da punição sobre a aprendizagem. O exercício exige que uma pessoa, o "aprendiz", memorize uma lista de pares de palavras que serão objeto de um teste que a outra pessoa, o "professor", irá aplicar nele. Os dois homens tiram a sorte para determinar seus papéis; aquele que será o participante de fato assume o papel de professor. Ele é levado até um "Gerador de Choque" que tem um painel de instrumentos com uma fileira de 30 interruptores, calibrados desde um mínimo de 15 volts (rotulado de "Choque Leve") até níveis de choque moderados e altos (rotulados de "Perigo - Choque Severo"), chegando ao máximo de 450 volts (rotulado ameaçadoramente de XXX). Acionando os interruptores em sucessão, o professor aplicará um choque cada vez mais intenso sempre que o aprendiz deixar de responder corretamente. Depois, ele acompanha o experimentador e o aprendiz até a sala ao lado, onde o aprendiz é atado a uma cadeira elétrica e preso por eletrodos ao Gerador de Choque. Como resposta à pergunta do aprendiz sobre seu leve problema cardíaco, o experimentador o tranquiliza: "Embora os choques possam ser extremamente dolorosos, não causam dano permanente aos tecidos".

Na verdade, o aprendiz sabe que não precisa se preocupar. Ele é cúmplice do experimentador, e o sorteio das funções foi preparado de modo que ele ficasse com o papel de aprendiz e o verdadeiro participante com o de professor. O aprendiz nunca recebe um choque elétrico, mas o professor não tem motivo para duvidar de que o homem na sala ao lado está ligado ao Gerador de Choque operado por ele. Ele mesmo levou um choque como amostra (de uma bateria de 45 volts dentro da máquina), ouve o aprendiz reagir como se estivesse realmente sendo ferido e está convencido de que os choques são extremamente dolorosos.

Quando o exercício começa, o aprendiz responde corretamente diversas vezes, mas comete erros em algumas ocasiões. A cada erro, o professor aciona o interruptor seguinte, aplicando supostamente choques de intensidade crescente. No quinto choque, de 75 volts, a vítima começa a resmungar e gemer. Com 150 volts, pede para sair do experimento. Com 180 volts, grita e diz que não consegue suportar a dor. À medida que o nível do choque se aproxima do ponto marcado "Perigo – Choque Severo", o professor ouve o aprendiz bater na parede e implorar para sair. Claro, porém, que essa não é uma resposta correta, e assim o experimentador instrui o professor a aumentar a voltagem e aplicar o próximo choque, acionando o interruptor seguinte. Com 300 volts, o aprendiz para de reagir.

Os participantes desse experimento eram um grupo aleatório de empresários, executivos, funcionários administrativos e trabalhadores braçais de Connecticut. Que percentual deles continuou a aplicar choques até o nível "xxx" no final do experimento? Até quanto você teria continuado? Antes que o experimento começasse, Milgram apresentou essas perguntas a 40 psiquiatras numa renomada faculdade de medicina. Os psiquiatras predisseram que a maioria dos participantes desistiria nos 150 volts, quando a vítima pede para sair pela primeira vez. Também predisseram que apenas 4% continuariam com os choques depois que a vítima parasse de responder, e que menos de 1 em cada 100 aplicaria o choque mais intenso do gerador.

Os psiquiatras estavam completamente errados. A maioria dos participantes – cerca de 67% – continuou a aplicar choques até o nível máximo, embora alguns deles precisassem de incentivo do experimentador (que fora instruído a dizer apenas: "O experimento requer que você continue"). Os indivíduos obedientes não continuaram aplicando choques porque eram sádicos ou cruéis. Na verdade, quando Milgram e Alan Elms compararam os resultados das pessoas numa série de testes padronizados de personalidade, não encontraram diferenças entre aqueles que foram plenamente obedientes e aqueles que resistiram com sucesso à pressão para obedecer.[75] Tampouco os obedientes eram insensíveis à situação aparentemente difícil do aprendiz. Alguns protestaram; muitos suaram, tremeram, gaguejaram e mostraram outros sinais de tensão. Alguns tiveram acessos explosivos de riso. Mas continuaram a obedecer até o final.

Esse comportamento não se limitou a homens norte-americanos que moram em Connecticut. Onde quer que seja aplicado, o procedimento Milgram produz um grau de obediência significativo. Diversas replicações do experimento[76] demonstraram que pessoas da Austrália, Jordânia, Espanha, Alemanha e Holanda reagem da mesma maneira que os homens do experimento original de Milgram, e que as mulheres são tão obedientes quanto os homens.[77] Uma replicação do procedimento básico de Milgram realizada em 2007 por Jerry Burger mostra que os níveis elevados de obediência do experimento original não são produto de uma era passada; norte-americanos modernos são tão suscetíveis a ser levados a aplicar choques numa vítima inocente quanto seus equivalentes na época de Milgram – há quase sessenta anos.[78]

Implicações – e limitações – do experimento de Milgram no mundo real

A mensagem incômoda e controvertida de Milgram foi que uma proporção espantosamente grande de pessoas causará dor a outras quando uma figura de autoridade ordenar que a obedeçam. É difícil ler sobre esses estudos sem aplicá-los ao mundo externo ao laboratório experimental, percebendo, por exemplo, alguma semelhança entre o comportamento dos professores no experimento de Milgram e a obediência cega dos oficiais nazistas que cumpriram ordens para exterminar milhões de pessoas inocentes que não eram "arianas puras". No julgamento por crimes contra a humanidade, realizado quando Milgram estava fazendo seus estudos, Adolf Eichmann justificou suas ações afirmando que era um bom burocrata e que apenas obedeceu às ordens dadas por seus superiores no regime nazista.

Durante a guerra no Iraque, soldados americanos que vigiavam prisioneiros de guerra os submeteram a torturas e humilhações na notória prisão de Abu Ghraib.[79] Embora os líderes militares tenham sido rápidos em atribuir esse comportamento a umas poucas "maçãs podres" – submetendo-as à corte marcial –, os fatos sugerem que Abu Ghraib foi outro exemplo de obediência à autoridade. Os soldados que torturaram seus prisioneiros alegaram que estavam apenas seguindo ordens. Do mesmo modo, os participantes obedientes de Milgram tiveram muitas justificativas para seu comportamento: não foi culpa *deles*, disseram várias vezes; estavam apenas fazendo o seu trabalho. Quando questionado após a sessão, um homem respondeu: "Eu parei, mas ele [o experimentador] continuou".

Por mais provocantes que sejam essas comparações, devemos ser cautelosos para não interpretar erroneamente os resultados de Milgram. Tendo em vista que 67% dos participantes obedeceram ao comando do experimentador, alguns analistas sugeriram que talvez a maioria das pessoas teria se comportado como Adolf Eichmann caso tivessem estado em situação similar. Pode até ser verdade, mas também temos de notar algumas diferenças importantes. Como cada homem que participou do estudo de Milgram consentiu livremente em participar, tinha todos os motivos para presumir que o aprendiz também era voluntário. Dessa forma, é provável que tenha sentido que ambos estavam obrigados a evitar a interrupção do experimento. Ademais, cada participante enfrentou sozinho as exigências do experimentador. Assim como a conformidade caiu no experimento de Asch com a presença de um divergente, a proporção de pessoas plenamente obedientes numa variação do paradigma de Milgram caiu para apenas 10% quando estiveram acompanhadas de outros dois colegas professores que desafiaram as ordens do experimentador para prosseguir.

Além disso, na maioria dos estudos de Milgram, a figura de autoridade de quem emanavam as ordens era cientista de um prestigioso laboratório da Universidade Yale, e sua história de fachada afirma que o experimento é a investigação de uma importante questão científica. Naturalmente, os participantes presumiram que o pesquisador (trajando não menos do que um jaleco branco de laboratório) de uma instituição altamente respeitada como Yale seria um profissional responsável e benevolente. Com certeza, ele não iria dar ordens que resultariam na morte ou em ferimentos de um ser humano como parte de seu experimento. De fato, quando Milgram passou o estudo da Universidade Yale para um prédio de escritórios na cidade industrial de Bridgeport, a alguns quilômetros dali, a obediência total caiu para 48%. A retirada do prestígio da Universidade Yale reduziu consideravelmente o grau de obediência.

Claro, 48% ainda é um número elevado. Será que menos pessoas teriam obedecido caso o condutor do experimento não fosse um cientista ou outra figura legítima de autoridade? Milgram tratou dessa questão em outra versão do estudo, na qual o cientista-experimentador foi trocado no último minuto por um substituto sem a aparência de autoridade. Desta vez, apenas 20% aplicaram o conjunto completo de choques, demonstrando que, para a maioria das pessoas, só uma autoridade legítima pode exigir grande obediência, não qualquer pessoa assumindo o papel de autoridade.

Finalmente, a proximidade física da figura de autoridade também teve seu papel na obediência das pessoas. Milgram descobriu que, quando o experimentador estava fora da sala, emitindo ordens pelo telefone, o número de participantes *totalmente* obedientes caiu para menos de 25%. Ademais, livres da atenção imediata do experimentador, muitas das pessoas que continuaram aplicando choques *trapacearam*, aplicando choques de menor intensidade do que aqueles que deveriam aplicar – e nunca se deram ao trabalho de dizer ao experimentador que tinham se desviado do procedimento apropriado. Considero essa descoberta uma tentativa comovente de responder às demandas de uma autoridade legítima e, ao mesmo tempo, minimizar a dor infligida aos outros. Isso me fez lembrar de Dunbar, personagem do clássico romance de Joseph Heller sobre a Segunda Guerra Mundial, *Ardil 22*. Dunbar recebe ordens para bombardear aldeias da Itália. Sem querer se rebelar abertamente ou ferir civis inocentes, lança suas bombas sobre campos vazios próximos das aldeias italianas designadas como alvos.

A sensibilidade de Dunbar às possíveis vítimas de suas bombas é especialmente comovente tendo em vista a distância e o anonimato proporcionado por sua posição no céu sobre os aldeões; os operadores de drones das guerras modernas estão ainda mais distantes de suas vítimas. Testemunhar nitidamente o sofrimento de outras pessoas torna mais difícil continuar a lhes infligir dor. De fato, Milgram descobriu, em estudos subsequentes, que, quanto maior a distância entre os professores e o aprendiz, mais os primeiros estariam dispostos a obedecer aos comandos da autoridade. Quando os professores podiam ver o aprendiz, apenas 40% continuaram aplicando choques dolorosos, comparados com os 67% que o fizeram quando ouviam apenas os gritos de agonia do aprendiz. Similarmente, quando os professores precisaram forçar fisicamente a mão do aprendiz sobre a chapa de choque – em vez de usarem o Gerador de Choque remoto –, a obediência caiu para 30%. Mesmo assim, a proximidade não pode explicar todos os resultados. Afinal, 30% dos participantes de Milgram continuaram a aplicar choques em suas vítimas, mesmo quando isso exigia contato físico.[80]

Num conjunto de experimentos realizados na Holanda, Wim Meeus e Quinten Raaijmakers[81] exploraram a questão da obediência e da distância de modo levemente diferente. Além de replicarem com sucesso o procedimento original de Milgram, tentaram uma nova abordagem. Pediram às pessoas que obedecessem fazendo uma série de comentários cada vez mais negativos sobre o desempenho de um candidato num teste que iria determinar se ele seria contratado para uma vaga de emprego. Os participantes estavam convencidos de que estariam magoando a pessoa, mas essa mágoa só se manifestaria num momento futuro, quando eles não estariam presentes para testemunhar as consequências de sua obediência. Nessas situações, a obediência foi muito maior do que na replicação direta do experimento de Milgram; nessa versão, mais de 90% dos participantes continuaram a obedecer até o fim da série.

Embora os estudos de Milgram – assim como as atrocidades cometidas durante o Holocausto, as guerras do Vietnã e do Iraque e que continuam hoje em incontáveis conflitos que infestam o planeta – certamente sublinhem a falibilidade da natureza humana diante da pressão para a conformidade, a natureza extrema e excêntrica desses estudos pode nos levar a pensar que a obediência destrutiva está além do âmbito da vida cotidiana. Afinal, qual foi a última vez que alguém lhe pediu para aplicar choques letais a um desconhecido bondoso com problema cardíaco, ou a esconder uma família de judeus no seu porão? Mas, se olharmos à nossa volta, podemos ver que muitos de nós, quer o reconheçamos, quer não, estamos em posições nas quais a conformidade aos desejos de um grupo ou de figuras com autoridade teria consequências sérias para outras pessoas.

Usando apenas um exemplo, nas duas últimas décadas, as escolas públicas norte-americanas têm sido cada vez mais pressionadas a melhorar o desempenho acadêmico dos estudantes. Uma lei intitulada "No Child Left Behind" (nenhuma criança fica para trás), agora chamada "Every Student Succeeds" (sucesso de todos os estudantes), obrigava as escolas a demonstrar progresso todos os anos, o que era medido por testes padronizados. Se você estudou em escolas públicas norte-americanas nos últimos quinze anos, provavelmente percebeu, até certo ponto, a pressão sobre sua instituição de ensino; a lei estabelecia que, se não demonstrasse melhoria nos resultados das provas dos estudantes, a escola seria repreendida ou punida. Diante dessa situação, muitos professores e diretores procuraram elevar as notas dos estudantes de um modo ou de outro para contentar as autoridades. Em alguns casos, fizeram-no eliminando o intervalo e aumentando o tempo das aulas, ou enxugando o currículo e direcionando as aulas mais para a preparação voltada aos exames do que para a alegria de aprender ou de descobrir. Alguns professores chegaram a trapacear, corrigindo respostas erradas nas provas dos estudantes.

Julian Vasquez-Heilig e Linda Darling-Hammond[82] descobriram que muitos educadores foram além dessas medidas a fim de corresponder à pressão superior, às vezes de maneiras devastadoras para as crianças. Algumas instituições inventavam justificativas para suspender estudantes negros e latinos de baixo desempenho poucos dias antes da prova, para que suas notas baixas não prejudicassem a média da escola; outras os expulsavam ou os "estimulavam" a sair da escola. Numa manobra particularmente diabólica, algumas instituições promoveram estudantes do nono ano do ensino fundamental ao segundo do ensino médio (fugindo convenientemente do teste do décimo ano). Diante de um conteúdo muito acima de suas capacidades, os estudantes fracassavam invariavelmente e abandonavam o segundo ano. Que escárnio eram essas diretrizes dos programas "No Child Left Behind" e "Every Student Succeeds".

Essas estratégias podem parecer menos cruéis do que a aplicação de choques elétricos, mas quando levamos em conta que 30% dos rapazes negros que saem da escola no ensino médio acabam na cadeia e correm o risco de ser marcados pelo resto da vida como fracassados, reconhecemos a importância das descobertas de Milgram para a mais onipresente de nossas instituições. Com efeito, uma das participantes plenamente obedientes do experimento de Jerry Burger deu esta assustadora resposta quando lhe perguntaram se ela estava surpresa por ter seguido as ordens de Burger até o final, aplicando o choque máximo ao aprendiz: "Acho que não estou completamente surpresa", disse. "Afinal, sou professora."

Uma nota sobre a ética dos experimentos de Milgram

O experimento de Milgram gerou discussões consideráveis na época e continua a fazê-lo até hoje. Certamente, é verdade que, na busca por conhecimento, psicólogos sociais experimentais submetem ocasionalmente as pessoas a experiências razoavelmente intensas. Esses procedimentos suscitam problemas éticos, os quais comentarei mais a fundo no Capítulo 9. Aqui, quero dizer duas coisas: primeiro, todo experimentador tem a responsabilidade de proteger seus participantes de qualquer mal. Esse profissional precisa tomar medidas para se assegurar de que os participantes sairão da situação experimental com um estado de espírito, no mínimo, tão sadio quanto o que demonstravam quando teve início a situação experimental. Com frequência, isso requer procedimentos pós-experimentais de *debriefing*, que às vezes demandam mais tempo e esforço do que a parte principal do experimento. A grande maioria dos participantes de Milgram, sobretudo aqueles que foram até o fim, acharam que tinham aprendido alguma coisa profundamente importante a seu próprio respeito.

No entanto, a maior mensagem dos experimentos de Milgram talvez esteja precisamente no desconforto que gerou e nas reações de pessoas que pensam: "Eu nunca faria aquilo". Todos os anos, em nossas aulas de psicologia social, antes de discutir as descobertas de Milgram, Joshua e eu perguntamos aos estudantes até que ponto eles acham que iriam. Todos os anos, cerca de 99% dos 250 a 300 estudantes dizem que *não* continuariam a aplicar choques depois que o aprendiz começasse a bater na parede. Sempre mostram confiança, achando que *eles* desafiariam as instruções do experimentador. Certa vez, porém, há muitos anos, numa sala com 300 estudantes, pedi àqueles que achavam que iriam obedecer plenamente que levantassem a mão, como de costume. Uma mão levantou-se lentamente. Pertencia a um veterano do Vietnã que havia obedecido a uma ordem que, em retrospecto, ele sabia que seria considerada crime de guerra. Ele entendeu que era capaz de fazer aquilo que os participantes de Milgram tinham feito.

Isso leva a meu segundo ponto, que é o fato de os psicólogos sociais serem obrigados a usar seu talento em pesquisas para avançar nosso conhecimento e compreensão do comportamento humano, tendo como meta final o aprimoramento humano. Eles se veem diante de um dilema quando sua responsabilidade ética geral para com a sociedade conflita com a responsabilidade ética mais específica para com cada um dos participantes de experimentos. Esse conflito é ainda maior quando estão investigando questões como conformidade, obediência e ajuda, pois, quanto mais importante a questão, maior a probabilidade de que o participante se sinta desconfortável, ansioso ou aborrecido – mas, em troca, maior o benefício potencial para o autoconhecimento do indivíduo e para a sociedade.

Reagindo à conformidade

Na maior parte do tempo, a tendência humana a se conformar às normas sociais e com nossos grupos de referência mantém as sociedades funcionando. E obviamente, na maior parte do tempo, a obediência das pessoas a leis, regulamentos e exigências de seus trabalhos e governos é adaptativa. Mas, enquanto os psicólogos sociais estudam essas atividades necessárias do "animal social", eles também querem compreender as condições sob as quais as pessoas resistem à conformidade e à obediência, às vezes colocando em risco a própria vida.

Afinal, se todos simplesmente concordassem com a opinião das maiorias e se todos obedecessem a leis ou ordens injustas e discriminativas para realizar atos ilegais, haveria pouco progresso na sociedade. Rosa Parks recusou-se a ceder seu lugar no ônibus a um homem branco. Joseph Darby delatou os colegas de exército que estavam realizando atos de tortura em Abu Ghraib. Mark Felt, funcionário do governo que se tornou conhecido como "Garganta Profunda", contou aos repórteres sobre o acobertamento criminoso na Casa Branca de Nixon. E o fato de que agora a maioria dos norte-americanos apoia ideias antes impopulares, como o casamento gay ou inter-racial, mostra que as posições minoritárias podem prevalecer sob determinadas condições. Quais são?[83]

- Se as pessoas com uma visão minoritária expressarem sua posição de forma consistente, com confiança, convicção e persistência obstinada.
- Se a minoria que costumava concordar com a posição majoritária mudar de ideia.
- Se a minoria estiver disposta a ceder, mesmo que seja um pouco.
- Se membros do grupo majoritário estiverem motivados a tomar uma decisão *precisa* e não uma decisão rápida.

Nessas circunstâncias, a maioria pode ser levada a pensar mais a fundo sobre a questão e sopesar seus méritos, em vez de seguir em frente sem pensar, conformando-se às normas e crenças da multidão. Mas esses fatores raramente são suficientes se estivermos sozinhos; precisamos de aliados para mover outras pessoas. Afinal, sem um aliado é difícil resistir ao tipo de pressão social (como a ameaça de rejeição e de punição) que pende sobre a maioria de nós. Ser o único representante de um grupo ou de uma opinião é difícil até para estimados especialistas. Sandra Day O'Connor, a primeira juíza na Suprema Corte norte-americana, passou muitos anos como a única mulher do tribunal, uma experiência que descreveu como "asfixiante". Alguns anos depois, quando chegou Ruth Baider Ginsberg, a mudança foi descrita por ela como "noite e dia".[84] A presença fortalecedora de uma aliada reduz imensamente a pressão, aumenta o valor de nossas convicções e reduz a tendência dos demais a nos descartarem como um *outsider*. Quando os dissidentes têm bastantes aliados, podem levar a maioria a ampliar seu pensamento e visualizar novas soluções para velhos problemas. Como disse certa vez a antropóloga Margaret Mead, "nunca duvide que um pequeno grupo de pessoas conscientes, comprometidas e organizadas possa mudar o mundo; na verdade, foi a única coisa que já conseguiu fazê-lo".

Saul Steinberg, *Desenho sem título*, tinta sobre papel.
Publicado originalmente em Steinberg, *The Labyrinth*, 1960.

CAPÍTULO 5

COMUNICAÇÃO DE MASSA, PROPAGANDA E PERSUASÃO

Todos os dias, você está sujeito a centenas de pessoas que tentam lhe vender um produto, uma viagem ou uma ideia; persuadi-lo de que têm razão; convencê-lo a votar como elas; deixá-lo furioso com alguma injustiça; deixá-lo com medo de algum perigo externo; ou seduzi-lo e encantá-lo para que faça o que elas querem. E todos os dias você está sujeito a milhares de anúncios que não consegue evitar, assim como não consegue evitar o ato de respirar. Anúncios o interrompem quando está lendo online; pipocam nas margens dos sites; estão em todas as compras; antecedem a maioria dos programas de TV; e estão em todos os postos de gasolina, caixas eletrônicos e pontos de ônibus.

De todas as mudanças rápidas na vida moderna, nada se compara à rápida evolução da tecnologia e à maneira como a usamos para nos entreter, comunicar e influenciar os outros – e à maneira como os outros nos influenciam através daquilo que nos chega por meio de nossos televisores, computadores, telas de smartphones e outros meios. Portanto, este capítulo vai começar por uma visão do atual cenário da comunicação de massa e seus efeitos sobre seus consumidores. Em seguida, vou focalizar a **persuasão**, que acontece quando a comunicação de uma pessoa muda as opiniões, atitudes ou comportamento de outra pessoa.

Com que facilidade persuadimos uma pessoa? A resposta depende, em parte, se estamos lidando com opiniões ou atitudes. **Opinião** é aquilo que a pessoa acredita que seja verdade: na minha opinião, comer verduras é bom para mim, usar cinto de segurança reduz o número de vítimas no trânsito e é importante eu tomar vitaminas todos os dias. Essas opiniões são basicamente cognitivas; ou seja, acontecem na cabeça e não como algo físico. Também são transientes; podem ser alteradas por boas evidências em contrário. Portanto, se me apresentam uma excelente crítica da pesquisa que me mostra que suplementos multivitamínicos são inúteis, na melhor das hipóteses, e nocivos, na pior (que é o caso, por falar nisso[1]), provavelmente vou mudar de opinião sobre esse assunto.

Mas imagine que uma pessoa acredita que a dieta vegetariana não é saudável nem natural, ou que a exigência de usar cinto de segurança é uma intromissão ilegítima sobre a liberdade do motorista, ou que as vitaminas salvaram a vida de um amigo? Essas "opiniões" não são mais apenas cognitivas. É quase certo que contêm sentimentos fortes em seu bojo, aliados a uma avaliação sobre o sujeito ser bom ou mau. Uma opinião que inclui um componente emocional e avaliativo é chamada de **atitude**. Comparada com opiniões, é extremamente difícil mudar atitudes – como veremos quando falarmos de atitudes complexas chamadas preconceitos. Ao ler a discussão de táticas de influência neste capítulo, você pode querer ter em mente essa diferença entre opiniões e atitudes. Aquilo que é uma opinião facilmente modificável para uma pessoa pode ser uma atitude profundamente embrenhada para outra.

Já vimos como as pessoas são suscetíveis à influência social, mas aqui vou explorar como essa suscetibilidade depende dos tipos específicos de táticas que nos são dirigidas, identificando os gatilhos da psicologia social que fazem com que digamos sim mais facilmente. Às vezes, porém, também podemos ser extremamente resistentes à persuasão: quando tentamos usar fatos para mudar a postura de uma criança sobre a hora de dormir ou a ideia de um amigo sobre política. Como somos persuadidos? Por que, às vezes, cedemos à persuasão e, às vezes, não?

Efeitos do cenário da mídia moderna

Não é possível acompanhar as mudanças provocadas pela tecnologia em quase tudo o que fazemos – até mesmo em nosso modo de caminhar. Há apenas dez anos, movíamo-nos pelo mundo tal como os humanos têm feito há milênios: eretos, os olhos perscrutando o ambiente à procura de possíveis perigos ou oportunidades, ou apenas para aproveitar a vista. Então, em 2007, o iPhone apareceu e as pessoas, por toda parte, começaram a andar enquanto visualizavam a tela de seu smartphone, fazendo de tudo, desde assistir a desenhos animados até acompanhar reuniões de negócios. Encanta-me como isto é inconcebível, o fato de esses computadores caberem no bolso mas terem mais poder de processamento e funcionalidades do que os gigantes do tamanho de uma sala que a NASA usou para mandar os astronautas à Lua.

Usamos nossos celulares para tudo: atualização do noticiário; escrever; consultar o calendário; descobrir rotas; fazer pesquisas; reservar mesas em restaurantes, passagens aéreas e quartos de hotel; compras; ou escolher entre um número infinito de opções de entretenimento no Spotify, Netflix ou YouTube – no mesmo instante. Essa versatilidade explica apenas parcialmente por que a maioria das pessoas que possuem smartphone gasta mais de 25% de seu tempo em vigília com os olhos grudados na tela. Na maior parte desse tempo, estão interagindo com outros,[2] avaliando centenas de parceiros românticos em potencial por dia ou lendo os mais recentes pensamentos de quase todo mundo – amigos, professores, músicos preferidos, até o presidente dos Estados Unidos – e respondendo a eles. Podemos comentar e compartilhar qualquer vídeo, foto ou peça musical por meio de nossa rede social. Nos sites que permitem comentários, podemos nos divertir conversando com nossos amigos, discutindo com eles, consolando-os e celebrando-os. Podemos importunar, provocar ou julgar pessoas absolutamente desconhecidas 24 horas por dia.

Como esses avanços remodelaram fundamentalmente o modo como conduzimos nosso cotidiano, muitas pessoas estão preocupadas com o efeito de nossa imersão na mídia sobre nosso bem-estar e nossas interações sociais. A tecnologia melhorou as relações sociais em alguns casos e as piorou em outros. Até pouco tempo, por exemplo, se você fosse um homem afro-americano, pegar um táxi costumava ser uma experiência desmoralizante: temendo problemas, os motoristas não tinham por hábito parar para homens de pele escura. Então chegou o Uber, um app que permite a qualquer pessoa que tenha cartão de crédito e smartphone pedir a um motorista que a busque em qualquer lugar, a qualquer hora. Para cada benefício que um app oferece, porém, a tecnologia do celular possibilitou algumas tendências humanas lamentáveis, como assédio virtual, mensagens de texto de conteúdo sexual e perseguição obsessiva ou *stalking*.[3]

Distração

Milhões de pessoas estão literalmente viciadas no smartphone, que, como qualquer droga, cria uma fome incessante de estímulo. Os smartphones comportam-se muito como máquinas caça-níqueis, entregando recompensas intermitentes na forma de alertas, notícias, tuítes e textos, fazendo com que as pessoas confiram continuamente o sucesso da próxima conexão social.[4] Steve Jobs, que nos deu o iPhone e o iPad, recusou-se a dar esses aparelhos aos próprios filhos porque compreendia sua natureza viciante. Um observador comentou que "parece que as pessoas que produzem dispositivos tecnológicos seguem a regra cardinal dos traficantes de drogas: nunca fiquem chapados com sua própria mercadoria".[5] Como resultado do foco constante, às vezes obsessivo, sobre o celular, distraímo-nos dos arredores, das pessoas à nossa volta e das tarefas que estamos tentando realizar. O vício em celulares é mais alto em adolescentes e está associado tanto à depressão quanto a desempenhos mais baixos na escola.[6] Se isso já não fosse suficientemente ruim, o vício em smartphones também prejudica espectadores inocentes: mais de 30% dos adultos e 40% dos adolescentes admitem que mandam mensagens de texto enquanto dirigem, o que prejudica demonstravelmente a condução de veículos e aumenta o risco de colisões fatais.[7]

Mesmo quando não estamos usando ativamente o celular, nossa confiança nele significa que a mera presença desse aparelho costuma prejudicar nossa atenção. Num experimento conduzido por Bill Thornton,[8] estudantes universitários fizeram um teste composto de uma série de tarefas cognitivas difíceis ou fáceis. Pediu-se a metade dos participantes que mantivesse o celular sobre a mesa e por perto, a fim de responderem a uma enquete que seria feita sobre suas características. Embora ninguém tenha tido dificuldade com os problemas fáceis, os estudantes que fizeram o teste com o celular à vista tiveram resultados cerca de 20% piores nos problemas difíceis do que os estudantes que não estavam com o aparelho visível.

Um experimento similar mostrou como essa distração também pode prejudicar nossas interações face a face.[9] Pares de desconhecidos foram apresentados uns aos outros e passaram a se conhecer revezando-se e falando sobre eventos recentes interessantes e importantes da vida deles. Em determinada condição, o experimentador deixou seu celular na mesa perto deles; em outra condição, o experimentador deixou o notebook no mesmo lugar. Depois da conversa, os participantes deram notas à interação e ao parceiro. Como no estudo anterior, o celular foi perturbador; quando o aparelho estava presente na sala, os participantes viam os parceiros como pessoas menos compreensivas e confiáveis, e acharam que, se ficassem mais tempo juntos, seria menos provável que o contato se tornasse uma amizade. Outros estudos similares revelaram que a presença de um celular durante interações sociais reduz o contato visual, o engajamento, a empatia pelo parceiro e a satisfação pela conversa.[10]

Déficits em habilidades sociais

O norte-americano médio passa cerca de dez horas por dia diante de uma tela: cinco horas assistindo à televisão e cerca de cinco com seu smartphone.[11] Isso significa que a criança norte-americana média passa mais tempo mergulhada na mídia eletrônica do que com os pais ou na escola. Você já deve ter ouvido seus pais e professores dizerem algo como: "Na minha época, conversávamos, contávamos histórias, inventávamos brincadeiras e corríamos no quintal. Hoje, uma festa de aniversário é apenas um bando de crianças na mesma sala sentadas, comendo bolo e olhando o celular. Fico preocupado com o que isso fará com suas habilidades sociais".

Essa preocupação é justificada? Aparentemente, sim. Yalda Uhls e colegas[12] mediram as habilidades sociais de crianças em idade escolar, examinando estudantes similares da mesma escola que, em média, passavam cerca de 4,5 horas consumindo mídia no celular. Primeiro, todos os estudantes passaram por um teste de habilidades sociais; especificamente, mostraram-lhes fotos de rostos expressando diversas emoções (medo, raiva, tristeza, felicidade) e pediram-lhes para identificar a emoção que a pessoa fotografada estava sentindo. Depois, mandaram metade dos estudantes para um acampamento de verão de cinco dias onde não era permitida a presença de celulares e outros aparelhos. Os demais ficaram em casa com seus dispositivos eletrônicos. Passados cinco dias, todas as crianças foram testadas novamente, revelando significativa melhora na inteligência social daquelas que ficaram cinco dias sem telefone. Embora os aparelhos eletrônicos – inclusive videogames – possam ser ferramentas poderosas de aprendizagem,[13] parece que não há nada melhor do que as boas e velhas interações face a face para aprender a compreender e a interagir com os outros. Além de nos privar de oportunidades para desenvolver habilidades sociais, a imersão pesada em sites de redes sociais pode estimular as pessoas a se tornarem mais autocentradas e narcisistas, e a acreditarem que fama, riqueza e popularidade são mais importantes do que amizade, generosidade e comunidade.[14]

Naturalmente, essa não é a história toda. É claro que nossa imersão no mundo digital tem prós e contras. É instrutivo lembrar que praticamente toda nova forma de mídia foi recebida com apreensão acerca de seus efeitos sobre corações e mentes dos jovens. Sócrates lamentou a invenção dos livros, dizendo que promoveriam o "esquecimento". Quando as histórias em quadrinhos foram introduzidas na década de 1930, os pais ficaram preocupados, achando que os gibis transformariam seus filhos em delinquentes juvenis (ao contrário dos livros, que eram considerados bons para as mentes jovens). Rádio, televisão, computadores, mensagens de texto, Google e Power Point – todos foram acusados de nos tornar preguiçosos, menos inteligentes, de reduzir nossa atenção e de arruinar nossa vida social.[15] Na verdade, porém, nossas habilidades cognitivas aumentaram ao longo das décadas em que televisão, gibis e outras tecnologias floresceram, e o índice de criminalidade entre adolescentes declinou. Tecnologias vão continuar a proliferar e a mudar nossa maneira de viver, e a melhor reação não é lamentar esse fato, mas aprender a usar nossos aparelhos com inteligência e moderação. Estudos identificaram os benefícios psicológicos e emocionais de desligar notificações de e-mail e Twitter enquanto as pessoas estudam ou trabalham, de manter conversas face a face sem o celular na mesa e de caminhar pela natureza, apreciando o céu e as árvores.[16]

Além de *quanto* usamos mídia, *como* a usamos também faz diferença. Um fator determinante, crucial para determinar se nossa imersão na mídia social nos eleva ou nos deprime, é quão ativamente participamos. Você olha passivamente para os perfis das outras pessoas, rolando as páginas sem se comunicar? Ou você comenta, deixa *likes* e posta suas novidades e fotos? O uso mais passivo – *espreitar* – é o que pode nos deixar mais tristes, isolados e insatisfeitos por nossa vida parecer muito menos empolgante do que a vida de nossos amigos. A maneira ideal de aproveitar as mídias sociais é responder aos outros; tal como na vida real, precisamos participar. Participando ativamente quando estamos online, e mantendo-nos atentos e proativos sobre o potencial viciante de nossos dispositivos, podemos colher consideráveis benefícios e alegrias sem nos esquecer das valiosas experiências offline ou as abandonar.[17]

Persuasão

Vivemos não só numa era de comunicação de massa, como também numa era caracterizada por tentativas de *persuasão* de massa. Para onde quer que olhemos, alguém está tentando nos educar; convencer-nos a comprar um produto ou doar para uma causa; ou persuadir-nos a votar num candidato ou a adotar alguma versão daquilo que é certo, verdadeiro ou bonito. Essa meta fica mais óbvia na propaganda. Fabricantes de produtos praticamente idênticos (analgésico, dentifrício ou detergente, por exemplo) gastam muito dinheiro para nos persuadir a comprar o produto com a *sua* embalagem.

Mas a influência através da mídia de massa não precisa ser tão gritante quanto um anúncio. Vamos analisar algo que alega ser objetivo: a rede de notícias. Os locutores estão *tentando* nos vender alguma coisa? Com poucas exceções, não, mas aqueles que produzem notícias para a televisão exercem uma influência poderosa sobre nossas opiniões, simplesmente por determinarem quais eventos recebem exposição e o tempo de exposição que recebem. Que fatores determinam essa seleção? O principal é a necessidade de atrair espectadores. O noticiário é uma forma de *entretenimento*. Quando os encarregados da programação de notícias decidem quais eventos devem ser cobertos – dentre milhares de histórias que ocorrem todos os dias em nível local, nacional e internacional – e, depois, quais deverão ser apresentados ao público, eles tomam suas decisões, em grande parte, com base no valor de entretenimento do material. É muito mais atraente mostrar imagens de uma cidade inundada (carros sendo levados, pessoas flutuando sobre troncos de árvores caídas) do que de pessoas construindo uma represa para prevenir inundações; não é nem de longe tão empolgante assistir a um projeto de construção. Contudo, o fato de uma cidade ter resolvido construir uma represa pode ser uma notícia mais importante.

Assim como eventos de ação, como partidas de futebol, são um entretenimento mais interessante na televisão do que eventos silenciosos como partidas de xadrez, é mais provável que rebeliões, bombardeios, terremotos, massacres e outros atos violentos recebam mais tempo no ar do que histórias sobre pessoas que trabalham para prevenir a violência. Logo, os noticiários tendem a se concentrar no comportamento violento ou destrutivo de terroristas, assassinos, manifestantes, grevistas, policiais ou celebridades descontroladas, pois a ação é mais excitante para o espectador do que a imagem de pessoas comportando-se de forma pacífica e organizada.[18] Ademais, as histórias mais violentas costumam ser apresentadas no começo do programa – especialmente nos noticiários locais –, passando a mensagem de que as histórias violentas eram a notícia essencial do dia. Como os repórteres dizem, "se sangra, aparece antes".*

Obviamente, essa cobertura apresenta um retrato distorcido do mundo. Ao tentar nos entreter, a mídia noticiosa leva-nos involuntariamente a crer que as pessoas se comportam bem mais violentamente hoje do que antes. Como vimos quando tratamos da heurística da disponibilidade no Capítulo 2, as pessoas estimam a frequência dos eventos pela facilidade com que eles vêm à mente. Quando a mídia bombardeia os espectadores com más notícias sobre crime e terrorismo, as pessoas vão superestimar a prevalência da violência e de desastres. Esse viés tanto reflete quanto reforça a nossa tendência evolutiva de prestar atenção naquilo que é ameaçador – o fenômeno "o mau é mais forte

* A rima do original, "*if it bleeds, it leads*", perde-se na tradução. [N. de T.]

do que o bom". Não é à toa que 60% das pessoas entrevistadas numa pesquisa Gallup disseram que acreditam que o crime e os homicídios estão em alta nos Estados Unidos, quando, na verdade, crimes de toda espécie vêm declinando continuamente há 25 anos.[19] Essa falsa percepção pode levar as pessoas a se sentirem tristes, receosas e deprimidas com o estado da sociedade e, em última análise, afetar o modo como votam, suas atitudes sobre outros grupos e outras nações, e seu desejo de visitar grandes centros urbanos. (Como disse um morador de uma cidade rural de Idaho a um visitante nova-iorquino: "Por que eu ia querer visitar Nova York? Está cheia de gangues se matando".)

Naturalmente, alguns eventos violentos merecem cobertura mais ampla. Após o ataque terrorista de 11 de setembro de 2001, a maioria dos norte-americanos ficou colada nos aparelhos de TV porque queriam saber o que estava acontecendo e precisavam se certificar de que a situação estava sob controle. Assistiram ao colapso das Torres Gêmeas centenas de vezes quando os canais de notícias fizeram a cobertura contínua desse evento. Como podemos ter certeza de que era isso que os espectadores queriam ver? Nas duas semanas após o ataque, o número de pessoas que sintonizou na CNN aumentou 667%. O *New York Times* vendeu 250 mil jornais a mais no dia 12 de setembro do que no dia 10 de setembro.[20]

É bom estarmos informados, e a mídia tem o papel crucial de nos informar. Entretanto, também pode haver um lado negativo nesse tipo de exposição. Intencionalmente ou não, a repetição de imagens vívidas dessa natureza molda atitudes e opiniões. As imagens constantes das Torres Gêmeas caindo, bem como a repetição de frases belicosas nos canais de notícias ("A guerra ao terror", "EUA sob ataque!", "A América revida!"), contribuíram para despertar emoções intensas nos espectadores, reduzindo, assim, a probabilidade de qualquer debate real sobre a maneira como os Estados Unidos deveriam reagir. Em vez disso, a proposta de declarar guerra ao Iraque (uma nação que não tinha relação alguma com a destruição das Torres Gêmeas) passou pelo Congresso praticamente sem um murmúrio da oposição, uma guerra que depois a maioria dos norte-americanos veria como um erro terrível.[21]

Este é um livro sobre psicologia social e não um tratado sobre política. O que estou sugerindo é que, numa democracia, decisões importantes – como declarar guerra – beneficiam-se de debates públicos racionais. Emoções fortes, como aquelas provocadas pela mídia noticiosa, costumam interferir na tomada racional de decisões. Como disse Hermann Goering, um dos principais auxiliares de Hitler, antes de ser condenado à morte em Nuremberg: "As pessoas sempre podem ser levadas a fazer o que seus líderes ordenam... Tudo o que precisamos fazer é dizer-lhes que estão sendo atacadas e denunciar os pacifistas por falta de patriotismo e por exporem o país ao perigo. Funciona em qualquer país".[22]

Contágio da mídia

A mídia também exerce seu poder através de um fenômeno conhecido como **contágio emocional**, que ocorre quando o comportamento emocional de uma pessoa provoca emoções e comportamentos similares em observadores. Quando você vai a uma farmácia para comprar comprimidos de qualquer tipo, o frasco terá uma tampa de segurança. Quer saber a razão? No outono de 1982, sete pessoas da área de Chicago morreram depois de tomar cápsulas de Tylenol Extra Forte que continham cianureto. Esse evento, tão trágico quanto bizarro, foi amplamente divulgado; até nesses dias pré-internet, a história estava por toda parte. Não era possível ligar a TV, o rádio ou pegar um jornal sem saber dos envenenamentos por Tylenol. Os efeitos dessa cobertura proeminente foram imediatos: envenenamentos similares foram relatados em cidades por todo o país, envolvendo a contaminação de enxaguatórios bucais, colírios, sprays nasais, refrigerantes e até cachorros-quentes. Apelidados dramaticamente de "envenenamentos por imitação", essas histórias, por sua vez, receberam ampla atenção da mídia, criando uma espiral com mais histórias ainda. Muita gente entrou em pânico, buscando orientação médica para queimaduras e envenenamentos quando sofriam não mais que assaduras comuns, garganta irritada e dor de estômago. Alarmes falsos foram mais numerosos do que casos confirmados de adulteração de produtos na proporção de sete para um.[23] Como esses eventos aconteceram logo antes do Halloween, policiais preocupados de inúmeras comunidades proibiram a prática "doces ou travessuras", receando que muitos indivíduos pudessem imitar os assassinatos contaminando as guloseimas infantis.

Os primeiros envenenamentos de Chicago foram, com quase toda certeza, obra de uma pessoa que nunca foi identificada ou presa. Mas ficou a crença de que a onda de envenenamentos constituiu "uma epidemia sem cura" nas palavras de um noticiário,[24] sintoma de uma sociedade "doente", um país que ficou "alucinado". Muitos jornais viram-se na posição irônica de fazer inicialmente sensacionalismo com os incidentes de envenenamento e depois sensacionalismo com os comentários críticos subsequentes de especialistas da mídia discutindo as desastrosas consequências dessa publicidade.

Alguns anos depois, quatro adolescentes de Nova Jersey fizeram um pacto suicida e levaram-no a cabo. Na semana seguinte a esse suicídio múltiplo, dois adolescentes da região centro-oeste foram encontrados mortos sob circunstâncias similares. Relatos da mídia destacaram a confusão e a dor em torno do suicídio de adolescentes, com muitas histórias publicadas como manchete – e a própria cobertura levou jovens vulneráveis e deprimidos a pensar no suicídio como solução para seus infortúnios. O sociólogo David Phillips e colegas[25] identificaram flutuações nos suicídios de adolescentes, comparando os índices de suicídio antes das histórias com os índices após as histórias; quanto maior a cobertura dedicada ao suicídio pelas principais redes de televisão, maior o aumento posterior no número de suicídios entre adolescentes. É particularmente maior o pico no número de suicídios quando uma celebridade se mata, quer porque seu exemplo gera mais divulgação, quer porque celebridades são poderosos agentes de influência. Quando indivíduos deprimidos descobrem que alguém famoso tirou a própria vida – figuras queridas como Marilyn Monroe, Kurt Cobain ou Robin Williams –, começam a pensar seriamente em fazer a mesma coisa, especialmente se sentirem um vínculo emocional ou uma conexão psicológica com a celebridade.[26] É por isso que pesquisadores de prevenção ao suicídio descobriram que, quando as histórias na mídia evitam enfatizar ou glamurizar o suicídio, sem fazê-lo parecer uma solução simples ou inevitável para pessoas em risco, o efeito do contágio se reduz.[27]

Não estou sugerindo que a mídia não deva relatar eventos sensacionais como o envenenamento do Tylenol ou suicídios de celebridades. E não estou sugerindo que a mídia noticiosa esteja *tentando* fomentar a violência ou o suicídio. Estou sublinhando o fato óbvio de que sua ênfase seletiva coloca a mídia em posição não só de relatar eventos, como de determinar eventos subsequentes. Quanto maior a atenção da mídia sobre um evento, mais ele se torna "contagioso" e maior a probabilidade de outros se sentirem inspirados a fazer a mesma coisa.

Nos atuais ciclos noticiosos o tempo todo no ar, às vezes o papel da mídia na apresentação de um evento fica mais notável do que o próprio evento. (Nem sempre foi assim; houve uma época na história dos Estados Unidos em que os canais de notícias não tinham "últimas notícias" a cada cinco segundos.) Hoje, quando acontece algum evento significativo, os locutores não só os narram como falam sobre todas as pessoas que o estão analisando e comentando, e não raro esses comentários tornam-se dignos do noticiário. Em sua circularidade, esse fenômeno me lembra uma marca de sal de cozinha que era popular quando eu era criança. Na caixa do sal de cozinha havia a imagem de uma garotinha segurando uma caixa do sal de cozinha, na qual havia a imagem de uma garotinha segurando uma caixa do sal de cozinha, na qual havia a imagem de uma garotinha segurando uma caixa do sal de cozinha, e assim por diante. Em canais pagos de notícias que ficam 24 horas no ar, como CNN, MSNBC e FOX, a necessidade de preencher o horário de transmissão com notícias e análises tornou comum esse tipo de exercício de redundância.

Eficácia do apelo da mídia

E a persuasão intencional? Que credibilidade e eficácia terão as tentativas óbvias de apresentar e vender produtos (dentifrícios, analgésicos, candidatos presidenciais) por meio da mídia de massa? Devem funcionar; por que outro motivo corporações e partidos políticos gastariam centenas de milhões de dólares por ano anunciando seus produtos?

A maioria de nós já viu crianças sendo seduzidas por comerciais de brinquedos que representam artisticamente os brinquedos mais sem graça de maneira irresistível. Uma criança que assiste ao canal Disney, à Nickelodeon ou ao Cartoon Network também é inundada por anúncios acelerados de cereais, pratos rápidos e doces, usando personagens familiares, ofertas promocionais e a promessa de diversão para persuadir as crianças a fazerem seus pais comprarem os produtos apresentados nos comerciais. E funciona.[28] Mais de 90% das crianças pré-escolares pediram comidas ou brinquedos que viram anunciados na televisão, segundo uma pesquisa feita com as mães delas.[29] Mais de 65% das mães em outro estudo disseram que ouviram seus filhos pequenos cantando os jingles de propagandas que aprenderam na televisão.[30] E experimentos mostram que, quando crianças pequenas podem escolher um doce, é significativamente maior a probabilidade de que escolham aquele que viram em um anúncio ou durante o próprio programa.[31]

A maioria das crianças aprende depois de algum tempo; meus próprios filhos acabaram desenvolvendo um ceticismo salutar sobre a veracidade desses comerciais. De fato, uma pesquisa[32] mostrou que por volta do 7º ano do ensino fundamental, apenas 12% das crianças acreditavam que os comerciais de televisão dizem a verdade sempre ou na maior parte do tempo; no 2º ano do ensino médio, apenas 4% acham que os anúncios são sinceros na maioria das vezes. E, quando são adultos, a esmagadora maioria dos espectadores acredita que os anúncios contêm argumentos inverídicos. Quanto maior o nível educacional do espectador, mais cético será, e esse ceticismo leva-o a acreditar que ele é imune à persuasão. Quem dera o mero fato de saber que um comunicador tem certa propensão nos protegesse de sermos influenciados pela mensagem! Infelizmente, *pensar* que somos imunes à persuasão não significa necessariamente que *sejamos* imunes. Na verdade, nosso senso de imunidade pode nos tornar mais suscetíveis a todo tipo de persuasão.[33]

No caso de muitos produtos de consumo, o público tende a comprar uma marca específica por nenhum motivo além da propaganda maciça. O negócio dos remédios para dor de cabeça é um excelente exemplo de nossa suscetibilidade a anúncios de TV, mesmo quando sabemos que têm um viés. Uma marca muito conhecida de analgésico (vamos chamá-la "Marca A") se anuncia como feita 100% de puro ácido acetilsalicílico (AAS); o comercial prossegue dizendo que testes do governo mostraram que nenhum outro medicamento do gênero é mais forte ou mais eficaz do que a Marca A. O que o fabricante não se dá ao trabalho de mencionar é que o teste do governo mostrou que nenhuma marca foi mais fraca ou menos eficaz do que as outras, pois todas eram feitas de puro AAS. Em outras palavras, todas as marcas testadas eram iguais – exceto no preço, naturalmente. Pelo privilégio de tomar a Marca A, os consumidores pagam aproximadamente três vezes o preço de uma versão igualmente eficaz, mas sem propaganda. Outro produto proclama que usa o ingrediente especial (mas não mencionado) "recomendado pelos médicos". Lendo o rótulo, descobrimos que o ingrediente misterioso deve ser o bom, velho e barato AAS.

Essas tentativas flagrantes de persuasão de massa parecem lamentavelmente óbvias. Contudo, um número imenso de consumidores deixa de lado seu ceticismo até quando "sabem" que a mensagem é uma tentativa óbvia de vender um produto. Por quê? Quando estamos lidando com produtos idênticos ou muito similares, a mera familiaridade com o nome da marca pode fazer grande diferença. Robert Zajonc[34] mostrou que, mantendo-se o resto igual, quanto mais familiar o item, mais atraente ele é, mesmo que esse item seja apenas uma palavra tola e sem sentido. Preferimos rostos que já vimos dez vezes a rostos igualmente atraentes que vimos apenas cinco vezes,[35] preferimos palavras que contêm as mesmas letras de nosso nome[36] e preferimos fotos nossas em que aparecemos ao contrário (correspondendo à visão familiar de nosso rosto tal como o vemos no espelho todos os dias), enquanto nossos amigos preferem a imagem não espelhada de nosso rosto (que *eles* estão acostumados a ver).[37] A menos que haja alguma coisa inerentemente nociva num estímulo, quanto mais nos expomos a ele, mais tendemos a gostar dele.

Imagine a cena: vou ao supermercado para comprar detergente líquido para roupas. Vou até a seção de detergentes líquidos e fico atônito diante da grande variedade de marcas. Como não me interessa muito qual eu compro, procuro a marca mais familiar – e é bem provável que seja familiar porque ouvi e vi seu nome anunciado várias e várias vezes. Se for esse o caso, então o aumento repentino na exposição televisiva deve produzir grandes mudanças na familiaridade, e, talvez, nas vendas. E produz. Há vários anos, a Northwestern Mutual Life Insurance realizou uma pesquisa de âmbito nacional para saber o grau de reconhecimento de seu nome pelo público. Ela ficou em 34º lugar entre empresas de seguros. Duas semanas depois, a empresa repetiu a pesquisa. Dessa vez, seu nome foi o terceiro em familiaridade. O que causou esse salto espantoso da obscuridade para a fama? Duas semanas e um milhão de dólares em propaganda. A familiaridade não significa necessariamente vendas, mas as duas costumam estar associadas – como evidenciado pelo fato de a A&W Root Beer ter elevado sua participação no mercado de 15% para 50% depois de seis meses de propaganda na televisão. A função primária de muitos comerciais é plantar firmemente o nome do produto em nossa cabeça, motivo pelo qual esse nome é repetido várias vezes enquanto o produto do concorrente raramente é mencionado. Essa disponibilidade da marca anunciada pode nos sugerir sua superioridade sobre a marca que nos vem à mente com menos facilidade. Então, depois que compramos o produto e percebemos que gostamos dele, desenvolvemos fidelidade à marca. Assim, apesar de raramente nos sentirmos influenciados conscientemente pela propaganda – não pulamos da poltrona e corremos até o supermercado para comprar aquela cerveja –, ela pode iniciar um processo de longo prazo que nos leva indiretamente a comprar, mais tarde, os produtos maciçamente anunciados, quando temos a opção.[38]

Será que o voto num candidato à presidência requer o mesmo tipo de decisão que a escolha de uma seguradora, uma cerveja ou um analgésico para dor de cabeça? A resposta é: às vezes. Às vezes, candidatos que gastam mais em propaganda recebem mais votos,[39] mas isso acontece principalmente quando gastam no início da campanha para se definir contra seus oponentes, estabelecendo, assim, a "narrativa" da campanha.[40] Comerciais de TV são especialmente eficazes quando a campanha se concentra numa questão muito sensível, que desperta fortes emoções nos eleitores. Recorrendo a um exemplo convincente, voltemos à campanha presidencial de 1988 entre George H. W. Bush e Michael Dukakis, ex-governador de Massachusetts. A disputa foi marcada por aquele que hoje é um dos mais famosos anúncios de ataque político da história. No verão de 1988, Bush estava bem atrás de Dukakis na corrida presidencial. Muitos observadores estavam convencidos de que a vantagem de Dukakis seria insuperável. Em poucos meses, porém, a vantagem praticamente evaporou, e no dia da eleição Bush venceu com facilidade. Vários analistas políticos atribuem um papel importante nessa virada a Willie Horton. Com efeito, a revista *Time* referiu-se a Willie Horton como o "mais valioso jogador de George Bush".[41]

Quem era Willie Horton? Ele não era um dos conselheiros de Bush, nem um doador financeiro importante de sua campanha. Na verdade, os dois homens nunca se encontraram. Willie Horton era um criminoso condenado que fora solto de uma prisão de Massachusetts antes do final da pena como parte de um programa de licença penitenciária. (Essas licenças são temporárias, aprovadas para fins médicos, religiosos ou educacionais.) Enquanto gozava desse benefício, Horton fugiu para Maryland; lá, estuprou uma mulher na frente do companheiro dela, a quem ele ferira e amarrara a uma cadeira – uma história repugnante, claro. Michael Dukakis era governador de Massachusetts quando a licença foi concedida a Horton. Afirmando que Dukakis era "mole com o crime", Bush publicou uma série de anúncios na televisão mostrando a foto do rosto carrancudo de Willie Horton e criminosos entrando e saindo da prisão por uma porta giratória. Esses anúncios mexeram com muitos norte-americanos que tinham medo do crime nas ruas e que achavam que o sistema judicial favorecia os criminosos à custa das vítimas. Além disso, o fato de Willie Horton ser negro e suas vítimas brancas não foi ignorado pela maioria dos espectadores brancos.[42]

Como Dukakis reagiu? Com fatos e números – ele mostrou que Massachusetts era apenas um dentre muitos estados com programas de licença penitenciária, e que até o governo federal (do qual Bush era membro) concedia esse benefício aos detentos de suas prisões. Além disso, observou, os programas dessa natureza eram muito eficazes. No ano anterior, 53 mil presos receberam mais de 200 mil licenças, e apenas um pequeno percentual se envolveu em encrencas.[43] Dukakis também mostrou que habitualmente as licenças eram concedidas a presos que estavam quase no final da sentença, e que as solturas tinham a intenção de orientá-los novamente no mundo exterior. Ele afirmou que toda a problemática era uma artimanha – que, se eleito, George Bush não tinha intenção de mudar o sistema de licença penitenciária.

Você já está entediado? Os eleitores também. Se Michael Dukakis tivesse colocado um psicólogo social em sua equipe, teria recebido conselhos melhores. Quando as pessoas estão com medo e zangadas, os fatos, por si só, nem reconfortam, nem convencem.[44] As informações podem ser eficazes, mas só se estiverem atreladas a soluções de problemas que causam profunda preocupação aos eleitores. Nas eleições presidenciais de 1992 e 1996, o candidato Bill Clinton (aparentemente, tendo aprendido uma lição com a campanha de Dukakis) manteve a atenção do povo americano concentrada num problema crucial – o estado da economia – e não permitiu que questões emocionais o distraíssem.[45]

Na maioria das eleições norte-americanas, os candidatos de maior sucesso são aqueles que focalizam emoções fortes: medo do crime, dissabor com a ideia do casamento gay ou de banheiros unissex, raiva diante da injeção de capital governamental para bancos falidos, medo de mudanças climáticas, irritação com imigrantes que roubam empregos de trabalhadores norte-americanos esforçados e assim por diante. Os candidatos têm mais problemas quando tentam uma abordagem mais fundamentada, como explicar a complexa lógica econômica para a salvação de bancos ou acordos de comércio internacional. A campanha presidencial de 2016 – provavelmente, a mais vulgar na história norte-americana – levou esse foco sobre o medo, a raiva e outras emoções negativas a um novo patamar. Num dado momento, Donald Trump acusou Hillary Clinton de ser uma perigosa bandida que iria destruir o país, permitir que imigrantes ilegais tomassem o emprego dos norte-americanos, admitir terroristas, mandar empregos norte-americanos para a China e, ainda por cima, tirar as armas das pessoas. Ele a chamou de "uma mulher nojenta" e insinuou que, se fosse eleito, iria colocá-la na cadeia. Clinton revidou com vigor, usando principalmente fatos e números para rebater as alegações de Trump. No final da campanha, os dois candidatos estavam demonizados, a ponto de muitos eleitores ficarem menos motivados pelo amor a seu próprio candidato do que pelo ódio, medo ou aversão ao monstruoso oponente dele.

Educação, propaganda política ou *fake news*?

Qual a diferença entre propaganda política e educação? O *American Heritage Dictionary of the English Language* define *propaganda política* como a "propagação sistemática de determinada doutrina", e *educação* como o "ato de transmitir conhecimento ou habilidade". Podemos concordar que anúncios de medicamentos são propaganda, destinada intencionalmente a enganar os consumidores e fazê-los acreditar que um produto com certa marca é melhor do que um genérico. "Vender" um candidato, porém, faz a linha divisória ficar borrada. Consultores políticos mostram seu candidato de maneira favorável, o que poderia ser concebido como uma tentativa de *educar* o público acerca das políticas e virtudes desse candidato. Mas, como vimos, seus esforços costumam deixar de lado informações factuais em favor de promover "determinada doutrina". E o que dizer dos livros didáticos de História do ensino médio que pretendem "transmitir conhecimento"? Que conhecimento, e sob qual ponto de vista? Como diz o velho ditado, "a história é escrita pelos vencedores", e, até não muito tempo atrás, as contribuições feitas por mulheres, negros e outras minorias à história norte-americana eram quase invisíveis nesses livros. O fato de secretarias da Educação por todo o país ainda brigarem furiosamente sobre o que um livro de história ou biologia "deveria" dizer ilustra a linha tênue entre educação e propaganda política.

Na prática, o fato de uma pessoa considerar determinado caminho de instrução educativo ou propagandístico depende, em grande parte, de seus valores morais e de sua ideologia. Quando meus filhos estavam no colegial, foram obrigados a assistir a um filme sobre abuso de drogas que mencionava que muitos usuários de narcóticos pesados começavam seu vício fumando maconha. Estou certo de que a maioria dos diretores de escola consideraram a apresentação desse fato como um caso de "transmissão de conhecimento", mas a maioria dos usuários recreativos de maconha consideraram-no uma "propagação sistemática de determinada doutrina" – a crença de que a maconha leva invariavelmente ao uso de drogas mais pesadas. Ou veja o caso da educação sexual nas escolas conforme vista pelos cristãos evangélicos ou por apoiadores do planejamento familiar: um lado consideraria os ensinamentos sobre sexo como "educação" e o outro como "propaganda política". Isso não significa que todas as comunicações são drasticamente tendenciosas e unilaterais. Na verdade, quando lidamos com questões emocionalmente carregadas sobre as quais há divergências, é virtualmente impossível construir uma comunicação que pessoas de ambos os lados considerem justa e imparcial.

Essa questão ficou ainda mais espinhosa com a ascensão de canais de notícias a cabo e da internet, que nos permitem escolher nossas fontes preferidas de "informação". Se você é conservador, provavelmente acompanha o noticiário em fontes que tendem à direita, como Fox News ou sites com essa visão de mundo. Se você é liberal, provavelmente vê as notícias na MSNBC ou sites de tendência progressista. Além disso, muitos de nós vemos as notícias pelo Facebook, que além de tudo nos garante que aquilo que acompanhamos é o resultado de um processo de filtragem que nos dá mais daquilo em que já acreditamos. Algoritmos gerados pelos nossos padrões de digitação alimentam nossos interesses e filtram conteúdo que podemos considerar ofensivo ou monótono. Mas o maior filtro é social: quando vemos principalmente aquilo que outros membros de nossa rede social veem e "curtem", temos menos probabilidade de encontrar histórias que possam questionar, ampliar ou mudar nossa visão de mundo já estabelecida. O resultado é aquilo que o ativista da internet Eli Pariser chama de "filtro-bolha", o universo personalizado de informação que entra no fluxo de conteúdo de nossa mídia social e, portanto, chama nossa atenção.[46] Negros e brancos, religiosos e seculares, liberais e conservadores, velhos e jovens, urbanos e rurais – cada "bolha" tem seus próprios interesses e atitudes. O processo de filtragem garante que vamos mergulhar em notícias e ideias que "curtimos", e assim nossos sistemas de crenças são reforçados e outros são atacados e ridicularizados. Como o filtro faz isso de modo invisível, pensamos que estamos vendo a realidade em vez de sua versão meticulosamente selecionada.

Além disso, pensamos que sempre foi assim – mas não foi. Em 1968, a maioria dos norte-americanos recebia suas notícias pela TV de Walter Cronkite, um repórter de guerra veterano que, como âncora do noticiário noturno da CBS, era considerado por muitos o homem mais confiável dos Estados Unidos. Naquele ano, Cronkite ficou famoso por ter mudado o curso da história quando, durante o noticiário da noite, emitiu a opinião de que a guerra do Vietnã era invencível. Como a maioria dos norte-americanos – conservadores e progressistas – confiavam em Cronkite, suas atitudes mudaram e o apoio popular à guerra desmoronou. É impossível imaginar hoje em dia um âncora de noticiário com tamanha influência.[47]

Hoje, qualquer um que tenha um computador pode ser blogueiro ou até fundar uma revista ou jornal na web, criando e distribuindo notícias com pouca ou nenhuma supervisão editorial. Essa possibilidade tem levado à proliferação de propagandas políticas na forma das "*fake news*" – histórias falsas apresentadas como verdadeiras. Durante a eleição de 2016, uma foto de Donald Trump ficou viral na internet, acompanhada por uma citação supostamente feita anos antes e relacionada com suas ambições presidenciais: "Se eu fosse concorrer, seria como republicano. São o grupo mais burro de eleitores do país. Acreditam em tudo que passa na Fox News. Eu poderia mentir e ainda assim iriam aceitar. Aposto que meus números seriam incríveis". Como essa declaração pareceu sincera para os liberais, ecoando a sensação de que Trump realmente teria dito isso, a maioria deles acreditou nela; malgrado ser falsa e repetidamente desmascarada, a frase continuou a circular pela internet por mais de um ano.[48] Uma alegação igualmente falsa tornou-se viral em círculos de direita, alegando que a candidata democrata, Hillary Clinton, estaria ajudando a operar uma rede de tráfico sexual a partir de uma pizzaria de Washington, DC. Como vimos no Capítulo 1, a pizzaria sofreu assédio constante e ameaças de morte de cidadãos irados. Um desses cidadãos viajou da Carolina do Norte para investigar e acabou dando vários tiros no restaurante com um rifle de assalto.

As *fake news* demonstram um fato perturbador sobre a persuasão moderna: como provêm de diversas fontes (geralmente desconhecidas), e é fácil apresentá-las e compartilhá-las como se fossem notícias reais, mais do que nunca as pessoas confiam em suas próprias ideias e em sua rede social para determinar em que devem acreditar. Um ambiente assim estimula a tendência humana a categorizar informações como *educação* se concordamos com suas implicações ou como *propaganda política* se não concordamos.

Dois caminhos importantes para a persuasão

Quando nos defrontamos com um argumento persuasivo, pensamos profundamente nele ou o aceitamos sem pensar muito? Essa questão está por trás de boa parte de nossa compreensão da persuasão. Como vimos no Capítulo 2, os processos automáticos de pensamento possibilitam nosso movimento pelo mundo sem muito pensar. Segundo Richard Petty e John Cacioppo,[49] somos inclinados a pensar muito num assunto se ele for relevante para nós e se tivermos o conhecimento necessário. Nessas circunstâncias, tendemos a analisar o argumento cuidadosamente. Às vezes, porém, mesmo que o assunto seja importante, podemos não o analisar cuidadosamente porque estamos distraídos ou cansados, não temos o conhecimento para avaliá-lo criticamente ou a comunicação é apresentada de tal forma que nos leva a aceitá-lo.

Petty e Cacioppo alegam que há, essencialmente, dois caminhos para persuadir as pessoas – *centralmente* ou *perifericamente*. A **rota central para a persuasão** envolve sopesar argumentos e levar em conta fatos relevantes, pensando nas questões de forma sistemática e chegando a uma decisão. Em contraste, a **rota periférica para a persuasão** é menos direta; em vez de sopesar e levar em conta a força dos argumentos, a pessoa responde a indicativos simples, geralmente irrelevantes, que sugerem o caráter correto ou errôneo ou a atratividade do argumento, sem pensar muito nele. Por exemplo, pessoas que levam em conta a força de argumentos sobre a redução da reincidência prisional seguem a rota central; aquelas que ficam apavoradas e furiosas diante da imagem de Willie Horton seguem a rota periférica. Do mesmo modo, se você decide comprar um laptop específico porque leu sobre sua facilidade de uso, velocidade de processamento, memória e armazenamento de dados, está sendo levado pela lógica do argumento. Essa é a rota central. Mas, se resolve comprar o laptop porque seu artista predileto o usa, você está sendo movido por questões irrelevantes para o produto. Essa é a rota periférica. Poucos apelos persuasivos são puramente centrais ou periféricos; a maioria contém elementos voltados aos dois modos de processamento.

Advogados e políticos costumam combinar argumentos centrais e sugestões periféricas. Em 1995, o julgamento de O. J. Simpson por homicídio prendeu a atenção do país; milhões de espectadores ligaram a televisão para ver o ex-astro da NFL, eleito ao Hall da Fama, e sua "equipe de advogados dos sonhos" rebatendo as alegações de que Simpson teria assassinado brutalmente sua ex-mulher e o amigo dela. Em 2016, essa história e o julgamento foram contados numa série premiada, *O povo contra O. J. Simpson*, e no documentário *O. J.: Made in America*. Num dos momentos mais dramáticos do julgamento, o promotor pediu a Simpson que experimentasse as luvas manchadas de sangue usadas pelo assassino. Simpson esforçou-se para vestir as luvas, mas elas pareceram muito justas. O principal advogado de Simpson, Johnnie Cochran, não perdeu tempo em apresentar uma frase memorável e, ao fazê-lo, ofereceu uma sugestão periférica persuasiva ao júri. Cochran disse: "Se não servem, vocês devem absolvê-lo". A frase foi persuasiva, mas não por causa da lógica do argumento – afinal, é claro que é possível cometer um assassinato usando luvas apertadas, e luvas de couro encolhem quando estão impregnadas de água (ou sangue). Mas a frase de Cochran ressoou porque, quando as pessoas estão avaliando a qualidade de um argumento, podem ser influenciadas pela maneira como ele é verbalizado. No caso de Cochran, a rima em inglês* deu à frase um tom de veracidade. Matthew McGlone[50] demonstrou nossa suscetibilidade a essas táticas. Ele descobriu que estudantes universitários deixavam-se persuadir melhor por aforismos pouco familiares, mas que rimam ("*woes unite foes*", ou "as desgraças unem os oponentes"), do que pelas mesmas ideias apresentadas sem rimar ("*woes unite enemies*", ou "as desgraças unem os inimigos"). A rota periférica para a persuasão pode ser surpreendentemente sutil – mas surpreendentemente eficaz.

Nos últimos anos, escolher as palavras certas (mesmo que não rimem) tornou-se uma ciência. Políticos e adversários contratam pesquisadores para formar grupos de foco e realizar enquetes para testar expressões, frases e nomes a fim de saber quais ficam melhores com o público que esperam alcançar. Por exemplo, a maioria dos norte-americanos é favorável ao que se costumava chamar de "imposto imobiliário", um tributo devido quando os indivíduos herdam

---

* *If it doesn't fit, you must acquit.* [N. de T.]

grandes fortunas dos pais. A opinião pública sobre o imposto imobiliário mudou quando o encargo foi renomeado por um astuto consultor político chamado Frank Luntz. A pesquisa de Luntz[51] sugeriu que as pessoas poderiam se voltar contra a lei tributária caso os políticos começassem a chamá-la de "imposto da morte", que evoca a imagem de uma penalização injusta causada por morrer.

Políticos e grupos de ação política costumam dar apelidos que disfarçam o verdadeiro conteúdo da legislação, dependendo se querem que ela tenha sucesso ou fracasse. A Lei de Cuidados Acessíveis (ACA, na sigla em inglês) de 2010 quase fracassou quando um político alegou que um dispositivo da lei permitiria que médicos e empresas de seguros decidissem o destino de pacientes com doenças terminais. Ao atacar a lei, os oponentes começaram a chamar essas reuniões para tomada de decisões de "painéis da morte", insinuando que estranhos poderiam decidir, como disse um congressista, "tirar o tubo da vovó". Na verdade, o dispositivo apenas exigia que as empresas de seguros pagassem as consultas entre pacientes e seus médicos na intenção de se discutirem opções para pacientes terminais – algo muito distante da imagem evocada pela expressão "painel da morte". Além disso, a própria ACA recebeu um título depreciativo de seus oponentes, reduzindo sua popularidade: Obamacare. Muito mais norte-americanos aprovaram a Lei de Cuidados Acessíveis do que a Obamacare, embora fosse o mesmo programa.

Em 2001, o Departamento de Agricultura dos Estados Unidos aprovou um aditivo à carne chamado "carne magra de textura fina", visando ampliar as embalagens de carne moída sem aumentar o teor de gordura. Quando a ABC News questionou o uso do aditivo, semelhante a uma pasta, que é posto em 70% da oferta de carne moída nos Estados Unidos, referiu-se à substância como "lodo rosa". Imagine a reação do público! Circularam petições para eliminar a substância nas cantinas escolares e nos supermercados, e, apesar da segurança do "lodo rosa",[52] os produtores perderam clientes. Finalmente, processaram a ABC News em mais de um bilhão de dólares. Verdadeiras ou falsas, as imagens que surgem em nossa mente influenciam nossas crenças, nossos sentimentos e comportamentos, e essas imagens costumam depender das palavras específicas que usamos para rotulá-las. As palavras evocam imagens e emoções poderosas que podem suplantar nossa consideração acerca dos fatos.

Em suma, se a sua meta é persuadir, você precisa saber qual a importância da questão para seu público e quão informado ele está. Se as pessoas tiverem conhecimentos e motivação, você vai precisar incluir argumentos fortes e lógicos em seu apelo persuasivo. Se não se importarem com o problema ou não o compreenderem muito bem, você vai precisar persuadi-las usando sinais periféricos de alta qualidade presos à sua mensagem. Isso pode funcionar por algum tempo, mas, se você quiser que sua mensagem persuasiva se fixe, experimentos sugerem que a persuasão que leva as pessoas a processarem argumentos sistematicamente tem muito mais probabilidade de durar do que a persuasão baseada apenas em sinais periféricos.[53]

Agora, vamos nos voltar para três fatores importantes que podem aumentar a eficácia de uma comunicação ou tentativa de persuasão: (1) a fonte da comunicação (quem diz isso), (2) a natureza da comunicação (como ele ou ela diz isso) e (3) as características e mentalidade do público (para quem ele ou ela diz isso). Dito de outra forma: quem diz o que para quem? Vamos analisar cada um deles separadamente.

A fonte da comunicação

Parece muito claro que é mais provável que sejamos persuadidos por pessoas nas quais confiamos. Mas o que determina a confiança?

Credibilidade

Há muitos anos, vi o poeta Allen Ginsberg num programa noturno de entrevistas. Ginsberg foi um dos poetas mais populares da Geração Beat, como era conhecida; seu poema "Uivo" escandalizara o conservadorismo literário na década de 1950. Nesse programa, Ginsberg estava novamente a toda: logo que acabou de se vangloriar de sua homossexualidade (que na época era chocante para a maioria dos norte-americanos), falou da distância entre as gerações – como jovens e velhos não se compreendiam. A câmera deu um zoom. Ele era gordo, barbudo e estava com olhos um tanto alterados (estaria drogado?); seus cabelos cresciam em maços desgrenhados das laterais da cabeça, que, de resto, era calva; usava uma camiseta tingida artesanalmente e furada, com alguns colares de contas. Embora estivesse falando francamente – e, na minha visão, de forma sensata – sobre os problemas dos jovens, o auditório do estúdio estava rindo. Eles o estavam tratando como um palhaço. Tive a sensação de que, com toda probabilidade, a maioria das pessoas em casa, deitadas na cama e vendo-o ali, não tinha como levá-lo a sério – por mais que sua mensagem fosse razoável e por mais que estivesse sendo sincero ao transmiti-la. Sua aparência estava causando aquela reação no público. O cientista que existe em mim estava ansioso para substituir o Ginsberg de olhos esbugalhados por um professor bem-vestido das prestigiosas universidades da Ivy League e fazê-lo mexer os lábios enquanto Ginsberg dizia as mesmas palavras longe da câmera. Meu palpite é de que, nessas circunstâncias, a mensagem de Ginsberg teria sido bem recebida.

Não é preciso. Experimentos similares já foram feitos. De fato, especulações sobre os efeitos do prestígio sobre a persuasão são antigos. Antes de 300 a.C., Aristóteles, o primeiro psicólogo social com obras publicadas, escreveu:

> Acreditamos em homens bons mais plenamente e mais prontamente do que em outros: isso é geralmente verdade, seja qual for a questão, e é absolutamente verdadeiro quando a certeza absoluta é impossível e as opiniões estão divididas [...] Não é verdade, como presumem alguns autores em seus tratados sobre retórica, que a bondade pessoal revelada pelo orador em nada contribui para seu poder de persuasão; ao contrário, seu caráter pode quase ser chamado de o meio mais eficaz de persuasão que ele possui.[54]

Levou cerca de 2.300 anos, mas a observação de Aristóteles finalmente foi submetida a um teste científico por Carl Hovland e Walter Weiss.[55] Eles pediram que um grande número de pessoas avaliasse a afirmação de que a construção de submarinos movidos a energia nuclear era uma tarefa viável. (Esse experimento foi feito em 1951, quando o controle da energia nuclear para tais finalidades era apenas um sonho.) Algumas delas foram informadas de que o argumento fora apresentado por uma pessoa de grande credibilidade, a saber, J. Robert Oppenheimer, físico atômico conhecido nacionalmente e altamente respeitado; outras foram informadas de que o mesmo argumento veio de uma fonte de baixa credibilidade, ou seja, o *Pravda*, jornal oficial do Partido Comunista da então União Soviética – uma publicação infame por sua falta de objetividade e veracidade. Quase todos que acreditaram que a comunicação havia saído de Oppenheimer mudaram de opinião, apostando mais firmemente do que antes na viabilidade de submarinos nucleares. Muito poucos dos que leram a mesma predição atribuída ao *Pravda* mudaram de opinião.

Esse fenômeno tem sido confirmado repetidas vezes por outros experimentadores, usando uma ampla variedade de tópicos e atribuindo as mensagens a uma grande variedade de comunicadores. Um juiz da Infância e Juventude é melhor do que a maioria das pessoas para mudar a opinião sobre a delinquência juvenil; um poeta famoso pode mudar a opinião sobre os méritos de um poema; uma revista médica pode mudar a opinião sobre anti-histamínicos vendidos sem receita. O que o físico, o juiz, o poeta e a revista médica têm que o *Pravda* não tinha? O que faz a diferença em sua eficácia? Aristóteles disse que acreditássemos em "homens bons", referindo-se a pessoas de elevado calibre moral. Hovland e Weiss usaram a expressão *confiável*, que remove as conotações morais da definição aristotélica. O físico famoso, o juiz e o poeta são confiáveis; não são necessariamente bons, mas são tanto *especialistas* quanto *dignos de crédito*. Faz sentido permitir-se ser influenciado por comunicadores que são dignos de crédito e que sabem do que estão falando. Faz sentido que as pessoas sejam influenciadas por J. Robert Oppenheimer quando ele expressa uma opinião sobre energia nuclear, e faz sentido que as pessoas que estão avaliando a qualidade de um poema sejam influenciadas por um grande poeta.

Mas nem todos são influenciados igualmente pelo mesmo comunicador. Com efeito, o mesmo comunicador pode ser considerado uma pessoa de grande credibilidade por alguns e por outros, alguém de baixa credibilidade. Além disso, certos atributos periféricos do comunicador podem parecer importantes para alguns membros do público; esses atributos podem tornar o comunicador eficaz ou ineficaz.

Esse fenômeno foi demonstrado num experimento que realizei com Burton Golden,[56] no qual crianças do 7º ano ouviram um discurso exaltando a utilidade da aritmética. O homem que proferiu o discurso foi apresentado como um engenheiro premiado de uma universidade renomada ou como alguém que ganhava a vida lavando pratos. Como era de se esperar, o engenheiro foi bem mais eficaz para influenciar as opiniões das crianças do que o lavador de pratos – isso não deveria surpreender nem ser interessante. Mas, além disso, variamos sua raça. Em algumas versões, o comunicador era branco e, em outras, negro. Várias semanas antes do experimento, as crianças (todas brancas) tinham preenchido um questionário destinado a medir o grau de preconceito contra pessoas negras. Os resultados foram notáveis: entre as crianças que tinham mais preconceito contra negros, o engenheiro negro foi *menos* influente do que o engenheiro branco, embora ambos tenham feito o mesmo discurso. Além disso, entre as crianças que tinham menos preconceito contra negros, o engenheiro negro foi *mais* influente do que o engenheiro branco. Você poderia pensar que, num mundo puramente racional, um engenheiro renomado seria capaz de influenciar crianças do 7º ano independentemente da cor de sua pele, mas, como você tem aprendido ao longo deste livro, este não é um mundo puramente racional. Dependendo das atitudes raciais das crianças, elas foram ou mais ou menos influenciadas por um engenheiro negro do que por um engenheiro branco que, no mais, era idêntico àquele.

Esse comportamento não parece muito adaptativo. Se a qualidade de sua vida depende de quanto você permite que uma comunicação sobre aritmética influencie sua opinião, a competência do comunicador pareceria o fator mais razoável a se respeitar. Se outros fatores (como a cor da pele) aumentam ou diminuem sua suscetibilidade à persuasão, você está se comportando de maneira pouco adaptativa. Mas os anunciantes se valem de sua irracionalidade a esse respeito, contando com fatores irrelevantes para aumentar a eficácia de um orador – uma graciosa lagartixa para lhe vender seguros! Frequentemente, esses sinais periféricos são os únicos aspectos do comunicador que o espectador observa. Durante décadas, desde os anos 1950, os fabricantes de Wheaties têm apresentado atletas famosos nas caixas desse cereal matinal, todos apoiando com entusiasmo seu produto: campeões de decatlo como Bob Richards na década de 1960 e Bruce Jenner (agora Caitlin Jenner) nos anos 1970; a ginasta Mary Lou Retton na década de 1980; e, depois, atletas famosos como Alex Rodriguez, Michael Phelps e LeBron James. Aparentemente, o encarregado de vender Wheaties para as massas está convencido de que atletas são comunicadores mais eficazes do que algum professor erudito de nutrição.

Essa convicção é justificada? As pessoas se deixam influenciar por um anúncio só porque uma personalidade famosa dos esportes está envolvida? Mesmo que admiremos a habilidade que tais atletas exibem no campo esportivo, podemos confiar neles para nos dizerem a verdade sobre os produtos que endossam? Afinal, todos sabemos que o atleta famoso que anuncia uma marca específica de cereal matinal ou de calçado esportivo está sendo regiamente pago por seu apoio. Meu palpite é de que a maioria de nós diria rapidamente: "Nem pensar. Não vou comer Wheaties ou comprar Nike só porque LeBron *diz* que come Wheaties e prefere os produtos da Nike. Talvez *outras* pessoas sejam persuadidas a sair correndo para comprar alguma coisa só porque uma figura dos esportes lhes diz isso, mas eu certamente não confiaria sequer no conselho do meu jogador favorito para gastar meu dinheiro arduamente conquistado". Mas será que as pessoas podem predizer o próprio comportamento? Antes que responda, vamos estudar melhor o fator da confiança.

É claro que a confiança é importante para determinar se um comunicador será eficaz. Por exemplo, talvez o motivo crucial para que, no experimento de Aronson e Golden, os estudantes preconceituosos do 7º ano tivessem sido menos influenciados pelo engenheiro negro do que pelo engenheiro branco tenha sido o fato de não confiarem em pessoas negras. Se isso for verdade, se pudermos oferecer ao público evidências independentes de que uma pessoa é confiável, essa pessoa deverá se tornar mais persuasiva.

Como os comunicadores podem se tornar mais confiáveis para nós? Um modo é argumentar contra seus interesses pessoais. Se as pessoas não têm nada a ganhar (e talvez tenham até a perder) convencendo-nos de algo, vamos confiar nelas e elas serão mais eficazes. Talvez um exemplo seja útil. Imagine que um criminoso contumaz, um contrabandista e traficante de heroína recém--preso está dando uma palestra sobre os abusos do sistema judicial dos Estados Unidos. Ele influenciaria você? Provavelmente, não. A maioria das pessoas iria considerá-lo indigno de confiança, fora da definição aristotélica de um homem bom, porque ele tem um interesse velado ao criticar o sistema que o está punindo. Mas imagine que ele diz que o sistema de justiça criminal é brando demais com pessoas como ele – que os criminosos quase sempre conseguem escapar se tiverem bons advogados e que, mesmo que os criminosos sejam encarcerados, as sentenças aplicadas costumam ser curtas demais. E agora, o argumento influenciaria você?

Tenho certeza de que sim. Elaine Walster, Darcy Abrahams e eu[57] apresentamos a estudantes universitários um recorte de jornal contendo uma entrevista entre um repórter e Joe "O Ombro" Napolitano, identificado como mafioso e assassino. (Inventamos o nome dele.) Numa condição experimental, Joe "O Ombro" defendeu tribunais mais rigorosos e sentenças mais severas. Em outra, ele argumentou que os tribunais deveriam ser mais lenientes e as sentenças menos severas. Também apresentamos um conjunto paralelo de condições nas quais as mesmas declarações foram atribuídas a um respeitado servidor público. Quando Joe "O Ombro" argumentou a favor de tribunais mais lenientes, foi totalmente ineficaz; na verdade, fez com que as opiniões dos participantes mudassem levemente na direção oposta. Mas, quando argumentou a favor de tribunais mais severos e poderosos, foi extremamente eficaz – tão eficaz quanto o respeitado servidor público apresentando o mesmo argumento.

Esse estudo demonstra que Aristóteles não estava completamente certo. Um comunicador pode ser uma pessoa pouco atraente e imoral e ainda assim ser eficaz, desde que acreditemos que ele não tem nada a ganhar (e talvez tenha até a perder) persuadindo-nos. Por que Joe "O Ombro" foi tão eficaz em nosso experimento? Quando as pessoas argumentam contra os próprios interesses, inferimos que a verdade da questão é tão convincente que elas acreditam sinceramente naquilo que estão dizendo. Quando Patrick Reynolds, que herdou milhões de dólares da R. J. Reynolds Tobacco Company, fundada por seu avô, adotou uma forte postura pública contra o fumo e incentivou vítimas de doenças relacionadas ao tabagismo a mover ações contra empresas desse setor, ninguém duvidou de sua sinceridade![58] E quando John Robbins, herdeiro da imensa fortuna da companhia de sorvetes Baskin-Robbins, de seu pai, escreveu um livro sobre dieta vegana em que defendia a eliminação do consumo de laticínios, seu argumento influenciou incontáveis leitores. Quando argumentamos contra nossos interesses, as pessoas escutam.

Outro modo de aumentar a confiabilidade é criar uma situação na qual as pessoas não pensem que você está tentando persuadi-las. Há muitos anos, a corretora E. F. Hutton produziu uma série de comerciais de sucesso para a televisão. Um deles tem início com dois homens conversando reservadamente à mesa de um restaurante lotado e barulhento. Quando um deles começa a dar alguns conselhos sobre ações da E. F. Hutton, subitamente se faz silêncio na sala e todos – garçons, clientes, atendentes – se inclinam na direção daquele que está falando para ouvir a dica. "Quando a E. F. Hutton fala", diz o locutor, "as pessoas escutam." (É possível ver esse comercial antigo no YouTube.) A implicação é clara: todos no restaurante estão se valendo de conselhos que não se destinavam a eles, e a informação é mais valiosa ainda em função disso. Quando os comunicadores não estão *tentando* nos influenciar, o potencial para fazê-lo aumenta.

Foi exatamente isso que Elaine Walster e Leon Festinger[59] descobriram quando encenaram uma conversa entre dois estudantes de pós-graduação, na qual um deles expressou sua opinião como especialista sobre determinado assunto. Permitiu-se que um estudante de graduação entreouvisse a conversa. Numa condição experimental, os participantes (graduandos) sabiam que os estudantes de pós-graduação estavam cientes de sua presença na sala ao lado; portanto, sabiam que qualquer coisa sendo dita poderia ser destinada a influenciar intencionalmente a sua opinião. Na outra condição, a situação foi montada de tal maneira que os participantes acharam que os estudantes de pós-graduação não sabiam de sua presença na sala ao lado. Nessa condição, a opinião dos participantes mudou significativamente mais na direção da opinião expressada pelos estudantes de pós-graduação. Afinal, eles sabiam do que estavam falando – e não estavam tentando mudar a cabeça de ninguém.

Atratividade e similaridade

De que forma essas descobertas fazem com que LeBron James nos convença a comer Wheaties ou a usar Nike? É óbvio que ele está *tentando* nos influenciar.

Além disso, está agindo em seu próprio interesse; Wheaties e Nike pagam a ele e a outros atletas famosos valores astronômicos para alardear seus produtos. Só esse fato deveria torná-los menos confiáveis. Mas os torna menos eficazes? Não necessariamente.

Primeiro, tendemos a confiar e a gostar de pessoas que consideramos atraentes, e, por isso, a menos que estejamos processando ativamente o fato de que elas estão sendo pagas para endossar um produto, podemos ser persuadidos perifericamente.[60] Segundo, embora possamos não *confiar* na sinceridade dos endossantes, isso não significa que não vamos comprar os produtos que eles promovem. Atratividade e simpatia são fatores poderosos para a persuasão, mesmo que a fonte não seja um especialista ou tenha algo a ganhar por nos persuadir. Judson Mills e eu[61] fizemos um experimento demonstrando que uma bela mulher – simplesmente porque era bonita – poderia causar um grande impacto na opinião de uma plateia sobre um tema completamente alheio à beleza dela; e mais, que o impacto causado pela mulher foi maior quando ela disse abertamente ao público que queria influenciá-los. Alice Eagly, Shelly Chaiken e colegas[62] realizaram experimentos que não só replicaram nossa descoberta de que comunicadores mais simpáticos são mais persuasivos, como mostraram que esperamos que pessoas bonitas pensem como nós. Não é à toa que conseguem nos persuadir!

Associamos a atratividade do comunicador à desejabilidade da mensagem. Somos influenciados por pessoas de que gostamos e com as quais percebemos similaridades. Quando gostamos do comunicador, comportamo-nos como se estivéssemos tentando agradar aquela pessoa mudando nossa opinião – mas apenas em questões triviais. Atletas e celebridades podem influenciar nossas opções sobre cereais, e belas mulheres e homens atraentes podem nos levar a concordar com eles num tema abstrato, estejamos ou não dispostos a admitir isso. Mas é improvável que consigam nos influenciar para apoiá-los num assunto sobre o qual discordamos fortemente deles, como controle de armas ou aborto.

Finalmente, podemos perguntar: quem é mais digno de confiança, comunicadores que expõem sua causa com certeza ou com apreensão? Na maioria dos casos, as pessoas acreditam no orador confiante e não naquele que hesita; consideram a convicção um indicador de perícia e veracidade. Entretanto, se suspeitamos de que se trata de conversa fiada – se percebemos que alguém está tentando nos convencer ou a acreditar em alguma coisa ou a comprar algo com motivos inconfessos ("*Garanto* que esse tônico mágico vai melhorar suas notas!") –, essa convicção extrema pode despertar nossas suspeitas.

Para resumir, comunicadores com maior probabilidade de nos influenciar são aqueles que consideramos *experts* e confiáveis. Dito isso, sua confiabilidade e eficácia podem ser aumentadas se eles:

- assumirem uma posição que parece oposta a seus interesses pessoais;
- não parecerem querer influenciar nossa opinião;
- forem particularmente atraentes e agradáveis – pelo menos, no que concerne a nossas opiniões e não a nossas atitudes mais arraigadas;
- forem confiantes em suas afirmações, pois a confiança em si aumenta a credibilidade, a menos que tenhamos razões para duvidar de seus motivos.

A natureza da comunicação

As próprias comunicações diferem, e a maneira como diferem pode determinar sua eficácia. Aqui, quero levar em consideração cinco dimensões ao longo das quais as comunicações podem variar: (1) A comunicação é mais persuasiva se está destinada a atrair a capacidade de raciocínio do público ou se está mais voltada para despertar as emoções do público? (2) As pessoas são mais influenciadas por uma comunicação se o conteúdo estiver atado a uma experiência pessoal convincente ou se estiver fundamentado numa pilha de evidências estatísticas impecáveis? (3) A comunicação ressoa com o modo como o público se vê, ou seja, com sua identidade básica? (4) A comunicação deve apresentar apenas um lado do argumento ou deve apresentar também a visão oposta? (5) Qual a relação entre a eficácia da comunicação e a discrepância entre a opinião original da plateia e a opinião defendida pela comunicação?

Apelos lógicos *versus* apelos emocionais

Como disse antes, quando Donald Trump estava concorrendo à presidência, sua plataforma tinha peso emocional: medo de imigrantes, terroristas e de outros forasteiros misteriosos que estão vindo nos pegar. Ele disse que eram estupradores, assassinos e pessoas más. Assim como Dukakis não conseguiu vencer com estatísticas sobre os programas de licença penitenciária, Clinton não conseguiu se opor aos alarmes de Trump, que ressoavam em muitos setores do país que temiam mudanças demográficas e econômicas. E, como vimos ao descrever os resultados dos anúncios políticos carregados de emoção com Willie Horton na campanha Bush-Dukakis, podemos suspeitar de que apelos emocionais – especialmente aqueles que geram medo – serão mais eficazes do que os racionais. Por que e quando o medo funciona, e quando explorá-lo pode ser um tiro no pé?

Anos atrás, eu morava numa comunidade que estava prestes a votar se deveriam adicionar flúor à água como forma de combater cáries dentárias. Os proponentes da fluoração lançaram uma campanha informativa que parecia lógica e razoável, com declarações de dentistas conhecidos descrevendo os benefícios do flúor e discutindo evidências na redução de cáries dentárias em áreas com água fluorada, bem como declarações de médicos e outras autoridades da saúde afirmando que a fluoração não tem efeitos nocivos. Os oponentes da fluoração usaram um contra-argumento muito mais emocional, distribuindo folhetos com a imagem de um rato asqueroso e os dizeres: "Não deixe que ponham veneno de rato na sua água potável". O referendo pela fluoração foi sonoramente derrotado.

A história não prova conclusivamente que o apelo do medo é superior, pois não houve um estudo controlado cientificamente. Não sabemos como as pessoas teriam votado na fluoração se nenhuma publicidade tivesse circulado, e não sabemos se o folheto contrário à fluoração atingiu mais gente ou se era mais fácil de ler do que os informativos dos proponentes. Num estudo antigo sobre preferências de voto, George Hartmann[63] demonstrou que indivíduos que recebiam uma mensagem *primariamente* emocional votavam pelo candidato endossado pela mensagem com mais frequência do que as pessoas que recebiam uma mensagem *primariamente* lógica.

Enfatizo a palavra *primariamente* por um bom motivo: ela define o principal problema com as pesquisas nessa área – ou seja, não há definições à prova de falhas ou mutuamente exclusivas para *emocional* e *racional*. No exemplo da fluoração, provavelmente a maioria das pessoas iria concordar que o folheto antifluoração foi criado para gerar medo; contudo, não foi totalmente ilógico, pois é fato que o flúor usado em minúsculas concentrações para prevenir cárie dentária também é usado em grandes concentrações como veneno contra ratos. Por outro lado, apresentar a opinião de profissionais não é algo totalmente livre de apelo emocional; é reconfortante saber que médicos e dentistas endossam o uso de fluoretos.

Como, na prática, distinções operacionais entre *lógico* e *emocional* são difíceis de traçar, alguns pesquisadores voltaram-se a um problema igualmente interessante e muito mais pesquisável: o efeito de diversos *níveis* de uma emoção específica sobre a mudança de opinião. Imagine que você deseja despertar o medo no coração de seu público como forma de levá-lo a mudar de ideia.

Seria mais eficaz despertar apenas um pouco de medo ou você deveria tentar assustá-lo de fato? Se sua meta fosse convencer as pessoas a dirigir com mais cuidado, sem digitar mensagens no celular, seria mais eficaz mostrar imagens de corpos quebrados e ensanguentados de vítimas de acidentes em estradas? Ou seria mais eficaz se você atenuasse sua comunicação – mostrando para-choques amassados, discutindo o seguro mais caro devido à condução temerária e salientando que motoristas descuidados podem ter a carteira de habilitação suspensa?

Aqui, o bom senso não ajuda muito. Por um lado, sugere que um bom susto vai motivar as pessoas a agir; por outro, que o excesso de medo pode interferir na capacidade de a pessoa prestar atenção na mensagem, compreendê-la e agir de acordo com ela. Todos nós acreditamos, em um momento ou em outro, que "isso só acontece com os outros – nunca vai acontecer comigo". É por isso que algumas pessoas continuam a guiar enquanto digitam mensagens de texto ou insistem em dirigir depois de ter bebido algumas doses, mesmo que saibam que não deveriam fazê-lo. Talvez os riscos de acidentes sejam tão alarmantes que as pessoas os tiram da mente. Assim, podemos predizer que, se uma comunicação realmente nos assusta, temos a tendência a não prestar muita atenção nela.

O que nos dizem as evidências? O peso esmagador dos dados experimentais sugere que, se tudo for igual no resto, quanto mais a pessoa se assusta com uma comunicação, maior a probabilidade de que tome medidas preventivas. Em um dos muitos experimentos sobre medo e persuasão, Howard Leventhal e associados[64] tentaram induzir as pessoas a parar de fumar cigarros e a tirar radiografias do pulmão. Na condição de pouco medo, alguns participantes receberam simplesmente a recomendação de parar de fumar e de ir fazer um raio X. Na condição de medo moderado, outros participantes viram um filme mostrando um jovem cujo raio X revelava que ele tinha câncer no pulmão. E na condição de medo elevado, as pessoas viram o mesmo filme e também outro, mais sangrento, de uma operação de câncer no pulmão. Aqueles que ficaram mais assustados também foram os mais ansiosos para parar de fumar e os que tiveram maior probabilidade de fazer radiografia.

Isso se aplica a todo mundo? Não. Há uma razão para o bom senso sugerir que o medo nos impede de agir: o medo de fato paralisa – certas pessoas, sob determinadas circunstâncias. Quais "certas pessoas", por exemplo? Leventhal e colegas descobriram que pessoas que tinham uma opinião elevada ao próprio respeito eram as mais inclinadas a agir imediatamente caso se sentissem assustadas. Pessoas com baixa opinião sobre si mesmas, porém, eram as menos propensas a agir de imediato – mas (e essa é a parte interessante), se houvesse um atraso e soubessem que poderiam agir *mais tarde*, elas se comportariam como os participantes com elevada autoestima. Pessoas com autoimagem negativa podem ter dificuldade para lidar com ameaças, o que explica por que uma comunicação muito assustadora é excessiva para elas e faz com que queiram se enfiar debaixo das cobertas. Elas podem lidar mais facilmente com um medo baixo ou moderado no momento. Mas, se tiverem tempo – ou seja, se não for essencial tomar uma atitude imediata –, provavelmente conseguirão agir caso a mensagem realmente as assuste muito.

Uma pesquisa subsequente de Leventhal e colegas apoia essa análise. Em um estudo, os participantes assistiram a filmes de acidentes automobilísticos graves. Alguns assistiram aos filmes bem de perto e numa tela grande, o que tornou as imagens realmente alarmantes; outros assistiram a distância e numa tela muito menor. Entre os participantes com autoestima elevada ou moderada, aqueles que assistiram aos filmes na tela grande tiveram muito mais probabilidade de adotar medidas protetivas do que aqueles que os viram na tela menor. O padrão inverso aplicou-se às pessoas com baixa autoestima: foi maior a probabilidade de agir quando assistiram aos filmes numa tela menor; aqueles que viram os filmes na tela maior não conseguiram lidar com as cenas e se esquivaram, dizendo que tinham dificuldade até para pensar em si mesmos como vítimas de acidentes automobilísticos. Porém, até pessoas com elevada autoestima vão se comportar como pessoas de baixa autoestima se forem tomadas pelo medo e sentirem que não há nada que possam fazer para prevenir ou lidar com uma situação ameaçadora. Nesse caso, a maioria delas vai correr para a cama e procurar o cobertor.

Assim, como você motivaria pessoas com baixa autoestima a parar de fumar ou a dirigir de forma mais segura? Se você constrói uma mensagem com instruções específicas, otimistas, pode aumentar a probabilidade de acreditarem que são capazes de enfrentar seus medos e lidar com o perigo. De fato, Leventhal e associados descobriram que mensagens assustadoras contendo instruções específicas sobre como, quando e onde agir são muito mais eficazes do que alarmes generalizados, sem recomendações para lidar com eles.

Por exemplo, uma campanha realizada num campus universitário pedindo aos estudantes que tomassem vacina antitetânica foi dividida em duas condições: (1) apenas instruções – onde e quando as doses estariam disponíveis, bem como a localização do serviço de saúde aos estudantes e a sugestão para que cada aluno reservasse um horário para isso; e (2) instruções acrescidas de um apelo fortemente assustador, descrevendo as coisas horríveis que podem acontecer se você não se proteger com a vacina. Sozinhas, as instruções aumentaram a *postura* favorável dos estudantes sobre a vacina antitetânica, ampliando sua intenção declarada de se imunizar. Mas as instruções não bastaram para levá-los efetivamente a se vacinar. O medo foi a picada necessária no braço, por assim dizer. Entre os estudantes que ficaram com medo a respeito do que poderia lhes acontecer caso não se vacinassem contra o tétano *e* que foram instruídos sobre como e onde deveriam tomar a vacina, 28% se imunizaram; mas daqueles que não receberam instruções específicas ou um apelo muito assustador, apenas 3% o fizeram. De modo similar, Leventhal descobriu que assustar fumantes com os perigos da nicotina aumentava a *intenção* de parar de fumar. No entanto, a menos que a mensagem viesse acompanhada de recomendações sobre como parar, não mudava o comportamento dos fumantes. Por outro lado, dar-lhes coisas específicas para fazer quando sentissem vontade de fumar, mas sem assustá-los com os riscos à saúde, era relativamente ineficaz. A combinação do medo provocado e das instruções específicas produziu os melhores resultados; quatro meses depois, os estudantes nessa condição estavam fumando menos.

Contudo, há algumas situações nas quais apelos que provocam medo – mesmo combinados com instruções específicas – não produzem o efeito desejado. Às vezes, o apelo do medo falha porque não é suficientemente assustador. O aquecimento global, por exemplo, é uma ameaça séria, que a maioria dos cientistas acredita que seja uma bomba-relógio ativada. Com o aumento das temperaturas, as geleiras estão derretendo e o nível dos oceanos aumentando, o que significa que muitos centros populacionais ficarão debaixo d'água nos próximos anos. Certas doenças, como a malária, vão proliferar quando os insetos que as transmitem migrarem para lugares que antes eram frios. Furacões continuarão a se tornar mais frequentes e intensos, assim como secas e ondas de calor, matando pessoas e colocando em perigo a produção de alimentos. Contudo, malgrado essas predições sombrias, que foram apresentadas explicitamente no filme *Uma verdade inconveniente*, ganhador do Oscar, a maioria dos norte-americanos se manteve insuficientemente assustada para exigir ações. Uma enquete feita em 2016 sobre medos dos norte-americanos[65] revelou que as pessoas temem mais o terrorismo, o uso ilegal de informações pessoais e a guerra biológica do que o aquecimento global. Por quê?

Daniel Gilbert[66] sugere que parte da resposta está na maneira como nosso cérebro funciona. Nosso cérebro evoluiu para termos medo de – e reagirmos a – ameaças de perigos reais e do presente (como tigres, cobras ou inimigos armados), e não aqueles perigos lentos que podem acontecer mais tarde (como secas, gripe ou furacões mais frequentes). Também estamos dispostos a reagir a ameaças humanas (como o terrorismo) que são intencionais e por isso despertam em nós uma sensação de indignação moral. Entretanto, como a mudança climática tem o potencial de causar sofrimento e dor a muitos milhões de pessoas mais do que o terrorismo, ignorá-la ou negá-la é perigosamente mal-adaptativo para a nossa espécie e o nosso planeta. Gilbert sugere que as pessoas deveriam ter uma probabilidade muito maior de exigir ações sobre o aquecimento global se esse fenômeno fosse visto como um plano terrorista e não como o infeliz subproduto resultante de andarmos de carro, queimarmos carvão e derrubarmos florestas. Talvez as pessoas estivessem mais dispostas a agir se, como o terrorista estereotipado, o aquecimento global tivesse bigode e estivesse intencionalmente vindo atrás de nós como um predador.

Matthew McGlone e colegas[67] testaram essa proposição, não aplicando um bigode ao aquecimento global, mas o colocando em outra ameaça não humana: o vírus da gripe suína que se tornou pandêmico em 2009. Em abril daquele ano, em resposta à gripe que se espalhava rapidamente, os Centros de Controle e Prevenção de Doenças fizeram uma série de recomendações, inclusive a de lavar as mãos com frequência, evitar contato com indivíduos infectados e, acima de tudo, tomar a vacina. No experimento, depois que essas recomendações tinham sido feitas, mas antes que a vacina estivesse disponível, McGlone e equipe criaram folhetos informativos que variavam na maneira como apresentavam fatos sobre a gripe suína. Para metade dos sujeitos do experimento, a gripe foi apresentada como algo que as pessoas contraíam ("Milhares de pessoas podem morrer de gripe suína este ano"). Para a outra metade, a linguagem foi mudada para apresentar a gripe como um predador ("Gripe suína pode matar milhares de pessoas este ano"). Os indivíduos que receberam o folheto que descrevia a gripe como um assassino ativo tinham probabilidade significativamente maior de ver a doença como algo assustador, mais chance de se considerar suscetíveis a ela e maior probabilidade de agendar a vacina. Assim, apelos que induzem medo são especialmente eficazes se ressoarem com nossa programação evolutiva para temer o ataque de uma ameaça que parece imediata e intencional.

Emoções morais

Emoções morais são sentimentos que contêm um juízo normativo – aquilo que você está fazendo está errado, é nojento ou ruim. A raiva, por exemplo, é tanto um sentimento quanto um juízo – "Estou com raiva daquela coisa ruim que você fez". As emoções morais podem ser dispositivos retóricos altamente persuasivos – tendem a inspirar ação e a unir comunidades de mentalidade similar – e tendem a ser contagiosas.[68] No Twitter, por exemplo, tuítes que contêm palavras associadas a emoções morais (como *indignação* ou *repugnante* ou *ruim*) tendem a ser retuitados com mais frequência do que tuítes com palavras que traduzem emoções não morais.[69] Geralmente, políticos tentam inspirar indignação moral porque isso une seus seguidores e os leva a assinar petições, doar dinheiro e se mexer para votar contra qualquer coisa que lhes cause indignação.[70] Muitas vezes, instituições de caridade tentam persuadir as pessoas a doar dinheiro para os menos afortunados fazendo com que os doadores potenciais se sintam culpados, uma emoção que aumenta a intenção de contribuir com dinheiro e ajuda em situações face a face.[71]

Também podemos ser persuasivos apelando aos melhores atributos da pessoa – sua motivação pró-social – por meio da *elevação moral*, a emoção que sentimos quando testemunhamos a virtude nos outros. Experimentos[72] revelaram que, quando as pessoas assistem a vídeos mostrando atos de bondade ou de beleza moral na vida real – como a professora que se desdobra por seus estudantes, ou um menino pobre que dá dinheiro a outra criança menos afortunada –, elas ficam bem mais propensas a dizer sim para um pedido de ajuda de outra pessoa. (Isso explica algo que descrevi no Capítulo 1, quando Joshua deu todo o seu dinheiro a um mendigo depois de assistir a um filme "moralmente elevado", *A lista de Schindler.*)

De modo similar, Adam Grant estudou os efeitos de diversos tipos de incentivos para levar as pessoas a trabalharem mais.[73] Em um de seus estudos, examinou a produtividade de voluntários fazendo ligações telefônicas para arrecadar dinheiro para bolsas escolares. Grant descobriu uma linda técnica que persuadiu seus voluntários a praticamente triplicar os donativos recebidos. Tudo o que ele tinha a fazer era organizar um encontro de cinco minutos entre os voluntários e alguém que havia recebido uma das bolsas para as quais pediam doações. O fato de poderem associar seus esforços a um ser humano – que expressava a emoção moral da gratidão – energizou a disposição dos voluntários para angariar fundos.

Estatística *versus* exemplo pessoal

De modo geral, as pessoas usam as experiências e opiniões dos outros para tomar decisões sobre o melhor caminho a seguir. É por isso que, como regra geral, confiamos mais em grandes grupos de pessoas de que numa única pessoa, e tendemos mais a seguir a multidão do que um único divergente. Mas essa lógica razoável costuma sair pela culatra quando nos defrontamos com uma história ou um exemplo convincente. Se o aplicativo Yelp tem 300 resenhas positivas elogiando El Taco Loco, mas apenas duas negativas, estatisticamente é provável que você também vá gostar do restaurante. Mas digamos que você entreouviu alguém numa festa comentar sobre uma experiência terrível que acabara de ter lá ("Tive de pedir três vezes para me trazerem um garfo limpo e as tortilhas estavam rançosas"). Você vai dizer: "Bem, ok, esse não seria um dos dois clientes insatisfeitos entre os 300 que adoraram o lugar?". Talvez, mas essa única história pessoal tem chance de suplantar as resenhas positivas do Yelp. E, quanto mais intensas forem essas histórias pessoais, mais convincentes elas serão.[74]

Uma demonstração da vida real vem da área de conservação de energia. Há muitos anos, meus estudantes e eu[75] propusemo-nos a persuadir proprietários de imóveis a fazer as melhorias necessárias para que suas propriedades fossem energeticamente eficazes. Trabalhamos com auditores residenciais de concessionárias locais de serviço público e os ensinamos a usar exemplos contundentes quando recomendassem aprimoramentos nas moradias. A maioria dos auditores que agiam de modo independente apontava apenas para rachaduras em torno das portas e recomendava que o proprietário instalasse vedações. Em lugar disso, treinamo-los para dizer aos proprietários que, se todas as rachaduras em torno das portas fossem somadas, dariam um buraco do tamanho de uma bola de basquete em sua sala de visitas. "E se você tivesse um buraco desse tamanho na sua parede, não ia querer repará-lo? É isso que fazem as fitas de vedação." Auditores treinados para usar essa linguagem clara aumentaram quatro vezes seu poder de convencimento. Se antes apenas 15% dos proprietários de casas tinham feito os reparos recomendados, 61% os fizeram depois que os auditores começaram a usar uma linguagem mais contundente.

Como a maioria das pessoas é influenciada mais profundamente por um exemplo pessoal do que por abundantes dados estatísticos, a história do Taco Loco contada na festa ou a ideia de um buraco do tamanho de uma bola de basquete na parede da sala provavelmente serão extraordinariamente poderosas. Essa, sem dúvida, é uma das razões para que os testemunhos ("Eu perdi 18 quilos seguindo Jenny Craig!") sejam tão eficazes, mesmo quando acompanhados por ressalvas estatísticas ("Talvez esses resultados não se apliquem a todos"). Também é a razão pela qual lobistas profissionais são treinados para convencer congressistas a votar em determinada lei: não mostrem um monte de estatísticas, eles são advertidos; basta contar uma história emotiva sobre um indivíduo.

Apelos à identidade

Um persuasor pode nos levar a fazer certas coisas se essas coisas ressoarem com nossa autoidentidade. Um dos exemplos mais charmosos vem de uma campanha publicitária de grande sucesso desenvolvida pelo governo do Texas para fazer os cidadãos pararem de jogar lixo nas estradas. (A campanha foi dirigida especialmente a homens entre 18 e 35 anos, aqueles com maior probabilidade de jogar garrafas e outros objetos pela janela do carro.) Em vez de colocar cartazes dizendo "Não jogue lixo na estrada", o departamento de transportes do Texas criou um lema que mexia com o orgulho e a noção de força e territorialidade pelos quais os texanos são conhecidos: *Não mexa com o Texas.** A frase foi exibida com destaque nas estradas, na televisão, rádio e anúncios impressos – e funcionou. O lixo nas rodovias texanas caiu aproximadamente 72% entre 1986 e 1990.[76]

Portanto, invocar a identidade da pessoa pode ter efeitos sutis, mas poderosos. Christopher Bryan e colegas[77] mostraram que é muito mais provável as pessoas votarem em um pleito se, no enunciado de uma pergunta de pesquisa pré-eleitoral, você substituir uma frase sobre ação ("Quão importante será para você *votar* na próxima eleição?") por outra sobre satisfazer uma identidade aprovada pelas pessoas ("Quão importante será para você *ser um eleitor* na próxima eleição?"). De modo similar, as crianças ajudaram mais quando lhes perguntaram "Quem quer ser um ajudante?" em vez de "Quem quer ajudar?". Esses rótulos também servem para reduzir maus comportamentos. E, como vimos no Capítulo 3, as pessoas trapaceiam menos quando são motivadas pelo aviso "Não seja um colador" em vez de lhes pedirem para não colar. Levando as pessoas a pensarem numa ação – boa ou má – em termos de sua identidade maior, elas veem a ação como uma coisa central acerca de quem são, e não como uma atitude ocasional. Esse é o poder da identidade.[78]

Argumentos unilaterais *versus* argumentos bilaterais

Imagine que você está prestes a fazer um discurso tentando convencer o público sobre a necessidade da pena capital. Você convenceria mais pessoas se apenas

---

* O original, *Don't mess with Texas*, vale-se do duplo sentido de *mess*, que tanto pode ser "estragar", "sujar" quanto "meter-se em confusão". [N. de T.]

expressasse sua posição e ignorasse os argumentos contra a pena de morte, ou seria mais persuasivo se discutisse os argumentos opostos e tentasse refutá-los?

Antes de tentarmos responder a essa pergunta, vamos ver o que está envolvido nisso. Se um comunicador menciona os argumentos de oposição, pode indicar que é uma pessoa objetiva e justa; isso pode melhorar a confiabilidade do orador e aumentar sua eficácia. Mas, se o comunicador apenas menciona os argumentos do outro lado da questão, pode sugerir ao público que a questão é controvertida; isso pode confundi-los, fazê-los vacilar e, em última análise, reduziria o grau de persuasão da comunicação. E, de fato, não existe uma relação simples entre argumentos unilaterais e sua eficácia. Se o público estiver bem-informado sobre o tema, é menos provável que se deixe persuadir por um argumento unilateral e mais provável que seja persuadido por um raciocínio que destaque os argumentos opostos mais importantes e depois passe a refutá-los. Isso faz sentido: é mais provável que a pessoa bem-informada conheça alguns contra-argumentos. Quando o comunicador evita mencioná-los, provavelmente os membros da plateia que conhecem o tema irão concluir que ele está sendo injusto ou que não consegue refutá-los. Em contraste, uma pessoa mal-informada conhece pouco ou nada sobre os argumentos opostos, e por isso é provável que seja persuadida pelo lado que estiver ouvindo; se ouvir o contra-argumento, pode ficar confusa quanto à posição com a qual deve concordar.

Outro fator é a posição inicial do público. Se o público já está disposto a acreditar no argumento do comunicador, uma apresentação unilateral causa um impacto maior sobre sua opinião do que a apresentação bilateral. Se, no entanto, o público está pendendo no sentido oposto, então uma refutação bilateral será mais persuasiva.[79] A maioria dos políticos conhece esse fenômeno muito bem, motivo pelo qual tendem a apresentar discursos muito diferentes em função do público. Quando se dirigem aos fiéis do partido, quase sempre apresentam um conjunto de argumentos agressivos favorecendo a plataforma de sua facção política e a própria candidatura. Se mencionam a oposição, o tom é de ironia, zombaria. Mas, quando aparecem na televisão ou falam para um público misto, tendem a adotar uma posição mais diplomática, tratando as opiniões contrárias com razoável precisão antes de as demolir.

O tamanho da discrepância entre comunicador e audiência

Imagine que você esteja falando com pessoas que discordam muito do seu ponto de vista. Você será mais eficaz se apresentar sua posição de forma mais extrema ou se modular sua postura, manifestando-a de maneira a não parecer terrivelmente diferente da posição de seu público?

Digamos que você acredite que as pessoas devem se exercitar vigorosamente todos os dias para se manter saudáveis; qualquer atividade física seria útil, mas, se for praticada por no mínimo uma hora, melhor. Seu público consiste em professores universitários que parecem acreditar que virar as páginas de um livro é exercício suficiente para as pessoas comuns. Seria mais provável mudar a opinião deles argumentando que deveriam começar um rigoroso programa diário de corrida, halteres e ioga ou sugerindo um plano mais curto e menos extenuante? Qual o nível mais eficaz de discrepância entre a opinião do público e a recomendação do comunicador? Essa é uma questão vital para qualquer publicitário ou educador.

À primeira vista, a resposta parece óbvia: quanto maior a discrepância, maior deveria ser a mudança de opinião. Essa linha de raciocínio sugeriria que o comunicador deveria defender o programa diário de exercício rigoroso; quanto maior a discrepância com o comportamento do ouvinte, mais ele deveria mudar de opinião. Com efeito, diversos investigadores descobriram que essa relação linear é verdadeira. Philip Zimbardo[80] recrutou universitárias para um experimento, pedindo a cada uma que levasse consigo uma amiga próxima ao laboratório. Apresentou-se a cada par de amigas o estudo de caso de uma adolescente que havia cometido um crime, e então pediu-se às participantes, separadamente e em privado, que indicassem suas recomendações sobre o assunto. Cada participante foi levada a crer que sua amiga havia discordado dela – quer por pequena margem, quer por uma margem extremamente grande. Zimbardo descobriu que, quanto maior a discrepância aparente, mais as participantes mudaram de opinião na direção do pensamento que, imaginaram, era o de suas amigas.

Entretanto, alguns experimentos não apoiaram esse resultado. James Whittaker[81] encontrou uma relação curvilinear entre discrepância e mudança de opinião. *Curvilinear*, aqui, significa que, quando uma pequena discrepância aumentou um pouco, isso também ocorreu com o grau de mudança de opinião; mas, conforme a discrepância seguiu aumentando, a mudança de opinião começou a perder força; finalmente, quando a discrepância ficou muito grande, quase não se observou mudança de opinião.

Intrigados com essa descoberta, Carl Hovland, O. J. Harvey e Muzafer Sherif[82] argumentaram que, se uma comunicação específica difere demais da posição de uma pessoa – se o discurso, com efeito, está fora da *latitude de aceitação* dela –, essa pessoa não será muito influenciada. No experimento, a comunicação baseou-se num assunto empolgante, que causava fortes reações nos participantes: se o seu Estado deveria se manter "seco" ou se tornar "molhado" – ou seja, se deveria mudar ou não a legislação referente à distribuição e venda de bebidas alcoólicas. Os eleitores naquele Estado estavam divididos sobre o assunto, e os participantes eram uma amostra representativa: alguns achavam firmemente que o Estado deveria manter-se contra a comercialização de bebidas, outros decididamente achavam que a venda deveria ser liberada, e o restante assumiu uma posição moderada. Os participantes foram divididos em grupos de pessoas que refletiam essas três posições, apresentando-se depois a elas argumentos que apoiavam uma das três opiniões: uma mensagem a favor, que aprovava a venda ilimitada e irrestrita de bebidas alcoólicas; uma mensagem contra, que defendia a proibição total; e uma mensagem moderada, com argumentos a favor de permitir a bebida, mas com certos controles e restrições. Assim, cada grupo consistia em participantes que acharam a comunicação próxima de sua posição pessoal, moderadamente discrepante de sua posição ou extremamente discrepante dela. A maioria das mudanças de opinião se deu quando havia uma discrepância *moderada* entre a mensagem e a opinião dos membros.

Para um cientista, esse é um estado de coisas empolgante. Em pesquisas científicas, quando um número substancial de descobertas aponta em uma direção e um número substancial aponta em outra, isso não significa necessariamente que alguém tem de estar errado; na verdade, sugere que existe um fator significativo que não foi levado em consideração – e isso é mesmo empolgante, pois dá ao cientista a oportunidade de bancar o detetive. É por isso que quero me deter nesse assunto – não apenas por seu valor substantivo, mas também porque oferece a oportunidade de demonstrar o aspecto audacioso da psicologia social como ciência.

Há duas maneiras de proceder com esse jogo de detetive. Podemos começar reunindo todos os experimentos que mostram um resultado e todos que mostram outro resultado, e então (com uma lupa imaginária na mão) podemos examiná-los minuciosamente, procurando um fator comum aos experimentos no grupo A e inexistente no grupo B. Depois, podemos tentar determinar, conceitualmente, por que esse fator deveria fazer alguma diferença. Ou podemos começar especulando que fator ou fatores poderiam fazer diferença; em seguida, podemos dar uma olhada na literatura a respeito, e com essa lanterna conceitual na mão verificar se aqueles experimentos no grupo A diferem daqueles no grupo B nessa dimensão.

Como cientista, minha preferência é pelo segundo modo. Por isso, com meus estudantes Judith Turner e Merrill Carlsmith, comecei a especular sobre os fatores que poderiam causar alguma diferença. Começamos aceitando a ideia de que, quanto maior a discrepância, maior o desconforto para os membros do público. Mas, raciocinamos, isso não significa necessariamente que os membros de determinado público vão mudar de opinião.

Considere essa situação do ponto de vista do público. Como vimos ao falar da dissonância cognitiva (Capítulo 3), quando deparamos com alguém que discorda de nós, isso nos deixa desconfortáveis porque sugere que nossas opiniões ou ações podem estar erradas ou baseadas em desinformações – ou, Deus nos livre, que somos incompetentes ou tolos. Quanto maior a lacuna entre aquilo que a outra pessoa diz e aquilo em que acreditamos, maior nossa dissonância. Como os indivíduos podem reduzir essa dissonância? Há três maneiras, pelo menos: (1) podem mudar de opinião; (2) podem buscar suporte para sua opinião original, encontrando outras pessoas que compartilham a sua visão, apesar do que diz o comunicador; ou (3) podem depreciar o comunicador, convencendo-se de que a pessoa é incompetente, imoral ou um idiota completo – invalidando, assim, sua opinião. Tecnicamente, há uma quarta maneira – podem induzir o *comunicador* a mudar de opinião –, mas essa alternativa não será viável se a mensagem for apresentada por alguém inacessível (na televisão, online ou numa palestra).

Sob que circunstâncias o indivíduo acharia fácil ou difícil escolher a opção 3 e desmerecer o comunicador? Seria difícil fazer isso com um amigo querido e respeitado; também seria difícil menosprezar alguém que seja um especialista altamente confiável no assunto em discussão. Mas, se a credibilidade do comunicador for questionável, predissemos que desqualificar ou menosprezar esse indivíduo seria a rota que a maioria das pessoas iria seguir – *especialmente* se a opinião dele for diametralmente oposta à dos ouvintes. Quanto mais discrepante a posição do comunicador com a de seu público, mais o público pode começar a questionar a sabedoria, inteligência e sanidade dele. E, quanto mais questiona a sabedoria, inteligência e sanidade do comunicador, menor a probabilidade de o público ser influenciado por ele.

Vamos voltar ao nosso exemplo envolvendo exercício físico: imagine que um homem de 73 anos acabou de vencer a maratona de Boston. Se ele me dissesse que um bom modo de me manter em forma e de viver uma vida longa e saudável é praticar exercícios físicos vigorosos durante duas horas por dia, no mínimo, eu acreditaria nele. Puxa, como acreditaria nele! Ele me motivaria a fazer bem mais exercícios do que se sugerisse que eu me exercitasse apenas dez minutos por dia. Mas suponha que uma pessoa com menos credibilidade, como um treinador de corrida do ensino médio, sugira que eu me exercite diariamente por dez minutos. Dessa vez, a sugestão estaria dentro de minha própria latitude de aceitação, e ele poderia influenciar minha opinião e meu comportamento. Mas, se me aconselhasse a embarcar num programa de exercícios vigorosos, exigindo duas horas por dia, eu estaria inclinado a descartá-lo como charlatão ou fanático por saúde – e continuaria a ser confortavelmente preguiçoso. Assim, concordaria com Hovland, Harvey e Sherif: as pessoas considerariam uma comunicação extremamente discrepante como algo fora de sua latitude de aceitação – mas só se o comunicador não fosse muito crível.

Armados com essas especulações, Turner, Carlsmith e eu analisamos os experimentos sobre essa questão, prestando atenção especial na forma como o comunicador foi descrito. E veja só: descobrimos que cada um dos experimentos mostrando uma relação linear direta entre discrepância e mudança de opinião descreveu a fonte da comunicação como mais digna de crédito do que aqueles cujos resultados mostraram uma relação curvilinear. Isso confirmou nossas especulações sobre o papel da credibilidade.

Mas não paramos por aí: construímos um experimento no qual investigamos sistematicamente o tamanho da discrepância e a credibilidade do comunicador dentro de um projeto de pesquisa.[83] Nesse experimento, pediu-se que universitárias lessem diversas estrofes tiradas da obscura poesia moderna e as classificassem em termos de qualidade. Depois, pediu-se que cada mulher lesse parte de um ensaio crítico sobre poesia moderna que mencionava especificamente uma estrofe que ela havia considerado ruim. Para algumas participantes, o ensaísta descreveu essa estrofe em particular de modo deslumbrante; isso criou uma grande discrepância entre a opinião do comunicador/ensaísta e a opinião expressada pelas estudantes. Para outras participantes, o ensaísta foi apenas um pouco favorável em sua descrição da estrofe; isso estabeleceu uma discrepância moderada entre o ensaísta e as estudantes. Numa terceira condição, o ensaísta foi levemente desdenhoso em sua crítica sobre a estrofe, o que colocou as receptoras dessa comunicação numa situação de pouca discrepância. Finalmente, para metade das mulheres do experimento, o autor do ensaio foi identificado como o renomado poeta T. S. Eliot; para a outra metade, o autor foi identificado como um estudante universitário.

Agora, todas as mulheres tornaram a classificar as estrofes. Quando acharam que o ensaio fora escrito por Eliot, esse autor exerceu maior influência sobre as estudantes quando sua avaliação da estrofe foi *muito* discrepante da delas. Quando as jovens acharam que o ensaísta era um colega universitário de credibilidade média, a posição do rapaz produziu poucas mudanças de opinião quando foi levemente discrepante da opinião delas, mais mudanças quando foi moderadamente discrepante e muito poucas mudanças de opinião quando foi extremamente discrepante.

Portanto, o que podemos concluir sobre a relação entre credibilidade do comunicador e crenças do público? Quando os comunicadores têm grande credibilidade, é maior a probabilidade de o público se deixar persuadir por seus argumentos caso haja uma *grande* discrepância entre a visão de quem comunica e a opinião de quem ouve. Mas, quando os comunicadores têm pouca credibilidade, a única forma de fazer com que as pessoas mudem de ideia é ter uma visão *moderadamente* diferente daquela de seu público.

Características do público

As pessoas são diferentes; algumas são mais difíceis de persuadir. Além disso, como vimos, o tipo de comunicação que agrada uma pessoa pode não agradar outra. Já comentei que o volume de conhecimento, a capacidade e a motivação dos membros do público, bem como suas opiniões anteriores, terão um papel importante para determinar se uma comunicação bilateral será mais eficaz do que uma comunicação unilateral.

Personalidade e política

Que efeito teria a personalidade de um indivíduo sobre sua abertura para ser persuadido? Uma característica da personalidade relacionada de modo mais consistente com a disposição à persuasão é a autoestima. Indivíduos que se sentem inadequados são influenciados mais facilmente por uma comunicação persuasiva do que indivíduos que têm alto conceito sobre si mesmos.[84] Isso já parece suficientemente razoável; afinal, se as pessoas não gostam delas mesmas, decorre daí que não valorizam muito suas ideias e que têm menos confiança em suas convicções. Consequentemente, se suas ideias forem questionadas, podem se mostrar dispostas a abrir mão delas. Se Emily, que tem autoestima elevada, ouve uma comunicação distinta da própria opinião, deve decidir se terá mais chances de estar certa se mudar de opinião ou permanecer com ela. Ela pode sofrer um conflito ainda maior se se vir em desacordo com um comunicador de grande credibilidade. Mas, se tem baixa autoestima, o conflito será pequeno ou inexistente. Como não se acha grande coisa, provavelmente vai acreditar que terá mais chances de estar certa caso acompanhe o comunicador.

Qualquer pessoa que esteja minimamente informada hoje em dia sabe que republicanos e democratas parecem discordar na maioria das questões – e nenhum lado parece capaz de se deixar persuadir pelo outro. Por quê? Após analisarem dados de 44 anos de estudos e mais de 22 mil pessoas nos Estados Unidos e na Europa, John Jost e associados[85] concluíram que esses desacordos não são meramente disputas filosóficas sobre como, digamos, acabar com a pobreza ou consertar as escolas; refletem modos diferentes de pensar, níveis diferentes de tolerância à incerteza e traços centrais de personalidade, motivo pelo qual conservadores e liberais não costumam ser persuadidos pelos mesmos tipos de argumentos.

Como resultado dessas evidências, alguns psicólogos evolucionistas afirmam que sistemas ideológicos de crenças podem ter evoluído nas sociedades humanas para se organizarem ao longo de uma dimensão esquerda-direita, consistindo em dois conjuntos centrais de atitudes: (1) se a pessoa defende mudanças sociais ou apoia o sistema tal como é hoje, e (2) se uma pessoa pensa que a desigualdade é resultado de políticas humanas e pode ser superada ou que é uma condição social inevitável e deveria ser aceita como parte da ordem natural.[86] Psicólogos evolucionistas mostram que esses dois conjuntos de atitudes teriam tido benefícios adaptativos ao longo de milênios: o conservadorismo teria promovido a estabilidade, a tradição, a ordem e os benefícios da hierarquia, enquanto o liberalismo teria promovido a rebeldia, as mudanças, a flexibilidade e os benefícios da igualdade.[87] Conservadores preferem o familiar; liberais preferem o incomum. Toda sociedade, para sobreviver, se sairia melhor com cidadãos de ambos os tipos, mas por aí se vê por que liberais e conservadores discutem tão emocionalmente sobre questões como desigualdade de renda e casamento gay. Não estão discutindo apenas sobre a questão específica, mas também sobre as premissas e valores subjacentes que emergem de suas características de personalidade.

É importante enfatizar que essas são tendências gerais. A maioria das pessoas gosta de ter estabilidade e mudança na própria vida, talvez em proporções diferentes e em épocas diferentes; muitos mudam de ideia ao reagir a novas situações e experiências, como foi o caso da aceitação do casamento gay; e até recentemente, na sociedade norte-americana, a maioria dos membros dos dois partidos políticos estava disposta a encontrar meios-termos e a buscar uma base comum nas leis a serem aprovadas. Contudo, essas diferenças básicas de orientação ajudam a explicar o fato frustrante de que liberais e conservadores raramente conseguem se escutar mutuamente, e muito menos têm sucesso tentando mudar a mentalidade um do outro.

O humor e a mentalidade do público

Outro fator que afeta a maneira como o público reage à mensagem de um comunicador é sua mentalidade. Robert Cialdini, que estudou a persuasão tanto no laboratório quanto no trabalho com especialistas em vendas e persuasão, alega que o modo como você *prepara* as pessoas para uma mensagem persuasiva é um fator crítico para o funcionamento da persuasão: "Orientando estrategicamente a atenção preliminar, é possível para o comunicador levar os ouvintes a concordar com uma mensagem antes mesmo de a vivenciarem".[88] Num estudo, por exemplo, quando pesquisadores abordaram indivíduos e pediram ajuda com uma pesquisa de marketing, apenas 29% concordaram em participar. Mas, quando os pesquisadores abordaram os indivíduos e precederam o pedido com uma frase simples, "Você se considera uma pessoa útil?", 77,3% se voluntariaram. Por quê? Quando perguntadas se eram úteis, antes do pedido, quase todas responderam que sim. Depois, quando o pedido foi feito, a maioria concordou em participar a fim de ser consistente com a identificação recém-ativada de si mesmas de que eram úteis, tornando difícil – veja a dissonância aparecendo – dizer que sim e depois se recusar a ajudar. (Você vai reconhecer aqui um exemplo do paradigma da hipocrisia, descrito no Capítulo 3.)

Os ouvintes também são mais receptivos a uma comunicação persuasiva se estiverem bem alimentados, relaxados, felizes e se sentindo bem consigo mesmos. Pessoas que podem comer aquilo de que gostam enquanto leem mensagens persuasivas são mais influenciadas por aquilo que leem do que pessoas num grupo de controle (sem comida),[89] e o bom humor pode tornar as pessoas mais vulneráveis à persuasão por ficarem menos críticas.[90] Geoffrey Cohen, Joshua Aronson e Claude Steele[91] descobriram que pessoas que tinham recebido feedback autoafirmativo (descobrindo que são queridas no campus) foram significativamente mais receptivas a argumentos persuasivos que atacavam suas crenças.

Por outro lado, membros de um público podem se tornar menos receptivos e menos persuadidos. Um modo simples é avisá-los do que vem por ali.[92] Quando eu era jovem, os apresentadores de TV faziam uma pausa na transmissão e diziam: "E, agora, uma mensagem do nosso patrocinador". Mesmo nessa época, eu achava que o anúncio tornaria a mensagem do patrocinador menos persuasiva do que se o programa tivesse feito a pausa sem o prólogo. O aviso parece dizer: "Cuidado, vou tentar persuadir vocês", e as pessoas costumavam reagir reunindo defesas contra a mensagem. Esse fenômeno foi demonstrado num experimento de Jonathan Freedman e David Sears.[93] Foi dito a adolescentes que eles iriam ouvir uma palestra intitulada "Por que adolescentes não deveriam dirigir". Dez minutos depois, o palestrante apresentou aos jovens algo já preparado. Numa condição de controle, o palestrante comunicou o mesmo conteúdo sem o aviso de dez minutos. Os adolescentes na condição de controle ficaram mais convencidos daquilo que ele disse do que aqueles que tinham sido avisados.

Resistindo à propaganda e à persuasão

Vamos terminar este capítulo como começamos, pensando em todas as técnicas e tecnologias atualmente em jogo para nos persuadir a comprar alguma coisa, acreditar numa alegação ou fazer algo para melhorar nossa vida. Felizmente, embora todos possamos ser influenciados por métodos dos quais geralmente não nos damos conta – notadamente, a familiar repetição deliberada, a evocação do medo ou apelos a aspectos de nossa identidade que são muito importantes para nós –, nós, seres humanos, não somos esponjas, absorvendo passivamente qualquer coisa que seja lançada em nossa direção. Queremos manter nosso senso de controle e proteger nosso senso de liberdade.

Segundo a teoria da **reatância** de Jack Brehm,[94] quando nosso senso de liberdade é ameaçado, tentamos restaurá-lo. Você já foi avisado seriamente de que não deveria fazer alguma coisa – "Não toque nesta chapa quente! Não saia com aquela pessoa! Não fume maconha!" –, e acabou fazendo aquilo na mesma hora? Isso é reatância. Quando as pessoas pensam que a mensagem de alguém é muito flagrante ou coercitiva, intrometendo-se, assim, em sua liberdade de escolha, provavelmente ativam suas defesas para resistir a ela. Se, por exemplo, entro numa loja apenas para dar uma olhada e um vendedor agressivo me diz que *preciso* experimentar aquela loção pós-barba ou *preciso* conhecer sua nova linha de camisas, a primeira reação que tenho é reafirmar minha independência saindo da loja.

Estudos têm demonstrado a reatância por toda uma gama de atividades. Numa delas, numa tentativa de fazer com que as pessoas parassem de pichar as paredes dos banheiros, os pesquisadores colocaram uma de duas placas nos banheiros:[95] "Não escreva nestas paredes, sob circunstância alguma", ou "Por favor, não escreva nestas paredes". Os pesquisadores voltaram duas semanas depois e observaram quantos rabiscos tinham sido feitos naquele intervalo. Como previsto, um número significativamente maior rabiscou as paredes quando a placa que os instruía a não o fazer dizia "Não escreva..." do que com a placa "Por favor, não...". Do mesmo modo, fumantes que recebem advertências severas dizendo-lhes para não fumar costumam reagir acendendo um cigarro em sinal de protesto.[96]

Ou suponha que, enquanto caminha pela rua, peçam-lhe educadamente para assinar uma petição. Você não conhece muito bem a questão e, enquanto lhe explicam, aparece outra pessoa e o aconselha enfaticamente a não assinar. A teoria da reatância prediz que, para combater essa pressão e reafirmar sua liberdade de escolha, seria mais provável que você a assinasse. Esse cenário foi realmente montado por Madeline Heilman,[97] que descobriu que, sob a maioria das circunstâncias, quanto mais intensas as tentativas de *impedir* que as pessoas assinassem a petição, maior a probabilidade de que a assinassem.

Naturalmente, como vimos no Capítulo 4, as pessoas podem ser (e são) influenciadas a obedecer sob pressões sociais implícitas, como no experimento de Asch. Mas, quando essas pressões são tão flagrantes que ameaçam a sensação de liberdade individual, as pessoas não apenas resistem a elas como tendem a reagir no sentido oposto. Com efeito, sendo tudo o mais igual, quando se defrontam com informações contrárias a crenças importantes, as pessoas têm a tendência, quando viável, a inventar contra-argumentos na mesma hora. Dessa forma, conseguem impedir que suas opiniões sejam influenciadas indevidamente, protegendo seu senso de autonomia.

Portanto, em nível pessoal, a reatância leva-nos a contrariar ordens ou instruções que nos dizem como *temos* de nos comportar. Mas há uma forma melhor e menos consciente de resistir à persuasão. Já vimos que uma apresentação bilateral, com prós e contras, é mais eficaz para convencer a maioria dos segmentos de público do que uma apresentação unilateral. Ampliando esse fenômeno, William McGuire e associados desenvolveram o que chamaram de **efeito de inoculação**:[98] quando as pessoas recebem uma comunicação breve que podem refutar, tendem a ficar "imunizadas" contra uma apresentação posterior e aprofundada do mesmo argumento, assim como uma pequena quantidade de um vírus enfraquecido imuniza as pessoas contra um ataque pleno desse vírus. Recebendo "pequenas doses" de argumentos contrários à sua posição (ataques suaves), as pessoas tornam-se imunes a argumentos posteriores e mais poderosos contra suas opiniões originais. Em contraste, se não pensaram muito no assunto – ou seja, se formaram seus pontos de vista pela rota periférica, como por meio de emoções, familiaridade ou identificação –, as pessoas ficam particularmente suscetíveis a um ataque pleno sobre sua posição. Elas não terão praticado a defesa de suas posições. É por isso que um experimento descobriu que inocular as pessoas com os fatos sobre o 11 de setembro aumentou sua resistência a propagandas políticas posteriores sobre teorias da conspiração envolvendo a tragédia.[99]

A inoculação aumenta nossa resistência a persuasões posteriores, pois ficamos motivados a defender nossas crenças e adquirimos alguma prática em defendê-las ao sermos forçados a examinar por que as temos. É claro que, às vezes, a abertura às críticas e argumentos razoáveis da oposição podem levar a uma alternativa melhor: mudarmos de ideia! O quadro mais amplo, na minha visão, é crucial para a própria finalidade da educação: se queremos reduzir o impacto da propaganda simplista, devemos incentivar a livre investigação sobre todo tipo de ideias. A pessoa que sofre lavagem cerebral com mais facilidade é aquela cujas crenças baseiam-se em slogans que nunca foram questionados seriamente.

Para mim, o lado positivo dessa pesquisa é que podemos nos beneficiar muito quando nossas ideias são questionadas – seja por nos convencermos de que algumas de nossas crenças queridas podem estar erradas, seja por nos forçar a pensar sobre as razões para nossas crenças e a compreender essas razões num nível mais profundo do que antes. É por isso que me entristeceu ler as histórias de protestos em campi universitários sobre palestrantes considerados "racistas" ou "sexistas" ou qualquer outro "ista". Esses oradores podem muito bem ter seus preconceitos, mas também podem ser pessoas que simplesmente discordam de seus contestadores em alguns pontos, mas não em todos. Como alguém pode saber enquanto não os ouve falar livremente? Como mostra a pesquisa sobre persuasão neste capítulo, proibir as pessoas de falar não leva a nada; não ensina os manifestantes a se valerem de argumentos persuasivos a favor de sua posição, não persuade a pessoa cujas opiniões são diferentes e não ajuda a resolver mal-entendidos e comunicações equivocadas.

Meu trabalho como psicólogo social e professor *me* persuadiu de que é vital – especialmente nos campi universitários – convidar palestrantes que discordem das crenças e atitudes prevalentes no corpo discente, mesmo que muitos estudantes considerem esses argumentos ofensivos. Gritar e silenciar não persuade ninguém de coisa alguma. Lisa Feldman Barrett, psicóloga que estuda a neurociência da emoção, conta uma história que, creio, capta lindamente a diferença entre discurso *desagradável* e discurso *abusivo*:

> Considerar a perspectiva desagradável de outra pessoa pode ser educativo. No começo da minha carreira, dei um curso que cobria o movimento eugênico, que defendia a reprodução seletiva dos humanos. Na sua época, a eugenia tornou-se uma justificativa científica para o racismo. Para ajudar meus estudantes a compreenderem essa parte infame da história da ciência, passei-lhes a tarefa de discutir os prós e os contras. Os estudantes se recusaram. Ninguém queria argumentar, mesmo como parte de um exercício em sala de aula, que certas raças eram geneticamente superiores a outras. Por isso, chamei um colega afro-americano de meu departamento para argumentar a favor da eugenia enquanto eu argumentava contra; no meio do debate, trocamos de posição. Estávamos mostrando aos estudantes o modelo de um princípio fundamental da educação universitária, bem como da sociedade civil: quando você é forçado a manter uma posição da qual discorda muito, aprende alguma coisa sobre a perspectiva do outro, bem como sobre a sua. Parece ser um processo desagradável, mas é um estresse positivo... e você colhe os benefícios do aprendizado no longo prazo.[100]

Em contraste, provocadores, propagandistas políticos e disseminadores do ódio – como os defensores da Ku Klux Klan e de outros grupos da supremacia branca – dedicam-se a um discurso *abusivo*. Não estão interessados, nem de longe, em educar alguém ou discutir suas ideias, e por isso não há razão para convidá-los a falar numa instituição de ensino. Mas eles não devem ser postos na mesma categoria que acadêmicos sérios dos quais discordemos eventualmente, como o cientista político Charles Murray, que há muito alega que fatores genéticos ajudam a justificar disparidades raciais em testes de QI. Esse argumento ofende muita gente, mas é uma hipótese empírica que pode ser discutida e cujos dados podem ser examinados. E esse processo, por sua vez, pode levar – e tem levado – a novas investigações experimentais para determinar por que Murray obteve os resultados que obteve e se outras explicações poderiam justificá-los. Na ciência, ninguém diz "Não gosto de suas descobertas porque elas contrariam meus valores!" e sai da sala, batendo a porta atrás de si. Somos obrigados a usar *evidências* para defender por que achamos que estão errados. No Capítulo 7, você verá como os argumentos de Murray foram questionados por psicólogos sociais como Claude Steele e Joshua Aronson e por geneticistas como Richard Lewontin.

John Stuart Mill acertou em cheio quando, em seu famoso ensaio de 1859 "Sobre a liberdade", afirmou que devemos permitir a expressão de ideias de que não gostamos porque elas podem conter algum grão de verdade que pode questionar, e talvez até corrigir, o saber convencional dominante ou, no mínimo, proporcionar-nos motivação para reexaminar a sensatez das crenças às quais já aderimos. Ou, como disse o juiz da Suprema Corte Louis Brandeis, quando nos confrontamos com ideias baseadas em "falácias e falsidades", precisamos nos lembrar de que "o remédio a ser aplicado é mais discurso, não o silêncio forçado". Às vezes, a educação é inquietante – que é como ela deveria ser.

Saul Steinberg, Desenho sem título, tinta sobre papel.
Publicado originalmente em *The New Yorker*, 18 de janeiro de 1964.

CAPÍTULO 6

AGRESSÃO HUMANA

Há muitos anos, no apogeu da desastrosa guerra que nosso país travava no Sudeste Asiático, estava assistindo ao noticiário na televisão. O âncora (o inimitável Walter Cronkite) estava relatando um incidente no qual aviões dos Estados Unidos despejaram napalm numa aldeia do Vietnã do Sul, acreditando que se tratava de uma fortaleza vietcongue. Meu filho Hal, que tinha uns 10 anos na época, perguntou alegremente:

– Ei, papai, o que é napalm?

– Bem – respondi casualmente –, segundo entendi, é uma substância química que queima as pessoas; ela também gruda e, por isso, se cair na sua pele, não dá para removê-la. – E continuei assistindo ao noticiário.

Alguns minutos depois, olhei para Hal e vi lágrimas escorrendo por seu rosto. Atingido por seu choque, dor e pesar, fiquei atônito e comecei a me perguntar o que tinha acontecido comigo. Será que havia ficado tão embrutecido que tive de responder friamente à pergunta de meu filho, como se ele tivesse me perguntado como se fabrica uma bola de basquete ou qual a função de uma folha? Estaria tão acostumado com a brutalidade humana que conseguia ser indiferente a ela?

De certo modo, isso não surpreende. As pessoas da minha geração viveram uma era de horrores indizíveis: o Holocausto na Europa, o lançamento de bombas atômicas em Hiroshima e Nagasaki, a Guerra da Coreia e as guerras no Sudeste Asiático e no Oriente Médio, para mencionar apenas algumas. Nos anos seguintes, também fomos testemunhas de intermináveis guerras civis na América Central; o massacre de mais de um milhão de civis nos campos de extermínio do Camboja; a "limpeza étnica" na Bósnia; os banhos de sangue em Ruanda, Sudão e Argélia; os ataques suicidas de 11 de setembro em nosso próprio solo e as retaliações norte-americanas no Afeganistão e Iraque; e assim por diante, e assim por diante. Por mais horrendos que sejam esses eventos, mortes em massa certamente não são peculiaridades de nossa era. Certa vez, um amigo me mostrou um livro muito fino – com apenas 10 ou 15 páginas – que se propunha a ser uma história resumida do mundo, uma lista cronológica dos eventos importantes da história registrada. Dá para adivinhar o que continha? Naturalmente, uma guerra atrás da outra, interrompidas de vez em quando por uns poucos eventos não violentos, como o nascimento de Jesus e a invenção da imprensa. Que tipo de espécie somos se os eventos mais importantes na breve história da humanidade são situações nas quais as pessoas se matam umas às outras em massa?

Além disso, nós, norte-americanos, demonstramos uma aceitação assustadora da violência, algo que às vezes parece extremamente absurdo e insensato. Quando aviões de guerra dos Estados Unidos bombardearam a Líbia em retaliação pelo aumento dos casos de terrorismo daquele país, nada menos que 71% de nossos cidadãos aprovaram a ação militar, embora apenas 31% acreditassem que o ataque seria eficaz no controle de futuras ações terroristas.[1] O que mais podemos concluir, senão que um número substancial de norte-americanos considera que atos puramente vingativos são uma parte aceitável da política externa de sua nação? Claro, a maioria dos cidadãos de muitos países apoia as guerras de que seus governos participam. Mas os norte-americanos lideram as nações desenvolvidas da Terra em tolerância, aceitando o fato espantoso de que tiroteios em massa – definidos como tendo quatro vítimas, no mínimo – ocorram *diariamente* no país, e que mais de 100 mil pessoas morram por causa da violência com armas todos os anos (incluindo assassinatos, assaltos, suicídios, acidentes e mortes por intervenção da polícia).[2]

Defino **agressão** como uma ação intencional que visa causar dano ou dor física ou psicológica. A ação pode ser física ou verbal. Quer atinja sua meta ou não, ainda é uma agressão. Logo, se um amigo irritado joga uma garrafa de cerveja na sua cabeça e você se abaixa, evitando que a garrafa atinja o alvo, ainda é um ato agressivo. O importante é a intenção de seu amigo. Mas se um motorista bêbado o atropela sem intenção enquanto você tenta atravessar a rua, não se trata de um ato de agressão, embora o dano que você vá sofrer seja bem maior do que aquele causado pela garrafa de cerveja que não o atingiu.

Por essa definição, nós, humanos, provamos que somos uma espécie particularmente agressiva. Nenhum outro animal, de forma tão consistente e arbitrária, agride, tortura e mata membros de sua própria espécie. Durante séculos, filósofos têm discutido a razão para isso: a agressividade seria um fenômeno inato ou precisa ser aprendida? Thomas Hobbes, em sua obra clássica, *Leviatã* (publicada pela primeira vez em 1651), adotou a ideia de que nós, seres humanos, em nosso estado natural, somos brutos, e que só pela aplicação da lei e ordem da sociedade podemos conter aquilo que, para ele, seria o instinto natural da agressão. Em contraste, o conceito do bom selvagem de Jean-Jacques Rousseau (teoria que ele desenvolveu em 1762) sugeriu que nós, seres humanos, em nosso estado natural, somos criaturas gentis, e que é a sociedade restritiva que nos força a ser hostis e agressivos. A visão mais pessimista, de Hobbes, foi ampliada no século 20 por Sigmund Freud,[3] que teorizou que os seres humanos nascem com um impulso instintivo pela vida, que ele chamou de *eros*, e um impulso instintivo pela morte, *tânatos*, levando a ações agressivas. A respeito do instinto de morte, Freud escreveu: "Esse instinto está em atividade em toda criatura viva e procura levá-la ao aniquilamento, reduzir a vida à condição original de matéria inanimada".

Essa milenar disputa sobre a natureza humana leva-me a fazer as perguntas a seguir, que tentarei responder neste capítulo: a agressividade é inata – faz parte de nossa própria natureza como seres humanos? A agressividade pode ser modificada? As mulheres são tão agressivas quanto os homens, mesmo que de maneiras supostamente diferentes? Quais são os fatores sociais e situacionais que aumentam ou reduzem a agressividade? Hoje, cientistas da psicologia em diversas disciplinas entendem que a "agressividade" é tanto biológica *quanto* aprendida, parte de nossa herança evolutiva – e o mesmo se pode dizer das forças compensadoras que promovem altruísmo e cooperação. Vamos analisar alguns dos muitos fatores que influenciam – ou desencorajam – a expressão da agressão.

Agressividade em animais não humanos

Para compreender até que ponto a agressividade pode ser inata, alguns cientistas recorreram a experimentos com espécies não humanas. Considere a crença comum de que gatos espreitam e matam ratos "instintivamente". Há mais de meio século, o biólogo Zing Yang Kuo[4] tentou demonstrar que esse conceito era um mito por meio de um experimento simples: ele criou um gato na mesma gaiola que um rato. Não só o gato não atacou o rato, como ambos se tornaram companheiros inseparáveis. Além disso, dada a oportunidade, o gato recusou-se a perseguir ou a matar outros ratos; portanto, o comportamento benigno não se limitou àquele amigo em particular, generalizando-se a ratos que o gato nunca tinha visto. Não é ciência, mas alguns dos mais populares vídeos e fotos online são essas de "amizades" entre espécies, como o cão e o gato de alguém aninhados nas patas um do outro.

Embora seja encantador, o experimento de Kuo (e todas essas fotos bonitinhas) não significa que o comportamento agressivo seja aprendido ou não seja inato; simplesmente demonstra que instintos agressivos podem ser controlados pela experiência precoce. E se um animal cresce sem qualquer contato com outros de sua espécie? Ele vai ou não mostrar tendências agressivas se for ameaçado? Ratos criados em isolamento (ou seja, sem qualquer experiência em lutar com outros ratos) vão atacar outro rato posto na gaiola; além disso, os ratos isolados usam o mesmo padrão de ameaça e ataque empregado pelos ratos experimentados.[5] Portanto, embora o comportamento agressivo possa ser modificado por experiências precoces, em algumas espécies, ao que parece, ele não precisa ser aprendido.

O que nós, humanos, podemos aprender sobre nossa própria herança biológica observando o comportamento de animais com os quais temos maior semelhança genética? Nossos parentes genéticos mais próximos, com os quais compartilhamos 98% de nosso DNA, são o chimpanzé e o bonobo. Entretanto, esses primatas não poderiam ser mais diferentes um do outro. O chimpanzé é extremamente agressivo. Embora os chimpanzés não entrem em guerras como os humanos, chimpanzés machos caçam e matam outros chimpanzés, às vezes os torturando e desmembrando; as fêmeas também podem ser bastante agressivas, ardilosas e malvadas.[6] Mas o bonobo, nosso outro parente genético próximo, já foi descrito pelos primatologistas como mais compassivos, empáticos e pacíficos do que os chimpanzés. Enquanto o chimpanzé age agressivamente com pouca provocação, o bonobo é uma das espécies menos agressivas do planeta. Na verdade, os bonobos foram chamados de primata "faça amor, não a guerra", pois, sempre que surge um conflito potencialmente perigoso, os bonobos fazem sexo, o que reduz a tensão. (Eles também fazem sexo após um conflito, para fazer as pazes.) Quando bonobos chegam a um local de alimentação, primeiro praticam sexo comunitário e depois vão comer pacificamente. Em contraste, quando chimpanzés chegam a um local de alimentação, brigam pela comida. Além disso, e ao contrário dos chimpanzés, os bonobos formam sociedades dominadas pelas fêmeas, mantendo os machos na linha e exibindo notável sensibilidade para com os outros membros do grupo.[7]

Então, os humanos são mais como os chimpanzés ou mais como os bonobos? Aqueles que alegam que a agressividade é inerente a nós apontam para os chimpanzés; aqueles que dizem que somos cooperativos apontam para os bonobos. Embora nós, humanos, não compartilhemos as soluções sexuais dos bonobos para os problemas, somos mais habilitados para cooperar do que os chimpanzés, prevenindo soluções violentas para conflitos.[8] A evolução deu-nos tanto a propensão para atacar quando nos sentimos ameaçados ou competindo por recursos, como nos concedeu fortes mecanismos inibidores que nos permitem frear a agressividade quando isso nos interessar.

Cultura e agressividade

As sociedades humanas não têm sido igualmente belicosas.[9] Em culturas bem unidas, que dependem de cooperação para sobrevivência do grupo, raiva e agressividade são consideradas perigosas e perturbadoras, e ofensores são postos em ostracismo ou punidos. Muitos grupos humanos, como os Lepcha do Siquim, os povos pigmeus da África Central e os Arapesh da Nova Guiné, vivem em amizade cooperativa, tanto nos próprios grupos quanto em suas relações com outros; são raros os atos de agressão.[10] No outro extremo do espectro humano, temos grupos, como o Boko Haram da Nigéria, que treinam crianças pequenas para matar e morrer em ataques suicidas.

Portanto, a maioria dos psicólogos sociais acredita que a agressividade é uma estratégia opcional: nós, humanos, nascemos com a *capacidade* de nos comportar agressivamente, mas como, se, quando e onde expressamos esse comportamento são coisas aprendidas e dependem de nossas circunstâncias e cultura. Você pode ficar realmente bravo quando um policial o detém por excesso de velocidade, mas provavelmente vai controlar seu humor – e seu comportamento. Três linhas importantes de evidências apoiam a visão de que a manifestação da agressividade depende das condições externas que a fomentam ou a reprimem: estudos sobre como as culturas mudam ao longo do tempo, estudos entre culturas e experimentos de laboratório.

Veja o caso dos iroqueses da América do Norte. Esse povo viveu em paz por centenas de anos como nação de caçadores, mas, no século 17, o crescente comércio com os europeus recém-chegados os colocou em concorrência direta com os Huron, seus vizinhos, na exploração de peles (para trocarem por bens manufaturados). Eclodiram várias guerras – e os iroqueses tornaram-se guerreiros ferozes e de sucesso, não porque fossem intrinsecamente "agressivos", mas porque uma mudança social aumentou a concorrência.[11] Isso também funciona no sentido oposto. Muitas sociedades que já foram belicosas – como os escandinavos ou portugueses – tornaram-se as mais pacíficas do planeta.

Agora, a "violência como entretenimento" tem lugar nas telas dos cinemas, em videogames e em eventos desportivos, e não nas arenas dos gladiadores onde pessoas de verdade eram desmembradas sob aplausos do público. Steven Pinker[12] argumenta que, ao longo dos séculos, a violência humana vem declinando graças, em parte, à ascensão de Estados-nações que cuidam de decisões sobre guerra, justiça e recompensa, e à condenação e banimento quase universal da escravidão, de castigos cruéis e de maus-tratos a crianças. Excetuando-se pessoas que vivem em zonas de guerra como Síria, Afeganistão ou Iraque, ou em estados fracassados como a Somália, hoje é estatisticamente menos provável que os seres humanos se deparem com a violência do que no passado.

Culturas da honra

A maleabilidade de tendências violentas fica mais bem refletida nas notáveis diferenças regionais do comportamento agressivo e nos tipos de eventos que as provocam. Richard Nisbett[13] mostrou que os índices de homicídio entre homens brancos do Sul [dos Estados Unidos] são substancialmente maiores do que aqueles entre homens brancos do Norte, especialmente das áreas rurais. Mas isso só é verdade para certos tipos de homicídios – aqueles provocados por insultos e pela necessidade de proteger seus bens – e só em certas áreas, aquelas que originalmente se baseavam na criação de gado e não na agricultura.

Por que isso? Pessoas que dependem economicamente da agricultura tendem a desenvolver estratégias cooperativas de sobrevivência. Mas pessoas que dependem de seus rebanhos são extremamente vulneráveis; seu sustento pode se perder num instante com o furto de seus animais. Para reduzir a probabilidade de furto, teorizou Nisbett, os criadores aprendem a ficar extremamente atentos a qualquer ação ameaçadora (real ou percebida) e a reagir fortemente a ela de imediato. Isso explicaria por que o furto de gado e cavalos era crime capital no Velho Oeste e por que culturas de pastoreio do Mediterrâneo e do Oriente Médio valorizam muito, até hoje, a agressividade do homem. Com efeito, quando Nisbett analisou as práticas agrícolas *no* Sul, descobriu que os índices de homicídio mais que dobravam nas colinas e áreas planas e secas (onde ficam os rebanhos) em comparação às regiões de plantação.

A ênfase na agressividade e na vigilância em comunidades pastoreiras fomenta, por sua vez, uma *cultura da honra*, na qual até pequenas disputas colocam em xeque a reputação masculina de durões, exigindo que os homens reajam agressivamente para restaurar seu status.[14] Afinal, se você é fazendeiro em Massachusetts, provavelmente ninguém vai furtar toda a sua colheita de maçãs; portanto, não é tão necessário firmar a reputação de ser uma pessoa que vai reagir e lutar para proteger seus bens. Mas, se é criador de gado, é importante estabelecer a reputação de durão que faz qualquer um pensar duas vezes antes de tocar na sua propriedade. Embora a economia pastoreira tenha ficado muito menos importante no Sul e no Oeste, o legado de sua cultura de honra permanece. Essas regiões têm índices de homicídio relacionados à honra (como assassinato para vingar um suposto insulto à família de alguém) cinco vezes maiores do que os de outras regiões do país.

Dov Cohen e Richard Nisbett[15] realizaram uma série de experimentos na Universidade de Michigan, mostrando que normas características da cultura da honra aparecem nas cognições, emoções, comportamentos e reações fisiológicas de homens brancos estudantes do Sul, jovens cujas famílias não criam gado há várias gerações. Em um dos experimentos, cada participante foi conduzido a um corredor no qual um colega "acidentalmente" esbarrou nele enquanto passava e o insultou murmurando uma vulgaridade comum. Em comparação com homens brancos do Norte (que tendem a ignorar o insulto), os sulistas tinham maior probabilidade de reagir agressivamente. O cortisol e a testosterona no sangue atingiram um pico, eles disseram ter sentido que sua masculinidade fora questionada e, em última análise, que foi maior a probabilidade de reagirem agressivamente contra o colega que acharam que os havia "insultado".

Pesquisas sobre culturas da honra descobriram seus efeitos em várias instâncias. Num experimento de campo, Cohen e Nisbett[16] enviaram cartas de candidatura de emprego para empresas de várias regiões do país, supostamente de pessoas que haviam matado alguém numa disputa relacionada à honra. A probabilidade de empresas situadas no Sul e no Oeste responderem de maneira receptiva e compreensiva foi maior do que a daquelas localizadas no Norte. Estudantes do ensino médio em estados imbuídos de cultura da honra têm maior probabilidade de levar uma arma para a escola e de usá-la, e esses estados têm duas vezes mais tiroteios *per capita* nas escolas do que outras unidades federativas.[17] Homens em culturas da honra ao redor do mundo tendem a desconfiar do governo e a acreditar que são eles que têm a obrigação de retaliar diante de uma provocação, pessoalmente e, às vezes, com violência. Culturas da honra também têm índices de violência doméstica mais elevados. Pessoas de ambos os sexos nessas culturas acreditam que é apropriado o homem atacar fisicamente a mulher se acreditar que ela está ameaçando sua honra e reputação sendo infiel ou o deixando.[18]

Como mostram essas descobertas, podemos ver que, embora um componente fisiológico da agressividade esteja presente nos seres humanos e em outros primatas, a agressividade não é um "instinto" reflexivo. Influências culturais "estão cravadas em nós", literalmente, e modelam nossas reações a eventos situacionais e sociais, determinando, assim, se vamos reagir agressivamente. Isso significa que, se determinadas condições situacionais e sociais podem aumentar previsivelmente o comportamento agressivo, outras condições podem reduzi-lo.

Gênero e agressividade

A pesquisa sobre culturas da honra sugere que a agressividade masculina ("Não mexa comigo") é estimulada quando ocupa uma parte central do papel e da identidade do homem. Quando "ser homem" é algo definido pela competitividade e pela força, os homens tentam constantemente "provar" sua masculinidade e status em exibições de agressividade.[19] Por outro lado, quando os homens vivem em culturas que não envolvem ameaças internas e externas à sua sobrevivência – e, admitamos, não muitas culturas foram abençoadas dessa maneira –, eles não são criados para ser agressivos, as diferenças entre os sexos são minimizadas e a cooperação é estimulada.[20]

Entretanto, o gênero é o principal elemento de predição para a violência. Como adultos, é maior a probabilidade de homens entrarem em brigas espontâneas e não provocadas com desconhecidos, participarem de grupos que praticam destruição e saques e cometerem crimes violentos como assalto, estupro e assassinato do que mulheres.[21] Começando na infância, os garotos se dedicam consistentemente mais a se empurrar, bater e fingir que estão brigando do que as meninas. Num estudo transcultural de Dane Archer e Patricia McDaniel,[22] adolescentes de 11 países leram histórias envolvendo conflitos interpessoais, e depois lhes foi pedido que redigissem o final delas. Em todos os países, os rapazes mostraram tendência maior a terminar a história com violência.

Costuma-se acreditar que o hormônio que alimenta a agressividade masculina seja a testosterona, que ambos os sexos possuem, embora em maior proporção nos homens. Animais de laboratório cuja testosterona é removida (porque foram castrados) tornam-se menos agressivos, e aqueles que recebem injeção de testosterona tornam-se mais agressivos. James Dabbs e colegas[23] descobriram que os níveis naturais de ocorrência da testosterona são significativamente maiores entre prisioneiros condenados por crimes violentos do que entre os condenados por crimes não violentos, e, entre estudantes universitários, os homens membros de fraternidades e considerados pelos outros como mais rudes, indisciplinados e socialmente menos responsáveis revelaram níveis de testosterona mais elevados.[24] A testosterona afeta muitos dos comportamentos que associamos estereotipadamente com rapazes: são agressivos, competitivos e audaciosos. Entretanto, o inverso também é verdade: o comportamento agressivo ou competitivo aumenta a liberação de testosterona, presumivelmente para preparar o animal para se comportar agressivamente.[25]

Mas todas essas descobertas são correlacionais, não explicativas. E, como acabamos de ver, rapazes do Norte têm a mesma testosterona que rapazes do Sul, mas não se deixam provocar ou reagir agressivamente a insultos percebidos. O biólogo e zoólogo Robert Sapolsky, em seu livro *Comporte-se: a biologia humana em nosso melhor e pior*, resumiu a questão desta maneira: analisando os estudos correlacionais, concluiríamos que "a testosterona causa agressividade. E agora é hora de entender o quanto isso está errado".[26] Por quê? Mesmo quando se elimina completamente a testosterona nos machos, a agressividade continua a ocorrer; além disso, quanto maior a experiência de agressividade do macho antes da castração, mais a agressividade perdurará depois. Sapolsky acrescenta ainda que, se a testosterona é um forte preditor de violência, deveríamos esperar que diferenças em níveis de testosterona predissessem que animais de uma espécie – aves, peixes, mamíferos, primatas – vão se comportar agressivamente. Isso não acontece.

Agressão física

Se não há muita possibilidade de mulheres brigarem aos socos, começarem rebeliões ou atirarem em alguém para defender a reputação de sua família, isso significa que elas são intrinsecamente menos agressivas do que os homens? As diferenças entre os gêneros são óbvias no mundo social mais amplo; no mundo privado das famílias e relacionamentos, as diferenças de gênero nem sempre são tão claras.

Os casos de violência extrema em família são, na maioria, praticados por homens. Por exemplo, 8 entre 10 assassinos que matam um membro da família são homens. Além, disso, quando os homens agridem suas vítimas, geralmente eles causam ferimentos mais graves do que as mulheres agressoras.[27] Entretanto, quando estudamos formas de agressão física menos violentas do que assassinatos e espancamentos brutais, costuma haver uma grande superposição entre homens e mulheres – e, ao contrário dos estereótipos sobre gênero, em muitos relacionamentos os dois lados se mostram igualmente agressivos. Por exemplo, num estudo com quase 500 mulheres no primeiro ano da faculdade que relataram experiências de violência com o namorado, a maioria disse que a agressão foi recíproca.[28] Uma revisão de mais de 200 estudos de amostras em comunidades não encontrou diferenças significativas entre gêneros na porcentagem de homens e mulheres fisicamente agressivos com o parceiro,[29] e ambos se comportavam dessa maneira pelas mesmas razões: ciúme, raiva, vingança e autodefesa.[30]

Em alguns estudos que compararam meninos e meninas em níveis de agressividade, a maioria dos sujeitos se mostrou igualmente não agressiva; a diferença entre os sexos deveu-se primariamente a um pequeno número de meninos extremamente agressivos.[31] Entre adultos, a diferença sexual na disposição para causar danos físicos costuma desaparecer quando ambos os sexos se sentem provocados e no direito a retaliar. Uma meta-análise de 64 experimentos separados revelou que, embora os homens sejam mais agressivos do que as mulheres sob circunstâncias normais, a diferença entre os gêneros diminui quando homens e mulheres são insultados e quando as mulheres têm a mesma chance de retaliar agressivamente – especialmente quando os outros não percebem seu gênero.[32]

Assim como a agressividade masculina é influenciada pela cultura, isso também acontece com a agressividade feminina. O índice de agressões físicas a mulheres, mediante espancamentos, facadas e socos, é maior em culturas que consideram esses abusos uma prerrogativa masculina e um meio legítimo de exercer poder e controle sobre elas, como vimos em países nos quais as meninas podem ser assassinadas só porque querem frequentar a escola.[33] Contudo, num estudo internacional, mulheres da Austrália e da Nova Zelândia mostraram maior evidência de agressividade do que homens da Suécia e da Coreia.[34] Numa comunidade cultural que admira a agressividade física, ambos os sexos podem recorrer a táticas violentas. Meninas adolescentes que são membros de gangues mexicano-americanas em Los Angeles portam qualquer tipo de arma na qual possam pôr a mão, de bastões a revólveres, e disseram a um pesquisador que não se filiaram ao grupo apenas para obter suporte social, mas também por vingança.[35] Um estudo sobre todas as mulheres-bomba suicidas do mundo desde 1981 (inclusive de Afeganistão, Israel, Iraque, Índia, Líbano, Paquistão, Rússia, Somália, Sri Lanka e Turquia) revelou que as "principais circunstâncias e razões que motivam mulheres-bomba suicidas são bem similares àquelas que motivam os homens": lealdade ao país ou à religião, raiva por seu território estar ocupado por uma força militar estrangeira e vingança por entes queridos mortos pelo inimigo.[36]

Agressão relacional

Lembre-se: eu defini agressão como a intenção de causar mal a outra pessoa, e "mal" nem sempre significa confronto físico. As mulheres são mais propensas do que os homens a praticar uma forma mais social de agressão, que Nikki Crick e associados chamam de **agressão relacional**,[37] ou causar mal a outros sabotando suas reputações e relacionamentos. Banir, divulgar rumores falsos e mexericos maliciosos, difamar e praticar "*slut shaming*"* são os principais exemplos, e as consequências podem ser devastadoras.[38] A diferença média entre os gêneros para a agressão relacional começa cedo: num estudo, crianças entre 3 e 5 anos, brincando em grupos de três, foram orientadas a usar um giz de cera colorido para fazer um desenho numa folha branca de papel. Foram dados três gizes a cada grupo, mas apenas um era colorido (laranja) e os outros dois, brancos. Naturalmente, todas as crianças queriam o laranja. Os meninos usaram agressão física para obtê-lo, agredindo ou empurrando a criança que estava com o giz laranja. As meninas usaram agressão relacional, espalhando boatos sobre a criança com o giz laranja ou ignorando-a para fazê-la chorar.[39]

Uma forma particularmente nociva de agressão relacional é o *bullying* online. Com o advento da internet, os valentões não se limitam mais ao ambiente da escola; as vítimas podem ser intimidadas e incomodadas 24 horas por dia, sete dias por semana. A internet deu ao intimidador relacional um megafone; a reputação da pessoa pode ser amplamente atacada com os cliques do mouse, sem que pais e professores detectem isso.[40] O *ciberbullying* pode ser um ato isolado e impulsivo, ou uma campanha planejada de assédio. Phoebe Prince, garota irlandesa de 15 anos que mora em Massachusetts, foi alvo de um grupo conhecido como *Mean Girls* [Meninas Malvadas] numa disputa por causa de seu breve relacionamento com um garoto popular da escola. Quatro moças e dois rapazes começaram uma campanha implacável de agressão verbal contra ela (chamando-a, inclusive, de "puta irlandesa" e "piranha" no Facebook e em outras mídias sociais), além de ameaças de agressão física. Depois de quatro meses de calúnias e assédio, Prince enforcou-se em casa.

Segundo uma pesquisa preparada para o governo sobre Segurança Infantil e Tecnologias Online, a maior fonte de perigo que os adolescentes enfrentam na internet não vem da pornografia (que muitos deles, geralmente rapazes,

* A expressão em inglês (algo como "envergonhar a vadia", em tradução literal) reflete uma forma de violência de gênero, uma ação que busca expor, ridicularizar e/ou desqualificar a aparência física, o comportamento social e a conduta sexual de uma mulher. [N. de T.]

procuram) nem de adultos predadores, muito menos de mensagens de conteúdo sexual. O relatório mostrou que as ameaças mais frequentes enfrentadas pelos menores, tanto online quanto offline, são formas de agressão relacional por parte de seus pares.[41]

Catarse – Isso funciona?

Agora, vamos voltar à crença muito difundida de que certos tipos de ato agressivo podem ter uma função útil e talvez necessária: eles servem de "desabafo". Essa ideia deriva do conceito psicanalítico da **catarse**, ou liberação de energia. Sigmund Freud acreditava que a energia agressiva precisa ser extravasada de alguma forma para não se acumular e produzir doenças. Sua teoria baseava-se na analogia da pressão da água acumulada num recipiente: a menos que se permita que a agressividade escape, ela vai produzir uma explosão. Segundo Freud, a sociedade realiza uma função essencial regulando o "instinto de morte" e ajudando as pessoas a sublimá-lo – ou seja, a transformar a energia destrutiva em atividades aceitáveis ou úteis.[42] Acreditava-se que as formas mais aceitáveis de sublimação eram as artes e os esportes. O psiquiatra William Menninger[43] afirmava que "jogos competitivos proporcionam um canal incomumente satisfatório para o impulso agressivo instintivo".

A crença nos benefícios emocionais e físicos da catarse tornaram-se parte de nossa mitologia cultural. No filme *Máfia no divã*, um psiquiatra (Billy Crystal) é forçado a manter um relacionamento terapêutico com um assassino e chefe da máfia representado por Robert de Niro. O personagem de De Niro sofre de hipertensão, supostamente causada pelo excesso de raiva e ansiedade. Numa das sessões de terapia, o personagem de Billy Crystal diz: "Você sabe o que eu faço quando estou com raiva? Bato em uma almofada. Experimente fazer isso". Para um gângster, naturalmente, "bater" quer dizer "matar". Então, De Niro saca prontamente a pistola e acerta vários tiros numa almofada. Billy Crystal engole em seco, força um sorriso e diz: "Sente-se melhor?". "Sim, eu me sinto", diz De Niro.

Charmoso? Sim. Preciso? Não. Evidências abundantes indicam que a solução de Billy Crystal simplesmente não funciona. Num experimento, Brad Bushman[44] enfureceu os participantes levando seu cúmplice (um colega estudante) a insultá-los. Logo em seguida, os participantes foram indicados a uma de três condições experimentais: numa delas, permitiram-lhes passar alguns minutos esmurrando um saco de pancadas, sendo estimulados a pensar no estudante que os havia enfurecido. Numa segunda condição, os estudantes que estavam esmurrando o saco de pancadas foram incentivados a pensar nessa atividade como um exercício físico. Na terceira condição, os participantes ficaram sentados em silêncio durante alguns minutos, sem esmurrar nada. No final do experimento, quais estudantes se sentiram menos furiosos? Aqueles que ficaram sentados em silêncio, sem esmurrar nada.

Depois, Bushman deu aos participantes a chance de agredir a pessoa que os havia insultado, dirigindo-lhe um ruído alto e desagradável. Os estudantes que haviam esmurrado o saco de pancadas enquanto pensavam em seu "inimigo" foram os mais agressivos, dirigindo-lhe o ruído no maior volume e por mais tempo. Aqueles que simplesmente ficaram sentados em silêncio após o insulto foram os menos agressivos. O experimento de laboratório de Bushman é endossado por um estudo de campo com jogadores de futebol americano do ensino médio. Arthur Patterson[45] mediu a hostilidade geral desses jogadores, classificando-os antes, durante e depois da temporada de jogos. Se a atividade física intensa e o comportamento agressivo que fazem parte do jogo de futebol reduzem a tensão causada pela agressividade acumulada, esperaríamos que os jogadores exibissem um declínio na hostilidade no decorrer da temporada. Em vez disso, o que se viu foi um *aumento* significativo da hostilidade entre os jogadores à medida que a temporada de jogos prosseguia.

O que acontece quando atos de agressão são dirigidos diretamente à pessoa que nos provocou? Isso sacia nossa necessidade de agredir, reduzindo, portanto, nossa tendência a ferir mais aquela pessoa? Novamente, a pesquisa sistemática demonstra que, como no experimento do saco de pancadas, o que acontece é exatamente o oposto. Num experimento de Russell Geen e associados,[46] cada participante foi pareado com outro estudante, que (como você já deve estar imaginando a esta altura!) era colaborador dos experimentadores. Primeiro, o colaborador irritou o participante. Nessa fase do experimento, que envolveu a troca de opiniões sobre vários assuntos, o participante recebia choques elétricos quando seu par discordava de sua opinião. Depois, durante um estudo de "efeitos da punição sobre a aprendizagem", o participante atuava como professor enquanto o colaborador servia de aprendiz. Na primeira tarefa de aprendizado, exigia-se que alguns participantes dessem choques no colaborador sempre que ele cometesse um erro; outros participantes simplesmente registravam os erros dele. (Como você também já deve imaginar a esta altura, não eram choques reais.) Na tarefa seguinte, todos os participantes receberam a oportunidade de aplicar choques no colaborador. O que aconteceu? Ao contrário da hipótese da catarse, pessoas que haviam aplicado choques ao colaborador antes aplicaram choques mais intensos e com mais frequência na segunda vez.

O mesmo tipo de comportamento também foi observado sistematicamente em eventos que ocorrem no mundo real, em que atos verbais de agressão serviram para facilitar novos ataques. Num "experimento natural", certo número de técnicos que trabalhavam para uma empresa foram demitidos e ficaram compreensivelmente zangados com seus empregadores. Depois, diversos deles receberam a chance de verbalizar sua hostilidade contra os ex-patrões. Aqueles que antes tinham podido extravasar seus sentimentos foram *muito* mais ferinos em suas narrativas subsequentes do que aqueles que não tiveram essa oportunidade.[47]

A mensagem é clara: atividade física – como esmurrar um saco de pancadas ou praticar um esporte agressivo – não dissipa a raiva nem reduz a agressividade subsequente contra a pessoa que a provocou. Na verdade, os dados levam-nos precisamente em sentido contrário: quanto mais aquela pessoa extravasa a raiva comportando-se agressivamente, mais furiosa fica, tornando-se ainda mais agressiva. Extravasar a raiva – direta ou indiretamente, verbal ou fisicamente – não reduz a hostilidade, mas a aumenta. É interessante ver que experimentos similares[48] revelaram que pessoas que *acreditam* na catarse têm maior probabilidade de agredir como forma de tentar se sentir melhor ("Gritar com você e chutar o sofá me ajuda a aliviar a raiva"), mas isso só as torna mais irritadas e mais propensas a gritar e a chutar. Aparentemente, quanto mais você acredita que a agressividade fará com que se sinta melhor, mais vai se comportar agressivamente e menos tranquilo se sentirá.

Retaliação, excesso e acirramento

Por que a expressão agressiva da raiva leva a mais hostilidade? Depois que expressamos sentimentos negativos por outra pessoa – depois que rotulamos nosso ex-patrão de idiota sem coração –, fica muito mais fácil dar continuidade a isso com declarações e ações consistentes, particularmente se nossa retaliação for em público. Além disso, a retaliação é tipicamente mais severa do que o primeiro insulto ou ataque; tendemos a nos exceder, preparando o cenário para a redução da dissonância.

Um experimento de Michael Kahn[49] mostrou como o excesso trabalha em nosso prejuízo. Nesse experimento, um assistente de laboratório, anotando indicadores fisiológicos de estudantes universitários, fez comentários pejorativos sobre eles. Numa condição, permitiu-se que os estudantes extravasassem sua hostilidade, expressando seus sentimentos sobre o assistente para o empregador – uma ação que eles sabiam que traria sérios problemas para o assistente, provavelmente lhe custando o emprego. Noutra condição, não tiveram a oportunidade de expressar qualquer agressividade contra ele. Depois, aqueles que tiveram a oportunidade de prejudicar o assistente ficaram ainda mais aborrecidos e expressaram mais hostilidade contra ele do que aqueles que não tinham tido a oportunidade de se manifestar.

O excesso maximiza a dissonância. Quanto maior a discrepância entre aquilo que o ofensor lhe fez e sua retaliação, maior a dissonância. Quanto maior a dissonância, maior sua necessidade de menosprezá-lo e justificar a forma como o tratou.[50] Lembre-se do incidente que descrevi no Capítulo 3, dos quatro estudantes alvejados e mortos pela Guarda Nacional de Ohio durante um protesto contra a guerra. O que quer que aqueles estudantes estivessem fazendo (gritando obscenidades, provocando, perturbando), nem de longe mereceriam ser mortos a tiros. Contudo, depois que morreram, os guardas e cidadãos locais descreveram-nos em termos extremamente hostis. Se eu atirei num estudante que estava simplesmente discordando de algo – ou se sou uma pessoa que acredita na lei e na ordem e apoio a polícia local –, então vou tentar me convencer de que ele *realmente* mereceu aquilo, e vou odiar os estudantes dissidentes ainda mais do que odiava antes de serem mortos.

Esse método de redução da dissonância diante de uma injustiça ou crime é universal. O que você imagina que membros de grupos terroristas antiamericanos e seus simpatizantes sentiram *depois* da chacina de 11 de setembro? Acha que sentiram pena e compaixão dos milhares de vítimas e socorristas inocentes e de suas famílias? Acha que resolveram que os norte-americanos já haviam sofrido o suficiente? Na maioria das situações, cometer ou tolerar a violência não reduz a tendência à violência. Cometer atos de violência aumenta nossos sentimentos negativos sobre as vítimas. Em última análise, é por isso que a violência sempre gera mais violência.

Mas o que aconteceria se, de algum modo, pudéssemos impedir que a retaliação corresse solta contra o instigador da agressão? Ou seja, se o grau de retaliação ficasse razoavelmente controlado e não significativamente mais intenso do que a ação que a provocou? Nessa circunstância, eu prediria que a dissonância seria pequena ou inexistente. "Sam me insultou; retruquei na mesma medida; estamos quites." Experimentos confirmam que, quando a retaliação está à altura da provocação, as pessoas não difamam ou depreciam o provocador.[51]

Há um ponto importante aqui que precisa ser enfatizado: a maioria das situações no mundo real são bem mais complicadas do que essa; quase sempre, a retaliação excede a ofensa original. Pesquisas experimentais mostram a razão:

a dor que recebemos sempre parece mais intensa do que a dor que causamos. A velha piada "A perna quebrada daquele sujeito é trivial; minha unha quebrada é algo sério" é uma descrição precisa de nossa estrutura neurológica. Uma equipe de neurologistas ingleses[52] pareou pessoas em um experimento olho por olho. Cada par foi preso a um mecanismo que exercia pressão sobre seus dedos indicadores, e cada participante foi instruído a aplicar sobre o dedo do parceiro a mesma força que havia acabado de sentir. Os pesquisadores descobriram que os participantes não conseguiram retaliar exatamente à altura, embora tenham se esforçado muito para isso. Sempre que um parceiro sentia a pressão, ele "retaliava" com uma força consideravelmente maior, pensando que estava respondendo com a mesma força que havia recebido. Desse modo, um jogo que começou com a troca de toques suaves se acirrou rapidamente, transformando-se em pressão severa e dolorosa. Os pesquisadores concluíram que a exacerbação da dor é um "subproduto natural do processamento neural". Isso ajuda a explicar por que dois garotos que começam a trocar socos no braço como brincadeira veem-se rapidamente numa furiosa pancadaria, e por que conflitos entre nações frequentemente se acirram. Cada lado justifica aquilo que faz dizendo que está apenas igualando o placar.

Causas da agressão

Assim como a dor exacerba a retaliação com mais dor, uma causa importante da violência – além das óbvias, como ódio entre grupos, vingança ou guerra – é a própria violência. Quando uma pessoa comete um ato de agressão, especialmente com uma força que excede aquilo que a vítima pode ter feito para provocá-la, isso gera forças cognitivas e motivacionais destinadas a justificar a agressão, abrindo a porta para mais ações agressivas. Vamos analisar algumas das outras causas importantes da agressão.

Álcool

Uma droga que muitas pessoas do mundo todo ingerem alegremente é o álcool. O álcool tende a diminuir nossas inibições, tornando os bebedores mais amigáveis e mais gregários, mas também afrouxa as restrições sobre atos agressivos, inclusive ataques sexuais.[53] Trocas de socos costumam acontecer frequentemente em bares e clubes noturnos, e volta e meia a violência familiar está associada ao consumo excessivo de álcool, embora também seja o caso de alguns cônjuges beberem a fim de ter uma desculpa para agredir o outro verbal ou fisicamente.[54] Além disso, experimentos controlados em laboratório demonstram que, quando as pessoas bebem álcool suficiente para ser consideradas embriagadas segundo os padrões legais, elas tendem a reagir mais violentamente a provocações do que aquelas que ingeriram pouco ou nenhum álcool.[55]

Isso não significa que o álcool aumente automaticamente a agressividade; pessoas que ingerem bebidas alcoólicas não são necessariamente mais motivadas a provocar brigas. Na verdade, o álcool funciona como um desinibidor – reduz as inibições sociais, tornando-nos menos cautelosos e mais impulsivos. Mas faz mais do que isso: o álcool também ajuda a tumultuar a maneira como costumamos processar informações.[56] Volta e meia, pessoas embriagadas se concentram nos primeiros e mais óbvios aspectos de uma situação social, focalizando-os e reagindo a eles, mas tendendo a não perceber as sutilezas. Em termos práticos, isso significa que, se você está sóbrio e alguém pisa acidentalmente no seu dedão, é grande a chance de você saber que a pessoa não fez isso de propósito. Mas, se você estiver embriagado, pode deixar passar as pistas sutis e reagir como se tivessem pisado no seu pé com toda a intenção. Por isso (especialmente se for homem), você pode retaliar com um insulto, empurrão ou soco. É exatamente o tipo de situação ambígua que os homens podem interpretar como uma provocação caso não estejam pensando com clareza – e o álcool impede o raciocínio claro. O álcool é uma das principais razões para erros de comunicação infiltrados entre homens e mulheres em casos de agressão sexual, pois o álcool prejudica significativamente a interpretação cognitiva do comportamento da outra pessoa, as negociações sexuais e a memória. Como Deborah Davis e Elizabeth Loftus descobriram, homens bêbados têm menos probabilidade de interpretar com precisão mensagens de não consentimento, e mulheres que estão bêbadas transmitem sinais de recusa menos enfáticos.[57]

Há, porém, outra maneira pela qual o álcool propicia a agressividade, que é o chamado efeito "pense-beba": quando as pessoas *esperam* que o álcool tenha certos efeitos sobre elas, geralmente isso acontece. De fato, quando as pessoas esperam que o álcool "libere" seus impulsos agressivos, geralmente se tornam mais agressivas – mesmo quando estão bebendo algo não alcoólico. Num estudo com 116 homens com idades entre 18 e 45 anos, os experimentadores deram a um terço dos homens uma bebida não alcoólica, a um terço uma bebida que causaria um modesto nível de álcool no sangue, e a um terço uma bebida mais forte, ocasionando um elevado nível alcoólico no sangue. Em cada um dos três grupos, os pesquisadores manipularam as expectativas da quantidade de álcool que estavam recebendo. Depois, mediram o comportamento dos homens diante de um colaborador dos pesquisadores que os insultara. É notável ver que a quantidade real de álcool ingerida esteve menos relacionada com o comportamento agressivo dos participantes do que as *expectativas* deles. Quanto maior a quantidade de álcool que os homens acreditaram que estavam bebendo, maior a agressividade dirigida ao colaborador.[58]

Claro que o álcool exerce poderosos efeitos psicológicos sobre a cognição e o comportamento. Mas esses efeitos interagem com aquilo que as pessoas aprenderam sobre o álcool, tal como a desculpa para agir agressiva ou libidinosamente e como elas esperam se sentir depois de beber.

Dor, desconforto e fome

Se um animal sente dor e não pode fugir do local em que está, quase invariavelmente ataca: isso se aplica a ratos, camundongos, hamsters, raposas, macacos, lagostins, cobras, guaxinins, jacarés e muitos outros bichos.[59] Eles vão atacar membros da própria espécie, membros de outras espécies ou qualquer outra coisa à vista, inclusive bonecas de pano e bolas de tênis. Você acha que isso também se aplica aos seres humanos? Se refletir por alguns instantes, vai perceber que é bem possível. A maioria de nós fica irritada quando se submete a uma dor aguda e inesperada (por exemplo, quando damos uma martelada no polegar), e por isso tendemos a revidar no alvo mais próximo. Numa série de experimentos, Leonard Berkowitz[60] mostrou que estudantes que suportaram a dor quando mergulharam a mão em água intoleravelmente gelada mostraram um súbito aumento na realização de atos agressivos contra outros estudantes.

Decorre daí que outras formas de desconforto físico, como calor, umidade, poluição do ar e odores ofensivos aumentam a raiva e, por isso, reduzem o limiar para o comportamento agressivo.[61] Uma forma poderosa de desconforto é a fome, acompanhada de baixo teor de glicose no sangue. Brad Bushman e colegas recrutaram 107 casais casados para um estudo.[62] Ele começou avaliando a qualidade dos relacionamentos e os ensinou a medir o açúcar no sangue. Depois, mandou à casa de cada voluntário uma boneca vodu e 51 alfinetes, dizendo-lhes que a boneca representava o cônjuge. Todas as noites, eles deveriam espetar a boneca com alfinetes, refletindo a raiva que sentiram pelo parceiro naquele dia – quanto mais alfinetes, mais raiva. Depois de três semanas, Bushman e equipe avaliaram os danos infligidos a cada boneca. Cônjuges que tinham as menores taxas de açúcar no sangue haviam espetado mais do dobro de alfinetes nas bonecas vodu, comparados com as pessoas com os níveis mais elevados.

Esses sentimentos de raiva se traduziram em comportamento agressivo? No experimento seguinte, os pesquisadores levaram os casais a jogar um jogo de computador no qual o vencedor tinha de enfurecer o cônjuge com uma mistura de sons horríveis que a maioria das pessoas detesta, como unha na lousa, broca de dentista e sirenes. Novamente, quanto menor a taxa de açúcar no sangue, maior a probabilidade de a pessoa irritar o cônjuge. Como disse Bushman, os maridos feriam a esposa porque estavam sentindo a combinação tóxica de raiva e fome – estavam "*hangry*".*

Calor e aquecimento global

Dado o fato de que nosso planeta está se aquecendo, o que essa mudança permite antever em termos de agressividade? Em 1967, quando o país estava dividido entre a guerra do Vietnã e a injustiça racial, líderes nacionais preocupavam-se mais com o aumento da ocorrência de rebeliões e outras formas de inquietação civil no calor do verão do que no outono, inverno ou primavera. E, de fato, durante aquele que veio a ser chamado de "longo e quente verão de 1967", 159 conflitos raciais eclodiram pelo país. O calor contribuiu para isso? Como se viu, sim. Numa análise sistemática de distúrbios ocorridos em 79 cidades entre 1967 e 1971, Merrill Carlsmith e Craig Anderson[63] descobriram que era mais provável acontecerem conflitos durante os dias quentes do que em dias frios. Em estudos subsequentes, Anderson e colegas[64] mostraram que, quanto mais quente o dia, maior a probabilidade de as pessoas cometerem crimes violentos. Ademais, o calor aumentou a incidência de roubos e outros crimes contra a propriedade, fortalecendo, assim, o vínculo entre calor e agressividade (não só a criminalidade em geral).

Mas, como agora você já sabe, temos de ser cautelosos ao interpretar eventos que ocorrem em ambientes naturais. O cientista em você pode se sentir tentado a perguntar se o aumento da agressividade se deve à temperatura em si ou meramente ao fato de que é maior a probabilidade de haver mais gente do lado de fora (e, assim, ficando no caminho dos outros!) em dias quentes do que em dias frios ou chuvosos. Então, como podemos determinar que foi o calor em si que causou a agressividade e não apenas a maior oportunidade de contato? Podemos levar o fenômeno ao laboratório, algo notavelmente fácil de se fazer. Num desses experimentos, William Griffitt e Roberta Veitch[65] simplesmente aplicaram uma prova a estudantes: alguns a fizeram numa sala com temperatura amena e outros numa sala em que a temperatura chegava a 32 °C. Os estudantes na sala

* O autor faz um jogo de palavras combinando os vocábulos *angry* (furioso) e *hungry* (faminto). [N. de T.]

quente não só relataram que se sentiram mais agressivos como expressaram mais hostilidade a um desconhecido a quem lhes foi pedido para descrever e analisar. Evidências adicionais do mundo natural ajudam a reforçar nossa crença de que o calor foi o culpado: nos jogos de beisebol da primeira divisão, um número significativamente maior de rebatedores é atingido por bolas arremessadas quando a temperatura está acima de 32 ºC do que quando está abaixo desse nível.[66] E na cidade desértica de Phoenix, Arizona, motoristas em carros sem ar-condicionado costumam buzinar mais em congestionamentos do que motoristas em carros com ar-condicionado.[67]

Se o calor aumenta a hostilidade, o aquecimento global também deveria exercer um efeito sobre a agressividade. Uma análise de 60 estudos em arqueologia, psicologia e outras disciplinas – com dados que recuam (incrivelmente) a 10 mil a.C. e cobrem todas as regiões do mundo – revelou que temperaturas maiores aumentaram substancialmente o risco de muitos tipos de conflito, desde violência doméstica, homicídio e estupro até rebeliões e guerras civis.[68]

Rejeição, exclusão e insultos

Como comentei no Capítulo 2, a dor social registra-se no nosso cérebro de forma similar à dor física, e ela também produz agressividade. Em 1999, na Columbine High School de Littleton, Colorado, dois estudantes (Eric Harris e Dylan Klebold), armados até os dentes, muito irritados e num acesso de fúria, mataram um professor e 14 alunos (inclusive eles próprios). Foi o mais dramático e devastador entre 11 incidentes ocorridos em escolas em menos de três anos, e que acontecem com regularidade, em parte porque são cobertos pela mídia e por isso inspiram imitadores.[69]

O que fez os assassinos de Columbine passarem do limite? Embora tenha sido descoberto que Harris provavelmente era um psicopata, há mais coisas nessa história. Após um estudo intensivo da situação, estou convencido de que matanças descontroladas são apenas a ponta patológica de um enorme iceberg: a venenosa atmosfera social presente em muitas escolas de nível médio no país – uma atmosfera permeada por exclusão, rejeição, insultos e humilhação.[70] No ensino médio, há uma hierarquia férrea de grupos representados por atletas, encarregados de classe, líderes de torcida e a "turma legal" que está no topo. Na parte mais baixa, ficam os estudantes que aqueles no topo chamam de nerds, góticos, geeks, solitários, homos – jovens que são gordos demais, magros demais, altos demais, baixos demais, usam as roupas erradas e coisas do gênero. Os adolescentes próximos do topo da hierarquia rejeitam, provocam e ridicularizam constantemente os que estão abaixo deles. Mark Leary e associados[71] realizaram uma análise sistemática de mais de 15 tiroteios em escolas ocorridos num período de cinco anos e descobriram que a rejeição aguda ou crônica – ostracismo, *bullying* ou rejeição romântica – esteve presente em todos os incidentes, exceto dois deles. Os outros fatores foram o fascínio por armas, explosivos e satanismo, bem como problemas psicológicos como depressão e dificuldade para controlar impulsos.

Pesquisas de Jean Twenge, Roy Baumeister e outros[72] demonstram que a rejeição tem uma gama de efeitos negativos, dos quais o menor não é o aumento dramático da agressividade. Num experimento, estudantes universitários se encontraram num grupo e se conheceram. Pediu-se, então, que indicassem com quais desses colegas gostariam de colaborar no futuro. Uma amostra aleatória de participantes recebeu a informação de que ninguém gostaria de trabalhar com eles. Posteriormente, quando receberam uma oportunidade de agressão, os "rejeitados" expressaram uma hostilidade bem mais intensa (contra aqueles que os haviam rejeitado e também contra indivíduos neutros) do que aqueles que não tinham sido excluídos. Em outro experimento, pessoas rejeitadas durante uma partida de *cyberball* tinham maior probabilidade de "explodir" quem as havia rejeitado com ruídos em alto volume do que aquelas que tinham sido incluídas; e participantes excluídos foram especialmente agressivos com baixo controle de impulsos conforme sua medição.

Atiradores descontrolados costumam deixar abundantemente claro seu senso de rejeição. Num vídeo gravado por Harris e Klebold pouco antes de seu ataque assassino, eles insultaram particularmente o grupo que os havia rejeitado e humilhado. Isso foi confirmado por um estudante do grupo popular, que, entrevistado algumas semanas depois da tragédia, justificou seu próprio comportamento excludente dizendo o seguinte:

> A maioria dos colegas não os queria lá. Eles gostavam de feitiçaria. Gostavam de vodu. Claro que nós os provocávamos. Mas o que você espera de garotos que vão à escola com penteados esquisitos e chifres nos bonés? Se queremos nos livrar de alguém, geralmente nós os provocamos. Por isso, toda a escola os chamava de bichas.[73]

Do mesmo modo, antes de Elliot Rodger matar seis pessoas e ferir outras 23 em Santa Bárbara, ele redigiu um "manifesto" expondo suas várias queixas. Escreveu que sofrera *bullying* no primeiro ano do ensino médio e acrescentou:

> Eu estava completa e totalmente sozinho. Ninguém me conhecia ou estendia a mão para me ajudar. Eu era um garoto inocente e assustado, preso numa selva repleta de predadores maldosos, e não tiveram piedade de mim. Alguns garotos me empurravam aleatoriamente contra os armários conforme passavam por mim no corredor. Um garoto alto e de cabelos loiros me chamou de "perdedor" na frente de suas amigas... Desenvolvi sentimentos extremos de inveja, ódio e raiva para com qualquer um que tivesse vida sexual. Via-os como o inimigo. Senti-me condenado a viver uma vida solitária e celibatária enquanto os outros garotos podiam experimentar os prazeres do sexo, tudo porque as garotas não me queriam. Senti-me inferior e indesejável. Dessa vez, porém, eu não podia mais ficar apenas ali em pé e aceitar essa injustiça.

Naturalmente, nem todo estudante rejeitado e vítima de provocações sai atirando descontroladamente. O comportamento de atiradores como esses é extremamente patológico, mas sem dúvida não é insondável. Meu melhor palpite é de que há centenas de milhares de estudantes passando por experiências similarmente estressantes. Podem sofrer em silêncio, mas sofrem. Nas semanas após o massacre de Columbine, as salas de bate-papo da internet foram inundadas por postagens de adolescentes tristes. Embora não tolerassem o comportamento dos atiradores, a imensa maioria disse que os compreendia, expressando a própria mágoa e raiva por terem sido rejeitados e provocados. Postaram comentários que podem ser resumidos como: "Claro que eu nunca iria atirar em alguém, mas certamente tenho tido fantasias sobre isso!".

Esse tipo de declaração deveria nos fazer sentar e prestar atenção. Há alguma coisa que podemos fazer para mudar a atmosfera social de nossas escolas? Sim. Vou comentar algumas intervenções que foram testadas com sucesso mais para o final deste capítulo, bem como no próximo.

Frustração, privação e agressão

De todas as condições desagradáveis que provocam agressão – raiva, dor, calor excessivo, fome e rejeição –, o principal instigador da agressão é a frustração. Imagine a seguinte situação: você precisa atravessar sua cidade para uma importante entrevista de emprego. A caminho do estacionamento, percebe que está um pouco atrasado e por isso aperta o passo. Quando você chega ao seu carro, nota, com desânimo, que um pneu está furado. "Tudo bem, vou atrasar uns vinte minutos; não é tão grave assim", diz, enquanto pega o macaco e a chave de rodas no porta-malas. Depois de muito esforço, você remove o pneu furado, coloca o estepe, aperta os parafusos – e, veja só, o estepe está murcho!

Ardendo de frustração, você se arrasta até o seu alojamento e entra no quarto. Seu colega o vê ali em pé, currículo na mão, suado, sujo e amarrotado. Percebendo imediatamente a situação, ele pergunta, bem-humorado: "E então, como foi a entrevista?". Será que ele deve se preparar para não levar uma pancada?

Se um indivíduo se decepciona a caminho de uma meta, a frustração resultante aumenta a probabilidade de uma reação agressiva. Uma demonstração dessa relação **frustração–agressão** vem de um experimento clássico de Roger Barker, Tamara Dembo e Kurt Lewin.[74] Esses psicólogos frustraram crianças pequenas mostrando-lhes uma sala repleta de brinquedos atraentes, que depois foram guardados fora do alcance delas. As crianças ficaram atrás de uma tela metálica, vendo os brinquedos, desejando brincar com eles – até esperando brincar com eles –, mas não podiam alcançá-los. Após uma espera dolorosamente longa, finalmente as crianças puderam brincar com esses brinquedos. Nesse experimento, um grupo separado de crianças pôde brincar com os brinquedos diretamente, sem ficar frustradas antes. Esse segundo grupo de crianças brincou alegremente com os brinquedos. Mas o grupo frustrado, quando obteve finalmente acesso aos brinquedos, foi extremamente destrutivo. Muitas das crianças quebraram os brinquedos, jogando-os contra a parede e pisando neles. Isso é a frustração levando à agressão!

Diversos fatores podem acentuar as reações furiosas à frustração. Imagine que você está prestes a abocanhar um Big Mac e alguém o tira de você. É mais provável que isso o frustre – e leve a uma resposta agressiva – do que se alguém o detivesse quando você estivesse se dirigindo ao McDonald's para comprar um Big Mac. Algo análogo a essa situação foi demonstrado num estudo de campo por Mary Harris.[75] Ela levou estudantes a furarem a fila de pessoas que esperavam para comprar ingressos, para entrar em restaurantes ou para passar no caixa de supermercados; às vezes, os estudantes entravam na frente da segunda pessoa na fila, em outras vezes na frente da décima segunda pessoa. As pessoas que estavam atrás do intruso ficaram muito mais agressivas quando o estudante ocupou o segundo lugar da fila. A frustração tende a ficar maior quando você é bloqueado no instante em que está prestes a alcançar uma meta.

Quando a interrupção é inesperada ou parece ilegítima, a frustração fica ainda maior, como demonstrou um experimento de James Kulik e Roger Brown.[76] Foi dito a participantes que eles poderiam ganhar dinheiro telefonando para pedir doações à caridade e conseguindo promessas de ajuda material. Alguns deles foram levados a esperar um índice elevado de contribuições, sendo informados que telefonemas anteriores tinham obtido sucesso em quase dois terços das tentativas; outros foram levados a esperar um sucesso bem menor. Quando o doador em potencial se recusava a contribuir, como todos fizeram (uma vez que os participantes estavam telefonando para cúmplices dos experimentadores), os sujeitos com expectativas mais altas falavam com mais aspereza e desligavam o telefone com mais força. Os experimentadores também variaram as razões apresentadas pelos cúmplices para se recusarem a contribuir, ora fazendo-as parecer legítimas ("Não estou em condições de contribuir"), ora fazendo-as parecer arbitrárias e ilegítimas ("Essas caridades são uma perda de tempo, uma enganação"). As pessoas que ouviram recusas que pareceram injustificadas ficaram mais agressivas.

A frustrante experiência da injustiça *percebida* também pode provocar agressividade, um efeito tão fundamental que já foi demonstrado com macacos. Sarah Brosnan e Frans de Waal[77] recompensaram macacos capuchinhos com fatias de pepino em troca de uma ficha. Os macacos adoram pepinos, e por isso foi uma transação feliz. Mas, se um macaco próximo recebesse uma uva por sua ficha (macacos gostam mais de uvas do que de pepinos), o primeiro macaco ficava furioso – o pepino, diante da transação com a uva, tornara-se uma oferta insultuosa. Alguns macacos ofendidos jogaram com raiva o pepino no experimentador!

Em suma, a frustração fica mais pronunciada quando a meta está próxima, quando as expectativas são elevadas, quando a regra da equidade foi violada e quando a meta é bloqueada sem uma razão convincente. Esses fatores ajudam a mostrar a importante distinção entre frustração e privação. Crianças que não têm brinquedos (e macacos que não têm uvas) não ficam necessariamente zangadas ou agressivas. Em vez disso, como indica o experimento com os brinquedos, foram as crianças que tinham todos os motivos para *esperar* brincar com os brinquedos que se sentiram frustradas quando essa expectativa foi frustrada; a esperança frustrada é que levou as crianças a se comportarem destrutivamente.

Experimentos como esses e estudos sociológicos em nível nacional levaram à descoberta de que a frustração nem sempre resulta da privação pura e simples; ela é o resultado da **privação relativa**, a privação que sentimos quando vemos outros desfrutando de uma situação melhor ou quando somos privados de algo referente às nossas expectativas. Se você já voou de classe econômica, provavelmente sabe do que estou falando. Depois de esperar na fila da segurança e de aguardar outros passageiros passarem pelo portão, agora você precisa atravessar a cabine da primeira classe para chegar até sua poltrona. Quando você está começando a se perguntar se vai encontrar espaço no compartimento superior para sua mala de mão, sem falar do espaço para as pernas nessas distâncias cada vez menores entre poltronas, você vislumbra passageiros da primeira classe relaxando em relativo esplendor, desfrutando de champanhe e de amêndoas assadas, sendo atendidos por uma comissária que parece realmente feliz por vê-los a bordo. Como você se sente?

Segundo estudos sobre "fúria no ar" – o comportamento hostil e abusivo demonstrado por passageiros de companhias aéreas –, você não está se sentindo muito bem; ficaria muito mais feliz se não houvesse a área da primeira classe no avião. Katherine De Celles e Michael Norton[78] reuniram um conjunto completo de todos os incidentes de fúria no ar ao longo de muitos anos numa grande companhia aérea internacional, e descobriram que a presença da cabine de primeira classe nos aviões produziu quatro vezes mais incidentes agressivos entre passageiros da econômica, especialmente quando os passageiros da econômica tiveram de embarcar pela frente e passar pela cabine da primeira classe. Quando o serviço da empresa oferece uma só classe para todos, não há a privação "relativa"; ela é absoluta. Por algum motivo, duvido que as companhias aéreas tirem proveito dessa importante descoberta; quando há imensas corporações envolvidas, o lucro a curto prazo sempre vence a satisfação do cliente.

A privação relativa explica um mistério persistente sobre a maioria das revoluções sociais: no geral, não são iniciadas por pessoas que estão com o pé na lama. Mais frequentemente, são iniciadas por pessoas que tiraram recentemente o pé da lama, olharam à sua volta e perceberam que outras pessoas estão se saindo melhor do que elas e que o sistema as está tratando injustamente. Países com as maiores diferenças de renda têm índices de homicídios e outros indicadores de agressividade mais elevados, se os cidadãos acreditarem que a desigualdade de renda é injusta.[79] Na década de 1960, as revoltas mais intensas de afro-americanos não aconteceram nas áreas geográficas de maior pobreza; deram-se em Los Angeles (Watts) e Detroit, onde as coisas não eram nem de longe ruins para os negros, econômica e socialmente, quanto em muitas outras áreas do país. Mas eram ruins em relação à percepção das pessoas negras dessas comunidades quanto àquilo que as pessoas brancas tinham. Como escreveu Alexis de Tocqueville há mais de 150 anos, "males que são tolerados pacientemente quando parecem inevitáveis tornam-se intoleráveis logo que se sugere a ideia de se livrar deles".[80]

Enquanto as pessoas viverem com esperanças não cumpridas, vão sentir frustrações que podem resultar em agressividade. A agressividade pode ser reduzida satisfazendo a esperança delas – ou tentando extingui-la. Pessoas desesperadas são pessoas apáticas. Os ugandenses, quando viviam sob a ditadura tirânica, repressiva e arbitrariamente violenta de Idi Amin, não ousavam sonhar com a melhoria das condições ou em rebelar-se contra o regime. Na antiga União Soviética, as rebeliões sérias só tiveram lugar após 1991, quando o governo afrouxou os grilhões que controlavam a população. Na África do Sul, os negros não se revoltaram contra o apartheid enquanto foram impedidos de esperar alguma coisa melhor. É claro que eliminar a esperança das pessoas por uma vida melhor e mais justa é um meio indesejável de reduzir a agressividade. A graça salvadora de nossa nação é que – pelo menos, teoricamente – é a terra da promessa. Ensinamos nossos filhos, explícita e implicitamente, a aguardar, a ter esperança e a trabalhar para melhorar de vida. Mas, a menos que essa esperança tenha uma chance razoável de realização, o tumulto será inevitável e a paz, fugidia. Demagogos que aumentam cinicamente as esperanças da população sem ter explorado antes os meios para realizá-las estão plantando as sementes da revolução.

Aprendizagem social e agressão

Agora, vou me voltar para algumas descobertas da **teoria da aprendizagem social cognitiva**, que afirma que as pessoas aprendem a se comportar – inclusive de maneira agressiva ou útil – mediante processos cognitivos como suas crenças e percepções de eventos, e por meio da observação e imitação dos outros.

Comentei que dor, fome, calor e frustração costumam provocar agressividade, mas a teoria da aprendizagem social cognitiva nos lembra de que entre a provocação e a reação situa-se o cérebro humano: nossa capacidade de levar em consideração as intenções dos outros. Pense nas seguintes situações: (1) uma pessoa atenciosa pisa acidentalmente no seu pé; (2) uma pessoa imprudente, que você sabe que não liga para você, pisa no seu pé. Vamos presumir que a pressão e a dor sejam exatamente iguais nos dois casos (e que você não estava bebendo!). Meu palpite é de que a segunda situação evocaria uma reação agressiva, mas a primeira produziria pouca ou nenhuma agressão.

Para demonstrar o efeito de percepções intervenientes sobre o comportamento, Shabaz Mallick e Boyd McCandless[81] frustraram crianças do terceiro ano do ensino fundamental dispondo as coisas de tal maneira que a inabilidade de outra criança as impediu de atingir uma meta que resultaria em um prêmio em dinheiro. Posteriormente, algumas dessas crianças receberam uma explicação razoável para o comportamento do colega desastrado; disseram-lhes que ele estava "sonolento e aborrecido". As crianças nessa condição direcionaram muito menos agressividade contra o garoto que as frustrou do que as crianças que não receberam essa explicação. Além disso, pesquisas posteriores[82] com adultos indicam que estamos menos propensos a retaliar contra alguém que provocou nossa raiva quando ouvimos uma boa desculpa para suas ações *antes* que elas ocorram do que depois de serem cometidas. E, se conhecemos a história de alguém, é menor a probabilidade de culpá-la e de ficarmos com raiva por seus erros.[83]

Mas assim como essas explicações podem reduzir a agressividade numa pessoa frustrada, a presença de estímulos agressivos pode aumentar essa disposição. Leonard Berkowitz e colegas mostraram que, se um indivíduo está irritado ou frustrado, a simples menção a uma palavra ou nome associado à provocação aumenta o nível de agressividade dessa pessoa. Num experimento,[84] os participantes foram pareados com outro estudante (cúmplice do experimentador) que foi apresentado como "colega boxeador" ou "estudante de letras". Esse cúmplice enfureceu os participantes causando-lhes choques; na sequência, metade deles assistiu a uma cena violenta de filme, contendo uma luta de box, enquanto os demais assistiram a um trecho de filme empolgante mas não agressivo. Depois, quando tiveram a oportunidade de dar choques no cúmplice, aqueles que tinham assistido à cena violenta aplicaram mais choques e também mais prolongados. Além disso, aqueles pareados com o "boxeador" aplicaram mais choques a seu alvo do que aqueles pareados com o "estudante de letras". A própria palavra *boxeador* serviu de estímulo agressivo.

O que acontece com palavras também vale para objetos. A mera presença de um objeto associado à agressão – um revólver, um rifle ou outra arma – pode servir de sinal para uma reação agressiva. Num experimento clássico desse **efeito das armas**,[85] alguns estudantes universitários foram insultados (ficando furiosos) numa sala onde havia um rifle (deixado ali ostensivamente, de um experimento anterior), e outros passaram pela mesma situação numa sala em que o rifle havia sido substituído por um objeto neutro (uma raquete de badminton). Então, os estudantes receberam a oportunidade de aplicar choques elétricos num colega. Aqueles que ficaram furiosos na presença do rifle, o *estímulo agressivo*, aplicaram mais choques elétricos do que aqueles que ficaram furiosos na presença da raquete de badminton.[86]

Experimentos mostram que as pessoas dirigem de modo mais agressivo se postas aleatoriamente numa condição na qual há uma arma (e não uma raquete de tênis) no assento do passageiro,[87] evidência que contradiz o slogan normalmente visto pintado em para-choques: "Armas não matam pessoas,

pessoas sim". Como disse Berkowitz, "O dedo aperta o gatilho, mas o gatilho também pode estar apertando o dedo". Talvez os índices de violência nos Estados Unidos sejam tão altos porque somos a sociedade mais armada do mundo, com mais armas do que cidadãos.[88] Isso significa que temos não apenas os meios para matar, mas também um fluxo constante de sinais que provocam pensamentos agressivos. Esses sinais, associados à agressividade, adicionam inconscientemente combustível ao fogo.

Um aspecto do aprendizado social que tende a inibir a agressividade é a tendência da maioria das pessoas de assumir a responsabilidade por suas ações. Mas o que acontece se esse senso de responsabilidade for enfraquecido? Philip Zimbardo[89] demonstrou que pessoas anônimas, e por isso não identificáveis, tendem a agir de forma mais agressiva do que pessoas que não estão sob anonimato. No experimento de Zimbardo, pediu-se que mulheres estudantes aplicassem choques a outra estudante como parte de um "estudo de empatia". Algumas estudantes permaneceram anônimas; ficaram sentadas numa sala pouco iluminada, trajando mantos largos e capuzes grandes, e nunca foram chamadas pelo nome. Outras foram identificadas facilmente; a sala estava bem iluminada, não usavam mantos ou capuzes, e cada mulher usou uma etiqueta com seu nome. Como esperado, as estudantes anônimas aplicaram choques mais prolongados e severos. O anonimato induz a **desindividuação**, estado de autopercepção reduzida da pessoa, de menor preocupação por aquilo que os outros pensam sobre ela e restrições mais brandas contra formas de comportamento proibidas. Quando ficamos autoconscientes, tendemos a preservar nossos valores (como "Não causarás mal"); quando ficamos anônimos e não autoconscientes, tendemos a agir mais por impulso. É por isso, por exemplo, que as pessoas comem menos pipoca quando estão diante de um espelho do que quando estão sentadas no escuro do cinema.[90]

Como foi parte de um experimento controlado de laboratório, o tipo de agressividade exibido pelas mulheres na pesquisa de Zimbardo empalidece em comparação com os atos selvagens e impulsivos de violência tipicamente associados com multidões e justiceiros, mas a desindividuação também se aplica aí. Brian Mullen[91] analisou reportagens jornalísticas sobre 60 linchamentos ocorridos entre 1899 e 1946, e encontrou uma forte relação entre o tamanho da multidão e a violência: quanto maior a multidão, mais hediondas as atrocidades cometidas. Quando as pessoas fazem parte de uma multidão, elas "não têm rosto", são menos autoconscientes e menos respeitadoras das proibições contra ações destrutivas. Portanto, é menor a probabilidade de assumirem a responsabilidade por seu comportamento. No livro *O sol é para todos*, de Harper Lee, um bando de homens brancos se reúne para linchar Tom Robinson, um negro acusado falsamente de estupro. Scout, a filha de 8 anos do advogado de Robinson, Atticus Finch, reconhece um dos homens e o chama pelo nome. Ao fazê-lo, ela o *individualiza*, tornando-o responsável por suas próprias ações. A multidão vai se desfazendo gradualmente e todos voltam para casa.

Mas você não precisa estar numa multidão ou gangue para ser desindividuado; basta ficar sentado diante do computador. Na internet, ninguém precisa saber quem é você, e o resultado fica aparente nos comentários, geralmente maldosos, postados pelas pessoas. Para combater a agressividade propiciada pela desindividuação online, muitos sites exigem hoje que as pessoas entrem por meio do Facebook ou pelo nome. Contudo, a desindividuação nem sempre ou inevitavelmente torna as pessoas mais agressivas; tal condição aumenta o conformismo delas com as normas do grupo. Pessoas felizes dançando num píer nas férias de verão também podem ser desindividuadas e levadas a exibir um comportamento que não demonstrariam se estivessem autoconscientes – como tirar quase toda a roupa e dançar em cima das mesas.[92]

O outro componente importante da teoria de aprendizagem social cognitiva é o poder de imitação. Numa série de experimentos clássicos, Albert Bandura e colegas[93] criaram um procedimento básico no qual uma pessoa adulta bate em um boneco de plástico do tipo "João Bobo" (aquele que se levanta depois de ser derrubado), enquanto crianças pequenas observam e depois têm a oportunidade de brincar com o boneco. Às vezes, o adulto acompanha a agressão física com abuso verbal. As crianças não apenas imitaram a agressão da pessoa adulta, às vezes soco por soco e chute por chute, como também se comportaram de outras maneiras agressivas depois de tê-la observado. Em suma, as crianças fizeram mais do que copiar o adulto, cujo comportamento serviu de inspiração para elas inventarem as próprias formas de agressão. Por que esses experimentos são considerados tão importantes? Quem se importa com o que acontece com um boneco João Bobo, afinal? Mantenha-se em sintonia.

Violência e a mídia de massa

As crianças norte-americanas, em sua maioria, estão mergulhadas em imagens de violência por meio de televisão, filmes, videogames, música pop e rap, vídeos musicais, histórias em quadrinhos e internet. Mergulhadas? Estão marinadas nelas! Veem um desfile incessante de assassinatos, estupros, agressões, explosões e caras maus cometendo atos brutais, bem como caras bons fazendo coisas brutais para apanhá-los. A violência nos filmes mais do que dobrou desde 1950, e a violência com armas em filmes classificados como PG-13 mais do que triplicou desde 1985. Na verdade, hoje os filmes PG-13 contêm mais violência do que filmes classificados como R.[94]*

Muitas pessoas – psicólogos e também o público em geral – estão preocupadas com todo esse caos a que crianças e adolescentes assistem; imaginam que deve haver consequências importantes, começando por fazer revólveres parecerem "legais" e empolgantes. Para elas, é tão óbvio quanto o estudo do boneco João Bobo que as crianças vão imitar a violência que veem na TV e nos filmes, sendo afetadas emocionalmente por isso. Se, como vimos no Capítulo 4, modelos pró-sociais de comportamento e histórias pró-sociais da mídia podem aumentar o comportamento útil nas crianças (e nos adultos) que os acompanham, certamente os vídeos antissociais e violentos, bem mais comuns, podem aumentar o comportamento insociável e violento.[95]

Para muitas outras pessoas, porém, isso não é um problema. Quão poderosa a violência na mídia pode ser, elas perguntam, se durante os mesmos anos em que a violência com armas triplicou em filmes PG-13, a violência com armas no mundo real, bem como os crimes violentos em geral, praticados por jovens, decresceu a níveis recordes? Além disso, acrescentam, a violência na mídia consiste em histórias parecidas com cartuns e imagens que "todos sabem" que não são reais.[96] De fato, foi esse o raciocínio por trás da decisão da Suprema Corte em 2011, dizendo que videogames podem ser vendidos a menores por mais violentos que sejam, inclusive os populares *Mortal Kombat* e a série *Grand Theft Auto*.

E o debate continua. Como você o resolveria? As histórias nos noticiários poderiam proporcionar uma resposta convincente. Por exemplo, há muitos anos um homem atravessou com um caminhão a vitrine de uma cafeteria lotada em Killeen, Texas; saiu da cabine e começou a atirar a esmo, matando 22 pessoas. Em seu bolso, a polícia encontrou o canhoto de uma entrada para *O pescador de ilusões*, filme que mostra um homem enlouquecido atirando com uma espingarda num bar lotado, matando várias pessoas. Ou que tal os dois adolescentes do Tennessee que pegaram seus revólveres e saíram atirando nos

* Segundo classificação indicativa de filmes adotada nos Estados Unidos, produções categorizadas como PG-13 podem ser inadequadas para menores de 13 anos, sendo os pais fortemente advertidos a avaliar se seus filhos devem assisti-las – PG é uma abreviação de "orientação parental". Filmes classificados como R (restritos) são permitidos a menores de 17 anos desde que estejam acompanhados dos pais ou de um responsável. [N. de E.]

carros que passavam numa estrada, matando um motorista, porque queriam representar seu videogame preferido, *Grand Theft Auto*? Por outro lado, há o caso de um homem que, tendo visto um filme que mostra mulheres dançando na tela, ficou convencido de que todas as mulheres são imorais e merecem morrer. Então, cometeu quatro estupros-assassinatos brutais antes de ser capturado. Ironicamente, o filme que o motivou foi *Os dez mandamentos*.

Episódios como esses, por mais interessantes que sejam, não são suficientes para responder à pergunta sobre os efeitos da violência na mídia. Não é fácil selecionar exemplos para defender qualquer lado do caso; você pode escolher exemplos de garotos que jogam *Grand Theft Auto* e depois vão fazer lição de casa e estudar piano. Por isso mesmo, os pesquisadores têm realizado estudos experimentais e de campo para tentar solucionar essa questão complicada.

Estudando a violência na mídia

A beleza do experimento em laboratório é que ele nos permite determinar se as imagens na mídia têm algum impacto no comportamento de uma amostra aleatória de pessoas. A maioria das primeiras evidências experimentais demonstra que assistir à violência aumenta a frequência de comportamentos agressivos, emoções de raiva e pensamentos hostis.[97] Mas nem todos os estudos encontraram esse "efeito do boneco João Bobo" (e daqui a pouco veremos a razão). Hoje, muitos pesquisadores acreditam que os efeitos mais fortes da violência na mídia ocorrem quando as crianças estão jogando ativamente videogames violentos. Jogos que recompensam diretamente a violência – por exemplo, conferindo pontos ou elevando o jogador ao nível seguinte após uma "morte" – são particularmente capazes de aumentar sentimentos de hostilidade, pensamentos agressivos e atos agressivos.[98] Uma meta-análise de 98 estudos, com quase 37 mil participantes, revelou que tanto videogames violentos quanto videogames pró-sociais exercem efeitos diretos sobre seus jogadores.[99]

O laboratório nos permite demonstrar que alguma coisa importante está acontecendo, mas os experimentos não conseguem captar os efeitos em uma pessoa que joga videogames durante várias horas todo dia e vive há anos sob uma exposição contínua à violência. Para investigar esse efeito, precisamos usar estudos longitudinais, nos quais as crianças são acompanhadas por um ano ou mais. O pesquisador tem menos controle sobre os fatores que são estudados, mas é a melhor maneira de determinar os efeitos daquilo a que uma criança está sendo realmente exposta. Além disso, ao contrário da maioria dos experimentos de laboratório, que precisam recorrer a medidas artificiais de agressividade (como a aplicação de sons altos ou de falsos choques elétricos), estudos longitudinais podem medir o comportamento real. As desvantagens desse método é que a vida das pessoas está repleta de muitos outros fatores que podem reforçar ou atenuar os efeitos da violência da mídia.

É por isso que os resultados da pesquisa longitudinal são complicados. Para começar, geralmente esses estudos revelam que, quanto mais as crianças assistem à violência, mais se comportam agressivamente mais tarde, como adolescentes e jovens adultos. Um estudo, por exemplo, acompanhou 430 crianças da escola primária entre o terceiro e o quinto anos ao longo de um ano letivo. Os investigadores mediram três tipos de agressão – verbal, relacional e física – e a exposição à violência na televisão, filmes e videogames. Mediram tanto comportamentos agressivos quanto pró-sociais nas crianças duas vezes durante o ano, entrevistando colegas e professores das crianças e também as observando diretamente. Eles descobriram que o consumo de mídia violenta pelas crianças no início do ano letivo anteviu níveis mais elevados de todos os três tipos de agressão – e menos comportamento pró-social – tempos depois, naquele mesmo ano.[100]

Mas o maior desafio envolvido na tentativa de interpretar os dados na maioria dos estudos longitudinais ou de pesquisas é separar causa e efeito. A suposição habitual é que assistir à violência torna crianças e adultos mais agressivos, mas as pessoas agressivas também são atraídas pela violência na mídia. Além disso, outro fator totalmente independente pode causar as duas situações. Algumas crianças nascem com uma predisposição mental ou emocional para a violência; aprendem-na quando pequenas pela maneira como são tratadas por pais ou irmãos abusivos; ou, de outras formas, desenvolvem a agressividade como traço de personalidade. Para essas crianças, os efeitos da mídia empalidecem quando comparados a indicativos bem mais poderosos do comportamento agressivo, incluindo ser rejeitado socialmente por seus pares, ser vítima de abusos físicos, participar de um grupo de colegas que endossa e encoraja a violência e viver numa comunidade em que a agressão é um modo de vida.[101] O resultado se manifesta no comportamento agressivo da criança *e* em seu gosto por assistir à violência ou jogar jogos agressivos.[102]

Num experimento que investigou a interação entre temperamento e exposição à violência, crianças assistiram ou a um filme com muita violência policial, ou a um filme empolgante, mas não violento, sobre corridas de bicicleta. Depois, jogaram uma partida de hóquei. Assistir ao filme violento aumentou o número de atos agressivos praticados por elas durante o jogo de hóquei, mas principalmente por aquelas que tinham sido classificadas anteriormente como altamente agressivas por seus professores. Essas crianças atacaram outras com os tacos, deram cotoveladas e gritaram agressivamente com os oponentes num grau muito maior do que as crianças classificadas como não agressivas e que também haviam assistido ao filme violento, ou as crianças classificadas como agressivas e que haviam assistido ao filme não violento.[103] Do mesmo modo, alguns estudos longitudinais mostraram que a exposição à violência na mídia ou em videogames está mais fortemente associada a crianças que já têm predisposição à violência.[104]

Efeitos inesperados da violência na mídia

Lembra-se de que no começo deste capítulo eu perguntei: "Como pude me tornar tão indiferente diante das imagens de brutalidade no Vietnã enquanto meu jovem filho se comovia até as lágrimas?". Há boas evidências que mostram que, com o tempo, a exposição a representações explícitas de violência nos entorpece. Ficamos cada vez menos angustiados ao ver pessoas feridas, um processo conhecido como **dessensibilização.** As pessoas podem se dessensibilizar assistindo a cenas de guerra no noticiário, jogando *Grand Theft Auto* várias horas por dia e, tristemente, testemunhando a violência real, como entre os pais, por exemplo. Num dos primeiros experimentos sobre o tema, pesquisadores mediram as reações fisiológicas de rapazes enquanto assistiam a uma luta de boxe razoavelmente sangrenta.[105] Aqueles que costumavam assistir muito à televisão no cotidiano pareceram relativamente indiferentes ao caos no ringue; mostraram poucas evidências fisiológicas de empolgação, ansiedade ou alguma outra excitação. Não se deixaram abalar pela violência. Mas aqueles que não assistiam muito à TV mostraram importante excitação fisiológica; a violência agitou-os de fato. Hoje, a "luta sangrenta de boxe" de um experimento realizado há mais de quarenta anos parece suave em comparação com *Game of Thrones* ou *The Walking Dead.* O próprio fato de a violência ter de aumentar em horror e intensidade para provocar a mesma reação no público que antes era obtida com violência mais branda pode ser a ilustração perfeita dos efeitos entorpecentes de uma exposição constante à violência.

Embora o entorpecimento psíquico possa nos proteger de sensações perturbadoras, também pode ter o efeito não intencional de aumentar nossa indiferença a vítimas reais de violência e outras pessoas que precisam de ajuda. Num experimento, Brad Bushman e Craig Anderson[106] levaram os participantes a jogar um videogame violento ou um outro não violento durante 20 minutos, e preencher depois um longo questionário. Enquanto fazia isso, o participante pôde entreouvir um incidente violento irrompendo na sala ao lado. Uma discussão verbal tornou-se uma troca de empurrões e descambou para a briga física completa, depois da qual o participante pôde ouvir um dos homens sair e o outro ficar gemendo de dor, reclamando de um tornozelo ferido e de não conseguir se levantar. (Tudo isso, claro, foi encenado pelo experimentador.) Aqueles que tinham jogado o videogame violento demoraram cinco vezes mais para reagir à vítima na sala ao lado. Por quê? Dados de acompanhamento sugerem que tinham interpretado o incidente como sendo significativamente menos "sério" do que os participantes que tinham jogado o jogo não violento. Em contraste com a extrema violência na tela, a violência real na sala ao lado pareceu menos urgente. Afinal, é difícil ficar abalado com um tornozelo torcido depois que você decapitou vários exércitos de mutantes invasores! Bushman e Anderson também realizaram um estudo de campo e descobriram que pessoas que haviam acabado de assistir a um filme violento levavam mais tempo para socorrer uma mulher que se esforçava para pegar suas muletas do que pessoas que haviam assistido a um filme não violento ou pessoas que ainda estavam na fila para ver um dos dois filmes.

E, se a pessoa que precisa de ajuda não é "uma de nós", cuidado. Quando você joga um videogame violento, provavelmente se vê como o herói que está apagando da existência muitas criaturas maléficas. Isso é divertido dentro de seus limites, mas algumas pesquisas sugerem que pode ir além: depois que os jogadores se habituam a desumanizar o "inimigo", esse hábito pode ser transferido para o modo como eles lidam com pessoas reais. Em dois experimentos na Inglaterra, os pesquisadores descobriram que rapazes e moças que jogaram um videogame violento (*Lamers*) mais tarde mostraram maior probabilidade de desumanizar imigrantes em seu país, vendo-os como um pouco menos humanos e dignos do que ingleses natos, em contraste com os estudantes que jogaram uma versão pró-social do jogo (*Lemmings*) ou um jogo neutro (*Tetris*).[107]

Segundo os psicólogos educacionais Douglas e Ronald Gentile, os videogames têm outra consequência não intencional. Quando você está jogando um videogame, geralmente executa as mesmas ações ou realiza ações similares, mas o contexto muda quando você avança de nível de dificuldade ou passa para um jogo completamente diferente. Esse processo reforça e solidifica qualquer conceito que esteja sendo ensinado; maximiza a transferência do aprendizado de uma situação para outra. Isso significa que, se você joga diversos videogames violentos, provavelmente terá pensamentos violentos e agressivos em situações bastante distantes das do jogo. Gentile e Gentile[108] realizaram um estudo com crianças e adolescentes de escolas primárias e descobriram que aquelas que jogavam muitos jogos violentos diferentes tinham mais probabilidade de desenvolver, ao longo do tempo, algo conhecido como **viés de atribuição hostil**, a tendência a interpretar o comportamento ambíguo dos outros de forma hostil – sem conceder aos demais o benefício da dúvida. E, como eles mesmos admitiram, também estavam brigando mais com os colegas.

Finalmente, outra consequência não intencional da exposição intensa à violência na mídia é a amplificação do perigo. Se assisto a todos esses assassinatos e caos na tela de casa, não seria lógico concluir que não é seguro sair de casa, especialmente à noite? É exatamente isso que muitos espectadores concluem. Um estudo realizado no Centro de Política Pública de Annenberg comparou mudanças anuais na quantidade de violência exibida em dramas populares transmitidos em horário nobre entre 1972 e 2010 com as respostas a perguntas de uma pesquisa Gallup sobre medo do crime. Os pesquisadores descobriram que o medo do público norte-americano em relação ao crime está relacionado direta e estatisticamente com a quantidade de violência retratada no horário nobre da TV. O número de sequências violentas por hora de TV caiu de um pico de 6,5 em 1972 para 1,4 em 1996, e depois aumentou para 3,7 em 2010. Cada sequência violenta adicional por hora predisse um aumento de 1 ponto percentual no universo de pessoas que disseram ao Gallup que tinham medo de andar sozinhas à noite em seu bairro.[109] No capítulo anterior, comentei que os noticiários locais operam no princípio de que "Se sangra, aparece antes". Pelo visto, se sangra, também pode iludir.*

Juntando todas essas pesquisas, concluí que a exposição frequente à mídia violenta, especialmente na forma de videogames violentos, exerce uma forte impressão sobre muitas crianças e adolescentes, embora o impacto seja maior sobre aqueles que já estão propensos ao comportamento violento. Assistir à violência parece ter efeitos sobre espectadores vulneráveis por cinco razões: (1) aumenta a excitação fisiológica ("Acho que, na verdade, estou zangado, não estressado"); (2) provoca a tendência a imitar os personagens hostis ou violentos, reduzindo inibições previamente aprendidas ("Se eles podem fazer, eu também posso"); (3) libera sentimentos subjacentes de raiva, medo ou frustração ("Melhor eu o acertar antes que ele me acerte!"); (4) promove o entorpecimento psicológico e reduz a empatia ("Que tédio, outra pancadaria

* Outro jogo de palavras no inglês: "*If it bleeds, it also misleads*". [N. de T.]

– o que mais está acontecendo?”); e (5) não raro, exibe modelos aprovados de comportamento diante de frustração, raiva ou dor (“Ah, é assim que se faz!”).[110]

Obviamente, a maioria das pessoas não fica motivada a se comportar agressivamente como resultado daquilo que observam. Como prediz a teoria de aprendizagem social cognitiva, a interpretação que as pessoas fazem daquilo a que estão assistindo, suas disposições de personalidade e o contexto social afetam a forma como reagem. Crianças e adolescentes assistem a muitos programas e filmes diferentes e têm muitos modelos para observar além daqueles vistos na mídia, inclusive pais e pares. Mas o fato de que algumas pessoas são influenciadas por entretenimentos violentos, com resultados trágicos, não pode ser negado.

Os elementos da agressividade: O caso da agressão sexual

Agora, estamos em posição de analisar quantos dos temas propostos neste capítulo podem se aplicar à compreensão de um dos tipos de agressão mais perturbadores e persistentes: estupro e outras formas de agressão sexual. As definições de “estupro” mudaram ao longo das décadas: por exemplo, antes a lei isentava de punição os homens casados, que tinham permissão legal para ter sexo forçado com a esposa. Hoje, o Departamento de Justiça tornou inclusiva a definição de estupro: a penetração de qualquer orifício do corpo com qualquer parte do corpo ou com qualquer objeto, sem o consentimento da vítima. A agressão sexual é um termo mais amplo e inclui diversos outros atos, mas o principal critério ainda é a falta de consentimento. Perceba que a definição não especifica gênero – homens também podem ser agredidos sexualmente e estuprados, embora muitos tenham vergonha de admiti-lo.

Alguns homens cometem estupro pelo desejo de dominar, humilhar ou punir suas vítimas. Esse motivo é notório entre soldados que estupram mulheres cativas durante a guerra e depois costumam matá-las, e entre homens que estupram outros homens, geralmente pela penetração anal.[111] Essa forma de estupro não é rara em gangues de jovens, cuja intenção é humilhar membros de gangues rivais, e na cadeia, onde o motivo, além do obviamente sexual, é dominar e degradar a vítima.

Quando a maioria das pessoas pensa num “estuprador”, imagina um desconhecido violento ou um predador em série. Alguns estupradores são exatamente assim. Em geral, não conseguem ter empatia pelas mulheres, podem sentir hostilidade e desprezo por elas e julgam-se no direito de manter relações sexuais com a mulher que escolherem.[112] Talvez seja por isso que é mais provável a violência sexual ser cometida por homens de status elevado, inclusive astros do esporte, políticos poderosos e celebridades, que podem encontrar parceiras consensuais com facilidade. Eles equiparam o sentimento do poder ao sexo, acusam furiosamente as mulheres de provocá-los e endossam mitos sobre o estupro, como "As mulheres querem ser estupradas".

Na verdade, porém, cerca de 85% de todos os estupros ou tentativas de estupro – ser forçado a participar de atos sexuais contra a vontade – ocorrem entre pessoas que se conhecem. O estupro pode acontecer como resultado da *força física*, fazer sexo mediante violência real ou ameaçada, ou pela *incapacitação*, fazer sexo com uma vítima dopada sem saber (como no golpe "boa noite cinderela"), bêbada ou drogada por outra forma, ou desmaiada.

Roteiros sexuais e o problema do consentimento

Todos compreendem que um predador sexual que estupra uma mulher pela força física, por ameaça de violência ou com drogas usadas para torná-la inconsciente, cometeu um crime grave. Mas o que acontece com o número muito maior de mulheres atacadas quando estão incapacitadas em função do consumo voluntário de álcool ou outras drogas? Uma resposta pode estar nos diversos **roteiros sexuais** que homens e mulheres aprendem como parte de seus papéis de gênero na sociedade norte-americana.[113] Os roteiros sexuais variam segundo a cultura, orientação sexual, etnia, idade e região geográfica, e mudam ao longo do tempo. Esses roteiros modelam aquilo que mulheres e homens aprendem como a maneira "certa" de ser sexy e populares, basicamente pela observação de modelos de comportamento, de seus pares e de imagens e mensagens da mídia. Quem convida o outro para sair? Quantos encontros até o sexo acontecer? Que tipo de sexo? Quem toma a iniciativa? O sexo antes do casamento é permitido, desestimulado ou proibido?

Um roteiro dominante nos Estados Unidos para homens e mulheres jovens e heterossexuais é que o papel da mulher é resistir aos avanços sexuais do homem e que o papel do homem é ser persistente.[114] Infelizmente, esse roteiro pode explicar por que muitas pessoas discutem tanto o significado da palavra *não*. A mensagem repetida de grupos antiestupro – "Que parte do 'não' você não entendeu?" – parece óbvia. Mas a pesquisa descobre repetidamente que pode ser tão difícil para as mulheres dizerem "não" quanto para os homens ouvirem; muitos homens que estão seguindo roteiros sexuais tradicionais pensam que "não" significa "talvez" ou "daqui a pouco". Algumas mulheres, seguindo roteiros que dizem "Tudo bem querer sexo, mas tome cuidado para não dizer sim cedo demais ou vão chamá-la de piranha", concordam com eles. A confusão resultante também pode explicar por que algumas universitárias acham que precisam beber muito como um prelúdio ao sexo. Se estiverem embriagadas, não terão dito "sim", e se não tiverem dito claramente "sim", ninguém poderá acusá-las de ser piranhas.

Complicando ainda mais as coisas, a maioria dos casais comunica interesse e intenções sexuais, inclusive o desejo de *não* fazer sexo, indiretamente – por meio de pistas, linguagem corporal, contato visual e outros comunicadores não verbais. Deborah Davis e colegas[115] chamam essa comunicação indireta de "dança da ambiguidade", que protege as duas partes: o ego dele fica protegido caso ela diga não, e ela pode aceitar sem ter de admitir explicitamente que é isso que ela quer, ou recusar a oferta sem rejeitar o proponente e provavelmente sem enfurecê-lo.

Uma das estudantes de graduação de Joshua escreveu um ensaio que descreve eloquentemente o que acontece quando o roteiro de uma mulher (geralmente, baseado em fantasias românticas) conflita com o roteiro de um homem (geralmente, alimentado por assistir à pornografia, o que provoca ideias imprecisas sobre a sexualidade e sobre o que as mulheres "querem"):

> Frank Sinatra era meu namorado imaginário. Suas canções encheram minha cabeça de romance e pensamentos de ser amada e valorizada, como imagino que faziam as mulheres na época dos meus pais. Na faculdade, meu primeiro namorado de verdade me mandou um texto com um link para um filme pornográfico. O texto dizia: "Você precisa trabalhar o sexo oral. Dê uma olhada na minha atriz pornô favorita. Observe sua técnica e aprenda". Eu assisti e vi a fonte das crenças de meu namorado sobre quem eu era, o que eu queria e o que parecia ser bom para mim, e, presumivelmente, como ele queria que fossem o sexo e o romance. Foi devastador. Tanto as minhas ideias quanto as dele eram mentiras – a fantasia sobre Sinatra e o Pornhub. Conversei com minhas amigas. Nenhuma delas queria que um homem ejaculasse no seu rosto; entretanto, quase todas as cenas de pornografia terminam dessa maneira. O que existe é o prazer do homem, e os homens parecem gostar de ver mulheres ajoelhadas em vez de pô-las em pedestais. Não há muitas preliminares, a conversa é degradante, as mulheres parecem gostar de ser tratadas com aspereza, geralmente por mais de um homem ao mesmo tempo. Meu (agora ex-) namorado aprendeu praticamente todas as suas ideias sobre sexo com a pornografia. Gostaria de ter sabido falar sobre isso quando aconteceu; teria havido muito menos dor e desencantamento.

A história da estudante não trata de estupro ou agressão, mas ela não soube como "falar sobre isso" com um namorado sério. E, se ela não soube falar sobre "isso", quão mais difícil teria sido dizer não, com clareza, ante a pressão sofrida para ceder a outros atos sexuais indesejados?

Hoje, quando muitos diretores e alunos de faculdades lutam com os problemas causados pela "dança da ambiguidade" – quando aceitar os relatos de mulheres vitimizadas, quando e como punir os autores e como lidar com questões de má conduta sexual quando as duas partes estavam bebendo muito –, creio que essas descobertas da pesquisa sociopsicológica podem nos levar a ter mais discernimento e justiça. Por exemplo, como escreveram as psicólogas Deborah Davis e Elizabeth Loftus, numa situação "ele disse/ela disse", *os dois lados podem ter razão e os dois lados podem estar errados.*[116] O roteiro da dança sexual, dizem, pode levar a um "falso testemunho honesto" de ambas as partes: ela realmente acha que ele deveria ter sabido parar, e ele realmente acha que ela consentiu. Estudos mostram que, às vezes, as jovens seguem um roteiro segundo o qual devem "ser legais" e não ofender ou enfurecer o iniciador, tentar transmitir um "não" sem dizer não, de maneiras não verbais, recuando alguns centímetros, sem resistir mas também sem concordar, ou fingir que não perceberam os avanços do homem. Por seu lado, muitos homens são motivados a interpretar favoravelmente as ações não verbais como sinais de interesse sexual e não como flerte amigável, ou meramente amizade. Eles justificam sua persistência.

Outros fatores psicológicos e sociais estão em jogo no problema do estupro e da agressão sexual em campi universitários. Normas culturais e sociais determinam se os homens se sentem no direito de atacar uma mulher relutante ou se isso seria considerado desprezível por seus pares. Será que faculdades, fraternidades ou países endossam uma "cultura do estupro" que permite aos homens escapar da lei, especialmente se forem heróis do esporte? Como a cultura do excesso de bebida afeta as decisões das mulheres sobre o sexo, e como o efeito "pense-beba" se aplica? Talvez os passos mais importantes para reduzir o estupro entre conhecidos e em encontros, portanto, sejam: (1) ambos os sexos devem compreender claramente as regras e normas para decidir se querem respeitá-las ou resistir a elas; (2) ambos os sexos devem se certificar de que estão seguindo um roteiro da mesma peça; (3) as mulheres devem aprender a expressar seus desejos de forma direta; e (4) os homens devem aprender que uma mulher embriagada não pode consentir legalmente com o sexo, e que fazer sexo com alguém que está incapacitado, mesmo que essa pessoa tenha resolvido se embriagar, é imoral e ilegal.

Rumo à redução da violência

Se acreditarmos que reduzir nossa propensão para a agressividade é uma meta que vale a pena, como deveríamos proceder? É tentador buscar soluções fáceis. Há muito tempo, um especialista que fora nada menos do que presidente da Associação Americana de Psicologia sugeriu que desenvolvêssemos uma droga anticrueldade que seria dada às pessoas (especialmente líderes nacionais) como forma de reduzir a violência numa escala universal.[117] A busca por tal solução é compreensível e até um pouco comovente, mas é extremamente improvável desenvolver uma droga que reduza a crueldade sem dopar seus usuários por completo. As drogas não conseguem distinguir processos psicológicos. Pessoas gentis e pacíficas que também são enérgicas, criativas, corajosas e inventivas são geradas por uma combinação de capacidades herdadas, experiências e valores aprendidos. É difícil conceber uma droga que consiga mirar num aspecto dessa combinação e não em outros. Além disso, o controle médico do comportamento humano tem a qualidade de um pesadelo de Orwell. A quem poderíamos confiar a aplicação dessas drogas? Se uma "droga anticrueldade" não é a resposta, vamos especular sobre algumas possibilidades com base naquilo que aprendemos até agora.

Punição

Para o cidadão médio, um meio óbvio de reduzir a agressão é punindo-a. Se alguém rouba, agride ou mata outra pessoa, basta colocá-lo na cadeia. Claro, viver no ambiente duro e restritivo de uma prisão impediria essa pessoa, depois de solta, de cometer crimes – mas será mesmo? Determinar as consequências específicas do encarceramento, porém, é difícil; na maioria dos casos, é impossível isolar os efeitos de ser aprisionado, pois há muitos outros fatores envolvidos.[118] Será que ficar na prisão tira a agressividade da maioria dos presos, tornando-os menos propensos a cometer crimes novamente quando saírem, ou a volta a um mundo que apoia seu comportamento transgressor tem um impacto maior?

Embora seja difícil testar essas possibilidades, evidências de um experimento natural sugerem que as prisões não conseguem impedir o crime entre os internos que são libertados. Uma decisão da Suprema Corte tornou possível o experimento, isolando os efeitos do aprisionamento sobre a reincidência. Em 1963, após a decisão *Gideon versus Wainwright*, segundo a qual as pessoas não podem ser presas por um crime sem que lhe ofereçam um advogado, diversos detentos das prisões da Flórida foram soltos precocemente – muito antes de terem cumprido suas sentenças. A única diferença sistemática entre esses prisioneiros e aqueles que permaneceram na prisão era que os libertados não tinham sido representados anteriormente por um advogado. Logo, os pesquisadores puderam comparar dois grupos de presos praticamente idênticos; alguns tinham sido soltos prematuramente e outros tinham sido punidos e "reabilitados" por toda a duração de sua sentença. Uma diferença espantosa emergiu entre os dois grupos: a probabilidade de os prisioneiros que cumpriram a pena completa *voltarem à cadeia foi duas vezes maior* do que a daqueles liberados antes do tempo.[119]

Isso significa que a cadeia falha em reduzir o crime? Não necessariamente. Esse estudo oferece evidências convincentes de que penas longas de prisão não impedem o futuro comportamento criminal de prisioneiros que são soltos, mas não descarta completamente a possibilidade de que a mera perspectiva de uma punição severa possa refrear as tendências criminosas daqueles que nunca foram presos. Portanto, é possível que a ameaça de punição impeça muitos criminosos em potencial de infringir a lei um dia.

Mas, apesar de ser possível, considero isso improvável. Por um lado, a provável punição está muito distante, e, por outro, estados da federação que têm a punição mais severa – pena de morte por homicídio – apresentam índices de homicídio maiores do que estados sem a pena de morte.[120] O que *sei* é que, embora a punição severa, se aplicada de pronto, frequentemente resulte em observância, raras vezes produz internalização. Se uma jovem agride os pais, irmãos ou pares, podemos bater nela, gritar com ela, retirar seus privilégios ou fazê-la sentir-se culpada. A premissa aqui é que essa punição "lhe ensine uma lição" para que ela "pense duas vezes" antes de se comportar mal novamente, e que, quanto mais severa a punição, melhor. Mas a punição, que pode ser eficaz temporariamente, tende a ter efeito oposto a longo prazo.[121] Nem todas as crianças que são espancadas ou surradas tornam-se violentas, mas aquilo que os pais fazem é uma lição poderosa de aprendizagem social, ensinando aos filhos: "Ah, então é *isso* que devo fazer quando estiver bravo com alguém: gritar com a pessoa ou bater nela".

Se as pessoas querem estabelecer padrões de comportamento não agressivo a longo prazo, devem, quando crianças, internalizar um conjunto de valores que se oponha a respostas agressivas. Em dois experimentos separados comentados em detalhes no Capítulo 3, Merrill Carlsmith e eu, e depois Jonathan

Freedman,[122] demonstraram que, com crianças pequenas, ameaças de punição branda são bem mais eficazes do que ameaças de castigo severo. Apesar de esses experimentos lidarem apenas com a preferência das crianças por certos brinquedos, eles sugerem fortemente que ameaças de punição branda (em lugar de severa) refreiam a agressividade da mesma forma.

Como sugerido no Capítulo 3, eis como essa lógica funciona: imagine que uma mãe ameace punir seu jovem filho para fazê-lo parar momentaneamente de agredir a irmã menor. Se ela tiver sucesso, ele sentirá uma dissonância. A cognição "Gosto de bater na minha irmãzinha" é dissonante com a cognição "Estou me abstendo de bater na minha irmãzinha". Se sofresse uma ameaça severa, ele teria uma razão muito boa para se conter; ele seria capaz de reduzir a dissonância, dizendo "A razão pela qual não estou batendo na minha irmã é que me dariam uma surra e tanto se eu fizesse isso – mas com certeza eu ainda gostaria de bater nela".

Suponha, porém, que essa mãe ameace usar uma punição suave e não severa, uma punição rigorosa apenas o bastante para interromper a agressão do filho. Nesse caso, quando o menino se perguntar por que não está batendo na irmãzinha extremamente *agredível* no momento, não poderá usar a ameaça como meio de reduzir a dissonância. Ou seja, ele não conseguirá se convencer facilmente de que levaria uma surra caso agredisse a irmã, porque isso não é verdade – mas precisará justificar o fato de não estar batendo nela. Em outras palavras, sua justificação externa (a gravidade da ameaça) é mínima; portanto, precisará adicionar a própria justificação para esse tolhimento. Ele poderá, por exemplo, convencer-se de que não gosta mais de bater na irmãzinha, e que, além disso, é errado bater em pessoas menores do que ele. Isso não só explicaria, justificaria e tornaria sensata sua privação momentaneamente pacífica, mas, mais importante ainda, reduziria a probabilidade de agredir a irmãzinha no futuro. Em suma, teria internalizado um valor antiagressivo. Teria *se* convencido de que, para ele, bater em alguém não é nem desejável nem divertido.

Esse conceito geral tem sido aplicado com sucesso no mundo real das escolas. Dan Olweus,[123] que trabalha no sistema escolar norueguês, conseguiu reduzir a frequência de *bullying* em 50%, treinando professores e diretores para se manter atentos ao problema e tomar medidas punitivas *moderadas*. Vista como um todo, essa pesquisa indica que crianças que ainda não formaram seus valores estão mais propensas a desenvolver a aversão pela agressão caso a punição por ações agressivas seja tanto imediata quanto moderada.

Punindo modelos agressivos

Será possível reduzir a agressão mostrando às crianças modelos agressivos que tiveram maus resultados? Reza a teoria que, enquanto a violência presenciada pelas crianças for punida, elas estarão sendo punidas indiretamente por sua própria agressão e, por isso, vão se tornar menos agressivas – e menos inclinadas a imitar aquilo que observam. Infelizmente, as evidências não apoiam essa crença tão difundida. Estudos experimentais apresentam uma imagem mais precisa – e complexa. Em geral, nesses experimentos, as crianças assistem ao filme de uma pessoa agressiva que depois é recompensada ou punida por agir agressivamente. Mais tarde, elas recebem a oportunidade de se comportar agressivamente, sob circunstâncias similares àquelas mostradas no filme. A constatação consistente é de que crianças que assistem a um filme no qual a pessoa agressiva é *punida* agem menos agressivamente do que aquelas que assistem a um filme no qual a pessoa é *recompensada*. E são menos agressivas do que as crianças que assistem a um filme com um personagem agressivo que não é nem recompensado, nem punido.[124] Por outro lado – e esse ponto é crucial –, ver um modelo sendo punido por agressão não reduz o nível geral de agressividade abaixo daquele de um grupo de crianças que não foram expostas a um modelo agressivo. Em outras palavras, o cerne da pesquisa parece indicar que (1) ver um agressor recompensado aumenta o comportamento agressivo da criança, e (2) ver um agressor punido não aumenta *nem* diminui o comportamento agressivo da criança. É tão eficaz quanto não expor a criança a nenhum modelo agressivo.

Recompensando alternativas à agressão

Outra possibilidade que tem sido investigada é ignorar a criança quando ela se comporta agressivamente e recompensá-la por se comportar de modo não agressivo. Essa estratégia baseia-se, em parte, na evidência de que jovens (e adultos também) comportam-se com frequência de modo agressivo como meio de chamar a atenção. Para eles, ser punido é preferível a ser ignorado. Então, paradoxalmente, punir o comportamento agressivo pode ser interpretado como uma recompensa – "Ei! A mamãe presta atenção em mim sempre que eu bato na minha irmãzinha. Acho que vou fazer isso de novo".

Paul Brown e Rogers Elliot[125] testaram essa ideia num experimento realizado numa escola pré-primária. Os professores da escola foram instruídos a ignorar todos os atos agressivos por parte das crianças, mas também a ficar bastante atentos a elas, especialmente quando fizessem coisas incompatíveis com a agressão, como brincar de forma amigável, compartilhar brinquedos e cooperar umas com as outras. Após algumas semanas, houve um declínio notável no comportamento agressivo. Num experimento mais elaborado, Joel Davitz[126] demonstrou que a frustração não precisa resultar necessariamente em agressão; na verdade, pode levar a um comportamento construtivo, caso esse comportamento tenha se tornado atraente graças a um treinamento anterior. Nesse estudo, as crianças brincaram em grupos de quatro integrantes. Alguns dos grupos foram recompensados por comportamento construtivo, enquanto outros foram recompensados por comportamento agressivo ou competitivo. Então, Davitz frustrou propositalmente as crianças alimentando a expectativa de que iriam assistir a filmes divertidos e que poderiam se distrair. De fato, ele começou a mostrar um filme e distribuiu doces que elas poderiam comer mais tarde. Mas então criou a parte "frustração" do experimento, interrompendo o filme no momento mais interessante e tirando os doces. Em seguida, as crianças puderam brincar livremente. Como você já aprendeu, esse é um cenário para a ocorrência esperada de comportamento agressivo. Mas as crianças que tinham sido treinadas para se comportar construtivamente brincaram de forma bem mais construtiva e bem menos agressiva do que aquelas do outro grupo.

Essa pesquisa é encorajadora, mas acho necessário dizer que minha crença firme é de que seria ingênuo esperar que muitas crianças em nossa sociedade escolhessem espontaneamente soluções construtivas e não agressivas para conflitos e circunstâncias frustrantes. A sociedade norte-americana nos apresenta evidências de todo tipo indicando que as soluções violentas para conflitos e frustrações são valorizadas. Explícita ou implicitamente, seja sob o disfarce do herói de ação vingador ou do charmoso agente secreto que mata pessoas em cenários exóticos e divertidos, esses heróis de filmes demonstram para os jovens aquilo que a sociedade valoriza e recompensa. Nem é preciso dizer que nossa exposição a soluções violentas para problemas não se limita a filmes e a videogames; esses eventos também dominam o noticiário noturno. Coerentemente, não deve nos surpreender o fato de as crianças aprenderem que adultos costumam resolver conflitos recorrendo à violência, e muitas nem ficam sabendo que há soluções alternativas viáveis ou apropriadas. Se preferirmos que nossos filhos cresçam favorecendo estratégias não violentas, pode ser uma boa ideia oferecer-lhes treinamento específico nessas técnicas, além de incentivos para usá-las. Como veremos em breve, não há razão para que esse treinamento não possa ser feito tanto em casa quanto na escola.

Proporcionando modelos não agressivos

Um importante freio para a agressão é a clara indicação de que esse modo de agir não é apropriado. E o indicador mais eficaz é social – ou seja, a presença de outras pessoas nas mesmas circunstâncias que preferem conciliação à retaliação. Num estudo de Robert Baron e Richard Kepner,[127] os participantes foram insultados pelo cúmplice dos experimentadores e depois se observou esse indivíduo recebendo choques elétricos nas mãos, infligidos por uma terceira pessoa, que aplicou choques intensos ou choques muito suaves. (Um grupo de controle não observou uma terceira pessoa aplicando choques.) Depois, todos os participantes tiveram a oportunidade de dar choques no indivíduo que os insultou. Aqueles que haviam visto uma pessoa aplicando choques intensos deram choques mais intensos no insultador do que aqueles na condição de controle; já aqueles que haviam testemunhado uma pessoa aplicar choques suaves aplicaram-lhe choques mais suaves do que aqueles na condição de controle. Esse paradigma parece familiar? A expressão do comportamento agressivo, como a expressão de qualquer outro comportamento, pode ser vista como um ato de conformidade, o que significa que, numa situação ambígua, as pessoas buscam em outras uma definição daquilo que é apropriado.

No Capítulo 4, descrevi as condições sob as quais você poderia arrotar à mesa de jantar de um dignitário da Liberlândia. Aqui, estou sugerindo que, se você e seus amigos estiverem frustrados ou irritados e, ao redor, as pessoas de seu grupo estiverem jogando bolas de neve em seus atormentadores, isso vai aumentar a probabilidade de você jogar bolas de neve; se estiverem apenas falando com raiva, vai aumentar a probabilidade de você falar com raiva; e se estiverem batendo com bastões de beisebol na cabeça de seus atormentadores, vai aumentar a probabilidade de você pegar um bastão e começar a bater junto com elas.

Construindo empatia

Imagine a seguinte cena: há uma longa fila de carros parados no semáforo de um cruzamento movimentado. O semáforo fica verde. O primeiro motorista hesita durante 15 segundos. O que acontece? Naturalmente, irrompe uma sinfonia de buzinas – não um simples toque destinado a fornecer ao motorista da frente a informação de que o semáforo mudou, mas buzinadas prolongadas e persistentes de motoristas frustrados atrás do carro da frente, manifestando seu aborrecimento. Com efeito, um experimento revelou que, nessa situação, cerca de 90% dos motoristas do segundo carro buzinaram de maneira agressiva. Como parte do mesmo experimento, um pedestre atravessou a rua entre o primeiro e o segundo carros *enquanto o semáforo ainda estava vermelho para os motoristas*, e já havia cruzado a rua quando o semáforo ficou verde. Mesmo assim, quase 90% dos motoristas do segundo carro deram buzinadas curtas no instante em que o semáforo abriu – sem se importar com o fato de que o primeiro motorista talvez quisesse ter certeza de que o pedestre tinha atravessado em segurança. Mas o que aconteceu quando o pedestre usava muletas? Aparentemente, ver uma pessoa de muletas despertou uma reação de empatia; o sentimento de empatia foi superior ao desejo de ser agressivo, e o percentual de pessoas que buzinaram diminuiu drasticamente.[128]

A empatia é crucial para a vida humana; é o antídoto para a desumanização. Se, como temos visto, a maioria dos indivíduos desumaniza suas vítimas para justificar a realização de um ato agressivo contra elas, então a criação de empatia entre as pessoas dificultará a ocorrência de atos agressivos. Com efeito, Norma e Seymour Feshbach[129] demonstraram uma correlação negativa entre empatia e agressividade em crianças: quanto maior o nível de empatia, menor a probabilidade de comportamento agressivo. Norma Feshbach,[130] pioneira no ensino da empatia em escolas primárias, criou um programa de treinamento em empatia para crianças com duração de 30 horas. As crianças tinham de pensar muito em perguntas como: "Como seria o mundo se você fosse tão pequeno quanto um gato?" e "Que presente de aniversário faria cada membro de sua família mais feliz?". Pensar nas respostas amplia a capacidade de as crianças se colocarem na situação do outro. As crianças também ouviam histórias e as contavam novamente do ponto de vista de cada um dos diversos personagens de cada narrativa. As crianças representavam o papel de cada personagem e suas apresentações eram gravadas. Depois, as crianças assistiam às gravações e falavam sobre a aparência e a voz das pessoas quando expressam sentimentos diferentes. Ao final do programa, as crianças aprendiam não apenas a ser mais empáticas, como tinham mais autoestima, estavam mais generosas e menos agressivas do que estudantes que não haviam participado do programa.

Georgina Hammock e Deborah Richardson[131] demonstraram benefícios similares da empatia em estudos com estudantes universitários colocados numa situação em que foram instruídos a aplicar choques elétricos num colega. Aqueles que haviam aprendido a se preocupar com os sentimentos dos outros aplicaram choques menos intensos do que aqueles que eram menos empáticos.

Kenichi Obuchi e colegas,[132] trabalhando com estudantes japoneses, descobriram a mesma coisa. Obuchi instruiu os estudantes a aplicar choques elétricos em outro estudante como parte de um experimento de aprendizagem. Numa condição, antes de receber os choques, as vítimas revelaram alguma coisa pessoal sobre elas próprias – abrindo, assim, a porta para a formação da empatia. Na condição de controle, as vítimas não tiveram oportunidade de se autorrevelar. Estudantes que revelaram algo sobre si aplicaram choques muito mais brandos do que aqueles que não o fizeram.

Ensinando altruísmo e atenção plena

Um poderoso antídoto à agressão é o *altruísmo* – fazer alguma coisa pelos outros, mesmo à custa de nosso conforto ou prazer imediato. O altruísmo nos faz sentir bem. Alivia as emoções desagradáveis que sentimos quando vemos outras pessoas sofrendo, e vê-se repetidamente que dar aos outros melhora nosso humor de maneira mais segura do que dar a nós mesmos. Por exemplo, em termos de felicidade e de bem-estar, a forma *como* as pessoas gastam o próprio dinheiro é, no mínimo, tão importante quanto o valor que recebem. Usando três métodos de pesquisa diferentes, Lara Aknin e colegas[133] investigaram essa questão. Uma ferramenta foi uma enquete de representação nacional; a segunda foi um estudo longitudinal de campo sobre o modo como as pessoas gastam uma renda inesperada, "que caiu do céu". Nos dois estudos, os sujeitos que gastaram dinheiro com outras pessoas se sentiram mais felizes do que aqueles que gastaram consigo mesmos. Mas, naturalmente, os resultados poderiam funcionar em qualquer direção: o altruísmo causa a felicidade ou pessoas felizes se comportam de forma mais altruísta? Assim, os pesquisadores fizeram um experimento no qual os participantes foram designados aleatoriamente a gastar dinheiro consigo mesmos ou com outras pessoas. Dessa vez, eles identificaram a sequência causal: comportar-se altruisticamente produz maiores sentimentos de felicidade.

Como vimos na discussão da teoria da aprendizagem social cognitiva, *o modo como pensamos nos acontecimentos* – o modo como percebemos, interpretamos e explicamos alguma coisa que normalmente poderia nos incomodar, frustrar ou irritar – é uma etapa intermediária crucial para determinar nossa reação.

Essa é a razão para o antídoto final à agressividade que quero mencionar: *atenção plena* e formas de *meditação*, que nos ensinam a focalizar a atenção no momento presente. Ao praticar atenção plena e meditação, as pessoas reduzem as reações reflexivas e agressivas diante de uma provocação ou insulto percebido, o que lhes dá tempo para refletir e decidir como responder com mais calma e construtivamente. Pessoas que estão plenamente atentas discordariam de comentários como "Parece que estou 'no automático', sem perceber muito bem o que estou fazendo", e a meta é precisamente levá-las a ficar alertas. Nos experimentos, até uma breve sessão de treinamento de atenção plena reduz a "divagação mental", pensamentos sem foco que impedem a capacidade de prestar bastante atenção na tarefa à frente. Embora o devaneio ocasional seja bom e agradável, a divagação mental *habitual* prediz mau humor, mais estresse, menor autoestima e menos preocupação pelo bem-estar dos outros.[134] Portanto, os benefícios dessa prática são físicos (menores níveis de hormônios de estresse), emocionais (menos sentimentos hostis) e comportamentais (agressividade reduzida).[135]

A meditação tem benefícios similares. Os meditadores são instruídos a prestar atenção em sensações no momento presente, em vez de se deixar levar por lembranças ou imagens pertencentes ao passado ou ao futuro – lembranças e imagens que costumam produzir raiva ou ansiedade. Um dentre numerosos testes randomizados e controlados revelou que um programa de meditação para jovens adultos reduziu a pressão sanguínea e os sentimentos de sofrimento psicológico dos participantes, ajudando-os a viver de forma mais construtiva.[136] Acalmando a mente e o corpo, a meditação reduz o impulso de uma pessoa, quando provocada, a retaliar agressivamente.[137]

Pensamentos finais sobre a natureza da natureza humana

No começo deste capítulo, comentei que filósofos e cientistas haviam discutido se os seres humanos são "naturalmente" agressivos ou "naturalmente" bondosos. Seguindo as brilhantes descobertas de Charles Darwin e o aumento de abordagens evolucionistas para compreender o comportamento, o pêndulo oscilou para o lado "naturalmente agressivo". O raciocínio foi de que a agressão – entre indivíduos e entre grupos – é útil e necessária para a sobrevivência, pois dominar e ferir outros é um modo eficiente de se assegurar recursos e parceiros sexuais. O zoólogo Konrad Lorenz[138] alegou que a agressividade é "parte essencial da organização dos instintos que preservam a vida".

Mas outros cientistas foram céticos. O antropólogo Ashley Montagu[139] sustenta que a simplificação excessiva e a interpretação errônea da teoria evolucionista deram à pessoa média a ideia errônea de que o conflito é comum porque é necessário, uma lei da natureza. Montagu viu nessa posição uma desculpa conveniente que magnatas da indústria poderiam usar para justificar a exploração dos trabalhadores: afinal, a vida é uma luta, e por isso é natural que o mais forte e mais agressivo sobreviva. O perigo, disse Montagu, é que esse tipo de raciocínio pode se tornar autorrealizável, levando-nos a ignorar ou menosprezar o óbvio valor do comportamento não agressivo e não competitivo para a sobrevivência.

Há mais de cem anos, o cientista e reformador social Peter Kropotkin[140] – um príncipe nascido numa família aristocrática – concluiu que a cooperação e a ajuda mútua têm grande valor de sobrevivência para a maioria das formas de vida. Temos de aprender a cooperar para viver em grupos, escreveu, e, como muitos animais sociais, desenvolvemos tendências pró-sociais junto com outras agressivas. Em sua maior parte, as ideias de Kropotkin foram ignoradas, talvez por não se encaixarem no espírito da época ou nas necessidades daqueles que estavam se beneficiando da Revolução Industrial. Mas se provou que ele tinha razão. As habilidades cooperativas de insetos sociais, como cupins, formigas e abelhas, foram muito bem documentadas,[141] e, como vimos no Capítulo 2, hoje sabemos que a cooperação está tão incrustada em nossa biologia quanto a agressão.

Mas a crença de que a agressão é adaptativa e benéfica permanece embutida em nossa própria linguagem e abordagem para a solução de problemas – cegando-nos para alternativas cooperativas. As pessoas presumem que o mesmo mecanismo que motiva os seres humanos a matar impele outros a "conquistar" o espaço exterior, a "mergulhar de cara" numa complexa equação matemática, a "atacar" um problema lógico, a começar uma "guerra" contra as drogas, a "travar uma batalha" com a doença ou a ser o "senhor" do universo. Mas esse raciocínio baseia-se numa definição exagerada de agressão. Equiparar grandes realizações e avanços com hostilidade e agressão é confundir a questão. Um problema ou habilidade podem ser dominados sem prejudicar outras pessoas ou sem mesmo tentar conquistá-las. E metáforas que desviam o esforço para descobrir curas para doenças terríveis e soluções para profundos problemas sociais em "guerras" acabam definindo o problema de forma errada, limitando, assim, nossa capacidade de resolvê-lo.

Para nós, essa é uma distinção difícil, pois nós, norte-americanos, temos sido treinados a equiparar sucesso com vitória, a equiparar fazer bem com vencer alguém. Como cultura, vivemos da competição; recompensamos vencedores e desdenhamos dos perdedores. Há dois séculos, nosso sistema educacional tem se baseado na competitividade. Com poucas exceções, a maioria das escolas não ensina as crianças a gostar de aprender; nós as ensinamos a ter boas notas e grandes resultados no SAT*.[142] Quando o colunista desportivo Grantland Rice disse, “Não importa se você ganha ou perde, mas como joga o jogo”, certamente não estava descrevendo a ideia dominante na vida americana; estava expressando a esperança de podermos, de algum modo, nos livrar de nossa preocupação mórbida com a vitória a todo custo e, em lugar disso, focar em jogar com dignidade, competência e espírito generoso. Desde os jogadores de times infantojuvenis que choram quando a equipe perde até os estudantes universitários no estádio de futebol americano cantando “Somos o número um!”; desde o ex-presidente Lyndon Johnson, cujo juízo durante a guerra do Vietnã quase certamente foi distorcido por seu desejo de “não ser o primeiro presidente norte-americano a perder uma guerra”, até o aluno da 3ª série do ensino fundamental que inveja e despreza o colega porque se saiu melhor numa prova de aritmética, manifestamos uma impressionante obsessão cultural pela vitória. Vince Lombardi, lendário técnico do Green Bay Packers, resumiu tudo ao dizer: “Vencer não é tudo, é a única coisa”. Essa filosofia implica que a meta da vitória justifica os meios empregados para vencer, mesmo que seja apenas uma partida de futebol – que, afinal, foi concebida inicialmente como atividade recreativa.

Claro que competição e agressividade são adaptativas – para *alguns* grupos, sob *algumas* condições. Mas, quando olho à minha volta e vejo um mundo repleto de ódio e desconfiança entre nações, entre raças e entre tribos, com chacinas insensatas, terrorismo, tiroteios diários em massa e um número de ogivas nucleares flutuando por aí e capazes de destruir várias vezes a população do mundo, sinto-me justificado em questionar o atual valor desse comportamento para a sobrevivência. A antropóloga Loren Eiseley[143] prestou uma homenagem a nossos antigos ancestrais, mas nos advertiu quanto a imitá-los ao escrever: “Agora, precisamos de pessoas mais gentis e mais tolerantes do que aquelas que lutaram por nós contra o gelo, o tigre e o urso e venceram”.

A boa notícia é que, apesar de os armamentos modernos terem possibilitado aos humanos serem bem mais destrutivos, a sociedade moderna parece ter nos tornado psicologicamente menos propensos a agir segundo nossas tendências violentas do que nossos ancestrais. A modernidade permitiu-nos cooperar e negociar com pessoas bem além de nossas famílias, tribos e países; compramos seus produtos, comemos pratos de sua culinária, lemos sua literatura. Essas

* Scholastic Assessment Test (SAT) é um teste que avalia e verifica as habilidades acadêmicas dos futuros estudantes universitários. [N. de T.]

trocas sociais e culturais nos permitiram ver a vida de desconhecidos de modo a humanizá-los, dificultando, assim, causar-lhes mal. Talvez possamos encontrar outras maneiras de evocar, e de seguir, o que Abraham Lincoln chamou de "os melhores atributos de nossa natureza".

Saul Steinberg, *Desenho sem título*, tinta sobre papel.
Publicado em Steinberg, *The Art of Living*, 1949.

CAPÍTULO 7

PRECONCEITO

Quando eu era um jovem professor, ouvi uma entrevista de Thurgood Marshall no rádio na qual contou uma história que exerceu um efeito poderoso sobre mim. Quando era um jovem advogado trabalhando para a Associação Nacional para o Avanço dos Negros (NAACP), Marshall foi até uma cidadezinha do Sul defender um negro acusado de um crime sério. Ao chegar, ficou chocado e atônito quando soube que o réu já estava morto – linchado por uma multidão de brancos furiosos. Com o coração pesado, Marshall voltou à estação ferroviária para esperar o trem de regresso a Nova York. Enquanto esperava, deu-se conta de que estava com fome e percebeu um pequeno quiosque de comida na plataforma. Caminhando até o quiosque, pensou se deveria ir direto ao balcão da frente e pedir um sanduíche (como era seu direito legal) ou dar a volta até os fundos (como era a prática comum dos afro-americanos no Sul nessa época). Mas, antes de chegar ao quiosque, foi abordado por um homem branco grande, corpulento, que ficou olhando desconfiado para ele. Marshall supôs que seria um representante da lei, pois caminhava com ar de autoridade e tinha um volume no bolso da calça que só poderia ser de uma arma.

– Ei, moleque – gritou o homem para Marshall. – O que você está fazendo aqui?

– Estou esperando o trem – respondeu Marshall.

O homem fez uma careta, deu mais alguns passos em sua direção e encarou-o ameaçadoramente, dizendo:

– Não ouvi. O que você disse, moleque?

Marshall percebeu que sua resposta inicial não fora atenciosa o bastante. Ele disse:

– Desculpe-me, senhor, mas estou esperando o trem.

Então, fez-se um longo silêncio, durante o qual o homem fitou Marshall lentamente de cima a baixo, e depois disse:

– É melhor pegar esse trem, moleque, e depressa, pois nesta cidade o sol nunca se pôs para um negro vivo.

Como Marshall se recordou mais tarde, naquele ponto seu impasse sobre como pegar o sanduíche provou-se mera especulação. Ele resolveu não pegar um sanduíche, mas o primeiro trem que passasse – e não importava para onde fosse. Além disso, não estava mais com fome.[1]

Thurgood Marshall tornou-se o principal advogado da NAACP; em 1954, apresentou o caso de *Brown versus Board of Education* diante da Suprema Corte dos Estados Unidos. Sua vitória pôs fim à segregação racial legalizada nas escolas públicas. Subsequentemente, Marshall foi indicado para a Suprema Corte, à qual serviu com distinção até sua aposentadoria em 1991. Não tenho certeza do que aconteceu com o homem que tinha um volume no bolso.

O que é preconceito?

O preconceito é uma das características mais comuns e perturbadoras da experiência humana, mas é pouco compreendido. Muitas pessoas brancas acham que histórias como a de Marshall representam uma era passada, que a sociedade moderna evoluiu a ponto de ser "pós-racial", cega para as diferenças de cor e justa. Afinal, elegemos um presidente negro; Oprah, Beyoncé e LeBron são pessoas de tanto sucesso que nós os conhecemos pelo primeiro nome; hoje, é virtualmente proibido usar a palavra com "n".* Portanto, em pesquisas, muitos dizem que não precisamos mais nos preocupar com políticas de proteção a minorias vulneráveis ao preconceito e à discriminação; na verdade, quando muito, tornamo-nos sensíveis *demais*, "politicamente corretos"[2] demais. Isso se tornou mais do que um mero debate de ideias em 2013. Nesse ano, o argumento de que a discriminação acabou foi crucial quando a Suprema Corte derrubou proteções vitais da lei do direito ao voto de 1964, que tornara ilegal os estados impedirem afro-americanos de votar.[3]

Sem dúvida, temos muitos avanços para comemorar: a eleição de Barack Obama teria sido inimaginável na época de Thurgood Marshall, quando pessoas negras e mulheres eram confinadas a papéis subservientes e os casamentos

* *Nigger* é uma palavra infame no inglês atual, insultuosa em relação às pessoas negras, tanto que, quando discutida, na maioria das vezes é eufemisticamente nomeada como "a palavra com n". [N. de E.]

inter-raciais eram proibidos por lei, quando gays e lésbicas eram considerados "pervertidos" ou "doentes mentais" e podiam ser presos em alguns estados, e quando o linchamento ainda era usado nos estados do Sul para aterrorizar pessoas negras. Pesquisas realizadas na década de 1960 mostraram que os brancos queriam aumentar ativamente sua distância dos afro-americanos – quase 80% disseram que se mudariam de bairro caso uma família negra se transferisse para lá. Hoje, 84% dos brancos sentem-se à vontade com casamentos inter-raciais, e o número de casais inter-raciais está aumentando constantemente.[4]

Ainda assim, malgrado esse progresso, nenhum psicólogo social acredita que os seres humanos podem ser pós-raciais ou simplesmente se despir de vieses como tiram seus casacos. O preconceito, como veremos, é fundamental para a condição humana. De maneira bem real, somos construídos por ele. Como o preconceito existe em todas as culturas, é razoável concluir que ajudou nossos ancestrais caçadores-coletores a sobreviver, tornando-os desconfiados de pessoas desconhecidas. Tratar estranhos como possíveis agressores é um meio melhor de sobreviver num mundo perigoso do que tratá-los como amigos. Assim, apesar de muitas de nossas atitudes e comportamentos preconceituosos terem mudado junto com as normas sociais, e de as relações entre grupos terem melhorado, de modo geral, com a adoção de políticas antidiscriminatórias, não estamos naturalmente menos propensos ao preconceito do que estávamos na década de 1960 – ou na de 1860, ou de 1360 etc.

Após a eleição de Obama, o número de grupos de ódio triplicou, sugerindo uma retaliação contra o crescente aumento do poder político dos afro-americanos. Online, centenas de milhares de autointitulados nacionalistas brancos expressam orgulhosamente seu desprezo por muçulmanos, gays, negros, mexicanos, judeus e progressistas.[5] Aqui e no exterior, terroristas assassinaram milhares de vítimas inocentes, jurando fidelidade ao Estado Islâmico e espalhando medo e desconfiança generalizada sobre os muçulmanos como grupo.[6] Em 2015, um supremacista branco de 21 anos postou um manifesto de ódio com fotos dele mesmo com a bandeira confederada, antes de atirar em nove afro-americanos reunidos em um encontro de orações na Carolina do Sul. Como o presidente Obama disse a um entrevistador após o tiroteio, "Não se trata apenas de não ser educado e dizer '*nigger*' em público. Não é essa a medida que mostra se ainda existe racismo. Não é apenas questão de discriminação declarada. As sociedades não eliminam completamente, da noite para o dia, tudo o que aconteceu nos últimos duzentos ou trezentos anos".[7]

Com efeito, a história norte-americana recente é um lembrete poderoso de que racismo, sexismo e muitos outros *ismos* não desaparecem de repente. E, enquanto tivermos preconceitos, haverá políticos querendo explorá-los – e, pelo exemplo que dão, influenciando outros a se sentirem justificados em seus ódios. A campanha e a presidência de Donald Trump foram marcadas por diversos ataques claramente hostis contra mulheres, muçulmanos, hispânicos e pessoas com deficiência. Ele explicou seus comentários desta maneira: "Francamente, eu não tenho tempo para isso de total correção política. E, para ser honesto com você, este país também não tem".[8] Aparentemente, o país estava ouvindo. Eis apenas uma amostra dos preconceitos norte-americanos que chegaram ao noticiário nos meses que se seguiram à eleição:

- Em fevereiro de 2017, Dyne Suh, estudante de Direito da UCLA, reservou uma cabana no Airbnb para férias muito merecidas com amigos. Enquanto dirigia até o lugar sob uma nevasca intensa, recebeu uma mensagem de texto de última hora do dono da cabana cancelando sua reserva. Quando Suh reclamou e enviou fotos da tela do celular com os textos do acordo de locação, seu anfitrião respondeu: "Não a alugaria a você nem se fosse a última pessoa da terra. Uma palavra diz tudo: asiática". Quando Suh ameaçou relatar a discriminação ao Airbnb, o anfitrião respondeu: "Vá em frente... É para isso que temos o Trump".[9]
- O laço da forca, símbolo de intolerância e ódio voltados a afro-americanos, proliferou em 2017. Após a abolição da escravatura, os laços eram usados para linchar milhares de pessoas negras, e a prática só se abrandou no final da década de 1960. Sua reaparição envia uma mensagem aterradora para os afro-americanos: *Odiamos vocês e queremos que morram*. Após a eleição, foram encontrados laços pendurados em muitos locais públicos, inclusive num museu no Passeio Nacional, em Washington; numa galeria do Museu Nacional de História e Cultura Afro-americana; numa escola primária e numa escola secundária; na área externa do dormitório de uma fraternidade negra; e no campus da American University um dia antes de a primeira mulher negra se preparar para assumir a presidência da Associação de Governança Estudantil.[10]
- Em Portland, Oregon, em maio de 2017, no primeiro dia do Ramadã (o mês mais sagrado para os muçulmanos), Jeremy Joseph Christian viu duas mulheres sentadas juntas num trem, uma das quais usava um

hijab, e começou a dirigir insultos islamofóbicos a elas. Quando dois homens intercederam e tentaram acalmá-lo, ele os esfaqueou até a morte, feriu um terceiro e pulou do trem.[11]

- Em julho de 2017, o presidente, por iniciativa pessoal, declarou a proibição de indivíduos transexuais nas forças armadas, em qualquer função, revertendo a política do Pentágono de 2016, que acabara com uma proibição de longa data contra cerca de 16 mil homens e mulheres transgêneros que serviam abertamente.
- Em agosto de 2017, em Charlottesville, Virgínia, foi organizada uma passeata por neonazistas, Ku Klux Klan, Alt-right e outros grupos supremacistas brancos. Levando bandeiras com suásticas e símbolos confederados, os participantes da "união da direita" juraram "retomar o país" das mãos de todos os grupos raciais e étnicos que eles desprezam. Um neonazista arremessou o carro contra um grupo de contramanifestantes, matando uma mulher e ferindo outras 19 pessoas.

Como a agressão, o preconceito é endêmico à natureza humana; cresce e flui com as mudanças nas condições sociais; acompanha a época em ciclos. Sua manifestação externa pode ser desestimulada por normas culturais e leis antidiscriminação – ou incentivada pela intolerância pública de outros –, mas nunca desaparece completamente. Quanto mais compreendemos sua natureza, maiores as chances de minimizar nossas próprias tendências humanas preconceituosas. O que é preconceito? Como surge? Quais os seus efeitos sobre as pessoas? O que podemos fazer para reduzi-lo? A psicologia social produziu algumas respostas úteis.

Permita-me começar por uma definição. Os psicólogos sociais têm definido **preconceito** de diversas maneiras, mas aqui vou defini-lo como uma atitude negativa contra todos os membros de um grupo distinguível, baseada somente no pertencimento desses indivíduos a esse grupo. O preconceito é complexo; como qualquer atitude, em parte é *cognitivo*, em parte *emocional* e em parte *comportamental*. Logo, quando dizemos que um indivíduo tem preconceito contra pessoas gays, queremos dizer que ele ou ela tem crenças preconcebidas a respeito dessas pessoas, tem sentimentos negativos sobre elas e tem disposição para se comportar diante delas com certo viés ou hostilidade. Como qualquer atitude, o preconceito influencia e é influenciado por nosso comportamento.

O componente cognitivo do preconceito: estereótipos

Alguns preconceitos são principalmente cognitivos, baseados em informações errôneas; geralmente, podem ser mudados com relativa facilidade. Digamos que você tem preconceito sobre visitar a Islândia porque, bem, é gelada e inóspita. Mas, se eu lhe disser que, na verdade, é uma linda ilha, coberta por colinas suaves e verdejantes e que recebeu esse nome porque os exploradores noruegueses que desembarcaram lá não queriam que seus perseguidores os seguissem, provavelmente seu preconceito vai evaporar. Infelizmente, a maioria dos preconceitos não muda tão facilmente.

Assim como organizamos mentalmente o mundo físico em categorias, agrupamos as pessoas segundo características que importam. O agrupamento de objetos ou pessoas por características importantes é chamado de *categorização*, um processo fundamental para a cognição. Os bebês começam a criar categorias quase no momento em que nascem.[12] Recém-nascidos não mostram preferências por feições de uma raça ou de outra, mas, se vivem num ambiente "monorracial", com três meses de idade vão mostrar uma preferência por semblantes da própria raça.[13] Mas, se encontrarem repetidamente rostos de duas ou mais raças, não desenvolvem uma preferência. Assim, não temos uma estrutura cerebral que categoriza as pessoas pela raça em si mesma; em vez disso, parece que temos uma predisposição geral para ser atraídos por pessoas que são como nós e para desconfiarmos de pessoas que são diferentes. Para os animais sociais, as categorias fundamentais são *nós* ou *eles*. Com tenra idade, podemos categorizar por gênero, idade e raça, que determinamos visualmente com facilidade. Mais tarde, *aprendemos* a usar etnia, orientação sexual, religião, ideologia política e outras categorias menos visuais, mas significativas, para decidir quem é um de *nós* e quem é um *deles*. A categorização não gera preconceito automaticamente, mas pode ser o primeiro passo.

Depois que dividimos o mundo em categorias, geralmente aplicamos rótulos a elas que resumem a essência do grupo – um estereótipo. O **estereótipo** reflete a crença de que determinado atributo é característico de um grupo como um todo, independentemente da variação real entre membros desse grupo. Walter Lippmann, distinto jornalista e primeiro a usar a expressão, descreveu a diferença entre realidade – o "mundo lá fora" – e as "figurinhas em nossa mente".[14] Estereotipar é permitir que essas figurinhas dominem nosso modo de pensar, gerando expectativas e moldando as narrativas que construímos em torno das pessoas e de seu comportamento. Pense nas imagens trazidas à mente pelas expressões "líder de torcida do colegial", "especialista em computação", "músico negro" ou "terrorista" – bem fácil, não é? Andamos por aí com imagens de vários tipos de pessoa na cabeça. Em uma cultura específica, essas imagens são compartilhadas por interação social e por meio da mídia. Por isso, ficaria surpreso se sua imagem do técnico em informática fosse muito diferente da minha: muito provavelmente um rapaz, muito provavelmente nerd, muito provavelmente introvertido. Eu ficaria surpreso se o técnico em informática que você imaginou fosse uma mulher latina ou que o músico negro que você trouxe à mente estivesse regendo uma orquestra sinfônica, ou que o terrorista fosse um adolescente branco da Carolina do Sul.

Se pensarmos bem, sabemos que há homens líderes de torcida, programadoras de computador latinas, músicos clássicos negros e terroristas brancos nascidos aqui. Mas não costumamos pensar nisso; somos avaros cognitivos e categorizamos rapidamente outras pessoas segundo aquilo que consideramos normativo ou típico. Como o mundo é complicado demais para termos uma postura muito diferenciada sobre tudo e todos, desenvolvemos narrativas elegantes e precisas sobre *nosso próprio* grupo e todas as variações que vemos nas pessoas que pertencem a ele, confiando em ideias simples e incompletas sobre outros grupos. Experimentos cuidadosamente controlados confirmam essa função de economia de energia dos estereótipos. Num deles, Galen Bodenhausen[15] pediu a um grupo de "pessoas matutinas" – que pensam melhor no começo do dia – que avaliasse um caso de possível fraude num exame. Os participantes tenderam mais a dizer que o fraudador era culpado caso ele fosse identificado como um atleta – mas principalmente se fossem questionados à noite, quando não estavam com a mente tão clara. Pessoas noturnas mostraram o efeito oposto, recorrendo mais ao estereótipo atletas-são-maus-estudantes pela manhã.

Ao contrário do que diz a sabedoria convencional, geralmente os estereótipos são precisos, e como tal podem ser um meio adaptativo e rápido de lidar com a complexidade.[16] De fato, como mostraram Lee Jussim e colegas,[17] a precisão dos estereótipos revela-se uma das mais fortes e confiáveis descobertas da psicologia social, apesar da suposição frequente de que eles sempre nos desencaminham. E isso faz sentido; se a estereotipagem nos levasse consistentemente a erros, por que teria sobrevivido como característica central do funcionamento cognitivo? Muitos estereótipos captam a realidade bem o bastante para ser úteis e adaptativos, mantendo-nos longe de problemas. Por exemplo, a maior parte da violência do mundo é, de longe, praticada por homens jovens. Assim, se estiver andando sozinho por uma ruela escura tarde da noite e ouvir passos atrás de você, é perfeitamente razoável ficar mais assustado se os passos pertencerem a um jovem do que a um idoso ou a uma mulher. Do mesmo modo, certos grupos tendem a se sair melhor na escola do que outros, e se usarmos estereótipos étnicos para predizer quais grupos se saem melhor, em média, geralmente faremos predições corretas.

Entretanto, tais predições, mesmo corretas, podem ser tristemente incompletas porque não falam nada sobre as *razões* subjacentes para as diferenças observadas. Se seus estereótipos étnicos o levarem a predizer que estudantes asiáticos têm mais chance de se sair melhor do que estudantes latinos na seção de matemática do SAT, provavelmente você estará certo. Como grupo, os estudantes asiáticos tendem, de fato, a ter melhores notas do que os latinos (e brancos e negros) em provas de matemática. Mas, se o seu estereótipo o levar a acreditar que essas notas refletem diferenças genéticas imutáveis de inteligência ou habilidade em matemática, você estará errado.[18]

Ademais, estereótipos podem nos enganar quando os aplicamos a um membro específico do grupo, e isso pode ser injusto e potencialmente danoso – mesmo que o estereótipo seja positivo. Americanos de origem asiática costumam ser considerados uma "minoria modelo", uma cultura de pessoas que trabalham muito, são ambiciosas, inteligentes e excelentes em matemática. Mas o que acontece quando um estudante asiático específico não gosta de matemática ou precisa de ajuda para passar de ano?[19] Um dos estudantes de Joshua confessou que, como chinês que detesta matemática, passou por vários episódios de vergonha, constrangimento e de se sentir "extraestúpido" graças às expectativas alimentadas pelos outros sobre sua superioridade "natural" nessa matéria. Frequentemente, os professores presumiam que ele estava entediado ou que era preguiçoso; colegas de classe, durante provas de matemática ou ciências, tentavam se sentar perto dele para copiar suas respostas – e depois ficavam desapontados. Outro estudante chinês disse: "As pessoas olham para mim como se eu não tivesse dificuldades na escola, como se eu fosse uma espécie de robô sem sentimentos ou problemas. Como se eu não sentisse dor. É incrivelmente solitário". Portanto, até estereótipos geralmente benignos ou elogiosos podem ser enganadores, pois nenhum estereótipo é característico de todos os membros do grupo.

Experimentos mostram que, depois que temos informações claras e específicas sobre determinado indivíduo, abandonamos prontamente os estereótipos como guias sobre esse indivíduo.[20] Depois que descobrimos que nosso amigo chinês detesta matemática e não é bom nessa matéria, não precisamos do estereótipo bom-em-matemática quando pensamos nele. Afinal, os seres humanos são motivados a compreender as pessoas, e informações específicas sobre um indivíduo costumam ser mais valiosas do que um estereótipo para conduzir nossas interações com uma "categoria". Nos casos em que sabemos pouco sobre uma pessoa, o estereótipo sobre seu grupo pode influenciar nosso juízo acerca de seu caráter ou comportamento, e se o estereótipo for impreciso para determinado membro do grupo, isso vai causar mal-entendidos e problemas para ambas as partes.

É por isso que, apesar da precisão e da utilidade geral dos estereótipos, psicólogos sociais têm focalizado mais a atenção no lado sombrio da estereotipagem, casos nos quais os estereótipos distorcem a realidade, justificam a discriminação, geram conflito ou inflamam preconceitos, quando, por exemplo, um grupo étnico considera outro "preguiçoso" ou "violento". Além disso, juntando todos os "anglos" ou "asiáticos" ou "hispânicos" ou "pessoas negras" numa só categoria, geralmente as pessoas cometem outra série de enganos. Há 20 países que falam espanhol, cada um com sua própria cultura, identidade e pontos de orgulho, mas pessoas que vivem nos Estados Unidos e vieram de Espanha, Porto Rico, Peru, Cuba ou República Dominicana costumam ser vistas como mexicanas. Assim, aos olhos dos outros, estereótipos aparentemente benignos ou até positivos podem nos privar de nossa individualidade, cultura e humanidade.

Experimentos em laboratório mostram como a estereotipagem pode ser arraigada. Num experimento, Jeff Stone e colegas[21] fizeram estudantes universitários escutar uma gravação de áudio de 20 minutos com uma partida de basquetebol universitário. Foi pedido a eles que focalizassem um dos jogadores, apelidado "Mark Flick", e lhes foi permitido ver uma pasta contendo informações sobre ele, inclusive uma fotografia. Metade dos participantes viram a foto de um afro-americano; os outros, a de um homem branco. Depois de ouvirem a gravação, os estudantes avaliaram o desempenho de Flick. Suas ponderações refletiram os estereótipos dominantes: os estudantes que acreditaram que Flick era afro-americano disseram que ele tinha mais habilidades atléticas naturais e que tinha jogado melhor do que aqueles que acharam que ele era branco. Aqueles que acharam que Flick era branco comentaram que ele tinha mais iniciativa e inteligência para jogar basquete.

Os estereótipos nos afetam mesmo se o estereótipo no qual estamos nos baseando refere-se a nosso próprio grupo. Birt Duncan[22] mostrou às pessoas o filme de um homem negro e um homem branco numa discussão. Em certo ponto do filme, um dos homens empurra o outro. Duncan descobriu que as pessoas interpretavam o empurrão de forma diferente, dependendo de quem tinha empurrado o outro. Se o homem negro empurrou o homem branco, viram isso mais como uma agressão; se o homem branco empurrou o homem negro, interpretaram isso mais como uma brincadeira. Esse viés – vendo o mesmo ato como mais violento se praticado por um homem negro – apareceu até mesmo quando as pessoas que interpretavam o filme eram negras.

Estereótipos, sexismo e gênero

Todos têm estereótipos sobre mulheres e homens – alguns positivos, alguns negativos. Supõe-se que as mulheres sejam mais empáticas e loquazes; os homens, mais competentes e agressivos.[23] Mas os estereótipos de gênero, como todos os estereótipos, exageram diferenças *entre* dois grupos e tendem a deixar de lado diferenças de traços de personalidade e habilidades *no interior* de cada grupo.[24] As mulheres são realmente "mais empáticas" do que os homens? Que mulheres? Empáticas com relação a quem? As mulheres não sentem mais empatia por seus supostos inimigos do que os homens, e os homens podem ser muito empáticos com uma criança ferida. Quando o comportamento real de mulheres e homens é observado sistematicamente sob diversas condições, os sexos não diferem em sua capacidade de sentir e de expressar empatia pelos outros.[25] Veja o estereótipo da psicologia popular que afirma que as mulheres são "mais tagarelas" do que os homens. James Pennebaker e colegas equiparam uma amostra de homens e mulheres com gravadores de voz que registraram suas conversas enquanto eles se dedicavam à vida cotidiana. Ambos os sexos usaram cerca de 16 mil palavras por dia, em média. Obviamente, algumas pessoas falam mesmo mais do que outras, mas não existe uma diferença geral entre os gêneros; o estereótipo mulheres-falam-mais é simplesmente falso.[26]

Até estereótipos positivos sobre as mulheres podem ser degradantes – com consequências negativas. Numa pesquisa envolvendo 15 mil homens e mulheres em 19 países, Peter Glick e Susan Fiske[27] descobriram que, ao redor do mundo, o sexismo assume duas formas, que eles chamaram de **sexismo hostil** e **sexismo benevolente**. Os sexistas hostis têm estereótipos negativos sobre as mulheres: elas são inferiores aos homens porque são intrinsecamente menos inteligentes, menos competentes, menos corajosas, menos hábeis em matemática e ciências e assim por diante. Os estereótipos dos sexistas benevolentes sobre as mulheres são positivos: elas são mais bondosas do que os homens, têm mais empatia, são mais atenciosas. Entretanto, ambas as formas de sexismo presumem que as mulheres são o sexo fraco: sexistas benevolentes tendem a idealizar as mulheres, vendo-as em termos românticos, admirando--as como cozinheiras e mães, querendo protegê-las. Romântico? Talvez, mas também paternalista. Glick e Fiske descobriram que as duas formas de sexismo podem conferir legitimidade à discriminação contra as mulheres, relegando-as a papéis estereotipados tradicionais – afinal, elas precisam de "proteção" – e justificando a dominação masculina no trabalho e na política.[28]

Os estereótipos sobre as mulheres podem ter consequências surpreendentes, até insidiosas. Nos anos entre 1950 e 2012, morreram duas vezes mais pessoas em furacões com nome de mulher do que em furacões com nome de homem. Por quê? Segundo Kiju Jung e associados,[29] as pessoas parecem ter menos medo de furacões com nome de mulher do que daqueles com nome de homem, e por isso tomam menos precauções de segurança do que deveriam. Essa hipótese é interessante, mas as conclusões do estudo foram fatalmente equivocadas por duas razões principais: (1) o estudo incluiu furacões de um período (1950-1978) em que só se usaram nomes de mulher; e (2) a diferença de gênero nas mortes por furacões foi baseada apenas num pequeno número de tempestades muito letais. Por isso, os dados reais foram sugestivos, mas não podem ser considerados conclusivos – como você já sabe, é por isso que fazemos experimentos. Para testar experimentalmente sua teoria, os pesquisadores pediram aos participantes para predizer a intensidade de dez furacões, metade com nome de mulher e metade com nome de homem. Os participantes acharam que os furacões masculinos seriam mais intensos do que os furacões femininos. Consideraram o furacão Alexander mais ameaçador do que o furacão Alexandra, e disseram que seria maior a probabilidade de evacuarem a casa se um furacão próximo se chamasse Christopher do que se o furacão, descrito da mesma forma, fosse chamado Christina.

Componente emocional do preconceito: pressentimentos e ódios

Em seu livro clássico *The Nature of Prejudice* [A natureza do preconceito], Gordon Allport apresentou a seguinte conversa para descrever um problema fundamental do preconceito:

> *Sr. X*: O problema dos judeus é que eles só cuidam do próprio grupo.
> *Sr. Y*: Mas os registros da campanha do Cofre Comunitário mostram que, em proporção a seu número, eles foram mais generosos em suas doações às instituições beneficentes da comunidade do que os nãos judeus.

Sr. X: Isso mostra que eles estão sempre tentando comprar favores e se intrometer nos assuntos cristãos. Eles só pensam em dinheiro; é por isso que há tantos banqueiros judeus.
Sr. Y: Mas um estudo recente mostra que a porcentagem de judeus nos negócios bancários é desprezível, bem menor do que a porcentagem de não judeus.
Sr. X: É isso: eles não entram em negócios respeitáveis; só se metem na indústria cinematográfica ou administram clubes noturnos.[30]

Com efeito, o preconceituoso sr. X está dizendo: "Não me incomode com fatos; já tomei uma posição". Ele não se esforça para questionar os dados apresentados pelo sr. Y. Ou distorce os fatos para que apoiem seu ódio pelos judeus, ou os ignora, transformando-os numa nova linha de ataque. A pessoa profundamente preconceituosa é virtualmente imune a informações diferentes de seus estereótipos preferidos. O famoso jurista Oliver Wendell Holmes Jr. comparou certa vez a mente de uma pessoa intolerante à pupila de um olho: "Quanto mais luz você joga nela, mais ela se contrai".[31]

Por que isso? O segundo componente do preconceito é emocional, arraigado em sentimentos profundos que resistem a argumentos racionais. Como diz Allport, "Derrotado intelectualmente, o preconceito persiste emocionalmente". É por essa razão que tentar convencer as pessoas a abandonar seus preconceitos tende a ser fútil; tais crenças estão profundamente enraizadas na lógica, e por isso elas raramente cederão. Com efeito, as raízes emocionais do preconceito costumam resultar em atribuições e estereótipos mutuamente contraditórios. Por exemplo, na Alemanha nazista e na Argentina, os judeus foram perseguidos por serem comunistas, enquanto, na União Soviética comunista, eram considerados capitalistas ambiciosos e anticomunistas. Seus perseguidores os detestavam por serem seculares demais, mas também por serem excessivamente místicos, por serem fracos e ineficazes *e* (de algum modo) por serem poderosos o bastante para dominar o mundo.[32] Os sentimentos profundos do preconceito impelem o barco; razões lógicas vão em sua esteira para racionalizá-los. Em outras palavras, as pessoas não resolveram atacar os judeus porque eram comunistas; chamaram os judeus de comunistas porque os odiavam. Portanto, podemos considerar que os estereótipos têm dois propósitos distintos: proporcionam atalhos informativos que poupam energia e racionalizações *a posteriori* para sentimentos preconceituosos.[33]

Os neurocientistas sociais investigam quais partes do cérebro podem estar envolvidas na formação dos estereótipos, na sustentação de crenças preconceituosas e nos sentimentos de aversão, raiva ou ansiedade com relação a um grupo étnico ou estigmatizado.[34] Numa série de estudos realizados por Elizabeth Phelps e colegas,[35] afro-americanos e brancos viram fotos de pessoas negras e pessoas brancas enquanto tinham o cérebro escaneado. Os pesquisadores encontraram atividade elevada na amígdala (estrutura cerebral associada ao medo e a outras emoções negativas) quando os participantes viam fotos de pessoas do grupo ao qual não pertenciam, mas pouca reação quando viam fotos de membros do próprio grupo. Essas diferenças provocam a sensação de preocupação ou perigo, que nossa mente consciente vai trabalhar para avaliar ou racionalizar. Entretanto, estudos como esse não significam que esses participantes tinham "preconceito" contra membros do outro grupo ou que a amígdala é um centro "preconceituoso" do cérebro. Em um experimento similar, quando os participantes enxergavam os rostos nas fotos como indivíduos ou como parte de um simples teste visual, e não como membros da categoria *negros*, sua amígdala não mostrou ativação aumentada. Ao que parece, o cérebro pode ser concebido para registrar diferenças, mas quaisquer associações negativas com essas diferenças dependem de contexto e de aprendizado.[36]

Todos nós temos algum grau de preconceito, seja contra um grupo étnico, nacional ou racial, contra pessoas com orientação sexual diferente da nossa, contra áreas específicas do país como lugares para se viver, ou até contra certos tipos de comida. Nesta cultura, a maioria de nós não come insetos e provavelmente considera essa ideia um tanto repulsiva. Imagine que o sr. Y lhe dissesse que lagartas ou tesourinhas são uma grande fonte de proteínas e que, quando preparadas perfeitamente, são extremamente saborosas. Você iria correndo para casa fritar um punhado delas? Duvido. Como o sr. X, provavelmente sua resposta instintiva a comer insetos o motivaria a encontrar outra razão para seu preconceito, como o fato de que insetos são feios. Afinal, na nossa cultura, comemos apenas criaturas esteticamente belas – como lagostas!

O componente comportamental do preconceito: discriminação

Geralmente, o preconceito leva à **discriminação**, o tratamento injusto dispensado a membros de um grupo estigmatizado. Apesar de a maioria das formas explícitas de discriminação serem atualmente ilegais nas escolas e nos locais de trabalho dos Estados Unidos, ainda assim o preconceito pode se expressar comportamentalmente de maneiras sutis, mas significativas. Todo tipo de pessoa tem sido alvo de discriminação: homens baixos, idosos, deficientes físicos e pessoas gordas. Malgrado o fato de cerca de 40% da população norte-americana ser qualificada de obesa,[37] as pessoas pesadas costumam ser alvo de piadas, importunação e humilhação; têm menor probabilidade de ser contratadas e promovidas do que pessoas magras; e menor probabilidade de receber tratamento apropriado dos médicos. Dizem que a discriminação pelo peso é um dos poucos preconceitos "aceitáveis" que restam, provavelmente porque a obesidade é considerada, em geral erroneamente, algo controlável pela própria pessoa.[38]

Mesmo quando a discriminação contra um grupo torna-se ilegal, ela pode continuar de outras formas. Em 2015, a Suprema Corte decidiu permitir o casamento entre pessoas do mesmo sexo, o que representou um avanço notável na luta do movimento LGBTQ pela aceitação plena. Contudo, homens gays, lésbicas e pessoas trans ainda são vítimas de preconceito e discriminação. Numa pesquisa realizada em 2016, estudantes gays e lésbicas do ensino médio tinham probabilidade cerca de três vezes maior que estudantes heterossexuais de relatar que sofreram estupros ou outros ataques durante um encontro; mais de um terço relatou que sofreu *bullying* na escola; 40% pensaram seriamente em suicídio; e 29% tinham tentado cometê-lo no ano em que a pesquisa foi realizada.[39]

Discriminação racial e étnica

Desde os primeiros dias dos Estados Unidos, a discriminação racial atormentou a nação. Como disse, apesar de a situação ter melhorado muito de diversas maneiras, a discriminação persiste, em geral de formas não óbvias. Nas escolas, crianças negras são suspensas quase três vezes mais do que crianças brancas, mesmo na pré-escola – mas não porque estão se comportando de forma mais agressiva ou indisciplinada.[40] As ações que levam estudantes negros à suspensão tendem a ser substancialmente menos severas e mais vagas do que aquelas que suspendem estudantes brancos. Se, por exemplo, tanto estudantes brancos quanto negros têm mais probabilidade de ser punidos por infrações concretas como fumar, sair da escola sem permissão, usar linguagem obscena e vandalizar propriedades, estudantes negros têm mais probabilidade de sofrer sanções por ofensas subjetivas, como ser desrespeitosos, fazer muito barulho, manter uma postura ameaçadora e vadiagem.[41] Em geral, os professores recorrem a estereótipos negativos sobre crianças negras para decidir se o comportamento ambíguo dos estudantes é pior do que realmente é. Num experimento, os pesquisadores mostraram aos professores um vídeo com quatro jovens estudantes brincando: uma menina e um menino negros e uma menina e um menino brancos. Disseram-lhes para procurar algum comportamento potencialmente problemático, algo que na verdade não ocorria no filme; as crianças brincaram sem qualquer incidente durante todo o vídeo. A tecnologia de rastreamento ocular, que indica precisamente onde a atenção dos professores estava focalizada, revelou que todos os professores – tanto brancos quanto negros – passaram um tempo consideravelmente maior observando as crianças negras, especialmente o menino.[42]

Infelizmente, a discriminação racial é descontrolada na área de aplicação da lei. É muito mais provável afro-americanos serem detidos, condenados e encarcerados do que brancos pelo mesmo crime. Assim, a posse de crack, mais disponível nas comunidades afro-americanas, acarreta penas mais severas do que a posse de cocaína, mais disponível em comunidades brancas – embora ambas sejam a mesma substância química.[43] Pessoas brancas abusam de drogas com frequência bem maior do que seus semelhantes de minorias, mas são presas, processadas e punidas com frequência bem menor.[44] Dentre aproximadamente 1,4 milhão de homens norte-americanos na prisão, 40% são negros e 30% são hispânicos; com efeito, em seu livro *The New Jim Crow: Mass Incarceration in the Age of Colorblindness*, a professora de Direito Michelle Alexander relata que há mais homens negros por trás das grades ou sob a vigilância do sistema judiciário criminal hoje do que escravos em 1850.[45] Pesquisas em registros policiais[46] revelam que suspeitos negros e latinos são detidos, interrogados, algemados e presos com frequência quase quatro vezes maior do que suspeitos brancos pelo mesmo comportamento "suspeito". Em pesquisa liderada por Philip Goff, estudantes de pós-graduação e policiais avaliaram jovens negros, brancos ou latinos suspeitos de crimes e pediu-se que estimassem sua idade e a culpabilidade por suas ações. Garotos negros foram considerados significativamente mais velhos e menos inocentes do que garotos brancos, além de ser tidos como mais merecedores de força policial. Outro estudante afro-americano de Joshua, que só teve notas máximas e que frequentara uma escola administrada por parceria público-privada na cidade de Nova York, descreveu seu relacionamento com a polícia: "Se estiver quente e eu estiver usando apenas meu uniforme da escola, então eles me deixam em paz. Mas se estiver frio e eu puser meu abrigo com capuz, de repente sou um gângster e eles estão em cima de mim, procurando drogas e armas".

Experimentos de campo mostram como a raça é importante em contratações. Quando se candidatam a um emprego, aspirantes com nomes negros como DeShawn ou Queenisha têm menor probabilidade de ser chamados para uma entrevista com os empregadores do que candidatos com nomes como Emily ou Greg, mesmo que apresentem currículos idênticos.[47] A socióloga Devah Pager[48] enviou pares de candidatos formados em universidade, todos bem apresentáveis e eloquentes e com currículos idênticos, para visitar mais de 350 empregadores que anunciavam vagas para candidatos com pouca experiência na região de Milwaukee. Metade dos candidatos eram brancos e metade eram negros. Eles foram instruídos a se comportar com polidez com todos os empregadores. Em cada grupo, metade incluiu no formulário da vaga que tinha passado 18 meses na cadeia por posse de cocaína. Quem seria chamado para uma entrevista? Brancos com currículo limpo foram chamados três vezes mais do que candidatos negros com currículo limpo. Entre os ex-presidiários, os empregadores contataram os candidatos brancos duas vezes mais do que os negros. Na verdade, os empregadores mostraram uma preferência maior pelos brancos que haviam sido presos do que pelos negros com ficha limpa!

Discriminação de gênero

Tal como acontece com raça, muita gente acha que a discriminação de gênero deixou de ser uma barreira para as mulheres nos Estados Unidos. Afinal, como é o caso na maior parte dos países desenvolvidos, atualmente as meninas têm melhor desempenho do que os meninos na maioria das matérias escolares e têm maior probabilidade de estudar e de se formar numa faculdade.[49] Mesmo assim, continuam a ser discriminadas, sob a crença preconceituosa de que são menos competentes do que os homens. Quando se pediu aos professores de ciências das principais universidades para avaliar os currículos de estudantes que se inscreveram para uma vaga de supervisor do laboratório, tanto professores quanto professoras acharam que o candidato era superior à candidata – mais capaz, mais digno de ser contratado e mais merecedor de salário inicial mais elevado e de mentoria na carreira. Contudo, os currículos mostraram habilidades e realizações idênticas; a única diferença foram os nomes de homem ou de mulher escolhidos aleatoriamente.

Em 1963, o congresso aprovou a Lei de Igualdade Salarial (Equal Pay Act), exigindo que homens e mulheres no mesmo local de trabalho recebessem o mesmo pagamento pela mesma função. Mas a lacuna entre gêneros persiste. Em 2014, a mulher norte-americana típica ganhava 77 centavos para cada dólar recebido pelo homem norte-americano típico. A lacuna salarial é maior ainda para mulheres afro-americanas e latinas, com as mulheres afro-americanas recebendo 64 centavos e as mulheres latinas recebendo 56 centavos para cada dólar recebido por um homem branco.[50] Mesmo tendo em conta o tipo de trabalho realizado pelas pessoas ou qualificações como grau de instrução ou experiência, a lacuna salarial persiste.[51]

Um modo de avaliar o efeito do viés em práticas de contratação consiste em ver o que acontece quando as pessoas podem se candidatar ou fazer um teste para um cargo sem revelar sua raça ou seu gênero. Em 1970, as mulheres representavam apenas 5% dos músicos de nossas melhores orquestras. As orquestras sinfônicas eram clubes de garotos administrados por diretores e comitês formados por homens. Qualquer um que assistisse a apresentações de orquestras naquela época teria razão em achar que havia mais homens tocando nelas porque os homens eram melhores músicos. Quando as orquestras sinfônicas começaram a realizar audições com o uso de uma tela – para que o maestro não pudesse ver a identidade dos músicos que participavam da audição –, o número de mulheres contratadas pelas principais orquestras sinfônicas disparou. Hoje, em grande parte por causa das audições às cegas, a maioria das orquestras sinfônicas estão distribuídas igualmente entre homens e mulheres no palco.[52]

Identificando preconceitos inconscientes

No passado, as pessoas se sentiam mais confortáveis exibindo abertamente seus preconceitos, e nas décadas de 1960 e 1970 os psicólogos sociais podiam perguntar simplesmente às pessoas como se sentiam com relação a membros de diversos grupos – e elas lhes diziam com toda franqueza como não gostavam "daquela gente". Com a ascensão do movimento pelos direitos civis, foi se tornando um tabu cada vez maior a manifestação pública de preconceitos, tanto em palavras quanto em ações; as pessoas podiam perder empregos e também amigos. Atualmente, embora muita gente pense que tem permissão para ser "politicamente incorreta" com relação a seus preconceitos (certamente na internet), os cientistas sociais acreditam que um número significativo de pessoas continua a ter preconceitos mas escondem o fato – inclusive delas mesmas.

Medindo vieses implícitos

Um método que supostamente detecta preconceitos que as pessoas não sabem que têm chamou a atenção do mundo todo. O **Teste de Associação Implícita** (IAT), desenvolvido por Mahzarin Banaji e Anthony Greenwald, mede a velocidade das associações positivas e negativas das pessoas em relação a um grupo-alvo.[53] Eis como funciona: você se senta diante de um console e mostram-lhe uma série de rostos que você deve classificar o mais depressa possível, apertando um botão à esquerda para um rosto negro, digamos, e um à direita para um rosto branco. Em seguida, você precisa fazer a mesma coisa com uma série de palavras positivas ou negativas: apertar o botão da esquerda para palavras positivas (como triunfo, alegria, honesto) e o da direita para palavras negativas (como demônio, verme, fracasso). Depois de dominar essas tarefas de seleção, combinam-se rostos e palavras. Agora, o mais depressa possível, você precisa apertar o botão da esquerda quando vê um rosto negro ou uma palavra positiva e o botão da direita quando vê um rosto branco ou uma palavra negativa. Você recebe uma sequência rápida de combinações: *negro + triunfo*, *negro + veneno*, *branco + paz*, *branco + ódio* etc. Os pareamentos vão ficando cada vez mais difíceis à medida que o experimento prossegue.

Repetidamente, estudos mostram que as pessoas respondem mais depressa quando rostos brancos estão pareados com palavras positivas e quando rostos negros estão pareados com palavras negativas. Essa diferença de velocidade seria uma medida de suas *atitudes implícitas* para com afro-americanos, pois é mais difícil para a mente inconsciente associar afro-americanos a palavras positivas. Foram aplicadas versões do IAT usando diversos grupos-alvo, inclusive jovens ou idosos, homens ou mulheres, asiáticos ou brancos, pessoas com deficiência ou não, gays ou heterossexuais, gordos ou magros. Mais de 15 milhões de pessoas de todas as idades e estilos de vida, do mundo todo, fizeram o teste online, na escola ou em seus locais de trabalho, e a maioria descobriu que possui preconceitos implícitos.[54]

Banaji e Greenwald[55] relatam que frequentemente as pessoas se surpreendem e se alarmam ao saber que têm preconceitos que desconheciam. A própria Banaji, uma mulher não branca que nasceu e foi criada na Índia, diz que "não passou" no IAT racial, revelando associações contrárias aos negros que, conscientemente, ela repudia. O estudo menciona uma ativista gay que ficou atônita ao descobrir que "sua própria mente continha associações 'ruim = gay' mais fortes do que associações 'bom = gay'". Jovens reagem mais depressa a *velho + ruim* do que a *velho + bom*, mas a grande maioria dos idosos também faz isso. E o escritor Malcolm Gladwell, que é birracial, também ficou chocado com suas respostas no IAT. Os pesquisadores citaram a entrevista que ele concedeu a Oprah Winfrey: "A pessoa que amo mais do que quase tudo em minha vida [a mãe dele] é negra, e ali estava eu fazendo um teste que dizia, francamente, que eu não gostava tanto assim de pessoas negras, imagine?".

Não se precipite, Malcolm! O IAT pode indicar que você é preconceituoso, mas talvez não seja. Cientistas da psicologia discutiram as ambiguidades em torno das interpretações do teste. Se a resposta de Gladwell a *negro + bom* foi alguns milissegundos mais lenta do que para *negro + ruim*, isso pode indicar que ele tem um viés inconsciente (implícito). Mas também pode indicar que nem sempre o IAT está medindo o que diz estar medindo.[56] Alguns pesquisadores acreditam que o teste apenas capta uma associação ou estereótipo cultural, da mesma maneira que as pessoas associam mais depressa *pão + manteiga* do que *pão + abacate*. Assim, os idosos podem ter realmente um viés contra outras pessoas idosas tão marcante quanto os jovens, mas também pode ser que idosos e jovens tenham consciência dos mesmos estereótipos e associações culturais sobre os idosos ou quaisquer outros grupos.[57]

Um modo de julgar a validade do IAT é ver se uma pontuação elevada prediz o verdadeiro comportamento para com pessoas idosas, pessoas gordas, afro-americanos ou qualquer outro grupo. Os iniciadores do estudo afirmam que, quanto mais elevada a pontuação da pessoa no IAT, maior a probabilidade de ela discriminar o alvo de alguma maneira; por exemplo, um estudo mostrou que brancos que revelam viés racial no IAT tendem a achar pessoas negras menos confiáveis,[58] e outro revelou que brancos com pontuação alta não se comunicam tão amigavelmente com negros em ambientes profissionais quanto o fariam com brancos.[59] De modo geral, porém, as evidências que ligam as pontuações no IAT com o comportamento explícito são fracas. Isso quer dizer que, se determinado indivíduo fizesse o IAT e tirasse uma nota alta, não significaria necessariamente que essa pessoa tem preconceito. Sequer significaria que o indivíduo vá obter a mesma nota algumas semanas depois.[60]

Ademais, quando Adam Hahn e colegas[61] pediram diretamente às pessoas que predissessem suas respostas relativas a cinco grupos diferentes no IAT, descobriram que elas foram "surpreendentemente precisas", independentemente de lhes dizerem que atitudes implícitas são preconceitos "verdadeiros" ou associações aprendidas culturalmente. Os pesquisadores concluíram que "as descobertas lançam dúvidas sobre a crença de que atitudes ou avaliações medidas pelo IAT refletem necessariamente atitudes inconscientes".

Viés implícito e comportamento

Embora não esteja claro se o IAT está mesmo medindo preconceitos inconscientes, estou convencido de que Banaji e Greenwald estão tentando chegar a um ponto importante. Sabemos de fato que muitas pessoas que se consideram genuinamente sem preconceitos vão, sob determinadas circunstâncias, comportar-se de maneira preconceituosa.[62] Quando esses indivíduos interagem com pessoas pelas quais têm sentimentos negativos implícitos, podem se sentir desconfortáveis, expressando esse desconforto de maneiras sutis que o interlocutor sente mas não consegue identificar muito bem.

Uma condição sob a qual as pessoas têm maior probabilidade de revelar seus preconceitos (ou outros vieses) é a fadiga mental: quando estão cansadas, embriagadas, distraídas, assustadas, furiosas ou fazendo alguma coisa que esgote ou distraia seus recursos cognitivos. Sob tais circunstâncias, as pessoas tendem a voltar aos seus estereótipos, mesmo que estejam muito motivadas a fazer as coisas direito.

Por exemplo, as pessoas tendem a revelar mais seus vieses quando estão zangadas. Num experimento,[63] estudantes brancos foram informados de que iriam aplicar choques elétricos em outro estudante, o "aprendiz", que poderia ser branco ou afro-americano, como parte de um aparente estudo de biofeedback. Inicialmente, os estudantes aplicaram choques mais fracos nos aprendizes negros do que nos brancos, provavelmente refletindo o desejo de demonstrar ao experimentador (e talvez para se convencerem) que não tinham preconceito. Depois, os estudantes ouviram o aprendiz fazendo comentários depreciativos sobre eles, o que os deixou naturalmente irritados. Agora, tendo outra oportunidade de aplicar choques elétricos, os estudantes que estavam trabalhando com um aprendiz negro aplicaram choques mais intensos do que os estudantes que trabalhavam com um aprendiz branco. O mesmo padrão aparece em estudos sobre como canadenses anglófonos se comportam com canadenses francófonos, heterossexuais com gays, estudantes não judeus com judeus e homens com mulheres.[64]

Christian Crandall e Amy Eshleman[65] sugerem que, pelo fato mesmo de a eliminação dos preconceitos requerer esforço, as pessoas podem se sentir particularmente atraídas por informações que justifiquem seu sentimento negativo e lhes permitam expressá-lo. Uma justificação válida para não gostar de um grupo permite-nos expressar o preconceito sem que nos sintamos intolerantes – evitando, assim, a dissonância cognitiva que seria criada por "Sou uma pessoa justa, equânime, sem preconceitos" e "Mas não gosto mesmo dessas pessoas". David Frey e Samuel Gaertner[66] demonstraram esse conflito estudando as condições sob as quais brancos iriam ou não oferecer ajuda a uma pessoa negra com alguma necessidade. Em seu estudo, descobriram que participantes brancos tinham a mesma disposição para ajudar tanto um estudante negro quanto um estudante branco, mas só se a pessoa em dificuldade tivesse demonstrado esforço suficiente. Quando estudantes brancos foram levados a acreditar que o estudante não tinha se esforçado tanto na tarefa, foi maior a probabilidade de se recusarem a ajudar o estudante negro do que o branco. Sentiram-se justificados em negar a ajuda quando a pessoa que a solicitava confirmava seu estereótipo de ser preguiçoso e, portanto, indigno.

Outro fator importante para justificar nossos vieses é se achamos que o indivíduo tem *controle* sobre sua situação. Sugeri antes que o preconceito contra gordos era a última forma de preconceito "aceitável" porque a maioria das pessoas acredita que pessoas gordas podem controlar o peso. (Hoje, os cientistas sabem que, embora as pessoas tenham controle sobre perdas relativamente pequenas de peso, a obesidade é totalmente diferente e não uma questão de "força de vontade".) Outra forma de dizer aceitável é "facilmente racionalizada". Quanto mais fácil a racionalização de nosso preconceito, maior a probabilidade de nos mantermos apegados a ele e de agirmos em função dele. Posso me sentir melhor discriminando você se eu estiver convencido de que suas características desagradáveis são culpa sua. Um experimento feito por Eden King e associados[67] testou essa lógica. Uma jovem foi mandada para lojas de departamentos a fim de interagir com o pessoal de vendas. Na metade do tempo, fizeram com que parecesse obesa, usando uma "roupa de gordo" sob as próprias roupas; na outra metade, estava com o próprio peso. Em algumas dessas visitas, estava bebendo um refrigerante dietético; em outras, um milk-shake. Quando parecia gorda, mas motivada a perder peso, bebendo o refrigerante dietético, vendedores e vendedoras trataram-na com a mesma cortesia com que a trataram quando pareceu magra. Mas, quando estava tomando um milk-shake, sua obesidade pareceu uma questão de escolha. Embora as pessoas de vendas não a tratassem com evidente hostilidade, sorriam-lhe com menos frequência, fizeram menos contato visual com ela e conversaram de maneira mais brusca e menos amigável.

Causas do preconceito

Que fatores dão origem ao preconceito? O que o estimula e o sustenta? Neste livro, temos visto repetidamente que, como animais tribais, somos inclinados a ver o mundo em termos de nós-eles. No Capítulo 2, comentei extensamente a questão nós-eles, mostrando como é fácil criar um "nós" com questões triviais no laboratório ("Você está no 'Grupo X' ou no 'Grupo W'?") e em eventos desportivos ("Nosso time é o melhor!"), além de importantes diferenças entre grupos por causa de religião, nacionalidade e outros aspectos profundos de nossas identidades sociais. Quando a pessoa faz uma diferença entre *nós* e *eles*, monta o cenário para a estereotipagem, o preconceito, a discriminação e a racionalização que se seguem. Esse mecanismo de proteção do grupo e o resultante **viés endogrupal** é um mecanismo biológico de sobrevivência que nos induz a preferir nossa própria espécie e tribo e a recear forasteiros. Em virtude de barreiras geográficas, é quase certo que nossos primeiros ancestrais nunca tenham visto estranhos de outra raça, motivo pelo qual não evoluímos como "racistas" e sim como "outro-istas".

Quaisquer que sejam as predisposições desenvolvidas, porém, os psicólogos sociais sabem que o conteúdo específico do preconceito precisa ser aprendido – por intermédio de instituições que estabelecem normas de atitude e de comportamento, pela imitação e conformidade com as atitudes e os comportamentos dos outros e por meio das formas pelas quais construímos nossa própria realidade psicológica.

Nesta seção, vou analisar quatro causas sociopsicológicas básicas do preconceito: (1) competição ou conflito econômico e político; (2) agressão deslocada; (3) manutenção do status ou da autoimagem; e (4) conformidade com as normas sociais. Essas causas não são mutuamente exclusivas – na verdade, podem atuar ao mesmo tempo –, mas seria útil determinar a importância de cada uma, pois qualquer ação que estivermos aptos a recomendar na tentativa de reduzir o preconceito vai depender do que considerarmos como causa principal. Uma das razões pelas quais fui atraído inicialmente pela psicologia social é que se trata de um campo que estuda mudanças e progresso. Se acreditasse que o preconceito é principalmente o resultado de traços entranhados de personalidade, eu poderia entregar os pontos, em desespero, concluindo que, na ausência de psicoterapia profunda, a maioria das pessoas preconceituosas sempre será preconceituosa. Isso me levaria a zombar das tentativas de reduzir o preconceito pela redução da competitividade ou pela tentativa de neutralizar as pressões da conformidade. Vamos estudar atentamente cada uma das quatro causas.

Competição econômica e política

Geralmente, o preconceito resulta de forças econômicas e políticas. Segundo essa visão, tendo em mente que os recursos são limitados, o grupo dominante pode tentar explorar um grupo minoritário para obter alguma vantagem material. Atitudes preconceituosas tendem a aumentar quando os grupos estão em conflito sobre metas mutuamente exclusivas. Isso é verdade, quer sejam as metas econômicas, quer sejam políticas ou ideológicas. Por isso, nos últimos cem anos, americanos brancos têm manifestado ódio contra judeus, japoneses, alemães, irlandeses, iranianos, mexicanos e muitos outros colegas cidadãos, tudo em função de quem estava sendo acusado de roubar nossos empregos numa época específica. Num de seus clássicos estudos iniciais sobre preconceito numa pequena cidade industrial, John Dollard[68] documentou o fato de que, embora não houvesse inicialmente nenhum preconceito discernível contra alemães que tinham ali chegado recentemente, esse sentimento aumentou à medida que os empregos ficaram escassos:

> Opiniões desdenhosas e depreciativas foram expressadas sobre esses alemães, e os brancos nativos tiveram uma sensação satisfatória de superioridade sobre eles [...]. O principal elemento da permissão para serem agressivos contra os alemães foi a rivalidade por empregos e status nas fábricas locais de artefatos de madeira.

Ou pense como as atitudes diante de imigrantes chineses nos Estados Unidos variaram muito ao longo do século 19, motivadas principalmente por mudanças na competição econômica. Quando os chineses estavam tentando minerar ouro na Califórnia, competindo com os homens brancos que chegavam aos montes para enriquecer rapidamente, foram descritos como "depravados e perversos... glutões grosseiros... sanguinolentos e desumanos". Entretanto, apenas uma década depois, quando estavam dispostos a aceitar trabalho perigoso e duro construindo a ferrovia transcontinental – um trabalho que os norte-americanos brancos não estavam dispostos a fazer –, eram considerados geralmente sóbrios, diligentes e respeitadores da lei. Na verdade, Charles Crocker, um dos magnatas das ferrovias do Oeste, escreveu: "São iguais aos melhores homens brancos [...] São confiáveis, muito inteligentes e respeitam seus contratos".[69] Entretanto, depois que a ferrovia foi concluída, os empregos começaram a ficar escassos; após o término da Guerra Civil, o mercado de trabalho, já difícil, recebeu um afluxo de antigos soldados. Isso foi seguido imediatamente de um claro aumento de atitudes negativas em relação aos chineses. O estereótipo mudou novamente para criminosos, conspiradores, ardilosos e estúpidos.

Esses dados sugerem que competição e conflito geram preconceito. Numa pesquisa realizada na década de 1970, a maior parte do preconceito contra negros vinha de grupos que se situavam apenas um degrau acima de pessoas negras em termos socioeconômicos. E essa tendência era mais pronunciada nas situações em que brancos e negros competiam de perto por empregos.[70] Hoje, sentimentos negativos contra mexicanos – e outros que são considerados erroneamente concorrentes aos empregos dos norte-americanos brancos – estão em alta.

Todavia, há certa ambiguidade na interpretação dos dados, pois, em alguns casos, a variável da concorrência está entrelaçada com outros fatores, como nível educacional, histórico familiar, alfabetização e habilidades profissionais. Para determinar se a concorrência *em si* causa preconceito, é necessário um experimento. Esse experimento foi realizado por Muzafer Sherif e colegas[71] no ambiente natural de um acampamento de escoteiros chamado Caverna dos Ladrões. Garotos de 12 anos, saudáveis e emocionalmente estáveis, foram distribuídos aleatoriamente em um de dois grupos, os Águias ou os Cascavéis. Em cada grupo, os jovens aprenderam a cooperar por meio de atividades que tornaram os membros de cada grupo muito interdependentes: construir um trampolim para a piscina, preparar refeições coletivas, construir uma ponte de corda e assim por diante.

Depois de se desenvolver um forte senso de coesão em cada grupo, o palco estava preparado para um conflito nós-*versus*-eles. Os pesquisadores organizaram uma série de competições – jogos de futebol, beisebol e cabo de guerra – e deram prêmios à equipe vencedora. Esse cenário produziu hostilidade e má vontade entre as equipes durante os jogos. Além disso, os investigadores idealizaram situações um tanto diabólicas para colocar os grupos em conflito. Numa delas, organizaram uma festa no acampamento de forma que os Águias puderam chegar bem mais cedo do que os Cascavéis. Havia dois tipos muito diferentes de comida: cerca de metade era fresca e apetitosa, coisas que os garotos adorariam; a outra metade era amassada, feia e nada apetitosa. Talvez, em função da competitividade geral que já existia, os primeiros a chegar confiscaram a maior parte dos pratos atraentes, deixando a comida menos apetitosa para seus adversários. Quando os Cascavéis chegaram e viram que tinham sofrido essa desvantagem, ficaram irritados – tão irritados que começaram a tratar os Águias com palavras pouco elogiosas. Como os Águias achavam que mereciam o que receberam (quem chega antes se serve antes), ofenderam-se com esse tratamento e responderam à altura. Ofensas verbais viraram arremesso de comida e, em pouco tempo, a situação ficou caótica.

Após esse incidente, Sherif e sua equipe eliminaram os jogos competitivos e deixaram os garotos se reunir. Mas, depois que a hostilidade foi provocada, a mera interrupção da competição não bastou para eliminá-la. Na verdade, os sentimentos negativos continuaram a aumentar, mesmo quando os dois grupos estavam simplesmente sentados assistindo a filmes. Finalmente, os investigadores conseguiram reduzir o conflito entre os Águias e os Cascavéis, e vou lhe contar como fizeram isso logo adiante, neste capítulo.

Agressão deslocada: a teoria do bode expiatório

No capítulo anterior, mostrei que a agressão é causada, em parte, por frustração e outros estados aversivos, como dor ou tédio. Naquele capítulo, vimos que há uma forte tendência para indivíduos frustrados atacarem a causa de sua frustração. Entretanto, frequentemente a causa da frustração da pessoa é grande demais ou vaga demais para uma retaliação direta. Se, por exemplo, um garoto de 6 anos é humilhado pela professora, como pode retrucar? A professora tem poder demais. Mas essa frustração pode aumentar a probabilidade de ele vir a agredir um observador menos poderoso – mesmo que o observador não tenha relação alguma com sua humilhação. Na mesma medida, se existe desemprego em massa, em quem o trabalhador frustrado e desempregado vai descontar, o sistema econômico? O sistema é grande demais, impessoal demais. Portanto, o trabalhador pode tentar jogar a culpa numa pessoa ou num grupo.

Os antigos hebreus tinham uma solução. Durante os dias do perdão, um sacerdote punha as mãos sobre a cabeça de um bode enquanto recitava os pecados do povo, transferindo simbolicamente as faltas e o mal do povo para o animal. Então, deixavam o bode escapar e ir para o deserto, limpando ou expiando a comunidade dos pecados. O animal era chamado de *bode expiatório*. Hoje em dia, a expressão **encontrar um bode expiatório** descreve o processo de culpar outros inocentes – e indefesos – por nossos problemas. A globalização terceirizou seu emprego? A inflação drenou sua conta bancária? Não dá para dar uma surra no presidente ou no sistema econômico, mas dá para encontrar um bode expiatório. Ao longo da história, as vítimas não podiam fugir para o deserto, sendo submetidas a tratamento cruel ou à morte. Na Alemanha nazista, os bodes expiatórios foram os judeus; na Califórnia do século 19, foram os imigrantes chineses; no Sul rural, eram os afro-americanos.

Experimentos em laboratório[72] sugerem que indivíduos, especialmente quando se sentem frustrados, dirigem a agressividade contra grupos de que não gostam, que são visíveis e que são relativamente indefesos. Embora o mau tratamento a grupos externos possa surgir sozinho como produto da agressão deslocada, a forma que assume depende do contexto social, daquilo que é permitido ou aprovado pelo grupo interno. Por exemplo, o linchamento de afro-americanos e os pogroms (massacres organizados) contra judeus só ocorreram quando a cultura ou subcultura dominante aprovou tais ações violentas e até clamou por elas.[73] As normas são cruciais. As pessoas podem ter muitos preconceitos, mas devem mantê-los sob controle quando as regras sociais enfatizam a civilidade e a bondade. Por outro lado, um político ou pregador inflamado pode incitar seus seguidores a romper com as regras e incentivar a expressão flagrante e abjeta de todos e quaisquer preconceitos. É isso que os demagogos fazem, líderes políticos que buscam o poder explorando os preconceitos, medos e ressentimentos das pessoas, canalizando esses sentimentos para bodes expiatórios – grupos minoritários, "inimigos" externos – que são culpados por todos os problemas. Em 1949, dois psicólogos sociais analisaram um grande número de discursos feitos por demagogos através da história.[74] Encontraram uma regularidade notável em suas mensagens:

- Você foi enganado. Seu lugar na sociedade não está seguro, mas não é culpa sua.
- Há uma conspiração generalizada; o sistema está contra nós.
- Pessoas boas como nós são sempre idiotas.
- Nossos inimigos são animais rasteiros: répteis, insetos, subumanos.
- Não podemos nos esquecer dos forasteiros; estão ocupando todos os nossos empregos.
- Também não podemos confiar no nosso próprio governo; é corrupto. As liberdades civis são "liberdades tolas".
- Rumamos para o desastre. O fim está logo ali, dobrando a esquina. Pessoas sinceras, simples, boas como você precisam de um líder. Veja, sou eu! Vou arrumar toda essa bagunça podre!
- Todos estão contra mim – a imprensa, os judeus, os burocratas fétidos estão tentando me calar. Inimigos tramam contra a minha vida, mas Deus vai me proteger. Vou liderar vocês.

Isso foi escrito em 1949! Você pode ter ouvido um eco dessas frases em eleições recentes ao redor do mundo. Demagogos emergem durante condições de ansiedade e incerteza, apelando especialmente para aqueles que acham que estão ficando para trás ou que perderam status na ordem social.[75] Homens brancos sem formação escolar, por exemplo, perderam oportunidades quando a economia se tornou mais orientada para o conhecimento, e a automação e a globalização reduziram o número de empregos disponíveis nas fábricas. Para esses indivíduos, a narrativa do demagogo, dizendo que o sistema os prejudicou – que seu fracasso não é culpa deles, mas culpa dos estrangeiros e imigrantes que ameaçam sua prosperidade e segurança –, é psicologicamente reconfortante.

A manutenção da autoimagem e do status

Um poderoso determinante do preconceito acha-se embutido em nossa necessidade de justificar nosso comportamento e senso de identidade. Já vimos que, se tivermos feito alguma coisa cruel com uma pessoa ou grupo de pessoas, a maioria vai tentar culpar essa pessoa ou vilificar o grupo para justificar a crueldade. Se podemos nos convencer de que um grupo é indigno, subumano, estúpido ou imoral, sentimo-nos livres para escravizar membros desse grupo, privá-los de uma educação decente ou agredi-los, sem questionar nosso próprio senso de moralidade. Então, podemos continuar nos sentindo bons cristãos, judeus ou muçulmanos, pois não ferimos outro ser humano decente, mas alguém "subumano". Se formos suficientemente habilidosos, podemos até nos convencer de que a matança bárbara de idosos, mulheres e crianças é uma virtude religiosa. Foi isso que cruzados cristãos fizeram há centenas de anos quando massacraram judeus europeus a caminho da Terra Santa, onde então massacraram milhares de muçulmanos, tudo em nome do Príncipe da Paz; é isso que o Estado Islâmico faz hoje, massacrando cristãos, judeus e colegas muçulmanos indiscriminadamente em nome de Alá, "o mais Misericordioso". Novamente, essa forma de autojustificação serve para intensificar a brutalidade subsequente; preserva a autoimagem, mas também conduz a um aumento das hostilidades contra a pessoa ou grupo-alvo.

Por outro lado, se ocupamos uma posição inferior na hierarquia socioeconômica, a presença de um grupo minoritário oprimido permite que nos sintamos superiores a *alguém*. Diversos estudos têm mostrado que um bom indicador de preconceito é se o status social da pessoa é baixo ou está em declínio. Por exemplo, Jennifer Crocker e colegas[76] descobriram que mulheres universitárias que pertenciam a fraternidades femininas de baixo status demonstravam mais preconceito e depreciavam mais outras fraternidades do que aquelas que pertenciam a fraternidades de status elevado. Da mesma forma, quando pesquisadores investigaram o preconceito de brancos contra negros[77] ou de gentios contra judeus,[78] descobriram que aqueles cujo status social é baixo ou está em declínio têm mais preconceito do que aqueles cujo status social é alto ou está em ascensão. Steven Fein e Stephen Spencer[79] descobriram que ameaças à autoestima tendem a aumentar o preconceito. Em seu experimento, estudantes antissemitas tornaram-se particularmente tendenciosos em sua avaliação de uma mulher que achavam ser judia se, num suposto teste de inteligência, recebessem uma nota baixa. Portanto, de forma bem real, menosprezar grupos externos pode elevar nossa autoestima.

Preconceito através da conformidade

Para algumas pessoas, o preconceito pode ter raízes em conflitos de infância, na observação de modelos de comportamento, experiências ou traços variados de personalidade (alguns dos quais comentamos no Capítulo 5). Mas muita gente simplesmente o aprende com outras pessoas, seguindo as normas dominantes em sua comunidade. Um exemplo famoso vem de um estudo sobre mineiros de carvão numa pequena cidade mineradora da Virgínia Ocidental, na era da segregação legal no Sul.[80] Mineiros negros e mineiros brancos desenvolveram um padrão de vida que consistia em integração total quando estavam nos túneis e segregação total quando estavam na superfície. Como podemos explicar essa inconsistência? Traços de personalidade não conseguem explicá-la, tampouco a concorrência econômica. Se você realmente odeia alguém, quer se manter longe da pessoa; por que se associar a ela debaixo da terra e não acima da terra? Thomas Pettigrew concluiu que a resposta é a conformidade. Nesse caso, os mineiros brancos estavam se conformando à norma preconceituosa que existia em sua comunidade quando estavam na superfície; debaixo da terra, porém, trabalhando juntos, passavam a se respeitar mutuamente como iguais e se ajustavam a uma norma *sem preconceitos.*

Em grande parte, o comportamento preconceituoso é movido pela conformidade com as normas sociais. Como podemos ter certeza disso? Uma maneira é observar o que acontece com o preconceito das pessoas quando elas se mudam para outra região do país. Se a conformidade é um fator de preconceito, deveríamos esperar que os indivíduos fiquem mais preconceituosos quando se mudam para áreas onde a norma social é mais discriminativa, e menos preconceituosos quando se mudam para lugares caracterizados por um padrão menos hostil. E é isso que acontece. Num estudo, Jeanne Watson[81] descobriu que indivíduos que tinham mudado recentemente para uma cidade grande e que entraram em contato direto com pessoas antissemitas também ficaram mais antissemitas. Noutro estudo realizado na década de 1950, Pettigrew percebeu que, quando os sulistas ingressavam no exército e entravam em contato com um conjunto de normas sociais menos discriminatórias, tornavam-se menos preconceituosos contra negros.

A pressão para aderirmos aos preconceitos de nossos pares e colegas pode ser declarada, como no experimento de Asch (ver Capítulo 4), mas também pode se dever à indisponibilidade de evidências precisas e à preponderância de informações enganosas. Por exemplo, tanto a peça *O judeu de Malta*, de Christopher Marlowe, quanto a obra *O mercador de Veneza*, de Shakespeare, retratam o judeu como um covarde calculista e ávido por dinheiro. Podemos nos sentir tentados a concluir que Marlowe e Shakespeare tiveram algumas experiências infelizes com judeus desagradáveis, resultando nesses retratos amargos e nada lisonjeiros – exceto por um ponto: os judeus tinham sido expulsos da Inglaterra cerca de trezentos anos antes que essas peças fossem escritas. Portanto, parece que Marlowe e Shakespeare estavam em conformidade com o estereótipo dos judeus alimentado pela maioria dos britânicos daquela época.

Até mesmo uma exposição eventual ao preconceito pode afetar nossas atitudes e nosso comportamento: o simples fato de entreouvirmos alguém usar um epíteto racial ou étnico pode aumentar a conformidade das pessoas com as opiniões negativas sobre o grupo menosprezado. Shari Kirkland e colegas[82] pediram que algumas pessoas lessem a transcrição de um julgamento criminal no qual um réu branco foi defendido por um advogado negro, cuja foto estava presa à transcrição. Enquanto liam, os participantes entreouviram uma breve conversa entre dois cúmplices do experimento. Alguns ouviram o primeiro colaborador descrever o advogado negro com uma ofensa racial desagradável, enquanto outros o ouviram fazer um comentário irônico sem relação com a etnia do advogado. Em ambas as condições, o segundo colaborador expressou concordância com a opinião depreciativa do primeiro sobre o advogado negro. Estabelecida essa dinâmica de conformidade, os experimentadores pediram que cada participante avaliasse o advogado e o réu. As pessoas que ouviram a ofensa racial classificaram o advogado negro de forma mais negativa do que aquelas que ouviram o comentário irônico. A conformidade com as normas preconceituosas estendeu-se até o pobre réu, que recebeu vereditos particularmente severos daqueles que haviam ouvido a ofensa racial contra o advogado negro.

Finalmente, o preconceito também pode ser fomentado pelas leis e pelos costumes das instituições de uma sociedade. Uma sociedade que promove a segregação apoia a noção de que um grupo é inferior a outro. Na época do apartheid da África do Sul, um investigador[83] entrevistou sul-africanos brancos na tentativa de encontrar razões para seu preconceito racial. Ele descobriu que o sul-africano branco médio estava convencido de que a grande maioria dos crimes era cometida por pessoas negras – uma ideia errônea. Como esse equívoco se desenvolveu? Os entrevistados disseram que viam muitos negros condenados trabalhando em locais públicos; nunca viam brancos condenados. Isso não prova que os negros eram presos por mais crimes do que os brancos? Não. Na verdade, as regras proibiam condenados brancos de trabalhar em locais públicos!

É assim que uma sociedade cria crenças preconceituosas, com as pessoas concordando com as práticas admitidas em suas principais instituições. Em nossa própria história recente, leis e costumes que forçavam pessoas negras a se sentar na parte de trás dos ônibus; que impediam mulheres em clubes, universidades e carreiras profissionais; e impediam judeus de se hospedar em hotéis exclusivos, perpetuavam preconceitos por meio da conformidade. Se as regras exigem que tratemos "essas pessoas" dessa maneira, afinal, vamos acompanhá-las. Meu país, meu clube, minha profissão e esse hotel elegante devem ter uma razão – não devem?

Estereótipos e atribuições

A estereotipagem é uma forma de atribuição. Como vimos no Capítulo 2, somos uma espécie que explica; estamos sempre criando atribuições para explicar nosso comportamento e o de outras pessoas. Em situações ambíguas, as pessoas tendem a construir narrativas consistentes com seus preconceitos. Se o sr. Intolerante vir um branco anglo-saxão bem vestido sentado num banco de parque, tomando sol às 3 da tarde numa quarta-feira, não vai pensar nada. Se vir um homem negro bem vestido fazendo a mesma coisa, provavelmente vai concluir que o homem está desempregado – e provavelmente o sr. Intolerante vai ficar enfurecido porque presume que seu dinheiro ganho com tanto esforço está sendo tributado para pagar àquele sujeito indolente, que não vale nada, o bastante em subsídios de assistência social para mantê-lo naquelas roupas caras. Se o sr. Intolerante passar pela casa do sr. Anglo e perceber uma lata de lixo revirada e o conteúdo espalhado, estará propenso a concluir que um vira-latas esteve ali à procura de comida. Se passar pela casa do sr. Latino e perceber a mesma coisa, tenderá a ficar irritado e dirá: "Essas pessoas vivem como porcos". Não só o preconceito influencia as atribuições e conclusões do sr. Intolerante, como suas conclusões errôneas justificam e intensificam seus sentimentos negativos. Logo, todo o processo de atribuição entra em espiral.

Até aqui, neste capítulo, venho considerando os preconceitos do ponto de vista da pessoa que os tem. Qual o efeito de ser submetido ao preconceito – e a atribuições que determinam que você simplesmente não tem o necessário para se sair bem em alguma coisa? Por exemplo, se as pessoas têm preconceito contra mulheres, acreditando, digamos, que por natureza elas sejam menos competentes e capazes do que os homens, como vão interpretar evidências de uma mulher que se sai bem numa tarefa difícil? Janet Swim e Lawrence Sanna[84] analisaram mais de 50 experimentos e descobriram efeitos de gênero notavelmente consistentes: se um homem era bem-sucedido em determinada tarefa, os observadores tendiam a atribuir seu sucesso a uma habilidade natural; se uma mulher era bem-sucedida na mesma tarefa, os observadores tendiam a atribuir seu sucesso a seu esforço (o que significa que não foi "natural" para ela). Se um homem fracassasse em determinada tarefa, os observadores tendiam a atribuir seu fracasso quer à má sorte, quer a um esforço insuficiente; se a mulher fracassasse, os observadores achavam que a tarefa era difícil demais para seu nível de habilidade – ela não "tinha o necessário".

Agora, como essas atribuições para razões de sucesso ou de fracasso afetam a maneira como os outros se veem? Janis Jacobs e Jacquelynne Eccles[85] exploraram a influência de crenças estereotipadas de mães sobre a maneira como essas mulheres viam as habilidades de filhos e filhas de 11 e 12 anos, e o impacto que poderiam ter suas crenças sobre as percepções que as próprias crianças tinham de suas habilidades. As mães que tinham as crenças estereotipadas sobre gênero mais fortes também acreditavam que suas filhas tinham habilidade relativamente limitada em matemática e que seus filhos tinham uma habilidade relativamente alta nessa matéria. Aquelas que não tinham crenças estereotipadas não viram suas filhas como sendo "naturalmente" menos capazes em matemática que seus filhos. Essas crenças, por sua vez, causaram impacto sobre as crianças: as filhas de mulheres com fortes estereótipos de gênero passaram a acreditar que não eram boas em matemática. As filhas de mulheres que não tinham estereótipos de gênero não mostraram essa crença autodepreciativa.

Ambiguidade de atribuição

Interpretar o comportamento alheio gera muitas incertezas. Essa pessoa gosta de mim ou quer alguma coisa? O preconceito complica esse problema, pois nossas identidades sociais criam mais razões potenciais para o comportamento de determinado indivíduo. Digamos que você seja afro-americano e que sua professora seja branca. Você está curioso para saber por que recebeu nota baixa no seu último trabalho. Será que sua professora não gostou do seu texto? Ou ela tem preconceito contra alunos negros? E se você teve uma nota excelente no seu último trabalho? Sua professora realmente o achou excelente ou está se esforçando para mostrar que não é preconceituosa? Essa camada extra de complexidade chama-se **ambiguidade de atribuição**, e cria a dificuldade que membros de grupos minoritários podem ter ao interpretar o feedback que recebem sobre seus trabalhos.

É um problema real, especialmente quando o professor ou empregador deixa de dar um feedback honesto justamente para evitar ser visto como racista ou preconceituoso. Kent Harber[86] pediu a estudantes universitários brancos que lessem e avaliassem ensaios mal redigidos supostamente escritos por outros estudantes matriculados num workshop de redação. Metade dos avaliadores foram levados a acreditar que o autor do ensaio era negro; os outros avaliadores pensaram que ele era branco. Você poderia esperar que os supostos autores negros receberiam um feedback indevidamente severo, mas não foi o que aconteceu. Em vez disso, os avaliadores se desdobraram para dizer coisas positivas sobre o conteúdo dos ensaios dos escritores negros. Bem, sua disposição para não parecerem preconceituosos é boa, mas sua indisposição para serem honestos não é tão boa assim. Como um estudante, de qualquer etnia ou raça, pode melhorar e aprender sem um feedback honesto?

Marlene Turner e Anthony Pratkanis mostraram de que forma a ambiguidade de atribuição pode surgir como um infeliz efeito colateral de programas de ação afirmativa. Os programas de ação afirmativa, de modo geral, têm sido benéficos, pois criam oportunidades de emprego para mulheres talentosas (e outras minorias) que tinham sido desconsideradas anteriormente ao se candidatar a empregos de alto nível. Infelizmente, e sem intenção, alguns desses programas estigmatizam mulheres talentosas criando a ilusão de que foram selecionadas basicamente por causa de seu gênero e não de suas aptidões. Que efeito isso exerce sobre as mulheres envolvidas? Num experimento bem controlado,[87] Turner e Pratkanis levaram algumas mulheres a acreditar que foram selecionadas para um emprego porque a empresa precisava contratar mais pessoas do gênero feminino, enquanto outras receberam um teste difícil e depois lhes disseram que haviam sido selecionadas para aquele emprego com base em seu ótimo desempenho. As mulheres a quem se disse que foram selecionadas por causa do gênero (não de seu mérito) rebaixaram depois as próprias habilidades – e pior, pararam de se esforçar para ter êxito numa tarefa difícil, como fizeram as mulheres que acreditaram que tinham sido selecionadas com base em mérito.

Profecias autorrealizáveis

Nossos estereótipos sobre outras pessoas não influenciam apenas nosso comportamento em relação a elas; fazem-nos agir de modo a provocar nessas pessoas as características e os comportamentos que esperamos. Essa é a *profecia autorrealizável* que descrevi no Capítulo 2. Eis como ela funciona: imagine que você e eu nunca nos encontramos, mas o meu preconceito sobre seu grupo me leva a suspeitar de que você será hostil, frio ou indiferente. Quando nos encontrarmos, finalmente, posso me manter distante e não tentar iniciar uma conversa animada com você. Mesmo que você seja habitualmente simpático e extrovertido, meu comportamento não lhe dará a oportunidade de me mostrar como é uma pessoa boa. Em resposta à minha frieza, talvez você se mantenha distante de mim, e minha expectativa de que você seja uma pessoa fria e pouco amistosa seria confirmada por sua reação natural à maneira como o tratei, talvez confirmando minhas expectativas preconceituosas. "Viu só", posso dizer para mim mesmo quando você reagir à minha atitude hostil ou fria com hostilidade ou frieza, "eu sabia que essas pessoas eram assim".

Quando temos crenças sobre outras pessoas, a profecia autorrealizável leva-nos a criar uma realidade social alinhada com nossas expectativas. Se acreditamos que as mulheres são "mais emotivas" do que os homens, por exemplo, teremos a tendência a perceber e recordar exemplos que confirmam o estereótipo e não contar as vezes em que vimos homens rosnando de raiva ou se emocionando jubilosamente numa partida de futebol – ou as vezes em que mulheres CEOs, políticas e comissárias de bordo guardaram suas emoções para si mesmas.

Ameaça do estereótipo

Um resultado inesperado das profecias autorrealizáveis é que as pessoas que são alvos de estereótipos negativos podem, ironicamente, acabar os confirmando ao tentar contraditá-los. Pense na lacuna média em desempenho acadêmico entre estudantes universitários afro-americanos e brancos. Embora haja muitas explicações históricas e sociais para essa discrepância, Claude Steele e Joshua Aronson[88] argumentaram que essas explicações não podem justificar o fato de que a lacuna é tão grande para estudantes academicamente bem preparados (conforme medido por suas notas anteriores e resultados em provas) quanto para aqueles relativamente despreparados. Parece estar acontecendo alguma coisa que impede estudantes negros brilhantes, motivados e bem preparados de terem resultados tão bons quanto estudantes brancos com o mesmo nível de capacidade.

Ao pesquisar esse problema, Steele e Aronson perceberam que um importante fator contributivo pode envolver o receio de estudantes negros quanto à confirmação do estereótipo negativo de "inferioridade intelectual" a que pessoas negras têm sido sujeitas desde os dias da escravidão. Steele e Aronson chamaram essa apreensão de **ameaça do estereótipo**, e levantaram a hipótese de que a preocupação com a confirmação do estereótipo pode interferir na capacidade de se saírem bem nas provas. Num experimento,[89] eles aplicaram uma prova oral, individual e difícil (o Graduate Record Examination ou Exame de Registro de Graduação), a estudantes universitários negros e brancos. Metade dos estudantes foi levada a acreditar que o investigador estava interessado em medir sua capacidade intelectual; a outra metade foi levada a acreditar que o investigador estava meramente fazendo um teste e que os responsáveis pelo experimento não estavam interessados em avaliá-los.

Os resultados foram dramáticos: os estudantes brancos saíram-se igualmente bem, independentemente de acreditarem que o teste estava sendo usado para medir sua inteligência. Os estudantes negros, porém, foram afetados pela forma como o teste foi descrito. A natureza avaliativa da situação ativou estereótipos na mente deles e os deixou ansiosos; suas notas foram cerca de 50% mais baixas do que as notas dos estudantes negros que acreditavam que o teste não estava sendo usado para avaliá-los. Esse é o poder dos estereótipos; quando as pessoas pensam que seu comportamento pode confirmar uma reputação negativa a respeito delas mesmas ou de seu grupo, a ansiedade resultante pode interferir em seu desempenho.

A ameaça do estereótipo também aflige outros grupos, como mulheres resolvendo problemas de matemática, latinos fazendo exames de habilidade verbal e idosos respondendo a testes de memória, pois os estereótipos retratam as mulheres como inferiores aos homens em matemática, os latinos como inferiores aos anglos em habilidade verbal e as pessoas idosas como pouco aptas para se lembrar das coisas.[90] Na verdade, qualquer grupo estereotipado como inferior a outro grupo pode experimentar a ameaça do estereótipo até um grau significativo, mesmo que, segundo todos os padrões objetivos, aquele grupo seja excelente na área relevante. Joshua Aronson e associados[91] deram a estudantes brancos de engenharia, todos com resultados quase perfeitos no SAT de matemática, uma prova difícil envolvendo essa matéria, e disseram-lhes que a prova iria medir sua capacidade de raciocínio. Mas metade desses talentosos estudantes foi confrontada com uma ameaça de estereótipo: o experimentador informou-os de que estava tentando entender por que os asiáticos pareciam ter capacidade superior em matemática. Esse grupo de participantes saiu-se bem pior no teste do que seus pares que não ficaram pensando na "superioridade" dos asiáticos em matemática. A situação imposta aos estudantes brancos de engenharia – uma comparação nada elogiosa com um grupo supostamente superior – é comum para negros e latinos, que enfrentam diariamente essas comparações em qualquer cenário acadêmico integrado. O fato de estudantes de engenharia obviamente brilhantes e realizados irem mal numa prova quando se veem diante da ameaça do estereótipo deveria nos fazer pensar duas vezes antes de presumir casualmente que o desempenho inferior de negros e latinos indica uma falta de capacidade.

Essa pesquisa traz boas notícias. Afinal, se o mero fato de pensar num estereótipo negativo inibe o desempenho de uma pessoa, então uma postura que se contrapõe ao estereótipo deve ser capaz de melhorar o desempenho. Matthew McGlone e Joshua Aronson[92] lembraram sutilmente rapazes e moças que estavam prestes a fazer uma prova difícil de habilidade espacial que eles estudavam numa universidade altamente seletiva. Esse lembrete foi suficiente para eliminar por completo a lacuna homem-mulher que haviam observado na condição de controle, na qual os participantes do teste foram meramente lembrados do fato de serem "residentes do nordeste".* A mentalidade "sou uma boa estudante de uma escola renomada" contrapôs-se eficazmente ao estereótipo "mulheres não são boas em matemática".[93] Analogamente, expor participantes negros a imagens ou pensamentos de modelos afro-americanos de comportamento bem-sucedidos – como o grande intelectual W. E. B. Du Bois e o célebre astrofísico Neil deGrasse Tyson – ou designar um profissional negro para aplicar os testes pode reduzir a ansiedade de desempenho.[94] Do mesmo modo, lembrar estudantes minoritários de que sua capacidade é aperfeiçoável e não fixa, ou que a ansiedade em testes padronizados é perfeitamente normal entre membros de grupos estereotipados, ajuda a reduzir a ansiedade no teste, melhora o desempenho e eleva as notas.[95]

A ameaça do estereótipo parece operar de forma muito parecida com a de outras ameaças ao autoconceito, na medida em que podem ser atenuadas focalizando aspectos valorizados de si mesmo. Assim, num estudo, quando mulheres sob a ameaça do estereótipo (fazendo um teste que, conforme lhes disseram, indicava a "inteligência em matemática") afirmaram previamente um valor que era importante para elas, saíram-se tão bem quanto os homens e quanto as mulheres que estavam na condição de controle sem ameaça.[96] A autoafirmação leva as pessoas a se sentirem mais confiantes e melhores consigo

* A região nordeste dos Estados Unidos concentra as faculdades ditas de elite do país. [N. de T.]

mesmas. Geoffrey Cohen e colegas[97] levaram essas descobertas para as escolas e descobriram que estudantes de minorias melhoraram suas notas depois de receber algumas tarefas de redação nas quais explicaram por que certos valores eram importantes para eles. Proteger o autoconceito, focalizar aquilo que faz você se sentir bem, especial e digno pode contrabalançar os efeitos negativos dos estereótipos sobre o desempenho e o aprendizado.

Culpar a vítima

Para pessoas que nunca sofreram preconceito, nem sempre é fácil compreender plenamente o que significa ser alvo dele. Para membros relativamente seguros da maioria dominante, a empatia não surge facilmente. Eles podem simpatizar e desejar que não fosse assim, mas frequentemente pode infiltrar-se em suas atitudes um quê de superioridade moral, produzindo a tendência a culpar a vítima. Isso pode assumir a forma da "reputação merecida". É mais ou menos assim: "Se os judeus têm sido vitimizados ao longo de sua história, eles *devem* estar fazendo *alguma coisa* errada" ou "Se aquela mulher foi estuprada, ela devia estar fazendo *alguma coisa* provocante" ou "Se essas pessoas [afro-americanos, latinos, nativos americanos, pessoas gay] não *querem* ter problemas, por que não fazem alguma coisa sobre isso [ficam longe das manchetes, ficam de boca fechada, não vão aonde não são desejadas]". Essa sugestão constitui uma demanda para que o grupo externo se conforme com padrões mais severos do que aqueles que a maioria estabelece para si mesma.

Paradoxalmente, essa tendência a culpar as vítimas por sua vitimização, atribuindo sua situação delicada às próprias personalidade e imperfeições, costuma ser motivada pelo desejo de ver o mundo como justo e equânime. Como Melvin Lerner[98] mostrou, as pessoas tendem a atribuir responsabilidade pessoal por qualquer resultado injusto que seria difícil de explicar de outra forma. Se, por exemplo, duas pessoas trabalham com igual afinco em uma mesma tarefa e, por uma decisão de cara ou coroa, uma delas recebe uma recompensa significativa e a outra não recebe nada, a maioria dos observadores vai considerar que a pessoa azarada se esforçou menos. Do mesmo modo, atitudes negativas para com os pobres e desempregados – inclusive culpá-los por sua situação – estão mais presentes em indivíduos que acreditam firmemente que o mundo é um lugar justo.[99]

O leitor astuto deve ter percebido que essa é uma forma mais branda de nossa tendência a depreciar uma pessoa que nós mesmos vitimamos. Nos capítulos 3 e 6, vimos que, quando uma pessoa magoa outra, o agressor tende a culpar o alvo, transformar a vítima numa não pessoa e ferir essa outra pessoa novamente. Agora vemos que, se uma pessoa percebe que outra recebe mensagens de ódio e outras manifestações de preconceito, de algum modo ela sente que a vítima deve ter feito alguma coisa para merecer isso. Aparentemente, achamos assustador pensar que vivemos em um mundo no qual pessoas, sem ter culpa de nada, podem ser privadas daquilo que merecem ou precisam, seja um salário igual por um trabalho igual, sejam as necessidades básicas da vida – ou a própria vida: se 6 milhões de judeus são exterminados sem motivo aparente além do fato de serem judeus, é reconfortante acreditar que devem ter feito alguma coisa para merecer tal tratamento. Isso nos dá a sensação de que podemos controlar nosso próprio destino.

Reduzindo o preconceito por meio do contato e da familiaridade

Em 1954, a Suprema Corte dos Estados Unidos declarou que escolas separadas, ainda que iguais, eram, por definição, desiguais. Nas palavras do juiz presidente Earl Warren, quando crianças negras são separadas de crianças brancas apenas com base na raça, isso "gera um sentimento de inferioridade quanto a seu status na comunidade, o que lhes pode afetar o coração e a mente de um modo que, provavelmente, nunca será desfeito". Sem que tivéssemos percebido isso, essa decisão lançou nossa nação em um dos mais empolgantes experimentos sociais em grande escala já realizados.

Como resultado dessa decisão histórica, muitas pessoas bem-intencionadas, inclusive políticos e diretores de instituições de ensino, opuseram-se a integrar as escolas por motivos "humanitários". Predisseram o desastre caso negros e brancos fossem forçados a se misturar nas escolas. As leis não podem forçar as pessoas a se darem bem umas com as outras, disseram, ecoando os sentimentos do distinto sociólogo William Graham Sumner, que, meio século antes, declarara: "O estado não pode mudar hábitos das pessoas". Sumner quis dizer que não podemos legislar sobre moralidade ou tolerância. Muitas pessoas insistiram para que a dessegregação fosse protelada até que as atitudes mudassem. Depois que se conseguisse fazer com que adultos brancos intolerantes se sentissem menos preconceituosos com relação a negros, diziam, *então* seria bem maior a probabilidade de eles permitirem que seus filhos frequentassem escolas integradas.

Os primeiros esforços para mudar o coração e a mente do público norte-americano foram baseados na ideia de que você combate a desinformação com informação. Se as pessoas preconceituosas acreditam que as pessoas negras são indolentes e preguiçosas, tudo que se tem a fazer é mostrar-lhes um filme que apresenta os negros como pessoas diligentes e decentes. Se a maioria dos brancos sul-africanos acredita que os negros cometem virtualmente todos os crimes, mostre-lhes os prisioneiros brancos e eles vão mudar de ideia. Se ao menos fosse simples assim... Se, em larga medida, o preconceito é resultado do conflito econômico, da conformidade com as normas sociais, da necessidade de manter o status ou da agressão deslocada – quando reflete uma profunda hostilidade emocional –, não é facilmente superado com uma campanha informativa. Um filme não consegue desfazer um modo de pensar e um modo de se comportar que têm persistido ao longo da história do nosso país.

Ademais, como o leitor deste livro já sabe a esta altura, sempre que há questões importantes envolvidas, as campanhas de informação costumam falhar, pois as pessoas não estão dispostas a ficar sentadas em silêncio para assimilar informações dissonantes de suas crenças e atitudes. Paul Lazarsfeld[100] descreveu uma série de transmissões radiofônicas no começo da década de 1940 destinadas a reduzir preconceitos, apresentando informações sobre diversos grupos étnicos de forma simpática e agradável. Um programa foi dedicado à descrição dos polaco-americanos, outra aos ítalo-americanos, e assim por diante. Quem estava ouvindo? A maior parte do público do programa sobre poloneses americanos era de poloneses americanos. E adivinhe quem formou a maior parte do público do programa sobre ítalo-americanos? Certo. Além disso, como vimos, se as pessoas estão compelidas a ouvir informações incompatíveis com suas atitudes arraigadas, vão rejeitá-las, distorcê-las ou ignorá-las – assim como o sr. X manteve sua atitude negativa contra os judeus, apesar da informação refutadora do sr. Y. (O mesmo processo está em funcionamento – com amplificação – nas atuais "bolhas de filtro" da mídia social.) Claro, às vezes, em vez de revisar seus estereótipos à luz de novas evidências, as pessoas reduzem a dissonância criando uma subcategoria – como "mulher competente" ou "afro-americanos que admiro" – que lhes permite preservar o estereótipo enquanto veem a pessoa diante delas como uma rara exceção, talvez até "a exceção que confirma a regra".

Portanto, para a maioria das pessoas, o preconceito está enraizado demais no fundo de seu próprio sistema de crença, é consistente demais com seu comportamento cotidiano e recebe apoio e encorajamento demais das pessoas à sua volta para ser superado por um livro, filme ou podcast.[101] Bem, então, o que funciona?

A hipótese do contato

A decisão da Suprema Corte de 1954 pode ter alarmado muitos leigos, mas gerou empolgação e otimismo entre psicólogos sociais, que há muito sabiam que mudanças de comportamento podem causar mudanças de atitude. Eles predisseram que, quando crianças negras e crianças brancas pudessem ser postas em contato direto, crianças e pais preconceituosos encontrariam seres humanos reais e não estereótipos, levando, com o tempo, a uma compreensão e a uma amizade mútua mais profunda. Essa visão passou a ser chamada de *hipótese do contato*.

Houve boas razões para otimismo, pois isso não só fazia sentido em termos teóricos, como evidências empíricas também endossavam o poder do contato entre dois grupos. Já em 1951, Morton Deutsch e Mary Ellen Collins[102] examinaram as atitudes de norte-americanos brancos para com afro-americanos em dois projetos de moradias populares que diferiam em seu grau de integração social. Em um deles, famílias brancas e negras foram designadas aleatoriamente para edifícios separados no mesmo projeto. No outro, famílias brancas e negras moraram no mesmo edifício. Após vários meses, os moradores brancos das habitações integradas relataram uma mudança positiva maior em suas atitudes para com seus vizinhos negros do que os residentes das moradias segregadas, embora aqueles não tivessem escolhido inicialmente morar num prédio integrado.

A hipótese do contato foi apoiada por muitos estudos em laboratório e no mundo real: as atitudes de jovens para com idosos, as atitudes de pessoas saudáveis para com pessoas com transtornos mentais, as atitudes de crianças com mobilidade normal para com outras com dificuldades e os preconceitos de pessoas heterossexuais para com homens gays e lésbicas.[103] De fato, os campi universitários multiétnicos de hoje são um laboratório vivo da hipótese do contato. Estudantes brancos que têm colegas de quarto, amigos e relacionamentos inter-raciais e interétnicos tendem a se tornar menos preconceituosos e a encontrar pontos em comum.[104] Amizades entre grupos beneficiam as minorias e também reduzem seus preconceitos. Jim Sidanius e colegas[105] descobriram que estudantes minoritários que participam de organizações étnicas de estudantes tendem a desenvolver, com o tempo, identidade e orgulho étnicos mais fortes, como seria de esperar – mas também tendem a desenvolver um senso maior de vitimização étnica. Assim como estudantes brancos que moram em fraternidades brancas, eles começam a sentir que têm menos em comum com outros grupos étnicos. Mas, quando Rodolfo Mendoza-Denton e Elizabeth Page-Gould[106] realizaram um estudo longitudinal de estudantes negros e latinos numa universidade predominantemente branca, descobriram que as amizades com estudantes brancos aumentaram o sentimento de pertencimento e reduziram a sensação de insatisfação com a escola. Isso se aplicou particularmente a estudantes que antes tinham se sentido inseguros e sensíveis quanto a possíveis rejeições por serem membros de uma minoria.

Obviamente, embora o contato entre grupos étnicos na faculdade possa ser benéfico para ambas as partes, a dessegregação das escolas públicas após a decisão da Suprema Corte não funcionou tão bem quanto os psicólogos sociais esperavam. Pelo contrário, na maior parte das vezes criou tensão e tumulto em sala de aula e até *aumentou* o preconceito entre grupos raciais. E se você tivesse tirado uma foto aérea dos pátios da maioria das escolas dessegregadas, não veria quase nenhuma integração: estudantes brancos tendiam a se agrupar com estudantes brancos, estudantes negros tendiam a se agrupar com estudantes negros e estudantes hispânicos tendiam a se agrupar com estudantes hispânicos. Obviamente, nesse caso, o mero contato não funcionou como se imaginava.

O que saiu errado? Por que moradias populares dessegregadas funcionaram melhor do que escolas públicas dessegregadas? Para responder a essas perguntas, precisamos analisar mais de perto as condições sob as quais o contato é eficaz ou ineficaz.[107] Quando os preconceitos das pessoas se baseiam principalmente na falta de familiaridade com outro grupo, o contato é um bom meio de reduzir o desconforto de não saber como se comportar ou o que dizer. Mas, para que o contato reduza o preconceito e fomente amizades, ele deve ocorrer numa situação na qual negros e brancos têm *status igual*. Através da história, muitos brancos têm mantido muito contato com negros, mas tipicamente em situações nas quais esses últimos exercem papéis servis como porteiros, lavadores de pratos, faxineiros e empregados domésticos. Esse tipo de contato pode perpetuar a estereotipagem por parte dos brancos e insuflar ainda mais seus preconceitos, aumentando o ressentimento e a raiva das pessoas negras. Na maior parte da história norte-americana, o contato com status igual foi raro, tanto em virtude de desigualdades educacionais e ocupacionais em nossa sociedade, quanto de segregação residencial.

Agora, imagine o que aconteceu quando as escolas norte-americanas foram dessegregadas. No geral, o contato entre crianças brancas e crianças de grupos minoritários – especialmente se esse contato só começou no ensino médio – não se deu sob o mesmo status. Em todas as seções do país, a maioria das escolas em bairros predominantemente minoritários tinha instalações, equipamentos e qualidade de ensino inferiores aos das escolas de bairros predominantemente brancos. Um garoto do ensino médio, proveniente de família pobre, latina ou negra, depois de ser submetido a uma educação de segunda categoria, é subitamente colocado em uma situação de aprendizado em uma escola predominantemente branca de classe média, com professores brancos de classe média, na qual ele descobre que precisa competir com estudantes brancos de classe média que foram educados para ter valores brancos de classe média. Na verdade, esse garoto é lançado numa situação altamente competitiva para a qual está despreparado, uma situação em que as regras não são as suas regras e as compensações só existem para habilidades que ele ainda não desenvolveu. Ele está competindo numa situação que, psicologicamente, está muito distante de seu cenário habitual. Esses fatores tendem a diminuir sua autoestima – o próprio fator que, desde o início, influenciou a decisão da Suprema Corte. Em sua análise da pesquisa sobre dessegregação, Walter Stephan[108] não encontrou estudos que indicassem aumentos significativos da autoestima entre crianças negras, enquanto 25% dos estudos que pesquisou mostraram uma queda significativa na autoestima após a dessegregação. Além disso, o preconceito dos brancos não foi reduzido de modo significativo; Stephan descobriu que o preconceito aumentou em quase tantos casos quanto decresceu. Compreensivelmente, estudantes de grupos minoritários tentaram aumentar a autoestima mantendo-se próximos, atacando os brancos, afirmando sua individualidade e rejeitando valores educacionais "brancos".

Portanto, obviamente, o contato é o primeiro passo, mas não é suficiente. Qual será o próximo passo? Vamos ver isso de perto.

Reduzindo o preconceito por meio da cooperação e da interdependência

A questão não se resume apenas a colocar jovens de diversas raças e etnias na mesma escola; o crucial é o que acontece depois que estão lá. A tensão que frequentemente acompanha a dessegregação nas escolas pode lembrar o comportamento dos garotos no experimento do acampamento de verão realizado por Muzafer Sherif e colegas. Lembre-se, houve hostilidade entre dois grupos quando colocados em situações de conflito e competição. Estabelecida a hostilidade, ela não pôde mais ser reduzida pela simples remoção dos conflitos e da competição. Com efeito, depois que a desconfiança ficou firmemente estabelecida, aproximar os grupos em situações não competitivas serviu para *aumentar* a hostilidade e a desconfiança. Os Águias e os Cascavéis tiveram problemas uns com os outros, mesmo quando estavam simplesmente sentados e assistindo a um filme.

Como foi que Sherif conseguiu reduzir a hostilidade? Colocando os dois grupos de garotos em situações nas quais precisavam cooperar para atingir um objetivo.[109] Em uma ocasião, os investigadores criaram uma situação de emergência danificando o sistema de fornecimento de água. A única maneira de reparar o sistema seria a cooperação imediata entre todos os garotos. Em outra ocasião, o caminhão do acampamento quebrou enquanto os garotos faziam uma excursão pelo campo. Para que o caminhão tornasse a funcionar, eles tiveram de empurrá-lo numa colina íngreme, tarefa que só conseguiriam realizar caso todos empurrassem juntos, quer fossem Águias, quer Cascavéis. Com o tempo, a hostilidade dos garotos contra os antigos inimigos desapareceu e eles fizeram amizades com colegas do outro grupo, começaram a se entender melhor e a cooperar espontaneamente.

Parece que aqui o fator principal é a **interdependência** para alcançar objetivos mútuos: uma situação na qual os indivíduos precisam uns dos outros para obter sucesso. Diversos pesquisadores demonstraram os benefícios da interdependência em experimentos de laboratório bem controlados. Morton Deutsch,[110] por exemplo, mostrou que grupos de solução de problemas são mais amistosos e mais atentos quando se introduz uma atmosfera cooperativa do que quando a atmosfera prevalente é competitiva. Do mesmo modo, pesquisas de Patricia Keenan e Peter Carnevale[111] mostraram que a cooperação dentro de grupos também pode fomentar a cooperação entre grupos. Ou seja, relações cooperativas que são estabelecidas num grupo costumam ser transportadas quando esse grupo é posteriormente chamado a interagir com um grupo diferente. Segundo esse estudo, grupos que se dedicaram a uma tarefa cooperativa foram mais cooperativos numa negociação subsequente com outro grupo do que grupos que trabalharam competitivamente desde o início.

Inventando o método jigsaw na sala de aula

Infelizmente, cooperação e interdependência não são características do processo que existe na maioria das salas de aula norte-americanas, mesmo no nível elementar. Pelo contrário: a competição intensa reina na maioria das salas de aula do país. Tive a oportunidade de observar isso de perto quando me convidaram a intervir numa crise importante nas escolas públicas de Austin, no Texas. O ano era 1971. A dessegregação tinha acabado de acontecer e causara alguns incidentes graves. Como Austin tinha sido segregada residencialmente, jovens de diversos grupos étnicos e raciais estavam se encontrando pela primeira vez, trazendo com eles suas suspeitas e seus estereótipos. O contato piorou as coisas; volta e meia, provocações se transformavam em pancadarias. A situação estava feia e perigosa, dissipando nossas ilusões de que a dessegregação iria reduzir automaticamente o preconceito.

Quando o supervisor da escola pediu ajuda, meus alunos de pós-graduação e eu entramos no sistema, não para aplainar as desavenças, mas para tentar ajudar a dessegregação a atingir algumas das metas positivas idealizadas para a sua implementação. A primeira coisa que fizemos foi observar sistematicamente a dinâmica nas diversas salas de aula. De longe, o processo mais comum que observamos foi tipificado por este cenário numa classe do sétimo ano do ensino fundamental: o professor fica em pé na frente da sala, faz uma pergunta e espera os estudantes indicarem que sabem a resposta. Com frequência, 6 a 10 jovens se empertigam em suas cadeiras e levantam a mão, alguns a agitam vigorosamente na tentativa de atrair a atenção do professor. Muitos outros estudantes ficam sentados em silêncio e com o olhar vago, como se tentassem se tornar invisíveis.

Quando o professor chama um dos estudantes, veem-se olhares de desapontamento, espanto e tristeza no rosto daqueles que estavam ansiosos com a mão levantada, mas não foram chamados. Se o estudante apresenta a resposta correta, o professor sorri e assente com a cabeça em sinal de aprovação, o que representa uma grande recompensa para aquele estudante. Nesse momento, porém, um resmungo audível pode ser ouvido dos jovens que se esforçaram para ser chamados mas foram ignorados. Estão incomodados porque perderam uma oportunidade de mostrar ao professor como são inteligentes.

Nesse processo, os estudantes aprendem diversas coisas além do conteúdo abordado. Primeiro, aprendem que há apenas um especialista na classe: o professor. Aprendem que o prêmio consiste em agradar o professor, mostrando ativamente como são inteligentes; não há recompensa ao consultar seus pares. Na verdade, muitos aprendem que seus colegas são seus inimigos e devem ser derrotados. Além disso, a maioria dos professores desaprova a colaboração durante o horário de aula; veem-na como perturbadora.

Nessa dinâmica altamente competitiva, se você é um estudante que sabe a resposta certa e o professor chama um de seus pares, é provável que você torça para que ele ou ela dê a resposta errada, para que tenha a chance de mostrar ao professor como você é inteligente. Aqueles que erram quando são chamados, ou aqueles que nem levantam a mão para competir, tendem a se ressentir daqueles que acertam. Os estudantes bem-sucedidos, por sua vez, costumam menosprezar os estudantes que não acertam; consideram-nos estúpidos e pouco interessantes. Esse processo desestimula a camaradagem e a compreensão, e tende a criar a inimizade, até entre estudantes do mesmo grupo racial. Quando a essa dinâmica competitiva em sala de aula soma-se uma situação tensa causada pela desconfiança racial, está pronto o cenário para o tipo de tumulto que encontramos em Austin.

Embora, naquela época, a competitividade em sala de aula fosse quase universal, como psicólogos sociais nós percebemos que as coisas não precisavam ser dessa maneira. Baseados, em parte, no experimento de Muzafer Sherif na Caverna dos Ladrões, raciocinamos que um processo cooperativo pode ser precisamente a ação necessária nessa situação. Mas como fazê-lo? Na verdade, não foi tão difícil assim. Em poucos dias, meus estudantes de pós-graduação e eu tivemos êxito em desenvolver um método de cooperação simples destinado especificamente para a sala de aula. Como vimos depois, nosso método era virtualmente à prova de erros. Nós o idealizamos de forma que, para aprenderem a matéria e se saírem bem no exame seguinte, os estudantes teriam de trabalhar *com* os outros e cooperar. Tentar vencer tornou-se disfuncional. O método é chamado **jigsaw** porque funciona como um quebra-cabeça.[112]

Um exemplo ajuda a esclarecer: numa classe do 5º ano do ensino fundamental, as crianças estavam estudando biografias de norte-americanos famosos. A próxima lição seria a biografia de Joseph Pulitzer, o renomado jornalista. Primeiro, dividimos os estudantes em grupos de seis, assegurando-nos de que cada grupo seria o mais diversificado (em termos de raça e gênero) possível. Depois, elaboramos uma biografia de Pulitzer composta de seis parágrafos. O primeiro parágrafo tratava dos ancestrais de Pulitzer e de como chegaram ao país; o segundo falava de Pulitzer quando era um garotinho e como ele cresceu; o terceiro era sobre a juventude de Pulitzer, sua educação e seus primeiros empregos; o quarto parágrafo abordava o período de sua meia-idade e como ele fundou seu primeiro jornal; e assim por diante. Cada aspecto importante da vida do jornalista estava contido num parágrafo separado. Fizemos cópias de nossa biografia de Joseph Pulitzer, cortamos cada cópia em seis seções de um parágrafo e demos a cada criança em cada um dos grupos de estudo um parágrafo sobre a vida de Pulitzer. Assim, todos os grupo de estudo tinham em seu poder a biografia completa de Joseph Pulitzer, mas cada um dos seis estudantes detinha apenas um sexto da história. Para ter noção do quadro completo, cada estudante precisava ouvir cuidadosamente os outros estudantes do grupo enquanto liam.

A professora informou os estudantes de que eles teriam certo tempo para comunicar aos demais o conteúdo que tinham em mãos. Ela também os informou de que seriam testados em seus conhecimentos ao final do período.

Em poucos dias, os estudantes perceberam que nenhum deles poderia se sair bem sem a ajuda dos colegas de grupo. Aprenderam a respeitar o fato de que cada membro (independentemente de raça, gênero ou etnia) tinha uma contribuição única e essencial a dar para à compreensão de todos e subsequente desempenho no teste. Agora, em vez de apenas um especialista (o professor), cada estudante era um especialista em seu próprio segmento. Em vez de se provocar, começaram a estimular uns aos outros, pois era do interesse de cada estudante assegurar que os colegas fossem capazes de comunicar seu material da melhor maneira possível.

Foram necessários alguns dias até esse novo método se assentar; o comportamento cooperativo não acontece de uma hora para a outra. Os estudantes de nosso grupo experimental tinham se acostumado a competir durante todos os anos de escola. Nos primeiros dias, a maioria deles tentou competir com os outros – embora a competitividade fosse disfuncional. Eis um exemplo real, típico da maneira como as crianças foram se esforçando para aprender o processo cooperativo: em um de nossos grupos, havia um menino mexicano-americano que vou chamar de Carlos. A tarefa de Carlos era falar da juventude de Joseph Pulitzer. Ele conhecia o material, mas estava nervoso e passando por um momento difícil. Nas semanas anteriores, alguns estudantes anglos o haviam provocado por causa de seu sotaque, e ele estava com medo de que fossem fazê-lo novamente.

Ele gaguejou, hesitou e ficou se remexendo. Claro que os outros garotos do círculo não foram úteis. Sendo bem versados nas táticas turbulentas da sala de aula competitiva, sabiam o que fazer quando um garoto tropeçava, especialmente um garoto que consideravam estúpido: eles o ridicularizavam. Uma menina que vou chamar de Mary disse, "Ah, você não sabe; você é bobo; você é estúpido. Não sabe o que está fazendo". Em nosso experimento inicial, os grupos foram monitorados ocasionalmente por uma assistente de pesquisa que ia de grupo em grupo. Quando esse incidente aconteceu, nossa assistente fez uma breve intervenção: "Bem, Mary, você pode falar assim com o Carlos, se quiser. Pode até ser engraçado para você. Mas não vai ajudá-la a conhecer a juventude de Joseph Pulitzer. Por falar nisso, o exame vai acontecer em menos de uma hora". Perceba como as contingências de reforço tinham mudado. Mary não ganharia mais muita coisa se continuasse a provocar Carlos; agora, ela teria muito a perder.

Após algumas experiências similares, os estudantes do grupo de Carlos deram-se conta de que a única maneira de aprender sobre o segmento que Carlos estava tentando lhes ensinar era prestar atenção naquilo que ele tinha a dizer. Aos poucos, começaram a se tornar bons ouvintes. Alguns viraram até bons entrevistadores. Em vez de ignorar ou ridicularizar Carlos quando ele estava com algum problema para comunicar o que sabia, começaram a fazer perguntas com gentileza – perguntas que facilitaram as respostas de Carlos. Ele reagiu a essa forma de tratamento e ficou mais relaxado; com o relaxamento, veio a melhora em sua capacidade de se comunicar. Após algumas semanas, as outras crianças perceberam que Carlos era bem mais inteligente do que imaginavam. Como estavam prestando atenção, viram nele qualidades que nunca tinham visto antes. Começaram a gostar dele. Por seu lado, Carlos começou a gostar mais da escola e a ver os estudantes anglos de seu grupo não como atormentadores, mas como amigos solícitos. Além disso, por ter começado a se sentir cada vez mais à vontade na classe e a ganhar mais confiança em si mesmo, seu desempenho acadêmico melhorou. O círculo vicioso se inverteu; os elementos que o estavam levando a uma espiral descendente mudaram – e a espiral começara a subir. Em poucas semanas, toda a atmosfera naquela sala de aula havia mudado.

Depois, selecionamos aleatoriamente diversas salas de aula para a prática do método jigsaw e comparamo-las com salas que adotavam o método competitivo tradicional. Não poderíamos ter ficado mais satisfeitos com os resultados: as crianças nas salas de aula com o método jigsaw saíram-se melhor em exames objetivos, gostavam mais umas das outras e desenvolveram maior apreço pela escola e maior autoestima do que as crianças nas salas de aula tradicionais. O número de faltas caiu. Amizades entre as crianças na sala de aula com o método jigsaw superaram barreiras étnicas e raciais, resultando num declínio acentuado do preconceito e da estereotipagem. Replicamos o mesmo experimento em dezenas de salas de aula em várias cidades, obtendo sempre resultados similares.[113]

Ao longo dos anos, as pesquisas mostraram que a eficácia do método jigsaw não se limita a norte-americanos nem a crianças pequenas. O método jigsaw tem sido usado com grande sucesso na Europa, na África, no Oriente Médio e na Austrália – com estudantes de todos os níveis, desde escolas primárias até universidades.[114] Pesquisadores também têm aplicado o método jigsaw a outros preconceitos, como aqueles dirigidos a pessoas com limitações físicas e emocionais. Em um desses experimentos,[115] estudantes universitários interagiram com um colega estudante que fora retratado como antigo paciente com transtorno mental. As interações fizeram parte de uma situação estruturada de aprendizado, com alguns dos estudantes interagindo com o "antigo paciente com transtorno mental" num grupo jigsaw, e outros interagindo com ele num clima de aprendizado mais tradicional. Aqueles no grupo jigsaw livraram-se rapidamente de suas expectativas estereotipadas; gostaram mais dele e divertiram-se interagindo com ele mais do que aqueles que o conheceram na situação de aprendizado mais tradicional. Além disso, aqueles que passaram pela sessão jigsaw com o "antigo paciente com transtorno mental" descreveram depois as pessoas nessa condição, de modo geral, de forma bem mais positiva.

Por que o método jigsaw funciona

Por que o método jigsaw produz resultados tão positivos? Um motivo para o sucesso dessa técnica é que o processo de participação num grupo cooperativo rompe as percepções de grupo interno *versus* grupo externo e permite que o indivíduo desenvolva a categoria cognitiva da "unidade" – estamos juntos nisso.[116] Uma razão para a sua eficácia é que essa estratégia cooperativa coloca as pessoas numa situação de favorecedoras. Ou seja, cada indivíduo de um grupo, compartilhando seu conhecimento com os outros membros, está lhes fazendo um favor. Como prediria a teoria da dissonância cognitiva, e como mostrado num experimento de Mike Leippe e Donna Eisenstadt,[117] pessoas que agem de forma a beneficiar outras se sentem, depois, mais receptivas para com elas: "Se eu as estou ajudando, deve ser porque elas merecem".

Um mecanismo diferente, mas complementar, foi ilustrado num experimento de Samuel Gaertner e colegas,[118] que demonstrou que a cooperação derruba barreiras entre grupos mudando as categorias cognitivas usadas pelas pessoas. Em outras palavras, a cooperação muda a nossa tendência a categorizar o grupo externo como "aquela gente" para tratá-lo como "nossa gente". Mas como essa mudança de "aquela gente" para "nossa gente" se dá de fato? Creio que o processo mediador é a empatia, a capacidade de experimentar aquilo que o membro do grupo está experimentando. Na sala de aula competitiva, a meta primária é simplesmente mostrar ao professor como você é inteligente, e por isso você não precisa prestar muita atenção nos outros estudantes. Mas na situação jigsaw é diferente. Para participar eficazmente da sala de aula jigsaw, cada estudante precisa prestar muita atenção naquilo que qualquer membro do grupo esteja lendo. No processo, os participantes aprendem que podem ter grandes resultados se lidarem com cada colega de modo apropriado, considerando suas particularidades. Alice, por exemplo, pode descobrir que Carlos é um pouco tímido e precisa ser motivado gentilmente, enquanto Phyllis é tão tagarela que de vez em quando precisa ser freada. Peter gosta de piadas, mas Serena responde apenas a sugestões sérias.

Se essa análise for sólida, entende-se que o trabalho em grupos jigsaw leva ao refinamento da capacidade geral de empatia dos jovens. Para testar essa ideia, Diane Bridgeman[119] realizou um experimento inteligente com crianças de 10 anos, metade das quais participara por dois meses de salas de aula jigsaw e a outra metade, de salas de aula tradicionais. Em seus experimentos, Bridgeman mostrou às crianças uma série de histórias em quadrinhos a fim de testar a capacidade de empatia delas, de se colocarem no lugar dos personagens. Em uma tira, o primeiro quadro mostrava um garotinho de aparência triste, despedindo-se do pai no aeroporto. No quadro seguinte, um carteiro entrega um pacote ao menino. No terceiro quadro, o menino abre o pacote, encontra um avião de brinquedo e começa a chorar. Bridgeman perguntou às crianças por que elas achavam que o garotinho chorou quando viu o avião. Quase todas responderam corretamente: porque o avião de brinquedo lembrou-o da falta que sentia do pai. Então, Bridgeman fez a pergunta crucial: "O que o carteiro pensou quando viu o garoto abrir o pacote e começar a chorar?".

A maioria das crianças dessa idade comete um erro consistente, presumindo que todos saibam o que elas sabem. Assim, as crianças das salas de aula tradicionais acharam que o carteiro saberia que o menino estava triste porque o presente fez com que ele se lembrasse do pai que fora viajar. Mas as crianças que haviam participado da sala de aula jigsaw responderam de forma diferente. Como tinham experiência com o método, desenvolveram a capacidade de adotar o ponto de vista do carteiro e de se colocar no lugar dele. Portanto, compreenderam que o homem ficaria confuso por ver o menino chorar ao receber um belo presente, porque não tinha presenciado a cena de despedida no aeroporto.

À primeira vista, talvez isso não pareça importante. Afinal, quem liga se as crianças têm capacidade de entender o que se passa na cabeça de um personagem de história em quadrinhos? Na realidade, todos deveríamos nos preocupar – e muito. Lembre-se de nossa discussão sobre a tragédia de Columbine no capítulo precedente, em que sugerimos como é importante a empatia para refrear a agressividade. A capacidade de ver o mundo segundo a perspectiva de outro ser humano tem implicações profundas para todos os relacionamentos dos jovens. Quando desenvolvemos a capacidade de compreender o que outra pessoa está sentindo, aumentamos a probabilidade de nosso coração abrir-se para aquela pessoa. Quando nosso coração se abre para outra pessoa, fica virtualmente impossível sentir qualquer preconceito contra ela, intimidá-la, provocá-la, humilhá-la. Meu palpite é que, se a estratégia do método jigsaw tivesse sido usada na Columbine High School (ou nas escolas primárias e secundárias ligadas à Columbine), a tragédia poderia ter sido evitada.[120]

Meus estudantes de pós-graduação e eu desenvolvemos o método jigsaw em 1971, e, desde então, outros desenvolveram métodos cooperativos similares.[121] As implicações desse trabalho se tornaram cada vez mais claras ao longo do tempo. Se você quer reduzir o preconceito, coloque as pessoas numa equipe com um propósito comum. Até "atitudes implícitas", mantidas inconscientemente, podem ser modificadas pelo trabalho em equipe e pela empatia. Jay Van Bavel e William Cunningham[122] puseram alguns participantes num grupo racial misto (seis negros e seis brancos) e outros num grupo unirracial e deram-lhes um teste do tipo IAT de associações implícitas. Os membros brancos de um grupo de controle que estavam simplesmente olhando rostos não pertencentes a sua raça exibiram o familiar efeito IAT: o viés racial branco é maior do que o negro. Mas os participantes designados a uma equipe racial mista tiveram avaliações automáticas mais positivas dos membros negros do grupo interno do que os membros brancos do grupo externo, uma preferência motivada mais pelo viés do grupo interno ("Eles estão na minha equipe!") do que pelo menosprezo ao grupo externo. E uma série de cinco experimentos de Andrew Todd e colegas[123] mostrou que fazer os participantes lidarem com a *tomada de perspectiva* – considerar ativamente as experiências alheias, capacidade também conhecida como empatia – reduziu muito as expressões automáticas de viés racial.

Juntos, os resultados notáveis descritos neste capítulo têm sido replicados em milhares de salas de aula em todas as regiões do país. John McConahay,[124] um dos maiores especialistas em relações raciais, disse que o aprendizado cooperativo é a prática mais eficaz para a melhoria das relações raciais em escolas dessegregadas. Infelizmente, apesar de muitos professores conhecerem o método jigsaw e outras formas de educação cooperativa, essas práticas são menos usadas do que se poderia esperar. Sistemas educacionais, como toda burocracia, tendem a resistir às mudanças, e a estrutura padrão e competitiva de sala de aula continua sendo a norma.

O desafio da diversidade

A diversidade numa nação, cidade, bairro ou escola pode ser algo excitante – ou fonte de tumulto. A dessegregação deu-nos a oportunidade de nos beneficiarmos dessa diversidade. Mas, para maximizar esses benefícios, é vital aprendermos a cultivar relacionamentos inter-raciais e interétnicos da maneira mais harmoniosa possível. Nem é preciso dizer que ainda temos um longo caminho a percorrer antes de conseguir algo que se assemelhe à plena harmonia em nosso país.

Os desafios que se apresentam a uma nação etnicamente variada foram representados explicitamente por David Shipler,[125] repórter ganhador do prêmio Pulitzer, que percorreu os Estados Unidos de ponta a ponta entrevistando uma grande variedade de pessoas sobre seus sentimentos e suas atitudes raciais. Sua conclusão, um tanto sombria, está resumida no título de seu livro, *A Country of Strangers* [Um país de estranhos]. Shipler comentou que a maioria dos norte-americanos não mantém relacionamentos próximos com pessoas de outras raças, religiões e grupos étnicos; portanto, o que predomina é muita suspeita e mal-entendidos. Ao ler o livro de Shipler, lembrei-me de um diretor de escola do Texas que reclamou comigo, dizendo que a dessegregação estava causando problemas em sua instituição: "Olhe só, professor, o governo pode forçar garotos negros e garotos brancos a ir à mesma escola", disse, "mas ninguém pode forçá-los a gostar de ficar perto uns dos outros". (Não sei se ele leu William Graham Sumner, mas estava tocando no mesmo ponto.)

Como se estivesse sublinhando essa questão, naquele mesmo dia, na hora do almoço, enquanto caminhava pelo pátio, o que vi não era uma escola integrada – longe disso. Havia diversos grupos autossegregados: jovens negros reunidos num grupo; jovens latinos reunidos em outro grupo; jovens brancos reunidos num terceiro grupo. Não é surpreendente ver que pessoas da mesma raça e etnia podem preferir a companhia umas das outras. E, em si, certamente não há nada de errado nisso – a menos que tais preferências fiquem enrijecidas e tornem-se um comportamento excludente. Alguns meses depois de iniciar o método jigsaw nessa mesma escola, estava caminhando pelo pátio e fiquei espantado ao perceber que virtualmente todos esses grupos de estudantes estavam plenamente integrados. Ninguém estava "forçando" os jovens a gostarem uns dos outros; na verdade, eles estavam escolhendo se relacionar uns com os outros, superando as fronteiras raciais e étnicas. A experiência do método jigsaw estava abrandando visivelmente parte da desconfiança e das suspeitas iniciais.

Sem dúvida, Shipler tem razão quando diz que somos um "país de estranhos", e talvez sempre tenhamos sido. Mas essas dezenas de milhares de crianças que experimentaram o aprendizado cooperativo dão-nos esperança para o futuro – a esperança de que se tornem adultos que aprenderam a desfrutar e a se beneficiar da diversidade, que aprenderam a respeitar e a gostar dos outros, e que compreendem que “eles” fazem parte de “nós”.

Grandes humanitários vêm tentando ensinar insistentemente essa mensagem. Nelson Mandela passou 27 anos na cadeia por seu ativismo em prol do fim do apartheid na África do Sul. Quando essa política acabou e ele foi eleito o primeiro presidente negro da África do Sul, Mandela não buscou vingança ou retaliação sangrenta; em vez disso, criou uma relação de trabalho com o antigo presidente branco, F. W. de Klerk, para transformar a África do Sul numa democracia plenamente multirracial. (Os dois compartilharam um prêmio Nobel da Paz por sua notável colaboração.) “Ninguém nasce odiando outra pessoa por causa da cor da pele, da origem ou da religião”, escreveu Mandela. “Para odiar, as pessoas precisam aprender; e, se aprendem a odiar, elas podem ser ensinadas a amar, pois o amor vem mais naturalmente ao coração humano do que o seu oposto.”

Saul Steinberg, Desenho sem título, tinta sobre papel.
Publicado em *The New Yorker*, 30 de junho de 1962.

CAPÍTULO 8

GOSTAR, AMAR E CONECTAR

O musical da Broadway de 1946, *Annie Get Your Gun* [Annie, pegue sua arma], baseou-se na história real da lendária atiradora de exibição Annie Oakley, que, em 1875, aos 15 anos, derrotou o atirador de exibição reinante do *Buffalo Bill Wild West Show*, Frank Butler, então com 26 anos. No musical, Annie apaixona-se instantaneamente por seu belo concorrente, mas é convencida de que suas habilidades superiores como atiradora ameaçariam o ego dele. Ela percebe que precisa escolher entre o sucesso como atiradora de exibição e o amor. Depois de cantar "You Can't Get a Man with a Gun" [Você não consegue um homem com uma arma], Annie perde propositalmente um segundo torneio de tiro para Frank, que, com o orgulho masculino restaurado, apaixona-se imediatamente por Annie; eles vivem felizes para sempre como astros do *Wild West Show*.

A peça foi um tremendo sucesso e inspirou um filme de Hollywood e uma série de TV, mas alguns fatos importantes foram modificados. Os verdadeiros Annie e Frank viveram, de fato, felizes para sempre, mas Frank nunca invejou a perícia de Annie; ele se deleitava com isso e, todo contente, abriu mão do próprio estrelato para apoiá-la, assumindo o papel de empresário e assistente de palco. O casal percorreu os Estados Unidos e a Europa, e Annie encantava o público com seu rifle: apagando velas acesas, alvejando moedas pequenas lançadas ao ar e com o arrepiante teste de pontaria de Annie e de confiança de Frank, em que ela atingia um cigarro aceso pendurado nos lábios dele. Frank e Annie ficaram casados por cinquenta anos, até a morte dela por anemia. Ao que parece, Frank ficou tão arrasado com a morte da esposa que perdeu a vontade de viver, parou de comer e morreu 18 dias após o funeral dela.[1]

Por que o musical não contou a verdadeira história de amor? A versão ficcional do musical refletiu estereótipos de gênero prevalentes na época (e nas décadas seguintes), segundo os quais se esperava que a mulher se fizesse bonita, fosse meiga e, acima de tudo, evitasse brilhar mais do que os homens menos talentosos ou inteligentes. A falsa Annie do musical fez todas essas coisas para atrair Frank. Sua história tem muito a dizer sobre o que será abordado neste capítulo – sobre atração, amizade, amor e conexão humana. O que atrai uma pessoa à outra? O que alimenta o querer bem, a paixão e aquela coisa mais misteriosa que chamamos de amor? Por que alguns casais, como Annie e Frank, ficam juntos até a morte, enquanto a chama de outros queima depressa ou, como metade dos casamentos, termina em divórcio após cerca de oito anos?

A questão "quem gosta de quem" é antiga. O primeiro psicólogo social amador, que vivia numa caverna, sem dúvida deve ter se perguntado o que poderia fazer para que o sujeito que morava numa caverna próxima gostasse mais dele ou o detestasse menos – ou, no mínimo, o impedisse de lhe dar uma bordoada na cabeça. Talvez devesse comprar um filé de tigre-dentes-de-sabre como presente, esperando resolver o problema. Talvez devesse experimentar um novo modo de mostrar os dentes – não como uma careta ou um rosnado ameaçador, mas de maneira mais branda e submissa –, que acabou se tornando o gesto que chamamos de sorriso.[2]

Depois de atender a diversas necessidades básicas de sobrevivência, nossa motivação mais poderosa é manter conexões significativas com os outros.[3] Além de nos deixar felizes, bons relacionamentos nos mantêm literalmente vivos. Considere o notável estudo de Harvard, que tem acompanhado dois grupos de homens na região de Boston (um com homens bem-sucedidos que cursaram Harvard; o segundo com homens da classe operária) por 75 anos, desde a adolescência até a velhice. (Só há homens porque o estudo começou antes que as mulheres tivessem permissão para cursar Harvard.) A meta do estudo era identificar os fatores (inclusive experiências, recursos e condições de vida) que predizem saúde, bem-estar psicológico e felicidade mais tarde na vida. A conclusão? Segundo o atual diretor do estudo, Robert Waldinger, "a mensagem mais clara que obtivemos com esse estudo de 75 anos é esta: bons relacionamentos nos mantêm mais felizes e saudáveis. Ponto".[4] Os homens mais felizes no estudo de Harvard não foram aqueles com as realizações mais impressionantes, mais dinheiro ou infância mais feliz; foram aqueles que deram prioridade aos relacionamentos com os outros. Esses foram os homens que tiveram a maior probabilidade de atingir – e de desfrutar – os 80 ou 90 anos.

Muitos estudos confirmam os benefícios à saúde de relacionamentos que proporcionam apoio, companheirismo e amor tanto em épocas estressantes quanto felizes.[5] A solidão, em contraste, não produz mais eventos estressantes, mas é um fator de risco para que estressores se transformem em doença. Descobriu-se que pessoas solitárias têm padrões de sono menos eficazes e pressão arterial mais elevada, e que, quando se ferem, curam-se mais lentamente do que pessoas que não estão sozinhas.[6] Entretanto, é importante não interpretar esses dados como se sugerissem que as pessoas precisam se casar ou manter um relacionamento romântico exclusivo para colher os benefícios dos relacionamentos no longo prazo. Viver solteiro é perfeitamente salutar. O que causa problemas é *sentir-se* sozinho e *estar isolado*.[7] As pessoas podem estar cercadas por outras e se sentir sozinhas; podem viver sozinhas e ter uma vida social rica. Na década de 1950, a maioria das pessoas achava que adultos que preferiam viver solteiros eram "imorais" ou "neuróticos", mas hoje esse estigma se foi; metade dos adultos norte-americanos preferem viver sozinhos, mais do que o dobro de 1950. Com efeito, a vida de solteiro tem suas vantagens sociais e físicas: pessoas que vivem sozinhas têm maior probabilidade do que aquelas que estão casadas ou morando juntas de almoçar com um amigo, fazer exercícios, frequentar aulas de arte ou música, assistir a palestras e fazer trabalhos voluntários.[8] Você não precisa estar num relacionamento exclusivo, em outras palavras, para estar conectado.[9] Como poderia ter dito aquele viúvo solitário, Frank Butler, mas como *realmente* disse George Vaillant, ex-diretor do estudo de saúde de Harvard, sobre a pesquisa, "a conexão é todo o torneio de tiro".[10]

Gostar: o que nos atrai para os outros – e os leva a gostar de nós?

Quando pergunto às pessoas por que gostam mais de alguns conhecidos do que de outros, obtenho uma grande variedade de reações. As mais típicas são que elas gostam de outras pessoas cujas crenças e interesses são similares aos delas; que têm habilidades ou perícias que lhes são úteis; que têm qualidades agradáveis ou admiráveis, como beleza, charme, perspicácia, lealdade, honestidade e bondade; e que também gostam delas.

Essas razões fazem muito sentido. Também são consistentes com o conselho dado por Dale Carnegie[11] em seu livro intitulado manipuladoramente *Como fazer amigos e influenciar pessoas*. Esse caderno de receitas para relações interpessoais parece ter sido exatamente aquilo que as pessoas procuravam. Publicado pela primeira vez em 1937, ainda é editado e mostrou-se um dos livros mais vendidos de todos os tempos. Isso não deve nos surpreender. As pessoas querem pertencer a algo, se sentir importantes; queremos ser queridos. Pesquisas feitas com estudantes do ensino médio ao longo de décadas[12] indicam que sua maior preocupação é a maneira como os outros reagem a eles – e seu maior desejo é que as pessoas gostem mais deles. Essas preocupações podem ser maiores durante a adolescência, quando o grupo de pares assume enorme importância, mas o desejo de ser querido certamente não se limita aos adolescentes norte-americanos. A procura por uma fórmula básica para atrair os outros é universal. Afinal, o livro de Dale Carnegie foi traduzido para 35 línguas e ainda é lido ao redor do globo.

O conselho de Carnegie era simples: se quiser que as pessoas gostem de você, seja agradável, finja que gosta delas, finja que se interessa pelas coisas que as interessam, cubra-as de elogios, concorde com tudo, não critique – e lembre-se de usar o nome delas sempre que possível, pois "a pessoa média está mais interessada no próprio nome do que em todos os outros nomes do mundo reunidos". Em outras palavras, Carnegie estava convencido de que a maioria de nós é como o fictício Frank Butler; se quiser conquistar nosso amor ou nos influenciar, então faça o que puder para que nos sintamos bem e evite fazer coisas que nos deixem chateados, como nos vencer num concurso de pontaria.

É verdade? Essas táticas são eficazes? Até determinado ponto, são, pelo menos nos primeiros estágios de familiarização. Experimentos de laboratório indicam que gostamos mais de pessoas com características agradáveis do que de pessoas com características desagradáveis;[13] gostamos mais de pessoas que gostam de nós do que de pessoas que não gostam de nós; gostamos mais de pessoas que cooperam conosco do que de pessoas que competem conosco; gostamos mais de pessoas que nos elogiam do que de pessoas que nos criticam. Esses aspectos da atração podem ser reunidos sob uma generalização abrangente: gostamos de pessoas cujo comportamento nos proporciona maior recompensa ao menor custo.[14]

Falando de modo geral, sabemos que gostamos de pessoas que nos fazem sentir bem de algum modo; mas, além dessas razões um tanto óbvias para gostar dos outros, o que atrai uma pessoa à outra? John Thibaut e Harold Kelley[15] argumentaram, há muito tempo, que calculamos o valor de uma pessoa como amiga ou parceira romântica em parte pela comparação entre aquilo que nos trazem com aquilo que poderíamos obter com outros amigos ou parceiros românticos em potencial. Em suma, a atração é determinada em parte por nosso *nível de comparação de alternativas*. Max é um bom sujeito, mas Roger é ainda mais bonito, tem boa educação e mora perto de mim. Se acho que sou atraente o bastante para conquistar o afeto ou a amizade de Roger, Max pode começar a parecer menos atraente.

Entretanto, os relacionamentos nem sempre são tão objetivos e nem sempre conduzem a um cálculo de custo-benefício. As pessoas querem se sentir bem, mas também têm outros motivos, e amizades e relacionamentos românticos de longo prazo envolvem mais do que apenas fazer outra pessoa se sentir bem naquele momento. Portanto, precisamos de mais do que uma simples teoria da atração com recompensas para compreender a natureza complexa e às vezes confusa da atração, da amizade e do amor.

Agora, volto-me para cinco fatores consistentes que exercem uma influência profunda sobre nossa escolha de amigos e parceiros românticos: tendemos a gostar de pessoas que vivem *próximo* de nós; que consideramos *similares* a nós; que *gostam* de nós; e que são *fisicamente atraentes*. E a esses vou acrescentar um fenômeno relativamente recente, criado por nosso mundo *high-tech*, que afeta profundamente de quem gostamos, quem escolhemos e se ficaremos com essa pessoa: *o paradoxo da escolha*.

Proximidade

A probabilidade de você achar alguém atraente e de conhecer essa pessoa começa pela distância entre vocês. O que poderia ser mais óbvio? Quando solicitados a citar o nome das pessoas de que mais gostavam, estudantes universitários que tinham sido aleatoriamente designados para dormitórios no campus mencionaram, cerca da metade das vezes, o nome de seus vizinhos de quarto.[16] É difícil fazer amizade com pessoas com quem você não convive, e é fácil manter a amizade com pessoas próximas, e assim isso faz sentido: recompensas da amizade a custo baixo. Mas a proximidade aumenta a atratividade por outros motivos além da facilidade e disponibilidade. A proximidade simplesmente aumenta a probabilidade de nos expormos repetidamente, e, se tudo o mais for igual, as pessoas tornam-se mais agradáveis e atraentes quando ficam mais familiares. Como aquelas músicas que ouvimos várias e várias vezes, as pessoas vão ganhando nosso afeto com o tempo. Ademais, como comentei no Capítulo 3, as pessoas ficam mais atraentes para nós quando esperamos interagir com elas no futuro; quando sabemos que vamos ficar com alguém durante certo tempo, a dissonância nos ajuda a ver as boas qualidades dessa pessoa e a ignorar ou atenuar seus defeitos.[17]

A proximidade sempre foi um grande fator no casamento. James Brossard[18] analisou os registros de casamento da Filadélfia na década de 1930 e descobriu que a maioria dos enlaces envolveu pessoas que moravam perto: um em cada três casamentos deu-se entre pessoas que moravam a até cinco quarteirões de distância; um em seis moravam no mesmo quarteirão e um em oito eram do mesmo prédio. Só um em cada cinco casamentos envolveu parceiros de cidades diferentes! Quando o comediante Aziz Ansari e o sociólogo Eric Klinenberg[19] organizaram grupos de foco em casas de repouso da cidade de Nova York, ficaram espantados com a consistência do lugar onde esses idosos tinham encontrado seus parceiros. "Pessoas se casaram com pessoas do mesmo bairro, da mesma rua e até do mesmo prédio", escreve Ansari. "Pareceu um tanto bizarro. Eu disse: 'Gente, vocês moram na cidade de Nova York. Já pensaram: 'Puxa, talvez tenha alguém fora do meu prédio?'. Por que se limitaram? Eles davam de ombros e diziam que não foi o que fizeram".[20]

Hoje, assim como antes, o fato incontrovertido é que as pessoas geograficamente mais próximas de nós têm mais probabilidade de se tornar também as mais queridas. Isso põe por terra o mito romântico de que existe uma – e somente uma – pessoa (talvez na cidade de Yazoo ou na Bulgária!) esperando por você. Da Antiguidade até o presente, a maior probabilidade é de que as pessoas amem e vivam com aquelas que estão numa caverna próxima, numa casa próxima, que estudem por perto, trabalhem na mesma loja, escritório ou fábrica. Mesmo nestes tempos de internet e de aplicativos de encontros, a proximidade ainda é o primeiro passo para encontrar o amor: você e seu "primeiro e único" teriam de ter entrado no mesmo site de encontros ao mesmo tempo *e* um de vocês teria de topar com o outro numa tarde pacata (ou numa "noite encantada") com tempo e motivação suficientes para mandar um texto atraente. *Então*, o outro teria de lê-lo *e* se lembrar de responder em meio a um mar de textos enviados por outros candidatos em potencial. Seu verdadeiro amor da cidade de Yazoo pode estar mais acessível agora, mas ele ou ela é apenas um entre milhões numa fervilhante multidão digital, o que significa que você só encontrará a pessoa amada na cidade de Yazoo se morar lá também. Todo mundo vai escolher alguém mais próximo de casa.

Similaridade

Lynne vai a uma festa e é apresentada a Suzanne. Enquanto conversam por alguns minutos, percebem que concordam plenamente em suas impressões sobre George Bush, George Clooney, George Eliot e o Rei George III da Inglaterra. Cada uma volta ao seu dormitório e comenta com a colega de quarto que acabou de conhecer uma mulher maravilhosa e inteligente. Lynne e Suzanne seriam refletidas em literalmente centenas de experimentos que mostraram que, quanto mais similar a você em atitudes, opiniões e interesses for uma pessoa, mais você vai gostar dela. Os opostos podem se atrair, mas não ficam juntos.

Por que a similaridade percebida torna as pessoas atraentes? Há pelo menos duas razões principais. Primeiro, para a maioria de nós é óbvio que pessoas que compartilham nossas atitudes e opiniões sobre tópicos importantes são extraordinariamente inteligentes e ponderadas, e é sempre gratificante e interessante conviver com pessoas inteligentes e ponderadas. É claro que são: elas concordam conosco! Segundo, elas nos proporcionam validação social para nossas crenças; ou seja, satisfazem nosso desejo de nos sentirmos corretos.

Além disso, nós, humanos, temos tanta certeza da relação entre similaridade de atitudes e de gostos que, se casualmente gostarmos de alguém por algum motivo irrelevante – ambos nos interessamos por observação de pássaros, digamos –, vamos presumir que também compartilhamos atitudes sobre política, religião e filmes. Assim, a causalidade funciona nos dois sentidos: gostamos de pessoas cujas atitudes são similares às nossas e, se gostamos de alguém, atribuímos a essa pessoa atitudes similares às nossas.[21] Se *percebemos* semelhança com outra pessoa, já é suficiente para fomentar a atração.[22] Esse princípio se aplica a todo tipo de relacionamento e se mostrou um método de marketing eficaz. Os operadores de telemarketing costumam ser treinados para oferecer seu produto identificando e mencionando uma semelhança ("Olha só, eu também sou estudante!"), pois temos mais chances de comprar coisas de pessoas de que gostamos – e que achamos que são como nós.[23]

Hunter Gehlbach e associados[24] adotaram a similaridade e o efeito da apreciação para melhorar o relacionamento entre estudantes e professores. Professores e estudantes de um grande colégio responderam a perguntas sobre uma ampla variedade de assuntos, inclusive suas preferências relativas àquilo que fazem nas horas vagas. Com as respostas à mão, os pesquisadores designaram aleatoriamente professores e estudantes para informá-los dessas similaridades. Metade dos estudantes soube que seu professor era similar a eles em muitos quesitos, e os professores receberam a mesma informação. Essa pequena intervenção – saber que você tem interesses em comum, até com aquela pessoa misteriosa, seu professor ou seu aluno – aumentou os sentimentos mútuos de apreço e respeito. Essa melhora nos relacionamentos foi particularmente elevada entre os estudantes, sugerindo que a constatação de pontos comuns em atividades, valores e habilidades pode superar a dessemelhança de raça e etnia percebida primariamente.

Atributos pessoais: competência

Quando pedem que os indivíduos, em pesquisas de opinião pública ou sites de namoro, descrevam as características de personalidade e outros atributos das pessoas de que gostam, eles relacionam alegremente qualidades como sinceridade, competência e inteligência. Mas em estudos desse tipo é difícil estabelecer o sentido da causalidade: gostamos de pessoas que têm atributos agradáveis ou, como gostamos delas, nos convencemos de que têm atributos agradáveis? É provável que a causalidade flua nos dois sentidos. Para descobrir o que causa o quê, é necessário examinar essa relação sob condições mais controladas do que as existentes em questionários. Aqui, vou examinar dois dos mais importantes atributos pessoais: competência e atração física.

Parece óbvio que, quanto mais a pessoa é competente, mais vamos gostar dela. Ao dizer "competência", refiro-me a um conjunto de qualidades: inteligência, capacidade de fazer coisas, sabedoria para tomar decisões etc. Temos mais chances de nos sair bem nas tarefas cotidianas se nos cercarmos de pessoas que sabem o que estão fazendo e que têm muito a nos ensinar. Mas a evidência da pesquisa é paradoxal: em grupos de soluções de problemas, os participantes considerados mais competentes e que têm as melhores ideias tendem a não ser os mais queridos.[25] Por quê? Uma possibilidade é que, embora gostemos de estar perto de pessoas competentes, aquelas que são competentes *demais* nos deixam desconfortáveis. Podem parecer inabordáveis, distantes, sobre-humanas – e nos fazem parecer tolos (e piores que elas) por comparação. Se isso fosse verdade, poderíamos gostar mais de pessoas que revelam algum sinal de falibilidade. Por exemplo, se você tem um amigo que é um matemático brilhante, um atleta soberbo e um *chef gourmet*, pode gostar mais dele se, de vez em quando, ele cometer uma gafe.

Senti-me motivado a criar uma investigação experimental dessa hipótese em 1961, quando o presidente John F. Kennedy tomou a terrível decisão de invadir Cuba pela Baía dos Porcos, numa tentativa de derrubar Fidel Castro. A invasão mostrou-se um erro tão fenomenal que foi apelidada imediatamente, e ainda é conhecida como, "o fiasco da Baía dos Porcos". Mas, em vez de a popularidade de JFK ter caído, ela aumentou – as pessoas gostaram mais dele, não menos. Eu me perguntei por quê. Uma possibilidade é que Kennedy pode ter sido "perfeito demais". Naquele ano, Kennedy estava no auge de sua atratividade. Era um personagem de proporções dignas de um livro de contos – na verdade, sua presidência era chamada de Camelot. Era jovem, bonito, brilhante, sagaz, charmoso e atlético. Era leitor voraz, autor de um livro de grande vendagem e herói de guerra que sofria de dores físicas crônicas sem reclamar. Era casado com uma mulher bonita e talentosa, que falava diversas línguas, tinha dois filhos lindos como botões de flor (um menino e uma menina) e fazia parte de uma família rica, proeminente e unida. Em outras palavras, era invejavelmente perfeito. Será que algum indício de falibilidade, como o fato de ser responsável por um grave equívoco tático, pode ter servido para torná-lo mais humano aos olhos do público e, por isso, mais querido?

Curioso sobre esse aumento de popularidade de JFK, testei experimentalmente a questão com meus colegas Ben Willerman e Joanne Floyd.[26] Dissemos a nossos participantes, universitários do sexo masculino, que queríamos que avaliassem candidatos de um show de perguntas e respostas no qual estudantes representariam sua faculdade num teste de conhecimentos semelhante ao *Jeopardy!*. Sua tarefa seria avaliar os candidatos com base nas impressões que deixavam e em sua aparente simpatia. Depois, ouviram a gravação de uma entrevista entre um jovem (a pessoa de estímulo) e um entrevistador que fez uma série de perguntas difíceis. Tínhamos quatro versões dessa entrevista gravada. Em uma, o candidato mostrou elevado grau de competência – na verdade, pareceu virtualmente perfeito, respondendo corretamente a 92% das perguntas – e, quando lhe perguntaram sobre suas atividades no ensino médio, ele admitiu modestamente que tinha sido um aluno exemplar, editor do livro do ano e membro da equipe de corrida. Na segunda gravação, o candidato mostrou-se uma pessoa de capacidade média: respondeu corretamente a apenas 30% das perguntas e, durante a entrevista, admitiu que tinha recebido notas medianas no ensino médio, que fora revisor do livro do ano e que se candidatara à equipe de corrida, mas não havia conseguido entrar. Nas outras duas gravações, tanto o candidato "acima da média" quanto o candidato "medíocre" cometeram um erro grave, derramando desajeitadamente uma xícara de café sobre eles mesmos. (Criamos essa versão "*pratfall*" gravando sons de movimento e de batidas, cadeiras arrastando-se e a voz angustiada do candidato expressando alarme por ter derramado café sobre as roupas novas.)

Os resultados confirmaram aquilo que chamamos de **efeito *pratfall***: a pessoa mais habilidosa que cometeu uma gafe foi classificada como a mais atraente; a pessoa média que cometeu a mesma gafe foi classificada como menos atraente. A pessoa perfeita (sem gafe) foi a segunda em atratividade, e a pessoa medíocre (sem gafe) ficou em terceiro. É claro que não há nada inerentemente atraente no ato de derrubar uma xícara de café. Embora tenha servido para acrescentar uma dimensão cativante à pessoa perfeita, tornando-a mais atraente, a mesma ação fez a pessoa medíocre parecer muito mais medíocre, e, por isso, menos atraente ainda. Esse experimento nos dá evidências para apoiar nossa alegação de que, embora um grau elevado de competência nos torne mais atraentes, de fato, algum indício de falibilidade aumenta ainda mais a nossa atratividade.

Esse fenômeno geral também tem sido estendido a relacionamentos de longo prazo. Abraham Tesser[27] descobriu que auferimos grande satisfação e autoestima por termos amigos e parentes altamente competentes. É recompensador estar perto de pessoas competentes; podemos aprender com elas, nos deleitar com seu brilho e desfrutar de seu sucesso.[28] Mas, se forem mais competentes do que nós *em áreas que nos interessam*, fazendo-nos sentir incompetentes e inadequados por comparação, sua atratividade vai se reduzir a nossos olhos. A pesquisa de Tesser sugere que irmãos, amigos próximos e parceiros românticos podem ter mais facilidade em conviver caso estabeleçam domínios de excelência diferentes. Abrindo mão de sua carreira como atirador de precisão e passando a empresário de Annie Oakley, o verdadeiro Frank Butler deu um passo sábio para garantir uma vida inteira de intimidade. Sem tê-la como concorrente, pôde regozijar-se com a competência da esposa sem ser diminuído por ela.

Atributos pessoais: atratividade física

Imagine que você acabou de ter um encontro. Está quase no final da noite e precisa resolver se quer sair com essa pessoa novamente. Qual característica dela vai pesar mais na sua decisão: simpatia, sensibilidade, inteligência, compaixão? E que tal aparência? Acertou!

A maioria das pessoas não quer que isso seja verdade. Preferiríamos acreditar que a beleza é apenas superficial e, portanto, um determinante trivial do gostar. Além disso, parece muito injusto: por que algo como atratividade física, que está muito além do controle da pessoa, é tão importante? Apesar de muitos acreditarem que a atratividade é mais importante para os homens do que para as mulheres, uma análise de mais de 29 mil pessoas revelou que a atratividade é igualmente importante para ambos os sexos.[29] E em estudos e mais estudos de comportamento real, estudantes universitários, bem como a população em geral, são muito influenciados pela aparência da outra pessoa.[30] Há muitos anos, Elaine Walster e associados[31] parearam aleatoriamente estudantes recém-admitidos na Universidade de Minnesota para encontros às cegas. Anteriormente, os estudantes tinham recebido uma bateria de testes de personalidade. Qual de suas muitas características determinou se gostaram um do outro: inteligência, masculinidade, feminilidade, dominação, submissão, dependência, independência, sensibilidade, sinceridade? O único ponto determinante que indicou se os membros do casal gostaram um do outro e repetiriam o encontro foi a atratividade física. O próprio sucesso do Tinder e de outros aplicativos de namoro que dispensaram os "perfis de personalidade" e "qualidades do parceiro ideal" mostra quão rápida e completamente podemos dispensar outro ser humano apenas com base numa foto.

Mas, como o efeito da similaridade pode sugerir, as pessoas tendem a formar pares no mesmo nível de atratividade. No estudo de Walster e colegas, se um homem bonito fosse pareado com uma bela mulher, seria mais provável que quisessem se encontrar de novo. Gregory White,[32] em um estudo de relacionamentos de prazo relativamente longo entre jovens casais na UCLA, descobriu que a atratividade física era importante, mas a *similaridade* da atratividade dos parceiros era o ponto crucial para determinar se iriam se manter juntos. Muitos meses depois de os casais começarem a namorar, aqueles que combinaram em atratividade física tinham se mantido envolvidos mais profundamente um com o outro do que aqueles que não combinaram. Até a Fera da Bela acabou revelando seu eu mais bonito.

A beleza também influencia uma vasta gama de atribuições que fazemos sobre os outros. Karen Dion e colegas[33] mostraram a estudantes universitários fotos de três pessoas de idade compatível: uma atraente, outra com aparência mediana e outra sem atrativos. Os participantes avaliaram cada uma das pessoas apresentadas com base em 27 traços de personalidade diferentes e predisseram a felicidade delas no futuro. De longe, as pessoas fisicamente atraentes receberam os traços mais desejáveis e os melhores prognósticos de felicidade. Isso foi constatado quer os homens estivessem dando notas a homens ou a mulheres, quer as mulheres estivessem dando notas a homens ou a mulheres.

Alguns psicólogos evolutivos pensam que certos aspectos daquilo que as pessoas consideram "belo" está embutido em nós, refletindo a preferência por parceiros que parecem saudáveis e livres de doenças.[34] Mas isso é tema de muita controvérsia, pois o rosto redondo e o corpo rechonchudo que são lindos em Tonga podem ser considerados pouco atraentes em Tallahassee, e as características consideradas sensuais em um grupo racial ou étnico podem não ser familiares e, por isso, serão pouco atraentes para membros de outros grupos. Seja como for, a associação ocidental entre *belo* e *bom* começa pelas experiências da infância e por associações culturais: os filmes e desenhos animados populares de Walt Disney ensinam às crianças que heroínas brancas como

Branca de Neve, Cinderela, Bela Adormecida e a Pequena Sereia – e heroínas étnicas recentes, como Tiana, Pocahontas, Aurora, Mulan, Jasmine e Moana, bem como os príncipes que as encantam e conquistam – têm características regulares, nariz pequeno, olhos grandes, lábios bem desenhados, compleição livre de manchas e corpos esguios e atléticos. Todas se parecem com bonecas e bonecos Barbie e Ken. E como são representadas as madrastas e meias-irmãs perversas, gigantes, trolls e rainhas más?

E ainda temos a propaganda, a contínua enxurrada de anúncios voltados para a venda da ideia de que a beleza numa garrafa vai nos tornar mais desejáveis, socialmente realizados e, por isso, felizes e sadios. A exposição a essas imagens *causa* impacto, especialmente nos adolescentes. Num experimento, estudantes do ensino médio, do sexo feminino, assistiram a quinze comerciais exaltando as virtudes dos preparados de beleza.[35] Um grupo de controle de adolescentes assistiu a quinze comerciais sem qualquer relação com produtos de beleza. Mais tarde, pediu-se a todas as jovens que ranqueassem a importância relativa de dez atributos, inclusive apelo sexual, inteligência, um rosto bonito e zelo. As jovens que tinham assistido aos comerciais de beleza mostraram-se mais inclinadas do que as moças do grupo de controle a considerar mais importantes os atributos orientados para a beleza do que outras qualidades.

Infelizmente, o viés da beleza sinaliza que crianças sem atrativos pagam um preço por sua aparência. Karen Dion[36] pediu a mulheres que avaliassem relatórios de distúrbios em sala de aula, aparentemente escritos por uma professora. Anexada a cada relatório, havia a foto da criança que supostamente teria causado o problema. Em algumas fotos, a criança era atraente; em outras, não tanto. As mulheres tenderam a culpar mais as crianças menos atraentes e a inferir que esse incidente era típico de seu comportamento cotidiano. Quando a criança apresentada era bonita, porém, tenderam a desculpar o comportamento perturbador. Como disse uma das mulheres, "ela brinca bem com todo mundo, mas, como qualquer um, pode ter um dia ruim. Sua crueldade... não precisa ser levada a sério". Quando mostraram uma menina pouco atraente como culpada dessa mesma situação, descrita exatamente da mesma maneira, uma respondente típica disse: "Creio que a criança deve ser bem malcriada, provavelmente um problema para os professores. Deve puxar brigas com as outras crianças de sua idade... Em suma, deve ser um problema sério". Assim, parece que tendemos a dar às crianças atraentes o benefício da dúvida; suas traquinagens são aberrações perdoáveis, causadas pela situação. Mas não deixamos crianças menos atraentes escaparem tão facilmente; suas travessuras são atribuídas a disposições estáveis e negativas de personalidade. Efeitos similares foram encontrados em todas as idades e em contextos como empresas, nas quais funcionários atraentes costumam ter maiores salários e ser promovidos com mais frequência.[37]

A beleza atribui poder, mas a boa aparência tem uma desvantagem: as pessoas podem ser mais duras com pessoas bonitas que as criticam. Num experimento que realizei com Harold Sigall,[38] fizemos uma mulher parecer fisicamente atraente ou nada atraente – com roupas pouco lisonjeiras e uma peruca feia – e depois entrevistar diversos universitários do sexo masculino. Em seguida, ela apresentou a cada estudante a avaliação clínica que fez deles. Metade dos estudantes recebeu avaliações altamente favoráveis e metade recebeu avaliações desfavoráveis. Quando a avaliadora estava pouco atraente, os homens não pareceram se importar muito se a avaliação dela tinha sido boa ou ruim; nas duas situações, gostaram razoavelmente dela. Quando apareceu bonita, porém, gostaram muito dela nas vezes em que lhes deu uma avaliação favorável, mas, quando os criticou, a antipatia por ela foi maior do que em qualquer das outras condições.

Levando em consideração todas essas pesquisas, temos de encarar o fato de que a beleza é mais do que os olhos veem. Gostamos mais de pessoas bonitas, tratamo-las mais favoravelmente e pensamos que são mais simpáticas, sensuais e excitantes do que pessoas não tão belas. Ademais, em situações ambíguas, nas quais não temos certeza de quem devemos culpar por um evento desafortunado, tendemos a dar-lhes o benefício da dúvida. Esse "viés pró-beleza" começa bem cedo e, infelizmente, com o tempo pode gerar uma profecia autorrealizável, como mostraram Mark Snyder, Elizabeth Decker Tanke e Ellen Berscheid em um experimento clássico.[39]Coloque-se nesse estudo, no lugar de um típico estudante universitário do sexo masculino: você se ofereceu para participar de uma investigação sobre "como as pessoas se conhecem", e faz par com uma estudante que se encontra em outra sala, aparentemente porque vocês dois foram designados à condição "somente comunicação verbal" do estudo. Embora não tenha visto sua parceira, você recebeu um pacote de informações sobre ela, inclusive uma foto. Quando começam a conversar por um intercomunicador, você acha que a atratividade física da mulher na foto vai influenciar as impressões que terá dela?

Como você pode imaginar, a foto não representava a verdadeira parceira do participante. Para metade dos estudantes, a imagem mostrava uma mulher bastante atraente; para os demais, uma mulher relativamente pouco atraente.

Os homens que acharam que estavam conversando com uma bela mulher consideraram-na mais equilibrada, bem-humorada e hábil socialmente do que aqueles que acharam que estavam falando com uma mulher menos atraente. Até aqui, era apenas o que esperávamos. Mas o surpreendente foi que, quando observadores independentes ouviram a gravação apenas com a fala da figura feminina (sem ver sua foto), ficaram bem mais impressionados com a mulher cujo parceiro achava que ela era fisicamente atraente. Isso significa que, quando o parceiro supôs que estava conversando com uma bela mulher, falou com ela de um modo que realçou as melhores qualidades dela. Quando os observadores independentes ouviram essa mulher, classificaram-na como mais atraente, mais confiante, mais animada e simpática do que a mulher cujo parceiro achou que seria menos bela. Esse estudo destaca um exemplo dramático e comovente da profecia autorrealizável: não importa se a pessoa é fisicamente bonita; tratá-la *como se fosse atraente* faz emergirem essas qualidades desejáveis.

Quero enfatizar que essa discussão sobre "beleza" focalizou a beleza visual. Nossos mecanismos de percepção exercem uma influência terrivelmente conservadora sobre nossos sentimentos e comportamento – e a maneira como determinamos quem é atraente, de modo geral. Mas há outros tipos de beleza. Nas décadas de 1960 e 1970, quando grupos de treinamento de sensibilidade estavam no apogeu de sua popularidade, muita gente se ofereceu como voluntária para participar de experiências sensoriais não visuais. Em um grupo que liderei, pediram que 50 pessoas fechassem os olhos e perambulassem pela sala, acostumando-se umas com as outras apenas pelo sentido do tato e conversando entre si. No geral, depois de participar desse exercício, os membros do grupo relataram que seus estereótipos anteriores haviam caído por terra. Não temos como pensar em outras pessoas como "feias" se não podemos vê-las, e, portanto, não podemos presumir que têm as características que pessoas "feias" deveriam ter. Depois, quando os participantes abriam os olhos, espantavam-se com frequência ao descobrir que, por exemplo, o sujeito engraçado, de nariz grande e sardas, em pé diante delas, era a mesma pessoa que, cinco minutos antes (quando estavam de olhos fechados), as haviam impressionado como um ser humano incrivelmente simpático, gentil e sensível. Foi uma experiência da qual muitos dos participantes nunca se esqueceram.

Em muitos de nossos juízos, nosso coração acompanha nossos olhos. Mas, com o tempo, nossos olhos também podem acompanhar nosso coração. Muitos de nós já passamos pela experiência de descobrir que uma pessoa fica mais bonita à medida que nosso afeto por ela aumenta, não levando em conta apenas a aparência física e outras qualidades numa avaliação geral, mas por vê-la mais bela porque nossos sentimentos por ela se intensificaram.[40] O contrário também acontece: pessoas que consideramos bonitas ou lindas se tornam menos belas à medida que as conhecemos e vamos nos incomodando com sua personalidade ou com suas crenças detestáveis. O que é belo é bom – mas o que é bom torna-se belo.[41] O neurocientista social Jon Freeman[42] mostra que trazemos uma enorme "bagagem psicológica" para a nossa percepção de rostos. Se avaliamos possíveis parceiros principalmente com nossos olhos, como fazemos no Tinder, acabamos por excluir pessoas potencialmente maravilhosas, cuja beleza exige mais do que um rápido olhar para apreciar. Certamente, isso foi verdade para Frank Butler; Annie Oakley não era nenhuma beldade, mas não foi a aparência dela que conquistou seu coração pela vida toda.

Sermos queridos

Um dos mais fortes determinantes para saber se vamos gostar de alguém é a crença de que alguém gosta de nós. Como funciona isso? Imagine que você e eu estamos mantendo uma conversa breve e superficial numa festa, depois que uma amiga em comum nos apresentou. Passados alguns dias, você encontra nossa amiga no campus e ela informa que, depois da festa, eu tive algumas coisas muito elogiosas a dizer sobre você. Como acha que vai agir da próxima vez que você e eu nos encontrarmos? Meu palpite é que o fato de saber que gostei de você provavelmente vai levá-lo a gostar de mim e agir de maneira a me demonstrar que você também gostou de mim. Provavelmente, vai sorrir mais, revelar mais coisas sobre si e, de modo geral, comportar-se de forma mais simpática, mais interessada e mais agradável do que faria se não soubesse que gostei de você. E que efeito acha que suas ações teriam sobre mim? Diante de seu comportamento simpático e agradável, sem dúvida minha estima por você aumentaria e eu, por minha vez, transmitiria meu afeto por você de maneira a me tornar ainda mais simpático.

Mas reflita sobre isto: e se nossa amiga em comum não lhe tivesse dito a verdade? E se tivesse imaginado que você e eu iríamos realmente gostar muito um do outro depois que nos conhecêssemos e, para dar a partida no processo, tivesse falado que gostei de você, embora eu não tenha dito uma só palavra? Quais as chances de seu plano bem-intencionado funcionar? Bem, se você e eu fôssemos como os participantes de um experimento de Rebecca Curtis e Kim Miller,[43] o esquema dela teria funcionado como mágica! Essas pesquisadoras levaram algumas pessoas a acreditar que outra gostava delas e levaram outras a acreditar que a mesma pessoa não gostava delas. Em uma interação subsequente, esses indivíduos que imaginavam que eram queridos comportaram-se de maneira mais afável: expuseram-se mais, discordaram menos e, de modo geral, comportaram-se de forma mais simpática e agradável com a outra pessoa do que os indivíduos que achavam que não eram queridos. Além disso, as pessoas que acreditavam que eram estimadas foram, de fato, alvo de afeto da outra pessoa, enquanto aqueles que acreditavam que não eram queridos não foram estimados pela outra pessoa. Outra profecia autorrealizável em ação. Nossas crenças, certas ou erradas, desempenham um papel poderoso na conformação da realidade.

Assim, ser querido torna o coração mais amável. Além disso, quanto maior nossa insegurança e quanto mais dúvidas temos a nosso próprio respeito, mais vamos sentir afeto pela pessoa que gosta de nós. Em um experimento fascinante de Elaine Walster (Hatfield),[44] estudantes universitárias que esperavam os resultados de testes de personalidade foram abordadas por um jovem habilidoso e de boa aparência que era cúmplice da experimentadora. Ele conversou com cada estudante, deu sinais de que havia gostado delas e marcou um encontro. Nesse ponto, a experimentadora interferiu e levou cada estudante até uma sala para informá-las de seus resultados. Metade das estudantes recebeu descrições altamente positivas, destinadas a elevar temporariamente sua autoestima. As outras receberam descrições um pouco negativas, idealizadas para reduzir temporariamente sua autoestima. Finalmente, pediram que as estudantes avaliassem, em uma lista sortida de pessoas, quanto gostavam delas – um professor, um amigo, "e como temos um espaço sobrando, por que não avalia aquele sujeito que você conheceu enquanto esperava os resultados?". As estudantes que tinham recebido feedback desfavorável gostaram mais de seu admirador do que aquelas que tinham recebido feedback favorável. Em suma, gostamos de ser queridos – e, quanto mais inseguros nos sentirmos, mais gostaremos de alguém que gosta de nós.

Uma implicação desse experimento é que pessoas seguras de si são menos "carentes"; ou seja, têm menos probabilidade de aceitar propostas de qualquer um que aparece. Assim como a pessoa faminta vai aceitar quase qualquer tipo de comida e a pessoa bem alimentada pode se dar ao luxo de rejeitar um sanduíche de queijo malfeito, a pessoa insegura vai aceitar quase qualquer um que expresse interesse, enquanto a pessoa segura será mais seletiva. Ademais, a pessoa que se sente insegura pode até procurar uma pessoa menos atraente para diminuir a possibilidade de ser rejeitada. Essa ideia foi testada num experimento de Sara Kiesler e Roberta Baral,[45] que levou universitários do sexo masculino a acreditar que tinham se saído muito bem ou muito mal numa prova de capacitação intelectual. Depois, foi feita uma pausa e a experimentadora se une a um estudante para uma xícara de café. Quando entram na cafeteria, a experimentadora "reconhece" uma estudante sentada sozinha numa mesa, aproxima-se e apresenta o participante. Naturalmente, a estudante era uma colaboradora, plantada ali intencionalmente. Em metade do tempo, ela foi preparada para parecer atraente; em outra metade, para parecer não tão atraente. As investigadoras observaram o grau de interesse romântico exibido pelo participante: se pediu para tornar a vê-la, ofereceu-se para pagar o café, pediu seu telefone ou tentou fazê-la ficar mais tempo. Aqueles que se sentiam mais seguros de si (ou seja, que foram levados a acreditar que haviam se saído bem no teste) mostraram mais interesse romântico pela mulher "atraente"; aqueles que foram induzidos a se sentir inseguros mostraram mais interesse romântico pela mulher "pouco atraente".

Embora a insegurança certamente aumente nosso desejo de nos conectar com qualquer pessoa que esperamos que nos aceite, no contexto do namoro tendemos a ser mais atraídos romanticamente por quem parece gostar de nós *exclusivamente* – só de mim, não desses outros milhares que estão esperando por um arraste para a direita. Aqueles que parecem gostar de todo mundo aparentam menos discernimento em suas afeições e por isso nem de longe são tão desejáveis quanto aqueles mais seletivos. Esse fenômeno foi investigado num experimento de Paul Eastwick e Eli Finkel,[46] no qual um grupo de moças e rapazes participou de uma sessão de *speed dating*, envolvendo múltiplos encontros rápidos. Posteriormente, pediram-lhes que avaliassem cada parceiro em termos de desejabilidade, atratividade e química, se concordariam em ter outro encontro e, mais interessante, seletividade percebida – para quantas outras pessoas eles esperavam que o parceiro dissesse sim. As pessoas que relataram mais interesse por todos os parceiros do evento também foram vistas por seus parceiros como tendo elevada probabilidade de terem dito sim a todos os possíveis segundos encontros. Mas seus parceiros nesse encontro consideraram esses participantes ávidos e fáceis de agradar menos desejáveis e com menos química pessoal. Quando os participantes acharam que seu parceiro queria ter um segundo encontro apenas com eles, a reciprocidade foi mais imediata. Essa pesquisa pode explicar aquela sensação inebriante que você experimenta quando o flerte vai bem e não existe mais ninguém na sala, exceto você e aquela pessoa especial. É uma sensação excitante, inspiradora e que enche de autoestima, muito mais do que ver aquela "pessoa especial" flertando com todas as outras pessoas na sala antes de chegar finalmente a você.

O paradoxo da escolha

Então, agora você descobriu o sr. Certo ou a sra. Certa: alguém que mora perto de você; que compartilha muitos de seus valores e crenças; que gosta de você, e só de você, *e muito*; e que tem boa aparência. E agora? Você diz: "Encontrei a pessoa da minha vida! Aproveite a chance enquanto pode!" ou "Hmm, espere aí – será mesmo essa a melhor pessoa para mim? Quem sabe há alguém melhor no final do quarteirão?".

O mundo moderno expandiu nossa gama de escolhas em todas as áreas da vida. Houve tempo em que havia uma marca e um estilo de calça jeans – Levis – que ou se ajustava bem ao corpo, ou não. Agora, há incontáveis marcas, cada uma com diversas opções, como corte de bota, perna reta, slim, relaxed, cintura alta, cintura baixa ou rasgada. Se antes você podia escolher uma entre algumas marcas de cereal, hoje tem um corredor inteiro delas no supermercado, com mais de 400 opções. Como disse Barry Schwartz,[47] as pessoas acreditam que ter mais opções é sempre preferível a ter menos, e por isso *dizem* que querem mais opções quando você as inquire. Mas ter escolhas demais, como descobriu Schwartz, pode criar um paradoxo: obviamente, é bom poder escolher uma entre diversas alternativas, mas não é tão bom quando todas essas opções nos impedem de tomar uma decisão. Nós pensamos que, se ficarmos olhando durante muito tempo, sempre poderemos encontrar um jeans, um cereal, uma escola, um emprego... ou um parceiro perfeito. Nossas expectativas de perfeição aumentaram com a multiplicação de nossas opções, e isso significa que muitas vezes nos vemos imaginando se não teria sido melhor procurar um pouco mais. Schwartz alega que, como resultado, ficamos mais seletivos, menos satisfeitos com nossas escolhas e exaustos por ter de sopesar e avaliar tantas opções na busca por uma perfeição que, sabemos, está lá fora caso procuremos bastante. Às vezes, simplesmente nos sentimos paralisados pelo número de opções e não fazemos nada.

Numa das primeiras demonstrações do paradoxo da escolha, Sheena Iyengar e Mark Lepper[48] foram a um supermercado e montaram uma mesa com amostras grátis de geleias. Em intervalos regulares, mudavam as opções, passando de 24 tipos para 6. O conjunto de 24 tipos foi impressionantemente atraente: 60% dos clientes pararam, comparando com apenas 20% que foram à mesa quando havia apenas seis geleias. Independentemente do número de geleias na mesa, o comprador típico degustava apenas duas. Depois de prová-las, os consumidores ganhavam um cupom de 1 dólar de desconto por pote. A pergunta é: quem comprou geleia? Embora um número maior de alternativas tenha levado mais compradores à mesa, apenas 3% daqueles que tiveram uma ampla gama de opções acabou comprando o produto. E 30% daqueles cujo leque de escolhas era menor saíram da loja com um pote de geleia.

Tal como nossos avós, Annie Oakley não teve à disposição muitas opções de jeans, geleias ou possíveis parceiros românticos; ela era como um comprador diante dos seis potes de geleia no experimento da escolha. Na época de Annie, se você achasse alguém atraente entre as poucas opções disponíveis, seguiria em frente e torceria para dar certo. Você poderia comparar a pessoa escolhida com outras que já conheceu ("Frank é um homem bem mais estimulante do que aquele criador de ovelhas chato!" – e, sem dúvida, era), mas não a compararia com todos os outros candidatos possíveis num mar de opções. Hoje, é mais fácil conhecer pessoas porque a tecnologia pode nos conectar imediatamente com mais parceiros potenciais, e que moram perto de nós, do que nossos avós poderiam ter conhecido ao longo de toda a vida. Mas, tal como com a geleia, a infinidade de escolhas pode causar paralisia.

Antigamente, a procura por um parceiro romântico nos levava a dizer: "Estou feliz com esta pessoa?". Os aplicativos de hoje nos fazem olhar para a nossa escolha atual e perguntar: "Posso conseguir algo melhor?". Aziz Ansari conta a história de "Derek", um sujeito meio maçante "que, num primeiro momento, não transmitia magnetismo nem charme":

> No nosso grupo de foco sobre encontros online em Manhattan, Derek entrou no OkCupid e deixou-nos olhar enquanto percorria suas opções... A primeira mulher em quem clicou era muito bonita, com uma página de perfil espirituosa, bom emprego e muitos interesses em comum, inclusive o amor por esportes. Após olhar a página por cerca de um minuto, Derek disse: "Bem, ela parece ok. Só vou dar mais umas olhadas". Perguntei-lhe o que havia de errado e ele respondeu: "Ela gosta dos Red Sox". Fiquei completamente chocado. Não pude acreditar na velocidade com que ele prosseguiu em sua busca. Imagine o Derek de vinte anos atrás, descobrindo que essa bela e charmosa mulher era uma possibilidade real de encontro. Se ela estivesse num bar e sorrisse para ele, o Derek de 1993 teria se derretido. Ele não teria se levantado e dito: "Espere aí, você gosta dos Red Sox?! Não, muito obrigado!" antes de tocá-la no rosto e sair andando. Mas o Derek de 2013 simplesmente clicou num X na aba de um navegador da internet e a excluiu sem pensar duas vezes. Vendo-o percorrer esses perfis, ficou claro que, online, qualquer idiota pode ser um garanhão.[49]

Como concluíram sucintamente Barry Schwartz e colegas, "isso é uma receita para a infelicidade". Em estudos e mais estudos, Schwartz e outros perceberam que o tipo de mentalidade produzida pela abundância de escolhas leva as pessoas a se sentirem menos satisfeitas com as opções que fizeram, mesmo que, segundo padrões objetivos, suas opções sejam adequadas àquilo que dizem que querem e precisam para um relacionamento ou carreira.[50]

O inevitável processo humano da comparação social torna ainda pior o paradoxo da escolha, porque costuma dar a impressão de que todo mundo encontrou o parceiro dos sonhos e você ainda não. Ansari diz que foi ao casamento de um amigo e ouviu o casal dizer "as coisas mais notáveis e amáveis a respeito um do outro. Coisas como 'Você é um prisma que colhe a luz da vida e a transforma num arco-íris' e 'Você é a loção que hidrata o meu coração. Sem você, minha alma teria eczema'. Depois do casamento, fiquei sabendo de quatro casais diferentes que haviam se separado supostamente porque sentiam que não tinham o amor expressado naqueles votos. Será que foram precipitados? Eu também fiquei assustado ouvindo aquelas coisas. Será que eu tinha o que aquelas pessoas tinham?".[51] Eis o paradoxo da escolha em ação: opções ilimitadas nos fazem comparar nossa escolha atual com uma fantasia. E ninguém consegue concorrer com uma fantasia.

Efeitos de elogios e favores

Dale Carnegie aconselhava seus leitores dizendo que um bom modo de fazer amigos é "distribuir elogios generosamente". Isso se parece com o bom e velho bom senso, mas será que funciona sempre? O bom senso também sugere que há situações nas quais a crítica pode ser mais útil do que um elogio. Imagine que você acabou de ser contratado por uma empresa de tecnologia e apresentou uma proposta para sua equipe. Um colega assente com a cabeça e sorri, enlevado por suas palavras, e então diz que você é um gênio e que suas ideias são a coisa mais brilhante que ele já ouviu. É claro que é bom ouvir isso. Em contraste, uma colega ficou meneando a cabeça e fez caretas durante sua apresentação, dizendo-lhe depois que, na opinião dela, há vários aspectos de sua proposta que não fazem sentido. Naquela noite, enquanto rumina sobre o que disseram, você percebe que os comentários feitos pela segunda pessoa, dos quais você não gostou, continham alguns pontos válidos e forçaram-no a rever algumas de suas premissas e a melhorar sua proposta. De qual dessas duas pessoas você vai gostar mais? É difícil dizer, pois, embora haja uma clara recompensa no elogio, a divergência que leva ao aprimoramento tem outras recompensas.

Algumas pesquisas mostram que, em geral, uma avaliação negativa aumenta a admiração que sentimos pelo avaliador, desde que ele ou ela não nos esteja avaliando! Num experimento, Teresa Amabile[52] pediu que estudantes universitários lessem trechos de duas resenhas acadêmicas de romances. As duas resenhas tinham estilo e qualidade de redação similares, mas uma era extremamente favorável e a outra extremamente desfavorável. Os estudantes consideraram o crítico "negativo" consideravelmente mais inteligente, competente e especializado do que o crítico "positivo" – mas menos simpático.

Às vezes, a motivação humana pela precisão e compreensão compartilhada vence o desejo de ser estimado e elogiado. Com certeza, queremos amor e admiração, mas, na mesma medida, também queremos ser reconhecidos e compreendidos.[53]

Se nossos amigos próximos e parceiros românticos seguissem à risca o livro de regras de Dale Carnegie, isso nos custaria a capacidade de acreditar que seriam honestos conosco. Se seus elogios forem dissonantes com aquilo que pensamos que somos, podemos deduzir que, na verdade, eles não nos conhecem – ou podemos suspeitar de que estão tentando nos manipular.

Portanto, as percepções da razão para o elogio influenciam o modo como vamos reagir à pessoa que nos elogia. Jason Lawrence e associados[54] pediram que universitárias negras fizessem um teste difícil. Na metade do tempo, a mulher branca que avaliou o teste simplesmente escreveu o número exato da nota alcançada; na outra metade, porém, acrescentou as palavras: "Belo trabalho!". Embora o elogio tenha feito as estudantes se sentirem bem com seu desempenho, elas pareceram desconfiadas da avaliadora que o fez, considerando-a significativamente menos educada do que sua contrapartida que meramente registrou a nota. Acrescentar "belo trabalho" sugeriu-lhes que sua avaliadora ficou surpresa com seu ótimo desempenho, talvez refletindo um viés racista. Em um sentido, o elogio funcionou como uma recompensa, mas também pareceu solapar a confiança das participantes em sua avaliadora.

Como se pode ver, as pessoas gostam de ser elogiadas e tendem a gostar da pessoa que as elogiam, mas não gostam de ser enganadas ou tratadas com condescendência. Se o elogio for muito exagerado ("Esse foi o melhor ensaio que já li em toda a minha vida!"), se sugere surpresa ("Belo trabalho – não imaginava que você fosse tão inteligente!"), ou se parece que o elogiador está sendo simpático por algum motivo ulterior, o elogio pode sair pela culatra. Num experimento de Edward Jones,[55] os participantes gostaram mais dos avaliadores que os elogiaram do que daqueles que lhes foram críticos, mas houve uma queda acentuada em seu apreço pelos avaliadores cujo elogio veio com um possível motivo ulterior. Assim, o velho adágio "a lisonja não leva a parte alguma" está errado. Como disse Jones, "a lisonja o leva a *algum lugar*" – mas não a todos os lugares.

Favores, como elogios, podem ser considerados recompensas, e temos a tendência a gostar de pessoas que nos fazem favores – mas, como no caso do elogio, isso não acontece se pensarmos que esses favores vêm com condições. Tais condições constituem uma ameaça à liberdade da pessoa a quem o favor se destina.[56] As pessoas não gostam necessariamente de presentes quando se sentem obrigadas a retribuir; e não gostam de receber favores de indivíduos que estão em posição de se beneficiar deles. Se você fosse um professor, poderia gostar de receber presentes de seus estudantes se achasse que eles o fazem por afeto, respeito ou diversão; mas provavelmente se sentiria pouco à vontade se um estudante medíocre lhe desse um presente caro justamente quando você está prestes a dar nota em seu trabalho semestral.

Para um rato faminto ou uma pessoa faminta, uma tigela de cereais secos é uma recompensa, e é uma recompensa durante o dia ou durante a noite, no inverno ou no verão, se oferecida por um homem ou por uma mulher. Para uma pessoa que está se afogando, uma lancha de salvamento é uma recompensa sob quaisquer circunstâncias. Tais recompensas são *transituacionais*. Porém, na maioria das áreas de nossa vida, a confirmação de que elogios e favores vão funcionar como recompensas depende da *situação específica*; às vezes, quem elogia ou faz um favor se torna menos atraente do que seria se tivesse ficado calado ou com as mãos nos bolsos. É por isso que o conselho de Dale Carnegie nem sempre é válido. Se quiser que alguém goste de você, fazer um favor a essa pessoa como técnica de insinuação pode não funcionar. Em vez disso, você pode tentar induzir essa pessoa a *lhe* fazer um favor. Lembre-se de que, no Capítulo 3, descrevi um fenômeno chamado justificação da crueldade. Se os indivíduos causam algum mal a outra pessoa, geralmente tentam justificar seu comportamento culpando ou menosprezando a vítima. Mas o processo de justificação também deveria funcionar com atos bondosos. Se você fizer um favor a alguém, vai tentar justificar essa ação convencendo-se de que o recebedor de seu favor é uma pessoa atraente, amável e merecedora. Com efeito, dirá a si mesmo: "Por que eu me esforcei tanto (ou gastei todo esse dinheiro, ou passei tanto tempo ajudando-o a se mudar) pelo William? Porque o Will é uma pessoa maravilhosa, é isso!".

Esse conceito não é novo. Em 1869, um dos maiores romancistas do mundo, Liev Tolstói, escreveu em seu romance *Guerra e paz*: "Amam-se as pessoas na razão do bem que se lhes faz e não do bem que elas nos fazem". Um século antes do comentário de Tolstói, Benjamin Franklin[57] usou essa estratégia como plano político, com aparente sucesso. Incomodado pela oposição política e animosidade de um membro da assembleia da Pensilvânia, Franklin propôs-se a conquistá-lo.

> Eu não... procurei ganhar seu favor prestando-lhe respeito servil, mas, após algum tempo, adotei esse outro método. Tendo ouvido dizer que ele possuía em sua biblioteca certo livro muito raro e curioso, escrevi-lhe um bilhete expressando meu desejo de ler atentamente aquele livro e perguntando se ele me faria o favor de emprestá-lo por alguns dias. Ele o enviou de imediato e eu o devolvi cerca de uma semana depois com outro bilhete em que deixava bem claro a plena ciência que tinha do favor. Na próxima vez em que nos encontramos na assembleia, ele conversou comigo (coisa que nunca havia feito antes) com grande civilidade; e desde então, sempre manifestou sua disponibilidade para me servir em todas as ocasiões, de modo que nos tornamos grandes amigos e nossa amizade continuou até sua morte. Esse é outro exemplo de quão verdadeira é uma antiga máxima que aprendi: "Aquele que uma vez lhe fez uma gentileza estará mais disposto a fazer-lhe outra do que aquele a quem você mesmo obsequiou".

Obviamente, Benjamin Franklin ficou satisfeito com o sucesso de sua manobra, mas os cientistas não se convenceram totalmente, pois não ficou claro se o sucesso se deveu à sua estratégia faça-com-que-lhe-façam-um-favor ou a qualquer outro entre tantos aspectos encantadores de sua personalidade. Para saber a razão, é necessário um experimento bem controlado. Passados mais de 230 anos do episódio em que Franklin pegou o livro emprestado, Jon Jecker e David Landy[58] realizaram esse experimento. Um grupo de estudantes concluiu uma tarefa que lhes permitiu ganhar uma boa quantia em dinheiro. Terminada essa etapa, alguns participantes foram abordados pelo experimentador, que explicou que estava usando os próprios recursos para realizar o estudo e estava ficando sem dinheiro, e que talvez fosse forçado a interromper o experimento. Ele perguntou: "Como um favor especial para mim, vocês se incomodariam de devolver o dinheiro que receberam?". Outro grupo de participantes foi abordado pela secretária do departamento, que lhes perguntou se poderiam devolver o dinheiro como um favor especial para o fundo de pesquisas do departamento de psicologia, cujos recursos estavam baixos. Ao terceiro grupo de participantes não foi pedido que devolvessem o dinheiro. Finalmente, todos os participantes preencheram um questionário, que incluía a oportunidade de declarar seus sentimentos sobre o experimentador. Aqueles que tinham sido levados a fazer-lhe um favor especial foram os que mais gostaram dele; tendo-lhe feito um favor, foram motivados a vê-lo como um sujeito decente, merecedor e digno de seu sacrifício.

A teoria ganha-perde da atração

Imagine que você encontrou seu contato do OkCupid num bar e que um gostou do outro. Vocês estão tendo uma conversa animada. Após algum tempo, você pede licença para ir ao banheiro e, quando volta, entreouve a pessoa falando de você ao telefone. Por isso, naturalmente, você faz uma pausa para ouvir. Se a descrição o mostrar como brilhante, sagaz, charmoso e sensual, meu palpite é de que seu afeto por essa nova pessoa vai aumentar. Se a descrição o mostrar como sem graça, entediante e nada sensual, meu palpite é de que seu afeto vai diminuir. Isso não surpreende ninguém, pois você sempre soube que, quanto mais coisas boas ouvimos sobre nós mesmos, mais gostamos de quem as diz (a menos que essa pessoa esteja tentando nos enganar), e quanto mais coisas ruins ouvimos a nosso respeito, menos gostamos da pessoa que as diz. Todos sabem disso – o problema é que não é verdade.

Há alguns anos, desenvolvi uma teoria da atração interpessoal chamada de **teoria ganha-perde**, que faz uma predição diferente.[59] Minha teoria sugere que *aumentos* no comportamento positivo e recompensador da parte de outra pessoa causam mais impacto sobre nós do que um comportamento constantemente recompensador. Vamos gostar mais de alguém cujo afeto por nós aumenta com o tempo do que dos bons e velhos Fred ou Molly, que sempre gostaram de nós. Isso será verdade mesmo que os bons e velhos Fred ou Molly realmente nos proporcionem mais recompensas, favores e elogios do que a nova pessoa. Similarmente, vamos gostar menos de alguém cuja estima por nós *decresce* com o tempo do que de Frank ou Moira, que jamais gostaram de nós. A teoria prediz que você vai gostar mais de alguém numa *situação de ganho* (na qual a pessoa não gosta inicialmente de você e, aos poucos, passa a gostar mais), e vai gostar menos da pessoa numa *situação de perda* (na qual ela começa gostando de você e, gradualmente, para de gostar).

Para testar minha teoria, eu precisava de um análogo experimental ao bar. Seria crucial que a participante estivesse absolutamente certa de que a pessoa que a estaria avaliando não soubesse que estava sendo entreouvida. (Se a participante suspeitasse de que o avaliador estava sendo intencionalmente elogioso, o experimento não teria valor.) Em colaboração com Darwyn Linder,[60] criei uma situação crível na qual, num período relativamente curto, a participante interage com um colaborador pré-programado, bisbilhota enquanto esse cúmplice a avalia para outra pessoa, volta a conversar com ele, bisbilhota novamente, conversa novamente, bisbilhota novamente e assim por diante, mediante várias tentativas. Oferecer uma história de fachada coerente que impedisse as pessoas de suspeitarem de algo parecia impossível, mas conseguimos, com imaginação e persistência obstinada.

Tivemos quatro condições experimentais: (1) positiva – as avaliações sucessivas de cada mulher feitas pelo colaborador foram todas altamente positivas; (2) negativa – as avaliações sucessivas foram todas altamente negativas; (3) ganho – as avaliações iniciais foram negativas, mas lentamente ficaram mais positivas, atingindo um nível igual ao das avaliações positivas da condição positiva; e (4) perda – as primeiras avaliações foram positivas, mas lentamente ficaram negativas, atingindo um ponto igual às avaliações negativas da condição negativa.

Os resultados confirmaram nossas predições: as mulheres na condição de ganho relataram, na entrevista após o experimento, que gostaram significativamente mais do colaborador do que aquelas na condição positiva; as mulheres na condição de perda sentiram mais aversão pelo colaborador do que aquelas na condição negativa. Em suma, um único ganho causou mais impacto no gostar do que um conjunto de eventos totalmente positivos, e uma única perda causou mais impacto do que um conjunto de eventos totalmente negativos. O filósofo Baruch Espinosa[61] poderia ter algo parecido em mente quando observou o seguinte, há cerca de trezentos anos:

> O ódio que é inteiramente vencido pelo amor converte-se em amor; e o amor é, por isso, maior do que se o ódio não o tivesse precedido. [...] Com efeito, aquele que começa a amar a coisa que odiava, ou seja, que costumava considerar com tristeza, por amá-la, alegra-se. E a essa alegria, que está envolvida no amor, acrescenta-se a alegria que surge porque o esforço por afastar a tristeza que está envolvida no ódio é plenamente estimulado, alegria que vem acompanhada, como causa, da ideia daquele a quem se teve ódio.

Duas condições são necessárias para que o efeito ganho-perda produza resultado. Primeiro, não é apenas qualquer sequência de declarações positivas ou negativas que constitui um ganho ou uma perda; é preciso haver uma sequência integrada implicando uma verdadeira mudança de opinião.[62] Se você me disser que me acha estúpido ou insincero, e depois afirmar que me acha generoso e atlético, isso não constitui um ganho segundo minha definição. Porém, se você me disser que me acha estúpido e insincero, mas depois admitir que mudou de opinião – que agora acha que sou inteligente e sincero –, temos um ganho verdadeiro, pois indica uma reversão, a substituição de uma atitude negativa por uma positiva. Segundo, a mudança de opinião precisa ser gradual. Se, de repente, você me diz que acabou de mudar de ideia a meu respeito em 180°, provavelmente vou reagir com desconfiança e confusão, especialmente se não vir razão para isso ter acontecido. "Você achou que eu era bem estúpido nas três primeiras vezes em que nos vimos, mas agora acha que sou brilhante? O que, exatamente, você quer de mim?". Uma mudança gradual faz sentido e me tranquiliza, aumentando meu apreço por você.[63]

Eu nunca teria imaginado que a teoria ganha-perde seria usada como técnica de sedução, mas foi. Há alguns anos, o jornalista Neil Strauss conseguiu se infiltrar no mundo dos artistas da sedução, homens bem-sucedidos na conquista de mulheres atraentes, apesar de não possuírem a maioria dos distintivos da atração romântica: confiança, beleza, riqueza, status, charme ou, como no caso de Strauss, cabelos. Em seu livro *O jogo*, ele detalhou os truques que induziam mulheres a relevar esses defeitos e a dizer sim para homens pelos quais não se sentiam atraídas de imediato. Uma tática em particular – negação – chamou minha atenção, pois dependia do fenômeno ganha-perde. O ato de *neg* alguém significa iniciar o contato com um pequeno insulto, geralmente na forma de elogio. (Por exemplo, "Uau, esses sapatos devem ser confortáveis, pois são muito feios".) Teoricamente, a negação tem dois efeitos. Primeiro, distingue quem a faz de todos os outros pretendentes que abordam a mulher com elogios; torna-o mais interessante. Segundo, é um golpe na autoestima da mulher, que pode fazê-la querer obter a aprovação de quem a insultou, o que, por sua vez, a motiva a tentar obtê-la passando mais tempo com ele. Então, ela sente uma agradável gratificação quando consegue transformar a opinião aparentemente negativa dele sobre ela numa visão mais positiva. É um truque tortuoso, e, segundo Strauss, bom para iniciar uma conversa com uma mulher ou até para convencê-la a ir para casa com o sujeito. Mas será a base para um bom relacionamento? Acho que não. De fato, no final do livro de Strauss, ele se apaixona por uma mulher, em parte porque ela não reagiu a nenhuma de suas táticas.

Justamente. Eu diria que relacionamentos que dependem de truques em vez de autenticidade estão fadados ao fracasso, um ponto que Strauss expressa ao comentar a sequência de *O jogo*, apropriadamente chamada *The Truth* [A verdade]: "*O jogo* falava de estar num relacionamento de poder – sabe, você está seguro porque está no comando, não está sendo vulnerável". Você pode se sentir seguro, ele acrescenta, mas "não há como ter intimidade nisso".[64]

Relacionamentos comunais e relacionamentos de troca

Os relacionamentos se distinguem de inúmeras maneiras, desde o "amigo" do Facebook com quem você nunca se encontrou pessoalmente até o amigo da vida toda, aquele que você conhece desde o jardim de infância, incluindo a companheira ou o companheiro da vida afetiva; e nosso comportamento em cada um desses relacionamentos difere segundo o grau. Imagine que você está compartilhando um apartamento com uma amiga casual que vamos chamar de Jackie. Jackie quase nunca lava os pratos, recolhe o lixo ou ajeita a sala de visitas. Se você quer manter a casa limpa e organizada, geralmente precisa fazer essas coisas sozinho. Meu palpite é que, após algum tempo, você vai ficar incomodado e se sentindo enganado. Ah, mas imagine que Jackie é uma amiga muito especial. Ainda assim, você se sentiria enganado? Pode ser, mas pode ser que não. Depende do que queremos dizer com "muito especial". E se Jackie fosse sua companheira afetiva?

Margaret Clark e Judson Mills[65] fizeram uma importante distinção entre dois tipos fundamentalmente diferentes de relacionamento, *relacionamentos de troca* e *relacionamentos comunais*. Nos **relacionamentos de troca**, as pessoas envolvidas estão preocupadas com a reciprocidade e procuram manter alguma forma de equidade, para que haja justiça na distribuição das recompensas e dos custos para cada uma das partes. Nesse tipo de relacionamento, que parece comercial, quando ocorre um grave desequilíbrio, as duas pessoas ficam tristes; a pessoa que obtém menos do que contribui sente-se irritada ou deprimida, e a pessoa que recebe mais do que contribui costuma se sentir culpada.[66] Em contraste, o **relacionamento comunal** é aquele em que nenhuma das partes está olhando para o placar. Nele, a pessoa se sentirá inclinada a atender à necessidade do outro e receberá prontamente o mesmo tipo de cuidado quando se sentir necessitada.

Embora os parceiros num relacionamento comunal não estejam totalmente despreocupados quanto à equidade em geral – é importante que ambas as partes sintam que o relacionamento é justo, equilibrado e recíproco[67] –, eles estão tranquilos quanto a isso e acreditam que, no longo prazo, as coisas vão se nivelar. É difícil estudar essas questões cientificamente. Mesmo assim, Clark e Mills, com David Corcoran,[68] fizeram alguns experimentos inteligentes que conseguiram captar a essência dessa distinção. Num experimento, cada participante foi pareado com um amigo próximo ou com um estranho. Depois, o parceiro foi levado a outra sala para trabalhar numa tarefa complexa. Disseram à metade dos participantes que, se seu parceiro precisasse de ajuda, iriam mandar um sinal, apertando um botão que mudaria o padrão de luzes na sala do participante. Para a outra metade, disseram que o sinal significava apenas que seu parceiro estava se saindo bem, não precisava de ajuda e que, em pouco tempo, iria concluir a tarefa, recebendo uma recompensa que seria compartilhada por ambos. Então, os experimentadores observaram com que frequência os participantes olhavam para as luzes a fim de saber se seu parceiro estava sinalizando para eles. Se o parceiro era um desconhecido (relacionamento de troca), passaram bem mais tempo olhando para as luzes quando disseram que isso significava que iam receber uma recompensa; se o parceiro era um amigo próximo (relacionamento comunal), passaram bem mais tempo olhando para as luzes quando acharam que isso significava que o parceiro poderia precisar de ajuda. Em suma, mesmo nesse cenário científico estéril, os investigadores puderam mostrar que pessoas em relacionamentos comunais estão sempre dispostas a responder às necessidades de seus parceiros.

Quanto mais próximo e mais íntimo o relacionamento – entre bons amigos ou entre companheiros –, mais comunal ele se torna. Clark e Mills sugeriram que acordos pré-nupciais, nos quais as pessoas que estão prestes a se casar especificam exatamente o que esperam do parceiro caso o relacionamento não dê certo – e, cada vez mais, o que esperam que o parceiro faça enquanto o relacionamento existe –, têm maior probabilidade de desgastar do que de melhorar a intensidade dos sentimentos entre ambos. Até em amizades não românticas, um foco explícito na equidade pode ter um efeito depressivo sobre os sentimentos. Certa vez, um amigo meu encontrou-se com um novo conhecido para um jantar, divertiu-se muito e pensou consigo mesmo que aquele seria o início de uma bela amizade. "Quando trouxeram a conta, comecei a procurar minha carteira, planejando pagar a conta toda, pensando: 'Agora somos bons amigos, da próxima vez que nos encontrarmos ele pagará'", disse-me meu amigo. "Mas, então, ele começa a olhar atentamente a conta, calculando cada centavo que cada um devia, comentando que eu tinha pedido uma bebida mais cara e que havia comido mais sushi do que ele, e que por isso eu devia mais do que a metade. Isso arruinou completamente os sentimentos que nutria por ele." Alguém que conta cada coisinha que dá e cada coisinha que recebe está dizendo à outra pessoa que quer manter um relacionamento de troca e não um comunal.

Amor: o que é e como acontece?

Considerando todos os fatores que analisamos com relação àquilo que aproxima as pessoas, agora vamos nos voltar para aquela experiência complexa e deliciosa que chamamos de amor. Tendo em vista que gostar e amar compartilham alguns dos mesmos antecedentes principais, será que isso significa que o amor é simplesmente uma versão mais intensa do gostar? Não existe algo de especial no amor?

Praticamente todos os pesquisadores do amor fazem uma distinção entre dois tipos básicos de amor romântico: apaixonado e companheiro.[69] O **amor apaixonado** caracteriza-se por emoções fortes, entusiasmo, desejo sexual insaciável e intensa preocupação pelo ser amado. Muitos descrevem literalmente o amor apaixonado como um estado alterado de consciência, como aquele produzido por maconha ou álcool.[70] O casal, de fato, está sob o efeito de uma droga: o cérebro se encontra encharcado de dopamina, o mesmo neurotransmissor que é liberado pela cocaína, produzindo euforia, inquietação, falta de sono e perda do apetite. "Apaixonar-se" proporciona uma aceleração fisiológica que não é muito diferente da de comer chocolate e ganhar na loteria; com efeito, quando os jogadores ganham ou as pessoas estão degustando seu chocolate preferido, o cérebro mostra aumento de atividade em áreas ricas em dopamina.[71]

Como todas as drogas, porém, o pico do amor apaixonado se desfaz após um ano, um ano e meio. Se o relacionamento for sólido, o **amor companheiro** se manifesta e ocupa seu lugar – uma experiência mais branda, mais estável, marcada por sentimentos de confiança mútua, segurança e ternura. Em comparação com a intensidade da paixão romântica, tipicamente breve, geralmente o amor companheiro dura mais e se aprofunda com o tempo. Os enamorados sentem-se à vontade para falar sobre qualquer coisa e sentem-se mútua e profundamente compreendidos. Assim, se o amor apaixonado é como a cocaína, o companheiro é mais como a taça de um bom vinho – algo delicioso, prazeroso, mas com menos palpitações no coração e menos euforia.

Embora seja certamente empolgante sentir-se num estado de amor romântico, é provável que você não vá querer tomar decisões de longo prazo e com consequências duradouras enquanto está sob sua influência! Com efeito, em seu livro *A hipótese da felicidade*, Jonathan Haidt[72] identifica dois momentos perigosos em todo relacionamento romântico. Um é o pico da fase do amor apaixonado, quando os parceiros mergulham de cabeça num estado de excitação alucinante. Enlouquecidos pelo amor apaixonado, querendo estar sempre perto um do outro, vão morar juntos ou casam-se depressa demais. Às vezes, esses casais conseguem fazer a transição do estágio apaixonado para o companheiro.

Mas se, nesse momento crucial, acreditarem que o único amor real é do tipo definido pela obsessão, paixão sexual e emoção quente, podem resolver que o amor acabou depois que a fase de atração inicial esmorece, como acontece mais cedo ou mais tarde – e vão ficar repetidamente desapontados. O filósofo Robert Solomon[73] comentou que "concebemos [o amor] falsamente [...]. Esperamos uma explosão inicial forte o bastante para alimentar o amor ao longo de todos os seus altos e baixos, em vez de ver o amor como um processo sobre o qual temos controle, um processo que tende a aumentar com o tempo, e não a minguar".

O segundo momento perigoso, portanto, ocorre quando o amor apaixonado começa a se desgastar. Quando os casais saem daquele pico inicial, começam a perceber os defeitos do parceiro querido, que, de algum modo, tinham conseguido ignorar. Param de mandar mensagens de texto de teor sexual ou apaixonado e mandam apenas lembretes para dar comida ao gato. Haidt diz que, quando o casal chega a esse estágio, devem ser pacientes. Com sorte, caso se permitam investir mais na outra pessoa, podem se ver ao lado de uma companhia maravilhosa pela vida afora. Mas creio que é preciso mais do que sorte, e não acho que o amor companheiro exija o sacrifício da paixão. Que fatores permitem uma transição suave da intensa descoberta romântica inicial para um relacionamento apaixonado, gratificante e íntimo pela vida toda?

Para responder a essa pergunta, vamos evitar livros de autoajuda e anúncios de feromônios e poções amorosas e levar em consideração descobertas de três áreas de pesquisa não muito óbvias: a influência de nossas teorias implícitas sobre o amor; os efeitos de nossa capacidade ou incapacidade de nos tornarmos comprometidos com segurança; e aquilo que podemos fazer para compensar a perda do desejo intenso da fase inicial.

Teorias implícitas sobre o amor

Quando era adolescente, meus amigos e eu nos apegamos ao conceito romântico de que existiria um, e apenas um, amor verdadeiro, com o qual estávamos destinados a passar a vida, felizes e apaixonados. (E, como comentei antes, não tínhamos um modo de conhecer milhares de pessoas em apps de encontros.) Essa crença era alimentada pelas canções populares daquela época. Então, sabia que "numa noite encantada" veria "uma estranha do outro lado de um salão lotado" e, "depois que a descobrisse, [nunca] a deixaria ir embora". Então, iria dançar com ela, abraçá-la bem apertado e sussurrar em seu ouvido: "Eu estava destinado a você, você estava destinada a mim; estou feliz, os anjos devem tê-la enviado, e fizeram isso só para mim".

Meus amigos e eu não éramos excêntricos por apoiar a teoria do amor com uma "alma gêmea", a crença de que um dia a pessoa perfeita iria aparecer, a companheira ideal para a vida. Muitos jovens tinham essa crença naquela época e muitos a têm hoje. Essa era a nossa *teoria implícita* do amor e dos relacionamentos, que governou nosso comportamento e o modo como vivíamos nossos romances. Outros casais (e culturas) têm teorias implícitas diferentes: alguns pensam no amor como algo que se aprofunda com o tempo, que as dificuldades encontradas precisam ser "superadas" e que os relacionamentos estão mais ligados ao crescimento e ao esforço do que a ter um ajuste perfeito desde o início. Com certeza, essa é a premissa por trás de uniões arranjadas, nas quais os casais presumem que amor é aquilo que se desenvolve após o casamento.[74] Como na descrição de Ansari sobre o casamento arranjado de seus pais indianos:

> [Meu pai] comunicou aos pais dele que estava pronto para se casar, e por isso sua família organizou encontros com três famílias vizinhas. A primeira moça, disse ele, era "um pouco alta demais", e a segunda moça era "um pouco baixa demais". Em seguida, ele conheceu minha mãe. Deduziu rapidamente que ela tinha a altura apropriada (finalmente!) e conversaram por cerca de trinta minutos. Então, resolveram que ia dar certo. Uma semana depois, estavam casados. E ainda estão, 35 anos depois. E felizes – provavelmente mais do que a maioria das pessoas que conheço e que não tiveram casamentos arranjados.

Pesquisas abrangentes demonstram que os pais de Ansari não são uma exceção;[75] como a maioria dos casais em casamentos arranjados, mostraram-se tão felizes quanto casais que começaram no delírio da paixão romântica, com estrelas nos olhos e desejo em todas as outras partes.

Acontece que nossas teorias implícitas do amor podem ajudar ou prejudicar nossos relacionamentos. Spike W. S. Lee e Norbert Schwarz[76] compararam pessoas que creem na alma gêmea e consideram o amor uma unidade ("Fomos feitos um para o outro", "Ela é minha outra metade") a pessoas que trabalham a relação e consideram o amor uma jornada ("Veja como chegamos longe", "Passamos juntos por todas essas coisas"). Os pesquisadores descobriram que esses dois modos de enxergar os relacionamentos afetam a maneira como os parceiros administram o efeito potencialmente danoso dos conflitos. Afinal, se duas pessoas realmente foram feitas uma para a outra, se são "uma alma", por que deveriam ter conflitos? Então, se têm conflitos, isso significa que não são uma só alma, no fim das contas. Num experimento, Lee e Schwarz pediram que pessoas em relacionamentos de longa duração preenchessem um teste de conhecimento que incluía declarações relacionadas ao amor como unidade ou ao amor como jornada, e depois se lembrassem de conflitos ou celebrações com seu parceiro romântico, avaliando, por fim, seu relacionamento. Conforme previsto, a recordação dos conflitos levou aqueles que tinham uma mentalidade unitária a se sentirem menos satisfeitos com seu relacionamento – mas, para as pessoas que se viam juntas numa jornada, os conflitos não afetaram seu nível de satisfação.

Um estudo longitudinal de C. Raymond Knee[77] mostrou que o vínculo entre satisfação e duração do relacionamento era mais forte para aqueles que acreditam no destino romântico, mas também estava associado a estratégias de prevenção para lidar com estressores. Relacionamentos de "destino" são mais felizes em mares tranquilos, mas, quando aparece uma tempestade, o barco do amor afunda. Esses casais têm dificuldade para se manter satisfeitos em seu relacionamento quando, como acontece inevitavelmente, seu parceiro deixa de corresponder aos seus padrões ideais. Em contraste, casais que mantêm uma teoria implícita do amor como crescimento esforçam-se mais nas estratégias de enfrentamento. Com o tempo, ficam mais satisfeitos, mesmo que digam que o parceiro não corresponde mais ao ideal original. Eles *esperam* que o parceiro evolua e mude com o tempo e têm um senso mais claro da natureza temporária dos obstáculos no relacionamento. Para os casais "vamos superar as dificuldades", os conflitos não têm conexão com sua avaliação da qualidade do relacionamento; pelo contrário, estão motivados para discutir os problemas com o parceiro e reparar quaisquer laços que estejam esgarçados em sua conexão.

Apego seguro

Depois que encontra alguém para amar, você se sente feliz e seguro ou começa imediatamente a achar que a pessoa amada vai abandoná-lo na Starbucks? Segundo Phillip Shaver, Cindy Hazan e Mario Mikulincer, adultos podem se sentir seguros, ansiosos ou esquivos em seus compromissos. Enamorados com estilo de *apego seguro* raramente são ciumentos ou preocupados com rejeição. São mais compassivos e solícitos do que pessoas que se relacionam com apego inseguro, e são mais rápidos em compreender e desculpar o parceiro caso ele faça alguma coisa impensada ou incômoda. Enamorados *ansiosos* estão sempre agitados em seus relacionamentos; querem se manter próximos, mas se preocupam com a possibilidade de seus parceiros os deixarem. No geral, outras pessoas descrevem-nos como "pegajosos", que pode ser a razão pela qual têm mais probabilidade de reclamar que sofrem de amor não correspondido do que enamorados seguros. Pessoas *esquivas* desconfiam de relacionamentos íntimos e geralmente os evitam. Se estão num relacionamento, tendem a se manter distantes, sinalizando para o parceiro também ficar a distância, justamente quando a intimidade iria ajudá-los muito, como após uma injustiça, um revés ou um fracasso no trabalho.[78]

Segundo a teoria do estilo de apego romântico, a expressão de vínculo ou compromisso deriva, em parte, do modo como os pais cuidaram da pessoa.[79] Em seus primeiros anos, as crianças formam "modelos funcionais" internos de relacionamentos: "Posso confiar nos outros? Sou digno de ser amado? Meus pais vão me abandonar?". Se os pais da criança forem frios e não a aceitarem, proporcionando pouco ou nenhum conforto emocional e físico, a criança aprenderá a esperar que os outros relacionamentos serão assim. Por outro lado, se as crianças desenvolvem apegos seguros e confiáveis com os pais, confiarão mais nos outros, esperando criar outros apegos seguros com amigos e namorados na vida adulta.[80] Entretanto, o próprio temperamento da criança e suas predisposições genéticas também poderiam explicar a consistência dos estilos de vínculo desde a infância até a vida adulta, bem como os modelos funcionais de relacionamentos formados durante a infância.[81] A criança com temperamento temeroso ou difícil pode rejeitar até os mais bondosos esforços de seus pais para consolá-la. Essa criança, portanto, pode se sentir ansiosa ou ambivalente em seus relacionamentos adultos.

O Estudo Longitudinal de Minnesota sobre Risco e Adaptação[82] acompanhou uma grande amostra de crianças desde o nascimento até a vida adulta, para analisar como os estilos iniciais de apego podem criar efeitos em cascata sobre os relacionamentos adultos. Crianças que foram maltratadas e não tiveram apegos seguros podem enfrentar obstáculos em relacionamentos de compromisso ao longo do caminho. Como crianças, têm dificuldade para regular as emoções negativas; como adolescentes, têm dificuldade para lidar com conflitos com seus pares e para superá-los; como adultos, tendem a se "proteger", tornando-se o parceiro menos comprometido em seus relacionamentos. Ao fazê-lo, criam – como agora você pode prever – a própria profecia autorrealizável: sou inseguro, por isso duvido de que você realmente goste de mim, e por isso não percebo quantas coisas boas e quanto apoio você me dá, e, como você não faz coisas boas por mim e não me dá apoio, devo estar correto ao pensar que você não me ama.[83] Indivíduos com estilo de apego inseguro desconfiam de elogios sinceros e tendem a "explodir" como resposta a pequenas transgressões. Com o tempo, seus parceiros costumam se cansar de tanto repetir palavras que procuram dar segurança e de não serem ouvidos. Por meio dessa dinâmica autorrealizável, o medo da rejeição eleva as chances de essas pessoas serem realmente rejeitadas, o que, por sua vez, reforça a visão de que não são dignas de amor.

Entretanto, nem tudo é sombrio para adultos com estilo de apego inseguro. Se tiverem a sorte de manter um relacionamento com um parceiro com apego seguro, sua dificuldade para levar adiante uma parceria estável pode ser superada.[84] Eli Finkel, psicólogo que tem estudado relacionamentos próximos há muitos anos, conta esta história sobre o próprio estilo esquivo de vinculação:

> Embora Alison certamente não tenha pedido um marido com tendências esquivas, ela teve de se adaptar. É uma pessoa de apego seguro e, por isso, quando alguém que ama está triste, seu impulso natural é aproximar-se e cuidar dele. Ao longo dos anos, aprendeu a fazer o oposto comigo – a me dar espaço e deixar que eu me cure sozinho. Nesses dias, se eu me revirar de dor porque prendi os dedos numa porta ou estiver excepcionalmente quieto após um problema no trabalho, ela se mantém a distância. Em nossos primeiros anos juntos, minha feroz independência sob estresse a magoou, mas Alison aprendeu lentamente que isso não tem nada a ver com ela. Uma medida de como me compreende e me ama é sua disposição para deixar que eu me recupere sozinho nessas situações. Sua capacidade de fazê-lo também me tornou menos esquivo com o tempo. Sua disposição para me dar espaço quando preciso me fez menos resistente na defesa de minha independência.[85]

Finkel fez pesquisas com Ximena Arriaga e outros,[86] nas quais descobriu que a capacidade de confiar no parceiro – "de ter fé em que ele ou ela vai nos tratar, quando estamos vulneráveis, de um modo sensível às nossas necessidades" – prediz uma redução nas tendências esquivas ao longo do tempo. O exemplo de Finkel, apoiado pela pesquisa, mostra que encontrar um parceiro com um histórico de apegos seguros é uma grande pedida para indivíduos inseguros, mas, como veremos, não é o único remédio para eles.

O dilema do porco-espinho

Comparado com os altos e baixos de um relacionamento amoroso apaixonado, o ritmo mais firme e previsível de um relacionamento companheiro oferece as próprias recompensas. Os benefícios de um relacionamento próspero no longo prazo incluem a segurança emocional e o inestimável conforto de ser aceito por alguém que conhece tanto seus defeitos quanto suas qualidades.

Além desses enormes benefícios, porém, há um possível lado sombrio num relacionamento próximo e de longa duração.[87] A ironia fundamental é expressada com propriedade no título da balada clássica "You Always Hurt the One You Love" [Você sempre magoa a pessoa que ama]. Por que é assim? Lembre-se de que, quando falamos antes da teoria ganha-perde, deparamos com o fato surpreendente de que achamos mais gratificante quando sentimentos inicialmente negativos de alguém por nós vão ficando pouco a pouco positivos do que se os sentimentos dessa pessoa por nós sempre tivessem sido totalmente positivos. Por outro lado, tendemos a considerar mais nocivo quando alguém que nos avaliou positivamente no começo passa a ter uma visão negativa sobre nós do que se essa pessoa tivesse expressado sentimentos totalmente negativos desde o princípio.

Esse processo sugere que, depois que ficamos certos do comportamento recompensador de nosso parceiro de longo prazo, essa pessoa pode se tornar menos eficaz como fonte de recompensa do que um desconhecido. Sabemos que ganhos são importantes, mas um namorado ou cônjuge de longo prazo provavelmente está se comportando perto do seu máximo e, por isso, não pode nos proporcionar ganhos significativos. No entanto, a pessoa amada tem grande potencial para nos ferir retirando apoio, estima e outras recompensas. Quanto mais próximo o relacionamento e mais longo o histórico de apreço e recompensas invariáveis, mais devastadora é essa retirada. Com efeito, portanto, o enamorado de longo prazo tem mais poder de infligir perdas do que de proporcionar ganhos adicionais, magoando, assim, a pessoa que ama.

Considere os Doting, um casal casado há vinte anos. Enquanto estão se vestindo para jantar fora com amigos, ele elogia a aparência dela: "Puxa, você está ótima". Ela ouve as palavras amáveis, mas que não a deixam propriamente feliz. Sabe que seu marido a considera atraente; é pouco provável que dê cambalhotas ao ouvi-lo dizer isso pela enésima vez. Por outro lado, se o marido (que sempre foi muito lisonjeiro) disser à esposa que está começando a achá-la pouco atraente, ela vai se sentir seriamente magoada, pois o comentário dele representa a perda de seus sentimentos positivos por ela. Então ele para de elogiá-la e ela começa a se sentir ignorada. Felizmente, outros indivíduos no mundo podem elogiá-la e fazê-la se sentir bem consigo mesma – e, com isso, aumentam os sentimentos positivos dela sobre eles. O. J. Harvey[88] descobriu que as pessoas reagem mais positivamente a elogios de estranhos do que a elogios de amigos, e por que não? A aprovação de um estranho é um ganho, e, segundo a teoria ganha-perde, nos faz nos sentir melhor.

Esses resultados sugerem uma imagem um tanto sombria da condição humana: parece que estamos sempre buscando aprovação aos olhos de estranhos enquanto nos magoamos ou decepcionamos com nossos amigos e parceiros mais íntimos. A solução, como sugeriu Cícero, político romano em 46 a.C., é transformar perdas e mágoas em ganhos excitantes e novos entendimentos. Como?

A primeira coisa que o casal precisa fazer é resolver o *dilema do porco-espinho*: o desejo de ter uma intimidade profunda mantendo-se invulnerável à dor. A expressão vem da famosa parábola do filósofo Arthur Schopenhauer:

> Num dia frio de inverno, alguns porcos-espinhos se amontoaram para não congelarem, mantendo seu calor mútuo. Em pouco tempo, porém, sentiram os espinhos uns dos outros e se afastaram. Sempre que a necessidade de calor tornava a aproximá-los, repetia-se esse segundo mal, de modo que ficaram indo e voltando entre esses dois tipos de sofrimento até descobrirem uma distância moderada que se mostrou tolerável... Claro, isso permitiu apenas uma satisfação imperfeita da necessidade de aquecimento mútuo, mas também os impediu de sentir a agulhada dos espinhos.[89]

Psicólogos investigaram as maneiras pelas quais as pessoas tentam chegar a uma solução que satisfaça tanto a necessidade de intimidade como a necessidade de segurança.[90] Queremos sentir que nosso parceiro nos compreende e nos aceita verdadeira e profundamente – e saber isso sem que receemos a rejeição ou o abandono caso eles "realmente" compreendam nossos mais profundos e piores defeitos e erros. Pessoas que possuem estilo de apego inseguro têm dificuldade maior para encontrar esse equilíbrio. O mesmo se diz de cônjuges com baixa autoestima e muito sensíveis à rejeição, sentindo, portanto, que não são dignos de amor. Sandra Murray, John Holmes e Nancy Collins[91] descobriram que, como esses indivíduos temem a rejeição, tendem a colocar a autoproteção acima da autorrevelação; eriçam os espinhos e, por isso, perdem o calor da conexão amorosa que desejariam ter.

Viver com outra pessoa exige inúmeros sacrifícios e concessões, desde o filme a assistir até o modo de criar os filhos. Quando surge um evento que poderia causar discórdia, nossa percepção da consideração que nosso parceiro tem por nós influencia a forma como reagimos: recuamos e protegemos nosso interesse pessoal ou admitimos a vulnerabilidade e visamos à conexão? Os casais precisam escolher entre assumir um caminho mais arriscado, mas mais honesto, que aprofunda o vínculo com o parceiro – e proporciona muitos *ganhos* emocionais novos –, ou assumir um caminho que os protege de novos danos – mas aumenta a probabilidade de novas *perdas*. Nos relacionamentos, tal como em muitas circunstâncias na vida, mais risco é igual a maior potencial para recompensas.[92]

Embora o sr. Doting tenha grande poder para magoar a esposa, criticando-a, tendo em vista a importância de seu relacionamento, ela é capaz de ouvir atentamente e reagir a essa crítica, mostrando-se inclinada a fazer algumas mudanças para recuperar o interesse dele. O inverso também é verdadeiro: se a sra. Doting fosse mudar subitamente a opinião elevada que tem sobre o sr. Doting, provavelmente ele prestaria muita atenção e acabaria agindo para recuperar a aprovação dela. O relacionamento torna-se realmente criativo e continua a crescer quando os parceiros superam os conflitos sem os varrer para debaixo do tapete – como tendem a fazer os casais que acreditam no amor de almas gêmeas –, mas se empenham em se desenvolver e mudar de maneira criativa. Nesse processo, **autenticidade** – a liberdade de compartilhar suas crenças e seus verdadeiros sentimentos (até os negativos) com o parceiro – é a chave para não cair numa estagnação fatal, pois reduz a probabilidade de o relacionamento chegar a um platô estéril, como aquele para o qual o casal Doting está se dirigindo. Quando as pessoas reprimem seus aborrecimentos e guardam para si seus sentimentos negativos e verdadeiras opiniões, elas acabam num platô delicado que parece estável e positivo, mas que pode ser devastado por uma mudança súbita nos sentimentos.

Casais num relacionamento autêntico não atingem esse platô. Em vez disso, há um zigue-zague contínuo de sentimentos em torno de um ponto relativamente elevado de consideração mútua. Em um relacionamento desse tipo, os parceiros estão razoavelmente próximos da condição de ganho do experimento ganha-perde. É necessária uma troca de aspectos íntimos *de si mesmo*, tanto positivos quanto negativos. De modo geral, gostamos mais de uma pessoa depois que revelamos algo importante a nosso respeito – ainda que seja desagradável – e quando ela nos confia alguma coisa íntima e negativa sobre si mesma.[93]

Um fator essencial para a manutenção do amor é a crença de que nossos parceiros nos compreendem e apoiam; confiam em nós, preocupam-se conosco, sentem-se seguros conosco, sabem o que é importante para nós, ajudam-nos ativamente a satisfazermos nossas necessidades e, o mais central, sabem quem somos em nossa essência. É isso que nos permite não apenas amar o outro, mas nos sentirmos amados em troca, de um modo que nos conecta com nossos parceiros até quando não estão conosco. A sensação sólida de que somos compreendidos prediz sentimentos de bem-estar, segurança e regulação melhores do que os indicadores comportamentais mais práticos, do tipo quem está fazendo o que dentro de casa.[94]

Pessoas que se apoiam mutuamente nos momentos de necessidade e estresse têm maior probabilidade de ter um relacionamento saudável do que pessoas que não o fazem. Mas e quando as coisas vão bem? Um forte preditor de felicidade num relacionamento íntimo, além da capacidade de cada parceiro de estar presente para o outro nos momentos difíceis, também é sua disposição para fazer o mesmo nos momentos de sucesso. Shelley Gable e associados[95] descobriram que pessoas que recebiam respostas positivas de seus parceiros românticos quando relatavam um triunfo recente ("Que notícia fantástica! Eu sabia que você iria conseguir! Vamos comemorar agora mesmo!") ficavam mais felizes com seu relacionamento vários meses depois do que aquelas que recebiam respostas menos entusiásticas ("Belo trabalho, meu bem. O que teremos no jantar?"). E isso faz sentido. Em muitos relacionamentos, o triunfo de um parceiro pode despertar emoções mistas; a alegria pode vir com um toque de inveja. A pesquisa de Gable sugere que os casais ficam mais felizes quando qualquer inveja que possa existir é superada, de longe, pela alegria.

Resumindo, os dados indicam que, à medida que o relacionamento passa a ser mais íntimo, aquilo que se torna cada vez mais importante para a continuidade da paixão, do compromisso e do crescimento é a autenticidade: nossa capacidade de não mais tentar causar boa impressão e começar a revelar coisas honestas, mesmo que desagradáveis, sobre nós mesmos e sobre o relacionamento. Autenticidade implica disposição para transmitir um amplo leque de sentimentos a nossos amigos e entes queridos, sob as circunstâncias apropriadas e de maneiras que reflitam nossa preocupação para com eles.

Intimidade, autenticidade e comunicação

Embora a comunicação honesta com os entes queridos tenha efeitos benéficos, o processo não é tão fácil quanto pode parecer. Como disse, a comunicação honesta implica compartilhar sentimentos negativos e aspectos pouco aprazíveis de nós mesmos, aumentando nossa vulnerabilidade. E isso implica dizer à outra pessoa, com sinceridade, que você está insatisfeito ou irritado com alguma coisa – alguma coisa no relacionamento, no comportamento do outro ou com algum problema atual. Cônjuges que se valem de um método íntimo, não agressivo, mas direto de solução de conflitos relatam níveis de satisfação conjugal mais elevados.[96] Mas é mais fácil falar do que fazer.

John Gottman tem estudado casais casados há muitos anos, acompanhando-os ao longo do tempo para verificar se seria capaz de predizer quais casamentos iriam durar e quais desmoronariam. Pelo que se viu, ele conseguiu.[97]

Identificou especificamente quatro formas de comunicação destrutivas, mas totalmente comuns que indicam fortemente que o casamento vai fracassar.

1. Críticas hostis, nas quais um culpa o outro de modo ressentido com "você sempre" ou "você nunca". "Você sempre se atrasa! E você nunca me ouve!" "Não me atraso, não! E ouço sim!" O parceiro se sente atacado e reage defensivamente; nenhum dos lados se sente ouvido ou apoiado.
2. Defensividade, na qual aquele que recebe uma crítica a rebate com uma queixa em vez de tentar ouvir a verdadeira preocupação da outra pessoa. "Atrasado? Atrasado? É você que é obcecada com chegar dois dias antes nos lugares!"
3. Desprezo, o sinal mais devastador, no qual um parceiro zomba do outro com palavras ofensivas, escarnece ou usa linguagem que apequena ou rebaixa a pessoa, além de gestos não verbais. A psicóloga clínica Julie Gottman trabalhou com um casal cheio de raiva em terapia. Quando ela perguntou "Como vocês se conheceram?", a esposa disse com a voz mergulhada em desprezo: "Na escola, onde achei equivocadamente que ele era inteligente".[98]
4. *Stonewalling* ou obstrução deliberada, na qual o ouvinte simplesmente se recolhe, recusa-se a falar ou até a ficar no mesmo recinto.

Na discussão a seguir, quero propor uma alternativa a esse estilo de discussão infrutífero e geralmente interminável. Imagine o seguinte cenário: Phil e Alice estão lavando os pratos. Eles receberam vários amigos para jantar, os convidados foram embora e o casal está limpando a casa. Durante o evento, Alice mostrou seu lado habitual, charmoso, sagaz e animado. Mas Phil, que geralmente se encanta com o charme da companheira, está se sentindo magoado e um pouco irritado. Parece que, durante uma discussão política, Alice discordou da posição dele e se alinhou com a de Tom. Além disso, pareceu expressar muita simpatia para com Tom no decorrer da noite. Seu comportamento foi, de fato, um flerte.

Phil pensa: "Eu a amo muito. Gostaria que não fizesse coisas assim. Talvez esteja perdendo o interesse por mim. Meu Deus, se me deixar, não sei o que farei. Será que ela se sente atraída pelo Tom?". Mas Phil está relutante em compartilhar sua vulnerabilidade, e por isso ele diz: "Hoje você estava mesmo se jogando em cima do Tom. Todos perceberam isso. Você se fez de boba".

Alice ama Phil. Ela achou que tinha falado algumas coisas bem inteligentes naquela noite – especialmente durante a discussão política – e que Phil não reconheceu sua contribuição intelectual. "Ele acha que sou uma dona de casa sem graça. Ele deve estar cansado de mim." Seguiu-se esta conversa:

Alice: Não sei do que você está falando. Está zangado porque discordei de você sobre a proposta tributária do presidente. Tom me entendeu. Acho que eu tinha razão.
Phil: Ele entendeu você! Está brincando? O que mais ele podia fazer? Você estava praticamente sentada no colo dele. Os outros convidados ficaram sem jeito.
Alice (provocando): Ora, Phil, acho que você está com ciúme!
Phil: Não estou com ciúme. Na verdade, não ligo a mínima. Se quiser se comportar como uma vagabunda, faça-o por sua conta.
Alice (zangada): Nossa, que machista. Você está falando como um vitoriano, pelo amor de Deus! Está sempre fazendo isso!
Phil (com frieza): Isso só demonstra como você não me conhece direito. Sou mais feminista do que você. As mulheres com quem trabalho acham que sou ótimo.
Alice (sarcástica): Ah, sim, tenho certeza de que todas as mulheres do seu escritório são loucas por você.
Phil: O que quer dizer com *isso*?

Alice fica calada como uma pedra. Phil insiste em obter alguma resposta dela, não consegue e sai furioso da sala, batendo a porta. O que está acontecendo? São duas pessoas que se amam. Como entraram numa discussão tão rancorosa, magoando-se?

Uma das principais características que diferenciam os humanos de outros seres vivos é a capacidade de comunicar informações complexas. Nossa linguagem nos proporciona poderes de conversação realmente espantosos, mas os equívocos são frequentes, mesmo em relacionamentos próximos e afetuosos. Embora seja hipotética, a discussão que escrevi entre Phil e Alice não é fantasiosa; na verdade, é típica de centenas de conversas parecidas que ouvi como consultor, tentando ajudar casais a corrigir a maneira deturpada, indireta e falaciosa de conversar um com o outro.

Tanto Phil quanto Alice tinham uma preocupação principal, mas nenhum deles foi capaz ou estava disposto a declará-la de maneira objetiva. Para Alice, a principal preocupação era sua competência intelectual. Ela tinha medo de que Phil a considerasse tola ou entediante; sua queixa *implícita* nessa discussão foi que Phil não reconhecia a validade de suas opiniões durante a discussão política, e ele parecia estar sugerindo que a única razão pela qual Tom havia prestado atenção nela seria uma atração sexual. Como resultado, os comentários de Phil a magoaram, ameaçaram sua autoestima e a deixaram furiosa. Mas ela não deixou transparecer a dor. Alice expressou raiva, mas de forma velada; em vez de ser explícita, partiu para a ofensiva e atacou Phil, insinuando que ele é desagradável e desinteressante.

A principal preocupação de Phil surgiu de um tipo diferente de sensação de insegurança. Embora goste da vivacidade de Alice, tem medo da possibilidade de que, com a idade, esteja perdendo a própria atratividade sexual. Assim, presumiu que a concordância política entre Alice e Tom indicasse que ambos estivessem se alinhando contra ele – e atribuiu conotações sexuais a isso em virtude das próprias inseguranças. Quando Alice o chamou de "machista", ele pareceu ouvir "velho", e rapidamente defendeu sua masculinidade e seu encanto sexual, que Alice, motivada pela própria raiva, rapidamente ridicularizou.

Esse tipo de discussão é familiar entre pessoas que moram juntas. Os dois lados têm sentimentos e preocupações, mas, em vez de discuti-los abertamente – e de identificá-los corretamente –, permitem que os sentimentos se transformem em hostilidade, que só exacerba a mágoa e a insegurança que deram início à discussão. Seria tolice afirmar que toda raiva, discordância, mágoa e hostilidade entre pessoas que supostamente sentem afeto uma pela outra decorram de comunicação inadequada ou ineficiente. Em geral, pessoas em relacionamentos próximos têm necessidades, valores, desejos e metas diferentes sobre trabalho, dinheiro, filhos, sexo, tarefas domésticas, diretrizes de vida e outros incontáveis assuntos. Essas diferenças naturais produzem estresses e tensões, que devem ser vivenciados ou resolvidos por meio de concessões, privações ou pela dissolução do relacionamento. Frequentemente, porém, o problema é a comunicação equivocada. Como Phil e Alice poderiam ter se comunicado de maneira diferente?

Finja, por um instante, que você é Phil. E Alice, a pessoa que você ama, o aborda e faz a seguinte declaração, num tom de voz isento de acusação e de julgamento:

> Meu querido, deixe-me explicar. Estou me sentindo insegura sobre minha inteligência, ou, no mínimo, sobre o modo como as pessoas me avaliam nesse ponto, pois não tenho os diplomas que você tem. Como você é a pessoa mais importante do meu mundo, eu ficaria muito grata se reconhecesse quando alguma coisa que eu digo é inteligente e válida. Quando discordamos sobre algum ponto substancial e você fala com aspereza, menospreza meus argumentos ou fica impaciente comigo, sinto-me insegura e desrespeitada. No começo desta noite, durante nossa discussão política, eu teria me sentido muito bem se você tivesse me elogiado em algumas de minhas ideias e pela disposição em falar.

Agora, imagine que você é Alice e que Phil abriu a conversa após o jantar desta maneira:

> Sabe, querida, para mim é difícil falar sobre isso, mas gostaria de tentar. Não sei o que está acontecendo comigo ultimamente, mas nesta noite eu estava um pouco ciumento. Não é fácil dizer isto, mas lá vai: você e Tom pareciam meio próximos demais – tanto intelectual como fisicamente –, e eu estava me sentindo magoado e solitário. Talvez você não perceba, mas venho relaxando, sinto-me cansado e estou ficando com uma barriga bem pronunciada. Preciso ser tranquilizado. Você ainda me acha atraente? Adoraria se você olhasse para mim da maneira como pareceu olhar para Tom esta noite.

Meu palpite é que a maioria das pessoas estaria receptiva e reagiria bem a esse tipo de **conversa franca** com um ente querido. Por conversa franca, refiro-me à clara expressão de sentimentos e preocupações por parte de uma pessoa sem acusar, culpar, julgar ou ridicularizar a outra. A conversa franca é eficaz justamente porque permite ao interlocutor ouvir sem ficar na defensiva.

A conversa franca parece fácil e é eficaz. Por que as pessoas não a praticam com mais frequência? Tendo crescido numa sociedade competitiva, a maioria de nós aprendeu a se proteger fazendo-se de relativamente invulnerável – aqueles espinhos novamente. Assim, quando somos feridos, aprendemos a não demonstrar isso. Pelo contrário: aprendemos a evitar a pessoa que nos magoou ou a retrucar com raiva, julgamentos ou ridicularizando-a, o que, por sua vez, como observou Gottman, deixa a outra pessoa na defensiva ou gera um contra-ataque, com a intensificação da discussão.

Ademais, quando estamos ocupados com críticas, geralmente não damos à outra pessoa *o benefício da dúvida*. Como vimos, os juízos de uma pessoa sobre outra podem assumir a forma de atribuições disposicionais (atribuir a causa do comportamento dessa pessoa a uma imperfeição de sua personalidade) ou de atribuições situacionais (atribuir a causa a alguma coisa que está acontecendo ou a outras circunstâncias externas). Quando você não sabe por que seu melhor amigo ou cônjuge está se comportando de maneira estranha ou desagradável, ou não responde como disse que faria, você tem uma escolha: pode chegar a uma atribuição hostil e disposicional ("Ela está sendo insensata de novo!"; "Ele é um porco egoísta!"), ou pode esperar para descobrir por que a pessoa está se comportando dessa maneira, dando-lhe o benefício da dúvida com uma atribuição situacional ("Ela está estressada"; "Espero que a mãe dele não esteja doente de novo"). Frank Fincham e Thomas Bradbury[99] estudaram

130 casais recém-casados ao longo do tempo e descobriram que os pares que fizeram atribuições disposicionais no começo do casamento tornaram-se cada vez mais insatisfeitos com os cônjuges. Em contraste, casais que tiveram conversas francas e fizeram atribuições situacionais ficaram cada vez mais felizes com o casamento.

Não é prudente revelar sua vulnerabilidade a alguém que é seu inimigo jurado e que vai usar esse conhecimento contra você. Mas é quase certo que ocultar sua vulnerabilidade de uma pessoa querida e que se preocupa com você é uma tolice. Se Alice ou Phil tivessem noção da insegurança um do outro, cada um poderia ter agido de maneira a tranquilizar o parceiro. Como tinham se fixado demais na lição social do "atacar em vez de se abrir", inadvertidamente se colocaram numa rota de colisão.

Em geral, o problema é até mais complicado do que o apresentado nesse exemplo. Alice e Phil conhecem seus sentimentos e entraram em conflitos sérios basicamente porque tiveram dificuldade para comunicá-los. Mas, com frequência, as pessoas não têm plena noção das próprias necessidades, desejos e sentimentos. Em vez disso, podem ter uma vaga sensação de desconforto ou insatisfação que não conseguem identificar facilmente. Muitas vezes, dão uma atribuição equivocada a esse sentimento – no começo, Phil culpa Alice por seu suposto comportamento de flerte quando, na verdade, ele se sente inseguro porque está avançando na meia-idade. Assim, se não estamos em contato com nossos próprios sentimentos e não podemos expressá-los para nós mesmos, não podemos comunicá-los a mais ninguém. O ponto básico aqui é a sensibilidade. Podemos aprender a ser mais sensíveis com relação a nossos próprios sentimentos? Podemos aprender a ser sensíveis com relação aos outros, para que, quando as pessoas se mostrarem vulneráveis, possamos tratar essa vulnerabilidade com atenção e respeito?

A importância do feedback imediato

Para que a comunicação seja eficaz num relacionamento próximo, devemos poder dar e receber feedback imediato sobre a maneira como nossas palavras e nosso comportamento são interpretados. Isso nos proporciona a informação de que precisamos para obter um insight sobre o impacto de nossas ações e declarações e para avaliar nossas opções a fim de satisfazer nossas próprias necessidades, bem como as de nosso parceiro.

Imagine que faço alguma coisa que enfurece minha melhor amiga, que também é minha esposa. Se ela não expressar essa raiva, talvez eu nunca perceba que a enfureci. Imagine que ela me dá um feedback imediato, dizendo o que minha ação a fez sentir. Agora, tenho pelo menos duas opções: posso seguir me comportando da mesma forma, deixando-a furiosa, ou posso parar de me comportar dessa maneira. A opção é minha. Aquilo que fiz pode ser tão importante para mim que não quero abrir mão disso. Por outro lado, os sentimentos de minha esposa podem ser tão importantes para mim que resolvo parar de fazer a coisa que a enfurece. Na ausência de qualquer informação sobre o efeito do meu comportamento, não tenho opção. Além disso, saber exatamente como ela se sente acerca de determinada ação permite-me explorar um modo diferente de satisfazer minhas necessidades e também as dela.

O valor do feedback imediato não se limita a quem o recebe. Frequentemente, quando dão um feedback, as pessoas descobrem alguma coisa a próprio respeito. Se Sharon acredita, por exemplo, que qualquer expressão de raiva é sempre destrutiva, ela pode bloquear a própria percepção a respeito desse sentimento. Quando descobrir que é legítimo exprimir esse sentimento, ela terá a oportunidade de trazê-lo à tona, estudá-lo e perceber que sua manifestação de raiva não fará o mundo se acabar. Além disso, a expressão direta de um sentimento ajuda a impedir que ele se agrave, tornando-se mais difícil de resolver. Se minha esposa aprende a exprimir sua raiva, não gritando ou acusando, mas expressando diretamente seus sentimentos e suas queixas, isso mantém nossa discussão focada no problema. Se ela reprime a raiva, mas essa fúria escapa de outras maneiras – em momentos diferentes e em situações diferentes, ou se ela se retrai e fica emburrada –, eu não sei de onde vem sua hostilidade e fico confuso, magoado ou irritado.

Sentimentos *versus* julgamentos

Em geral, as pessoas não percebem como podem dar feedback construtivo em vez de fazê-lo de forma a irritar ou perturbar quem o recebe, trazendo, assim, mais problemas do que soluções. Deixe-me dar um exemplo de feedback disfuncional e depois mostrar como as pessoas podem aprender a modificá-lo (sem diluir seu conteúdo) para maximizar a comunicação e a compreensão. Esse exemplo retrata um caso real que teve lugar num workshop de comunicação que organizei para executivos de corporações.

No decorrer do evento, um dos participantes (Mike) olhou firmemente para outro (Dave) e disse: "Dave, tenho ouvido e visto você há um dia e meio, e quero lhe dar meu feedback: acho que você é falso".

Bem, essa é uma acusação forte. Como Dave pode responder? Ele tem várias opções: pode (1) concordar com Mike; (2) negar a acusação e dizer que não é falso; (3) expressar raiva com uma retaliação, dizendo a Mike o que acha que está errado com *ele*; ou (4) sentir pena de si mesmo e ficar amuado. Nenhuma dessas reações é particularmente produtiva. Mas Mike não tem o direito de expressar esse juízo? Afinal, ele está apenas sendo sincero e honesto. Não valorizamos a sinceridade e a autenticidade?

Parece que temos um dilema. A comunicação eficaz exige franqueza, mas uma opinião franca pode ferir quem a recebe. A solução é sermos sinceros e, ao mesmo tempo, expressarmo-nos de maneira a causar um mínimo de dor a quem recebe a crítica e maximizar sua capacidade de compreendê-la. A chave para a comunicação eficaz está em nossa disposição para expressar *sentimentos* e não juízos. Nesse exemplo, Mike não estava expressando um sentimento; estava interpretando o comportamento de David e julgando-o. A palavra "sentimento" tem diversos significados. Nesse contexto, não significa "palpite" ou "hipótese", como quando dizemos "Sinto que tenho razão". Ao dizer sentimento, refiro-me especificamente a raiva ou alegria, tristeza ou felicidade, perturbação, medo, desconforto, simpatia, mágoa, inveja, ciúme, empolgação e coisas assim.

No workshop, comecei minha intervenção perguntando a Mike se ele tinha algum sentimento com relação a Dave. Mike pensou um pouco e disse: "Bem, acho que Dave é um falso". Nem é preciso dizer que isso não é um sentimento, como acabei de definir; essa é uma opinião ou um juízo expressado na linguagem dos sentimentos. Um juízo é nada mais nada menos que um sentimento compreendido inadequadamente ou expressado inadequadamente. Por isso, fui mais fundo, perguntando a Mike o que estava sentindo. Mike insistiu em dizer que achava Dave falso.

– E o que isso causa em você? – perguntei.

– Isso me incomoda muito – respondeu Mike.

– O que Dave fez para incomodá-lo? – insisti.

– Me incomoda esse jeito falso de ficar encantando as pessoas do grupo – respondeu.

Sondando um pouco mais, descobri que aquilo que realmente incomodava Mike era a aparente atração que Dave exercia sobre as mulheres. Com o tempo, Mike assumiu seu sentimento real, a inveja; ele queria ter o charme e a popularidade de Dave.

Perceba que, no início, Mike mascarou esse sentimento de inveja; em vez de se manifestar, extravasou seus sentimentos expressando desdém, dizendo que Dave era uma pessoa falsa. Estava protegendo seu ego. Como vivemos numa sociedade competitiva, Mike aprendeu, ao longo dos anos, que admitir que está com inveja poderia fazê-lo parecer vulnerável e fraco. Porém, expressando desdém e raiva, Mike estava tentando se mostrar forte e assertivo.

Embora seu comportamento tenha sido bem-sucedido como forma de proteger seu ego, não contribuiu para que Mike compreendesse os próprios sentimentos e os eventos que os causaram. Certamente, não contribuiu para que Mike compreendesse Dave ou para que Dave compreendesse Mike. Como medida de proteção do ego, o comportamento de Mike foi adaptativo; como forma de comunicação, foi mal adaptativo. Apesar de ter feito Mike vulnerável ao admitir a verdade, que ele invejava Dave, essa admissão abriu a porta para melhorar a comunicação e a compreensão mútua.

Para todos nós, é mais fácil ouvir um feedback emitido em termos de sentimentos – "Estou perturbado" – do que um feedback exprimido como juízo ou acusação – "Você é um idiota insensato!". Quando Mike disse que Dave era falso, estava dizendo ao colega que tipo de pessoa ele (Dave) é. Em geral, as pessoas se magoam quando lhes dizem que tipo de pessoa são – e por bons motivos, pois tais atribuições são pura questão de conjectura. A atribuição disposicional de Mike sobre o comportamento de Dave pode refletir a realidade ou não, com a mesma probabilidade; é apenas a teoria de Mike sobre Dave. Só Dave sabe ao certo se ele é falso e insincero; Mike está apenas emitindo um palpite. Mas a afirmação de Mike, dizendo que se sente invejoso ou com raiva, não é palpite ou teoria; é um fato absoluto. Mike não está adivinhando os próprios sentimentos – ele os conhece. Dave pode se importar ou não com os juízos de Mike, mas, se ele quiser ser amigo de Mike, talvez queira conhecer os sentimentos do colega e o que ele (Dave) fez para provocá-los. E, agora, Dave tem uma escolha: pode modificar seu comportamento ou pode continuar a fazer o que faz, reconhecendo que seu modo de agir pode despertar inveja, hostilidade e competitividade em outros homens.

Mike e Dave não eram namorados. Eram apenas dois sujeitos num workshop, tentando melhorar suas habilidades em comunicação. Quando uma pessoa aprende a expressar seus sentimentos sem julgar a outra como incorreta, insensível ou indiferente, raramente o problema se agrava. A comunicação eficaz é útil para todos, mas particularmente crucial para a manutenção de nossas conexões mais próximas e mais importantes – familiares, amigos e parceiros românticos.

Cientistas sociais e historiadores que têm estudado o passado e o futuro do casamento identificaram aspectos dos relacionamentos modernos que são melhores do que eram antes, e também aspectos piores do que eram antes.[100] No passado, os casamentos diziam respeito menos ao amor e mais a arranjos de interesses, unindo famílias, combinando recursos ou produzindo filhos para assumirem a fazenda. Os casamentos atuais, baseados no amor, certamente são melhores, e de várias maneiras. Os papéis de gênero tornaram-se mais igualitários e flexíveis, e a divisão do trabalho na família é menos estereotipada; as Annie Oakley do mundo não precisam abrir mão de seu talento e ambições pelo amor, e os Frank Butler do mundo não precisam se apegar a conceitos como dominação masculina ou afirmar seus direitos sobre os da parceira. Mas os casamentos modernos, precisamente porque se baseiam no amor e na igualdade e não em arranjos de interesses, transportam uma carga pesada, com expectativas e responsabilidades: esperamos que um parceiro para a vida ofereça companheirismo, sexo, paixão, ajuda para educar os filhos e em tarefas domésticas, renda, aventura, liberdade e autoexpressão. Estou convencido de que aqueles que conseguem afastar as expectativas irrealistas do amor moderno, mantendo os olhos nos benefícios perduráveis da intimidade e da conexão, podem chegar ao amor duradouro e a um casamento ou relacionamento melhor do que em qualquer momento da história humana. Talvez, os Beatles tenham expressado essa ideia melhor em sua canção "The End":

> E no final
> o amor que você ganha
> é igual ao amor
> que você dá.

Saul Steinberg, Desenho sem título, tinta sobre papel.
Publicado em *The New Yorker*, 10 de setembro de 1960.

CAPÍTULO 9

PSICOLOGIA SOCIAL COMO CIÊNCIA

Quando estava na faculdade, interessei-me inicialmente pela psicologia social porque lidava com alguns dos mais empolgantes aspectos do ser humano: amor, ódio, preconceito, agressividade, altruísmo, influência social, conformidade e coisas do gênero. Naquela época, não me preocupava muito em saber como teria surgido esse impressionante corpo de conhecimentos. Queria aprender simplesmente o que era conhecido. Só quando comecei a pós-graduação é que me ocorreu que eu poderia ser mais do que um consumidor desse conteúdo – poderia me tornar também um produtor de conhecimento. E todo um novo mundo se abriu para mim: o mundo da psicologia científica social. Aprendi a fazer perguntas significativas e a organizar experimentos para encontrar respostas a essas perguntas, contribuindo, à minha modesta maneira, para o corpo de conhecimentos que estudei na faculdade. E, desde então, tenho estado apaixonadamente envolvido por essa atividade.

Ler este capítulo não vai transformar você em um cientista. Minha intenção é um pouco menos ambiciosa, mas não menos importante. Minha meta é ajudá-lo a melhorar sua capacidade de pensar cientificamente sobre coisas que estão acontecendo em seu mundo social. Sempre achei que esse era um exercício útil a se fazer, mas ocasionalmente podemos nos decepcionar. Há muitos anos, li na revista *The New Yorker* um ensaio excelente e muito informativo de James Kunen[1] sobre programas educacionais de nível universitário em nossas prisões. Kunen escreveu sobre a eficácia dessas iniciativas com entusiasmo. Em seguida, passou a censurar o fato de que uma maioria de deputados, geralmente punitivistas, estava eliminando esses programas depois de os caracterizar como um desperdício para mimar criminosos.

O ensaio de Kunen continha alguns casos interessantes de condenados que, enquanto estavam na cadeia, concluíram o programa universitário e passaram a ter uma vida produtiva quando ganharam a liberdade. As histórias foram comoventes. Mas, como cientista, quis saber se havia dados sistemáticos que eu poderia usar para avaliar a eficácia geral do programa. Bem, sim – Kunen mencionou um estudo feito pelo Departamento de Serviços Correcionais do Estado de Nova York, que descobriu que, quatro anos após a soltura, o índice de reincidência de ex-presidiários do sexo masculino que haviam completado um ou mais anos de educação superior na prisão era 20% menor do que a média para todos os ex-presidiários.

Isso parece bastante impressionante, não é? Vamos analisar mais de perto. Como cientistas, precisamos fazer uma pergunta básica e vital: antes de participar do programa, os prisioneiros que se inscreveram eram semelhantes àqueles que não se inscreveram? Será que os prisioneiros que se inscreveram no programa e concluíram um ano de estudos eram diferentes desde o princípio (digamos, em motivação, habilidade, inteligência, instrução, saúde mental ou outra coisa) daqueles que não se inscreveram? Se eram diferentes da média geral dos presidiários *desde o início*, então é provável (ou, no mínimo, possível) que tivessem um índice de reincidência menor mesmo sem ter feito o curso. Se fosse esse o caso, então não seria o programa a causa da menor reincidência.

Enquanto lia o artigo de Kunen, o humanista que existe em mim quis se empolgar com os resultados desse estudo; seria fantástico ter dados convincentes provando que compensa educar prisioneiros. Porém, o cientista que existe em mim assumiu o controle e mostrou-se cético. Assim, olhar para o mundo social através dos olhos de um cientista exige que enfrentemos nossos vieses e nossas preferências. Mas isso também nos dá a capacidade de separar o joio do trigo para que, como cidadãos interessados, possamos exigir que programas inovadores sejam devidamente avaliados. Desse modo, podemos determinar, com algum grau de clareza, quais entre milhares de programas possíveis merecem nosso tempo, esforço e dinheiro. E a verdade é que, na maioria dos casos, não é difícil montar adequadamente o experimento – como você verá.

O que é o método científico?

O método científico – independentemente de ser aplicado à física, química, biologia ou psicologia social – é o melhor meio de que nós, humanos, dispomos para satisfazer nossa fome de conhecimento e de compreensão. Usamos o método científico na tentativa de descobrir relações legítimas entre as coisas, quer sejam substâncias químicas, quer sejam planetas ou os antecedentes do preconceito ou do amor humano.

O primeiro passo no processo científico é a observação. Na física, uma observação simples pode ser mais ou menos assim: se existe uma bola de borracha no carrinho da minha neta e ela puxa o carrinho para a frente, a bola parece rolar até a parte de trás do carrinho. (Na verdade, a bola não rola para trás; é a impressão que temos.) Quando minha neta breca o carrinho bruscamente, a bola corre para a parte da frente. Na psicologia social, uma observação simples poderia ser algo assim: quando atendo as mesas como garçom, se eu estiver de bom humor e sorrir bastante para meus clientes, as gorjetas parecem ser um pouco melhores do que quando estou de mau humor e não sorrio tanto.

A próxima etapa é tentar adivinhar por que isso acontece; nossa suposição é uma tentativa de descobrir a "relação legítima" que mencionei. A terceira etapa é enquadrar essa suposição como uma hipótese testável. A etapa final é idealizar um experimento (ou uma série de experimentos) que vai confirmar ou desconfirmar a hipótese. Se uma série de experimentos bem idealizados e bem executados deixa de confirmar aquela hipótese, desistimos. Como disse certa vez Richard Feynman,[2] meu físico preferido: "Não importa quão bela seja a suposição ou quão inteligente ou famoso seja quem faz a suposição; se o experimento discorda do palpite, então a suposição está errada. Isso é tudo". Na minha opinião, isso é tanto a essência da ciência quanto sua beleza. Não há verdades sagradas na ciência.

Ciência e arte

Na minha opinião, há muito espaço para a arte em nossa ciência. Creio que os dois processos – arte e ciência – são diferentes, mas relacionados. Pavel Semonov,[3] um distinto psicólogo russo, fez um ótimo trabalho definindo a diferença: como cientistas, analisamos atentamente nosso ambiente e tentamos organizar o desconhecido de maneira sensata e significativa; como artistas, reorganizamos o ambiente conhecido para criar uma coisa totalmente nova. A essa observação, acrescentaria que, frequentemente, os requisitos para um bom experimento exigem habilidades desses dois domínios. De maneira bem real, como experimentadores, usamos a arte para enriquecer nossa ciência. Creio que isso se aplique particularmente aos experimentos de psicologia social.

Por que essa mescla de arte e ciência aplica-se especialmente à psicologia social? Nessa área do conhecimento, não estudamos o comportamento de substâncias químicas num béquer ou de bolas de borracha num carrinho; investigamos o comportamento de adultos que têm vivido num mundo social a vida toda, com todas as emoções, percepções, crenças, vieses e experiências que trouxeram a esse mundo. Nem é preciso dizer que, como os experimentadores que as estão estudando, as pessoas que atuam como participantes em nossos experimentos desenvolveram as próprias ideias e teorias sobre aquilo que causa seus sentimentos e comportamentos, bem como os sentimentos e comportamentos das pessoas à sua volta. Não é o caso quando você realiza experimentos com substâncias químicas, com animais de laboratório ou mesmo com humanos em situações não sociais.

O fato de estarmos lidando com seres humanos socialmente sofisticados é parte daquilo que torna a psicologia social tão fascinante como tema de investigação experimental. Ao mesmo tempo, essa situação também demanda uma boa dose de arte caso o experimentador queira ter uma chance de gerar descobertas válidas e confiáveis. Neste capítulo, vou tentar transmitir exatamente como isso acontece.

Da especulação à experimentação

No Capítulo 8, contei a história do presidente John F. Kennedy, cuja popularidade aumentou imediatamente após ter cometido um erro estupendamente oneroso. Após o trágico erro de cálculo conhecido como o fiasco da Baía dos Porcos, uma pesquisa do Gallup mostrou que as pessoas passaram a gostar mais dele do que antes do incidente. Como a maioria das pessoas, fiquei estupefato diante disso. Como podemos gostar mais de um sujeito depois de ele ter feito uma asneira tão grande? Como cientista, especulei sobre o que poderia ter causado essa mudança. Meu palpite foi de que, como antes Kennedy era visto como um homem quase perfeito – bonito, simpático, charmoso, sagaz, competente –, cometer um erro pode ter feito com que parecesse mais humano, permitindo que as pessoas comuns se sentissem mais próximas dele.

Uma especulação interessante, mas teria sido verdade? Como poderíamos tentar descobrir? Bem, poderíamos simplesmente ter perguntado às pessoas por que gostavam mais de Kennedy naquele momento do que na semana anterior. Isso parece muito simples. Infelizmente, não é tão simples assim, pois os psicólogos sociais aprenderam que as pessoas não costumam perceber por que agem de certas maneiras ou mudam suas crenças em determinado sentido;

por isso, numa situação complexa, o simples ato de pedir que as pessoas expliquem seu comportamento geralmente não produzirá resultados confiáveis.[4] É precisamente por isso que os psicólogos sociais realizam experimentos. Mas como poderíamos conduzir um experimento sobre a popularidade de John F. Kennedy? Não seria possível. Em um caso como esse, poderíamos tentar realizar um experimento sobre o fenômeno subjacente, não sobre o exemplo específico. E, com efeito, era o fenômeno subjacente – não o evento específico – que me interessava: cometer um erro aumenta a popularidade de uma pessoa quase perfeita?

Assim, meus colegas e eu[5] idealizamos um experimento que nos permitiu controlar variáveis extrínsecas e testar os efeitos de um erro sobre a atração numa situação menos complexa, uma na qual podíamos controlar a natureza exata do erro, bem como o tipo de pessoa que o cometeu. E nessa situação simples descobrimos, conforme predito, que pessoas "quase perfeitas" se tornam mais atraentes após cometer um erro, enquanto pessoas "comuns" tornam-se menos atraentes após cometer um erro idêntico. (Descrevi os detalhes desse experimento no Capítulo 8.)

Como você vê, ao buscar o controle, o experimentador precisa introduzir suas ideias, tiradas do caos do mundo real e levadas aos confins um tanto estéreis do laboratório. Em geral, isso implica idealizar uma situação pouco semelhante à situação do mundo real que gerou a ideia originalmente. Na verdade, uma crítica frequente é que os experimentos de laboratório são irrealistas, simulações limitadas de interações humanas que não refletem nem um pouco o mundo real. Qual a precisão dessa crítica?

Talvez a melhor maneira de responder a essa pergunta seja examinar detalhadamente um experimento de laboratório, levando em conta suas vantagens e desvantagens, bem como uma abordagem alternativa e mais realista que poderia ter sido usada para estudar a mesma questão. O experimento de iniciação que fiz em colaboração com Judson Mills[6] adéqua-se admiravelmente a esse propósito, pois contém muitas das vantagens e desvantagens do laboratório. Lembre-se de que Mills e eu levantamos a hipótese de que as pessoas poderiam gostar mais das coisas se tivessem sofrido para obtê-las. Então, idealizamos e realizamos um experimento de laboratório no qual mostramos que pessoas que se esforçaram muito (passando por uma iniciação severa) para entrar num grupo gostaram mais desse grupo do que aquelas que se tornaram membros com pouco ou nenhum esforço. Eis como construímos o experimento.

O experimento Aronson-Mills visto de perto

Participaram do estudo 63 estudantes universitárias que se ofereceram inicialmente para participar de diversas discussões sobre a psicologia do sexo. Cada estudante foi testada individualmente. No começo, expliquei que estava estudando a "dinâmica do processo de discussão em grupo". Disse que o tema da discussão em si não me interessava muito, mas, como muita gente se interessa por sexo, escolhi esse assunto para ter certeza de conseguir um bom número de participantes. Também expliquei que tinha tido um problema sério ao escolher sexo como tema: muita gente mostrou-se tímida e com dificuldade para discutir sexo num cenário em grupo. Como qualquer empecilho ao fluxo da discussão poderia invalidar seriamente os resultados, eu precisava saber se as mulheres sentiriam qualquer hesitação ao entrar numa discussão sobre sexo. Quando ouviram isso, cada uma disse que não teria dificuldade.

Essas instruções complexas montaram o cenário para o evento que se seguiria. Até esse ponto, as instruções tinham sido as mesmas para todas as participantes. Agora, era hora de dar a cada uma das mulheres em diversas condições experimentais uma experiência diferente – uma experiência que nós, pesquisadores, acreditávamos que faria diferença.

Antes, distribuímos aleatoriamente as participantes em três condições: (1) um terço delas passaria por uma iniciação severa, (2) um terço passaria por uma iniciação suave e (3) um terço não passaria por iniciação alguma. No caso da condição sem iniciação, eu disse apenas às participantes que poderiam se unir ao grupo de discussão. Para as condições de iniciação severa e suave, porém, eu disse a cada participante que, como precisava ter certeza de que ela poderia falar abertamente sobre sexo, tinha desenvolvido um sistema de filtragem – um teste sobre constrangimento – que lhe pedi para fazer. Esse teste era a iniciação. Na condição de iniciação severa, o teste era muito constrangedor. Exigia que a mulher recitasse uma lista de 12 palavras obscenas e duas descrições detalhadas de atividade sexual extraídas de romances contemporâneos. (Hoje, pode não parecer uma iniciação "severa", mas, acredite em mim, quando fizemos esse estudo, há muitos anos, dizer essas palavras em voz alta era um tormento.) As participantes na condição de iniciação suave tiveram de recitar apenas uma lista de palavras relacionadas a sexo, mas que não eram obscenas.

As três condições às quais as participantes foram submetidas constituíram a **variável independente** do estudo. A meta de todo investigador na idealização e condução de um experimento é determinar se *aquilo que acontece com os participantes* tem um efeito no modo como reagem. Nossa meta era determinar se a severidade da iniciação – a variável independente – causaria diferenças sistemáticas no comportamento das participantes. Será que as participantes que experimentassem uma iniciação severa agiriam de forma diferente daquelas que passaram por uma iniciação suave ou por nenhuma iniciação?

Mas agir diferentemente em que sentido? Após a iniciação, permitiu-se que cada participante bisbilhotasse uma discussão que era mantida por membros do grupo ao qual ela havia acabado de se filiar. Para controlar o conteúdo desse material, usamos uma gravação em cassete, mas dissemos às mulheres que elas estavam acompanhando uma discussão ao vivo. Dessa maneira, certificamo-nos de que todas as participantes – independentemente de terem passado por uma iniciação severa, uma iniciação suave ou nenhuma iniciação – ouvissem a mesma discussão em grupo. Esse debate foi o mais vago e entediante possível. As pessoas na fita cassete faziam longas pausas, havia muitos "hmmm" e "ahhh", interrupções e frases incompletas enquanto discutiam, sem muita clareza, características sexuais secundárias de alguns animais: mudanças nas plumagens de aves, complexidades da dança do acasalamento de certas aranhas etc.

Ao final da discussão, apresentei um conjunto de escalas de classificação e pedi a cada mulher que avaliasse o interesse e o valor dessa discussão. Essa resposta é chamada de **variável dependente**, pois, de modo bem literal, presume-se que a resposta seja "dependente" das condições experimentais específicas a que a participante foi submetida. A variável dependente é o item que o experimentador mede para analisar os efeitos da variável independente. Em suma, se a variável independente é a *causa*, a variável dependente é o *efeito*.

Os resultados apoiaram nossa hipótese: as mulheres que passaram por uma iniciação suave ou por nenhuma iniciação viram a discussão em grupo tal como era, classificando-a como aborrecida. Mas aquelas que sofreram constrangimento para ser admitidas no grupo acharam que a discussão foi realmente empolgante. Lembre-se: todas as estudantes avaliaram exatamente a mesma discussão.

Por que fazer um experimento?

Idealizar e realizar esse experimento foi um processo laborioso. Mills e eu passamos centenas de horas planejando-o, criando uma situação crível, escrevendo um roteiro para a gravação da discussão em grupo (isso foi divertido!), pesquisando as atrizes que fariam os papéis dos membros do grupo, construindo os procedimentos dos ritos de iniciação e os instrumentos de medição, recrutando voluntárias para participar do estudo, fazendo um teste-piloto dos procedimentos, conduzindo as participantes pelo experimento e explicando-lhes o verdadeiro propósito do projeto (o motivo da farsa, o que tudo aquilo significava e o que esperávamos aprender). O que descobrimos foi que as pessoas que passaram por uma iniciação severa para se filiar a um grupo gostaram muito mais desse grupo do que as pessoas que passaram por uma iniciação branda ou por nenhuma iniciação.

Com certeza, deve haver um modo mais simples! E há. Você deve ter notado uma semelhança entre nosso procedimento experimental e outras formas de iniciação, como aquelas usadas por algumas fraternidades universitárias e outros clubes ou organizações exclusivas. Por que, então, não tiramos proveito de uma situação da vida real, que não só é mais fácil de estudar como também mais dramática e realista? Vamos estudar as vantagens. Os ritos de iniciação da vida real seriam bem mais severos (ou seja, teriam mais impacto sobre os membros); nós não teríamos tido o trabalho de idealizar um ambiente em grupo que as participantes achassem convincente; as interações sociais envolveriam pessoas reais e não meras vozes num gravador; teríamos eliminado o problema ético criado por montarmos uma farsa e impormos uma experiência difícil e desagradável em nome da ciência; e, finalmente, tudo poderia ter sido realizado numa fração do tempo consumido pelo experimento.

Assim, quando damos uma olhada superficial nas vantagens de uma situação natural, parece que Mills e eu teríamos tido um trabalho muito mais simples se tivéssemos estudado fraternidades reais. Eis como poderíamos tê-lo feito. Poderíamos ter avaliado os procedimentos de iniciação de cada fraternidade para saber seu grau de severidade e entrevistado os membros mais tarde. Se os membros que tinham passado por uma iniciação severa gostassem mais de suas fraternidades do que os membros de fraternidades que passaram por uma iniciação branda ou por nenhuma iniciação, a hipótese teria sido confirmada. Será mesmo? Vamos analisar melhor por que as pessoas se dão ao trabalho de fazer experimentos.

Quando pedi que meus estudantes dissessem qual a característica mais importante de um experimento em laboratório, a grande maioria respondeu "controle". Experimentos têm a vantagem de controlar o ambiente e as variáveis, para que os efeitos de cada variável possam ser estudados com precisão. Levando nossa hipótese ao laboratório, Mills e eu eliminamos muitas das variações externas que existem no mundo real. Os ritos de iniciação severos foram da mesma intensidade; essa condição teria sido difícil de obter caso tivéssemos usado diversas fraternidades com iniciação severa. Além disso, a discussão em grupo foi idêntica para todas as participantes; no mundo real, porém, membros de fraternidades avaliariam fraternidades que, de fato, eram diferentes umas das outras. Supondo que tivéssemos encontrado uma diferença entre as fraternidades de iniciação severa e aquelas de iniciação suave no que se refere a quanto seus novos membros gostavam de estar nelas, como poderíamos saber se isso fora resultado da iniciação e não de graus de simpatia que já existiam nos próprios membros da fraternidade? No experimento, a única diferença foi a severidade da iniciação, e por isso sabíamos que qualquer discrepância se daria em virtude desse procedimento.

A importância da designação aleatória

O controle é um aspecto central do experimento em laboratório, mas não a principal vantagem. Um benefício ainda mais importante é que os participantes podem ser submetidos aleatoriamente às diversas condições experimentais. Isso significa que todo participante tem uma chance igual de estar em qualquer condição do estudo. Com efeito, a designação aleatória dos participantes para cada condição é a diferença crucial entre o método experimental e o método não experimental. E a grande vantagem da designação aleatória das pessoas às condições é esta: quaisquer variáveis que não forem totalmente controladas estarão, em teoria, distribuídas de modo aleatório pelas condições. Isso significa que é extremamente improvável que tais variáveis afetem resultados de maneira sistemática.

Um exemplo pode ajudar a esclarecer esse ponto: imagine que você é um cientista e trabalha com a hipótese de que homens que se casam com mulheres inteligentes ficam mais felizes do que homens que se casam com mulheres não tão inteligentes. Como você pode testar essa hipótese? Digamos que descubra mil homens que estão casados com mulheres inteligentes e mil homens que estão casados com mulheres não tão inteligentes, e que você dá a todos eles um questionário sobre felicidade. E veja só: você descobre que os homens casados com mulheres inteligentes são mais felizes do que os homens casados com mulheres menos inteligentes. Isso significa que ser casado com uma mulher inteligente deixa o homem feliz? Não. Talvez homens felizes sejam mais meigos, bem-humorados e sociáveis, e, consequentemente, mulheres inteligentes busquem esses homens e se casem com eles. Portanto, é possível que o fato de serem felizes leve os homens a se casarem com mulheres inteligentes. E o problema não acaba aí. Também é possível que haja um terceiro fator que cause tanto felicidade quanto casamento com uma mulher inteligente. Esse fator pode ser o dinheiro; talvez o fato de ser rico faça o homem feliz, e ser rico é o que atrai mulheres inteligentes. Por isso, é possível que nenhuma sequência causal seja verdadeira: a felicidade não leva os homens a se casarem com mulheres inteligentes e mulheres inteligentes não levam os homens a serem felizes.

O problema é mais complicado ainda porque geralmente não temos ideia do que pode ser esse terceiro fator. No caso do estudo da felicidade, pode ser a riqueza; também pode ser que a personalidade madura leve os homens a serem felizes e também atraia mulheres inteligentes; pode ser a desenvoltura social, a habilidade atlética, poder, popularidade, o uso da pasta dental correta, vestir-se bem ou uma entre milhares de qualidades que o pobre pesquisador não conhece e possivelmente não poderia estudar. Mas, se o pesquisador realiza um experimento, pode designar aleatoriamente participantes para diversas condições experimentais. Embora esse procedimento não elimine diferenças por conta de qualquer uma dessas variáveis (dinheiro, desenvoltura social, habilidade atlética ou roupas), ele as neutraliza, distribuindo essas características aleatoriamente entre condições experimentais. Se os participantes forem designados de maneira aleatória, haverá aproximadamente tantos homens ricos numa condição experimental quanto nas outras, tantos homens socialmente habilidosos numa condição quanto nas outras, e tantos atletas numa condição quanto nas outras. Logo, se encontrarmos uma diferença entre condições, é improvável que se deva a diferenças individuais em qualquer característica isolada, pois todas essas características tiveram uma distribuição igual (ou quase igual) entre todas as condições.

Devemos admitir que o exemplo específico de mulheres inteligentes e maridos felizes não se associa facilmente com os confins do laboratório experimental. Mas vamos fantasiar sobre como o faríamos se pudéssemos. Idealmente, teríamos 50 homens e designaríamos aleatoriamente 25 deles para se casarem com mulheres inteligentes e 25 com mulheres menos inteligentes. Alguns meses depois, voltaríamos e aplicaríamos o questionário sobre felicidade. Se os homens designados para as esposas inteligentes estivessem mais felizes do que os homens designados para as esposas menos inteligentes, saberíamos o que causou a felicidade deles – e o fizemos! Em suma, a felicidade desses homens não poderia ser atribuída a desenvoltura social, beleza, dinheiro ou poder; esses fatores foram distribuídos aleatoriamente entre as condições experimentais. Com quase toda certeza, tal felicidade foi causada pelas características das esposas.

Esse exemplo é pura fantasia; até psicólogos sociais devem se conter antes de arranjar casamentos para propósitos científicos! Mas isso não significa que não possamos testar eventos significativos e relevantes sob condições controladas em laboratório. Este livro está repleto de exemplos assim. Vamos estudar um deles como forma de esclarecer as vantagens do método experimental: a correlação entre o tempo que as crianças passam assistindo a cenas de violência na televisão e sua tendência a escolher soluções agressivas para seus problemas. (Ver Capítulo 6.)

Isso significa que assistir a agressões na televisão leva os jovens a se tornarem agressivos? Não necessariamente, mas é possível. Também pode significar que crianças agressivas simplesmente gostem de assistir a agressões e que seriam tão agressivas se assistissem a *Vila Sésamo* o dia inteiro. Mas então, como vimos, alguns experimentadores apareceram e provaram que assistir a programas violentos aumenta a violência.[7] Como? Os experimentadores submeteram aleatoriamente algumas crianças a uma situação na qual assistiam ao vídeo de uma série de TV violenta, um episódio no qual as pessoas batem, agridem, mordem e se matam durante 25 minutos. Como controle, os experimentadores submeteram aleatoriamente outras crianças a uma situação na qual assistiram a um evento esportivo durante o mesmo período. O ponto crucial: cada criança teve a mesma chance de ser selecionada para assistir ao vídeo violento ou ao não violento; portanto, quaisquer diferenças nas disposições de personalidade entre as crianças foram neutralizadas entre as duas condições experimentais. Logo, a descoberta de que os jovens que assistiram ao vídeo violento ficaram depois mais agressivos do que aqueles que assistiram ao evento esportivo sugere fortemente que assistir a programas violentos pode levar à violência.

Você deve se lembrar de que foi exatamente esse o problema na avaliação do programa de curso universitário em presídios que descrevi no começo deste capítulo: os prisioneiros que se ofereceram para o programa eram, provavelmente, diferentes de várias maneiras daqueles que não se ofereceram, e por isso foi enganador comparar seu índice de reincidência com o dos não voluntários. Tal comparação seria uma fraude, fazendo o programa parecer mais eficaz do que realmente era. Como resolver esse problema? Um modo seria atrair para o programa o dobro de voluntários. Com isso, poderia selecionar aleatoriamente metade dos voluntários para o programa e colocar a outra metade na condição de controle. Se a seleção for realmente aleatória, a comparação do índice de reincidência dos dois grupos lhe dará dados significativos.

Voltemos ao experimento da iniciação. Se realizarmos uma pesquisa e descobrirmos que membros de fraternidades com ritos de iniciação severos gostam uns dos outros mais do que membros de fraternidades com ritos mais brandos de iniciação, então teríamos evidências de que a severidade da iniciação e o fato de gostar dos outros membros estão correlacionados positivamente. Isso significa que, quanto mais severa a iniciação, mais um membro vai gostar de seus irmãos de fraternidade. Por mais que as duas variáveis estejam intensamente correlacionadas, porém, não podemos concluir, apenas com base em nossos dados de pesquisa, que iniciações severas causam o apreço pelo grupo. Tudo que podemos concluir com essa pesquisa é que esses dois fatores estão associados um com o outro.

É possível que a correlação positiva entre iniciações severas e apreço pelos outros membros de uma fraternidade exista não porque iniciações severas façam com que os membros gostem mais de seus grupos, mas justamente pela razão oposta. Pode ser que o apelo altamente pessoal do grupo exija ritos de iniciação severos. Se os membros do grupo se veem como os melhores dos melhores, podem tentar preservar a situação dessa maneira mantendo-se como um grupo de elite. E podem tentar manter-se como um grupo de elite impondo uma iniciação mais severa para desestimular pessoas menos motivadas a participarem dele. Com base apenas em nossos dados de pesquisa, não podemos concluir que essa explicação seja falsa e que iniciações severas realmente levem ao apreço. Os dados não nos dão suporte para fazer essa escolha, pois não nos dizem nada sobre causa e efeito.

Além disso, como vimos, pode ser que uma terceira variável esteja causando *tanto* as iniciações severas quanto o apreço. Quem gostaria de dar e receber uma iniciação severa? Bem, pessoas com forte tendência sadomasoquista, é claro. Talvez essas pessoas gostem uma da outra não por causa da iniciação, mas porque "aves da mesma plumagem" (nesse caso, aves bem cruéis) tendem a gostar umas das outras. Embora essa explicação possa parecer estranha, certamente é possível. O que é mais perturbador para o pesquisador são as incontáveis explicações que ele nem sequer consegue imaginar. O método experimental, por ser baseado na técnica da designação aleatória para condições experimentais, elimina todas elas de uma só vez. Nesse experimento, os sadomasoquistas têm tanta chance de ser designados para a condição sem iniciação quanto para a condição de iniciação severa. Em um estudo do mundo real, quase todos eles se designariam para a condição da iniciação severa, impossibilitando com isso a interpretação dos resultados.

O desafio da experimentação em psicologia social

Nem tudo é ensolarado no mundo da experimentação. Há alguns problemas sérios ligados à realização de experimentos. O controle é uma das maiores vantagens do experimento, mas é impossível exercer controle completo sobre um ambiente de participantes humanos. Uma das razões pelas quais muitos psicólogos trabalham com ratos e não com pessoas é que os pesquisadores conseguem controlar quase tudo o que acontece com seus participantes, desde o momento de seu nascimento até o término do experimento: dieta, exercícios, grau de exposição a companheiros de brincadeiras, ausência de experiências traumáticas e assim por diante. Psicólogos sociais não mantêm participantes humanos em gaiolas para controlar suas experiências. Embora isso produza um mundo mais feliz para os participantes, também produz uma ciência levemente descuidada.

Controle *versus* impacto

O controle é mais limitado ainda pelo fato de os indivíduos diferirem uns dos outros de incontáveis maneiras sutis. Psicólogos sociais tentam emitir declarações sobre o que as pessoas fazem. Com isso, queremos dizer, naturalmente, aquilo que a maioria das pessoas faz na maior parte do tempo, sob determinado conjunto de condições. Como há diferenças individuais não mensuradas em nossos resultados, nossas conclusões podem não ser precisas para todas as pessoas. Diferenças de atitude, valores, aptidões, características de personalidade e experiências recentes podem afetar a maneira como as pessoas reagem num experimento. Assim, mesmo com nossa capacidade de controlar a situação experimental em si, a mesma situação pode não afetar cada pessoa exatamente do mesmo modo.

Ademais, quando finalmente conseguimos controlar o ambiente experimental para que seja exatamente igual para cada indivíduo, corremos o risco de tornar a situação tão estéril que o participante se sente inclinado a não a levar a sério. A palavra estéril tem pelo menos dois significados: (1) livre de germes e (2) ineficaz ou improdutivo. O experimentador deve se esforçar para tornar a situação experimental o mais livre possível de "germes", sem torná-la improdutiva ou artificial para o participante. Se os participantes não considerarem os eventos de um experimento interessantes e atraentes, é provável que suas reações não sejam espontâneas, e nossos resultados, portanto, terão pouco significado.

Logo, além de controle, um experimento precisa causar *impacto* nos participantes, que devem levar o experimento a sério e se envolver nele para que seu comportamento não seja afetado de maneira significativa. Para os psicólogos sociais, a dificuldade está no fato de esses dois fatores cruciais, impacto e controle, trabalharem habitualmente em sentidos opostos: quando um aumenta, o outro tende a diminuir. O dilema enfrentado pelos experimentadores é como maximizar o impacto sobre os participantes sem sacrificar o controle sobre a situação. Resolver esse dilema exige criatividade e perspicácia consideráveis na elaboração do projeto e na construção das situações experimentais. Isso nos leva ao problema do realismo.

Realismo

Antes, neste capítulo, mencionei que uma crítica frequente aos experimentos de laboratório é que eles são artificiais, simulações limitadas do mundo – que não são "reais". O que queremos dizer com real? Há muitos anos, escrevendo sobre o método experimental, Merrill Carlsmith e eu[8] tentamos chegar a uma definição de real. Deduzimos que um experimento pode ser realista de duas maneiras distintas: primeiro, se um experimento causa impacto nos participantes, força-os a levar o assunto a sério e os envolve nos procedimentos, podemos dizer que alcançou *realismo experimental*. Segundo, se o experimento de laboratório é similar aos eventos que costumam acontecer com as pessoas no mundo exterior, podemos dizer que alcançou *realismo mundano*. Em geral, a confusão entre realismo experimental e realismo mundano é responsável pela crítica de que os experimentos são artificiais e inúteis porque não refletem o mundo real.

A diferença entre os dois realismos pode ser mais bem ilustrada pelo exemplo de um estudo com elevado realismo experimental, mas baixo realismo mundano. Lembre o experimento de Stanley Milgram, discutido no Capítulo 4, no qual se pediu a cada participante para ministrar choques de intensidade crescente em outra pessoa, supostamente presa a fios de um dispositivo elétrico numa sala próxima. Bem, com sinceridade, quantas vezes na vida cotidiana nos pedem para darmos choques elétricos nas pessoas? O cenário foi irrealista, mas só no sentido mundano. O procedimento teve realismo experimental – ou seja, envolveu os participantes, foi levado a sério, causou impacto sobre eles, fez parte de seu mundo real naquele momento? Ou os participantes estavam apenas representando, sem levá-lo a sério, fingindo o tempo todo, bocejando durante o teste? Milgram relata que seus participantes sentiram bastante tensão e desconforto. Mas vou deixar Milgram descrever, nas próprias palavras, o comportamento de um participante típico.

> Observei um homem de negócios maduro e inicialmente equilibrado entrar sorridente e confiante no laboratório. Em vinte minutos, estava reduzido a cacos, contorcendo-se e gaguejando, aproximando-se rapidamente do ponto de um colapso

nervoso. Repuxava constantemente o lobo da orelha e mexia as mãos. Em dado momento, bateu o punho na testa e murmurou: "Meu Deus, vamos parar". Contudo, continuou reagindo a cada palavra do experimentador, obedecendo-o até o final.[9]

Não se parece nem um pouco com o comportamento de uma pessoa numa situação irrealista. As coisas que aconteceram com os participantes de Milgram eram reais, embora não acontecessem com eles em sua experiência cotidiana. Assim, parece seguro concluir que os resultados desse experimento são uma indicação razoavelmente precisa da maneira como as pessoas reagiriam caso um conjunto de eventos similar acontecesse de fato no mundo real.

Dissimulação

A importância do realismo experimental não pode ser excessivamente ressaltada. A melhor maneira de conseguir essa qualidade essencial é idealizar um cenário que seja atraente e interessante para os participantes. Ao mesmo tempo, frequentemente é necessário disfarçar o verdadeiro propósito do estudo. Por que a dissimulação é necessária?

No começo deste livro, comentei que praticamente todos nós somos psicólogos sociais amadores, no sentido de que vivemos num mundo social e estamos constantemente formando hipóteses sobre coisas que acontecem conosco. Isso também se aplica aos indivíduos que participam de nossos experimentos. Como estão sempre tentando entender as coisas, se soubessem o que estávamos tentando fazer, talvez se comportassem de forma consistente com as próprias hipóteses – em vez de se comportarem da maneira que lhes é natural e usual. Por esse motivo, os experimentadores tentam ocultar dos participantes a verdadeira natureza do experimento. Como estamos lidando quase sempre com adultos inteligentes, não se trata de uma tarefa fácil; mas é um requisito absoluto na maioria dos experimentos, caso queiramos ter a chance de obter dados válidos e confiáveis.

Esse requisito coloca o psicólogo social na posição do diretor de cinema que está montando o cenário para a ação, mas não conta ao ator do que se trata o filme. Esses cenários são chamados de histórias de fachada e são idealizados para aumentar o realismo experimental, produzindo uma situação na qual o participante pode agir naturalmente, sem se inibir por saber qual aspecto do comportamento está sendo estudado. Por exemplo, no estudo de ritos de iniciação de Aronson-Mills, dissemos aos participantes que eles estavam fazendo um teste de constrangimento cujo objetivo era selecioná-los para tomar parte em um grupo de discussão sobre psicologia do sexo; essa era a história de fachada. Puro engano. Na verdade, nós os estávamos submetendo a uma iniciação para ver que efeito, se é que haveria um, isso teria em seu apreço pelo grupo. Se os participantes soubessem do verdadeiro propósito do estudo antes de sua participação, os resultados teriam sido totalmente inexpressivos.

Com efeito, pesquisadores que estudaram esse problema mostraram que, se conhecerem o verdadeiro propósito de um experimento, os participantes não vão se comportar com naturalidade, quer tentando realizá-lo de forma a se colocar sob um prisma favorável, quer tentando "ajudar" o experimentador, fazendo com que o experimento tenha o resultado que acham que deveria ter. Para o experimentador, esses dois resultados são desastrosos. Em geral, ele consegue controlar o desejo do participante que quer ser útil, mas é mais difícil controlar o desejo do participante que quer se sair bem. A maioria das pessoas não deseja ser vista como obediente, fraca, excêntrica, conformista, pouco atraente, estúpida ou maluca. Logo, se tiverem a chance de descobrir o que o experimentador está procurando, elas vão tentar aparecer bem ou fazer o que consideram "normal". Por exemplo, num experimento idealizado especificamente para examinar esse fenômeno,[10] quando meus colegas e eu dissemos aos participantes que determinado resultado indicava que eles possuíam um traço de personalidade positivo, fizeram o que podiam para causar esse efeito com frequência bem maior do que quando lhes dissemos que o resultado refletia uma característica negativa. Embora esse comportamento seja compreensível, interfere significativamente na conclusão do estudo. Por esse motivo, os experimentadores consideram necessário iludir os participantes sobre a verdadeira natureza do experimento.

Como exemplo, vamos revisitar o experimento clássico de Solomon Asch[11] sobre conformidade. Lembre-se de que, nesse estudo, designou-se a um estudante a tarefa simples de avaliar o tamanho relativo de algumas linhas. Mas alguns outros estudantes, que eram cúmplices do experimentador, declararam uma resposta incorreta propositalmente. Nessa situação, um número considerável de participantes cedeu à pressão implícita do grupo e também deu uma opinião incorreta. Os participantes foram enganados: acharam que estavam num experimento sobre percepção, mas, na verdade, estavam num estudo sobre conformidade. Essa dissimulação era necessária? Acho que sim. Vamos reproduzir o experimento sem a dissimulação: imagine que você entra nesse estudo e o pesquisador lhe diz: "Estou interessado em estudar se você vai se pôr de acordo ou não diante da pressão do grupo", e depois lhe diz o que vai acontecer. Meu palpite é que você não vai concordar com os demais. Meu palpite é que quase ninguém fará isso, pois conformidade é considerada uma atitude fraca e pouco desejável. O que o experimentador iria concluir? Que as pessoas tendem a ser inconformistas? Essa conclusão seria errônea e enganadora. Esse experimento não teria sentido.

Nos experimentos de Milgram sobre obediência, cerca de 65% dos cidadãos comuns estavam dispostos a aplicar choques intensos a outra pessoa em obediência ao comando do experimentador. No entanto, todos os anos, quando descrevo a situação experimental aos estudantes da minha classe e lhes pergunto se obedeceriam a tal comando, só 1% indica que o faria. Isso significa que meus estudantes são pessoas melhores do que os participantes de Milgram? Creio que não. Penso que significa que as pessoas, se tiverem alguma chance, vão tentar causar uma boa impressão. Logo, *a menos que* Milgram se valesse de uma farsa, ele teria obtido resultados que simplesmente não refletiriam a maneira como as pessoas se comportam quando são levadas a acreditar que estão em situações reais. Se déssemos às pessoas a oportunidade de se sentar, relaxar e dar um palpite sobre como se comportariam em determinada situação, obteríamos o retrato de como elas gostariam de ser e não um retrato de como elas são.

Problemas de replicação

A pesquisa científica não termina com o experimento. Raramente um único experimento, mesmo aquele que foi construído perfeitamente e que produz resultados belos e claros, nos dá as respostas finais. A etapa seguinte no processo científico é a *replicação*, na qual o estudo original é repetido por outros investigadores em outros laboratórios. A replicação ajuda a esclarecer a pesquisa, estabelecendo as condições às quais ela se aplica e aquelas às quais não se aplica, bem como para quem ela é mais aplicável – por exemplo, funciona apenas com jovens adultos, norte-americanos e estudantes universitários, ou com pessoas mais velhas, europeus e trabalhadores braçais também? A replicação ainda pode determinar se o fenômeno é robusto e duradouro ou se é uma casualidade. Se os cientistas são incapazes de duplicar os resultados originais, uma destas duas coisas deve ser verdade: ou não fizeram as replicações de modo preciso ou apropriado, ou as conclusões dos investigadores originais estavam limitadas ou erradas.

No começo deste capítulo, eu disse que fazer um bom experimento é questão tanto de arte quanto de ciência. Quando trabalhei com meus colegas fazendo experimentos sobre dissonância, por exemplo, passei um bom tempo ajustando as coisas, trabalhando, como disse, tanto como diretor de cinema quanto como investigador científico. A parte da "ciência" é mais fácil de replicar do que a parte da "arte". Afinal, posso comer um magnífico suflê num restaurante e ficar tão impressionado com a criação do chef que compraria imediatamente seu livro de receitas que ensina a fazer o suflê perfeito. Posso usar sua receita para tentar "replicar" aquela criação, mas garanto que a minha versão vai se parecer mais (e ter o gosto!) com um tijolo do que com a criação leve e macia do chefe. Teorias e procedimentos são como receitas. Às vezes, a replicação fracassada tem a ver com uma falha técnica, com uma leitura equivocada da receita, não com uma falha da hipótese.

Às vezes, a replicação capta um erro nos procedimentos dos experimentadores originais, em sua análise dos dados ou até em seus vieses não intencionais. Um estudo bem feito – na verdade, irresistível – realizado na década de 1970 mostrou que bebês recém-nascidos imitam as expressões faciais dos adultos – por exemplo, o experimentador punha a língua para fora e o bebê fazia a mesma coisa –, sugerindo que os bebês nascem com a capacidade de imitar. Mas um experimento recente e mais bem controlado mostrou que essa capacidade de imitação é aprendida, começando por volta dos seis meses de idade.[12]

Finalmente, às vezes, a replicação falha, mas, ao fazê-lo, revela um componente ausente e previamente desconhecido que era crucial para a pesquisa original, mas que não está presente na segunda. Considere um estudo no qual estudantes minoritários escreveram ensaios descrevendo um valor pessoal importante e depois receberam notas mais altas do que estudantes num grupo de controle que escreveram ensaios sobre os valores de outras pessoas.[13] Essa foi uma descoberta impressionante, e por isso houve muitas tentativas de replicá-la, mas apenas algumas deram certo. Isso significa que o estudo original era falso? Nem um pouco. Acontece que essa intervenção não funciona em todas as escolas; só pode ser replicada quando usada em escolas nas quais os estudantes minoritários sentem que há muito preconceito contra eles.[14]

No entanto, emergiu um novo problema em todas as ciências, graças à mídia social: um número de descobertas "quentes" recebe agora atenção instantânea (geralmente, seguidas de uma TED talk) – e depois esfriam quando outros pesquisadores tentam replicá-las. Eis alguns exemplos de estudos que viralizaram, mas depois não foram confirmados por outros experimentadores: ler uma lista de palavras relacionadas à idade evoca imagens de "pessoas idosas" e faz os jovens andarem mais lentamente; lavar as mãos faz você se sentir menos culpado; trabalhar numa sala com um grande pôster de um homem com os olhos postos em você o faz ser mais honesto; inalar oxitocina, o "hormônio do aconchego", faz você ser mais empático; segurar uma xícara quente de café o faz se sentir mais amado. Um dos mais populares foi a suposta "pose de poder": colocar as mãos nos quadris e abrir a postura faria as pessoas se sentirem mais ousadas e mais confiantes, aumentando até seus níveis de testosterona. Não demorou para que uma entre os vários pesquisadores do estudo escrevesse um livro campeão de vendas e apresentasse uma TED talk que se tornou uma das mais vistas na história, "Your Body Language Shapes Who You Are" [Sua linguagem corporal modela quem você é]. (Com efeito, essa ideia se tornou tão popular que eu não ficaria surpreso se milhões de pessoas pelo mundo todo começassem seu dia em pé diante de um espelho de corpo inteiro, na pose da Mulher Maravilha.) Infelizmente, a maioria das muitas replicações dessa pesquisa não conseguiu produzir resultados significativos, especialmente relativos às alegações sobre testosterona e a persistência do efeito. Joseph Simmons e Uri Simonsohn[15] realizaram uma análise estatística de 33 dos estudos publicados posteriormente, que usaram amostras muito maiores do que os originais, e concluíram que "a evidência existente é fraca demais para... sugerir que as pessoas se dediquem a fazer poses de poder para melhorarem a própria vida".

Hoje, infelizmente, têm surgido muitas "descobertas" da psicologia social popular que atraem atenção do público e depois não passam pelo teste da replicação.[16] Mas isso não significa que os *métodos* básicos de experimentação sociopsicológica são falhos – significa que a ciência está progredindo como deveria, corrigindo seus erros e levando adiante as descobertas que se sustentam. Também significa, porém, que o público deve ficar alerta quanto a descobertas sensacionais, improváveis ou simplistas, perguntando-se: "Mas foram replicadas?".

Problemas éticos

Disfarçar pode ser a melhor (e geralmente a única) maneira de obter informações úteis sobre a forma como as pessoas se comportam em situações complicadas, mas isso apresenta três problemas éticos ao experimentador:

1. É simplesmente falta de ética mentir para as pessoas. No mundo atual das *fake news* e das mentiras óbvias dos políticos, será que os cientistas sociais podem justificar a própria contribuição para o festival de enganações que existe atualmente?

2. Com frequência, a dissimulação leva a uma invasão de privacidade. Na medida em que não sabem o que o experimentador está estudando de fato, os participantes não estão em posição de dar um consentimento bem embasado. Por exemplo, no experimento de Asch, talvez alguns estudantes não tivessem concordado em participar se soubessem de antemão que ele estava interessado em examinar sua tendência à conformidade e não sua avaliação perceptiva.
3. Procedimentos experimentais costumam acarretar algumas experiências desagradáveis, como dor, tédio, ansiedade ou constrangimento.

Surgem problemas éticos até quando não se lança mão de um artifício enganoso e quando os procedimentos experimentais não são extremos. Às vezes, até o procedimento aparentemente mais benigno pode afetar profundamente alguns participantes de maneiras que não poderiam ter sido antecipadas, mesmo pelos experimentadores mais sensíveis e cuidadosos. Considere a série de experimentos sobre "dilemas sociais" realizada por Robyn Dawes, Jeanne McTavish e Harriet Shaklee.[17] Em circunstâncias típicas, os participantes se defrontam com a decisão de cooperar com um parceiro ou de "desertar". Se todos cooperam, todos se beneficiam financeiramente; mas, se um ou mais participantes decidem desertar, recebem um pagamento substancial, e aqueles que resolvem cooperar ficam em desvantagem financeira. As respostas são anônimas e permanecem assim ao longo do estudo. As regras do jogo são plenamente explicadas para todos os participantes no começo do experimento. E não há artimanha nisso. Esse cenário parece bem inofensivo.

Mas, 24 horas depois de uma sessão experimental, um homem telefonou para o experimentador. Ele tinha sido o único desertor do seu grupo, ganhando 190 dólares. Ele queria devolver o dinheiro e dividi-lo com os outros participantes (que tinham cooperado e ganhado apenas 1 dólar cada). Ele se sentiu péssimo com seu comportamento ganancioso, disse, e não conseguiu dormir à noite. Após um experimento similar, uma mulher que tinha cooperado enquanto outros desertaram disse que se sentiu ingênua e aprendera que as pessoas não eram tão confiáveis quanto acreditava antes. Portanto, apesar do planejamento cuidadoso dos investigadores, esses experimentos tiveram um impacto poderoso sobre os participantes, algo que não poderia ter sido antecipado facilmente. Meu ponto é simples, mas importante: nenhum código de ética pode prever todos os problemas, especialmente aqueles criados quando os participantes descobrem alguma coisa desagradável sobre si ou a respeito de outros no decorrer de sua participação.

Psicólogos sociais que realizam experimentos estão profundamente preocupados com questões éticas, justamente porque seu trabalho está construído sobre um dilema ético. Deixe-me explicar. Esse dilema baseia-se em dois valores conflitantes com os quais a maioria dos psicólogos sociais consentem. Por um lado, acreditam no valor da investigação científica livre. Por outro lado, acreditam na dignidade dos seres humanos e em seu direito à privacidade. Esse dilema é real e não pode ser desprezado, seja pela defesa convicta da importância da preservação da dignidade humana, seja por jurar lealdade à causa da ciência. E os psicólogos sociais devem enfrentar esse problema, não apenas uma vez, mas sempre que elaboram e realizam um experimento – pois não existe um conjunto concreto e universal de regras ou parâmetros capaz de governar todos os estudos.

Obviamente, algumas técnicas experimentais apresentam mais problemas do que outras. De modo geral, experimentos que se valem de dissimulação são motivo de preocupação, pois o ato de mentir é, em si, censurável, mesmo que o disfarce esteja a serviço da descoberta da verdade. E procedimentos que causam dor, constrangimento, culpa ou outros sentimentos intensos apresentam problemas éticos evidentes.

Dá-se um problema ético mais sutil quando os participantes se deparam com algum aspecto deles próprios que não é agradável ou positivo, tal como fizeram algumas das pessoas nos experimentos de Dawes, McTavish e Shaklee. E muitos dos participantes dos experimentos de Solomon Asch descobriram que se conformariam aos demais diante da pressão do grupo; muitos participantes de nosso próprio experimento (Aronson e Mettee[18]) descobriram que eram capazes de trapacear num jogo de cartas; a maioria dos participantes de Milgram percebeu que iria obedecer à autoridade, mesmo que essa obediência envolvesse (aparentemente) magoar outra pessoa.

Pode-se alegar que essa autodescoberta tem benefício terapêutico ou educativo para os participantes; com efeito, muitos dos próprios participantes fizeram esse comentário. Mas isso, em si, não justifica tais procedimentos. Afinal, como um experimentador pode saber de antemão que isso será terapêutico? Ademais, o cientista seria arrogante se achasse que tem o direito ou a capacidade de proporcionar uma experiência terapêutica às pessoas sem sua permissão prévia.

Tendo em vista esses problemas, os fins da pesquisa em psicologia social justificam os meios? Esse é um ponto discutível. Alguns alegam que, não importa quais sejam as metas dessa ciência e não importa quais sejam suas realizações, não valem a pena se as pessoas são enganadas ou passam por algum desconforto. Do lado oposto do espectro, outros afirmam que os psicólogos sociais estão descobrindo coisas que podem gerar benefícios profundos para a humanidade, e que, portanto, vale a pena pagar quase qualquer preço pelos resultados.

Minha posição está em algum ponto intermediário. Creio que a ciência da psicologia social é valiosa e que a saúde e o bem-estar de participantes experimentais devem ser protegidos o tempo todo. Para decidir se determinado procedimento experimental é ético, acredito que seja apropriada uma análise de custo-benefício. Ou seja, devemos levar em consideração quanto bem será extraído do experimento e quanto dano será causado aos participantes experimentais. Dito de outra forma, os benefícios à ciência e à sociedade são comparados com os custos aos participantes, e essa proporção entra no cálculo da decisão. Infelizmente, essa comparação é difícil de ser feita, pois nunca podemos ter certeza absoluta do benefício ou do dano antes do experimento.

Considere o experimento da obediência. À primeira vista, foi um procedimento difícil mesmo, não resta dúvida disso. Mas Milgram não teria meios de saber exatamente o grau de sua dificuldade antes de o experimento estar muito avançado. Na minha opinião, também foi um experimento extremamente revelador, que nos ensinou muito sobre o comportamento humano. No saldo geral, fico feliz por Milgram tê-lo levado a cabo. Entretanto, sei que nem todos concordarão comigo. Imediatamente após sua publicação, o experimento foi criticado por motivos éticos, tanto pela imprensa popular quanto por cientistas sérios.

Alguns anos depois de ter publicado seus resultados, Stanley Milgram confidenciou-me – com tristeza, e com uma ponta de amargura – que acreditou que a maioria das críticas foi motivada pelos resultados obtidos e não pelo procedimento propriamente dito. Isso, por si e em si, evoca uma questão interessante: será que as críticas à ética do procedimento de Milgram teriam sido menos veementes se nenhum dos participantes tivesse aplicado choques além de um nível de intensidade moderado? Mais de uma década depois, Leonard Bickman e Matthew Zarantonello[19] descobriram que as indagações de Milgram acertaram em cheio o alvo. Realizaram um pequeno experimento simples, no qual pediram a cem pessoas para lerem a seção dos procedimentos do experimento de Milgram. Aqueles que foram informados de que uma grande proporção dos participantes de Milgram tinha sido plenamente obediente avaliaram o procedimento como mais danoso (e, portanto, menos ético) do que aqueles que foram informados de que quase ninguém foi plenamente obediente.

Como nota mais geral, eu sugeriria que a ética de qualquer experimento pareceria menos problemática quando os resultados nos dissessem algo agradável ou elogioso sobre a natureza humana do que quando nos informam de alguma coisa que preferiríamos não saber. Com certeza, isso não significa que devamos limitar nossas pesquisas à descoberta de coisas elogiosas! O experimento de obediência de Milgram é um exemplo excelente. Creio que, se um cientista está interessado em estudar até que ponto uma pessoa vai causar mal a outras obedecendo cegamente à autoridade, não há meio de fazer isso sem produzir algum grau de desconforto.

Em suma, a decisão do psicólogo social quanto a realizar ou não determinado experimento depende da avaliação de seus possíveis custos e benefícios. Sempre aconselho meus estudantes a seguir estes cinco parâmetros:

1. Procedimentos que causam dor intensa ou desconforto intenso devem ser evitados, se possível. Dependendo da hipótese que está sendo testada, talvez seja inevitável algum desconforto.
2. Os experimentadores devem dar aos participantes a opção real de abandonar o experimento caso seu desconforto se torne intenso demais.
3. Os experimentadores devem estar alertas a procedimentos alternativos à dissimulação. Se for possível encontrar outro procedimento viável, deve ser usado.
4. Os experimentadores devem passar um tempo considerável com cada participante ao final da sessão experimental, explicando cuidadosamente os detalhes do experimento, seu verdadeiro propósito e as razões para a dissimulação ou para o desconforto. Durante essa sessão de ***debriefing***, devem fazer o máximo para proteger a dignidade dos participantes, para evitar que se sintam estúpidos ou ingênuos por terem "caído na armação". Devem se assegurar de que os participantes sairão do local de bom humor, sentindo-se bem consigo mesmos e com seu papel no experimento. Isso pode ser feito por qualquer experimentador sincero que esteja disposto a dedicar tempo e esforço para recompensar os participantes (com informações e consideração) pelo papel vital que tiveram no empreendimento científico.
5. Finalmente, os experimentadores não devem realizar um experimento que dependa de simulação ou que produza desconforto "só pelo prazer de realizá-lo". Antes de entrar no laboratório, os experimentadores devem ter certeza de que o experimento é sólido e vale a pena, que

estão buscando a resposta para uma questão interessante e que estão fazendo isso de maneira cuidadosa e bem organizada.

Na psicologia social, os experimentadores se esforçam para ser o mais sensíveis possível às necessidades de seus participantes. Embora muitos experimentos envolvam procedimentos que causam algum grau de desconforto, a vasta maioria desses processos contém muitas proteções para os participantes. Voltemos de novo ao experimento da obediência, simplesmente porque, do ponto de vista dos participantes, envolve um dos procedimentos mais estressantes apresentados neste livro. Milgram trabalhou muito depois do experimento para transformar a experiência como um todo em algo útil e empolgante para seus participantes, e seu esforço foi compensado. Várias semanas após o experimento, 84% dos participantes relataram que estavam felizes por ter participado do estudo; 15% relataram sentimentos neutros; e apenas 1% afirmou que lamentava ter participado. (Entretanto, devemos tratar esses resultados com cautela. A discussão sobre dissonância cognitiva no Capítulo 3 nos ensinou que, às vezes, as pessoas justificam seu comportamento alterando posturas anteriormente assumidas.) Evidências mais convincentes vêm de um estudo de acompanhamento posterior: um ano após a conclusão do programa experimental, um psiquiatra da universidade entrevistou uma amostra aleatória dos participantes e não encontrou indícios de efeitos danosos; na verdade, a reação típica foi de que sua participação se mostrou construtiva e enriquecedora.[20]

Nossa dívida para com os participantes

Falamos das vantagens do método experimental e mostramos como é complexo e desafiador idealizar um experimento de laboratório em psicologia social. Compartilhei parte da empolgação que sinto ao superar dificuldades e comentei sobre formas de assegurar o bem-estar, bem como o aprendizado, dos participantes de nossos experimentos. O conhecimento, a informação e as percepções sobre o comportamento social humano descritos neste livro baseiam-se nas técnicas e nos procedimentos discutidos neste capítulo. Apoiam-se também na cooperação de dezenas de milhares de indivíduos que nos permitiram estudar seu comportamento em laboratórios do mundo todo. Devemos muito a eles. Em última análise, nossa compreensão dos seres humanos em toda a sua complexidade reside em nossa engenhosidade para desenvolver técnicas de estudo do comportamento que sejam bem controladas e influentes, sem violar a dignidade desses indivíduos que, na qualidade de participantes dos experimentos, dão uma contribuição fundamental para o nosso entendimento.

E se nossas descobertas forem mal utilizadas?

Há uma consideração ética adicional: a responsabilidade moral dos cientistas por aquilo que descobrem. Ao longo deste livro, tenho lidado com alguns antecedentes poderosos da persuasão. Isso é particularmente verdadeiro no Capítulo 3, no qual comentei sobre técnicas de indução da autopersuasão, e em alguns dos capítulos subsequentes, em que falei de aplicações dessas técnicas. A autopersuasão é uma força poderosa, pois o persuadido nunca sabe o que o atingiu. Ele passa a acreditar que determinada coisa é verdade, não porque algum demagogo, anúncio ou amigo do Facebook o convenceu de que é verdade, mas porque ele próprio se convenceu. E mais, frequentemente ele não sabe por que ou como passou a acreditar naquilo. Isso torna o fenômeno não só poderoso como assustador. Se eu sei por que passei a acreditar em X, estou relativamente livre para mudar de ideia; mas se tudo o que sei é que X é verdade – e isso é tudo – estou bem mais inclinado a me apegar a essa crença, mesmo diante de uma grande quantidade de evidências que a desminta.

Os mecanismos que descrevi podem ser usados para levar as pessoas a usar fio dental, a parar de fazer bullying com outras pessoas, a mitigar a dor ou a amar o próximo. Muita gente considera esses resultados positivos, mas eles não deixam de ser manipulativos. Além disso, os mesmos mecanismos podem ser usados para levar as pessoas a comprar marcas específicas de pasta dental ou talvez a votar em certos candidatos a cargos públicos. Nesta era de habilidosos assessores políticos, propagandistas e vendedores de bugigangas, não seria imoral usar técnicas poderosas de influência social?

Como meus leitores já devem saber a esta altura, na condição de pessoa real vivendo no mundo real, tenho muitos valores – e não me esforço para ocultá-los; eles aparecem por toda parte. Por exemplo, se eu tivesse este poder, usaria os métodos mais humanos e eficazes ao meu dispor para acabar com a intolerância e a crueldade. Estou igualmente ciente de que, depois que esses métodos são desenvolvidos, outros podem usá-los visando a finalidades com as quais talvez eu não concorde; toda ferramenta inventada por nós, humanos, pode ser usada para o bem ou para o mal, para construir ou destruir. Essa constatação me causa grande preocupação. Também sei que outros não compartilham meus valores.

Ao mesmo tempo, os fenômenos que descrevi neste livro não são nem novos, nem de domínio exclusivo dos psicólogos sociais. Afinal, não foi um psicólogo social que deixou a sra. Landry viciada em Marlboro ou que inventou a técnica da "bola baixa"; não foi um psicólogo social que induziu soldados a justificarem a matança arbitrária de civis; não foi um psicólogo social que ensinou os nazistas a usar a "Grande Mentira" para manipular os cidadãos alemães. Eles fizeram o que fizeram por conta própria.

Os psicólogos sociais estão tentando entender esses e dezenas de outros fenômenos que acontecem todos os dias no mundo e que vêm acontecendo desde tempos imemoriais, para ajudar as pessoas a compreenderem melhor como e por que fazemos o que fazemos. Essa meta não nos livra de responsabilidade moral. Volta e meia, nossa pesquisa gera técnicas de influência social facilmente aplicáveis, e alguns indivíduos podem usar essas técnicas para ganho pessoal, controle sobre os outros e até, nas mãos de um demagogo, para transformar nossa sociedade num pesadelo orwelliano. Não é minha intenção pregar sobre as responsabilidades dos psicólogos sociais em geral. Só posso especificar aquelas que acredito que sejam minhas próprias responsabilidades: educar o público sobre como as técnicas e o conhecimento sociopsicológicos podem ser usados para o bem maior; manter-me vigilante contra o abuso de técnicas e conhecimentos sociopsicológicos; e promover a boa pesquisa, voltada ao aprofundamento da compreensão sobre nós mesmos, animais sociais – como pensamos, como nos comportamos, o que nos torna agressivos e o que nos torna amáveis. Francamente, não consigo pensar numa atividade mais interessante ou mais importante.

GLOSSÁRIO

Agressão: ação intencional orientada para produzir dano ou causar dor física ou psicológica.

Agressão relacional: forma de agressão mais social, não física, que visa ferir os outros sabotando sua reputação e seus relacionamentos com os pares, exemplificada pela difusão de rumores falsos e de mexericos maliciosos.

Altruísmo: qualquer ato que beneficia outra pessoa mas não beneficia aquele que o pratica, e que com frequência envolve algum custo pessoal a quem o pratica.

Ambiguidade de atribuição: fenômeno pelo qual membros de um grupo estigmatizado têm dificuldade para interpretar feedback sobre seu trabalho ou suas ações.

Ameaça do estereótipo: apreensão sentida por membros de um grupo minoritário de que eles possam confirmar um estereótipo cultural (negativo); viu-se que essa apreensão interfere no desempenho intelectual.

Amígdala: área no centro do cérebro associada a comportamentos agressivos.

Amor apaixonado: amor caracterizado por fortes emoções, desejo sexual e intensa preocupação com a pessoa amada.

Amor companheiro: corresponde a uma experiência amorosa mais suave e mais estável, marcada por sentimentos de confiança mútua, segurança e cordialidade.

Amor romântico: combinação entre paixão e intimidade.

Aprendizagem social: processo pelo qual aprendemos o comportamento social observando os outros.

Armadilha: processo pelo qual as pessoas tomam uma decisão trivial, justificam-na e, com o tempo, veem-se cada vez mais comprometidas com uma crença ou atividade.

Atitude: tipo especial de crença que inclui componentes emocionais e de avaliação – em certo sentido, uma avaliação armazenada, boa ou má, sobre um objeto.

Autenticidade: nossa capacidade de não mais tentar causar boa impressão e começar a revelar coisas honestas a nosso próprio respeito.

Autoconceito: percepção que temos acerca de nossos próprios pensamentos, crenças e traços de personalidade; como nos vemos.

Autoestima: avaliação que as pessoas fazem sobre o próprio valor – ou seja, até que ponto elas se veem como boas, competentes e decentes.

Autojustificação: tendência a justificar as próprias ações a fim de manter a autoestima.

Avaro cognitivo: a ideia de que as pessoas procuram maneiras de conservar a energia cognitiva; elas o fazem tentando adotar estratégias que simplifiquem problemas complexos.

Aversão à perda: fenômeno pelo qual as pessoas, quando têm uma escolha, tendem mais a evitar perdas do que obter ganhos.

Bode expiatório (uso de): processo no qual se atribui responsabilidade a um inocente relativamente indefeso por uma coisa que não é culpa dele.

Bola baixa: estratégia inescrupulosa na qual um cliente concorda em adquirir um produto a custo muito baixo, depois do que o vendedor alega que o preço estava errado e o aumenta, apostando que o cliente vai concordar com a compra no preço inflado, o que geralmente acontece.

Catarse: especificamente, liberação de energia; Freud acreditava que, a menos que as pessoas pudessem expressar o comportamento agressivo, a energia hostil ficaria represada, a pressão se acumularia e a energia produzida dessa forma buscaria uma saída, resultando em violência ou refletindo um sintoma de transtorno mental.

Cognição social: estudo de como as pessoas pensam sobre o mundo social e tomam decisões sobre eventos socialmente relevantes.

Comparação social: processo pelo qual avaliamos nossas capacidades, realizações, atitudes e outros atributos comparando-nos com outros.

Conformidade: mudanças no comportamento ou nas opiniões de um indivíduo como resultado da pressão real ou imaginada de outra pessoa ou de um grupo de pessoas.

Contágio emocional: transmissão rápida de emoções ou comportamentos entre uma multidão.

Conversa franca: declaração clara dos sentimentos e das preocupações de uma pessoa sem acusar, culpar, julgar ou ridicularizar o outro.

Credibilidade: se a fonte de uma comunicação é, ao mesmo tempo, especializada e confiável, é provável que cause impacto sobre as crenças do público.

Culpar a vítima: tendência a culpar indivíduos (fazer atribuições disposicionais) por sua vitimização, atribuindo sua situação delicada à própria personalidade e deficiências ou ao próprio comportamento.

Debriefing: procedimento mediante o qual se explica aos participantes, ao final de um experimento, o propósito do estudo e exatamente o que aconteceu.

Designação aleatória: processo no qual todos os participantes têm chances iguais de estar em qualquer condição de um experimento; pela designação aleatória, quaisquer variáveis que não sejam totalmente controladas estão, em teoria, distribuídas randomicamente entre as condições.

Desindividuação: estado de autopercepção reduzida, de preocupação reduzida com a avaliação social e restrições enfraquecidas contra formas proibidas de comportamento.

Dessensibilização: processo pelo qual nos tornamos cada vez menos alarmados quando vemos pessoas feridas.

Desumanização: o processo de ver as vítimas como não humanas, o que reduz a inibição contra ações agressivas, além de tornar a agressão continuada mais fácil e mais provável.

Difusão da responsabilidade: fenômeno pelo qual a percepção da presença de outras testemunhas dilui o sentimento de responsabilidade de agir de um espectador.

Discriminação: tratamento injusto dispensado a membros de um grupo estigmatizado.

Dissonância cognitiva: estado de tensão que ocorre sempre que um indivíduo sustenta simultaneamente duas cognições (ideias, atitudes, crenças, opiniões) que são psicologicamente inconsistentes.

Efeito contraste: um objeto parece ser melhor ou pior do que é, dependendo da qualidade dos objetos com os quais é comparado.

Efeito da primazia: ocorre quando a informação encontrada primeiro tem mais impacto sobre nossas impressões ou crenças do que informações subsequentes.

Efeito das armas: quando a mera presença de um objeto associado à agressão – revólver, rifle ou outra arma – serve de gatilho para uma reação agressiva.

Efeito de inoculação: processo de tornar as pessoas imunes a tentativas de mudar de atitude, expondo-as inicialmente a pequenas doses de argumentos contrários à sua posição.

Efeito do espectador: ocorre quando um espectador casual ou outros espectadores tende(m) a inibir ações úteis diante de uma situação de perigo.

Efeito halo: viés no qual nossa impressão geral sobre uma pessoa, favorável ou desfavorável, afeta nossas inferências e futuras expectativas a respeito dela.

Efeito *pratfall*: fenômeno em que uma pessoa, mesmo que tenha um alto grau de competência, aumenta seu poder de atração quando demonstra algum sinal de falibilidade.

Empatia: capacidade de compreender ou de compartilhar os sentimentos do outro.

Endogrupo: nosso grupo, aquele com o qual nos identificamos e ao qual sentimos que pertencemos.

Eros: instinto pela vida, postulado por Freud.

Erro fundamental de atribuição: tendência a superestimar a importância geral da personalidade ou de fatores disposicionais em relação às influências situacionais ou ambientais ao descrever ou explicar a causa do comportamento social.

Estereótipo: generalização de características, motivações ou comportamento para todo um grupo de pessoas; imagens em nossa mente que moldam nossas impressões de pessoas ou grupos de pessoas.

Exogrupo: grupo com o qual não nos identificamos; tendemos a ver seus membros como todos iguais.

Frustração e agressão: quando uma pessoa se vê impedida de alcançar uma meta, a frustração aumenta a probabilidade de uma reação agressiva.

Grupos de referência: grupos aos quais pertencemos e com os quais nos identificamos.

Heurística de disponibilidade: princípio básico mental que se refere a juízos baseados na facilidade que temos para evocar exemplos específicos.

Heurística: atalhos mentais que proporcionam regras práticas para orientar a solução de problemas e a tomada de decisões.

Hipocrisia: acontece quando as pessoas se isolam da dissonância pela negação, produzindo discrepância entre aquilo que praticam e aquilo que pregam.

Identificação: resposta à influência social provocada pelo desejo de o indivíduo ser como o influenciador.

Ignorância pluralista: crença coletiva numa falsa norma criada pelo comportamento ambíguo dos outros.

Influência social: as influências que as pessoas exercem sobre as crenças, os sentimentos e o comportamento dos outros.

Interdependência: situação na qual os indivíduos precisam um do outro para ter sucesso.

Internalização: a reação mais profundamente enraizada à influência social; motivação para internalizar determinada crença com base no desejo de estar certo.

Justificação do esforço: quando uma pessoa passa por uma experiência difícil ou dolorosa a fim de alcançar determinada meta ou adquirir um bem, tornando mais atraente essa meta ou esse bem.

Justificação externa: justificação da pessoa para seu comportamento dissonante, determinado pela situação.

Justificação interna: a redução da dissonância de uma pessoa por meio da mudança de alguma coisa nela mesma (como atitude ou comportamento) na direção de suas declarações.

Observância: resposta à influência social provocada pela expectativa individual de recompensa ou pelo medo de punição.

Opinião: aquilo que a pessoa acredita ser uma verdade factual.

Pensamento de grupo: forma de pensamento em que a preservação da concordância do grupo suplanta uma análise cuidadosa dos fatos de maneira realista.

Persuasão: uma comunicação que muda as opiniões, as atitudes ou o comportamento das pessoas.

***Priming* (pré-ativação):** procedimento baseado na noção de que ideias recentemente apreendidas ou frequentemente ativadas têm maior probabilidade de vir à mente e por isso serão usadas na interpretação de eventos sociais.

Preconceito: atitude hostil ou negativa em relação a um grupo específico, com base em generalizações procedentes de informações falhas ou incompletas; contém em si os componentes cognitivo, emocional e comportamental.

Privação relativa: sentimento despertado em um indivíduo quando percebe que outras pessoas têm mais ou estão se saindo melhor do que ele, e que o sistema o está tratando com injustiça em relação àquilo que as pessoas próximas possuem.

Profecia autorrealizável: processo que ocorre quando os indivíduos (1) têm uma expectativa sobre como é certa pessoa, o que então (2) influencia a maneira de tratá-la e (3) faz com que ela se comporte de modo a confirmar as expectativas originais dos outros.

Proximidade: um dos principais fatores a determinar se gostamos de uma pessoa ou a amamos é sua proximidade física; é mais provável que nos apaixonemos por alguém que mora em nossa cidade ou perto dela, ou frequenta nossa universidade, do que por alguém que mora muito longe.

Psicologia social: estudo científico das maneiras pelas quais os pensamentos, sentimentos e comportamento das pessoas são influenciados pela presença real ou sugerida de outras pessoas.

Realismo experimental: dá-se quando os procedimentos experimentais têm impacto sobre os participantes, forçando-os a levar o experimento a sério e os envolvendo no processo.

Realismo mundano: grau de semelhança entre um experimento e eventos que acontecem frequentemente com as pessoas no mundo exterior.

Reatância: quando nosso senso de liberdade é ameaçado e tentamos restaurá-lo.

Relacionamentos comunais: situações nas quais nenhum dos parceiros está acompanhando o placar dos prós e contras do relacionamento, achando que, no longo prazo, vai haver alguma forma de equidade.

Relacionamentos de troca: relacionamentos nos quais as pessoas envolvidas querem se assegurar de que atingirão algum tipo de equidade e que as recompensas e os custos para cada parceiro serão distribuídos de forma justa.

Rota central para a persuasão: a rota que envolve sopesar argumentos, considerar fatos e números relevantes, pensar nas questões de maneira sistemática e chegar a uma conclusão.

Rota periférica para a persuasão: rota na qual a pessoa responde a indicações simples, geralmente irrelevantes, que sugerem a correção ou o erro de um argumento sem pensar muito nele.

Roteiros: formas de comportamento social que aprendemos implicitamente a partir da cultura.

Roteiros sexuais: regras implícitas que especificam o comportamento sexual apropriado para uma pessoa em determinada situação, variando com o gênero, idade, orientação sexual, etnia e grupo de pares.

Sala de aula jigsaw: estrutura cooperativa de sala de aula, projetada para reduzir preconceito étnico, racial e de gênero e para elevar a autoestima e a confiança das crianças, levando-as a trabalhar em grupos cooperativos pequenos e diversos.

Sexismo benevolente: atitude para com as mulheres que parece favorável, mas que, na verdade, é paternalista; alega visões estereotipadamente positivas sobre o sexo feminino, mas no fundo presume que as mulheres são mais fracas e menos competentes.

Sexismo hostil: reflete uma aversão ativa às mulheres; abriga visões estereotipadas do sexo feminino, sugerindo que as mulheres são inferiores aos homens.

Tânatos: segundo Freud, impulso instintivo orientado para a morte, levando a ações agressivas.

Técnica do pé na porta: prática de solicitar pequenos favores para estimular as pessoas a concordar com pedidos maiores.

Teoria da aprendizagem social cognitiva: diz que as pessoas aprendem a se comportar por meio de seus processos cognitivos, como a percepção que têm dos eventos, e pela observação e imitação dos outros.

Teoria da atribuição: teoria que descreve a maneira pela qual as pessoas explicam as causas do próprio comportamento e do de outras pessoas.

Teoria ganha-perde: teoria segundo a qual o aumento gradual de comportamento positivo e recompensador de outra pessoa tem mais impacto sobre nós do que o comportamento continuamente recompensador, e que a diminuição no comportamento positivo de outra pessoa tem mais impacto do que um comportamento constantemente negativo.

Teste de Associação Implícita (IAT): mede a velocidade das associações positivas e negativas da pessoa com relação a um grupo-alvo.

Testosterona: hormônio sexual masculino que influencia a agressividade, como já se mostrou.

Variável dependente: resposta que se supõe "depender" de uma condição experimental em particular.

Variável independente: variável que o experimentador muda ou varia a fim de observar se exerce efeito sobre alguma outra variável.

Viés de confirmação: tendência a buscar confirmações sobre impressões ou crenças.

Viés do ponto cego: a crença de que somos mais objetivos e menos tendenciosos do que a maioria das outras pessoas.

Viés endogrupal: quando favorecemos nosso próprio grupo e não outro.

Viés retrospectivo: tendência (geralmente errada) a superestimar nosso poder de predição depois de sabermos o resultado de determinado evento.

Visão disposicional: suposição de que o comportamento de uma pessoa é resultado de sua personalidade (disposição) e não de pressões na situação.

NOTAS

Capítulo 1: O que é psicologia social?

1. CLARK, K.; CLARK, M. Racial identification and preference in Negro children. *In:* NEWCOMB, T. M.; HARTLEY, E. L. (ed.), *Readings in social psychology*. New York: Holt, 1947. p. 169-178.
2. VOIGT, R. *et al.* Language from police body camera footage shows racial disparities in officer respect. *PNAS* 114, 2017, p. 6521-6526.
3. HAWKINS, S. A.; HASTIE, R. Hindsight: Biased judgments of past events after the outcomes are known. *Psychological Bulletin* 107, 1990, p. 311-327.
4. KANG, C. Fake news onslaught targets pizzeria as nest of child-trafficking. *New York Times*, 21 nov. 2016.

Capítulo 2: Cognição social

1. PANATI, C. *Extraordinary origins of everyday things*. Nova York: Harper & Row, 1987.
2. SUSKIND, P. *Perfume: The story of a murder*. Nova York: Vintage, 2001. [Trecho extraído da edição brasileira do livro: O *perfume*: história de um assassino. Tradução de Flávio R. Kothe. Rio de Janeiro: Record, 1985. p. 5.]
3. GOLDEN, C. *Images of the woman reader in Victorian British and American fiction*. Gainesville, FL: University Press of Florida, 2003.
4. NIN, A. *Seduction of the minotaur*. Athens, OH: Swallow Press, 1961.
5. BENTHAM, J. *A fragment on government and an introduction to the principles of morals and legislation*. Oxford: Blackwell, 1876/1948. Para uma versão moderna do cálculo da felicidade, ver FISHBEIN, M.; AJZEN, I. *Belief, attitude, intention, and behavior: An introduction to theory and research*. Reading, MA: Addison-Wesley, 1975.
6. FISKE, S. T.; TAYLOR, S. E. *Social cognition*. Nova York: McGraw-Hill, 1991; KOOL, W. *et al.* Decision making and the avoidance of cognitive demand. *Journal of Experimental Psychology, 139*, 2010, p. 665.

7. MANI, A. *et al.* Poverty impedes cognitive function. *Science, 341*, 2013, p. 976-980.
8. WATSON, J. B. *Behaviorism* (edição revisada). Chicago: University of Chicago Press, 1930.
9. PINKER, S. *The blank slate:* The modern denial of human nature. Nova York: Penguin, 2003.
10. BLOOM, P. *Just babies:* The origins of good and evil. Nova York: Crown, 2013.
11. BARKOW, J. H.; COSMIDES, L.; TOOBY, J. (ed.). *The adapted mind:* Evolutionary psychology and the generation of culture. Nova York: Oxford University Press, 1995; ZIHLMAN, A. L.; BOLTER, D. R. Body composition in Pan paniscus compared with Homo sapiens has implications for changes during human evolution. *Proceedings of the National Academy of Sciences, 112*, 2015, p. 7466-7471.
12. DUNBAR, R. M. Neocortex size as a constraint on group size in primates. *Journal of Human Evolution, 22*, 1992, p. 469-493; GONÇALVES, B.; PERRA, N.; VESPIGNANI, A. Modeling users' activity on twitter networks: Validation of Dunbar's number. *PLoS One, 6*, 2011, p. e22656.
13. GONÇALVES, B.; PERRA, N.; VESPIGNANI, A. Modeling users' activity on twitter networks: Validation of Dunbar's number. *PLoS One, 6*, 2011, p. e22656.
14. BICKEL, R.; HOWLEY, C. The influence of scale on school performance. *Education Policy Analysis Archives, 8*, 2000, p. 22; MCROBBIE, J. *Are small schools better?* São Francisco: Wested, 2001.
15. MEDINA, J. *Brain rules*. Seattle, WA: Pear Press, 2008.
16. KENRICK, D. *Sex, murder, and the meaning of life*. Nova York: Basic Books, 2013.
17. PRONIN, E.; LIN, D. Y.; ROSS, L. The bias blind spot: Perceptions of bias in self versus others. *Personality and Social Psychology Bulletin, 28*, 2002, p. 369-381; BANAJI, M. R.; GREENWALD, A. G. *Blindspot: Hidden biases of good people*. Nova York: Delacorte Press, 2013.
18. BRONOWSKI, J. *The ascent of man*. Boston: Little, Brown, 1973.
19. NICKERSON, R. S. Confirmation bias: A ubiquitous phenomenon in many guises. *Review of general psychology, 2*, 1998, p. 175; SNYDER, M.; SWANN, W. B. Hypothesis-testing processes in social interaction. *Journal of Personality and Social Psychology, 36*, 1978, p. 1202-1212.
20. GREENBERG, J.; PYSZCZYNSKI, T.; SOLOMON, S. (1982). The self-serving attributional bias: Beyond self-presentation. *Journal of Experimental Social Psychology, 18*, 56-67. ARKIN, R. M.; MARUYAMA, G. M. (1979). Attribution, affect, and college exam performance. *Journal of Educational Psychology, 71*, 85-93. GILOVICH, T. Biased evaluation and persistence in gambling. *Journal of Personality and Social Psychology, 44*, 1983, p. 1110-1126. ROSS, M.; SICOLY, F. Egocentric biases in availability and attribution. *Journal of Personality and Social Psychology, 37*, 1979, p. 322-336. BRECKLER, S. J.; PRATKANIS, A. R.; MCCANN, D. The representation of self in multidimensional cognitive space. *British Journal of Social Psychology, 30*, 1991, p. 97-112. JOHNSTON, W. A. Individual performance and self-evaluation in a simulated team. *Organization Behavior and*

Human Performance, 2, 1967, p. 309-328. CUNNINGHAM, J. D.; STARR, P. A.; KANOUSE, D. E. Self as actor, active observer, and passive observer: Implications for causal attribution. *Journal of Personality and Social Psychology*, *37*, 1979, p. 1146-1152.

21. GILOVICH, T.; MEDVEC, V. H.; SAVITSKY, K. The spotlight effect in social judgment: An egocentric bias in estimates of the salience of one's own actions and appearance. *Journal of Personality and Social Psychology*, *78*, 2000, p. 211-222.
22. PETTY, R. E.; BROCK, T. C. Effects of "Barnum" personality assessments on cognitive behavior. *Journal of Consulting and Clinical Psychology*, *47*, 1979, p. 201-203.
23. BAUMEISTER, R. F. *et al.* Bad is stronger than good. *Review of General Psychology*, *5*, 2001, p. 323.
24. LUHMANN, M. *et al.* Subjective well-being and adaptation to life events: A meta-analysis. *Journal of Personality and Social Psychology*, *102*, 2012, p. 592-615.
25. BAUMEISTER, R. F. *et al.* Bad is stronger than good. *Review of General Psychology*, *5*, 2001, p. 323.
26. KAHNEMAN, D.; TVERSKY, A. Advances in prospect theory: Cumulative representation of uncertainty. *Journal of Risk and Uncertainty*, *5*, 1992, p. 297-323.
27. FRYER JR, R. G. *et al. Enhancing the efficacy of teacher incentives through loss aversion: A field experiment* (n. w18237). National Bureau of Economic Research, 2012.
28. GONZALES, M. H.; ARONSON, E.; COSTANZO, M. Increasing the effectiveness of energy auditors: A field experiment. *Journal of Applied Social Psychology*, *18*, 1988, p. 1049-1066.
29. Dois excelentes tratamentos sobre a psicologia social da felicidade são: HAIDT, J. *The happiness hypothesis: Finding modern truth in ancient wisdom*. Nova York: Basic Books, 2006; LYUBOMIRSKY, S. *The how of happiness: A scientific approach to getting the life you want*. Nova York: Penguin, 2008.
30. LYUBOMIRSKY, S. *et al.* Becoming happier takes both a will and a proper way: An experimental longitudinal intervention to boost wellbeing. *Emotion*, *11*, 2011, p. 391.
31. KAHNEMAN, D. *Thinking, fast and slow*. Nova York: Macmillan, 2011. [*Rápido e devagar*: duas formas de pensar. Tradução Cássio de Arantes Leite. Rio de. Janeiro: Objetiva, 2012.]
32. OPHIR, E.; NASS, C.; WAGNER, A. D. Cognitive control in media multitaskers. *Proceedings of the National Academy of Sciences*, *106*, 2009, p. 15583-15587.
33. HAIDT, J. *The righteous mind: Why good people are divided by politics and religion*. Nova York: Vintage, 2012.
34. LIU, J. *et al.* Seeing Jesus in toast: Neural and behavioral correlates of face pareidolia. *Cortex*, *53*, 2014, p. 60-77.
35. HEIDER, F.; SIMMEL, M. An experimental study of apparent behavior. *American Journal of Psychology*, *57*, 1944, p. 243-259.
36. LIEBERMAN, M. D. *Social: Why our brains are wired to connect*. Nova York: Crown, 2013.

37. HAMILTON, D. L.; KATZ, L. B.; LEIRER, V. O. Cognitive representation of personality impressions: Organizational processes in first impression formation. *Journal of Personality and Social Psychology*, *39*, 1980, p. 1050.
38. EISENBERGER, N. I. Broken hearts and broken bones: A neural perspective on the similarities between social and physical pain. *Current Directions in Psychological Science*, *21*, 2012, p. 42-47.
39. EISENBERGER, N. I.; LIEBERMAN, M. D.; WILLIAMS, K. D. Does rejection hurt? An fMRI study of social exclusion. *Science*, *302*, 2003, p. 290-292; EISENBERGER, N. I.; LIEBERMAN, M. D.; EISENBERGER, N. I.; WILLIAMS, K. D. Why rejection hurts: A common neural alarm system for physical and social pain. *Trends in Cognitive Sciences*, 8, 2003/2004, p. 294-300.
40. OLSON, K. *Wounded by school: Recapturing the joy in learning and standing up to old school culture*. Nova York: Teachers College Press, 2015.
41. CRISP, R. J.; HEWSTONE, M. (ed.). *Multiple social categorization*. San Diego, CA: Elsevier Academic Press, 2007.
42. TAJFEL, H. *Human groups and social categories*. Cambridge: Cambridge University Press, 1981.
43. MEISSNER, C. A.; BRIGHAM, J. C. Thirty years of investigating the own-race bias in memory for faces: A meta-analytic review. *Psychology, Public Policy, and Law*, *7*, 2001, p. 3-35.
44. TAJFEL, H. *et al.* Social categorization and intergroup behaviour. *European Journal of Social Psychology*, *1*, 1971, p. 149-178.
45. COHEN, G. L. Party over policy: The dominating impact of group influence on political beliefs. *Journal of Personality and Social Psychology*, *85*, 2003, p. 808.
46. HASTORF, A. H.; CANTRIL, H. They saw a game; a case study. *Journal of Abnormal and Social Psychology*, *49*, 1954, p. 129.
47. STEVEN S.; FERNBACH, P. *The knowledge illusion*. Nova York: Riverhead Books, 2017.
48. YUDKIN, D.; VAN BAVEL, J. The roots of implicit bias. *New York Times*, 9 dez. 2016.
49. YUDKIN, D. A. *et al.* Reflexive intergroup bias in third-party punishment. *Journal of Experimental Psychology: General*, *145*, 2016, p. 1448-1459.
50. FISKE, S. T. *Social beings: Core motives in social psychology*. Nova York: John Wiley & Sons, 2009.
51. BAUMEISTER, R. F.; LEARY, M. R. The need to belong: Desire for interpersonal attachments as a fundamental human motivation. *Psychological Bulletin*, *117*, 1995, p. 497.
52. CASELLA, J.; RIDGEWAY, J.; SHOURD, S. *Hell is a very small place: Voices from solitary confinement*. Nova York: The New Press, 2016.
53. HANEY, C. Mental health issues in long-term solitary and "supermax" confinement. NCCD *News*, *49*, 2003, p. 124-156.

54. Baumeister, R.; Tice, D. The social animal encounters social rejection: Cognitive, behavioral, emotional, and interpersonal effects of being excluded. *In*: Aronson, J.; Aronson, E. (ed.). *Readings about the social animal*. 12. ed. Nova York: Worth/Freeman, 2017.
55. Bastian, B.; Haslam, N. Excluded from humanity: The dehumanizing effects of social ostracism. *Journal of Experimental Social Psychology*, *46*, 2010, p. 107-113; Wesselmann, E. D. *et al.* Social exclusion in everyday life. *In: Social Exclusion*. Nova York: Springer International Publishing, 2016. p. 3-23.; Pickett, C. L.; Gardner, W. L. The social monitoring system: Enhanced sensitivity to social cues and information as an adaptive response to social exclusion and belonging need. *In:* Williams, K. D.; Forgas, J. P.; Von Hippel, W. (ed.). *The social outcast: Ostracism, social exclusion, rejection, and bullying*. Nova York: Psychology Press, 2005. p. 213-226.; Bernstein, M. J. *et al.* Adaptive responses to social exclusion: Social rejection improves detection of real and fake smiles. *Psychological Science*, *19*, 2008, p. 981-983.
56. Loersch, C.; Arbuckle, N. L. Unraveling the mystery of music: Music as an evolved group process. *Journal of Personality and Social Psychology*, *105*, 2013, p. 777.
57. De Berker, A. O. *et al.* Computations of uncertainty mediate acute stress responses in humans. *Nature Communications*, *7*, 2016, p. 10996.
58. Mcewen, B. S.; Gianaros, P. J. Central role of the brain in stress and adaptation: Links to socioeconomic status, health, and disease. *Annals of the New York Academy of Sciences*, *1186*, 2010, p. 190-222.
59. Leary, M. R.; Baumeister, R. F. The nature and function of self-esteem: Sociometer theory. *Advances in Experimental Social Psychology*, *32*, 2000, p. 1-62.
60. Peterson-Smith, K. Black lives matter: A new movement takes shape. *International Socialist Review*, *96*, 2015.
61. Lerner, M. J. The belief in a just world. *In: The belief in a just world*. Nova York: Springer US, 1980. p. 9-30.; Hafer, C. L.; Bègue, L. Experimental research on just-world theory: Problems, developments, and future challenges. *Psychological Bulletin*, *131*, 2005, p. 128.
62. Deci, E. L.; Ryan, R. M. The "what" and "why" of goal pursuits: Human needs and the self-determination of behavior. *Psychological Inquiry*, *11*, 2000, p. 227-268; Fiske, S. T. *Social beings: Core motives in social psychology*. Nova York: John Wiley & Sons, 2009.
63. Webber, D.; Kruglanski, A. W. The social psychological makings of a terrorist. *Current Opinion in Psychology*, *19*, 2017, p. 131-134; Kruglanski, A. W. *et al.* Fully committed: Suicide bombers' motivation and the quest for personal significance. *Political Psychology*, *30*, 2009, p. 331-357.
64. Heider, F. *The psychology of interpersonal relations*. Nova York: Psychology Press, 2013; Kelley, H. H. Attribution theory in social psychology. *In*: Levine, D. (ed.). *Nebraska symposium on motivation*. Lincoln: University of Nebraska Press, 1967.

v. 15, p. 192–241.; Kelley, H. H. The process of causal attribution. *American Psychologist*, *28*, 1973. p. 107-128; é interessante observar que foi alegado que nem mesmo cientistas pensam sempre como cientistas, tornando-se, em vez disso, presas de alguns dos vieses descritos neste capítulo. Ver Greenwald, A. G. *et al.* Under what conditions does theory obstruct research progress? *Psychological Review*, *93*, 1986, p. 216-229.

65. Gilbert, D. T.; Malone, P. S. The correspondence bias. *Psychological Bulletin*, *117*, 1995, p. 21.

66. Ross, L.; Amabile, T. M.; Steinmetz, J. L. Social roles, social control, and biases in social-perception processes. *Journal of Personality and Social Psychology*, *35*, 1977, p. 485-494.

67. Buchanan, G. M.; Seligman, M. *Explanatory style*. Nova York: Routledge, 2013.

68. Rosenthal, R.; Jacobson, L. *Pygmalion in the classroom*. Nova York: Holt, Rinehart & Winston, 1968; Rosenthal, R. The Pygmalion effect and its mediating mechanisms. *In:* Aronson, J. (ed.). *Improving academic achievement: Impact of psychological factors on education*. San Diego: Academic Press, 2002.

69. Jussim, L.; Harber, K. D. Teacher expectations and self-fulfilling prophecies: Knowns and unknowns, resolved and unresolved controversies. *Personality and Social Psychology Review*, *9*, 2005, p. 131-155.

70. Simonson, I.; Tversky, A. Choice in context: Tradeoff contrast and extremeness aversion. *Journal of Marketing*, *29*, 1992, p. 281; Gilbert, D. T. *Stumbling on happiness*. Nova York: Knopf, 2006.

71. Marsh, H. W.; Kong, C. K.; Hau, K. T. Longitudinal multilevel models of the big-fish-little-pond effect on academic self-concept: Counterbalancing contrast and reflected glory effects in Hong Kong schools. *Journal of Personality and Social Psychology*, *78*, 2000, p. 337-349.

72. Thornton, B.; Maurice, J. Physique contrast effect: Adverse impact of idealized body images for women. *Sex Roles*, *37*, 1997, p. 433-439.

73. Shensa, A. *et al.* Problematic social media use and depressive symptoms among us young adults: A nationally-representative study. *Social Science & Medicine*, *182*, 2017, p. 150-157.

74. Lyubomirsky, S. *The myths of happiness: What should make you happy, but doesn't, what shouldn't make you happy, but does*. Nova York: Penguin, 2013.

75. Dweck, C. S. *Mindset: The new psychology of success*. Nova York: Random House Incorporated, 2006.

76. Higgins, E. T.; Rholes, W. S.; Jones, C. R. Category accessibility and impression formation. *Journal of Experimental Social Psychology*, *13*, 1977, p. 141-154.

77. Graham, S.; Lowery, B. S. Priming unconscious racial stereotypes about adolescent offenders. *Law and Human Behavior*, *28*, 2004, p. 483.

78. McCombs, M. E.; Shaw, D. L. The agenda-setting function of mass media. *Public Opinion Quarterly*, *36*, 1972, p. 176-187; McCombs, M. News influence

on our pictures of the world. *In*: BRYANT, J.; ZILLMANN, D. (ed.). *Media effects: Advances in theory and research*. Hillsdale, NJ: Erlbaum, 1994. p. 1-16.

79. COHEN, B. *The press and foreign policy*. Princeton: Princeton University Press, 1963.

80. ASCH, S. Forming impressions of personality. *Journal of Abnormal and Social Psychology*, 41, 1946, p. 258-290.

81. JONES, E. E. *et al*. Pattern of performance and ability attribution: An unexpected primacy effect. *Journal of Personality and Social Psychology*, *10*, 1968, p. 317-340.

82. ARONSON, J. M.; JONES, E. E. Inferring abilities after influencing performances. *Journal of Experimental Social Psychology*, *28*, 1992, p. 277-299.

83. TVERSKY, A.; KAHNEMAN, D. Judgment under uncertainty: Heuristics and biases. *Science*, *185*, 1974, p. 1124-1131; KAHNEMAN, D.; TVERSKY, A. On the psychology of prediction. *Psychological Review*, *80*, 1973, p. 237-251.

84. ORGANIZAÇÃO DAS NAÇÕES UNIDAS PARA A ALIMENTAÇÃO E A AGRICULTURA. Which cereal for breakfast? *Consumer Reports*, 1981, p. 68-75.

85. TVERSKY, A.; KAHNEMAN, D. Availability: A heuristic for judging frequency and probability. *Cognitive Psychology*, *5*, 1973, p. 207-232; SIGNORIELLI, N.; GERBNER, G.; MORGAN, M. Violence on television: The Cultural Indicators Project. *Journal of Broadcasting and Electronic Media*, *39*, 1995, p. 278-283.

86. OPPENHEIMER, D. M.; FRANK, M. C. A rose in any other font would not smell as sweet: Effects of perceptual fluency on categorization. *Cognition*, *106*, 2008, p. 1178-1194.

87. MCGLONE, M. S.; TOFIGHBAKHSH, J. Birds of a feather flock conjointly (?): Rhyme as reason in aphorisms. *Psychological Science*, *11.5*, 2000, p. 424-428.

88. SCHWARZ, N.; CLORE, G. L. Mood, misattribution, and judgments of wellbeing: Informative and directive functions of affective states. *Journal of Personality and Social Psychology*, *45*, 1983, p. 513.

89. SINACEUR, M.; HEATH, C.; COLE, S. Emotional and deliberative reactions to a public crisis: Mad cow disease in France. *Psychological Science*, *16*, 2005, p. 247-254.

90. PRATKANIS, A. R. The cognitive representation of attitudes. *In:* PRATKANIS, A. R.; BRECKLER, S. J.; GREENWALD, A. G. (ed.). *Attitude structure and function*. Hillsdale, NJ: Erlbaum, 1989. p. 71-98.

91. WILSON, T. D.; GILBERT, D. T. Affective forecasting. *Advances in Experimental Social Psychology*, *35*, 2003, p. 345-411; GILBERT, D. T. *Stumbling on happiness*. Nova York: Knopf, 2006.

92. DUNN, E. W.; WILSON, T. D.; GILBERT, D. T. Location, location, location: The misprediction of satisfaction in housing lotteries. *Personality and Social Psychology Bulletin*, *29*, 2003, p. 1421-1432.

93. LIBERMAN, N.; TROPE, Y. The role of feasibility and desirability considerations in near and distant future decisions: A test of temporal construal theory. *Journal of Personality and Social Psychology*, *75*, 1998, p. 5.

94. Loftus, E. F.; Loftus, G. R. On the permanence of stored information in the human brain. *American Psychologist*, *35*, 1980, p. 409-420; Loftus, E. F.; Palmer, J. C., 1974.
95. Loftus, E. F.; Palmer, J. C. Reconstruction of automobile destruction: An example of the interaction between language and memory. *Journal of Verbal Learning and Verbal Behavior*, *13*, 1974, p. 585-589.
96. LOFTUS, E. F. Shifting human color memory. *Memory and Cognition*, *5*, 1977, p. 696-699.
97. Markus, H. Self-schemata and processing information about the self. *Journal of Personality and Social Psychology*, *35*, 1977, p. 63-78; Conway, M.; Ross, M. Getting what you want by revising what you had. *Journal of Personality and Social Psychology*, *47*, 1984, p. 738.
98. Loftus, E. F. The reality of repressed memories. *American Psychologist*, *48*, 1993, p. 518-537; Loftus, E. F.; Ketcham, K. *The myth of repressed memory: False memories and allegations of sexual abuse*. Nova York: St. Martin's Press, 1994.
99. Loftus, E. F.; Greenspan, R. L. If I'm certain, is it true? Accuracy and confidence in eyewitness memory. *Psychological Science in the Public Interest*, *18*, 2017, p. 1-2.
100. LoftuS, E. F.; Greenspan, R. L. If I'm certain, is it true? Accuracy and confidence in eyewitness memory. *Psychological Science in the Public Interest*, *18*, 2017, p. 1-2.

Capítulo 3: Autojustificação

1. Prasad, J. A comparative study of rumors and reports in earthquakes. *British Journal of Psychology*, *41*, 1950, p. 129-144.
2. Sinha, D. Behavior in a catastrophic situation: A psychological study of reports and rumours. *British Journal of Psychology*, *43*, 1952, p. 200-209.
3. Festinger, L. *A theory of cognitive dissonance*. Stanford, CA: Stanford University Press, 1957.
4. Fotuhi, O. *et al*. Patterns of cognitive dissonance-reducing beliefs among smokers: A longitudinal analysis from the International Tobacco Control (ITC) Four Country Survey. *Tobacco Control: An International Journal*, *22*, 2013, p. 52-58.
5. Kassarjian, H.; Cohen, J. Cognitive dissonance and consumer behavior. *California Management Review*, *8*, 1965, p. 55-64.
6. Tagliacozzo, R. Smokers' self-categorization and the reduction of cognitive dissonance. *Addictive Behaviors*, *4*, 1979, p. 393-399.
7. Gibbons, F. X.; Eggleston, T. J.; Benthin, A. C. Cognitive reactions to smoking relapse: The reciprocal relation between dissonance and self-esteem. *Journal of Personality and Social Psychology*, *72*, 1997, p. 184-195.
8. Goleman, D. Make-or-break resolutions. *Psychology Today*, jan. 1982, p. 19.

9. LEVIN, M. Jury views CEO's "gummy bear" deposition. *Los Angeles Times*, 18 jul. 1997, D3.
10. TAVRIS, C.; ARONSON, E. *Mistakes were made (but not by me)*, edição revisada. Nova York: Harcourt, 2007/2015.
11. BRUCE, L. *How to talk dirty and influence people*. Chicago: Playboy Press; Nova York: Pocket Books, 1966.
12. TRUMP, D. Dito durante um comício de campanha em Iowa, 23 jan. 2016.
13. JONES, E.; KOHLER, R. The effects of plausibility on the learning of controversial statements. *Journal of Abnormal and Social Psychology*, *57*, 1959, p. 315-320.
14. LORD, C.; ROSS, L.; LEPPER, M. Biased assimilation and attitude polarization: The effects of prior theories on subsequently considered evidence. *Journal of Personality and Social Psychology*, *37*, 1979, p. 2098-2109; EDWARDS, K.; SMITH, E. A disconfirmation bias in the evaluation of arguments. *Journal of Personality and Social Psychology*, *71*, 1996, p. 5-24.
15. HAIDT, J. *The righteous mind: Why good people are divided by politics and religion*. Nova York: Vintage, 2012; COHEN, G. L.; ARONSON, J.; STEELE, C. M. When beliefs yield to evidence: Reducing biased evaluation by affirming the self. *Personality and Social Psychology Bulletin*, *26*, 2000, p. 1151-1164.
16. EHRLICH, D. *et al.* Postdecision exposure to relevant information. *Journal of Abnormal and Social Psychology*, *57*, 1957, p. 98-102; GILOVICH, T.; MEDVEC, V. H.; CHEN, S. Commission, omission, and dissonance reduction: Coping with regret in the "Monty Hall" problem. *Personality and Social Psychology Bulletin*, *21*, 1995, p. 182-190.
17. BREHM, J. Postdecision changes in the desirability of alternatives. *Journal of Abnormal and Social Psychology*, *52*, 1956, p. 384-389.
18. JOHNSON, D. J.; RUSBULT, C. E. Resisting temptation: Devaluation of alternative partners as a means of maintaining commitment in close relationships. *Journal of Personality and Social Psychology*, *57*, 1989, p. 967-980.
19. SIMPSON, J. A.; GANGESTAD, S. W.; LERMA, M. Perception of physical attractiveness: Mechanisms involved in the maintenance of romantic relationships. *Journal of Personality and Social Psychology*, *59*, 1990, p. 1192-1201.
20. GILBERT, D. T. *Stumbling on happiness*. Nova York: Knopf, 2006.
21. ARAD, A. Past decisions do affect future choices: An experimental demonstration. *Organizational Behavior and Human Decision Processes*, *121*, 2013, p. 267-277.
22. EGAN, L. C.; SANTOS, L. R.; BLOOM, P. The origins of cognitive dissonance: Evidence from children and monkeys. *Psychological Science*, *18*, 2007, p. 978-983.
23. HARMON-JONES, E.; HARMON-JONES, C.; AMODIO, D. M. A neuroscientific perspective on dissonance, guided by the action-based model. *In:* GAWRONSKI, B.; STRACK, F. (ed.). *Cognitive consistency: A fundamental principle in social cognition*. Nova York: Guilford Press, 2012. p. 47-65.

24. WESTEN, D. *et al.* Neural bases of motivated reasoning: An fMRI study of emotional constraints on partisan political judgment in the 2004 U.S. Presidential election. *Journal of Cognitive Neuroscience*, *18*, 2006, p. 1947-1958.
25. KOKKORIS, M. D.; KÜHNEN, U. Choice and dissonance in a European cultural context: The case of Western and Eastern Europeans. *International Journal of Psychology*, *48*, 2013, p. 1260-1266.
26. SAKAI, H. A multiplicative power-function model of cognitive dissonance: Toward an integrated theory of cognition, emotion, and behavior after Leon Festinger. *In:* HARMON-JONES, E.; MILLS, J. S. (ed.). *Cognitive dissonance: Progress on a pivotal theory in social psychology*. Washington, DC: American Psychological Association, 1999.
27. IMADA, T.; KITAYAMA, S. Social eyes and choice justification: Culture and dissonance revisited. *Social Cognition*, *28*, 2010, p. 589-608.
28. KNOX, R.; INKSTER, J. Postdecision dissonance at post time. *Journal of Personality and Social Psychology*, 8, 1968, p. 319-323.
29. GILBERT, D. T.; EBERT, J. E. Decisions and revisions: The affective forecasting of changeable outcomes. *Journal of Personality and Social Psychology*, *82*, 2002, p. 503.
30. CIALDINI, R. *et al.* Low-ball procedure for producing compliance: Commitment then cost. *Journal of Personality and Social Psychology*, *36*, 1978, p. 463-476.
31. MILLS, J. Changes in moral attitudes following temptation. *Journal of Personality*, *26*, 1958, p. 517-531.
32. FREEDMAN, J. L.; FRASER, S. C. Compliance without pressure: The foot-in-the-door technique. *Journal of Personality and Social Psychology*, *4*, 1966, p. 195.
33. PLINER, P. *et al.* Compliance without pressure: Some further data on the foot-in-the-door technique. *Journal of Experimental Social Psychology*, *10*, 1974, p. 17-22.
34. FESTINGER, L.; CARLSMITH, J. M. Cognitive consequences of forced compliance. *Journal of Abnormal and Social Psychology*, *58*, 1959, p. 203-210.
35. COHEN, A. R. An experiment on small rewards for discrepant compliance and attitude change. *In:* BREHM, J. W.; COHEN, A. R. *Explorations in cognitive dissonance*. Nova York: Wiley, 1962. p. 73-78.
36. ZIMBARDO, P. *The cognitive control of motivation*. Glencoe, IL: Scott, Foresman, 1969.
37. BREHM, J. Motivational effects of cognitive dissonance. *In: Nebraska Symposium on Motivation*. Lincoln: University of Nebraska Press, 1962. p. 51-77.
38. ZIMBARDO, P. *et al.* Communicator effectiveness in producing public conformity and private attitude change. *Journal of Personality*, *33*, 1965, p. 233-255.
39. ARONSON, E.; CARLSMITH, J. M. Effect of the severity of threat on the devaluation of forbidden behavior. *Journal of Abnormal and Social Psychology*, *66*, 1963, p. 584-588.
40. FREEDMAN, J. Long-term behavioral effects of cognitive dissonance. *Journal of Experimental Social Psychology*, *1*, 1965, p. 145-155.

41. Aronson, E. Dissonance theory: Progress and problems. *In:* Abelson, R. P. *et al.* (ed.). *Theories of cognitive consistency: A sourcebook.* Chicago: Rand McNally, 1968. p. 5-27.

42. Bryan, C. J.; Adams, G. S.; Monin, B. When cheating would make you a cheater: Implicating the self prevents unethical behavior. *Journal of Experimental Psychology: General, 142*, 2013, p. 1001-1005.

43. Pitt, R. N. "Killing the messenger": Religious black gay men's neutralization of anti-gay religious messages. *Journal for the Scientific Study of Religion, 49*, 2010, p. 56-72.

44. Aronson, E. The theory of cognitive dissonance: A current perspective. *In:* Berkowitz, L. (ed.). *Advances in experimental social psychology.* Nova York: Academic Press, 1969. v. 4, p. 1-34.

45. Murray, A. A.; Wood, J. M.; Lilienfeld, S. O. Psychopathic personality traits and cognitive dissonance: Individual differences in attitude change. *Journal of Research in Personality*, v. 46, p. 525-536.

46. Aronson, E.; Mettee, D. Dishonest behavior as a function of different levels of self-esteem. *Journal of Personality and Social Psychology, 9*, 1968, p. 121-127.

47. Cohen, G. L. *et al.* Reducing the racial achievement gap: A social-psychological intervention. *Science, 313*, 2006, p. 1307-1310.

48. Kernis, M. H. Following the trail from narcissism to fragile self-esteem. *Psychological Inquiry, 12*, 2001, p. 223-225.

49. Baumeister, R. F.; Bushman, B. J.; Campbell, W. K. Self-esteem, narcissism, and aggression: Does violence result from low self-esteem or from threatened egotism? *Current Directions in Psychological Science, 9*, 2000, p. 26-29.

50. Salmivalli, C. *et al.* Self-evaluated self-esteem, peer-evaluated self-esteem, and defensive egotism as predictors of adolescents' participation in bullying situations. *Personality and Social Psychology Bulletin, 25*, p. 1268-1278.

51. ARONSON, E.; MILLS, J. The effect of severity of initiation on liking for a group. *Journal of Abnormal and Social Psychology, 59*, 1959, p. 177-181.

52. Gerard, H.; Mathewson, G. The effects of severity on initiation on liking for a group: A replication. *Journal of Experimental Social Psychology, 2*, 1966, p. 278-287.

53. Aronson, E. The theory of cognitive dissonance: A current perspective. *In:* Berkowitz, L. (ed.). *Advances in experimental social psychology.* Nova York: Academic Press, 1969. v. 4, p. 1-34.

54. Sapolsky, R. *Why zebras don't get ulcers.* Nova York: Freeman, 1993.

55. Conway, M.; Ross, M. Getting what you want by revising what you had. *Journal of Personality and Social Psychology, 47*, 1984, p. 738-748.

56. Michener, J. *Kent State: What happened and why.* Nova York: Random House, 1971.

57. Davis, K.; Jones, E. E. Changes in interpersonal perception as a means of reducing cognitive dissonance. *Journal of Abnormal and Social Psychology, 61*,

1960, p. 402-410; GIBBONS, F. X.; MCCOY, S. B. Self-esteem, similarity, and reactions to active versus passive downward comparison. *Journal of Personality and Social Psychology*, *60*, 1991, p. 414-424.

58. GLASS, D. Changes in liking as a means of reducing cognitive discrepancies between self-esteem and aggression. *Journal of Personality*, *32*, 1964, p. 531-549; SORRENTINO, R.; BOUTILIER, R. Evaluation of a victim as a function of fate similarity/dissimilarity. *Journal of Experimental Social Psychology*, *10*, 1974, p. 84-93; SORRENTINO, R.; HARDY, J. Religiousness and derogation of an innocent victim. *Journal of Personality*, *42*, 1974, p. 372-382.

59. BERSCHEID, E.; BOYCE, D.; WALSTER (HATFIELD), E. Retaliation as a means of restoring equity. *Journal of Personality and Social Psychology*, *10*, 1968, p. 370-376.

60. STURMAN, E. D. Dehumanizing just makes you feel better: The role of cognitive dissonance in dehumanization. *Journal of Social, Evolutionary, and Cultural Psychology*, *6*, 2012, p. 527-531.

61. JOST, J. T.; KAY, A. C.; THORISDOTTIR, H. (ed.). *Social and psychological bases of ideology and system justification*. Nova York: Oxford University Press, 2009.

62. HARBER, K. D.; PODOLSKI, P.; WILLIAMS, C. H. Emotional disclosure and victim blaming. *Emotion*, *15*, 2015, p. 603-614.

63. SHAW, G. B. *In:* RUSSEL, D. (ed.). *Selected prose*. Nova York: Dodd, Mead, 1952.

64. BREHM, J. Increasing cognitive dissonance by a fait-accompli. *Journal of Abnormal and Social Psychology*, *58*, 1959, p. 379.

65. DARLEY, J.; BERSCHEID, E. Increased liking as a result of the anticipation of personal contact. *Human Relations*, *20*, 1967, p. 29-40.

66. LEHMAN, D.; TAYLOR, S. E. Date with an earthquake: Coping with a probable, unpredictable disaster. *Personality and Social Psychology Bulletin*, *13*, 1987, p. 546-555.

67. ARONSON, E. The giving away of psychology — and condoms. *APS Observer*, *10*, 1997, p. 17-35.

68. STONE, J. *et al.* Inducing hypocrisy as a means of encouraging young adults to use condoms. *Personality and Social Psychology Bulletin*, *20*, 1994, p. 116-128.

69. ARONSON, E. Dissonance, hypocrisy, and the self-concept. *In:* HARMON-JONES, E.; MILLS, J. S. (ed.). *Cognitive dissonance theory: Revival with revisions and controversies*. Washington, DC: American Psychological Association Books, 1998; DICKERSON, C. A. *et al.* Using cognitive dissonance to encourage water conservation. *Journal of Applied Social Psychology*, *22*, 1992, p. 841-854; ARONSON, J.; FRIED, C. B.; GOOD, C. Reducing the effects of stereotype threat on African American college students by shaping theories of intelligence. *Journal of Experimental Social Psychology*, *38*, 2002, p. 113-125.

70. WIESEL, E. *Night*. Nova York: Avon, 1969.

71. WHITE, J. E. Bush's most valuable player. *Time*, 14 nov. 1988, p. 20-21.

72. MCCLELLAN, S. *What happened: Inside the Bush White House and Washington's culture of deception*. Nova York: Public Affairs, 2008.

73. Bush, G. *Decision points*. Nova York: Crown, 2010.
74. Rosenthal, A. Foes accuse Bush campaign of inflaming racial tension. *New York Times*, 24 out. 1988, A1, B5.
75. Goodwin, D. K. *Team of rivals: The political genius of Abraham Lincoln*. Nova York: Simon & Schuster, 2005.
76. Risen, J. *State of war: The secret history of the* cia *and the Bush administration*. Nova York: Free Press, 2006.
77. Johnson, L. B. *The vantage point: Perspectives of the presidency 1963-69*. Nova York: Holt, Rinehart and Winston, 1971.

Capítulo 4: Conformidade

1. © 1933, 1961 por James Thurber. De "The day the dam broke" em *My life and hard times*. Nova York: Harper, 1933. p. 41, 47. (Publicada originalmente na *New Yorker*.)
2. Schachter, S. Deviation, rejection, and communication. *Journal of Abnormal and Social Psychology*, *46*, 1951, p. 190-207.
3. Kruglanski, A. W.; Webster, D. W. Group members' reaction to opinion deviates and conformists at varying degrees of proximity to decision deadline and of environmental noise. *Journal of Personality and Social Psychology*, *61*, 1991, p. 212-225.
4. Speer, A. *Inside the Third Reich: Memoirs*. Trad. R. Winston e C. Winston. Nova York: Macmillan, 1970.
5. Entrevista com John Dean. Playboy (eua), jan. 1975, p. 78.
6. Janis, I. L. Groupthink. *Psychology Today*, nov. 1971, p. 43-46; Janis, I. L. Counteracting the adverse effects of concurrence-seeking in policy-planning groups. *In:* Brandstatter, H.; Davis, J. H.; Stocker-Kreichgauer, G. (ed.). *Group decision making*. Nova York: Academic Press, 1984; Kameda, T.; Sugimori, S. Psychological entrapment in group decision making: An assigned decision rule and a groupthink phenomenon. *Journal of Personality and Social Psychology*, *65*, 1993, p. 282-292.
7. Heyes, C. Imitation: Not in our genes. *Current Biology*, *26*, 2016, p. R412-R414.
8. Meltzoff, A. N.; Moore, M. K. Newborn infants imitate adult facial gestures. *Child Development*, *54*, 1983, p. 702-709.
9. Meltzoff, A. N.; Kuhl, P. K. Exploring the infant social brain: What's going on in there? *Zero to Three Journal*, *36*, 2016, p. 1-9.
10. Chartrand, T. L.; Bargh, J. A. The chameleon effect: The perception-behavior link and social interaction. *Journal of Personality and Social Psychology*, *76*, 1999, p. 893.
11. Lakin, J. L. *et al.* The chameleon effect as social glue: Evidence for the evolutionary significance of nonconscious mimicry. *Journal of Nonverbal Behavior*, *27*, 2003, p. 145-162.

12. Chartrand, T. L.; Bargh, J. A. The chameleon effect: The perception-behavior link and social interaction. *Journal of Personality and Social Psychology*, *76*, 1999, p. 893.
13. Rist, D. *The chameleon effect*. 2013. Lulu.com; Berger, J. *Invisible influence: The hidden forces that shape behavior*. Nova York: Simon & Schuster, 2016.
14. Disponível em: https://www.theguardian.com/world/2007/may/02/hillaryclinton.uselections2008. Acesso em: 14 ago. 2017; Mills, C. 2015. Disponível em: http://www.washingtonexaminer.com/clintons-southern-strategy-hillary-fakes--accent-for-crowd/article/2574357. Acesso em: 14 ago. 2017; Clinton negou as acusações de bajulação, alegando que inconscientemente adota a pronúncia e diz "Y'all" sempre que está no Sul dos EUA.
15. Stel, M. C. *et al.* Mimicking disliked others: Effects of a priori liking on the mimicry-liking link. *European Journal of Social Psychology*, *40*, 2010, p. 867-880; Van Baaren, R. *et al.* Where is the love? The social aspects of mimicry. *Philosophical Transactions of the Royal Society of London, B: Biological Sciences*, *364*, 2009, p. 2381-2389.
16. Haun, D. B.; Rekers, Y.; Tomasello, M. Children conform to the behavior of peers; other great apes stick with what they know. *Psychological Science*, *25*, 2014, p. 2160-2167.
17. Fein, S.; Goethals, G. R.; Kugler, M. B. Social influence on political judgments: The case of presidential debates. *Political Psychology*, *28*, 2007, p. 165-192.
18. Nisbett, R. E.; Wilson, T. D. Telling more than we can know: Verbal reports on mental processes. *Psychological Review*, *84*, 1977, p. 231.
19. Sherif, M. An experimental approach to the study of attitudes. *Sociometry*, *1*, 1937, p. 90-98; MacNeil, M. K.; Sherif, M. Norm change over subject generations as a function of arbitrariness of prescribed norms. *Journal of Personality and Social Psychology*, *34*, 1976, p. 762.
20. Asch, S. Effects of group pressure upon the modification and distortion of judgment. *In*: Guetzkow, M. H. (ed.). *Groups, leadership and men*. Pittsburgh: Carnegie, 1951. p. 117-190.; Asch, S. Studies of independence and conformity: A minority of one against a unanimous majority. *Psychological Monographs*, *70* (9, Whole n. 416), 1956.
21. Gitow, A.; Rothenberg, F. (prod.). *Dateline* NBC*: Follow the leader*. Distribuído por NBC News. (10 ago. 1997).
22. Bond, R.; Smith, P. Culture and conformity: A meta-analysis of studies using Asch's (1952, 1956) line judgment task. *Psychological Bulletin*, *119*, 1996, p. 111-137.
23. Berns, G. S. *et al.* Neurobiological correlates of social conformity and independence during mental rotation. *Biological Psychiatry*, *58*, 2005, p. 245-253.
24. Wu, H.; Luo, Y.; Feng, C. Neural signatures of social conformity: A coordinate-based activation likelihood estimation meta-analysis of functional brain imaging studies. *Neuroscience & Biobehavioral Reviews*, *71*, 2016, p. 101-111.

25. EISENBERGER, N. I.; LIEBERMAN, M. D. Why rejection hurts: A common neural alarm system for physical and social pain. *Trends in Cognitive Sciences*, 8, 2004, p. 294-300; BAUMEISTER, R.; TICE, D. The social animal encounters social rejection: Cognitive, behavioral, emotional, and interpersonal effects of being excluded. *In:* ARONSON, J.; ARONSON, E. (ed.). *Readings about the social animal.* 12. ed. Nova York: Worth/Freeman, 2017; TWENGE, J. M. *et al.* If you can't join them, beat them: Effects of social exclusion on aggressive behavior. *Journal of Personality and Social Psychology*, *81*, 2001, p. 1058-1069.
26. FESTINGER, L. A theory of social comparison processes. *Human Relations*, *7*, 1954, p. 117-140.
27. WOLOSIN, R.; SHERMAN, S.; CANN, A. Predictions of own and others' conformity. *Journal of Personality*, *43*, 1975, p. 357-378.
28. MULLEN, B.; COOPER, C.; DRISKELL, J. E. Jaywalking as a function of model behavior. *Personality and Social Psychology Bulletin*, *16*, 1990, p. 320-330.
29. GLADWELL, M. *The tipping point*. Nova York: Little, Brown, 2000.
30. SUROWIECKI, J. *The wisdom of crowds: Why the many are smarter than the few and how collective wisdom shapes business, economies, societies, and nations*. Nova York: Random House, 2005; HERTWIG, R. Tapping into the wisdom of the crowd—with confidence. *Science*, *336*, 2012, p. 303-304.
31. BOYANOWSKY, E. *et al.* Generalization of independence created by social support. *Psychological Record*, *31*, 1981, p. 475-488.
32. ALLEN, V.; LEVINE, J. Social support and conformity: The role of independent assessment of reality. *Journal of Experimental Social Psychology*, *7*, 1971, p. 48-58.
33. DEUTSCH, M.; GERARD, H. A study of normative and informational social influence upon individual judgment. *Journal of Abnormal and Social Psychology*, *51*, 1955, p. 629-636.
34. PENNINGTON, J.; SCHLENKER, B. R. Accountability for consequential decisions: Justifying ethical judgments to audiences. *Personality and Social Psychology Bulletin*, *25*, 1999, p. 1067-1981.
35. QUINN, A.; SCHLENKER, B. R. Can accountability produce independence? Goals as determinants of the impact of accountability on conformity. *Personality and Social Psychology Bulletin*, *28*, 2002, p. 472-483.
36. ARNDT, J. *et al.* The intrinsic self and defensiveness: Evidence that activating the intrinsic self reduces self-handicapping and conformity. *Personality and Social Psychology Bulletin*, *28*, 2002, p. 671-683.
37. MAUSNER, B. The effects of prior reinforcement of the interaction of observed pairs. *Journal of Abnormal and Social Psychology*, *49*, 1954, p. 65-68; MAUSNER, B. The effect on one's partner's success in a relevant task on the interaction of observed pairs. *Journal of Abnormal and Social Psychology*, *49*, 1954, p. 557-560; GOLDBERG, S.; LUBIN, A. Influence as a function of perceived judgment error. *Human Relations*, *11*, 1958, p. 275-281; WIESENTHAL, D. *et al.* Reversibility of relative competence as a determinant of conformity

across different perceptual tasks. *Representative Research in Social Psychology, 7*, 1976, p. 35-43.

38. Dittes, J.; Kelley, H. Effects of different conditions of acceptance upon conformity to group norms. *Journal of Abnormal and Social Psychology, 53*, 1956, p. 100-107.
39. Harris, J. R. *The nurture assumption: Why children turn out the way they do*. Nova York: Simon and Schuster, 2011.
40. Steinberg, L. Risk taking in adolescence. *Current Directions in Psychological Science, 16*, 2007, p. 55-59.
41. Steinberg, L. A social neuroscience perspective on adolescent risk-taking. *Developmental Review, 28*, 2008, p. 78-106; Botdorf, M. *et al.* Adolescent risk-taking is predicted by individual differences in cognitive control over emotional, but not non-emotional, response conflict. *Cognition and Emotion, 31*, 2017, p. 972-979.
42. Kennedy, D. M. "Don't shoot". Palestra de convidado sobre violência juvenil. Universidade de Nova York, 2013.
43. Baird, A. A. Adolescent moral reasoning: The integration of emotion and cognition. *Moral Psychology, 3*, 2008, p. 323-342.
44. Gaither, S. E. *et al.* Mere membership in racially diverse groups reduces conformity. *Social Psychological and Personality Science*, 2017. doi: 10.1177/1948550617708013.
45. Kindermann, T. A. Effects of naturally existing peer groups on changes in academic engagement in a cohort of sixth graders. *Child Development, 78*, 2007, p. 1186-1203; Kindermann, T. A.; McCollam, T. L.; Gibson, E. Peer group influences on children's developing school motivation. *In:* Wentzel, K.; Juvonen, J. (ed.). *Social motivation: Understanding children's school adjustment.* Newbury Park, ca: Sage, 1996. p. 279-312.
46. Newcomb, T. M. *Personality and social change: Attitude formation in a student community*. Nova York: Holt, Rinehart; Winston, 1943.
47. Crandall, C. S. Social contagion of binge eating. *Journal of Personality and Social Psychology, 55*, 1988, p. 588-598; O'connor, S. M. *et al.* What drives the association between weight-conscious peer groups and disordered eating? Disentangling genetic and environmental selection from pure socialization effects. *Journal of Abnormal Psychology, 125*, 2016, p. 356-368.
48. Aronson, E.; O'leary, M. The relative effectiveness of models and prompts on energy conservation: A field experiment in a shower room. *Journal of Environmental Systems, 12*, 1982-1983, p. 219-224.
49. Cialdini, R. B.; Reno, R. R.; Kallgren, C. A. A focus theory of normative conduct: Recycling the concept of norms to reduce littering in public places. *Journal of Personality and Social Psychology, 58*, 1990, p. 1015-1029.
50. Reno, R.; Cialdini, R.; Kallgren, C. A. The trans-situational influence of social norms. *Journal of Personality and Social Psychology, 64*, 1993, p. 104-112.

51. KEIZER, K.; LINDENBERG, S.; STEG, L. The spreading of disorder. *Science*, 322, 2008, p. 1681-1685; HINKLE, J. C.; YANG, S. M. A new look into broken windows: What shapes individuals' perceptions of social disorder? *Journal of Criminal Justice*, *42*, 2014, p. 26-35; KEUSCHNIGG, M.; WOLBRING, T. Disorder, social capital, and norm violation: Three field experiments on the broken windows thesis. *Rationality and Society*, *27*, 2015, p. 96-126; KEIZER, K.; LINDENBERG, S.; STEG, L. The importance of demonstratively restoring order. *PLoS One*, *8*, 2013, p. e65137.

52. WICHERTS, J. M.; BAKKER, M. Broken windows, mediocre methods, and substandard statistics. *Group Processes & Intergroup Relations*, *17*, 2014, p. 388-403; WILSON, J. Q.; KELLING, G. L. Broken windows. *Atlantic Monthly*, mar. 1982, p. 29-38.

53. GOLDSTEIN, N. J.; CIALDINI, R. B.; GRISKEVICIUS, V. A room with a viewpoint: Using social norms to motivate environmental conservation in hotels. *Journal of Consumer Research*, *35*, 2008, p. 472-482.

54. CIALDINI, R. B. Crafting normative messages to protect the environment. *Current Directions in Psychological Science*, *12*(4), 2003, p. 105-109.

55. MANNING, R.; LEVINE, M.; COLLINS, A. The Kitty Genovese murder and the social psychology of helping: The parable of the 38 witnesses. *American Psychologist*, *62*, 2007, p. 555-562.

56. PELONERO, C. *Kitty Genovese: A true account of a public murder and its private consequences*. Nova York: Skyhorse Publishing, 2014.

57. KORTE, C.; KERR, N. Response to altruistic opportunities in urban and nonurban settings. *Journal of Social Psychology*, *95*, 1975, p. 183-184; RUSHTON, J. P. Urban density and altruism: Helping strangers in a Canadian city, suburb, and small town. *Psychological Reports*, *43*, 1978, p. 987-990.

58. LEVINE, R. V.; NORENZAYAN, A.; PHILBRICK, K. Cross-cultural differences in helping strangers. *Journal of Cross-Cultural Psychology*, *32*, 2001, p. 543-560.

59. DARLEY, J.; LATANÉ, B. Bystander intervention in emergencies: Diffusion of responsibility. *Journal of Personality and Social Psychology*, 8, 1968, p. 377-383; LATANÉ, B.; DARLEY, J. Group inhibition of bystander intervention in emergencies. *Journal of Personality and Social Psychology*, *10*, 1968, p. 215-221; LATANÉ, B.; RODIN, J. A lady in distress: Inhibiting effects of friends and strangers on bystander intervention. *Journal of Experimental Social Psychology*, 5, 1969, p. 189-202.

60. LATANÉ, B.; RODIN, J. A lady in distress: Inhibiting effects of friends and strangers on bystander intervention. *Journal of Experimental Social Psychology*, 5, 1969, p. 189-202.

61. DARLEY, J.; LATANÉ, B. Bystander intervention in emergencies: Diffusion of responsibility. *Journal of Personality and Social Psychology*, 8, 1968, p. 377-383.

62. DARLEY, J.; BATSON, D. "From Jerusalem to Jericho": A study of situational and dispositional variables in helping behavior. *Journal of Personality and Social Psychology*, *27*, 1973, p. 100-108.

63. Piliavin, I.; Rodin, J.; Piliavin, J. Good samaritanism: An underground phenomenon? *Journal of Personality and Social Psychology*, *13*, 1969, p. 289-299.
64. Fischer, P. *et al.* The bystander-effect: A meta-analytic review on bystander intervention in dangerous and non-dangerous emergencies. *Psychological Bulletin*, *137*, 2011, p. 517-537.
65. Gross, J. J. The emerging field of emotion regulation: An integrative review. *Review of General Psychology*, *2*, 1998, p. 271-299; Gross, J. J.; John, O. P. Individual differences in two emotion regulation processes: Implications for affect, relationships, and wellbeing. *Journal of Personality and Social-Psychology*, *85*, 2003, p. 348-362.
66. Hochschild, A. R. *The managed heart: Commercialization of human feeling.* 2. ed. Berkeley, CA: University of California Press, 2003.
67. Jessor, R. *et al.* Problem drinking in college. *In Problem behavior theory and adolescent health*. Springer International Publishing, 2017. p. 123-138; 2014 National Survey on Drug Use and Health (NSDUH). Table 6.88B—Alcohol Use in the Past Month among Persons Aged 18 to 22, by College Enrollment Status and Demographic Characteristics: Percentages, 2013 and 2014. Disponível em https://www.samhsa.gov/data/sites/default/files/NSDUHDetTabs2013/NSDUH--DetTabs2013.htm#tab6.88b.
68. Miller, D. T.; Prentice, D. A. Changing norms to change behavior. *Annual Review of Psychology*, *67*, 2016, p. 339-361.
69. Schroeder, C. M.; Prentice, D. A. Exposing pluralistic ignorance to reduce alcohol use among college students. *Journal of Applied Social Psychology*, *28*, 1998, p. 2150-2180.
70. Kennedy, D. M.; Kleiman, M. A.; Braga, A. A. Beyond deterrence. *Handbook of Crime Prevention and Community Safety*, 2017, p. 157.
71. "Interrupting violence with the message 'Don't Shoot': Interview with David M. Kennedy". *Fresh Air*. 11 de novembro de 2011. Recuperado em: 22 abr. 2014: Kennedy, David M. *Don't shoot: One man, a street fellowship, and the end of violence in inner-city America*. Nova York: Bloomsbury, 2011.
72. Kelman, H. Processes of opinion change. *Public Opinion Quarterly*, *25*, 1961, p. 57-78.
73. Cohen, G. L.; Prinstein, M. J. Peer contagion of aggression and health-risk behavior among adolescent males: An experimental investigation of effects on public conduct and private attitudes. *Child Development*, *77*, 2006, p. 967-983.
74. Milgram, S. Behavioral study of obedience. *Journal of Abnormal and Social Psychology*, *67*, 1963, p. 371-378.
75. Milgram, S. *Obedience to authority*. Nova York: Harper & Row, 1974; Elms, A. C.; Milgram, S. Personality characteristics associated with obedience and defiance toward authoritative command. *Journal of Experimental Research in Personality*, *1*, 1966, p. 282-289.

76. Kilham, W.; Mann, L. Level of destructive obedience as a function of transmitter and executant roles in the Milgram obedience paradigm. *Journal of Personality and Social Psychology*, *29*, 1974, p. 696-702; Shanab, M.; Yahya, K. A behavioral study of obedience in children. *Journal of Personality and Social Psychology*, *35*, 1977, p. 530-536.
77. Meeus, W. H. J.; Raaijmakers, Q. A. W. Obedience in modern society: The Utrecht studies. *Journal of Social Issues*, *51* (*3*), 1995, p. 155-175; Miller, A. G.; Collins, B. E.; Brief, D. E. Perspectives on obedience to authority: The legacy of the Milgram experiments. *Journal of Social Issues*, *51* (*3*), 1995, p. 1-19.
78. Burger, J. Milgram replication. abc *20/20*. 3 jan. 2007; Burger, J. M. Situational features in Milgram's experiment that kept his participants shocking. *Journal of Social Issues*, *70*, 2014, p. 489-500.
79. Democracy Now. Abu Ghraib: Getting away with torture? Human rights watch calls for accountability into U.S. abuse of detainees. 2005. Recuperado em: 2 jan. 2010 de http://www.democracynow.org/2005/4/25/getting_away_with_torture_human_rights; Zimbardo, P. *The Lucifer effect*. Nova York: Random House, 2007.
80. Milgram, S. Some conditions of obedience and disobedience to authority. *Human Relations*, *18*, 1965, p. 57-76; Milgram, S. *Obedience to authority: An experimental view*. Nova York: Harper & Row, 1974.
81. Meeus, W. H. J.; Raaijmakers, Q. A. W. Obedience in modern society: The Utrecht studies. *Journal of Social Issues*, *51*, 1995, p. 155-176.
82. Vasquez-Heilig, J.; Darling-Hammond, L. Accountability Texas-style: The progress and learning of urban minority students in a high-stakes testing context. *Educational Evaluation and Policy Analysis*, *30*, 2008, p. 75-110.
83. Martin, R.; Hewstone, M. Minority influence. *Social Psychology: Revisiting the Classic Studies*, *93*, 2017.
84. O'connor, S. D. *The majesty of the law: Reflections of a Supreme Court justice*. Nova York: Random House, 2007.

Capítulo 5: Comunicação de massa, propaganda e persuasão

1. Ver, por exemplo, http://www.hopkinsmedicine.org/health/healthy_aging/healthy_body/really-any-benefit-to-multivitamins. Acesso em: 13 ago. 2017.
2. Smith, A. US smartphone use in 2015. *Pew Research Center*, *1*, 2015; Tsetsi, E.; Rains, S. A. Smartphone internet access and use: Extending the digital divide and usage gap. *Mobile Media & Communication*, 2017. doi: 10.1177/2050157917708329.
3. Hamm, M. P. *et al*. Prevalence and effect of cyberbullying on children and young people: A scoping review of social media studies. jama *Pediatrics*, *169*, 2015, p. 770-777; Groves, C. L; Anderson, C. A. Negative effects of video game play 49. *Handbook of Digital Games and Entertainment Technologies*, 2017,

1297; BENOTSCH, E. G. *et al.* Sexting, substance use, and sexual risk behavior in young adults. *Journal of Adolescent Health, 52*, 2013, p. 307-313.

4. OULASVIRTA, A. *et al.* Habits make smartphone use pervasive. *Personal and Ubiquitous Computing, 16*, 2012, p. 105-114.
5. ALTER, A. *Irresistible: The rise of addictive technology and the business of keeping us hooked.* Nova York: Penguin, 2017.
6. SEO, D. G. *et al.* Mobile phone dependency and its impacts on adolescents' social and academic behaviors. *Computers in Human Behavior, 63*, 2016, p. 282-292.
7. CENTERS for Disease Control and Prevention *Youth Risk Behavior Surveillance-United States, 2015. Morbidity and Mortality Weekly Report*, 65. Atlanta, GA: Centers for Disease Control and Prevention, 2016.
8. THORNTON, B. *et al.* The mere presence of a cell phone may be distracting implications for attention and task performance. *Social Psychology, 45*, 2014, p. 479-488.
9. PRZYBYLSKI, A. K.; WEINSTEIN, N. Can you connect with me now? How the presence of mobile communication technology influences face-to-face conversation quality. *Journal of Social and Personal Relationships, 30*, 2013, p. 237-246.
10. MISRA, S. *et al.* The iPhone effect: The quality of in-person social interactions in the presence of mobile devices. *Environment and Behavior, 48*, 2016, p. 275-298.
11. Disponível em: https://techcrunch.com/2017/03/03/u-s-consumers-now-spend-5-hours-perday-on-mobile-devices/. Acesso em: 14 ago. 2017; https://tinyurl.com/4ypaxft7. Acesso em: 14 ago. 2017.
12. UHLS, Y. T. *et al.* Five days at outdoor education camp without screens improves preteen skills with nonverbal emotion cues. *Computers in Human Behavior, 39*, 2014, p. 387-392.
13. GREEN, C. S.; BAVELIER, D. Learning, attentional control, and action video games. *Current Biology, 22*, 2012, p. R197-R206.
14. TWENGE, J. M. Does online social media lead to social connection or social disconnection? *Journal of College and Character, 14*, 2013, p. 11-20; HALPERN, D.; VALENZUELA, S.; KATZ, J. E. "Selfie-ists" or "Narciselfiers"?: A cross-lagged panel analysis of selfie taking and narcissism. *Personality and Individual Differences, 97*, 2016, p. 98-101.
15. JACKSON, M. *Distracted: The erosion of attention and the coming dark age.* Nova York: Prometheus Books, 2008; CARR, N. *The shallows: What the Internet is doing to our brains.* Nova York: W. W. Norton, 2011. [*A geração superficial*: o que a internet está fazendo com os nossos cérebros. Rio de Janeiro: Agir, 2011.]
16. Para uma excelente lista de referências científicas sobre os benefícios de caminhar na natureza para a energia mental, criatividade, redução de estresse, memória e outras áreas cognitivas, ver http://www.businessinsider.com/scientific-benefits-ofnature-outdoors-2016-4/#1-improved-short-term-memory-1. Acesso em: 14 ago. 2017.

17. VERDUYN, P. *et al.* Passive Facebook usage undermines affective wellbeing: Experimental and longitudinal evidence. *Journal of Experimental Psychology: General, 144*, 2015, p. 480.
18. JOHNSON, R. N. Bad news revisited: The portrayal of violence, conflict, and suffering on television news. *Peace and Conflict: Journal of Peace Psychology, 2*, 1996, p. 201-216.
19. POLLOCK, J. *Crime and Criminal Justice in America*. Nova York: Taylor & Francis, 2017.
20. PICCALO, G. *Los Angeles Times*, 26 set. 2001.
21. NOWICKI, Dan. The Arizona Republic. Recuperado em: https://www.usatoday.com/story/news/nation /2013/03/17/iraq-war-10-years-later/1993431/. Acesso em: 14 ago. 2017.
22. GILBERT, G. M. *Nuremberg diary*. Nova York: Farrar, Straus and Company, 1947. p. 278-279.
23. *St. Petersburg Times*, 21 out. 1982; *The Tennessean*, 31 out. 1982.
24. *Newsbank, 19*, 1º out. 1982.
25. PHILLIPS, D. P.; CARSTENSEN, L. L. Clustering of teenage suicides after television news stories about suicide. *New England Journal of Medicine, 315*, 1986, p. 685-689; PHILLIPS, D. P.; LESYNA, K.; PAIGHT, D. J. Suicide and the media. *In:* MARIS, R. W. *et al.* (ed.). *Assessment and prediction of suicide*. Nova York: Guilford Press, 1992. p. 499-519.
26. MA-KELLAMS, C.; BAEK, J. H.; OR, F. Suicide contagion in response to widely publicized celebrity deaths: The roles of depressed affect, death-thought accessibility, and attitudes. *Psychology of Popular Media Culture*, 2016. DOI: 10.1037/ppm0000115.
27. JOBES, D. A. *et al.* The Kurt Cobain suicide crisis: Perspectives from research, public health, and the news media. *Suicide and Life Threatening Behavior, 26*, 1996, p. 260-269.
28. JENKIN, G. *et al.* A systematic review of persuasive marketing techniques to promote food to children on television. *Obesity Reviews, 15*, 2014, p. 281-293.
29. LYLE, J.; HOFFMAN, H. Explorations in patterns of television viewing by preschool-age children. *In:* MURRAY, J. P.; ROBINSON, E. A.; COMSTOCK, G. A. (ed.). *Television and social behavior*. Rockville, MD: National Institutes of Health, 1971. v. 4, p. 257-344.; UNNIKRISHNAN, N.; BAJPAI, S. *The impact of television advertising on children*. Nova Delhi: Sage, 1996.
30. KUNKEL, D.; ROBERTS, D. Young minds and marketplace values: Issues in children's television advertising. *Journal of Social Issues, 47*, 1991, p. 57-72.
31. BORZEKOWSKI, D. L.; ROBINSON, T. N. The 30-second effect: An experiment revealing the impact of television commercials on food preferences of preschoolers. *Journal of the American Dietetic Association, 101*, 2001, p. 42-46.
32. KUNKEL, D.; ROBERTS, D. Young minds and marketplace values: Issues in children's television advertising. *Journal of Social Issues, 47*, 1991, p. 57-72.

33. Levine, R. *The power of persuasion: How we're bought and sold*. Nova York: John Wiley & Sons, 2003.
34. Zajonc, R. The attitudinal effects of mere exposure. *Journal of Personality and Social Psychology, Monograph Supplement, 9*, 1968, p. 1-27.
35. Bornstein, R. F. Exposure and affect: Overview and meta-analysis of research, 1968-1987. *Psychological Bulletin, 106*, 1989, p. 265-289.
36. Nuttin, J. Narcissism beyond Gestalt and awareness: The name letter effect. *European Journal of Social Psychology, 15*, 1985, p. 353-361; Keller, B.; Gierl, H. Can advertisers benefit from the name-letter-and birthday-number effect? *In: Advances in Advertising Research* viii. Nova York: Springer Fachmedien Wiesbaden, 2017. p. 31-44.
37. Brady, N.; Campbell, M.; Flaherty, M. My left brain and me: A dissociation in the perception of self and others. *Neuropsychologia, 42*, 2004, p. 1156-1161.
38. McGuire, W. J. The myth of massive media impact: Savagings and salvagings. *Public Communication and Behavior, 1*, 1986, p. 173-257.
39. Grush, J.; McKeough, K.; Ahlering, R. Extrapolating laboratory exposure research to actual political elections. *Journal of Personality and Social Psychology, 36*, 1978, p. 257-270; Grush, J. E. Impact of candidate expenditures, regionality, and prior outcomes on the 1976 presidential primaries. *Journal of Personality and Social Psychology, 38*, 1980, p. 337-347.
40. Pfau, M. *et al.* Influence of communication modalities on voters' perceptions of candidates during presidential primary campaigns. *Journal of Communication, 45*, 1995, p. 122-133; Soley, L. C.; Craig, R. L.; Cherif, S. Promotional expenditures in congressional elections: Turnout, political action committees and asymmetry effects. *Journal of Advertising, 17*, 1988, p. 36-44; Kaid, L. L. Political advertising. *Handbook of Political Communication Research*, 2004, p. 155-202.
41. White, J. E. Bush's most valuable player. *Time*, 14 nov. 1988, p. 20-21.
42. Rosenthal, A. Foes accuse Bush campaign of inflaming racial tension. *New York Times*, 24 out. 1988, p. A1, B5; Pandora's box. *The New Republic*, 4 out. 1988, p. 4, 45.
43. Tolchin, M. Study says 53,000 get prison furloughs in' '87, and few did harm. *New York Times*, 12 out. 1988, p. A23.
44. Pratkanis, A. R.; Aronson, E. *The age of propaganda: The everyday use and abuse of persuasion*. Nova York: W. H. Freeman, 1992.
45. Pratkanis, A. R. Propaganda and persuasion in the 1992 U.S. presidential election: What are the implications for a democracy? *Current World Leaders, 36*, 1993, p. 341-361.
46. Pariser, E. *The filter bubble: How the new personalized web is changing what we read and how we think*. Nova York: Penguin, 2011.
47. Newseum. State of the first amendment. Freedom Forum, 2017.
48. cnn. That Trump quote calling Republicans "the dumbest group of voters"? Fake!, 2016. Disponível em: http://www.cnn.com/2016/11/10/politics/

trump-quotefacebook-trnd/index.html. Acesso em: 14 ago. 2017; *New York Magazine*. "The Fake Donald Trump Quote That Just Won't Die." 2017. Disponível em: http://nymag.com/selectall/2016/11/the-fake-donald-trump-quote-that-just-wont-die.html. Acesso em: 14 ago. 2017.

49. Petty, R. E.; Cacciopo, J. T. The elaboration likelihood model of persuasion. In: Berkowitz, L. (ed.) *Advances in experimental social psychology*. Hillsdale, NJ: Erlbaum, 1986. p. 123-205.; Petty, R. E.; Heesacker, M.; Hughes, J. N. The elaboration likelihood model: Implications for the practice of school psychology. *Journal of School Psychology*, 35, 1997, p. 107-136; Chaiken, S.; Wood, W.; Eagly, A. H. Principles of persuasion. In: Higgins, E. T.; Kruglanski, A. W. (ed.). *Social psychology: Handbook of basic principles*. Nova York: Guilford Press, 1996. p. 702-742.
50. McGlone, M. S.; Tofighbakhsh, J. Birds of a feather flock conjointly (?): Rhyme as reason in aphorisms. *Psychological Science*, *11*, 2000, p. 424-428; McGlone, M. S.; Tofighbakhsh, J. The Keats heuristic: Rhyme as reason in aphorism interpretation. *Poetics*, *26*, 1999, p. 235-244.
51. Luntz, F. *Words that work*. Nova York: Hyperion, 2007.
52. Ver, por exemplo, LiveScience (2012). Disponível em: https://www.livescience.com/36367-pink-slime-bad-health-beef.html. Acesso em: 14 ago. 2017.
53. Eagly, A. H.; Chaiken, S. *The psychology of attitudes*. Fort Worth, TX: Harcourt, Brace, & Jovanovich, 1993.
54. Aristóteles. Rhetoric. *In:* Roberts, W. (trad.) *Aristotle, rhetoric and poetics*. Nova York: Modern Library, 1954. p. 25.
55. Hovland, C.; Weiss, W. The influence of source credibility on communication effectiveness. *Public Opinion Quarterly*, *15*, 1951, p. 635-650.
56. Aronson, E.; Golden, B. The effect of relevant and irrelevant aspects of communicator credibility on opinion change. *Journal of Personality*, *30*, 1962, p. 135-146.
57. Walster, E.; Aronson, E.; Abrahams, D. On increasing the persuasiveness of a low prestige communicator. *Journal of Experimental Social Psychology*, 2, 1966, p. 325-342.
58. *Santa Cruz Sentinel*, 13 jan. 1987, p. A8.
59. Walster (Hatfield), E.; Festinger, L. The effectiveness of "overheard" persuasive communications. *Journal of Abnormal and Social Psychology*, *65*, 1962, p. 395-402.
60. Eckel, C. C.; Wilson, R. K. Is trust a risky decision? *Journal of Economic Behavior & Organization*, *55*, 2004, p. 447–465.
61. Mills, J.; Aronson, E. Opinion change as a function of communicator's attractiveness and desire to influence. *Journal of Personality and Social Psychology*, *1*, 1965, p. 173-177.
62. Eagly, A.; Chaiken, S. An attribution analysis of the effect of communicator characteristics on opinion change: The case of communicator attractiveness.

Journal of Personality and Social Psychology, *32*, 1975, p. 136-144; EAGLY, A. H. *et al*. What is beautiful is good, but...: A meta-analytic review of research on the physical attractiveness stereotype. *Psychological Bulletin*, *110*, 1991, p. 109-128.

63. HARTMANN, G. A field experience on the comparative effectiveness of "emotional" and "rational" political leaflets in determining election results. *Journal of Abnormal and Social Psychology*, *31*, 1936, p. 336-352.

64. LEVENTHAL, H. Findings and theory in the study of fear communications. In: BERKOWITZ, L. (ed.). *Advances in experimental social psychology*. Nova York: Academic Press, 1970. v. 5, p. 119-186; LEVENTHAL, H.; MEYER, D.; NERENZ, D. The common sense representation of illness danger. In: RACHMAN, S. (ed.). *Contributions to medical psychology*. Nova York: Pergamon Press, 1980. v. 2.; CAMERON, L. D.; LEVENTHAL, H. Vulnerability beliefs, symptom experiences, and the processing of health threat information: A self-regulatory perspective. *Journal of Applied Social Psychology*, *25*, 1995, p. 1859-1883.

65. CHAPMAN University. 2016. Disponível em: https://blogs.chapman.edu/wilkinson/2016/10/11/americas-top-fears-2016/. Acesso em: 14 ago. 2017.

66. GILBERT, D. If only gay sex caused global warming. *Los Angeles Times*, 2 jul. 2006.

67. MCGLONE, M. S. *et al*. Don't let the flu catch you: Agency assignment in printed educational materials about the H1N1 influenza virus. *Journal of Health Communication*, *18*, 2013, p. 740-756; MCGLONE, M. S. *et al*. Persuasive texts for prompting action: Agency assignment in HPV vaccination reminders. *Vaccine*, *5*, 2017, p. 4295-4297.

68. HAIDT, J. The moral emotions. *Handbook of Affective Sciences*, *11*, 2003, p. 852-870.

69. BRADY, W. J. *et al*. Emotion shapes the diffusion of moralized content in social networks. *Proceedings of the National Academy of Sciences*, *114*, 2017, p. 7313-7318.

70. LAKOFF, G. *Moral politics: How liberals and conservatives think*. 3. ed. Chicago: University of Chicago Press, 2016.

71. HIBBERT, S. *et al*. Guilt appeals: Persuasion knowledge and charitable giving. *Psychology & Marketing*, *24*, 2007, p. 723-742; CARLSMITH, J. M.; GROSS, A. E. Some effects of guilt on compliance. *Journal of Personality and Social Psychology*, *11*, 1969, p. 232.

72. SCHNALL, S.; ROPER, J.; FESSLER, D. M. Elevation leads to altruistic behavior. *Psychological Science*, *21*, 2010, p. 315-320; ALGOE, S. B.; HAIDT, J. Witnessing excellence in action: The "other-praising" emotions of elevation, gratitude, and admiration. *Journal of Positive Psychology*, *4*, 2009, p. 105-127; FRANKLIN WADDELL, T.; BAILEY, E.; DAVIS, S. E. Does elevation reduce viewers' enjoyment of media violence? Testing the intervention potential of inspiring media. *Journal of Media Psychology*, *1*, 2017, p. 1-7.

73. GRANT, A. *Give and take: Why helping others drives our success*. Nova York: Penguin, 2014.

74. NISBETT, R. *et al*. Popular induction: Information is not always informative. In: CARROLL, J. S.; PAYNE J. W. (ed.). *Cognition and social behavior*. Hillsdale, NJ:

Erlbaum, 1976. p. 227-236.; NISBETT, R.; ROSS, L. *Human inference: Strategies and shortcomings of social judgment*. Englewood Cliffs, NJ: Prentice-Hall, 1980; HAMILL, R.; DECAMP WILSON, T.; NISBETT, R. Insensitivity to sample bias: Generalizing from atypical cases. *Journal of Personality and Social Psychology, 39*, 1980, p. 578-589.

75. ARONSON, E.; GONZALES, M. H.; COSTANZO, M. Increasing the effectiveness of energy auditors: A field experiment. *Journal of Applied Social Psychology, 18*, 1988, p. 1049-1066.

76. MCCLURE, T.; SPENCE, R. *Don't mess with Texas: The story behind the legend*. Austin, TX: Idea City Press, 2006.

77. BRYAN, C. J. *et al.* Motivating voter turnout by invoking the self. *Proceedings of the National Academy of Sciences, 108*, 2011, p. 12653-12656.

78. BRYAN, C. J. You are what you do: Implicating the self to influence behavior. *In:* ARONSON, J.; ARONSON, E. (ed.). *Readings about the social animal*. 12. ed. Nova York: Worth, 2018.

79. HOVLAND, C.; LUMSDAIN, A.; SHEFFIELD, F. *Experiments on mass communications*. Princeton, NJ: Princeton University Press, 1949.

80. ZIMBARDO, P. Involvement and communication discrepancy as determinants of opinion conformity. *Journal of Abnormal and Social Psychology, 60*, 1960, p. 86-94.

81. WHITTAKER, J. O. Opinion change as a function of communication-attitude discrepancy. *Psychological Reports, 13*, 1963, p. 763-772.

82. HOVLAND, C.; HARVEY, O. J.; SHERIF, M. Assimilation and contrast effects in reaction to communication and attitude change. *Journal of Abnormal and Social Psychology, 55*, 1957, p. 244-252.

83. ARONSON, E.; TURNER, J. A.; CARLSMITH, J. M. Communicator credibility and communication discrepancy as determinants of opinion change. *The Journal of Abnormal and Social Psychology, 67*, 1963, p. 31-36.

84. ZELLNER, M. Self-esteem, reception, and influenceability. *Journal of Personality and Social Psychology, 15*, 1970, p. 87-93; WOOD, W.; STAGNER, B. Why are some people easier to influence than others? *In:* SHAVITT, S.; BROCK, T. (ed.). *Persuasion: Psychological insights and perspectives*. Boston: Allyn & Bacon, 1994. p. 149-174.

85. JOST, J. T. *et al.* Political conservatism as motivated social cognition. *Psychological Bulletin, 129*, 2003, p. 339-375.

86. GRAHAM, J.; HAIDT, J.; NOSEK, B. A. Liberals and conservatives rely on different sets of moral foundations. *Journal of Personality and Social Psychology, 96*, 2009, p. 1029-1046; JOST, J. T.; NOSEK, B. A.; GOSLING, S. D. Ideology: Its resurgence in social, personality, and political psychology. *Perspectives on Psychological Science, 3*, 2008, p. 126-136.

87. HAIDT, J. *The righteous mind: Why good people are divided by politics and religion*. Nova York: Vintage/Random House, 2012.

88. Cialdini, R. *Pre-suasion*. Nova York: Simon & Schuster, 2016.

89. Janis, I. J.; Kaye, D.; Kirschner, P. Facilitating effects of "eating-while-reading" on responsiveness to persuasive communication. *Journal of Personality and Social Psychology*, *1*, 1965, p. 181-186.

90. Petty, R. E. *et al.* Positive mood and persuasion: Different roles for affect under high-and low-elaboration conditions. *Journal of Personality and Social Psychology*, *64*, 1993, p. 5-20.

91. Cohen, G. T.; Aronson, J.; Steele, C. When beliefs yield to evidence: Reducing biased evaluation by affirming the self. *Personality and Social Psychology Bulletin*, *26*, 2000, p. 1151-1164.

92. Hass, R. G.; Grady, K. Temporal delay, type of forewarning, and resistance to influence. *Journal of Experimental Social Psychology*, *11*, 1975, p. 459-469.

93. Freedman, J.; Sears, D. Warning, distraction, and resistance to influence. *Journal of Personality and Social Psychology*, *1*, 1965, p. 262-266; Petty, R. E.; Cacioppo, J. T. Effects of forewarning of persuasive intent and involvement on cognitive responses and persuasion. *Personality and Social Psychology Bulletin*, *5*, 1979, p. 173-176; Chen, H. C. *et al.* Forewarning of content and involvement: Consequences for persuasion and resistance to persuasion. *Journal of Experimental Social Psychology*, *28*, 1992, p. 523-541.

94. Brehm, J. *A theory of psychological reactance*. Nova York: Academic Press, 1966.

95. Pennebaker, J. W.; Sanders, D. Y. American graffiti: Effects of authority and reactance arousal. *Personality and Social Psychology Bulletin*, *2*, 1976, p. 264-267.

96. Erceg-Hurn, D. M.; Steed, L. G. Does exposure to cigarette health warnings elicit psychological reactance in smokers? *Journal of Applied Social Psychology*, *41*, 2011, p. 219-237; Miller, C. H. *et al.* Psychological reactance and promotional health messages. *Human Communication Research*, *33*, 2007, p. 219-240.

97. Heilman, M. Oppositional behavior as a function of influence attempt intensity and retaliation threat. *Journal of Personality and Social Psychology*, *33*, 1976, p. 574-578.

98. McGuire, W. J. Inducing resistance to persuasion. In: Berkowitz, L. (ed.). *Advances in experimental social psychology*. Nova York: Academic Press, 1964. v. 1, p. 192-229.; McGuire, W.; Papageorgis, D. The relative efficacy of various types of prior belief-defense in producing immunity against persuasion. *Journal of Abnormal and Social Psychology*, *2*, 1961, p. 327-337.

99. Banas, J. A.; Miller, G. Inducing resistance to conspiracy theory propaganda: Testing inoculation and metainoculation strategies. *Human Communication Research*, *39*, 2013, p. 184-207.

100. Barrett, L. F. When is speech violent? *New York Times*, Sunday Review, 16 jul. 2017, p. 9.

Capítulo 6: Agressão humana

1. *Newsweek*, 28 abr. 1986, p. 22.

2. Mass Shooting Archive (2017). Disponível em: http://www.gunviolencearchive.org/reports/mass-shooting. Acesso em: 16 ago. 2017.
3. FREUD, S. *Beyond the pleasure principle*. Londres: Hogarth Press and Institute of PsychoAnalysis. 1948.
4. KUO, Z. Y. Genesis of the cat's response to the rat. *In:* ARONSON, E. (ed.). *Instinct*. Princeton, NJ: Van Nostrand, 1961. p. 24.
5. EIBL-EIBESFELDT, I. Aggressive behavior and ritualized fighting in animals. In: MASSERMAN, J. H. (ed.). *Science and psychoanalysis, Vol. VI. Violence and war*. Nova York: Grune & Stratton, 1963.
6. WATTS, D. *et al.* Lethal intergroup aggression by chimpanzees in the Kibale National Park, Uganda. *American Journal of Primatology*, *68*, 2006, p. 161–180; WATTS, D.; MITANI, J. C. Boundary patrols and intergroup encounters in wild chimpanzees. *Behaviour*, *138*, 2001, p. 299-327.
7. DE WAAL, F. B. M. *Good natured: The origins of right and wrong in humans and other animals*. Cambridge, MA: Harvard University Press, 1996; PARISH, A. R.; DE WAAL, F. B. M. The other "closest living relative": How bonobos (Pan paniscus) challenge traditional assumptions about females, dominance, intra-and intersexual interactions, and hominid evolution. *Annals of the New York Academy of Sciences*, *907*, 2000, p. 97-113.
8. HARE, B. Survival of the friendliest: Homo sapiens evolved via selection for prosociality. *Annual review of psychology*, *68*, 2017, p. 155-186; MULLER, M. N.; MITANI, J. C. Conflict and cooperation in wild chimpanzees. *Advances in the Study of Behavior*, *35*, 2005, p. 275-331.
9. BERGERON, N.; SCHNEIDER, B. H. Explaining cross-national differences in peer-directed aggression: A quantitative synthesis. *Aggressive Behavior*, *31*, 2005, p. 116-137.
10. BARON, R. A.; RICHARDSON, D. R. *Human aggression*. 2. ed. Nova York: Plenum, 1994.
11. HUNT, G. T. *The wars of the Iroquois*. Madison: The University of Wisconsin Press, 1940.
12. PINKER, S. *The better angels of our nature*. Nova York: Penguin, 2011; PINKER, S. Has the decline of violence reversed since The Better Angels of Our Nature was written? 2016. Disponível em: https://stevenpinker.com/files/pinker/files/has_the_decline_of_violence_reversed_since_the_better_angels_of_our_nature_was_written.pdf. Acesso em: 16 ago. 2017.
13. NISBETT, R. E. Violence and U.S. regional culture. *American Psychologist*, *48*, 1993, p. 441-449.
14. COHEN, D. *et al.* Insult, aggression, and the Southern culture of honor: An "experimental ethnography." *Journal of Personality and Social Psychology*, *70*, 1996, p. 945-960.
15. COHEN, D.; NISBETT, R. E. Self-protection and the culture of honor: Explaining Southern violence. *Personality and Social Psychology Bulletin*, *20*, 1994, p. 551–567.

16. COHEN, D.; NISBETT, R. E. Field experiments examining the culture of honor: The role of institutions in perpetuating norms about violence. *Personality and Social Psychology Bulletin*, *23*, 1997, p. 1188-1199.
17. BROWN, R. P.; OSTERMAN, L. L.; BARNES, C. D. School violence and the culture of honor. *Psychological Science*, *20*, 2009, p. 1400-1405.
18. VANDELLO, J. A.; COHEN, D. Patterns of individualism and collectivism across the United States. *Journal of Personality and Social Psychology*, *77*, 1999, p. 279-292; VANDELLO, J. A., COHEN, D.; RANSOM, S. U.S. Southern and Northern differences in perceptions of norms about aggression: Mechanisms for the perpetuation of a culture of honor. *Journal of Cross-Cultural Psychology*, *39*, 2008, p. 162-177.
19. BOSSON, J. K.; VANDELLO, J. A. Precarious manhood and its links to action and aggression. *Current Directions in Psychological Science*, *20*, 2011, p. 82-86.
20. GILMORE, D. D. *Manhood in the making: Cultural concepts of masculinity*. New Haven, CT: Yale University Press, 1990; KIMMEL, M. *The gendered society*. 5. ed. Nova York: Oxford University Press, 2012.
21. ARCHER, J. Sex differences in aggression in real-world settings: A meta-analytic review. *Review of General Psychology*, 8, 2004, p. 291.
22. ARCHER, D.; MCDANIEL, P. Violence and gender: Differences and similarities across societies. *In:* RUBACK, R. B.; WEINER, N. A. (ed.). *Interpersonal violent behaviors: Social and cultural aspects*. Nova York: Springer, 1995. p. 63-88.
23. DABBS, J. M. *et al.* Testosterone, crime, and misbehavior among 692 male prison inmates. *Personality and Individual Differences*, *7*, 1995, p. 269-275.
24. DABBS, J. M. Jr.; HARGROVE, M. F.; HEUSEL, C. Testosterone differences among college fraternities: Well-behaved vs. rambunctious. *Personality and Individual Differences*, *20*, 1996, p. 157-161.
25. ARCHER, J.; CARRÉ, J. M. Testosterone and aggression. *Aggression and Violence: A Social Psychological Perspective*, 90, 2016.
26. SAPOLSKY, R. A. *Behave: The biology of humans at our best and worst*. Londres: Bodley Head, 2017. p. 100, 101. [*Comporte-se:* A biologia humana em nosso melhor e pior. São Paulo: Companhia das Letras. 2021.]
27. BREIDING, M. J.; CHEN, J.; BLACK, M. C. *Intimate partner violence in the United States—2010*. Atlanta: National Center for Injury Prevention and Control, Centers for Disease Control and Prevention, 2014.
28. TESTA, M.; HOFFMAN, J. H.; LEONARD, K. E. Female intimate partner violence perpetration: Stability and predictors of mutual and nonmutual aggression across the first year of college. *Aggressive Behavior*, *37*, 2011, p. 362-373.
29. STRAUS, M. Gender symmetry and mutuality in perpetration of clinical-level partner violence: Empirical evidence and implications for prevention and treatment. *Aggression and Violent Behavior*, *16*, 2011, p. 279-288.
30. LANGHINRICHSEN-ROHLING, J. *et al.* Rates of bi-directional versus unidirectional intimate partner violence across samples, sexual orientations, and race/ethnicities: A comprehensive review. *Partner Abuse*, *3*, 2012, p. 199-230.

31. Archer, J. Sex differences in aggression in real-world settings: A meta-analytic review. *Review of General Psychology*, 8, 2004, p. 291-322; Levy, B. *Women and violence*. Berkeley, CA: Seal Press, 2008.
32. Bettencourt, B. A.; Miller, N. Gender differences in aggression as a function of provocation: A meta-analysis. *Psychological Bulletin*, *119*, 1996, p. 422-447.
33. Eisenstat, S. A.; Bancroft, L. Domestic violence. *New England Journal of Medicine*, 341, 1999, p. 886-892.
34. Archer, D.; McDaniel, P. Violence and gender: Differences and similarities across societies. *In:* Ruback, R. B.; Weiner, N. A. (ed.). *Interpersonal violent behaviors: Social and cultural aspects*. Nova York: Springer, 1995. p. 63-88.
35. Harris, M. G. Cholas, Mexican-American girls, and gangs. *Sex Roles*, *30*, 2004, p. 289–301.
36. O'Rourke, L. Behind the woman behind the bomb. *New York Times*, 2 ago. 2008.
37. Crick, N. R.; Casas, J. F.; Mosher, M. Relational and overt aggression in preschool. *Developmental Psychology*, *33*, 1997, p. 579-587.
38. Murray-Close, D. *et al.* Relational aggression: A developmental psychopathology perspective. *Developmental Psychopathology*, 2016.
39. Ostrov, J. M. *et al.* An observational study of delivered and received aggression, gender, and social-psychological adjustment in preschool. *Early Childhood Research Quarterly*, *19*, 2004, p. 355-371.
40. Rivers, I.; Chesney, T.; Coyne, I. Cyberbullying. *In*: Monks, C. P.; Coyne, I. (ed.). *Bullying in different contexts*. Cambridge: Cambridge University Press, 2011. p. 211-230.
41. Palfrey, J.; Boyd, D.[sic]; Sacco, D. Enhancing child safety and online technologies. The Berkman Center for Internet & Society at Harvard University. Durham, NC: Carolina Academic Press, 2010. Disponível em: http://www.cappress.com/pdf/1997.pdf. Acesso em: 16 ago. 2017.
42. Freud, S. Why war? (Carta a Albert Einstein, 1932). *In:* Jones, E. (ed.). *Collected papers*. Nova York: Basic Books, 1959. v. 5, p. 282.
43. Menninger, W. Recreation and mental health. *Recreation*, *42*, 1948, p. 340-346.
44. Bushman, B. Does venting anger feed or extinguish the flame? Catharsis, rumination, distraction, anger and aggressive responding. *Personality and Social Psychology Bulletin*, *28*, 2002, p. 724-731.
45. Patterson, A. H. Hostility catharsis: A naturalistic quasi-experiment. *Proceedings of the Division of Personality and Society Psychology*, *1*, 1974, p. 195-197.
46. Geen, R. Spectator moods at an aggressive sports event. *Journal of Social Psychology*, *3*, 1981, p. 217-227.
47. Glass, D. Changes in liking as a means of reducing cognitive discrepancies between self-esteem and aggression. *Journal of Personality*, *32*, 1964, p. 531-549.
48. Bushman, B. J.; Baumeister, R. F.; Phillips, C. M. Do people aggress to improve their mood? Catharsis beliefs, affect regulation opportunity, and

aggressive responding. *Journal of Personality and Social Psychology*, *81*, 2001, p. 17; BUSHMAN, B. J.; WHITAKER, J. L. Like a magnet: Catharsis beliefs attract angry people to violent video games. *Psychological Science*, *21*, 2010, p. 790-792; BUSHMAN, B. J.; BAUMEISTER, R. F.; STACK, A. D. Catharsis, aggression, and persuasive influence: Self-fulfilling or self-defeating prophecies? *Journal of Personality and Social Psychology*, *76*, 1999, p. 367-376.

49. KAHN, M. The physiology of catharsis. *Journal of Personality and Social Psychology*, *3*, 1966, p. 278-298.
50. DAVIS, K. E.; JONES, E. E. Changes in interpersonal perception as a means of reducing cognitive dissonance. *Journal of Abnormal and Social Psychology*, *61*, 1960, p. 402-410.
51. DOOB, A. N.; WOOD, L. Catharsis and aggression: The effects of annoyance and retaliation on aggressive behavior. *Journal of Personality and Social Psychology*, *22*, 1972, p. 156-162; BUSHMAN, B. J. *et al.* Chewing on it can chew you up: Effects of rumination on triggered displaced aggression. *Journal of Personality and Social Psychology*, *88*, 2005, p. 969-983.
52. SHERGILL, S. S. *et al* (2003). Two eyes for an eye: The neuroscience of force escalation. *Science*, *301*, p. 187.
53. HEINZ, A. *et al.* Alcohol and aggression. *European Psychiatry*, *33*, 2016, p. S21.
54. CAETANO, R.; SCHAFER, J.; CUNRADI, C. B. Alcohol-related intimate partner violence among white, black, and Hispanic couples in the United States. *Domestic Violence: The Five Big Questions*. 2017.
55. TAYLOR, S. P.; LEONARD, K. E. Alcohol and human physical aggression. In: GEEN, R.; DONNERSTEIN, E. (ed.). *Aggression: Theoretical and empirical reviews.* Nova York: Academic Press, 1983; PEDERSEN, W. C. *et al.* Are you insulting me? Exposure to alcohol primes increases aggression following ambiguous provocation. *Personality and Social Psychology Bulletin*, *40*, 2014, p. 1037-1049.
56. GABLE, P. A.; MECHIN, N. C.; NEAL, L. B. Booze cues and attentional narrowing: Neural correlates of virtual alcohol myopia. *Psychology of Addictive Behaviors*, *30*, 2016, p. 377-382.
57. DAVIS, D.; LOFTUS, E. What's good for the goose cooks the gander: Inconsistencies between the law and psychology of voluntary intoxication and sexual assault. *Handbook of Forensic Psychology*. Nova York: Academic Press, 2003. p. 997-1032.
58. MARLATT, G. A.; ROHSENOW, D. J. Cognitive processes in alcohol use: Expectancy and the balanced placebo design. *In:* MELLO, N. K. (ed.). *Advances in substance abuse* (v. 1). Greenwich, CT: JAI Press, 1980; BÈGUE, L. *et al.* A message in a bottle: Extrapharmacological effects of alcohol on aggression. *Journal of Experimental Social Psychology*, *45*, 2009, p. 137-142.
59. HUTCHINSON, R. R. The pain – aggression relationship and its expression in naturalistic settings. *Aggressive Behavior*, *9*, 1983, p. 229-242.
60. BERKOWITZ, L. Frustrations, appraisals, and aversively stimulated aggression. *Aggressive Behavior*, *14*, 1988, p. 3-11.

61. STOFF, D.; CAIRNS, R. *Aggression and violence: Genetic, neurobiological, and biosocial perspectives*. Mahwah, NJ: Erlbaum, 1996.
62. BUSHMAN, B. J. *et al.* Low glucose relates to greater aggression in married couples. *Proceedings of the National Academy of Sciences, 111*, 2014, p. 6254-6257.
63. CARLSMITH, J. M.; ANDERSON, C. A. Ambient temperature and the occurrence of collective violence: A new analysis. *Journal of Personality and Social Psychology, 37*, 1979, p. 337-344.
64. ANDERSON, C. A.; BUSHMAN, B. J.; GROOM, R. W. Hot years and serious and deadly assault: Empirical tests of the heat hypothesis. *Journal of Personality and Social Psychology, 73*, 1997, p. 1213-1223.
65. GRIFFITT, W.; VEITCH, R. Hot and crowded: Influences of population density and temperature on interpersonal affective behavior. *Journal of Personality and Social Psychology, 17*, 1971, p. 92-98; ANDERSON, C.; ANDERSON, B.; DEUSER, W. Examining an affective aggression framework: Weapon and temperature effects on aggressive thoughts, affect, and attitudes. *Personality and Social Psychology Bulletin, 22*, 1996, p. 366-376.
66. REIFMAN, A. S.; LARRICK, R.; FEIN, S. Temper and temperature on the diamond: The heat-aggression relationship in major league baseball. *Personality and Social Psychology Bulletin, 17*, 1991, p. 580-585.
67. KENRICK, D. T.; MACFARLANE, S. W. Ambient temperature and horn honking: A field study of the heat/aggression relationship. *Environment and Behavior, 18*, 1986, p. 179-191.
68. HSIANG, S. M.; BURKE, M.; MIGUEL, E. Quantifying the influence of climate on human conflict. *Science, 341*, 2013. DOI: 10.1126/science.1235367
69. GLADWELL, M. Thresholds of violence: How school shootings catch on. *The New Yorker: Annals of Public Safety*, 2015.
70. ARONSON, E. *Nobody left to hate: Teaching compassion after Columbine*. Nova York: Worth/Freeman, 2000.
71. LEARY, M. R. *et al.* Teasing, rejection, and violence: Case studies of the school shootings. *Aggressive Behavior, 29*, 2003, p. 202-214.
72. TWENGE, J. M. *et al.* If you can't join them, beat them: Effects of social exclusion on aggressive behavior. *Journal of Personality and Social Psychology, 81*, p. 1058–1069; BAUMEISTER, R.; TICE, D. The social animal encounters social rejection: Cognitive, behavioral, emotional, and interpersonal effects of being excluded. *In:* ARONSON, J.; ARONSON, E. (ed.). *Readings about the social animal.* 12. ed. Nova York: Worth/Freeman, 2017.
73. Citado em *Time*, 20 dez. 1999.
74. BARKER, R.; DEMBO, T.; LEWIN, K. Frustration and aggression: An experiment with young children. *University of Iowa Studies in Child Welfare, 18*, p. 1–314.
75. HARRIS, M. Mediators between frustration and aggression in a field experiment. *Journal of Experimental and Social Psychology, 10*, 1974, p. 561-571.

76. KULIK, J.; BROWN, R. Frustration, attribution of blame, and aggression. *Journal of Experimental and Social Psychology*, *15*, 1979, p. 183-194.

77. BROSNAN, S. F.; DE WAAL, F. B. M. Evolution of responses to (un)fairness. *Science*, *346*, 17 out. 2014, p. 1251776-1-7.

78. DECELLES, K. A.; NORTON, M. I. Physical and situational inequality on airplanes predicts air rage. *Proceedings of the National Academy of Sciences*, *113*, 2016, p. 5588-5591.

79. PAYNE, K. *The broken ladder: How inequality affects the way we think, live, and die*. Nova York: Penguin, 2017.

80. DE TOCQUEVILLE, A. *Democracy in America*. Westminster, MD: Random House, 1981. [*A democracia na América*. São Paulo: Edipro, 2020.]

81. MALLICK, S.; MCCANDLESS, B. A study of catharsis of aggression. *Journal of Personality and Social Psychology*, 4, 1966, p. 591-596.

82. JOHNSON, T. E.; RULE, B. G. Mitigating circumstances information, censure, and aggression. *Journal of Personality and Social Psychology*, *50*, 1986, p. 537-542.

83. GILL, M. J.; CERCE, S. C. He never willed to have the will he has: Historicist narratives, "civilized" blame, and the need to distinguish two notions of free will. *Journal of Personality and Social Psychology*, *112*, 2017, p. 361-382.

84. BERKOWITZ, L. Some aspects of observed aggression. *Journal of Personality and Social Psychology*, *2*, 1965, p. 359-369.

85. BERKOWITZ, L.; LEPAGE, A. Weapons as aggression-eliciting stimuli. *Journal of Personality and Social Psychology*, *7*, 1967, p. 202-207.

86. BENJAMIN, A. J.; BUSHMAN, B. J. The weapons effect. *Current Opinion in Psychology*, *19*, 2017, p. 93-97.

87. BUSHMAN, B. J. *et al*. The weapons effect on wheels: Motorists drive more aggressively when there is a gun in the vehicle. *Journal of Experimental Social Psychology*, *73*, 2017, p. 82-85.

88. BERKOWITZ, L. Research on automatically elicited aggression. *In:* STERNBERG, R. J.; FISKE, S. T.; FOSS, D. J. (ed.). *Scientists making a difference: One hundred eminent behavioral and brain scientists talk about their most important contributions*. Nova York: Cambridge University Press, 2016. p. 332; ZIMRING, F. E. Firearms and violence in American law. *In:* LUNA, E. (ed.). *Bridging the gap: A report on scholarship and criminal justice reform*. UC Berkeley Public Law Research Paper n. 2939902, 2017.

89. ZIMBARDO, P. The human choice: Individuation, reason, and order versus deindividuation, impulse, and chaos. *In:* ARNOLD, W.; LEVINE, D. (ed.). *Nebraska Symposium on Motivation*, *17*, p. 237-307.

90. SILVIA, P. J.; DUVAL, T. S. Objective self-awareness theory: Recent progress and enduring problems. *Personality and Social Psychology Review*, *5*, 2001, p. 230-241.

91. MULLEN, B. Atrocity as a function of lynch mob composition: A self-attention perspective. *Personality and Social Psychology Bulletin*, *12*, 1986, p. 187-197.

92. Postmes, T.; Spears, R. Deindividuation and antinormative behavior: A meta-analysis. *Psychological Bulletin, 123*, 1998, p. 238-259.

93. Bandura, A.; Ross, D.; Ross, S. Transmission of aggression through imitation of aggressive models. *Journal of Abnormal and Social Psychology, 63*, 1961, p. 575-582.

94. Bushman, B. J. *et al.* Gun violence trends in movies. *Pediatrics, 132*, 2013, p. 1014-1018.

95. Huesmann, L. R.; Dubow, E. F.; Yang, G. Why it is hard to believe that media violence causes aggression. *In:* Dill, K. E. (ed.). *The Oxford handbook of media psychology*. Oxford: Oxford University Press, p. 159-171; Anderson, C. A. *et al.* The influence of media violence on youth. *Psychological Science in the Public Interest*, 4, 2003, p. 81-110.

96. Ferguson, Christopher J. The good, the bad and the ugly: A meta-analytic review of positive and negative effects of violent video games. *Psychiatric Quarterly, 78*, 2007, p. 309-316; Ferguson, C. Media violence effects: Confirmed truth or just another X-file? *Journal of Forensic Psychology Practice, 9*, 2009, p. 103-126; Sherry, J. L. The effects of violent video games on aggression: A meta-analysis. *Human Communication Research, 27*, 2001, p. 409-431.

97. Liebert, R. M.; Baron, R. A. Some immediate effects of televised violence on children's behavior. *Developmental Psychology, 6*, 1972, p. 469-475; Anderson, C. A. *et al.* The influence of media violence on youth. *Psychological Science in the Public Interest*, 4, 2003, p. 81-110.

98. Anderson, C. A. *et al.* Violent video game effects on aggression, empathy, and prosocial behavior in eastern and western countries: A meta-analytic review. *Psychological Bulletin, 136*, 2010, p. 151-173.

99. Greitemeyer, T.; Mügge, D. O. Video games do affect social outcomes: A meta-analytic review of the effects of violent and prosocial video game play. *Personality and Social Psychology Bulletin, 40*, 2014, p. 578-589.

100. Gentile, D. A.; Coyne, S.; Walsh, D. A. Media violence, physical aggression, and relational aggression in school age children: A short-term longitudinal study. *Aggressive Behavior, 37*, 2011, p. 193-206.

101. Crescioni, A. W.; Baumeister, R. F. Alone and aggressive: Social exclusion impairs self-control and empathy and increases hostile cognition and aggression. *In:* Harris, M. (ed.). *Bullying, rejection, and peer victimization: A social cognitive neuroscience perspective.* Nova York: Springer, 2009. p. 251–258; Ferguson, C. J.; Kilburn, J. Much ado about nothing: The misestimation and overinterpretation of violent video game effects in eastern and western nations: Comment on Anderson et al. *Psychological Bulletin, 136*, 2010, p. 174-178.

102. Ferguson, C. J. Violent video games and the Supreme Court: Lessons for the scientific community in the wake of *Brown v. Entertainment Merchants Association. American Psychologist, 68*, 2013, p. 57-74; Ferguson, C. J. A way forward for video game violence research. *American Psychologist, 69*, 2014, p. 307-309.

103. Josephson, W. D. Television violence and children's aggression: Testing the priming, social script, and disinhibition prediction. *Journal of Personality and Social Psychology*, *53*, 1987, p. 882-890.

104. Anderson, C. A.; Dill, K. E. Video games and aggressive thoughts, feelings, and behavior in the laboratory and in life. *Journal of Personality and Social Psychology*, *78*, 2000, p. 772-790.

105. Cline, V. B.; Croft, R. G.; Courrier, S. Desensitization of children to television violence. *Journal of Personality and Social Psychology*, *27*, 1973, p. 360-365.

106. Bushman, B. J.; Anderson, C. A. Comfortably numb: Desensitizing effects of violent media on helping others. *Psychological Science*, *20*, 2009, p. 273-277.

107. Greitemeyer, T. Playing violent video games increases intergroup bias. *Personality and Social Psychology Bulletin*, *40*, 2014, p. 70-78.

108. Gentile, D. A.; Gentile, J. R. Violent video games as exemplary teachers: A conceptual analysis. *Journal of Youth and Adolescence*, *9*, 2008, p. 127-141.

109. Jamieson, P. E.; Romer, D. Violence in popular US prime time TV dramas and the cultivation of fear: A time series analysis. *Media and Communication*, *2*, 2014, p. 31-41.

110. Anderson, C. A. *et al.* The influence of media violence on youth. *Psychological Science in the Public Interest*, 2003, p. 4.

111. King, M.; Woollett, E. Sexually assaulted males: 115 men consulting a counseling service. *Archives of Sexual Behavior*, *26*, 1997, p. 579-588; Stemple, L.; Meyer, I. H. The sexual victimization of men in America: New data challenge old assumptions. *American Journal of Public Health*, *104*, 2014, p. e19–e26.

112. Malamuth, N. M.; Hald, G.; Koss, M. Pornography, individual differences in risk and men's acceptance of violence against women in a representative sample. *Sex Roles*, *66*, 2012, p. 427-439.

113. Laumann, E. O.; Gagnon, J. H. A sociological perspective on sexual action. *In:* Parker, R. G.; Gagnon, J. H. (ed.). *Conceiving sexuality: Approaches to sex research in a postmodern world*. Nova York: Routledge, 1995.

114. Hust, S. J. T. *et al.* Establishing and adhering to sexual consent: The association between reading magazines and college students' sexual consent negotiation. *Journal of Sex Research*, *51*, 2014, p. 280-290; La France, B. H. *et al.* Socialsexual interactions? Meta-analyses of sex differences in perceptions of flirtatiousness, seductiveness, and promiscuousness. *Communication Monographs*, *76*, 2009, p. 263-285.

115. Villalobos, J. G.; Davis, D.; Leo, R. A. His story, her story: Sexual miscommunication, motivated remembering, and intoxication as pathways to honest false testimony regarding sexual consent. *In:* Burnett, R. (ed.). *Vilified: Wrongful allegations of person abuse*. Oxford: Oxford University Press, 2015.

116. Davis, D.; Loftus, E. F. What's good for the goose cooks the gander: Inconsistencies between the law and psychology of voluntary intoxication

and sexual assault. *In:* O'DONOHUE, W. T.; LEVENSKY, E. (ed.). *Handbook of forensic psychology*. Nova York, Elsevier Academic Press, 2003. p. 997-1032.

117. CLARK, K. The pathos of power: A psychological perspective. *American Psychologist*, *26*, 1971, p. 1047-1057.

118. KING, R. S.; MAUER, M.; YOUNG, M. C. *Incarceration and crime: A complex relationship*. Washington, DC: The Sentencing Project, 2005.

119. EICHMANN, C. *The impact of the Gideon decision on crime and sentencing in Florida*. Tallahassee, FL: Division of Corrections Publications, 1966.

120. DPIC. 2017. Disponível em: https://deathpenaltyinfo.org/deterrence-states-without-death-penalty-have-had-consistently-lower-murder-rates. Acesso em: 16 ago. 2017; KING, R. S.; MAUER, M.; YOUNG, M. C. *Incarceration and crime: A complex relationship*. Washington, DC: The Sentencing Project, 2005.

121. DURRANT, J.; ENSOM, R. Physical punishment of children: Lessons from 20 years of research. *Canadian Medical Association Journal*, *184*, 2012, p. 1373-1377.

122. ARONSON, E.; CARLSMITH, J. M. The effect of severity of threat on the devaluation of forbidden behavior. *Journal of Abnormal and Social Psychology*, *66*, 1963, p. 584-588; FREEDMAN, J. Long-term behavioral effects of cognitive dissonance. *Journal of Experimental and Social Psychology*, *1*, 1965, p. 145-155.

123. OLWEUS, D. Bully/victim problems among school children: Basic facts and effects of a school-based intervention program. *In:* PEPLER, D.; RUBIN, K. (ed.). *The development and treatment of childhood aggression*. Hillsdale, NJ: Erlbaum, 1991. p. 411-448.; OLWEUS, D.; LIMBER, S. P. Bullying in school: Evaluation and dissemination of the Olweus Bullying Prevention Program. *American Journal of Orthopsychiatry*, *80*, 2010, p. 124–134; TTOFI, M. M.; FARRINGTON, D. P. Effectiveness of school-based programs to reduce bullying: A systematic and meta-analytic review. *Journal of Experimental Criminology*, *7*, 2011, p. 27-56.

124. BANDURA, A.; ROSS, D.; ROSS, S. Imitation of film-mediated aggressive models. *Journal of Abnormal and Social Psychology*, *66*, 1963, p. 3-11.

125. BROWN, P.; ELLIOT, R. Control of aggression in a nursery school class. *Journal of Experimental Child Psychology*, *2*, 1965, p. 103-107.

126. DAVITZ, J. The effects of previous training on post-frustration behavior. *Journal of Abnormal and Social Psychology*, *47*, 1952, p. 309-315.

127. BARON, R. A.; KEPNER, C. R. Model's behavior and attraction toward the model as determinants of adult aggressive behavior. *Journal of Personality and Social Psychology*, *14*, 1970, p. 335-344.

128. BARON, R. A. The reduction of human aggression: A field study of the influence of incompatible reactions. *Journal of Applied Social Psychology*, *6*, 1976, p. 260-274.

129. FESHBACH, N.; FESHBACH, S. The relationship between empathy and aggression in two age groups. *Developmental Psychology*, *1*, 1969, p. 102-107.

130. Feshbach, N. Empathy training and prosocial behavior. *In:* Groebel, J.; Hinde, R. A. (ed.). *Aggression and war: Their biological and social bases*. Nova York: Cambridge University Press, 1989. p. 101–111.; Feshbach, N. D.; Feshbach, S. Empathy and education. *In:* Decety, J.; Ickes, W. (ed.). *The social neuroscience of empathy*. Cambridge, MA: MIT Press, 2009. p. 85–97.

131. Hammock, G. S.; Richardson, D. R. Aggression as one response to conflict. *Journal of Applied Social Psychology*, *22*, 1992, p. 298-311.

132. Obuchi, K.; Ohno, T.; Mukai, H. Empathy and aggression: Effects of self-disclosure and fearful appeal. *Journal of Social Psychology*, *133*, 1993, p. 243-253.

133. Aknin, L. B. *et al.* Prosocial spending and well-being: Cross-cultural evidence for a psychological universal. *Journal of Personality and Social Psychology*, *104*, 2013, p. 635-652; Dunn, E. W.; Aknin, L. B.; Norton, M. I. Spending money on others promotes happiness. *Science*, *319*, 2008, p. 1687-1688.

134. Jazaieri, H. *et al.* A wandering mind is a less caring mind: Daily experience sampling during compassion meditation training. *Journal of Positive Psychology*, *11*, 2016, p. 37-50; Mrazek, M. D. *et al.* Young and restless: Validation of the Mind-Wandering Questionnaire (MWQ) reveals disruptive impact of mind-wandering for youth. *Frontiers in Psychology*, *4*, 2013, p. 560; Killingsworth, M. A.; Gilbert, D. T. A wandering mind is an unhappy mind. *Science*, *330*, 2010, p. 932-932.

135. Milani, A.; Nikmanesh, Z.; Farnam, A. Effectiveness of mindfulness-based cognitive therapy (MBCT) in reducing aggression of individuals at the juvenile correction and rehabilitation center. *International Journal of High Risk Behaviors & Addiction*, *2*, 2013, p. 126-131; Long, E. C.; Christian, M. S. Mindfulness buffers retaliatory responses to injustice: A regulatory approach. *Journal of Applied Psychology*, *100*, 2015, p. 1409-1422; Fix, R. L.; Fix, S. T. The effects of mindfulness-based treatments for aggression: A critical review. *Aggression and Violent Behavior*, *18*, 2013, p. 219-227.

136. Nidich, S. I. *et al.* A randomized controlled trial on effects of the Transcendental Meditation program on blood pressure, psychological distress, and coping in young adults. *American Journal of Hypertension*, *22*, 2009, p. 1326-1331.

137. Sedlmeier, P. *et al.* The psychological effects of meditation: A meta-analysis. *Psychological Bulletin*, *138*, 2012, p. 1139.

138. Lorenz, K. *On aggression*. Trad. M. Wilson. Nova York: Harcourt, Brace & World, 1966.

139. Montagu, A. *On being human*. Nova York: Hawthorne Books, 1950.

140. Kropotkin, P. *Mutual aid*. Nova York: Doubleday, 1902.

141. Hölldobler, B.; Wilson, E. O. *The superorganism: The beauty, elegance, and strangeness of insect societies*. W.W. Norton & Company, 2009.

142. Mason, L. E. The significance of Dewey's democracy and education for 21st--century education. *Education and Culture*, *33*, 2017, p. 41-57.

143. Eiseley, L. *The immense journey*. Nova York: Random House, 1946.

Capítulo 7: Preconceito

1. WILLIAMS, J. *Thurgood Marshall: American revolutionary*. Nova York: Three Rivers Press, 2011.
2. AMERICAN National Election Studies. Resultados de pesquisa nacional. 2016. Disponível em: http://www.electionstudies.org. Acesso em: 24 ago. 2017.
3. LIPTAK, A. Supreme Court invalidates key part of voting rights act. *New York Times*, 25 jun. 2013. Disponível em: http://www.nytimes.com/2013/06/26/us/supremecourt-ruling.html?mcubz=0. Acesso em: 24 ago. 2017.
4. PARRILLO, V. N.; DONOGHUE, C. The national social distance study: Ten years later. *Sociological Forum*, *28*, 2013, p. 597-614.
5. STEPHENS-DAVIDOWITZ, S. The data of hate. *New York Times*, 12 jul. 2014.
6. GERGES, F. A. ISIS and the third wave of Jihadism. *Current History*, *113*, 339; CHETERIAN, V. ISIS and the killing fields of the Middle East. *Survival*, *57*, 2014, p. 105-118.
7. OBAMA sobre a palavra N: WTF Podcast com Marc Maron #613. 22 jun. 2015.
8. TRUMP, D. Republican debate: Analysis and highlights. *New York Times*, 6 ago. 2015. Disponível em: https://www.nytimes.com/live/republican-debateelection.../trump-on-political-correctness/?. Acesso em: 24 ago. 2017.
9. WANG, A. Airbnb host who stranded guest because of race ordered to take class in Asian American studies. *Washington Post*, 14 jul. 2017. Disponível em: https://www.washingtonpost.com/news/ business/wp/2017/07/14/airbnbhost--who-stranded-guest-because-of-race-ordered-to-take-class-in-asian-american--studies/?utm_term=.50278a1198b8. Acesso em: 24 ago. 2017.
10. STOLBERG, S. G.; DICKERSON, C. Hangman's noose, symbol of racial animus, keeps cropping up. *New York Times*, 5 jul. 2017. Disponível em: https://www.nytimes.com/2017/07/05/us/nooses-hate-crimes-philadelphia-mint.html?emc=eta1. Acesso em: 24 ago. 2017.
11. WANG, A. B. "Final act of bravery": Men who were fatally stabbed trying to stop anti-Muslim rants identified. *Washington Post*, 27 maio 2017. Disponível em: https://www.washingtonpost.com/news/post-nation/wp/2017/05/27/man-fatally-stabs-2-on-portland-ore-train-after-they-interrupted-his--anti-muslim-rants-police-say/?utm_term=.01835f7c26c9. Acesso em: 24 ago. 2017.
12. CIKARA, M.; VAN BAVEL, J. J. The neuroscience of intergroup relations: An integrative review. *Perspectives on Psychological Science*, *9*, 2014, p. 245-274.
13. ANZURES, G. *et al.* Developmental origins of the other-race effect. *Current Directions in Psychological Science*, *22*, 2013, p. 173-178.
14. LIPPMANN, W. *Public opinion*. Nova York: MacMillan Co., 1922.
15. BODENHAUSEN, G. V. Stereotypes as judgmental heuristics: Evidence of circadian variations in discrimination. *Psychological Science*, *1*, 1990, p. 319-322.
16. JUSSIM, L. Accuracy, bias, self-fulfilling prophecies, and scientific self-correction. *Behavioral and Brain Sciences*, *40*, 2017, p. e18; JUSSIM, L.; CRAWFORD, J.

T.; RUBINSTEIN, R. S. Stereotype (in) accuracy in perceptions of groups and individuals. *Current Directions in Psychological Science, 24*, 2015, p. 490-497.

17. JUSSIM, L. *et al.* Stereotype accuracy: One of the largest and most replicable effects in all of social psychology. *In:* NELSON, T. (ed.). *Handbook of prejudice, stereotyping, and discrimination*. 2. ed. Nova York: Psychology Press, 2016. p. 31-63.
18. NISBETT, R. E. *et al.* Intelligence: New findings and theoretical developments. *American Psychologist, 67*, 2012, p. 130-159.
19. FEAGIN, J. R. *Myth of the model minority: Asian Americans facing racism*. Nova York: Routledge, 2017.
20. FISKE, S. T.; NEUBERG, S. L. A continuum of impression formation, from category-based to individuating processes: Influences of information and motivation on attention and interpretation. *Advances in Experimental Social Psychology, 23*, 1990, p. 1-74.
21. STONE, J.; PERRY, W.; DARLEY, J. M. "White men can't jump": Evidence for the perceptual confirmation of racial stereotypes following a basketball game. *Basic and Applied Social Psychology, 19*, 1997, p. 291-306.
22. DUNCAN, B. Differential social perception and attribution of intergroup violence: Testing the lower limits of stereotyping of blacks. *Journal of Personality and Social Psychology, 34*, 1976, p. 590-598.
23. KITE, M. E.; DEAUX, K.; HAINES, E. L. Gender stereotypes. *In:* DENMARK, F. L.; PALUDI, M. A. (ed.). *Psychology of women: A handbook of issues and theories*. 2. ed. Westport, CT: Praeger Publishers, 2008. p. 205-236.
24. HAINES, E. L.; DEAUX, K.; LOFARO, N. The times they are a-changing... or are they not? A comparison of gender stereotypes, 1983-2014. *Psychology of Women Quarterly, 40*, 2016, p. 353-363.
25. FINE, C. *Delusions of gender: How our minds, society, and neurosexism create difference*. Nova York: W.W. Norton, 2010.
26. MEHL, M. R. Are women really more talkative than men? *Science, 317*, 2007, p. 82.
27. GLICK, P.; FISKE, S. T. An ambivalent alliance: Hostile and benevolent sexism as complementary justifications for gender inequality. *American Psychologist, 56*, 2001, p. 109; BECKER, J. C.; WRIGHT, S. C. Yet another dark side of chivalry: Benevolent sexism undermines and hostile sexism motivates collective action for social change. *Journal of Personality and Social Psychology, 101*, 2011, p. 62-77.
28. CHRISTOPHER, A. N.; WOJDA, M. R. Social dominance orientation, right-wing authoritarianism, sexism, and prejudice toward women in the workforce. *Psychology of Women Quarterly, 32*, 2008, p. 65-73.
29. JUNG, K. Female hurricanes are deadlier than male hurricanes. *Proceedings of the National Academy of Sciences, 111*, 2014, p. 8782-8787.
30. ALLPORT, G. W. *The nature of prejudice*. Nova York: Basic Books, 1954/1979.
31. HOLMES, O. W. The autocrat of the breakfast table. *New-England Magazine, 1*, 1831, p. 431.

32. COHEN, F. *et al.* Modern anti-Semitism and anti-Israeli attitudes. *Journal of Personality and Social Psychology*, *97*, 2009, p. 290-306.

33. CRANDALL, C. S. *et al.* Stereotypes as justifications of prejudice. *Personality and Social Psychology Bulletin*, *37*, 2011, p. 1488-1498.

34. HARRIS, L. T.; FISKE, S. T. Dehumanizing the lowest of the low: Neuroimaging responses to extreme out-groups. *Psychological Science*, *17*, 2006, p. 847-853.

35. STANLEY, D.; PHELPS, E.; BANAJI, M. The neural basis of implicit attitudes. *Current Directions in Psychological Science*, *17*, 2008, p. 164-170.

36. PHELPS, E. A. *et al.* Performance on indirect measures of race evaluation predicts amygdala activation. *Journal of Cognitive Neuroscience*, *12*, 2000, p. 729-738; WHEELER, M. E.; FISKE, S. T. Controlling racial prejudice: Social-cognitive goals affect amygdala and stereotype activation. *Psychological Science*, *16*, 2005, p. 56-63.

37. FLEGAL, K. M. *et al.* Trends in obesity among adults in the United States, 2005 to 2014. *Journal of the American Medical Association*, *315*, 2016, p. 2284-2291.

38. MILLER JR., D. P. *et al.* Are medical students aware of their anti-obesity bias? *Academic Medicine*, *88*, 2013, p. 978–982; LYDECKER, J. A.; O'BRIEN, E.; GRILO, C. Parents' implicit and explicit attitudes towards childhood obesity. *Journal of Adolescent Health*, *60*, 2017, S11–S12; Randall, J. G. *et al.* Weight discrimination in helping behavior. *Revue Européenne de Psychologie Appliquée/European Review of Applied Psychology*, *67*, 2017, p. 125-137.

39. CENTERS for Disease Control. Lesbian, gay, bisexual, and transgender health. 2016. Disponível em: https://www.cdc.gov/lgbthealth/youth.htm. Acesso em: 24 ago. 2017.

40. GILLIAM, W. S. *et al.* Do early educators' implicit biases regarding sex and race relate to behavior expectations and recommendations of preschool expulsions and suspensions? Research Study Brief. Yale University, Yale Child Study Center. New Haven, CT, 2016.

41. U.S. Department of Education, Office of Civil Rights. 2013-2014 civil rights data collection: Key data highlights on equity and opportunity gaps in our nation's public schools. 2016. Disponível em: http://www2.ed.gov/about/offices/list/ocr/docs/crdc-2013-14.html. Acesso em: 24 ago. 2017.

42. SKIBA, R. J. *et al.* The color of discipline: Sources of racial and gender disproportionality in school punishment. *The Urban Review*, *34*, 2002, p. 317-342; SKIBA, R. J. et. al. What do we know about discipline disparities? New and emerging research. *In* SKIBA, R. J.; MEDIRATTA, K. (ed.). *Inequality in school discipline*. Nova York: Palgrave Macmillan US, 2016. p. 21-38; RAUSCH, M. K; SKIBA, R. J. The need for systemic interventions. *In:* LOPEZ, E. C.; NAHARI, S. G.; PROCTOR, S. L. (ed.). *Handbook of multicultural school psychology: An interdisciplinary perspective*. 2. ed. Nova York: Routledge, 2017; OKONOFUA, J. A.; WALTON, G. M.; EBERHARDT, J. A. A vicious cycle: A social-psychological account of extreme

racial disparities in school discipline. *Perspectives on Psychological Science, 11*, 2016, p. 381-398.

43. Bjerk, D. Mandatory minimums and the sentencing of federal drug crimes. *Journal of Legal Studies, 46*, 2017, p. 93-128.
44. Mitchell, O.; Caudy, M. S. Examining racial disparities in drug arrests. *Justice Quarterly, 32*, 2015, p. 288-313.
45. Alexander, M. *The new Jim Crow: Mass incarceration in the age of colorblindness.* Nova York: New Press, 2012.
46. Fryer Jr., R. G. *An empirical analysis of racial differences in police use of force* (n. w22399). National Bureau of Economic Research, 2016; Buehler, J. W. Racial/ethnic disparities in the use of lethal force by US Police, 2010-2014. *Journal Information, 107*(2), 2017.
47. Lavergne, M.; Mullainathan, S. Are Emily and Greg more employable than Lakisha and Jamal? A field experiment on labor market discrimination. *American Economic Review, 94*, 2004, p. 991-1013.
48. Pager, D. The mark of a criminal record. *American Journal of Sociology, 108*, 2003, p. 937-975; Sugie, N. F. Criminal record questions, statistical discrimination, and equity in a "Ban the Box" era. *Criminology & Public Policy, 16*, 2017, p. 167-175.
49. David, A.; Melanie, W. Wayward sons: The emerging gender gap in labor markets and education. 2013. Disponível em: http://www.thirdway.org/report/wayward-sons-the-emerging-gender-gap-in-labor-markets-and-education. Acesso em: 24 ago. 2017.
50. Joshi, A.; Son, J.; Roh, H. When can women close the gap? A meta-analytic test of sex differences in performance and rewards. *Academy of Management Journal, 58*, 2015, p. 1516-1545.
51. Webber, K. L.; Canché, M. G. Not equal for all: Gender and race differences in salary for doctoral degree recipients. *Research on Higher Education, 56*, 2015, p. 645-672.
52. Goldin, C.; Rouse, C. Orchestrating impartiality: The impact of "blind" auditions on female musicians. *American Economic Review, 90*, 2000, p. 715-741.
53. Greenwald, A. G.; McGhee, D. E.; Schwartz, J. L. K. Measuring individual differences in implicit cognition: The Implicit Association Test. *Journal of Personality and Social Psychology, 74*, 1998, p. 1464-1480.
54. Nosek, B. A.; Greenwald, A. G.; Banaji, M. R. The Implicit Association Test at 7: A methodological and conceptual review. *In:* Bargh, J. A. (ed.). *Social psychology and the unconscious.* Nova York: Psychology Press, 2007; Miller Jr., D. P. *et al.* Are medical students aware of their anti-obesity bias? *Academic Medicine, 88*, 2013, p. 978-982.
55. Banaji, M. R.; Greenwald, A. G. *Blindspot: Hidden biases of good people.* Nova York: Delacorte, 2013.
56. Kinoshita, S.; Peek-O'Leary, M. Does the compatibility effect in the race Implicit Association Test reflect familiarity or affect? *Psychonomic Bulletin &*

Review, *12*, 2005, p. 442-452; Rothermund, K.; Wentura, D. Underlying processes in the Implicit Association Test: Dissociating salience from associations. *Journal of Experimental Psychology: General*, *133*, 2004, p. 139-165.
57. Arkes, H.; Tetlock, P. Attributions of implicit prejudice, or "Would Jesse Jackson 'fail' the Implicit Association Test?". *Psychological Inquiry*, *15*, 2004, p. 257-278; Olson, M. A.; Fazio, R. H. Reducing the influence of extrapersonal associations on the implicit association test: Personalizing the iat. *Journal of Personality and Social Psychology*, *86*, 2004, p. 653-667.
58. Stanley, D. A. *et al.* Implicit race attitudes predict trustworthiness judgments and economic trust decisions. pnas, *108*, 2011, p. 7710-7715.
59. Cooper, L. A. *et al.* The associations of clinicians' implicit attitudes about race with medical visit communication and patient ratings of interpersonal care. *American Journal of Public Health*, *102*, 2012, p. 979-987.
60. De Houwer, J. *et al.* Implicit measures: A normative analysis and review. *Psychological Bulletin*, *135*, 2009, p. 347-368.
61. Hahn, A. *et al.* Awareness of implicit attitudes. *Journal of Experimental Psychology: General*, *143*, 2014, p. 1369-1392.
62. Dovidio, J. F.; Gaertner, S. L.; Pearson, A. R. Racism among the well-intentioned: Bias without awareness. *In:* Miller, A. G. (ed.). *The social psychology of good and evil*. 2. ed. Nova York: Guilford Press, 2016.
63. Rogers, R. W.; Prentice-Dunn, S. Deindividuation and anger-mediated interracial aggression: Unmasking regressive racism. *Journal of Personality and Social Psychology*, *41*, 1981, p. 63-73.
64. Fein, S.; Spencer, S. J. Prejudice as self-image maintenance: Affirming the self through derogating others. *Journal of Personality and Social Psychology*, *73*, 1997, p. 31-44; Maass, A. *et al.* Sexual harassment under social identity threat: The computer harassment paradigm. *Journal of Personality and Social Psychology*, *85*, 2003, p. 853-870; Meindl, J. R.; Lerner, M. J. Exacerbation of extreme responses to an out-group. *Journal of Personality and Social Psychology*, *47*, 1985, p. 71-84.
65. Crandall, C.; Eshelman, A. A justification-suppression model of the expression and experience of prejudice. *Psychological Bulletin*, *129(3)*, 2003, p. 414-446.
66. Frey, D. L.; Gaertner, S. I. Helping and the avoidance of inappropriate interracial behavior: A strategy that perpetuates a nonprejudiced self-image. *Journal of Personality and Social Psychology*, *50*, 1986, p. 1035-1090.
67. King, E. B. *et al.* The stigma of obesity in customer service: A mechanism for remediation and bottom-line consequences of interpersonal discrimination. *Journal of Applied Psychology*, *91*, 2006, p. 579-593.
68. Dollard, J. Hostility and fear in social life. *Social Forces*, 17, 1938, p. 15-26.
69. Citações de Edmund Roberts e Charles Crocker. *In*: Jacobs, P.; Landau, S. *To serve the devil*. Nova York: Vintage Books, 1971. v. 2, p. 71, 81.

70. GREELEY, A.; SHEATSLEY, P. The acceptance of desegregation continues to advance. *Scientific American*, *225*, 1971, p. 13-19; VANNEMAN, R. D.; PETTIGREW, T. F. Race and relative deprivation in the urban United States. *Race*, *13*, 1972, p. 461-486.
71. SHERIF, M. *et al*. *Intergroup conflict and cooperation: The Robbers Cave experiment*. Norman: University of Oklahoma Institute of Intergroup Relations, 1961.
72. MILLER, N.; BUGELSKI, R. Minor studies in aggression: The influence of frustrations imposed by the ingroup on attitudes expressed by the outgroup. *Journal of Psychology*, *25*, 1948, p. 437-442.
73. STAUB, E. Cultural-societal roots of violence: The examples of genocidal violence, and of contemporary youth violence in the United States. *American Psychologist*, *51*, 1996, p. 117-132.
74. LOWENTHAL, L.; GUTERMAN, N. *Prophets of deceit: A study of the techniques of the American agitator*. Nova York: Harper and Brothers, 1949. Citado em: ALLPORT, G. *The nature of prejudice*. Reading, MA: Addison-Wesley, 1949.
75. CHOMA, B. L.; HANOCH, Y. Cognitive ability and authoritarianism: Understanding support for Trump and Clinton. *Personality and Individual Differences*, *106*, 2017, p. 287-291.
76. CROCKER, J. *et al*. Downward comparison, prejudice, and evaluations of others: Effects of self-esteem and threat. *Journal of Personality and Social Psychology*, 52(5), 1987, p. 907-916.
77. DOLLARD, J. *Caste and class in a southern town*. New Haven, CT: Yale University Press, 1937.
78. BETTELHEIM, B.; JANOWITZ, M. *Social change and prejudice: Including dynamics of prejudice*. Nova York: Free Press, 1964.
79. FEIN, S.; SPENCER, S. J. Prejudice as self-image maintenance: Affirming the self through derogating others. *Journal of Personality and Social Psychology*, 73, 1997, p. 31-44.
80. MINARD, R. D. Race relations in the Pocahontas coal field. *Journal of Social Issues*, *8*, 1952, p. 29-44.
81. WATSON, J. Some social and psychological situations related to change in attitude. *Human Relations*, *3*, 1950, p. 15-56.
82. KIRKLAND, S. L.; GREENBERG, J.; PYSZCZYNSKI, T. Further evidence of the deleterious effects of overheard derogatory ethnic labels: Derogation beyond the target. *Personality and Social Psychology Bulletin*, *13*, 1987, p. 216-227.
83. MACCRONE, I. *Race attitudes in South Africa*. Londres: Oxford University Press, 1937.
84. SWIM, J. K.; SANNA, L. J. He's skilled, she's lucky: A meta-analysis of observers' attributions for women's and men's successes and failures. *Personality and Social Psychology Bulletin*, *22*, 1996, p. 507-519.
85. ECCLES, J. S.; JACOBS, J. E.; HAROLD, R. D. Gender role stereotypes, expectancy effects, and parents' socialization of gender differences. *Journal of Social Issues*, *46*, 1990, p. 183-201.

86. Harber, K. D. Feedback to minorities: Evidence of a positive bias. *Journal of Personality and Social Psychology, 74*, 1998, p. 622-628; Harber, K. D. The positive feedback bias. *In:* Aronson, J.; Aronson, E. (ed.). *Readings about the social animal*. 12. ed. Nova York: Worth/Freeman, 2018.
87. Turner, M. E.; Pratkanis, A. R. Affirmative action as help: A review of recipient reactions to preferential selection and affirmative action. *Basic and Applied Social Psychology, 15*, 1994, p. 43-69.
88. Steele, C. M.; Aronson, J. Stereotype threat and the intellectual test performance of African Americans. *Journal of Personality and Social Psychology, 69*, 1995, p. 797-811.
89. Steele, C. M.; Spencer, S. J.; Aronson, J. Contending with group image: The psychology of stereotype and social identity threat. *Advances in Experimental Social Psychology, 34*, 2002, p. 379-440.
90. Spencer, S. J.; Steele, C. M.; Quinn, D. M. Stereotype threat and women's math performance. *Journal of Experimental Social Psychology, 35*, 1999, p. 4-28; Schmader, T., Johns, M.; Forbes, C. An integrated process model of stereotype threat effects on performance. *Psychological Review, 115*, 2008, p. 336-356; Nguyen, H. H.; Ryan, A. M. Does stereotype threat affect test performance of minorities and women? A meta-analysis of experimental evidence. *Journal of Applied Psychology, 93*, 2008, p. 1314-1334; Gonzales, P. M.; Blanton, H.; Williams, K. J. The effects of stereotype threat and double-minority status on the test performance of Latino women. *Personality and Social Psychology Bulletin, 28*, 2002, p. 659-670; Chu, H.; Brown, C. S. Stereotype threat among Latino school age children. *International Journal of Social Science and Humanity, 7*, 2017, p. 278-281; Hess, T. M. *et al.* The impact of stereotype threat on age differences in memory performance. *The Journals of Gerontology Series B: Psychological Sciences and Social Sciences, 58*, 2003, p. 3-11; Spencer, S. J.; Logel, C.; Davies, P. G. Stereotype threat. *Annual Review of Psychology, 67*, 2016, p. 415-437; Taylor, V. J.; Walton, G. M. Stereotype threat undermines academic learning. *Personality and Social Psychology Bulletin, 37*, 2011, p. 1055-1067.
91. Aronson, J. *et al.* When white men can't do math: Necessary and sufficient factors in stereotype threat. *Journal of Experimental Social Psychology, 35*, 1999, p. 29-46.
92. Mcglone, M. S.; Aronson, J. Stereotype threat, identity salience, and spatial reasoning. *Journal of Applied Developmental Psychology, 27*, 2006, p. 486-493.
93. Herrmann, S. D. *et al.* The effects of a female role model on academic performance and persistence of women in STEM courses. *Basic and Applied Social Psychology, 38*, 2016, p. 258-268; Stout, J. G. *et al.* STEMing the tide: Using ingroup experts to inoculate women's self-concept in science, technology, engineering, and mathematics (STEM). *Journal of Personality and Social Psychology, 100*, 2011, p. 255-270; Martens, A. *et al.* Combating stereotype threat: The effect

of self-affirmation on women's intellectual performance. *Journal of Experimental Social Psychology*, *42*, 2006, p. 236-243.

94. WALTON, G. M. *et al.* Mere belonging: the power of social connections. *Journal of Personality and Social Psychology*, *102*, 2012, p. 513-532; WALTON, G. M.; COHEN, G. L. A brief social-belonging intervention improves academic and health outcomes of minority students. *Science*, *331*, 2011, p. 1447-1451.
95. GOOD, C.; ARONSON, J.; INZLICHT, M. Improving adolescents' standardized test performance: An intervention to reduce the effects of stereotype threat. *Journal of Applied Developmental Psychology*, *24*, 2003, p. 645-662.
96. MARTENS, A. *et al.* Combating stereotype threat: The effect of self-affirmation on women's intellectual performance. *Journal of Experimental Social Psychology*, *42*, 2006, p. 236-243.
97. COHEN, G. L. *et al.* Recursive processes in self-affirmation: Intervening to close the minority achievement gap. *Science*, *324*, 2009, p. 400-403; HANSELMAN, P. *et al.* Threat in context: School moderation of the impact of social identity threat on racial/ethnic achievement gaps. *Sociology of Education*, *87*, 2014, p. 106-124.
98. LERNER, M. J. *The belief in a just world: A fundamental delusion*. Nova York: Plenum, 1980; MONTADA, L.; LERNER, M. J. *Current societal concerns about justice*. Nova York: Plenum Press, 1996.
99. FURNHAM, A.; GUNTER, B. Just world beliefs and attitudes towards the poor. *British Journal of Social Psychology*, *23*, 1984, p. 265-269.
100. LAZARSFELD, P. *Radio and the printed page*. Nova York: Duell, Sloan & Pearce, 1940.
101. PALUCK, E. L.; GREEN, D. P. Prejudice reduction: What works? A review and assessment of research and practice. *Annual Review of Psychology*, *60*, 2009, p. 339-367.
102. DEUTSCH, M.; COLLINS, M. E. *Interracial housing: A psychological evaluation of a social experiment*. Minneapolis: University of Minnesota Press, 1951; WILNER, D.; WALLCLEY, R.; COOK, S. *Human relations in interracial housing*. Minneapolis: University of Minnesota Press, 1955.
103. HEREK, G. M.; CAPITANIO, J. P. "Some of my best friends": Intergroup contact, concealable stigma, and heterosexuals' attitudes toward gay men and lesbians. *Personality and Social Psychology Bulletin*, *22*, 1996, p. 412-424; PETTIGREW, Thomas T.; TROPP, Linda R. A meta-analytic test of intergroup contact theory. *Journal of Personality and Social Psychology*, *90*, 2006, p. 751-783; WILNER, D.; WALKLEY, R.; COOK, S. *Human relations in interracial housing*. Minneapolis: University of Minnesota Press, 1955.
104. VAN LAAR, C.; LEVIN, S.; SIDANIUS, J. In-group and out-group contact: A longitudinal study of the effects of cross-ethnic friendships, dates, roommate relationships and participation in segregated organizations. *In*: WAGNER, U. *et al.* (ed.). *Improving intergroup relations: Building on the legacy of Thomas F. Pettigrew*. Malden: Blackwell, 2008.

105. SIDANIUS, J. *et al.* Ethnic enclaves and the dynamics of social identity on the college campus: The good, the bad, and the ugly. *Journal of Personality and Social Psychology*, *87*, 2004, p. 96-110.
106. MENDOZA-DENTON, R.; PAGE-GOULD, E. Can cross-group friendships influence minority students' well-being at historically white universities? *Psychological Science*, *19*, 2008, p. 933-993.
107. SAGUY, T. *et al.* Tension and harmony in intergroup relations. *In*: MIKULINCER, M.; SHAVER, P. (ed.). *Understanding and reducing aggression, violence, and their consequences*. Washington, DC: American Psychological Association, 2010.
108. STEPHAN, W. G. School desegregation: An evaluation of predictions made in *Brown v. The Board of Education*. *Psychological Bulletin*, *85*, 1978, p. 217-238; STEPHAN, W. G. Intergroup relations. *In*: LINDZEY, G.; ARONSON, E. (ed.). *Handbook of social psychology*. 3. ed. Nova York: McGraw-Hill, 1985. p. 599-658.
109. SHERIF, M. Superordinate goals in the reduction of intergroup conflicts. *American Journal of Sociology*, *63*, 1958, p. 349-356.
110. DEUTSCH, M. A theory of cooperation and competition. *Human Relations*, *2*, 1949, p. 129-152; DEUTSCH, M. An experimental study of the effects of cooperation and competition upon group process. *Human Relations*, *2*, 1949, p. 199-232.
111. KEENAN, P.; CARNEVALE, P. Positive effects of within-group competition on between-group negotiation. *Journal of Applied Social Psychology*, *19*, 1989, p. 977-992.
112. ARONSON, E. *et al.* *The jigsaw classroom*. Beverly Hills, CA: Sage, 1978; ARONSON, E.; OSHEROW, N. Cooperation, prosocial behavior, and academic performance: Experiments in the desegregated classroom. *In*: BICKMAN, L. (ed.). *Applied social psychology annual*. Beverly Hills, CA: Sage, 1980. v. 1, p. 163-196; ARONSON, E. Stateways can change folkways. *In*: BAIRD, R.; ROSENBAUM, S. (ed.). *Bigotry, prejudice and hatred: Definitions, causes and solutions*. Buffalo, NY: Prometheus Books, 1992. p. 111-124; ARONSON, E.; GONZALEZ, A. Desegregation, jigsaw and the Mexican-American experience. *In*: KATZ, P.; TAYLOR, D. (ed.). *Eliminating racism*. Nova York: Plenum, 1988; ARONSON, E.; THIBODEAU, R. The jigsaw classroom: A cooperative strategy for reducing prejudice. *In*: LYNCH, J.; MODGIL, C.; MODGIL, S. (ed.). *Cultural diversity in the schools*. Londres: Falmer Press, 1992; ARONSON, E.; PATNOE, S. *Cooperation in the classroom: The jigsaw method*. 2. ed. Londres, Inglaterra: Pinter & Martin, 2011; Jigsaw Classroom. Disponível em: https://www.jigsaw.org. Acessado em 24 ago. 2017.
113. ARONSON, E.; OSHEROW, N. Cooperation, prosocial behavior, and academic performance: Experiments in the desegregated classroom. *In*: BICKMAN, L. (ed.). *Applied social psychology annual*. Beverly Hills, CA: Sage, 1980. v. 1, p. 163-196; ARONSON, E. Building empathy, compassion, and achievement in the jigsaw classroom. *In*: ARONSON, J. (ed.). *Improving academic achievement:*

Impact of psychological factors on education. San Diego, CA: Academic Press, 2002. p. 209-225.

114. JUERGEN-LOHMANN, J.; BORSCH, F.; GIESEN, H. Cooperative learning at the university: An evaluation of jigsaw in classes of educational psychology/ Kooperatives Lernen an der Hochschule. Evaluation des Gruppenpuzzles in Seminaren der Paedagogischen Psychologie. *Zeitschrift fuer Paedagogische Psychologie*, *15*, 2001, p. 74-84; PERKINS, D.; SARIS, R. A "jigsaw classroom" technique for undergraduate statistics courses. *Teaching of Psychology*, *28*, 2001, p. 111-113; WALKER, I.; CROGAN, M. Academic performance, prejudice, and the jigsaw classroom: New pieces to the puzzle. *Journal of Community & Applied Social Psychology*, *8*, 1998, p. 381-393.
115. DESFORGES, D. M. *et al.* Effects of structured cooperative contact on changing negative attitudes towards stigmatized social groups. *Journal of Personality and Social Psychology*, *60*, 1991, p. 531-544.
116. GAERTNER, S. L.; DOVIDIO, J. F. *Reducing intergroup bias: The common in-group identity model*. Philadelphia, PA: Psychology Press, 2000.
117. LEIPPE, M. R.; EISENSTADT, D. Generalization of dissonance reduction: Decreasing prejudice through induced compliance. *Journal of Personality and Social Psychology*, *67*, 1994, 395-413.
118. GAERTNER, S. L. *et al.* How does cooperation reduce intergroup bias? *Journal of Personality and Social Psychology*, *59*, 1990, p. 692-704.
119. BRIDGEMAN, D. Enhanced role-taking through cooperative interdependence: A field study. *Child Development*, *52*, 1981, p. 1231-1238.
120. ARONSON, E. *Nobody left to hate: Teaching compassion after Columbine*. Nova York: Henry Holt, 2000.
121. SLAVIN, R. Research on cooperative learning and achievement: What we know, what we need to know. *Contemporary Educational Psychology*, *21*, 1996, p. 43-69; QIN, Z.; JOHNSON, D. W.; JOHNSON, R. T. Cooperative versus competitive efforts and problem solving. *Review of Educational Research*, *65*, 1995, p. 29-143.
122. VAN BAVEL, J. J.; CUNNINGHAM, W. A. Self-categorization with a novel mixed-race group moderates automatic social and racial biases. *Personality and Social Psychology Bulletin*, *35*, 2009, p. 321-335.
123. TODD, A. *et al.* Perspective taking combats automatic expressions of racial bias. *Journal of Personality and Social Psychology*, *100*, 2011, p. 1027-1042.
124. MCCONAHAY, J. B. Reducing racial prejudice in desegregated schools. *In*: HAWLEY, W. D. (ed.). *Elective school desegregation*. Beverly Hills, CA: Sage, 1981.
125. SHIPLER, D. K. *A country of strangers: Blacks and whites in America*. Nova York: Knopf, 1997.

Capítulo 8: Gostar, amar e conectar

1. KASPER, S. *Annie Oakley*. Norman, OK: University of Oklahoma Press, 1992.
2. EKMAN, P. *Emotion in the human face*. 2. ed. Nova York: Cambridge University Press, 1982.
3. BAUMEISTER, R. F.; LEARY, M. R. The need to belong: Desire for interpersonal attachments as a fundamental human motivation. *Psychological Bulletin, 117*, 1995, p. 497-529.
4. WALDINGER, R. *In:* CURTIN, M. This 75-year Harvard study found the 1 secret to leading a fulfilling life. *Inc.*; 27 fev. 2017. Disponível em: https://www.inc.com/melanie-curtin/want-a-life-of-fulfillment-a-75-yearharvard-study-says-to-prioritize-this-one-t.html.
5. UCHINO, B. N.; CACIOPPO, J. T.; KIECOLT-GLASER, J. K. The relationship between social support and physiological processes: A review with emphasis on underlying mechanisms and implications for health. *Psychological Bulletin, 119*, 1996, p. 488-531.
6. CACIOPPO, J. T.; HAWKLEY, L. C. Social isolation and health, with an emphasis on underlying mechanisms. *Perspectives in Biology and Medicine, 46*, 2003, p. S39-S52.
7. CACIOPPO, J. T.; HAWKLEY, L. C.; THISTED, R. A. Perceived social isolation makes me sad: 5-year cross-lagged analyses of loneliness and depressive symptomatology in the Chicago Health, Aging, and Social Relations Study. *Psychology and Aging, 25*, 2010, p. 453-463.
8. KLINENBERG, E. *Going solo: The extraordinary rise and surprising appeal of living alone*. Nova York: Penguin, 2013.
9. DEPAULO, B. M.; MORRIS, W. L. Singles in society and in science. *Psychological Inquiry, 16*, 2005, p. 57-83.
10. Citado em GREGOIRE, C. The 75-year study that found the secrets to a fulfilling life. *Huffington Post*, 23 ago. 2013. Disponível em: http://www.huffingtonpost.com/2013/08/11/how-this-harvardpsycholo_n_3727229.html.
11. CARNEGIE, D. *How to win friends and influence people*. Nova York: Simon and Schuster, 1937/2010. [*Como fazer amigos e influenciar pessoas*. 52. ed. São Paulo: Companhia Editora Nacional, 2012.]
12. REMMERS, H. H.; RADLER, D. H. Teenage attitudes. *Scientific American, 198*, 1958, p. 25-29; DAWES, M.; XIE, H. The role of popularity goal in early adolescents' behaviors and popularity status. *Developmental Psychology, 50*, 2014, p. 489-497.
13. LEMANN, T.; SOLOMON, R. Group characteristics as revealed in sociometric patterns and personality ratings. *Sociometry, 15*, 1952, p. 7-90.
14. HOMANS, G. *Social behavior: Its elementary forms*. Nova York: Harcourt, Brace and World, 1961.
15. KELLEY, H. H.; THIBAUT, J. W. *Interpersonal relations: A theory of interdependence*. John Wiley & Sons, 1978.

16. Festinger, L.; Schachter, S.; Back, K. *Social pressures in informal groups: A study of human factors in housing*. Nova York: Harper, 1950.
17. Darley, J. M.; Berscheid, E. Increased liking as a result of the anticipation of personal contact. *Human Relations*, *20*, 1967, p. 29-40.
18. Bossard, J. H. Residential propinquity as a factor in marriage selection. *American Journal of Sociology*, *38*, 1932, p. 219-224.
19. Ansari, A.; Klinenberg, E. *Modern romance*. Nova York: Penguin, 2015.
20. Citado em Ansari, A. *Modern romance*. Nova York: Penguin, 2015. p. 14.
21. Collisson, B.; Howell, J. L. The liking-similarity effect: Perceptions of similarity as a function of liking. *Journal of Social Psychology*, *154*, 2014, p. 384-400; Aronson, E.; Worchel, S. Similarity versus liking as determinants of interpersonal attractiveness. *Psychometric Science*, *5*, 1966, p. 157-158.
22. Tidwell, N. D.; Eastwick, P. W.; Finkel, E. J. Perceived, not actual, similarity predicts initial attraction in a live romantic context: Evidence from the speed-dating paradigm. *Personal Relationships*, *20*, 2013, p. 199-215.
23. Cialdini, R. B. The science of persuasion. *Scientific American Mind*, *14*, 2004, p. 70-77.
24. Gehlbach, H. *et al*. Creating birds of similar feathers: Leveraging similarity to improve teacher-student relationships and academic achievement. *Journal of Educational Psychology*, *108*, 2016, p. 342-352.
25. Bales, R. Task roles and social roles in problem solving groups. *In:* Maccoby, E. E.; Newcomb, T. M.; Hartley, E. L. (ed.). *Readings in social psychology*. 3. ed. Nova York: Holt, 1958. p. 437-447.
26. Aronson, E.; Willerman, B.; Floyd, J. The effect of a pratfall on increasing interpersonal attractiveness. *Psychonomic Science*, *4*, 1966, p. 227-228.
27. Tesser, A.; Millar, M.; Moore, J. Some affective consequences of social comparison and reflection processes: The pain and pleasure of being close. *Journal of Personality and Social Psychology*, *54*, 1988, p. 49-61.
28. Cialdini, R. B. *et al*. Basking in reflected glory: Three (football) field studies. *Journal of Personality and Social Psychology*, *34*, 1976, p. 366-375.
29. Eastwick, P. W. *et al*. The predictive validity of ideal partner preferences: A review and meta-analysis. *Psychological Bulletin*, *140*, 2014, p. 623-665.
30. Todd, P. M. *et al*. Different cognitive processes underlie human mate choices and mate preferences. *Proceedings of the National Academy of Sciences*, *104*, 2007, p. 15011-15016.
31. Walster, E. *et al*. Importance of physical attractiveness in dating behavior. *Journal of Personality and Social Psychology*, *5*, 1966, p. 508-516.
32. White, G. Physical attractiveness and courtship progress. *Journal of Personality and Social Psychology*, *39*, 1980, p. 660-668.
33. Dion, K.; Berscheid, E.; Walster (Hatfield), E. What is beautiful is good. *Journal of Personality and Social Psychology*, *24*, 1972, p. 285-290.

34. Fink, B. *et al.* Facial symmetry and judgements of attractiveness, health and personality. *Personality and Individual Differences*, *41*, 2006, p. 491-499; Reber, R.; Schwarz, N.; Winkielman, P. Processing fluency and aesthetic pleasure: Is beauty in the perceiver's processing experience? *Personality and Social Psychology Review*, *8*, 2004, p. 364-382.
35. Tan, A. S. tv beauty ads and role expectations of adolescent female viewers. *Journalism Quarterly*, *56*, 1979, p. 283-288.
36. Dion, K. Physical attractiveness and evaluations of children's transgressions. *Journal of Personality and Social Psychology*, *24*, 1972, p. 207-213.
37. Frieze, I. H.; Olson, J. E.; Russell, J. Attractiveness and income for men and women in management. *Journal of Applied Social Psychology*, *21*, 1991, p. 1037-1039.
38. Sigall, H.; Aronson, E. Liking for an evaluator as a function of her physical attractiveness and nature of the evaluations. *Journal of Experimental and Social Psychology*, *5*, 1969, p. 93-100.
39. Snyder, M.; Tanke, E. D.; Berscheid, E. Social perception and interpersonal behavior: On the self-fulfilling nature of social stereotypes. *Journal of Personality and Social Psychology*, *35*, 1977, p. 656-666.
40. Kniffin, K. M.; Wilson, D. S. The effect of nonphysical traits on the perception of physical attractiveness: Three naturalistic studies. *Evolution and Human Behavior*, *25*, 2004, p. 88-101.
41. Gross, A. E.; Crofton, C. What is good is beautiful. *Personality and Social Psychology Bulletin*, *3*, 1977, p. 262-265.
42. Freeman, J. Stereotypes and status symbols impact if a face is viewed as black or white. 2011. Disponível em: https://medicalxpress.com/news/2011-09-stereotypes-status-impact-viewed-black.html. Acesso em: 3 set. 2017.
43. Curtis, R. C.; Miller, K. Believing another likes or dislikes you: Behaviors making the beliefs come true. *Journal of Personality and Social Psychology*, *51*, 1986, p. 284-290.
44. Walster (Hatfield), E. The effect of self-esteem on romantic liking. *Journal of Experimental and Social Psychology*, *1*, 1965, p. 184-197.
45. Kiesler, S. B.; Baral, R. L. The search for a romantic partner: The effects of self-esteem and physical attractiveness on romantic behavior. *In:* Gergen, K. J.; Marlowe, D. (ed.) *Personality and social behavior*. Reading, ma: Addison-Wesley, 1970.
46. Finkel, E. J.; Eastwick, P. W. Arbitrary social norms influence sex differences in romantic selectivity. *Psychological Science*, *20*, 2009, p. 1290-1295.
47. Schwartz, B. *The paradox of choice: Why less is more*. Nova York: Ecco, 2004.
48. Iyengar, S. S.; Lepper, M. R. When choice is demotivating: Can one desire too much of a good thing? *Journal of Personality and Social Psychology*, *79*, 2000, p. 995-1006.
49. Ansari, A. *Modern romance*. Nova York: Penguin, 2015.

50. IYENGAR, S. S.; WELLS, R. E.; SCHWARTZ, B. Doing better but feeling worse: Looking for the "best" job undermines satisfaction. *Psychological Science*, *17*, 2006, p. 143-150.
51. ANSARI, A. *Modern romance*. Nova York: Penguin, 2015.
52. AMABILE, T. M. Brilliant but cruel: Perceptions of negative evaluators. *Journal of Experimental Social Psychology*, *19*, 1983, p. 146-156.
53. SWANN, JR., W. B. To be adored or to be known? The interplay of self-enhancement and self-verification. *In:* SORRENTINO, R. M.; HIGGINS, E. T. (ed.). *Foundations of social behavior*. Nova York: Guilford, 1990. v. 2, p. 408-448.
54. LAWRENCE, J. S.; CROCKER, J.; BLANTON, H. Stigmatized and dominant cultural groups differentially interpret positive feedback. *Journal of Cross-Cultural Psychology*, *42*, 2011, p. 165-169.
55. JONES, E. E. *Ingratiation*. Nova York: Appleton-Century-Crofts, 1964.
56. BREHM, J.; COLE, A. Effect of a favor which reduces freedom. *Journal of Personality and Social Psychology*, *3*, 1966, p. 420-426.
57. BIGELOW, J. (ed.). *The autobiography of Benjamin Franklin*. Nova York: G. P. Putnam's Sons, 1916.
58. JECKER, J.; LANDY, D. Liking a person as a function of doing him a favor. *Human Relations*, *22*, 1969, p. 371-378.
59. ARONSON, E.; LINDER, D. Gain and loss of esteem as determinants of interpersonal attractiveness. *Journal of Experimental and Social Psychology*, *1*, 1965, p. 156-171; GERARD, H.; GREENBAUM, C. W. Attitudes toward an agent of uncertainty reduction. *Journal of Personality*, *30*, 1962, p. 485-495; METTEE, D.; TAYLOR, S. E.; FRIEDMAN, H. Affect conversion and the gain-loss like effect. *Sociometry*, 36, 1973, p. 505-519; ARONSON, E.; METTEE, D. Affective reactions to appraisal from others. *In: Foundations of interpersonal attraction*. Nova York: Academic Press, 1974; CLORE, G. L.; WIGGINS, N. H.; ITKIN, S. Gain and loss in attraction: Attributions from nonverbal behavior. *Journal of Personality and Social Psychology*, *31*, 1975, p. 706-712; TURCOTTE, S. J.; LEVENTHAL, L. Gain-loss versus reinforcement-affect ordering of student ratings of teaching: Effect of rating instructions. *Journal of Educational Psychology*, *76*, 1984, p. 782-791.
60. ARONSON, E.; LINDER, D. Gain and loss of esteem as determinants of interpersonal attractiveness. *Journal of Experimental and Social Psychology*, *1*, 1965, p. 156-171.
61. SPINOZA, B. de. The ethics. *In:* BOYLE, A. (trad.) *Spinoza's ethics and "De Intellectus Emendatione"*. Nova York: Dutton, 1910. p. 232-233. [Trecho extraído de edição brasileira: SPINOZA, B. *Ética*. Tradução de Tomaz Tadeu. Belo Horizonte: Autêntica, 2009. p. 215.]
62. METTEE, D. R.; TAYLOR, S. E.; FRIEDMAN, H. Affect conversion and the gain-loss like effect. *Sociometry*, *36*, 1973, p. 505-519.

63. Mettee, D. R.; Aronson, E. Affective reactions to appraisal from others. *In:* Huston, T. L. (ed.). *Foundations of interpersonal attraction*. Nova York: Academic Press, 1974. p. 235-283.
64. Strauss, N. *The game: Penetrating the secret society of pickup artists*. Nova York: It Books, 2012. [*O jogo*: penetrando na sociedade secreta dos mestres da conquista. Rio de Janeiro: Best-Seller, 2008.]
65. Clark, M. S.; Mills, J. Interpersonal attraction in exchange and communal relationships. *Journal of Personality and Social Psychology*, *37*, 1979, p. 12-24.
66. Walster, E.; Walster, G. W.; Traupmann, J. Equity and premarital sex. *In:* Cook, M.; Wilson, G. (ed.). *Love and attraction*. Nova York: Pergamon Press, 1979.
67. Pillemer, J.; Hatfield, E.; Sprecher, S. The importance of fairness and equity for the marital satisfaction of older women. *Journal of Women and Aging*, *20*, 2008, p. 215-229.
68. Clark, M. S.; Mills, J. R.; Corcoran, D. M. Keeping track of needs and inputs of friends and strangers. *Personality and Social Psychology Bulletin*, *15*, 1989, p. 533-542.
69. Hatfield, E.; Rapson, R. L. Passionate love and sexual desire: Multidisciplinary perspectives. *In:* Forgas, J. P.; Fitness, J. (ed.). *Social relationships: Cognitive, affective, and motivational processes*. Nova York: Psychology Press, 2008.
70. Baumeister, R. F.; Bratslavsky, E. Passion, intimacy, and time: Passionate love as a function of change in intimacy. *Personality and Social Psychology Review*, *3*, 1999, p. 49-67.
71. Aron, A. *et al.* Reward, motivation, and emotion systems associated with early-stage intense romantic love. *Journal of Neurophysiology*, *94*, 2005, p. 327-337; Scheele, D. *et al.* Oxytocin enhances brain reward system responses in men viewing the face of their female partner. PNAS, *110*, 2013, p. 20308-20313.
72. Haidt, J. *The happiness hypothesis*. Nova York: Hachette, 2006. [*A hipótese da felicidade*. 2. ed. São Paulo: LVM, 2022.]
73. Solomon, R. *About love*. Lanham, MD: Littlefield Adams, 1994.
74. Aron, A.; Fisher, H. E.; Strong, G. *et al.* Falling in love. *In:* Sprecher, S.; Wenzel, A.; Harvey, J. (ed.). *Handbook of relationship initiation*. Nova York: Psychology Press, 2008; Acevedo, B. P.; Aron, A. Does a long-term relationship kill romantic love? *Review of General Psychology*, *13*, 2009, p. 59-65.
75. Epstein, R.; Pandit, M.; Thakar, M. How love emerges in arranged marriages: Two cross-cultural studies. *Journal of Comparative Family Studies*, *44*, 2013, p. 341-360.
76. Lee, S. W. S.; Schwarz, N. Framing love: When it hurts to think we were made for each other. *Journal of Experimental Social Psychology*, *54*, 2014, p. 61-67.
77. Knee, C. R. Implicit theories of relationships: Assessment and prediction of romantic relationship initiation, coping, and longevity. *Journal of Personality and Social Psychology*, *74*, 1998, p. 360-370; Knee, C. R. Implicit theories of

relationships: Who cares if romantic partners are less than ideal? *Personality and Social Psychology Bulletin*, *27*, 2001, p. 808-819.

78. Shaver, P. R.; Hazan, C. Adult romantic attachment: Theory and evidence. *In:* Perlman, D.; Jones, W. H. (ed.) *Advances in personal relationships*. Londres: Kingsley, 1993. v. 4; Mikulincer, M.; Shaver, P. R. *Attachment in adulthood: Structure, dynamics, and change*. Nova York: Guilford Press, 2007.

79. Dinero, R. E. *et al.* Influence of family of origin and adult romantic partners on romantic attachment security. *Journal of Family Psychology*, *22*, 2008, p. 622-632.

80. Feeney, B. C.; Cassidy, J. Reconstructive memory related to adolescent-parent conflict interactions. *Journal of Personality and Social Psychology*, *85*, 2003, p. 945-955.

81. Fraley, R. C. *et al.* Patterns of stability in adult attachment: An empirical test of two models of continuity and change. *Journal of Personality and Social Psychology*, *101*, 2011, p. 974-992; Gillath, O. *et al.* Genetic correlates of adult attachment style. *Personality and Social Psychology Bulletin*, *34*, 2008, p. 1396-1405.

82. Sroufe, L. A. Attachment and development: A prospective, longitudinal study from birth to adulthood. *Attachment and Human Development*, *7*, 2005, p. 349-367; Simpson, J. A. The impact of early interpersonal experience on romantic relationship functioning in adulthood. *In:* Mikulincer, M.; Shaver, P. R. (ed.). *Mechanisms of social connections: From brain to group*. Washington, DC: American Psychological Association, 2014. p. 221-234.

83. Reis, H. T.; Clark, M. S.; Holmes, J. G. Perceived partner responsiveness as an organizing construct in the study of intimacy and closeness. *In:* Mashek, D. J.; Aron, A. (ed.). *Handbook of closeness and intimacy*. Nova York: Psychology Press, 2004. p. 201-225.; Downey, G. *et al.* The self-fulfilling prophecy in close relationships: Rejection sensitivity and rejection by romantic partners. *Journal of Personality and Social Psychology*, *75*, 1998, p. 545-560.

84. Oriña, M. M. *et al.* Developmental and dyadic perspectives on commitment in adult romantic relationships. *Psychological Science*, *22*, 2011, p. 908-915; Simpson, J. A.; Collins, W. A.; Salvatore, J. E. The impact of early interpersonal experience on adult romantic relationship functioning: Recent findings from the Minnesota Longitudinal Study of Risk and Adaptation. *Current Directions in Psychological Science*, *20*, 2011, p. 355-359.

85. Finkel, E. J. *The all-or-nothing marriage*. Nova York: Dutton, 2017.

86. Arriaga, X. B. *et al.* Filling the void: Bolstering attachment security in committed relationships. *Social Psychological and Personality Science*, *5*, 2014, p. 398-406.

87. Duck, S. Stratagems, spoils and a serpent's tooth: On the delights and dilemmas of personal relationships. *In:* Cupach, W. R.; Spitzberg, B. H. (ed.). *The dark side of interpersonal communication*. Hillsdale, NJ: LEA, 1995.

88. Harvey, O. J. Personality factors in resolution of conceptual incongruities. *Sociometry*, *25*, 1962, p. 336-352.

89. Schopenhauer, A. *Parerga and Paralipomena*. Tradução: E. F. J. Payne. Oxford: Oxford University Press, 1851. v. 2, cap. 31.
90. Clark, M. S.; Lemay, E. P. Close relationships. *In:* Fiske, S. T.; Gilbert, D. T.; Lindzey, G. (ed.). *Handbook of social psychology*. 5. ed. Nova York: Wiley, 2010. p. 898-940.
91. Murray, S. L.; Holmes, J. G.; Collins, N. L. Optimizing assurance: The risk regulation system in relationships. *Psychological Bulletin, 132*, 2006, p. 641-666.
92. Finkel, E. J. *The all-or-nothing marriage*. Nova York: Dutton, 2017.
93. Aron, A. *et al.* The experimental generation of interpersonal closeness: A procedure and some preliminary findings. *Personality and Social Psychology Bulletin, 23*, 1997, p. 363-377.
94. Swann, Jr., W. B. To be adored or to be known? The interplay of self-enhancement and self-verification. *In:* Sorrentino, R. M.; Higgins, E. T. (ed.). *Foundations of social behavior*. Nova York: Guilford, 1990. v. 2, p. 408-448; Swann Jr., W. B.; De La Ronde, C.; Hixon, J. G. Authenticity and positivity strivings in marriage and courtship. *Journal of Personality and Social Psychology, 66*, 1994, p. 857-869; Swann Jr., W. B.; Pelham, B. Who wants out when the going gets good? Psychological investment and preference for self-verifying college roommates. *Self and Identity, 1*, 2002, p. 219-233.
95. Gable, S. L.; Gonzaga, G. C.; Strachman, A. Will you be there for me when things go right? Supportive responses to positive event disclosures. *Journal of Personality and Social Psychology, 91*, 2006, p. 904-917.
96. Harvey, J. H.; Weber, A. L.; Orbuch, T. L. *Interpersonal accounts: A social psychological perspective*. Oxford: Blackwell, 1990.
97. Gottman, J. *Why marriages succeed or fail*. Nova York: Simon & Schuster, 2012.
98. Gottman, J. S. (ed.). *The Marriage Clinic Casebook*. Nova York: W. W. Norton, 2004.
99. Fincham, F. D.; Bradbury, T. N. Marital satisfaction, depression, and attributions: A longitudinal analysis. *Journal of Personality and Social Psychology, 64*, 1993, p. 442-452; Karney, B.; Bradbury, T. N. Attributions in marriage: State or trait? A growth curve analysis. *Journal of Personality and Social Psychology, 78*, 2000, p. 295-309.
100. Finkel, E. J. *The all-or-nothing marriage*. Nova York: Dutton, 2017.

Capítulo 9: Psicologia social como ciência

1. Kunen, J. S. Teaching prisoners a lesson. *New Yorker*, 10 jul. 1995, p. 34-39.
2. Feynman, R. The best mind since Einstein. 21 dez. 1993. Disponível em: http://www.pbs.org/wgbh/nova/ education/programs/2019_bestmind.html. Acesso em: 28 nov. 2017.
3. Semonov, P. Comunicação pessoal. 1997.
4. Nisbett, R. E.; Wilson, T. D. Telling more than we can know: Verbal reports on mental processes. *Psychological Review, 84*, 1977; Gilovich, T.; Ross, L. *The*

wisest one in the room: How you can benefit from social psychology's most powerful insights. Nova York: Free Press, 2015.

5. ARONSON, E.; WILLERMAN, B.; FLOYD, J. The effect of a pratfall on increasing interpersonal attractiveness. *Psychonomic Science*, *4*, 1966, p. 227-228.
6. ARONSON, E.; MILLS, J. The effect of severity of initiation on liking for a group. *Journal of Abnormal and Social Psychology*, *59*, 1959, p. 177-181.
7. LIEBERT, R.; BARON, R. Some immediate effects of televised violence on children's behavior. *Developmental Psychology*, *6*, 1972, p. 469-475.
8. ARONSON, E.; CARLSMITH, J. M. Experimentation in social psychology. *In:* LINDZEY, G.; ARONSON, E. (ed.). *Handbook of social psychology*. 2. ed. Reading, MA: Addison-Wesley, 1969. v. 2, p. 1-79; ARONSON, E.; BREWER, M.; CARLSMITH, J. M. Experimentation in social psychology. *In:* LINDZEY, G.; ARONSON, E. (ed.). *Handbook of social psychology*. 3. ed. Nova York: Random House, 1985. v. 1, p. 441-486.
9. MILGRAM, S. Behavioral study of obedience. *Journal of Abnormal and Social Psychology*, *67*, 1963, p. 371-378.
10. ARONSON, E.; SIGALL, H.; VAN HOOSE, T. The cooperative subject: Myth or reality? *Journal of Experimental and Social Psychology*, *6*, p. 19701-10.
11. ASCH, S. Effects of group pressure upon the modification and distortion of judgment. *In:* GUETZKOW, M. H. (ed.). *Groups, leadership, and men*. Pittsburgh: Carnegie, 1951. p. 177-190; ASCH, S. Studies of independence and conformity: I. A minority of one against a unanimous majority. *Psychological Monographs: General and Applied*, *70*, n. 9, p. 19511-70.
12. OOSTENBROEK, J. *et al.* Comprehensive longitudinal study challenges the existence of neonatal imitation in humans. *Current Biology*, *26*, 2016, p. 1334-1338.
13. COHEN, G. L. *et al.* Recursive processes in self-affirmation: Intervening to close the minority achievement gap. *Science*, *324*, 2009, p. 400-403.
14. BORMAN, G. D.; GRIGG, J.; HANSELMAN, P. An effort to close achievement gaps at scale through self-affirmation. *Educational Evaluation and Policy Analysis*, *38*, 2016, p. 21-24; HANSELMAN, P. *et al.* New evidence on self-affirmation effects and theorized sources of heterogeneity from large-scale replications. *Journal of Educational Psychology*, *109*, 2017, p. 405.
15. SIMMONS, J. P.; SIMONSOHN, U. Power posing: *P*-curving the evidence. *Psychological Science*, *28*, 2017, p. 687-693; RANEHILL E. *et al.* Assessing the robustness of power posing: No effect on hormones and risk tolerance in a large sample of men and women. *Psychological Science*, *26*, 2015, p. 653-656.
16. VAN BAVEL, J. J. *et al.* Contextual sensitivity helps explain the reproducibility gap between social and cognitive psychology. 9 ago. 2016. Disponível em: http://dx.doi.org/10.2139/ssrn.2820883. Acesso em: 4 set. 2017.
17. DAWES, R.; MCTAVISH, J.; SHAKLEE, H. Behavior, communication, and assumptions about other people's behavior in a common dilemma situation. *Journal of Personality and Social Psychology*, *35*, 1977, p. 1-11.

18. ARONSON, E.; METTEE, D. Dishonest behavior as a function of differential levels of induced self-esteem. *Journal of Personality and Social Psychology*, 9, 1968, p. 121-127.

19. BICKMAN, L.; ZARANTONELLO, M. The effects of deception and level of obedience on subjects' ratings of the Milgram study. *Personality and Social Psychology Bulletin*, 4, 1978, p. 81-85.

20. MILGRAM, S. Issues in the study of obedience: A reply to Baumrind. *American Psychologist*, 19, 1964, p. 848-852.

ÍNDICE ONOMÁSTICO

A

ABRAHAMS, Darcy, 197
AKNIN, Lara, 269
ALEXANDER, Michelle, 289
ALLPORT, Gordon, 285, 286
AMABILE, Teresa, 59, 347
AMIN, Idi, 248
ANDERSON, Craig, 241, 256
ANSARI, Aziz, 332, 345, 346, 357
APPLEWHITE, Marshall Herff, 122
ARCHER, Dane, 230
ARISTÓTELES, 16, 21, 194, 195, 197
ARONSON, Elliot, 28, 395
ARONSON, Joshua, 17, 18, 23, 68, 142, 169, 206, 216, 220, 260, 282, 289, 307, 309
ARRIAGA, Ximena, 360
ASCH, Solomon, 137, 138-46, 152, 161, 166, 303, 394

B

BAIRD, Abigail, 148
BANAJI, Mahzarin, 291-3
BANDURA, Albert, 251
BARAL, Roberta, 343
BARGH, John, 134
BARKER, Roger, 245
BARNUM, P. T., 43
BARON, Robert, 267
BARRETT, Lisa Feldman, 219
BATSON, Daniel, 155
BAUMEISTER, Roy, 44, 108, 243
BENTHAM, Jeremy, 35, 36
BERKOWITZ, Leonard, 249, 250
BERNS, Gregory, 140
BERSCHEID, Ellen, 114, 339
BICKMAN, Leonard, 396
BLOOM, Paul, 38
BODENHAUSEN, Galen, 281
BOGART, Humphrey, 90
BOND, Rod, 140
BRADBURY, Thomas, 368
BRADFORD, John, 61
BRANDEIS, Louis, 221
BREHM, Jack, 89, 95, 100, 217
BRIDGEMAN, Diane, 322
BROSNAN, Sarah, 246
BROSSARD, James, 331
BROWN, Paul, 265
BROWN, Roger, 245
BRUCE, Lenny, 85
BRYAN, Christopher, 208
BURGER, Jerry, 165, 169

BUSH, George H. W., 185, 186
BUSH, George W., 124, 125
BUSHMAN, Brad, 108, 235, 240, 241, 255, 256
BUTLER, Frank, 327, 329, 330, 336, 341, 373

C

CACIOPPO, John, 190
CAMPBELL, Keith, 108
CAMUS, Albert, 82
CANTRIL, Hadley, 52
CARLSMITH, J. Merrill, 98, 103-6, 212, 213, 241, 263, 388
CARNEGIE, Dale, 329, 330, 346-8
CARNEVALE, Peter, 316
CASTRO, Fidel, 334
CHAIKEN, Shelly, 199
CHARTRAND, Tanya, 134
CHRISTIAN, Jeremy Joseph, 278
CIALDINI, Robert, 151, 216, 93
CÍCERO, 362
CLARK, Margaret, 353, 354
CLINTON, Bill, 186
CLINTON, Hillary, 135, 187, 189
CLOONEY, George, 332
COBAIN, Kurt, 182
COCHRAN, Johnnie, 191
COHEN, Arthur R., 99
COHEN, Bernard, 66
COHEN, Dov, 228
COHEN, Geoffrey, 108, 161, 216, 310
COLLINS, Mary Ellen, 313
CONWAY, Michael, 112
CORCORAN, David, 353
COSTANZO, Mark, 45
CRAIG, Jenny, 207
CRANDALL, Christian, 149, 294
CRICK, Nikki, 233
CROCKER, Charles, 297
CROCKER, Jennifer, 301
CRONKITE, Walter, 189, 223
CRYSTAL, Billy, 234
CUNNINGHAM, William, 232
CURTIS, Rebecca, 341

D

DABBS, James, 230
DARBY, Joseph, 170
DARLEY, John, 117, 154-7
DARLING-HAMMOND, Linda, 168
DARWIN, Charles, 270
DAVIS, Deborah, 239, 260, 261
DAVIS, Keith, 114
DAVITZ, Joel, 266
DAWES, Robyn, 394, 395
DE Niro, Robert, 234
DEAN, John, 132
DECELLES, Katherine, 247
DEMBO, Tamara, 245
DEUTSCH, Morton, 146, 313, 316
DION, Karen, 337, 338
DITTES, James, 147
DOLLARD, John, 297
DUBOIS, W. E. B., 309
DUKAKIS, Michael, 185, 186, 200
DUNBAR, Robin, 39, 167
DUNCAN, Birt, 283
DWECK, Carol, 65

E

EAGLY, Alice, 199
EASTWICK, Paul, 343
ECCLES, Jacquelynne, 305
EICHMANN, Adolf, 165, 166
EISELEY, Loren, 272
EISENBERGER, Naomi, 49

EISENSTADT, Donna, 321
ELIOT, George, 57, 332,
ELIOT, T. S., 213
ELLIOT, Rogers, 265
ELMS, Alan, 164
ESCOBAR, Pablo, 43
ESHLEMAN, Amy, 194
ESPINOSA, Baruch, 351

F

FEIN, Steven, 136, 301
FERNBACH, Philip, 53
FESHBACH, Norma, 268
FESHBACH, Seymour, 268
FESTINGER, Leon, 81, 198
FEYNMAN, Richard, 377
FINCHAM, Frank, 368
FINKEL, Eli, 343, 360
FISKE, Susan, 53, 56, 284, 285
FLICK, Mark, 283
FLOYD, Joanne, 335
FRANKLIN, Benjamin, 36, 349
FRASER, Scott, 97
FREEDMAN, Jonathan, 97, 103, 104, 217, 264
FREEMAN, Jon, 341
FREUD, Sigmund, 223, 234
FREY, David, 294

G

GABLE, Shelley, 364
GAERTNER, Samuel, 294, 321
GEEN, Russell, 235
GEHLBACH, Hunter, 333
GENOVESE, Kitty, 152, 153
GENTILE, Douglas, 257
GENTILE, Ronald, 256, 257
GEORGE iii, rei, 332
GERARD, Harold, 111, 146
GHRAIB, Abu, 165, 170
GIBBONS, Rick, 83
GILBERT, Daniel, 93, 205
GILOVICH, Thomas, 43
GINSBERG, Allen, 193
GINSBERG, Ruth Bader, 171
GLADWELL, Malcolm, 292, 293
GLASS, David, 114
GLICK, Peter, 284, 285
GOERING, Hermann, 180
GOFF, Philip, 289
GOLDEN, Burton, 195, 196
GONZALES, Marti, 45
GOODWIN, Doris Kearns, 125
GOTTMAN, John, 365
GOTTMAN, Julie, 364
GRANT, Adam, 206
GREENWALD, Anthony, 291, 293
GRIFFITT, William, 241

H

HAHN, Adam, 293
HAIDT, Jonathan, 356
HAMILTON, David, 48
HAMMOCK, Georgina, 268
HANEY, Craig, 54
HARBER, Kent, 116
HARMON-JONES, Eddie, 91
HARRIS, Eric, 242, 243
HARRIS, Mary, 245
HARTMANN, George, 201
HARVEY, O. J., 361
HASTORF, Albert, 210, 213
HATFIELD, Elaine Walster *ver* Walster (Hatfield), Elaine
HAUN, Daniel, 135
HAZAN, Cindy, 358
HEIDER, Fritz, 47, 58

HEILMAN, Madeline, 218
HELLER, Joseph, 167
HIGGINS, Tory, 65
HITLER, Adolf, 23, 132, 133, 180
HOBBES, Thomas, 225
HOLMES, John, 362
HOLMES, Oliver Wendell, Jr., 286
HORTON, Willie, 186, 190, 200
HOVLAND, Carl, 194, 195, 210, 213
HUSSEIN, Saddam, 124
HUTTON, E. F., 198

I

INKSTER, James, 93
IYENGAR, Sheena, 344

J

JACOBS, Janis, 305
JACOBSON, Lenore, 62
JAMES, LeBron, 196, 198
JAMES, William, 71
JANIS, Irving, 133, 140
JECKER, Jon, 349
JENNER, Bruce *ver* Jenner, Caitlin
JENNER, Caitlin, 196
JOBS, Steve, 77, 176
JOHNSON, Dennis, 89
JOHNSON, Lyndon, 124, 127, 272
JONES, Carl, 65
JONES, Edward, 67, 68, 114, 347
JONES, Jim, 30, 122, 123
JOST, John, 116, 215
JUNG, Kiju, 285
JUSSIM, Lee, 281

K

KAHN, Michael, 236
KAHNEMAN, Daniel, 46
KEENAN, Patricia, 316
KEIZER, Kees, 151
KELLEY, Harold, 58, 147, 330
KENNEDY, David, 160
KENNEDY, John F., 85, 130, 334, 378, 379
KEPNER, Richard, 267
KIESLER, Sara, 343
KING, Eden, 295
KIRKLAND, Shari, 303
KLEBOLD, Dylan, 242, 243
KLERK, F. W. de, 325
KLINENBERG, Eric, 332
KNEE, C. Raymond, 358
KNOX, Robert, 93
KROPOTKIN, Peter, 271
KRUGLANSKI, Arie, 57, 131
KULIK, James, 245
KUNEN, James, 375, 376
KUO, Zing Yang, 225, 226

L

LANDY, David, 349
LATANÉ, Bibb, 154, 155
LAWRENCE, Jason, 347
LAZARSFELD, Paul, 312
LEARY, Mark, 243
LEE, Harper, 251
LEE, Spike W. S., 357
LEHMAN, Darrin, 118
LEIPPE, Mike, 321
LEPPER, Mark, 86, 344
LERNER, Melvin, 310
LEVENTHAL, Howard, 202, 203, 204
LEVINE, Robert, 153
LEWIN, Kurt, 16, 245
LEWONTIN, Richard, 220
LIBERMAN, Nira, 74
LIEBERMAN, Matthew, 49

LINCOLN, Abraham, 125, 273
LINDER, Darwyn, 350
LIPPMANN, Walter, 280
LOCKE, John, 37
LOFTUS, Elizabeth, 75, 76, 239, 261
LOMBARDI, Vince, 272
LORD, Charles, 86
LORENZ, Konrad, 270
LUNTZ, Frank, 192
LYUBOMIRSKY, Sonja, 65

M

MALLICK, Shabaz, 248
MANDELA, Nelson, 325
MANILOW, Barry, 43
MARLOWE, Christopher, 303
MARSHALL, Thurgood, 275-6
MARTIN, Trayvon, 24
MATHEWSON, Grover, 111
MCCAIN, Douglas, 23
MCCANDLESS, Boyd, 248
MCAULIFFE, Christa, 133
MCCONAHAY, John, 323
MCDANIEL, Patricia, 230
MCEWEN, Bruce, 55
MCGLONE, Matthew, 191, 205, 309
MCGUIRE, William, 218
MCTAVISH, Jeanne, 394, 395
MEEUS, Wim, 167
MENDOZA-DENTON, Rodolfo, 313
MENNINGER, William, 234
METTEE, David, 107
MIKULINCER, Mario, 358
MILGRAM, Stanley, 163-7, 169-70, 388-9, 391, 395-8
MILL, John Stuart, 220
MILLER, Dale, 159
MILLER, Kim, 341
MILLS, Judson, 199, 353, 379, 381
MONDALE, Walter, 136
MONROE, Marilyn, 182
MONTAGU, Ashley, 270, 271
MORGAN, James J., 84
MORRIS, Philip, 84, 87
MULLEN, Brian, 25
MURRAY, Charles, 362
MURRAY, Sandra, 220

N

NIN, Anaïs, 35
NISBETT, Richard, 35, 228, 229
NIXON, Richard, 85, 132, 133, 170
NORTON, Michael, 247

O

OAKLEY, Annie, 327, 336, 341, 345, 373
OBAMA, Barack, 52, 276, 277
OBUCHI, Kenichi, 269
O'CONNOR, Sandra Day, 171
OLWEUS, Dan, 264
OPPENHEIMER, J. Robert, 194, 195

P

PAGE-GOULD, Elizabeth, 313
PAGER, Devah, 290
PARISER, Eli, 189
PARKS, Rosa, 170
PATTERSON, Arthur, 235
PENNEBAKER, James, 284
PETTIGREW, Thomas, 302
PETTY, Richard, 190
PHELPS, Elizabeth, 287
PHELPS, Michael, 22, 196
PHILLIPS, David, 182
PILIAVIN, Irving, 157
PINKER, Steven, 228
PLATÃO, 37
PLINER, Patricia, 97

PRASAD, Jamuna, 81
PRATKANIS, Anthony, 71, 139, 306
PRENTICE, Deborah, 159
PRINCE, Phoebe, 233
PRINSTEIN, Michael, 161
PULITZER, Joseph, 318, 319, 324

Q

QUINN, Andrew, 146

R

RAAIJMAKERS, Quinten, 167
REAGAN, Ronald, 71, 136
RETTON, Mary Lou, 196
REYNOLDS, Patrick, 197
RHOLES, William, 65
RICE, Grantland, 272
RICHARDS, Bob, 196
RICHARDSON, Deborah, 268
ROBBINS, John, 198
ROBINSON, Tom, 251
RODGER, Elliot, 243
RODIN, Judith, 154
RODRIGUEZ, Alex, 196
ROMNEY, Mitt, 52
ROSENTHAL, Robert, 62
ROSS, Lee, 59, 60, 86
ROSS, Michael, 112
ROUSSEAU, Jean-Jacques, 225
RUDKIN, Daniel, 53
RUSBULT, Caryl, 89

S

SADDAM Hussein, 124
SAKAI, Haruki, 92
SALMIVALLI, Christina, 109
SANNA, Lawrence, 305
SAPOLSKY, Robert, 111
SCHACHTER, Stanley, 130, 133
SCHINDLER, Oskar, 23
SCHLENKER, Barry, 146
SCHOPENHAUER, Arthur, 362
SCHWARTZ, Barry, 344, 346
SCHWARZ, Norbert, 357
SEARS, David, 217
SEMONOV, Pavel, 377
SHAKESPEARE, William, 303
SHAKLEE, Harriet, 394, 395
SHAVER, Phillip, 358
SHAW, George Bernard, 117
SHERIF, Muzafer, 137, 210, 213, 298, 315-6, 318
SHIPLER, David, 324
SIDANIUS, Jim, 313
SIGALL, Harold, 339
SIMMEL, Marianne, 47
SIMMONS, Joseph, 393
SIMONSOHN, Uri, 393
SIMPSON, Jeffry, 90
SIMPSON, O. J., 191
SINATRA, Frank, 260
SINHA, Durganand, 81
SLOMAN, Steven, 53
SMITH, Peter, 140
SNYDER, Mark, 42, 339
SÓCRATES, 177
SOLOMON, Robert, 356
SPEER, Albert, 132
SPENCER, Stephen, 301
STEELE, Claude, 216, 220, 307-8
STEINBERG, Laurence, 148
STEINMETZ, Julia, 59
STEPHAN, Walter, 315
STONE, Jeff, 283
STRAUSS, Neil, 352
SUH, Dyne, 278
SUMNER, William Graham, 311, 324
SWANN, William, 42

SWIFT, Jonathan, 64
SWIM, Janet, 305
SWITZER, Barry, 116

T

TAJFEL, Henri, 50, 51
TANKE, Elizabeth Decker, 339
TAYLOR, Shelley, 118
TESSER, Abraham, 336
THIBAUT, John, 330
THORNTON, Bill, 176
THURBER, James, 129, 131, 141
TOCQUEVILLE, Alexis de, 247
TODD, Andrew, 323
TOLSTÓI, Liev, 348
TROPE, Yaacov, 74
TRUMP, Donald, 85, 187, 189, 200, 178
TURNER, Judith, 212, 213
TURNER, Marlene, 306
TWENGE, Jean, 243
TYSON, Neil deGrasse, 309

U

UHLS, Yalda, 177

V

VALLIANT, George, 329
VAN Bavel, Jay, 53, 323
VASQUEZ-HEILIG, Julian, 168
VEITCH, Roberta, 241

W

WAAL, Frans de, 246
WALDINGER, Robert, 328
WALSTER (Hatfield), Elaine, 197, 198, 336, 337, 342
WARREN, Earl, 311
WATSON, Jeanne, 302
WATSON, John, 38
WEBSTER, Donna, 131
WEISS, Walter, 194, 195
WELCH, Edgar, 22
WESTEN, Drew, 92
WHITE, Gregory, 337
WHITE, Ralph, 124
WHITTAKER, James, 210
WILLERMAN, Ben, 335
WILLIAMS, Robin, 182
WINFREY, Oprah, 292
WOODS, George, 24

Z

ZAJONC, Robert, 184
ZARANTONELLO, Matthew, 396
ZIMBARDO, Philip, 100, 101, 210, 250
ZIMMERMAN, George, 24

ÍNDICE REMISSIVO

0-9

11 de setembro, 223

A

A&W Root Beer, 185
ABC News, persuasão, 192-3
ABU Ghraib, prisão de, 165
ABUSO de drogas, maconha e, 188
ACAMPAMENTO, 155-6, 298
AÇÃO afirmativa, 306
AÇÃO agressiva, 225
ACEITAÇÃO
  da agressão/violência, 223
  latitude da, 210
ÁCIDO acetilsalicílico (AAS), 184
ACUSADOS, 116
ADMINISTRAÇÃO Nacional do Espaço e da Aeronáutica (NASA)
  conformidade, 133-4
  tomada de decisões pela, 133
ADMS *ver* armas de destruição em massa
ADOLESCENTES
  beleza, 338
  fumar cigarros e, 82
  "Por que adolescentes não deveriam dirigir", 217
  suicídio de, 182
AFORISMOS, persuasão com, 192
ÁFRICA do Sul, 248
  preconceito na, 303
AFRO-AMERICANOS
  atitudes implícitas para com, 291
  autoestima e, 107, 315
  autojustificação e, 114-5
  credibilidade dos, 196
  desempenho acadêmico e, 308-9
  discriminação racial, 288
  estereótipos de, 24, 279-85
  frustração nos, 247
  laço da força, 278
  na África do Sul, 303-4
  voto e, 259
AGRESSÃO/VIOLÊNCIA, 223-73
  aceitação da, 224
  agravamento e, 236-8
  álcool e, 238-9
  anonimato e, 249
  aprendizagem social e, 248-51
  aquecimento global e, 241-2
  ato de, 224, 237

autojustificação e, 115-6
bode expiatório e, 299-300
bom selvagem, 225
bonobo e, 226-7
calor e, 240-1
catarse e, 233-8
causas da, 238-47
comunicação de massa e, 252-8
cultura e, 227-30
  unida, 227
dança da ambiguidade, 260-1
de ataque sexual, 258-62
definição de, 224
desconforto e, 240
desindividuação e, 250
deslocada, 299-300
do chimpanzé, 226
dor e, 240
dos iroqueses, 227
elementos da, 258-62
em animais não humanos, 225-7
em comunidades pastoreiras, 228
em culturas de honra, 228-9
espectadores e, 152
esperança e, 247
estímulos agressivos e, 249-50
estupro e, 259-62
excesso e, 236-8
exclusão e, 242-4, 249
exclusão social e, 242-4
expressão da, 227
feminina, 231-2
física, 231-2
fome e, 240
frustração e, 244-7, 249, 266
gênero e, 230-3
homicídio, 224, 228
hostilidade e, 235, 242
humana, 228-9
instinto e, 225
jogando videogames, 253, 255-6
masculina, 228, 230, 232
meditação e, 269-70
pela testosterona, 230-1
perturbação e, 242-4
preconceito e, 299-300
privação e, 246-7
redução da, 262-73
  altruísmo e, 269
  atenção plena e, 269-70
  empatia e, 267-9
  modelos agressivos, 265
  modelos não agressivos, 267
  punição e, 262-5
  recompensas e, 265-7
rejeição e, 242-4
relacional, 232-3
  diferença entre gêneros na, 233
responsabilidade pessoal e, 249-50
retaliação e, 236-8
televisão, 179-80, 257
temperatura e, 241-2
tipos de, 253
verbal, 233
violenta, 257
ver também crueldade
ÁLCOOL, 211
  agressão/violência e, 238-9
ALTRUÍSMO, agressão/violência e, 269
AMBIENTE
  comportamento e, 152
  espectadores e, 156
AMBIGUIDADE
  atribuições e, 304
  beleza e, 323
  conformidade e, 140, 143, 150
  de atribuição, 305-6
  preconceito e, 304
AMEAÇAS, comunicação, 204-5

AMÍGDALA
conformidade e, 142
preconceito e, 286
AMOR, 355-64
apaixonado, 355
apego seguro e, 358-60
autenticidade e, 363-4
companheiro, 355
comunicação e, 369-70
conversa franca, 368
crença, 363
crítica e, 362-3
definição do, 355-6
dilema do porco-espinho, 360-4
e ódio, 351
elogios e, 361
feedback imediato e, 369-70
insegurança e, 365-6
intimidade e, 362
processo de atribuição e, 372
sentimentos vs. juízos, 370-3
similaridade e, 332-3
solução de conflitos e, 364
teoria comprometida do, 359
teorias implícitas, 356-8
AMOR romântico/parceiros, 355-6
TOMADA de decisões e, 125
ANAGRAMAS, 68-9
ANIMAIS não humanos, agressão/violência em, 225-7
ANONIMATO, agressão/violência e, 249
ANTISSEMITISMO *ver* judeus
APEGO inseguro, 358-60
APELOS lógicos na persuasão, 200-5
APELOS que geram medo, 204-5
APRENDIZAGEM social, 135
e agressão/violência, 248-51
AQUECIMENTO global, 34, 204-5
agressão/violência e, 241-2
ameaças, 205
apelos que geram medo, 204
dissonância cognitiva e, 119-20
medo do, 119
ARAPESH, 227
ARDIL 22 (Heller), 167-8
ARGÉLIA, 223-4
ARGUMENTOS
análise cuidadosa, 189-92
comunicação, 197-8
contra-argumentos, 218
unilaterais *vs.* bilaterais, 208-9
ARISTÓTELES, 21, 194
ARMADILHA emocional, 96-7
ARMAS de destruição em massa (ADMs), 124
ARTE, ciência e, 378-9
ASIÁTICOS
estereótipos dos, 277
ver também chineses; Japão
ASSASSINATO
agressão/violência e, 223, 228
espectadores e, 153
julgamento
na televisão, 179
persuasão no, 190
ASSOCIAÇÃO Americana de Psicologia, 262
ASTROLOGIA, 43
ATAQUE epiléptico, experimentos com, 155
ATAQUE sexual, agressão/violência e, 258-62
ATITUDES, 174
apelos emocionais e, 204
conformidade e, 162
dissonância e, 95, 122
fraude (cola) e, 97-8
hipótese do contato e, 313-4
medo e, 204
mudança, 97-9, 101, 127
persuasão e, 173-4

preconceito e, 296-7
similaridade em, 332-3
sistemas ideológicos de crença e, 215
vieses implícitos e, 291-2, 323
vs. opiniões, 173-4
ATLETAS, na propaganda, 196
ATRAÇÃO, 330
competência e, 335-6
interpessoal, 350
pessoa segura e, 342-3
similaridade e, 333
teoria ganha-perde e, 350-3
ATRATIVIDADE
competência, e física, 334-5
comunicação de massa e, 199-200
dissonância e, 91
física, 336-40
gostar e, 329-31
influência e, 199
opiniões e, 199-200
persuasão e, 190
propaganda e, 184
proximidade e, 331
punição e, 103
recompensas e, 331
similaridade e, 199, 337
tomada de decisões e, 88-9
ver também amor; beleza; gostar
ATRAVESSAR fora da faixa, 144
ATRIBUIÇÕES
amor e, 372
beleza e, 337
causais, 58
disposicionais, 58, 368
estereótipos e, 304-10
estilo explicativo, 61
gostar e, 333-41
situacionais, 58, 368
teoria das, 58
ver também erro fundamental de atribuição
ATRIBUTOS pessoais, gostar e, 333-41
AUTENTICIDADE
amor e, 363-4
intimidade e, 364-75
AUTOCONCEITO, 106-7
beleza e, 336
AUTOENGANO, 84
conformidade e, 132
AUTOESTIMA, 107-9
afro-americanos e, 108, 315
compromisso e, 107-9
comunicação, 203
conformidade, 146
crítica e, 108
dissonância cognitiva e, 107
dos melhores alunos, 64
efeitos da dissonância, 108
elevada, 108-9
específica de tarefa, 146-8
experimentos sobre, 342
jogo de apostas, 107-8
persuasão e, 216
preconceito e, 301
psicopatas, 107
AUTOIMAGEM *ver* autoconceito
AUTOJUSTIFICAÇÃO, 79-127
afro-americanos e, 115-6
agressão/violência e, 115-6
crueldade e, 112-7
cultura e, 90
desconforto e, 85-7
dissonância cognitiva, 81-5
erros, aprendendo com, 126-7
experimento de Mills, 96-7
experimento do gafanhoto, 104
favores e, 348
fome e sede, 99-100
fraternidade, 108-9

guerra do Vietnã e, 125
inevitabilidade e, 117-9
irrevogabilidade, 92-7
justificação do esforço, 109-12
justificação externa, 98-102
mudança de atitude, 97-9
punição *ver* punição, insuficiência da
tomada de decisões e, 87-90
AUTOPERSUASÃO, 399
AVAROS cognitivos, 37, 76-7
AVERSÃO à perda, 44
AVISO "Dirija com Cuidado", 97

B

BAÍA dos Porcos, fiasco da, 334, 378
BANHO, 33-4
BEISEBOL, árbitro de jogo de, 146
BELEZA
adolescentes e, 338
ambiguidade e, 323
atribuições e, 337
autoconceito e, 64
crianças e, 337-8
estereótipos da, 324
experimentos sobre, 323
filmes Disney e, 323
gostar e, 336-41
nas mulheres, 199
poder, 323
profecia autorrealizável com, 323-4
propaganda e, 338
propaganda sobre, 338
representatividade heurística e, 69
similaridade de, 337
viés, 338
visual, 340
BÍBLIA, homossexualidade e, 106
BLACK Lives Matter, movimento, 56
BODE expiatório, 299
agressão/violência e, 299-300
contra espectadores, 299
dos chineses, 299
dos judeus, 299
preconceito e, 299-300
BOLA baixa, 93-94
BOM selvagem, 225
BOMBAS atômicas, 223
BONECO João Bobo, 251
BONOBO, agressão/violência e, 226-7
BÓSNIA, 223
BOXE, 249
BROWN *versus Board of Education*, 276
BUFFALO Bill Wild West Show, 327
BULLYING
autoestima e, 107-9
internet e, 233

C

CALOR, agressão/violência e, 240-1
CAMELOT, 334
CAPITALISMO, 36
CARACTERÍSTICAS da personalidade, público, 214-5
CARTOON Network, 183
CASABLANCA, 90
CASAMENTO, atribuições no, 368-9
CATARSE
agressão/violência e, 233-8
experimentos sobre, 234-6
CATEGORIZAÇÃO
cognição social, 280
endogrupos, 50, 296, 299, 323
estereótipos e, 280
exogrupos, 50, 52, 286, 299, 310, 321-3
CÉREBRO
fMRI, 49
formas de processamento, 45-6
grupos, 50-1

neocórtex, 39
ponto cego do viés, 41
rede de modo padrão, 48
viés de confirmação, 41-2
viés de negatividade, 44-5
viés egocêntrico, 42-3
visão evolutiva, 40
CHALLENGER, 133
CHAMARIZ, 63
CHIMPANZÉS, agressão/violência de, 226
CHINESES
bodes expiatórios, 299
estereótipos dos, 297
CIBERBULLYING, 233
CIÊNCIA
arte e, 377-8
psicologia social como, 375-400
ver também experimentos
CIENTISTAS
credibilidade dos, 193-9
fumar cigarros e, 82
ingênuos, 58
COALISÃO, formação de, 50-1
COGNIÇÃO social, 33-77
avaros cognitivos, 36-7
contexto e, 62-8
encanamento interno, 33-4
estereótipos e, 65, 279-85
julgamento social, 62-3
memória autobiográfica, 75-6
memória reconstrutiva e, 73-4
metáforas, 37-8
princípio da, 62
teoria do aprendizado, 248, 258, 269
vieses em, 41-4
COLUMBINE High School, tiroteio na, 23, 242, 323
rejeição e, 242-44
COMERCIAIS
comunicação, 198
mídia, 183-4
COMERCIAIS informativos, 64
COMO *fazer amigos e influenciar pessoas* (Carnegie), 329
COMPARAÇÃO social, 64
COMPETÊNCIA
atração e, 335-6
efeito *pratfall*, 335-6
experimentos sobre, 335
falibilidade e, 334-6
gostar e, 333-6
COMPETIÇÃO
econômica, preconceito e, 296-8
educação e, 297-8
experimentos sobre, 298
hostilidade e, 315
integração escolar e, 315
preconceito e, 296-8
sobrevivência do mais apto e, 271-2
COMPONENTE cognitivo, preconceito, 279-86
categorização, 280
COMPONENTE comportamental, preconceito, 287-91
COMPONENTE emocional, preconceito, 185-7
comportamento
ambiente e, 152
autoestima e, 107-9
com a observância, 160
com fumar cigarros, 204
conformidade, 143-4
de espectadores, 152-8
estereótipos e, 282
humano, 28-31
imoral
autoestima e, 107-8
tomada de decisões e, 94-7
justificação externa para, 97-8
loucura e, 28-31

medo e, 203
não agressivo, 263
punição e, 27
racionalidade/irracionalidade do, 85-7
COMPORTAMENTO irracional, dissonância cognitiva, 85-7
COMPORTE-SE (Sapolsky), 231
COMPROMISSO
autoestima e, 107-8
conformidade e, 146
estilos, 359-60
seguro, amor, 358-60
teoria do amor, 359
COMPULSÃO alimentar, 149
COMUNICAÇÃO
ameaças, 204-5
amor companheiro, 355-6
apelos lógicos vs. emocionais, 200-5
argumento eficaz, 197-8
argumentos unilaterais vs. bilaterais, 208-9
atratividade, 199
autoestima, 203
comerciais, 198
confiança, 196-7, 199-200
credibilidade, 193-9
dimensões, 200
discrepância, 209-14
dissonância, 212
emoções morais, 206
estatística vs. pessoal, 206-7
identidade, apelos à, 208
ilustração da fluoração, 201-2
imediatismo na, 369-70
intimidade e, 364-9
juízo e, 370-73
medo, 203
Pravda, 194-5
propaganda e educação, 187-90
público *ver* público
qualidade de vida, 196
sentimentos e, 370-3
ver também comunicação de massa
COMUNICAÇÃO de massa
agressão/violência e, 252-8
apelos lógicos na, 200-5
argumentos unilaterais *vs.* bilaterais na, 208-9
atratividade e, 199-200
credibilidade em, 193-9
efeitos, 255-8
eficácia da, 183-8, 193-200
características do público e, 214-7
conteúdo da comunicação e, 200-14
fonte da comunicação e, 193-200
emocionais
apelos na, 200-5
contágio e, 181-3
evidência estatística consensual *vs.* exemplo pessoal vívido em, 113-4
fonte da, 193-200
informação pela, 181
medo na, 202
natureza da, 200-14
persuasão e, 173-221
propaganda e, 173-221
público e, 214-7
tamanho da discrepância e, 209-14
ver também noticiário; propaganda; televisão
CONFIANÇA
comunicação, 19697, 199-200
motivos sociais, 56-7
CONFORMIDADE, 129-171
administradores da NASA, 133-4
ambiguidade e, 143, 150
amígdala e, 140
atitude e, 160
autoengano e, 132
autoestima e segurança, 146-8

biologia do, 134-5
com arrotos, 143
comportamento, 143-4
compromisso e, 146
cultura americana, 130
definição de, 134
desvio e, 130
em sociedades coletivistas, 140
em sociedades individualistas, 140
emoção e, 158-9
espectadores e, 153-8
experimentos clássicos de Sherif e Asch, 137-41
experimentos sobre, 131, 145-6, 390
fatores de aumento ou redução, 144-50
funcionários da Casa Branca, 132-3
grupos, 131, 148-9
pressão e, 137
idade, 148-9
identificação, 160-1
ignorância pluralista, 159-60
individualismo e, 130
influências sobre, 135-7
informação e, 141-4
internalização, 161-2
jogadores em equipe, 130
lado bom/ruim do, 130
motivos para, 141-4
mutualidade e, 156
neurônios-espelho, 135
níveis de, 160-2
no acobertamento de Watergate, 132
obediência, 162-9
observação e, 143-4
observância, 160
papéis, 131
Parque Nacional de Yosemite, acampamento, 156-8
pertencimento e, 141-4
posições minoritárias, 170-1
preconceito e, 302-4
prestígio e predomínio dos modelos, 144-6
responsabilização e, 146
social
norma, 150-3
status e, 148
tendências e, 144
tomada de decisões, 131-2
tragédia com, 132
unanimidade e, 146
ver também observância; inconformistas
conservação da água, dissonância cognitiva, 121-2
CONSERVAÇÃO da energia, avaros cognitivos e, 36
CONSERVADORES, incerteza e, 215
CONSERVADORISMO, 215
CONSTANTES na pesquisa científica, 28
CONSUMER *Reports*, 69
CONTÁGIO emocional, comunicação de massa e, 181-3
CONTEXTO, julgamento social e, 62-8
CONTRA-ARGUMENTOS, crenças e, 218
CONTROLE
experimento de laboratório, 383
motivos sociais, 55-6
vs. impacto, 387
CONVERSA franca, 368
COOPERAÇÃO *ver* interdependência
COREIA do Norte, 105, 223, 232
CORREÇÃO
crueldade e, 41
internalização e, 161
similaridade e, 333
COUNTRY *of Strangers, A* (Shipler), 324
CREDIBILIDADE
comunicação, 193-9
argumento eficaz, 197-8
comerciais, 198

confiança, 196-7, 199-200
Pravda, 194-5
qualidade de vida, 196
de afro-americanos, 196
de cientistas, 165
delinquência juvenil e, 194
experimentos sobre, 195-6
na comunicação de massa, 193-7
propaganda e, 196
tamanho da discrepância e, 213-4
CRENÇAS
amor, 363
contra-argumentos e, 218
dissonância cognitiva e, 81-5
gostar e, 342
informação e, 311
internalização das, 161-2
preconceito, 286, 295, 304
CRIANÇAS
agressão a, 227, 233, 244, 246, 248, 251, 265-6, 268
beleza e, 337-8
contato por status igual, 315
eficácia dos apelos da mídia, 183-4
em salas de aula jigsaw, 319-20
florescendo, 62
frustração e, 244
grupo, 148-9
histórias em quadrinhos (gibis) e, 177
preconceito e, 24, 194, 312-4, 320
propaganda para, 183-4
punição, 101-4
televisão e, 24, 183, 251, 253, 384-5
violência e mídia, 251-3, 257-8, 263
CRIME, erro fundamental de atribuição e, 60
CRISTÃOS, 301
CRÍTICA
amor e, 362-3
autoestima e, 108-9
casais casados, 364-5
defensividade, 365
desprezo, 365
gostar e, 346
hostil, 364
stonewalling, 365
CRUELDADE
autoestima e, 114
autojustificação e, 112-7
correção e, 41
culpar a vítima, 116-7
desumanização, 115-6
guerra do Vietnã, 113, 115
implicações, 115
justificação da, 112-7, 348
profecia autorrealizável e, 116
CULPA
crueldade, 116-7
vítima
estupro e, 309
exogrupos e, 310
judeus e, 310
preconceito e, 309-10
superioridade moral e, 310
CULTOS
dissonância cognitiva e, 122-3
ver também Heaven's Gate
CULTURA
agressão/violência e, 227-30
autojustificação e, 91-2, 301
conformidade, 130
cultura do estupro, 261
da honra, experimentos sobre, 228-30
dissonância, 91-2
e agressão masculina, 232
e desumanização, 115
e música, 54
preconceito e, 276, 296
sexo e, 259, 261
CULTURAS ocidentais, 24

D

DEBRIEFING
procedimento nos experimentos de Milgram, 169
sessão no experimento, 397
DEFENSIVIDADE, casais casados, 365
DÉFICITS de habilidades sociais, mídia, 176-8
DELINQUÊNCIA juvenil, 194
DEMOCRACIAS, tomada de decisões nas, 181
DEMOCRATAS, 52
DESACORDO
experimentos sobre, 210
opiniões e, 210
DESCONFORTO, agressão/violência e, 240
DESCULPAS, dissonância cognitiva, 125-6
DESEMPENHO acadêmico, estereótipos e, 307, 320
DESIGNAÇÃO aleatória no experimento, 383-6
DESINDIVIDUAÇÃO, 250
DESLIZANTES, 131
DESPREZO, casais casados, 365
DESSEGREGAÇÃO
diversidade e, 324
método jigsaw e, 324
ver também integração nas escolas
DESSENSIBILIZAÇÃO, 44
DESUMANIZAÇÃO, 115
DESVIO, 131
conformidade e, 130
DETROIT, revoltas em, 247
DIFUSÃO da responsabilidade, 155
DILEMA do porco-espinho, amor, 360-4
DIREITOS civis, movimento dos, 291
DISCRIMINAÇÃO, 287-90
gênero, 290-1
peso, 287-8
racial e étnica, 288-90
ver também preconceito
DISCURSO abusivo, 219-20
DISCURSO desagradável, 219-20
DISNEY, canal, 183
DISNEY, filmes, beleza e, 337-8
DISPOSICIONAIS
atribuições, 58, 368
visão, 29
DISPOSICIONALISMO, 29
DISSIMULAÇÃO em experimentos, 389-90, 393
DISSONÂNCIA cognitiva, 81-5, 294
ADMs, 124-5
aids e, 121-2
aplicações práticas da, 119-20
autoconceito e, 106-7
autoestima e, 107
cenário mundial, 123-5
cola (fraude), 95-6
comportamento irracional, 85-7
comportamento redutor da dissonância, 85-7
crenças e, 81-5
crueldade, 112-7
cultos e, 122-3
desculpas, 126-7
eleições e, 84-5
em guerras, 123-4
esforço e, 109-12
excesso e, 237
fMRI e, 91
fumar cigarros e, 82-4
fumo, 82-4
guerra do Vietnã, 125
inconsciente e, 90-1
inevitabilidade e, 117-9
invasão do Iraque e, 124
lealdade e obediência, 123
massacre de Jonestown, 122

motivação, 86
necessidade da, 126-7
perigos potenciais a reduzir, 123-4
preservativos e conservação, 120-2
propaganda e, 89
punição e, 101-4
redução, 85-7, 90-1, 212
teoria original de Festinger, 106-7
tomada de decisões e, 87-90
universo, 90-2
DISTRAÇÃO, mídia, 175-6
DIVAGAÇÃO mental habitual, 270
DIVAGAÇÃO mental, 270
DIVERSIDADE
dessegregação e, 324
preconceito e, 324-5
DOENÇA de Creutzfeldt-Jakob, 72
DOR
agressão/violência e, 240
aprendizagem social e, 248

E

E. F. Hutton, 198
EDUCAÇÃO
competição e, 297-8
definição de, 188
propaganda e, 188-9
ver também integração nas escolas
EFEITO "pense-beba", 239
EFEITO autocinético, 137
EFEITO Barnum, 43
EFEITO camaleão, 134
EFEITO da inoculação, 218
EFEITO da primazia, 67-8
EFEITO das armas, 249
EFEITO halo, 72
EFEITO holofote, 43
EFEITO *pratfall*, 335-6
EFEITOS de contraste, julgamento social e, 62-5
EFICÁCIA, comunicação, 197-8, 200
ELEIÇÕES
dissonância cognitiva e, 84-5
propaganda e, 185
raiva e, 186
sinceridade nas, 22
televisão e, 185
ELOGIO
gostar e, 246-50
motivos ulteriores e, 348
EMERGÊNCIAS inequívocas, conformidade, 157
EMOÇÃO
apelos à, 200-5
comunicação de massa e, 200-6
conformidade e, 158-9
mulheres e, 308
trabalho, 158
EMOÇÕES morais, comunicação, 206
EMPATIA
agressão/violência e, 267-9
em grupos, 312
experimentos sobre, 268-9
formação, 267-8
preconceito e, 312-24
EMPREGO
mulheres e, 306
preconceito no, 290
ENCANAMENTO interno, 33-4
ENCEFALOPATIA espongiforme bovina, 72
ENDOGRUPO, 50
método jigsaw, 316, 323
viés, 50, 296, 323
ENTRETENIMENTO, televisão como, 178-9
ENVENENAMENTOS de Chicago, contágio da mídia, 181-2
ENVENENAMENTOS por imitação, 181

EPIDEMIA de aids, dissonância cognitiva, 119-20
EROS, 225
ERRO final de atribuição, 304
ERRO fundamental de atribuição, 59-60
negatividade, 39-41
pró-beleza, 323
ERRO fundamental de atribuição, 59-60
ESFORÇO
dissonância cognitiva e, 109-12
justificação do, 109-12
ESPECTADORES
agressão/violência e, 153
ambiente e, 156
apatia, 157
assassinato e, 153
bode expiatório e, 299
comportamento dos, 153-7
conformidade e, 153-7
difusão da responsabilidade e, 155
efeito, 155
não envolvidos, 152-4
vítimas e, 153-7
ESPERANÇA, agressão/violência e, 247
ESQUEMAS
juízos sociais, 65
priming, 65-7
ESTADO Islâmico, 18
ESTEREÓTIPOS
ameaça, 308-10
asiáticos e, 282
atribuições e, 304-10
chineses e, 297
da beleza, 338
da psicologia popular, 284
de afro-americanos, 24, 279-85
definição, 280
desempenho acadêmico e, 307-08
dos idosos, 292, 308
embutidos, 301
esquemas, 65
étnicos, 281-2
experimentos sobre, 301
função de economia de energia, 281
gênero, 283-4, 305, 307
judeus e, 285, 294
lado sombrio dos, 282-301
latinos e, 308
mulheres, 284
natureza humana para, 295
negativos, 284, 288, 307-8
positivos, 282-4
precisão dos, 281
preconceito e, 279-85
profecias autorrealizáveis, 306-8
status social e, 301
ESTILO de explicação, atribuições, 61
ESTILOS de enfrentamento, 118
ESTÍMULO agressivo, 249
agressão/violência e, 249-50
experimento sobre, 249
ESTUDO Longitudinal de Minnesota sobre Risco e Adaptação, 359
ESTUPRO, 258-9, 261
ÉTICA
dos experimentos, 393-9
experimento de Milgram, 169-70
EVENTOS de ação, televisão, 179
EVENTOS sensacionais, mídia, 181-2
EXCESSO
dissonância e, 237
experimentos sobre, 236
retaliação e, 236-8
tiroteio na Universidade Estadual de Kent e, 113
EXCLUSÃO social
agressão/violência e, 242-4, 249
dessegregação e, 311
gostar e, 342-3
EXISTENCIALISMO, 82

EXOGRUPOS, culpar a vítima e, 310
EXPERIMENTO da iniciação, 380, 385-6
EXPERIMENTO de Aronson-Mills, 380-2
EXPERIMENTO de Milgram
  desempenho acadêmico, 168-9
  figura de autoridade, 166-7
  Gerador de Choque, 163-4
  guerra do Iraque, 165
  implicações e limitações, 165-9
  problemas éticos, 169-70
  sensibilidade de Dunbar, 167-8
EXPERIMENTO de Mills, 96-7
EXPERIMENTO do gafanhoto, 101, 104
EXPERIMENTO em acampamento de escoteiros, 298
EXPERIMENTO em laboratório, 382
  controle, 383
EXPERIMENTOS
  clássicos de Sherif e Asch, 137-41
  com ataque epiléptico, 155
  com discursos, 378-83
  com Gerador de Choque, 163-4
  com mulheres em perigo, 154
  controle *vs.* impacto nos, 387
  debriefing, 169, 397
  designação aleatória em, 383-6
  dívida para com participantes, 398
  engano em, 389-91, 393
  especulação e, 378-83
  ética dos, 393-8
  gafanhoto, 101, 104
  incerteza e, 156
  iniciação, 380, 385-6
  laboratório, 382
  mau uso das descobertas, 398-9
  no acampamento de escoteiros, 298
  problemas éticos, 393-8
  propósito dos, 381-3
  realismo em, 387-9
  replicação de, 391-3
  sobre altruísmo, 269
  sobre autoestima, 342
  sobre beleza, 323
  sobre catarse, 234-6
  sobre competência, 335
  sobre competição, 298
  sobre comportamento redutor da dissonância, 85-7
  sobre conformidade, 131, 145-6, 390
  sobre credibilidade, 195-6
  sobre cultura da honra, 228-30
  sobre delinquência juvenil, 210
  sobre dilemas sociais, 393-4
  sobre discordância, 210
  sobre discriminação racial, 290
  sobre efeito da inoculação, 218
  sobre elogios, 347
  sobre empatia, 268-9
  sobre emprego e beleza, 323
  sobre erro fundamental de atribuição, 59
  sobre estereótipo, 301
    ameaça, 307-8
  sobre estímulo agressivo, 249
  sobre excesso, 236
  sobre favores, 349-50
  sobre frustração, 244-6
  sobre fumar cigarros, 218
  sobre gostar, 334-5
  sobre interdependência, 315
  sobre irrevogabilidade, 92-3
  sobre jogar lixo, 151-2
  sobre obediência, 167, 395-6
  sobre obesidade, 295
  sobre preconceito, 286-7, 294
  sobre rejeição, 24-43
  sobre relacionamento, 353-4
  sobre relacionamentos comunais, 354
  sobre responsabilização, 146
  sobre retaliação, 340-1

sobre *speed dating*, 343
sobre temperatura, 241
sobre teoria ganha-perde, 350-1
sobre viés de confirmação, 41-2
tamanho da discrepância e, 210-14
variáveis dependentes em, 381
variáveis independentes em, 380-1
EXTROVERTIDOS, 41-2
estereótipos e, 308

F

FAKE news, 187
ver também notícias
FALIBILIDADE, competência e, 334-6
FAMILIARIDADE, mídia, 184-5
FAVORES
autojustificação e, 348
experimentos sobre, 349-50
gostar e, 346-50
recompensas e, 348
situações e, 348
FEEDBACK, construtivo, 370
FELICIDADE, cálculo da, 35-6
FENÔMENO bons-e-velhos-tio-Harry-e-tia-Harriet, 160-1
FLUORAÇÃO, 201
FMRI *ver* imagem por ressonância magnética funcional (fMRI)
FOME, 100
agressão/violência e, 240
FRUSTRAÇÃO
afro-americanos e, 247
agressão/violência e, 244-7, 249, 266
crianças e, 244
experimentos sobre, 244-6
pobreza e, 246
privação e, 246
FUMAR cigarros
comportamento com, 204
dissonância cognitiva e, 81-5
experimentos sobre, 218
medo e, 202
FURACÕES, 204
apelos que geram medo, 204

G

GAFANHOTOS fritos, 101
GANHA-PERDE, teoria
atração e, 350-3
como técnica de sedução, 352
experimento sobre, 350-1
gostar e, 350-53
GATOS, 225
GAYS *ver* homossexualidade
GÊNERO
diferença, agressão/violência e, 230-3
estereótipo, 301-2
preconceito e, 290-1
GERAÇÃO Beat, 193
GERADOR de Choque, 164
GIDEON *versus Wainwright*, 262
GOSTAR, 327-73
atitude e, 333
atração e, 330
atratividade e, 329-31
atratividade física e, 336-41
atributos e, 333-41
atributos pessoais e, 334-41
beleza e, 336-41
competência e, 334-6
crenças e, 342
crítica e, 346-7
distância e, 332
elogio e, 346-50
entre grupos de solução de problemas, 334
experimento sobre, 334-5
favores e, 346-50

paradoxo da escolha, 331, 344-6
perfeição e, 344
profecia autorrealizável e, 323
proximidade e, 331-2
razão para, 329-30
recompensa e, 347-8
relacionamentos e, 330-1
ser querido, 330-3
similaridade e, 332-3
teoria ganha-perde e, 350-3
ver também amor romântico/parceiros
GOVERNO, socorro aos bancos, 186
GRAMPOS, 133
GRAND *Theft Auto*, 252-3, 255
GRIPE suína, 205
GRUPOS
conformidade, 131, 149-50
de referência, 149
empatia em, 312
exogrupos, culpar a vítima e, 310
interdependência dos, 315-6
mente, 50-1
pressão
autoestima e, 146-8
conformidade e, 134, 146, 149-50
viés no endogrupo, 296
GUARDA Nacional de Ohio, 113, 237
GUARDAS mentais, 140-1
GUERRA da Coreia, 223
GUERRA e paz (Tolstói), 348

H

HANGRY, 241
HEAVEN'S Gate, 84, 122
HEURÍSTICA, 69-73
condições, 72-3
da disponibilidade,70-1
da representatividade, 69
do afeto, 71-2
tomada de decisões e, 72-3
HIPNOSE, 74-5
HIPOCRISIA, 121-2
HIPÓTESE da felicidade, A (Haidt), 355
HIPÓTESE de contato, preconceito, 313-5
HIROSHIMA, bombardeio de, 223
HISTÓRIAS de fachada, 132
HISTÓRIAS em quadrinhos, déficits em habilidades sociais, 177
HOLOCAUSTO, 223
HOMICÍDIO *ver* assassinato
HOMOSSEXUALIDADE 193-4
Bíblia e, 106-7
dissonância cognitiva e, 97
HOSTIL
crítica de casais casados, 364
sexismo, 284
viés de atribuição, 257
HOSTILIDADE
agressão/violência e, 236, 241
competição e, 315
HUMANA/HUMANO
agressão/violência, 228-9
comportamento, 28-31
natureza, 270-2
universais, 40
visão disposicional, 29
visão evolutiva, 40
visão situacional, 31-2
HUMOR, persuasão e, 216
HURON, 227

I

IAT *ver* Teste de Associação Implícita (IAT)
IDADE, conformidade, 148-9
IDENTIFICAÇÃO
atitudes e, 160
conformidade, 160-1
opiniões e, 160

IGNORÂNCIA pluralista, conformidade, 158-60
ILUSÃO da capa de invisibilidade, 43
IMAGEM por ressonância magnética funcional (fMRI), 49-50, 140
experimentos clássicos de Asch, 140
IMPORTÂNCIA, motivos sociais, 56
IMPOSTO da morte, 192
IMPOSTO imobiliário, 191-2
INCONFORMISTAS, 178-81
INCONSCIENTE
comportamento de redução da dissonância e, 125-6
preconceito, 290-5
pelo IAT, 291-4
INEVITABILIDADE
aquecimento global, 119-20
autojustificação e, 101-7
descrições de personalidade, 118
desenfatizar, 118
dissonância cognitiva e, 101-7
situação de vida, 119
INFLUÊNCIA
atratividade e, 199
pelos noticiários, 181
INFLUÊNCIA social, 25-6
conformidade e, 143
identificação e, 160
internalização e, 161
observância e, 160
INFORMAÇÃO
conformidade e, 141, 144
crenças e, 311
para o comportamento, 257
INSEGURANÇA, amor e, 365-9
INTEGRAÇÃO nas escolas, 311
autoestima e, 315
competição e, 315
INTENSIFICAÇÃO, agressão/violência e, 236-8
INTERAÇÕES significativas, 39
INTERDEPENDÊNCIA
diversidade e, 324
empatia e, 267-9
experimentos sobre, 315
mútua, 316
na educação, 318-9
redução do preconceito pela, 315-24
INTERNALIZAÇÃO
conformidade, 161-2
influência social e, 161
INTIMIDADE, 161
amor e, 362
autenticidade, comunicação e, 364-73
INTOLERÂNCIA *ver* preconceito
INVASÃO ao Iraque
autojustificação e, 125
televisão e, 181
IRREVOGABILIDADE, 92-7
bola baixa, 93-4
experimento de Mills, 96-7
experimentos sobre, 92-3
fotografia, 93
fraude, engano, 95-6
pista de corridas, 93
ÍTALO-AMERICANOS, 312

J

JAPÃO
bode expiatório no, 299-300
dissonância no, 92
JIGSAW, método, 316-23
JOGADORES, irrevogabilidade e, 92
JOGO de apostas, autoestima, 108
JOGO de futebol americano Princeton-Dartmouth, 52-3
JOGO, O (Strauss), 352
JONESTOWN, Guiana, 30, 122, 126
JUDEU de Malta, O, 303

JUDEUS
bode expiatório, 299
culpar a vítima e, 310-1
estereótipos dos, 285-6, 303
preconceito contra, 303, 313
JUÍZO *ver* julgamento social
JULGAMENTO social
comunicação e, 370-3
contexto e, 62-8
efeito da primazia e, 67-8
efeitos do contraste e, 62-5
esquemas, 65
pontos de referência e, 63-5
priming e, 65-7
JUSTIFICAÇÃO
da crueldade, 112-7, 348
do esforço, 109-12
do sistema, 116
externa, 97, 98, 99-103
abundância de, 103-4
natureza da, 100-1
para o comportamento, 97-8
visão situacional e, 97
insuficiente, 97-105
autopersuasão, 99
experimento de Mills, 105-6
experimento do gafanhoto, 101
fome e sede, 99-100
justificação externa, 98-102
mudança de atitude, 97-9
punição, 101-5
interna, 97-8
suficiente, 97
ver também autojustificação

L

LATINOS
autojustificação e, 115
estereótipos e, 308
latitude da aceitação, 210
LAVAGEM cerebral, 219
LEI de Cuidados Acessíveis (ACA), persuasão, 192
LEI de Igualdade Salarial, 290
LEPCHA, 227
LÉSBICAS, 277, 288, 313
LEVIATÃ (Hobbes), 225
LGBTQ, movimento, 288
LIBERAIS, 51
LIBERLÂNDIA, 143
LIMITES de velocidade, apelos com, 204
LIMPEZA étnica, 223
LINCHAMENTOS, 250
LISTA de Schindler, A, 23, 25
LIXO, descarte do, 151-2
LOTERIA, 44-5
LOUCURA, 28-31

M

MACACOS, 142, 240, 246-7
MACONHA
abuso de drogas e, 188
estudantes do ensino médio e, 161
MÁFIA no divã, 234-6
MALÁRIA, 204
MASSACRE de Jonestown, 30, 122-3
dissonância cognitiva, 122-3
MEDITAÇÃO, agressão/violência e, 269-70
MEDO
atitudes e, 204
autoestima e, 203
autojustificação e, 79-80
comportamento e, 203
do aquecimento global, 119
fumar cigarros e, 202
na comunicação de massa, 202
MELHORES alunos, autoestima dos, 64

MEMÓRIA
autobiográfica, 75-6
coerência da, 76
distorção da, 75, 112
falsa memória, 76
reconstrutiva, 74-5
MENINAS *ver* crianças; gênero
MENINOS *ver* crianças; gênero
MENTALIDADE de crescimento, 65
MENTE, público, 215-7
MERCADOR de Veneza, O, 303
METÁFORAS, 37-8
MÉTODO científico, 376-8
MÉTODO experimental, 16
MEXERICO, 47
MEXICANO, 297
MÍDIA
anúncios de ataque político, 185
comerciais, 183-4
contágio
envenenamentos de Chicago, 181-2
suicídios, 182-3
déficits em habilidades sociais, 176-8
distração, 175-6
eleições norte-americanas, 186-8
estereotipagem, 301, 288, 313
eventos sensacionais, 182-3
familiaridade, 184-5
persuasão *ver* persuasão
preconceito, 311
propaganda, 183-4
tecnologia, 175
versatilidade, 175
ver também televisão
MINORIAS
estudantes, 62, 306-7, 313, 315, 333, 380
modelo minoritário, 282
posição de conformidade, 170-1
preconceito e, 276, 296, 313
MODELOS agressivos, 265
MODELOS não agressivos, 267
MORADIAS populares, contato de status igual e, 313
MORTAL Kombat, 252
MOTIVAÇÃO, conformidade, 141-4
MOTIVOS sociais
confiança, 56-7
importância, 56
música, 54-5
necessidade de controle, 55-6
pertencimento, 54
precisão, 55
MSNBC, 183, 188
MUDANÇAS climáticas, 34
MULHERES
ação afirmativa e, 306
agressão/violência contra, 257
atribuições das, 306
beleza das, 199
discrepância, 213-4
estereótipo, 284, 306
persuasão e, 398
status social e, 301
uniões e, 296-8
MULTIDÕES, 250
MÚSICA, motivos sociais, 54-5
MUTUALIDADE, conformidade e, 156

N

NAGASAKI, bombardeio de, 223
NAMORO *ver* amor romântico/parceiros; gostar
NÃO intervenção, conformidade e, 154
NARCISISMO, autoestima e, 108
NASA *ver* Administração Nacional do Espaço e da Aeronáutica (NASA)
NATURE of Prejudice, The (Allport), 285
NAZISTAS, 50, 400

NEGAÇÃO, 352
NEGÓCIO de remédios para dor de cabeça, 183
NEGROS *ver* afro-americanos
NEOCÓRTEX, 39
NEURÔNIOS-ESPELHO, 135
NEW *Jim Crow, The* (Alexander), 289
NEW *York Times* (conformidade), 152-3
NICKELODEON, 183
NIKE, 196
NO Child Left Behind, 168
NORMAS descritivas, 150
NORMAS injuntivas, 150
NORMAS sociais, conformidade e, 150-3
NORMATIVA, conformidade, 141
NORTHWESTERN Mutual Life Insurance, 185
NOTICIÁRIO
  24 horas, 183
  fontes de informação, 188
  persuasão e, 178-81
  processo de filtragem, 188
  propaganda, 188-9
  sanções contra, 140
  sensacionalismo do, 181
NOVA York, cidade de, 152, 289, 332
NUDISMO, 33

O

O.J.: *Made in America,* 191
OBEDIÊNCIA
  experimento de Milgram, 164-9
  experimentos sobre, 168, 395-6
  observância e, 162-9
OBESIDADE
  experimentos sobre, 295
  preconceito e, 295
OBSERVAÇÃO, método científico, 377
OBSERVÂNCIA
  eficácia da, 160
  obediência e, 162-5
  punição e, 160-2
  recompensas e, 160-2
  ver também conformidade
ÓDIO
  amor e, 351
  preconceito e, 285-7
OPINIÕES, 173-7
  atratividade e, 199-200
  conformidade e, 134, 162, 170
  identificação e, 160
  liberdade e, 218
  persuasão e, 178-81
  similaridade em, 332-3
  sobre a veracidade da propaganda, 183
OTIMISMO com o pensamento em grupo, 133
OUVINTES, 216

P

PAINÉIS da morte, 192
PARADIGMA "dizer é acreditar", 99
PARADOXO da escolha, gostar e, 331, 344-6
PATRIOTISMO, 181
PENICOS, 33-4
PENSAMENTO de grupo, 133, 140, 144, 128
PERFIS *de coragem* (Kennedy), 130
PERGUNTAS e respostas, programa de, 59
PERSUASÃO, 173, 178-83
  apelos emocionais em, 200-5
  apelos lógicos e, 200-5
  argumentos unilaterais *vs.* bilaterais em, 208-9
  atitude e, 173-4
  atratividade e, 190
  central/perifericamente, 190
  com aforismos, 192

comerciais, 183-4
contágio da mídia, 181-3
eficácia da, 193
em julgamento por homicídio, 190
estatísticas *vs.* exemplo pessoal em, 206-7
eventos de ação, 179
eventos violentos, 179-81
humor e, 216
Lei de Proteção e Cuidado Acessível, 192
medo e, 202
noticiário e, 178-9
palavras certas, escolha, 192
propaganda e, 178
público e, 214-7
relevância e, 189
rota central para, 189-93
rota periférica para, 189-93
tamanho da discrepância e, 209-14
traço de personalidade, 214
ver também propaganda
PERTENCIMENTO
conformidade e, 141-4
motivos sociais, 53
PESSOA divergente, conformidade, 131
PESSOA modal, conformidade, 131
POBREZA
erro fundamental de atribuição e, 59-60
frustração e, 244
PODER da predição, 26-7
POLACO-AMERICANOS, 312
POLÍTICA
competição e, 296-8
objetiva, 52
persuasão na, 192
preconceito e, 296-8
público, 215
ver também democratas; eleições; liberais; republicanos
PONTOS de inflexão, 144
POVO *contra O.J. Simpson,* O, 190
PRAVDA, 194-5
PRECISÃO, motivos sociais, 55
PRECONCEITO, 275-325
agressão/violência e, 299-300
ambiguidade e, 304
americano, no noticiário, 278
antigordura, 295
atribuições, 304-10
ambiguidade, 280-306
autoconceito e, 301
autoestima e, 301
autoimagem e, 301
categorização e, 280
causas do, 295-304
competição e, 296-8
competição econômica, 296-8
componente cognitivo, 279-85
componente comportamental, 287-90
componente emocional, 285-7
conformidade e, 303-4
contra mulheres, 284-5
crenças e, 286, 295, 304
crianças, 313
culpar vítimas e, 309-10
cultura e, 296
definição, 276, 279
discriminação e, 287-90
de peso, 287
gênero, 290-1
racial e étnica, 288-90
diversidade e, 324-5
empatia e, 312
endogrupos e, 295-6
estereótipos e, 279-85, 304-10, 316
ameaça, 308-10
experimento sobre, 286-7, 294
fadiga mental e, 294
hipótese de contato, 313-5

hostilidade e, 315
inconsciente, 290-5
pelo IAT, 291-4
intolerância e, 279
judeus, 286
ódios e, 285-7
política e, 296-8
pressentimentos do, 285-7
problema fundamental do, 285
profecia autorrealizável e, 306-8
redução por meio de
contato e familiaridade, 310-15
cooperação e interdependência, 315-23
sala de aula jigsaw, 318-24
sexismo e, 284
status social e, 301
teoria do bode expiatório, 299-300
vieses implícitos, 291-4
e comportamento, 294-5
visão geral, 276-9
PREDIÇÃO
construtiva, 73-4
poder da, 26
ver também profecia autorrealizável; viés retrospectivo
PRESERVATIVOS, 120-2
PRESSENTIMENTOS, preconceito, 285-7
PRESTÍGIO e prevalência de modelos, conformidade, 144-6
PRIMEIRA lei de Aronson, 28
PRIMING, juízos sociais, 65-7
PRISIONEIROS, licenças para, 186
PRIVAÇÃO
agressão/violência e, 246-7
relativa, 244-7
PROCESSAMENTO automático, 45
PROCESSAMENTO controlado, 46-7
PROFECIA autorrealizável, 64, 323-4
gostar e, 64, 325
preconceito e, 306-8
PROPAGANDA
comunicação de massa e, 173-221
definição de, 188
educação e, 188-9
sobre beleza, 338
PROPAGANDA, mídia, 183-4
PROPAGANDAS
atletas em, 196
atratividade e, 185
beleza e, 338
credibilidade e, 183
dissonância cognitiva e, 81
eleições e, 185
para crianças, 182-3
persuasão na, 178
tomada de decisões e, 89
veracidade na, 183
PROVOCAÇÃO, agressão/violência e, 242-4
PROXIMIDADE
casamento e, 331
gostar e, 331-2
na comunicação, 369
PSICOLOGIA social, 375-400
arte e ciência, 377-8
como ciência, 375-400
comportamento, humano, 23-5
definição, 21-4
especulação na experimentação, 378-3
Estado Islâmico, 25-6
experimentação em, 386-91
influência, 25
rejeição, 25
visão disposicional, 29
PSICOPATA, autoconceito, 107
PSICOSE, 30
PÚBLICO (plateia)
comunicação de massa e, 214-7
discrepância, 209-14
e ouvintes, 216

humor e mentalidade, 217-9
mentalidade do, 217-9
personalidade e política, 214-5
persuasão e, 214-7
PUNIÇÃO
atratividade e, 103
branda, 102-3
comportamento e, 21
identificação e, 161
insuficiência da, 101-4
agressividade, 102
ameaças da, 101-02
branda *vs.* severa, 102-06
experimento de Mills, 105-06
experimento do gafanhoto, 104
observância e, 160-2
pela agressão/violência, 262-5
severa, 101, 103, 105
PUNIÇÃO capital, comportamento de redução da dissonância e, 86

Q

QUESTIONAMENTO sugestivo, 75

R

R. J. Reynolds Tobacco Company, 197-8
RAÇA
discriminação racial, 288-90
afro-americanos, 288
experimento sobre, 290
ofensas raciais, 303
ver também afro-americanos; asiáticos; dessegregação
RACIONALIDADE/IRRACIONALIDADE, comportamento, 85-7
RAIVA
eleições e, 186
emoções morais e, 206
persuasão e, 190
RATOS, 69, 225-6
REAÇÕES galvânicas da pele, 100
REALIDADE física, incerteza na, 141
REALISMO
experimental, 387-9
ingênuo, 41
mundano, 388
RECOMPENSA transituacional, 348
RECOMPENSAS
agressão/violência e, 265-7
atratividade e, 331
favores e, 348
identificação e, 161
observância e, 160-2
REDE de modo padrão, 48
REDUÇÃO do peso, dissonância cognitiva e, 120
REINCIDÊNCIA, 262
REJEIÇÃO, 25
agressão/violência e, 242-4
experimento sobre, 242-3
tiroteio na Columbine High School e, 242
RELACIONAMENTO
autêntico, 363
comunal, 353-4
de troca, 353-4
experimento sobre, 353-4
gostar e, 330-1
RELEVÂNCIA, persuasão e, 189
REPLICAÇÃO de experimento, 391-3
REPUBLICANOS, 215
RESPONSABILIDADE pessoal, agressão/violência e, 249-50
RESPONSABILIDADE, agressão/violência e, 249-50
RESPONSABILIZAÇÃO, conformidade e, 146
RETALIAÇÃO, agressão/violência e, 236-8
REVOLUÇÃO Industrial, 90

RIQUEZA, gostar e, 337
ROTA central para a persuasão, 190-3
ROTA periférica para a persuasão, 189-93
ROTEIROS sexuais, 259-62
RUANDA, 223

S

SABEDORIA convencional, pesquisa científica e, 26
SEGREGAÇÃO
  raça e, 303
  ver também dessegregação
SEGURANÇA, conformidade, 146-8
SENSACIONALISMO, do noticiário, 181
SENTIMENTOS, comunicação e, 370-4
SEXISMO benevolente, 284
SEXISMO, 284
SIMILARIDADE
  amor e, 355
  atitude, 332-3
  atratividade e, 337
  correção e, 333
  gostar e, 332-3
SOBREVIVÊNCIA do mais apto, competição e, 271
SOCIEDADE Americana de Câncer, 97
SOCIEDADES coletivistas, conformidade nas, 140
SOCIEDADES individualistas, conformidade nas, 90
SOL *é para todos*, O (Lee), 251
SOLTEIRO, vida de, 329
SOLUÇÃO de conflitos, amor e, 364
SPEED dating, experimentos sobre, 204-5
STATUS social
  conformidade e, 140
  mulheres e, 301
  preconceito e, 301
STONEWALLING, casais casados, 365
SUDÃO, 223
SUICÍDIO
  de adolescentes, 182
  televisão e, 182
  ver também Heaven's Gate; massacre de Jonestown
SUPERIORIDADE moral, culpar a vítima e, 310
SUPREMACISTAS brancos, 277, 279

T

TAMANHO da discrepância
  comunicação de massa e, 209-14
  credibilidade e, 213-4
  experimentos sobre, 210-4
  persuasão e, 209-14
TÂNATOS, 225
TÉCNICA do pé na porta, 97
TECNOLOGIA, 175
  déficits de habilidades sociais, 177-8
TELEFONES celulares, 174-5
  distração, 175-6
TELEVISÃO
  agressão e violência na mídia, 252-8
  comédias, conformidade, 135-7
  eleições e, 186
  eventos de ação, 179
  eventos violentos, 179-81
  exposição, 184
  invasão do Iraque e, 181
  suicídio e, 182
  violência na, 179, 252-8
  ver também mídia
TEORIA da identidade social, 50
TEORIA da reatância, 217-8
TEORIA das janelas quebradas, 152
TEORIA de aprendizagem social cognitiva, 248, 258
  desindividuação, 250

efeito das armas, 249
poder de imitação, 251
TEORIA espiritual das doenças, 33
TEORIA implícita do amor, 356-8
TEORIA original de Festinger, 106-7
TERREMOTOS, 118-9
TESTE de Associação Implícita (IAT), 291-4
TESTES de personalidade, 29-30, 108, 337
TESTOSTERONA, 111
TIROTEIO na Universidade Estadual de Kent, 113
excesso e, 236-7
TOMADA de decisões
atratividade e, 89-90
autojustificação e, 87-90
comportamento imoral e, 94-7
conformidade, 131-2
dissonância cognitiva e, 87-90
em democracias, 181
heurística e, 72-3
parceiros românticos e, 89-90
pela NASA, 133
pensamento de grupo e, 133
persuasão e, 190
propaganda e, 89
responsabilização e, 146
TORRES Gêmeas, destruição das, mídia, 180
TRANQUILIZAÇÃO, 89
TRIBOS, 51
TYLENOL, envenenamentos por, 181-2

U

UGANDA, 248
"UIVO" (Ginsberg), 193
UNANIMIDADE, conformidade, 145
UNIÃO Soviética, 194
UNIÕES
afro-americanos e, 298
minorias e, 296-8
mulheres e, 296-8

V

VACINA antitetânica, 204
VALORES, internalização dos, 161
VARIÁVEIS dependentes em experimentos, 381
VARIÁVEIS independentes em experimentos, 380
VEDAÇÕES, 207
VERACIDADE
da memória, 75
na propaganda, 183
VERDADE *inconveniente, Uma*, 204
VIAGENS *de Gulliver* (Swift), 64
VIDEOGAMES, déficits de habilidades sociais, 177
VIÉS da confirmação, 41-2, 72, 75
VIÉS de negatividade, 44-5
VIÉS egocêntrico, 42-4
VIÉS implícito de preconceito, 291-4
e comportamento, 294-5
VIÉS pró-beleza, 339
VIÉS retrospectivo, 26
VIESES
beleza, 338
ponto cego, 37
confirmação, 37-8
ver também estereótipos; preconceito
VIETNÃ, guerra do, 272
demonstração sobre, 207
dissonância cognitiva e, 125
invasão do Iraque e, 124
irrevogabilidade e, 92
VIOLÊNCIA *ver* agressão/violência
VÍRUS da gripe, ameaças, 205

visão situacional
estereótipos e, 308
justificação externa e, 97
vítimas
espectadores e, 153-8
ver também culpa, vítima
vulnerabilidades, 369

W

watts, revoltas de, 247

world Trade Center, ataques ao *ver* 11 de setembro

Y

yosemite, 156
"you Always Hurt the One You Love", 361
"your Body Language Shapes Who You Are", 393

AGRADECIMENTOS

Atualmente, este livro está em sua 12ª edição. Na primeira edição, senti-me inclinado a demonstrar minha dívida e meu apreço a meu amigo e mentor, Leon Festinger. Nem é preciso dizer que ainda sinto gratidão e afeição por esse grande e bom homem. No mínimo, esses sentimentos aumentaram ao longo dos anos. Gostei muito de ter sido seu aluno – e creio que nunca deixarei de ser. Em 1989, Leon morreu, marcando o final de uma importante era na psicologia social. Sua falta é muito sentida, não apenas por aqueles que o conheceram e que o amavam, mas também por todos que foram influenciados por suas pesquisas e teorias, o que inclui qualquer pessoa que tenha estudado psicologia social.

À medida que este livro e eu envelhecemos, percebi gradativamente minha dívida para com meus próprios estudantes. A cada quatro anos, desde que comecei a revisar este livro, dei-me conta de que estas não são apenas minhas próprias ideias – na verdade, são as ideias que desenvolvi em colaboração com meus estudantes. Nas cinco últimas décadas, fui abençoado por ter tido muitos alunos excepcionais, desde meus primeiros assistentes de pesquisa em 1960 (Merrill Carlsmith, Tony Greenwald e John M. Darley) até meus estudantes na Universidade da Califórnia em Santa Cruz. Todos me ensinaram muito, e é um prazer reconhecer minha dívida para com todos eles. Também gostei de conversar com alguns colegas de notável talento e de furtar suas ideias. Dois deles em particular, Anthony Pratkanis e Carol Tavris, contribuíram muito para a constante melhoria e atualização deste livro. É um prazer agradecer por sua generosidade.

No caso desta edição, gostaria de agradecer especialmente a Christine Cardone, nossa editora executiva, por seu calor e sua dedicação entusiástica e inabalável ao livro, bem como por sua paciência e eficiência. Também gostaria de agradecer a Brad Bushman, Donal Carlston, Eli Finkel, Jack Dovidio e Matthew McGlone, que fizeram a leitura crítica de vários capítulos e deram sugestões sábias para seu aprimoramento.

Joshua sente-se em dívida para com Carol Tavris por sua hábil edição e constante inspiração, e com Stacey, Eliana e Leo Aronson por seu amor, apoio e paciência. Também somos gratos a Jeff e a Spencer Tweedy. Os estudantes e assistentes de pesquisa a seguir deram contribuições valiosas e merecem nossos sinceros agradecimentos: Joshua Adler, Paige Alenick, Rotem Blatt, Christina Crosby, Rayna Epstein, Madison Katz, Jessica Mar, Kaya Mendelsohn, Scott Mengebier, Ashley Panookin, Ella Quinlan, Angela Spears, Zachary Williams e Kathy Yu.

Além disso, gostaríamos de estender nossos agradecimentos a William Dragon por seu trabalho sobre recursos dos instrutores e aos professores que fizeram a revisão da 11ª edição e que proporcionaram feedback para esta revisão: Kristin J. Anderson (Universidade de Houston – Downtown), Fred Bryant (Universidade Loyola de Chicago), Brad J. Bushman (Universidade Estadual de Ohio e VU University – Amsterdã), Donal E. Carlston (Universidade Purdue), John F. Dovidio (Universidade Yale), William Dragon (Cornell College), Eli Finkel (Universidade Northwestern), Judy Ho (Universidade Pepperdine), Alison E. Kelly (Universidade de Dakota do Norte), Matthew McGlone (Universidade do Texas em Austin), Anjali Mishra (Universidade do Norte do Arizona), Brandy Moore (Texas A&M University Texarkana), Marcus D. Patterson (Universidade de Massachusetts em Boston) e Michael J. Tagler (Universidade Estadual Ball).

TIPOGRAFIA	Freight Pro [TEXTO] Nagel VF e Freight Pro [ENTRETÍTULOS]
PAPEL	Ivory Slim 65 g/m² [MIOLO] Supremo 250 g/m² [CAPA]
IMPRESSÃO	Rettec Artes Gráficas e Editora Ltda. [AGOSTO DE 2025]
1ª EDIÇÃO	Novembro de 2023 [8 REIMPRESSÕES]